Conert — Die Ökonomie des unmöglichen Sozialismus

zum Autor:

Hansgeorg Conert, geb. 1933, Dipl.Sozialwirt, Dr.rer.pol., Hochschullehrer an der Universität Bremen. In den 60er Jahren in der Erwachsenenbildung tätig, danach Fachhochschuldozent. Seit einigen Jahren Hauptarbeitsgebiet Ökonomie, Gesellschaft und Politik sozialistischer Systeme mit dem Schwerpunkt UdSSR. Veröffentlichungen zu gewerkschaftlicher Bildungsarbeit, Geschichte der Arbeiterbewegung und politischer Ökonomie. „Der Kommunismus in der Sowjetunion", Frankfurt/M. 1971; „Produktionsverhältnis und Arbeiterklasse in der UdSSR" (mit W.Eichwede), Hannover 1976. Zahlreiche Aufsätze vor allem zu Wirtschaftsproblemen im Sozialismus.

Hansgeorg Conert

Die Ökonomie des unmöglichen Sozialismus

Krise und Reform der sowjetischen Wirtschaft unter Gorbatschow

Verlag Westfälisches Dampfboot

CIP–Titelaufnahme der Deutschen Bibliothek

Conert, Hansgeorg:
Die Ökonomie des unmöglichen Sozialismus : Krise und
Reform der sowjetischen Wirtschaft unter Gorbatschow /
Hansgeorg Conert. - 1. Aufl. - Münster : Westfäl. Dampfboot,
1990
ISBN 3-924550-43-3

1. Auflage Münster 1990
©Verlag Westfälisches Dampfboot Achtermannstr. 10 – 4400 Münster
Alle Rechte vorbehalten
Umschlag: E. Kleinlosen
Druck: Druckwerkstatt Hafen GmbH, Münster
ISBN 3-924550-43-3

Inhalt

Einleitung

Im Westen regte sich breites Interesse an den gesellschaftlichen Reformbestrebungen in der UdSSR nach der Übernahme der höchsten politischen Führungsposition, der des Generalsekretärs des Zentralkomitees (ZK) der Kommunistischen Partei der Sowjetunion (KPdSU) durch Michail S. Gorbatschow im März 1985. Im ersten Jahr seiner Amtstätigkeit, etwa bis zum XXVII. Kongreß der KPdSU im Februar/März 1986, konzentrierte Gorbatschow seine Initiativen auf den Bereich der Volkswirtschaft. So fanden bereits im April und im Juni 1985 hochrangig besetzte Fachkonferenzen im ZK statt[1], auf denen Zustand, Funktionsprobleme und Leistungsdefizite der Wirtschaft analysiert und Umrisse einer als unerläßlich erachteten Reform des überkommenen ökonomischen Planungs- und Leitungssystems entwickelt wurden. Die erste Plenartagung des ZK unter der Leitung Gorbatschows im April 1985 gilt im parteioffiziellen Verständnis heute als einschneidende Wendemarke der gesamten sowjetischen Politik. Auf den uns interessierenden Bereich der Wirtschaft trifft das allerdings nur bedingt zu, hier drückt sich auch Kontinuität aus. So war schon unter dem ersten der beiden kurzzeitigen Amtsvorgänger Gorbatschows, unter Ju. Andropow, im Sommer 1983 eine Wirtschaftsreform beschlossen worden, deren Änderungsreichweite und Geltungsbereich aber - zumindest vorerst - recht beschränkt waren[2]. Nur vier Jahre zuvor, im Sommer 1979, erließen das ZK der KPdSU und der Ministerrat (MR) der UdSSR einen im Vergleich mit 1983 umfassenderen Beschluß über Änderungen im Planungs- und Leitungssystem der Wirtschaft[3]. Das war in der späten Breschenw-Ära, die heute in der UdSSR als „Stagnationsperiode" etikettiert wird. L. I. Breschnew hatte seine Amtszeit gemeinsam mit A. N. Kossygin im Amte des Vorsitzenden des Ministerrats bereits mit der Verkündung ökonomischer Reformbeschlüsse begonnen, deren Konzeption nach Intention und Inhalt die bis zu den im Sommer 1987 verabschiedeten Reformbeschlüssen weitreichendste war.[4]

Schon dieser - unvollständige - Verweis auf eine Abfolge ökonomischer Reformansätze in der UdSSR im Verlaufe der vergangenen 25 Jahre legt die Vermutung nahe, daß die Anlässe dafür nicht der subjektiven Sichtweise der jeweiligen Amtsinhaber entsprangen und auch nicht vereinzelten und mehr oder weniger zufälligen wirtschaftlichen Fehlentwicklungen. Lange vor Gorbatschow, insbesondere im Verlauf der den Reformbeschlüssen von 1965 vorausgehenden ökonomischen Fachdiskussion[5], wurden strukturelle, dem etablierten Planungs- und Leitungssystem inhärente Funktionsmängel für vielfältige Ausdruckformen negativer wirtschaftlicher Tendenzen verantwortlich gemacht. Um den Nachweis ihrer Wirksamkeit und um die Verdeutlichung sowohl ihrer Konsequenzen wie ihres Zusammenhangs mit den gesellschaftlichen, institutionellen und funktionalen Grundbedingungen der staatssozialistischen Produktionsweise geht es im ersten Teil der vorliegenden Untersuchung. Neue fachwissenschaftliche Erkenntnisse können als Resultate dieses Teils nicht beansprucht werden, seine Eigenart liegt eher in der Breite des jeweils zum Beleg von Kausalketten und Wechselwirkungen sowie zur Präsentation von Beispielen angezogenen empirischen Materials aus der sowjetischen Fach- und Tagespresse. Die Komplexität der institutionellen und funktionalen Arrangements der sowjetischen Ökonomie wird überblicksartig an der Kategorie „Wirtschaftsmechanismus" demonstriert, um dann in geraffter Form die historischen Bedingungen der Herausbildung des „kommandowirtschaftlichen" Planungs- und Leitungssytems zu resümieren. Dessen Kernmerkmale werden anschließend in verallgemeinerter Darstellung hervorgehoben. Die notwendigen Konsequenzen finden zusammengefaßten Ausdruck im extensiven Charakter aller besonderen ökonomischen Prozesse und damit in den strukturellen Effizienzdefiziten der sowjetischen Wirtschaft insgesamt. Auch in einer vergleichweise breit angelegten Analyse können die jene Folgen erzeugenden Wechselwirkungen zwischen dem Modus ökonomischer Beschlußfassung, der eingefahrenen Planungspraxis, den Handlungsmustern der Wirtschaftsadministration und den kennzeichnenden Reaktionsweisen der betrieblichen Arbeitskollektive nicht für *alle* Bereiche und Dimensionen der Wirtschaftstätigkeit nachgewiesen werden. Ein Versuch zur Vedeutlichung dieser vielfältigen wechselseitigen Wirkungen zentralistisch-direktiver und administrativer Methoden der Wirtschaftsplanung und -leitung wird für sechs zentrale ökonomische Bereiche bzw. Dimensionen im 4. Kapitel unternommen. Hat gerade auch dieser Teil der Untersuchung ganz überwiegend empirischen Charakter, so werden im resümierenden 5. Kapitel zumindest Vorüberlegungen zu einer theoretischen Interpretation der Befunde angestellt. Kapitel 6 leitet dann über zum zweiten Teil der Arbeit, indem aus den gewonnenen Resultaten Kriterien einer zur Überwindung der strukturellen Wirksamkeitsmängel des Wirtschaftshandelns geeigneten Reform entwickelt werden.

Die unter der Amtsführung von M.S. Gorbatschow unternommenen Schritte zu - der Intention nach - tiefgreifenden gesellschaftlichen, institutionellen und organisatorischen Änderungen der überkommenen staatssozialistischen Produktionsweise sind Gegenstand von Teil II der Untersuchung. Nach einer exemplarischen Kennzeichnung der konzeptionellen Umrisse und der Realisierungsprobleme früherer Reformansätze werden zwei heute hinlänglich deutlich unterscheidbare Etappen der ökonomischen Reformpolitik unter Gorbatschow analysiert (Kap. 2). Ansetzend an der ersten, durch bereichs- und problemspezifische Einzelbeschlüsse ohne erkennbares Gesamtkonzept gekennzeichneten Phase (April 1985 bis Juni 1987) werden dann die zentralen Reformtexte bzw. die normativen Dokumente vom Juni und Juli 1987, die die zweite Reformphase eröffnen und die ein - wenn auch keineswegs kohärentes - Gesamtkonzept erkennen lassen, diskutiert. Die vielfältigen sozialen, wirtschaftlichen und administrativen Probleme ihrer Umsetzung in die ökonomische Praxis sind Gegenstand des folgenden Abschnitts (3.1). Waren die Reformdokumente vom Sommer 1987 noch ganz auf Erneuerung der institutionellen Arrangements und der Funktionsweise der vergesellschafteten (verstaatlichten) Ökonomie ausgerichtet, so wurde diese Grenze schon sehr bald durch Propagierung der Bildung von Genossenschaften und nicht lange darauf durch Legitimierung des Pachtsystems überschritten. Motive, Voraussetzungen und Probleme dieser Erweiterungen der bisherigen Reformdimension werden in den folgenden beiden Abschnitten thematisiert (3.2 und 3.3). M.S. Gorbatschows Vision einer „tiefgreifenden Umgestaltung aller Sphären der sowjetischen Gesellschaft" war spätestens seit dem XXVII. Kongreß der KPdSU nicht mehr auf das ökonomische System begrenzt, das jedoch als „Kernbereich" der Perestrojka herausgehoben wurde. Die von der XIX. Allunions-Parteikonferenz im Juni 1988 beschlossene Reform des politischen Systems der UdSSR löste eine zweifellos nicht erwartete gesellschaftliche und politische Dynamik aus, deren Sog auch die Prozesse der Realisierung der Wirtschaftsreform erfaßte. Einige der Wirkungen werden im vierten Kapitel dargestellt. Noch nachhaltiger aber werden die Erneuerungsbestrebungen der Ökonomie durch die wirtschaftlichen Krisenerscheinungen tangiert, die sich seit Herbst 1988 immer rascher verallgemeinern und intensivieren. Von konsequenter ökonomischer Reformpolitik kann seither kaum noch die Rede sein, sie wird ersetzt durch hektisches, oft wenig abgeklärtes und schlecht koordiniertes Bemühen um Krisenregulierung (Kap. 5).

Der Sommer 1989 markiert somit bereits das Ende der zweiten ökonomischen Reformetappe unter Gorbatschow. In der seitherigen Situation sich verschärfender Krisenmerkmale, wachsender sozialer Spannungen und politischer Konflikte wird das Wagnis einer Prognose selbst kurzfristiger Entwicklungsvarianten oft binnen Wochenfrist hinfällig. Die Formulierung eines „Ausblicks" der vorliegenden Untersuchung bleibt deshalb dem letztmöglichen Termin vor der technischen Produktion des Buches vorbehalten.

Der Haupttitel des Buches geht aus einer doppelten Paraphrasierung hervor. 1983 erschien ein Buch Alex Noves, Doyen der britischen Sowjetologie, mit dem Titel „The Economics of Feasible Socialism". Nove bezog sich damit auf eine Passage in Marxens „Der Bürgerkrieg in Frankreich" (MEW Bd. 17, S.343), in der jene Philister verhöhnt werden, die das Wort Kommunismus nicht ohne das Attribut „unmöglich" aussprechen oder niederschreiben. In seiner Solidarisierung mit den Besiegten, mit seinem Lob der Pariser Kommune als „...endlich entdeckte politische Form, unter der die ökonomische Befreiung der Arbeit sich vollziehen konnte", präsentierte Marx ihnen, in der Niederlage triumphierend, den „möglichen" Kommunismus. Nove bekennt im Vorwort seines Buches, daß er das Marxsche Verständnis von Sozialismus für utopisch hält. „Feasible", möglich, durchführbar sind für ihn hingegen die Nachfolge- und Reformvarianten der Stalinschen Kommandowirtschaft, deren Funktionsbedingungen und Widersprüche er in oft erhellender Weise diskutiert. Aber diese „Möglichkeit" war, wie nunmehr evident ist, eine auf Zeit. Die im ersten Teil der vorliegenden Untersuchung dokumentierte Produktionsweise offenbart sich mit der ihr immanenten Unvereinbarkeit von Wirksamkeitsanspruch und strukturellen Funktionsblockaden als „unmögliche".

Einige Worte zur Motivation für die vorgelegte Arbeit: Anfang der 80er Jahre bot mir eine Umorganisation meines bisherigen Arbeitsbereichs in der Universität Bremen die Chance, wiederum meinem bereits in den 60er und 70er Jahren verfolgten Interesse an der sowjetischen Gesellschaft und vor allem an ihrer Ökonomie nachzugehen. Kurz nach Ende der Breschnew-Ära begann ich mit der systematischen Verfolgung der Funktionsprobleme der sowjetischen Wirtschaft sowie der Ansätze zu mehr oder minder tiefgreifenden Änderungen des überkommenen Planungs- und Leitungssystems. Die begonnene Sammlung entsprechender Materialien aus der sowjetischen Fach- und Tagespresse schwoll unter der Amtsführung

M.S. Gorbatschows exponentiell an, so daß nach der Veröffentlichung von Teil-ergebnissen in einer größeren Anzahl von Zeitschriftenbeiträgen, vor allem 1987 und 1988, eine umfassendere Aufarbeitung des erschlossenen und aufbereiteten Materials dringlich wurde. Mein sachliches Interesse am Thema einer zur kapitalistischen Produktionsweise alternativen Ökonomie resultiert letztlich aus einer sozialistischen Grundeinstellung. Sie überdauerte mehr als drei Jahrzehnte seit der Studienzeit in den 50er Jahren, während organisatorische Bindungen an die SPD (bis zum Unvereinbarkeitsbeschluß mit der Mitgliedschaft im SDS und seiner Förderorganisation) und später an das SB (Sozialistisches Büro) zeitweilige bleiben. Mein nachhaltiges Interesse an der *Möglichkeit* einer nichtkapitalistischen Ökonomie war nie verbunden mit einer unkritischen Haltung zur staatssozialistischen Produktionsweise, wenn ich auch, vor allem in den 60er Jahren, noch mit deren Fähigkeit zu autochthoner Überwindung ihrer Vergesellschaftungsdefizite und Funktionsmängel rechnete. Im übrigen werden die LeserInnen - mag man es mißbilligen oder loben - in den folgenden Darstellungen allenfalls gelegentliche und eher indirekte Hinweise auf die noch immer nicht überwundene sozialistische Grundüberzeugung finden.

Bei der unvermeidlichen Entscheidung für eine der möglichen Transkriptionswei-sen des kyrillischen Alphabets wurde ein Kompromiß gewählt: die gängigen Na-men (z.B. Gorbatschow, Breschnew) werden deutsch umgeschrieben, die weniger geläufigen und die Buch- , Gesetzes- und Ausatztitel vor allem im Anmerkungs-teil bibliographisch. Die Übersetzung von Zitaten, Titeln etc. erfolgte durch den Verfasser.

Teil I

Die Krise der sowjetischen Ökonomie als Ausdruck kennzeichnender Funktionsmängel des Planungs- und Leitungssytems der Wirtschaft

1. Der sowjetische ‚Wirtschaftsmechanismus'

Die in der Sowjetunion (SU) verbreitete Kennzeichnung der Gesamtheit des ökonomischen Planungs- und Leitungssystems als ‚Wirtschaftsmechanismus' ist geeignet, Kausalzusammenhänge und Wechselbeziehungen zwischen den verschiedenen Ausdrucksformen ökonomischer Funktions- und Effizienzschwächen einsichtig zu machen. Zwar läßt sich diskutieren, ob man in bezug auf die Funktionsweise der sowjetischen Wirtschaft tatsächlich von einem ‚Mechanismus' im Sinne eines eigengesetzlich gesteuerten Wirkungszusammenhangs sprechen kann. Auch wer diese Frage bejaht, wird die Differenzen zu den gesellschaftlichen Voraussetzungen, Funktionsbedingungen und Konsequenzen des Mechanismus z.B. der kapitalistischen Konkurrenz oder der Konjunkturzyklen nicht verkennen dürfen. Zumindest eine Reihe von ökonomischen und sozialen Erscheinungen im sowjetischen Wirtschaftssystem scheinen jedoch in einer Weise verursacht und regelhaft verfestigt zu sein, die den Charakter eines Mechanismus angenommen hat.

Ein sowjetisches Wörterbuch definiert knapp: „Wirtschaftsmechanismus ist das System der Formen und Methoden der planmäßigen Leitung der Ökonomie."[1] Ein anderes beschreibt etwas umfassender und zugleich orthodoxer: „Wirtschaftsmechanismus im Sozialismus schließt ein: die Formen der ökonomischen Beziehungen in der Volkswirtschaft, die die Einheit des Mechanismus ihres Funktionierens gewährleisten; die Methoden der Nutzung der ökonomischen Gesetze, die die Wege, Formen und Methoden der Lösung ökonomischer Widersprüche bestimmen, die bedingt sind durch den Stand der Produktivkräfte und den Charakter der Produktionsverhältnisse im Wirtschaftssystem sowie das System der Leitung der Ökonomie des Landes."[2]

Im folgenden wird der Begriff des Wirtschaftsmechanismus gebraucht im Sinne der Gesamtheit der Institutionen, Regeln, Methoden und Instrumente der Planung, Leitung und Regulierung des Wirtschaftsprozesses, sowohl auf gesamt- wie auf einzelwirtschaftlicher Ebene. Zunächst werden wesentliche - nicht alle - Bestandteile des sowjetischen Wirtschaftsmechanismus aufgelistet, um eine Vorstellung der komplexen Struktur des Gesamtsystems zu vermitteln. Damit soll zugleich ermöglicht werden, die später exemplarisch darzustellenden Erscheinungsformen ökonomischer Fehlentwicklungen, Funktionsblockaden, Vergeudungstendenzen uam. hinsichtlich ihrer Verursachung und Wirkung jeweiligen Entscheidungs- und Handlungsbereichen, Leitungsprinzipien und -methoden oder anderen Elementen des Wirtschaftsmechanismus zuzuordnen. Anstelle der numerischen Aufzählung wäre ein graphisches Funktionsschema geeigneter, den prozessualen Zusammenhang und die Wechselbeziehung zwischen den Elementen des Wirtschaftsmechanismus auszudrücken. Dieses läßt sich aber allenfalls mit einer reduzierten Anzahl von Bestandteilen konstruieren, was dem Verständnis in anderer Weise abträglich ist. Die wichtigsten Komponenten des sowjetischen Wirtschaftsmechanismus werden deshalb nach funktionalen Bereichen gegliedert präsentiert (vgl. die schematische Auflistung auf S.14/15).[3]

Eine eingehendere Darstellung der Funktionsweise und -probleme der knapp und unvollständig skizzierten Elemente des sowjetischen Wirtschaftsmechanismus ist im Rahmen dieser Studie, in deren Zentrum die unter Gorbatschow initiierte Wirtschaftsreform stehen soll, nicht möglich. Die sich anschließende exemplarische Verdeutlichung ökonomischer Funktionsschwächen und Leistungsdefizite folgt auch nicht der Auflistung der wesentlichen Bestandteile des Wirtschaftsmechanismus. Trotzdem wird es den Lesern und Leserinnen möglich sein, die Ausdrucksformen unökonomischer Funktionsregeln, Verhaltensweisen, Wirtschaftsresultate hinsichtlich ihrer Verursachung und Auswirkung den Segmenten des Wirtschaftsmechanismus zuzuordnen und ihre wechselseitige Bedingtheit und auch Verstärkung zu erkennen.

Bestandteile des sowjetischen Wirtschaftsmechanismus

Das System der Wirtschaftsplanung

- *Instanzen der Planung*: Wirtschaftsabteilungen des ZK der KPdSU, Staatliche Plankommission (GOSPLAN), Staatskomitee für materiell-technische Versorgung (GOSSNAB), Finanzministerium der UdSSR, Zweigministerien (nach Wirtschaftsbereichen).
- *Ebenen der Planung*: Unionsebene: ZK-Abteilungen, Gosplan, Gossnab, Finanzministerium der UdSSR, Unionsministerien.
- *Republikebene*: Abteilungen der ZK der Kommunistischen Parteien der Einzelrepubliken, Ministerräte der Republiken, Plankommissionen dieser Ebene etc.
- *Regionale und örtliche Ebene*: Planungsabteilungen der regionalen und örtlichen Sowjets.
- *Betriebliche Ebene*: Direktion, Fachabteilungen.
- *Arten von Plänen*: nach zeitlicher Dimension: Projektierungen für 15 Jahre, Fünfjahrpläne, Jahrespläne, Quartalspläne, Monatspläne.
- in sachlicher Dimension: Produktionspläne, Investitionspläne, Finanzpläne, Kreditpläne, Pläne ,neue Technik', Exportpläne, Arbeitskräfteplanung, Sozialplanung.
- *Planungsmethoden*: z.B. gesetzte Prioritäten als Ausgang der Disaggregierung der Investions- und Produktionsziele; Fortschreibung bisheriger Trends und erzielter Werte (,Planung vom erreichten Stand'); Bilanzmethode (rasterförmige Koordination von Produktion und Bedarf im Naturalausdruck (Gewichtsmengen, Stückzahlen).
- *Planungsinstrumente*: z.B. Kontrollziffern (Richtwerte für die Planung der Betriebe), Plankennziffern (verbindliche Planaufgaben), Normative (Relationen zwischen Verbrauchs-, Resultats- oder Effizienzindikatoren), Limite (Obergrenzen z.B. für Ressourcenverbrauch).

Das System der Wirtschaftsleitung

- *Leitungsinstanzen*: Zweig-(Branchen-)Ministerien, Hauptverwaltungen (Untergliederungen der Zweigministerien), Allunions-Industrievereinigungen. Entgegen der eigentlichen Funktion üben auch Organe wie Gosplan oder das Finanzministerium der Union Leitungsfunktionen aus.
- *Leitungsebenen*: Unionsebene, Ebene der Unions- und der Autonomen Republiken, regionale und kommunale Ebene, Formen der Verbindung von zweigmäßiger und territorialer Leitung.
- *Leitungsmethoden*: Administrative Methoden: Leitung durch Direktiven (direktive verbindliche Anweisungen); Interventionen in laufende betriebliche Ressourcen, Entzug solcher Mittel und Ressourcen uam.
- *Ökonomische Methoden*: Steuerung der betrieblichen Wirtschaftsprozesse durch Vorgabe von Normativen und Limiten, Variation von Preisen, von Kreditzinsen etc.
- *System der ideellen und materiellen Stimulierung*: sozialistischer Wettbewerb, Prämierungsregeln und -formen, Bildung betrieblicher Sozialfonds uam.
- *Spezifische Formen der Stimulierung des ,wirtschaftliche-technischen Fortschritts'*: besondere Prämienregelungen, besondere Auszeichnung von ,Neuerern', Erfindern und ,Rationalisatoren', spezifische Preiszuschläge uam.

Das Finanz- und Kreditsystem

- Distribution der betrieblichen Wirtschaftsresultate in Geldform zwischen Staatshaushalt der Union, Zweigministerien, Haushalten der Republiken, Haushalten der Kommunen und Betriebe (z.B. Abführungen der Betriebe an den Haushalt der Union in Form der ,Produktionsfondsabgabe', einer Art fixer Steuer auf die Anlagefonds, Gewinnabführungen, Bußgelder für Weisungs- oder Vertragsverletzungen uam.)
- Finanzierung betrieblicher Investitionen aus dem Haushalt der Union oder aus Fonds der Zweigministerien; Subventionierung betrieblicher Umlaufmittel aus diesen Quellen, Preissubventionen aus dem zentralen Staatshaushalt uam.
- Bestimmung der Prinzipien und Regeln der betrieblichen Wirtschaftsrechnung durch das Finanzministerium.
- Plan- und weisungsgeleitete Kreditvergabe an die Betriebe; Kontrolle der betrieblichen Wirtschaftsabläufe und Kontenbewegungen durch Banken.

Das Preissystem
- *Arten von Preisen*: Erzeuger-(Kosten-)preise, staatliche Aufkaufpreise (vor allem für agrarische Produkte), Großhandelspreise, Einzelhandelspreise.
- *Formen der Preisbildung*: Staatliche Fixpreise (festgesetzt durch Goscen), staatliche bestätigte Preise (von Betrieben nach vorgegebenen Preisbildungsregeln ermittelt und durch Goscen oder Zweigministerien bestätigt), Vertragspreise (zwischen Betrieben oder zwischen Betrieben und Handelsorganisationen vereinbart).
- *Methoden der Preisbildung*: Politische oder Opportunitätspreise, die nach Prioritäts-, Zweckmäßigkeits- oder sozialen Erwägungen ohne Rücksicht auf die Entstehungskosten festgesetzt werden. Regelpreise, die sich aus den Gestehungskosten (dem Postulat nach aus dem faktisch nicht ermittelbaren gesellschaftlich notwendigen Aufwand) und einem fixen Gewinnaufschlag zusammensetzen. Vertragspreise, die Erzeuger und Abnehmer vereinbaren.
- *Stimulusfunktion der Preise*: Preiszuschläge für besonders modische, neu entwickelte, technisch avancierte und qualitativ hochstehende Erzeugnisse; Preisabzüge für veraltete und minderwertige Produkte.

System der Ressourcenallokation
- Prinzip der Ressourcenfondierung, d.h. der plangemäßen Zuteilung von Rohstoffen, Vorprodukten und Arbeitsmitteln an die verarbeitenden bzw. benutzenden Betriebe.
- ,Fondshalter' sind Gosplan (für einige Hundert Produktgruppen), Grossnab (für etwa 10.000 Produktgruppen) und die Zweigministerien (für etwa 40.000 Produktgruppen).
- Der bereits Ende der 60er Jahre geforderte Großhandel mit Produktionsgütern existierte bis heute faktisch nicht. Zwischen den Betrieben gibt es einen - halblegalen - Naturaltausch von Vorprodukten, Ersatzteilen etc.

Zwischenbetriebliche Wirtschaftsbeziehungen
- Im überkommenen Wirtschaftsmechanismus spielen *nicht* plan- oder leitungsinitiierte und - sanktionierte, mithin autonome zwischenbetriebliche Wirtschaftsbeziehungen bislang eine sehr untergeordnete Rolle. Der Institution von Verträgen zwischen Erzeugern und Abnehmern wird zwar hohe Bedeutung zugemessen, sie sind jedoch primär ein Instrument der Kontrolle der Plan- oder Weisungsausführung. Der Vertragsschluß erfolgt *nach* jeweiliger Fondszuteilung bzw. Lieferanweisung.

Die rechtliche Regulierung ökonomischer Prozesse
- Entgegen der Forderung namhafter Juristen existiert in der UdSSR Wirtschaftsrecht (noch) nicht als eigenständiger Rechtszweig, obgleich eine kaum überschaubare Fülle unkoordinierter und sich teilweise widersprechender Gesetze, Dekrete, Verordnungen und ander Formen ,normativer Akte' wirtschaftsrechtlichen Charakters in Kraft sind.
- Institution und Eigenart der sowjetischen Wirtschaftsverträge wurden bereits angedeutet.
- Wirtschaftsstreitigkeiten gelangen vergleichsweise selten vor die (ordentlichen) Gerichte. Davorgeschaltet ist die aus der vorrevolutionären Zeit übernommene Institution der staatlichen Arbitrage, eine Art Schlichtungsinstanz, vor der die große Mehrzahl von Konflikten entschieden wird.

Das System der Wirtschaftskontrolle
- Die ,Volkskontrolle der UdSSR' ist mit ihren republikanischen, regionalen und lokalen Untergliederungen das größte Organ der Wirtschaftskontrolle. Die Mehrzahl der Kontrolleure ist ehrenamtlich tätig. Die Resultate der Institutionen in Betrieben und Handelsorganisationen werden den je vorgesetzten Instanzen und ggf. der Staatlichen Arbitrage zugeleitet.
- Die Betriebe werden darüber hinaus von einer Vielzahl von Organen kontrolliert: von den vorgesetzten Ministerien, den Banken, dem Finanzministerium, von gewerkschaftlichen Instanzen uam.
- Eine spezifische Art der Kontrolle ist die umfassende Rechenschaftspflicht der Betriebe genüber dem Statistischen Zentralamt (in jüngster Zeit umgebildet zum Staatskomitee für Statistik).

2. Das Planungs- und Leitungssystem der Wirtschaft

Der Begriff des Planungs- und Leitungssystems der sowjetischen Wirtschaft wird in der Literatur nicht selten seiner Dimension nach so weit gefaßt, daß er mit dem des Wirtschaftsmechanismus identisch erscheint. Bei diesem Verständnis lassen sich letztlich alle strukturellen Funktionsstörungen und Effizienzdefizite als Ausdrucksformen unökonomischer Arbeitsorganisation, Ressourcenallokation und -verwendung etc. auf Defekte des Planungs- und Leitungssystems zurückführen. Das trifft auch weitgehend zu, wenn man unmittelbare und vermittelte Ursachen jener Phänomene unterscheidet und *beide* Formen der Struktur und den Methoden der Wirtschaftsplanung und -leitung zurechnet.

In dieser Untersuchung wird jedoch der Begriff des Planungs- und Leitungssystems enger gefaßt, und es wird versucht, die exemplarisch aufzuweisenden Ausdrucksformen und Folgen ineffizienten Wirtschaftshandelns im weitesten Sinne aus jeweils *unmittelbaren* Ursachen zu erklären. Dabei wird nicht verkannt, daß das Planungs- und Leitungssystem den Kernbestandteil des Wirtschaftsmechanismus bildet und daß es durchaus *auch* in direkter Weise ökonomische Funktionsstörungen und Fehlentwicklungen bewirkt.

Nachfolgend werden im Anschluß an einen gedrängten historischen Exkurs die Hauptmerkmale des Planungs- und Leitungssystems der sowjetischen Wirtschaft in ihrer allgemeinen Ausformung skizziert[1].

2.1 Zur Herausbildung des kennzeichnenden Planungs- und Leitungssystems der UdSSR

Die Bolschewiki, die Leninsche Richtung der Sozialdemokratischen Arbeiterpartei Rußlands[2], verfügten über kein institutionelles und funktionsbezogenes Konzept zur Gestaltung einer sozialistischen Wirtschaft, als sie im Oktober 1917 die staatlich-politische Macht eroberten. Ihre Führer waren mit dem theoretischen Werk von Marx und Engels vertraut, aber diese Autoritäten der sozialistischen und kommunistischen Bewegung hatten sich die Enthüllung der Funktionsgesetze der kapitalistischen Ökonomie zur Hauptaufgabe gesetzt, und sie äußerten sich zur Organisations- und Funktionsweise der Wirtschaft im Sozialismus oder Kommunismus nur beiläufig und höchst allgemein. Die prospektive Feststellung im ‚Manifest der Kommunistischen Partei', wonach „Das Proletariat ... seine politische Herrschaft dazu benutzen (wird), der Bourgeoisie nach und nach alles Kapital zu entreißen, alle Produktionsinstrumente in den Händen des Staats, d.h. des als herrschende Klasse organisierten Proletariats, zu zentralisieren ..."[3], war den Bolschewiki zwar zweifellos geläufig, und sie liest sich als exakte Antizipation dessen, was in Sowjetrußland zwischen 1918 und 1920 auf ökonomischem Gebiet erfolgte. Tatsächlich waren es aber viel eher die konkreten Umstände, vor allem die Bedingungen des im Sommer 1918 ausbrechenden und mit aller Härte geführten Bürgerkrieges, und weniger Gefolgstreue gegenüber den Lehrmeistern, die die Bolschewiki veranlaßten, die Verfügungsmacht über die zerstreuten, im ganzen wenig entwickelten und oft schon vernutzten Produktionskapazitäten scharf zu zentralisieren. Für diese Deutung spricht neben anderem, daß Lenin *vor* Ausbruch des Bürgerkrieges, im Mai 1918, in einer polemischen, aber grundsätzlichen Abhandlung das Konzept einer ‚gemischten Wirtschaft' entwarf, in der staatlich-sozialistische und staatlich konzessionierte und kontrollierte kapitalistische Industrie sowie quasi-private Landwirtschaft und privater Handel neben- und miteinander existieren würden[4]. Zu dieser Zeit fungierte der bereits im Dezember 1917 errichtete ‚Oberste Volkswirtschaftsrat' (VSNCh) als Leitungsorgan der sozialisierten Wirtschaftsbereiche[5]. Er zählte im Mai 1918 328 Beschäftigte, im September des gleichen Jahres bereits 3.288[6]. Sie arbeiteten in 18 Hauptverwaltungen des VSNCh, die bis Ende 1920 auf über 50 anwuchsen. Nach dem Ende des Bürgerkrieges wurde ihre Anzahl ebenso wie die der Mitarbeiter erheblich reduziert. Das als ‚Kriegskommunismus' etikettierte System vorwiegend naturalwirtschaftlicher Mangelverwaltung sowie der Zwangsrequirierung landwirtschaftlicher Produkte[7] erwies schon vor Ende des Bürgerkrieges, daß es zur Anregung und Gewährleistung des wirtschaftlichen Wiederaufbaus ungeeignet war. Die konzeptionelle Richtung der künftigen Wirtschaftsorganisation gelangte zum Ausdruck, indem Lenin in seine Schrift ‚Über die Naturalsteuer' vom April 1921, die die ‚neue ökonomische Politik' (NEP) einleitete, die entscheidenden Passagen aus der erwähnten Abhandlung vom Mai 1918 übernahm[8].

Die NEP war durch ein Nebeneinander von faktisch privater Landwirtschaft, staatlicher Mittel- und Großindustrie, staatlichem Bank- und Versicherungswesen, privater Kleinindustrie und privatem Gewerbe sowie privatem Einzelhandel und sowohl privatem wie staatlichem Großhandel gekennzeichnet. Auch die staatlichen Betriebe arbeiteten ungeachtet ihrer Leitung durch Organe des VSNCh nach Marktbedingungen (Marktnachfrage, Marktpreisbildung). Obgleich im Februar 1921 die ‚Staatliche Plankommission' (Gosplan) errichtet wurde, war man von einer verbindlichen Planung im volkswirtschaftlichen Maßstab noch weit entfernt. Gosplan war mit der Ausarbeitung einiger Großprojekte befaßt, von denen das am stärksten propagierte der Elektrifizierungsplan GOELRO war[9]. Unter den Bedingungen der NEP entwickelte sich die am Ende des Bürgerkrieges (1920) völlig desorganisierte und in ihren produktiven Kapazitäten weitgehend zerstörte Wirtschaft[10] erstaunlich zügig. Etwa 1926 war in der agrarischen und auch in großen Teilen der gewerblichen und industriellen Produktion der Vorkriegsstand wieder erreicht, was als großer Erfolg gewertet wurde. Zugleich war jedoch evident, daß die als unerläßlich erachtete Erweiterung des industriellen Produktionspotentials über den erreichten Stand hinaus Investitionen in großem Umfang erforderte. Über die möglichen Quellen und Methoden der Beschaffung dieser Mittel sowie über Strategie und Tempo der Industrialisierung brachen Mitte der zwanziger Jahre unter sowjetischen Ökonomen und Repräsentanten der Staats- und Parteiführung scharf geführte Kontroversen aus.[11]

Der XIV. Kongreß der KPdSU(B) im Dezember 1925 proklamierte die beschleunigte Industrialisierung, ohne jedoch schon konkrete Beschlüsse zur Verwirklichung zu fassen[12]. Erst zwei Jahre später, im Dezember 1927, billigte der

XV. Parteikongreß der KPdSU(B) Richtlinien für die Ausarbeitung eines künftigen Fünfjahrplanes[13]. Der gleiche Parteikongreß bestätigte den kurz zuvor erfolgten Ausschluß der ,linken Opposition' (Trotzki, Sinowjew, Kamenew u.a.), die für eine forciertere Industrialisierung eingetreten war, aus der KPdSU(B).[14]

Den äußeren Anstoß zur Richtung der weiteren wirtschaftlichen, gesellschaftlichen und politischen Entwicklung der UdSSR gab die bald nach dem XV. Parteikongreß auftretende ,Beschaffungskrise' von Getreide. Die staatlichen Aufkäufe gingen trotz guter Ernte 1927 zurück, weil der Kaufkraftverlust des Rubel in bezug auf gewerbliche und industrielle Produkte den Bauern erhöhten Eigenverbrauch oder andere Verwendung nahelegte. Anfang 1928 griffen die staatlichen Organe auf an die Requirierungen im Kriegskommunismus gemahnende Maßnahmen zur Eintreibung von Getreide zurück, das nicht nur zur Ernährung der Städte, sondern auch zur Devisenbeschaffung für den Import industrieller Produktionsgüter als lebenswichtig galt[15]. Nach mehreren Schwankungen der staatlichen Politik gegenüber den Bauern zwischen Verschärfung und Lockerung von Zwangsmethoden wurde in der zweiten Jahreshälfte 1929 zur raschen und breiten Kollektivierung der Landwirtschaft bei staatlich-politischer Gewaltanwendung übergegangen. Innerparteilich setzte sich Stalin in der Position des Generalsekretärs des ZK der KPdSU(B) gegen den Widerstand der ,Rechten' (Bucharin, Rykow, Tomskij u.a.), seine bisherigen Verbündeten gegen die ,linke Opposition' durch, die das ,Bündnis zwischen Arbeiter- und Bauernschaft', die soziale Basis der NEP, zu verteidigen suchten. Hinsichtlich de Industrialisierungskonzeption schwenkte Stalin zugleich auf eine Linie um, auf der fast fortlaufend neue und erhöhte Wachstumsziele gesetzt wurden, die die Vorschläge der entmachteten ,Linken' weit übertrafen. Auch gegen die damit einhergehende Mißachtung der realen ressourcenmäßigen, personellen, qualifikatorischen u.a. Restriktionen sowie der erforderlichen Entwicklungsproportionen (zwischen Landwirtschaft und Industrie, Leicht- und Schwerindustrie, Geldumlauf und Güterproduktion etc.) setzte sich die nunmehrige ,rechte Opposition' bis zu ihrer faktischen Ausschaltung Ende 1929 vergeblich zur Wehr[16].

Im April 1929 nahm die XVI. Parteikonferenz der KPdSU(B) den ersten Fünfjahresplan in Form seiner optimalen Entwurfsvariante an, ohne daß im weiteren die Voraussetzungen beachtet wurden, die die erarbeitenden Experten von VSNCh und Gosplan als unerläßlich für die Verwirklichung erachtet hatten[17]. Der Beginn der Laufzeit wurde auf den 1.10.1928 rückdatiert, und bald schon wurde die Erfüllung des 1. FJPl in vier Jahren propagiert. Im einzelnen wurden Planziele verkündet, die jeglicher Begründung entbehrten (,Voluntarismus'). In seinem Rechenschaftsbericht auf dem XVI. Parteikongreß im Sommer 1930 versicherte Stalin z.B., daß der FJPl im Bereich der Erdölindustrie in 2 - 2 1/2 Jahren erfüllt werden könne, im Maschinenbau in 2 1/2 - 3 Jahren. Am Ende des FJPl sollte die Erzeugung von Gußeisen 17 Mio.T. statt 10 Mio.T. der optimalen Planvariante betragen, statt 55.000 sollten 170.000 Traktoren erzeugt werden. Diese Ziele wurden bei weitem verfehlt; so wurden z.B. im letzten Planjahr 6,2 Mio.T. Gußeisen produziert[18].

In der Phase des ersten und zweiten FJPl bildete sich das in seinen Grundzügen bis in die jüngste Zeit kaum veränderte, kennzeichnende Planungs- und Leitungssystem der sowjetischen Wirtschaft heraus. Es war nicht das Resultat einer gründlichen konzeptionellen Ausarbeitung, sondern entwickelte sich eher aus dem Zusammenwirken von realen ökonomischen Bedingungen und der angedeuteten praktizierten Politik forcierter Industrialisierung. So drückt z.B. die extreme Zentralisierung der Entscheidungs- und Verfügungsmacht über alle ökonomischen Ressourcen die Entschlossenheit der politischen Führung aus, in Anbetracht der allseitigen Knappheit die definierten Entwicklungsprioritäten unbedingt durchsetzen. Und die Fixierung auf quantitativ bestimmte Produktionsziele führte zwangsläufig zur Nachordnung und tendenziell zur Negierung von Aspekten wie Erzeugnisqualität und Ökonomisierung der Aufwandfaktoren.

2.2 Hauptmerkmale des Planungssystems

Das Planungs- und Leitungssystem der sowjetischen Wirtschaft wird von westlichen Beobachtern im allgemeinen charakterisiert durch die Attribute zentralistisch, direktiv und administrativ[19].

,Zentralistisch' bezieht sich auf das Faktum der Konzentration der Entscheidungs- und Verfügungskompetenz über alle relevanten Ressourcen, Prozesse und Resultate bei einer geringen Anzahl eng kooperierender Führungs- und Leitungsinstanzen der zentralstaatlichen Ebene. Die hier (im Politbüro und im Plenum des ZK der KPdSU sowie im Ministerrat der UdSSR) gefällten Entscheidungen über Ziele, Richtung, zweigmäßige und territoriale Struktur etc. der wirtschaftlichen Entwicklung sind für die gesamte Union verbindlich, und sie werden umgesetzt in Ausführungsanweisungen für die nachgeordneten politischen, exekutiven, administrativen und ökonomischen Instanzen. *,Direktiv'* drückt den verpflichtenden Charakter dieser Anweisungen aus. Überwiegend sind sie Bestandteil der Wirtschaftpläne, und diese haben die Rechtskraft von Gesetzen, ihre Befolgung ist mithin absolut verbindlich. „Von den Betrieben wird nicht die Befriedigung der Nachfrage der Verbraucher gefordert, sondern die Erfüllung des Planes."[20] *,Administrativ'* bezieht sich vor allem auf die Methoden der Wirtschaftspläne. Es geht hierbei um die Art der Indikatoren, durch die die Planaufgaben ausgedrückt werden. Sie lassen sich (wenn auch nicht immer in ,reiner' Form) in administrative und ökonomische unterscheiden. Ökonomische Indikatoren (ihre überwiegende Form wird als ,Normativ' bezeichnet) stellen eine bestimmte Relation zwischen *zwei* ökonomischen Sachverhalten her bzw. sie schreiben eine solche vor, z.B. zwischen dem Anstieg der Arbeitsproduktivität in einem Jahr und der zugelassenen Durchschnittslohnerhöhung. Administrativen Charakter haben absolute (mithin nicht Aspekte der Aufwand-Resultat-Relation berücksichtigende) Planaufgaben, wie z.B. die Steigerung der Wertsumme der Jahresproduktion um einen bestimmten Prozentsatz. Ungeachtet langjähriger Kritik an Plankennziffern der letzten Art durch Ökonomen und Politiker dominieren sie bis heute, nicht zuletzt als Indikatoren der Bewertung der betrieblichen Wirtschaftstätigkeit.

Wesentlich sind einige weitere Merkmale der sowjetischen Planungspraxis, die in der Fachliteraratur oft negiert oder zumindest nachgeordnet behandelt werden. Dazu zählt die prioritär *naturalwirtschaftliche Ausrichtung* der Planung. Sie kann zumindest insofern behauptet werden, als naturale, stoffliche Ziele den Ausgang der Planentscheidungen und -formulierungen bilden. Die Produktionspläne werden dann schließlich in doppelter Form erstellt, einmal Wertgrößen, einmal stoffliche Ausdrücke enthaltend (letztere als ‚Nomenklatur' bezeichnet). Wegen der leichteren Handhabung (Kommensurationsproblem!) bilden die in Geldform ausgedrückten Pläne eher die Grundlage für die Bewertung der betrieblichen Wirtschaftsleistung; im volkswirtschaftlichen Maßstab entscheiden aber letztlich die stofflichen Resultate über Erfolg oder Mißerfolg.

Ein wesentliches weiteres Merkmal ist die *Detailliertheit*, der umfassende Charakter der sowjetischen Wirtschaftsplanung. In einer Diskussion teilte der Generaldirektor einer Produktionsvereinigung z.B. mit, er müsse 300 Kennziffern, also einzelne ökonomische Größen planen[21]. Dieses Charakteristikum hat wohl verschiedene Ursachen. Wie hinsichtlich anderer Aspekte wirkt die Ausgangssituation nach: da in den dreißiger Jahren so gut wie alle Ressourcen knapp waren, sollte alles geplant und planmäßig verteilt und verwandt werden. Vor allem drückt die Detailliertheit der Pläne aber auch das Fehlen eines ‚Mechanismus' aus, der wirtschaftliches Entscheiden und Handeln in Richtung Aufwandminimierung leitet. Da rationelles Wirtschaften in diesem Sinne Handeln innerhalb komplexer Zusammenhänge ist, bedarf es zu seiner (im Kern administrativen) Außensteuerung einer Vielzahl von Einzelvorgaben.

Relativ *kurze Planperioden* sind ein weiteres Merkmal der sowjetischen Planung. Nicht die Fünfjahrpläne, mit denen die Planung primär identifiziert wird, sind die in der Wirtschaftspraxis ausschlaggebenden, sondern die Jahrespläne. Für die Betriebe ist sogar die Erfüllung von Quartalsplänen und nicht selten sogar die von Monatsplänen verbindlich. Schließlich sei noch die *Wachstumsfixiertheit* der Planziele und der Bewertung der Planergebnisse als kennzeichnend betont. „Wirtschaftsleiter verfügen unter den gewordenen Bedingungen über kein anderes Kriterium des Gedeihens des von ihnen geleiteten Betriebs als wachsenden Umfang der Produktion. Umfang an sich wird unter diesen Bedingungen unerläßlich."[22] Die Lektüre sowjetischer Wirtschaftszeitungen und -zeitschriften vermittelt in der Tat den Eindruck, daß die Vorstellung, zumindest zeit- und/oder bereichsweiser Wachstumsrückgang könne u.U. ökonomisch nützliche Prozesse indizieren, den Planern und Wirtschaftsadministratoren völlig fremd ist.

Struktur und Funktionsweise des sowjetischen Systems der Wirtschaftsplanung haben eine ganze Reihe von Problemen und Mängeln im Ablauf der ökonomischen Prozesse zur Folge, die insgesamt die Wirksamkeit (Effizienz) des Wirtschaftshandelns beeinträchtigen. Sie könnten aus den skizzierten Voraussetzungen systematisch und umfassend entwickelt werden. Im gegebenen Zusammenhang ist die Beschränkung auf wenige Beispiele erforderlich, aber auch ausreichend. Die in den späteren Abschnitten zur Sprache kommenden Funktionsstörungen und Effizienzdefizite lassen sich jedoch zumindest indirekt gleichfalls auf die angedeuteten Merkmale des Planungssystems zurückführen.

— In Anbetracht der Anzahl von Betrieben (1986 allein in der Industrie 46.178)[23] und der Planungsprozeduren[24] ist die je gegebene Zeit für die Planerstellung viel zu kurz, um den

Anspruch umfassender Planung verwirklichen zu können. Zwar unterliegen nicht alle Betriebe der zentralen Planung und Leitung, aber lediglich 6 % der industriellen Produktion unterstehen einzelrepublikanischen und regionalen sowie lokalen Instanzen ausschließlich. Betriebe, die 57 % der Industrieproduktion erstellen, unterstehen der zentralen Planung und Leitung exklusiv und solche, die weitere 37 % erzeugen, sowohl zentralen wie einzelrepublikanischen Organen.[25] Die maßgebliche Jahresplanung kann auch nicht einfach auf dem Wege der Disaggregierung der Fünfjahrpläne erfolgen, weil in der Regel schon im jeweils ersten Planjahr derartige Abweichungen von den entsprechenden Daten des FJP2 auftreten, daß für das zweite Planjahr erhebliche Korrekturen erforderlich sind.

Zu den *Folgen für die Betriebe* gehören: Zustellung der ‚bestätigten' (endgültigen) Pläne zumeist erst *nach* Beginn der Planperiode. Natürlich arbeiten die Betriebe erst einmal auf dem gegebenen Stand weiter, aber da die ‚materiell-technische Versorgung' Bestandteil der Planung ist, bleiben gerade in dieser Anlaufphase häufig die Zulieferungen aus. Der Zeitdruck, unter dem die Planerstellung erfolgt, ist auch mitverantwortlich für die häufigen späteren Planänderungen, die die Produktionsabläufe empfindlich stören.

— Der Anspruch umfassender Planung bedingt die oben bei der Auflistung der Elemente des Wirtschaftsmechanismus angedeutete Vielzahl der Pläne (Unterscheidung nach der sachlichen Dimension). Die ‚techpromfin-Pläne' (Technik-Industrie-Finanz-Pläne), die den Betrieben zugeleitet werden, setzen sich aus sechs Einzelplänen zusammen, die etwa 200-300 ‚Kennziffern', die entweder Planaufgaben oder die erwähnten Normative und Limite ausdrücken, enthalten. Sie beziehen sich auf die Bereiche Erzeugung, materiell-technische Versorgung (input), Einführung neuer Produktionstechniken, Anlagenbau, Arbeitskräfte und soziale Einrichtungen sowie Finanzen.[26]

Diese (und oft noch weitere!) Einzelpläne müßten im Interesse der Kontinuität der Wirtschaftsabläufe kohärent aufeinander abgestimmt sein. Das soll durch ‚Bilanzierung' erreicht werden. Bei diesem Verfahren werden zunächst auf zentraler Ebene Erzeugung und Bedarf bestimmter Produkte (zumeist aber Produktgruppen) im stofflichen Ausdruck in bezug gesetzt und in Hersteller-Bezieher-Rastern über die Zweigministerien bis auf die Betriebe disaggregiert. In der UdSSR werden heute etwa 22 - 24 Mill. Einzelerzeugnisse hergestellt. Die Bilanzierung erfaßt jedoch nur einige Tausend Produktgruppen, die etwa 40 -50.000 Einzelerzeugnisse abdecken. Schon aus dem Grund sind zumeist Produktions- und input-Pläne nicht zureichend aufeinander abgestimmt.[27] Ein verarbeitender Betrieb mag z.B. einen bestimmten ‚Fondanteil' an Walzstahl zugewiesen bekommen. Damit ist aber noch nicht gesagt, daß er die benötigten Profile erhält. Außerdem sind die Bilanzen auch auf dem Niveau, auf dem sie erstellt werden, keineswegs immer exakt berechnet und der Bilanzierungsbedarf steigt mit fortschreitender Produktionsspezialisierung sowie dadurch, daß entgegen der verkündeten Absicht bei bisherigen Änderungen im Planungssystem die Anzahl der den Betrieben zugeleiteten Kennziffern nicht reduziert, sondern erhöht wurde.[28]

Folglich erhalten die Betriebe zumeist ‚unbilanzierte' Pläne, und am empfindlichsten werden sie getroffen von Diskrepanzen zwischen Produktionsaufgaben und vorgesehenen inputs. *Konsequenz* sind die endemischen periodischen Stillstandszeiten der Produktionsanlagen infolge Materialmangels. Treffen dann die benötigten Lieferungen ein, wird im Interesse der Planerfüllung ‚šturmovščina, angeordnet (‚Stürmen' in Analogie zum militärischen Begriffssinn). Darunter leiden sowohl Arbeiter, wie Anlagen und Erzeugnisqualität. ‚Unbilanziertheit' kann die Betriebe aber auch in ihrer Funktion als Lieferanten treffen. Das zeigt das Beispiel eines Betriebs, der die Erzeugung wesentlich verbesserter, hochqualitativer Schneidspitzen für spanabhebende Dreh- und Fräsbänke aufnahm und dann (bis zum Berichtszeitpunkt) drei Jahre auf Lager produzierte, weil die Beschaf-

fungspläne der potentiellen Abnehmer den Bezug nicht erlaubten.[29] ‚Unbilanziertheit'
tritt auch fast ständig zwischen an anderen Plantypen, z.B. zwischen Produktions- und
Finanzplänen oder zwischen (finanziellen) Investitionsplänen und den Bezugsplänen für
Ausrüstungsgüter auf.

— Erarbeitung der Pläne unter Zeitdruck und wachstumsfixierte Planziele sind wesentliche Voraussetzungen für die notorische Methode der Planung ‚vom erreichten Stand'.[30]
Ungeachtet ihrer langjährigen und fast allseitigen Kritik in der UdSSR überlebt sie bis
heute, was in Anbetracht des Fortwirkens ihrer Ursachen nicht sehr erstaunlich ist.

Die *ökonomischen Folgen* der Reaktionsweise der betrieblichen Arbeitskollektive auf
diese Planungspraxis sind schwerwiegend. Sie bewirken eine Reduktion der Effektivität
der Wirtschaftstätigkeit. Zum einen praktizieren die Arbeitskollektive Leistungszurückhal-
tung, da Arbeitsresultate an der Grenze der gegebenen Kapazitäten ‚bestraft' werden mit
Planaufgaben oberhalb derselben. Damit sind die Kollektive zugleich bestrebt, sich Lei-
stungsreserven zu schaffen. Der Informationsprozeß, der in die angedeuteten Planungspha-
sen eingeschlossen ist (siehe Fn. 27) wird somit systematisch unzuverlässig. Betriebsleitungen wie Beschäftigte, deren Interessen hierbei infolge des gleichen Bewertungskriteriums
ihrer Leistung konvergieren, präferieren die Herstellung einmal entwickelter Produkttypen
auf lange Dauer in großen Serien.[31] Auf diese Weise ist die „berüchtigte Anti-Kennziffer
‚val' "[32], d.h. Bruttoproduktion im Geldwert-Ausdruck, am leichtesten zu erfüllen. Hier
liegt eine wesentliche Ursache für die notorische ‚Innovationsträgheit' der sowjetischen
Betriebe. Sowohl Produktinnovationen (Anlaufphase für neue Erzeugnisse) wie Prozeßinnovationen (technische Umrüstungen) sind kaum ohne zeitweilige Beeinträchtigungen der
Produktionsabläufe zu realisieren. Diese wirken sich aber bei quartalsweiser oder gar monatlicher ‚Planabrechnung' für die betrieblichen Arbeitskollektive negativ aus.

— Hauptaufgabe der sowjetischen Betriebe ist, eine bestimmte Gütermenge (im wertmäßigen und/oder stofflichen Ausdruck) zu erzeugen. Darauf ist die Planung priorität ausgerichtet. Produktion als *Wirtschafts*aktivität unterliegt jedoch dem Gebot von ‚Ökonomie',
ein jeweiliges Resultat nicht nur in seinem absoluten Umfang oder Gebrauchswert, sondern
zugleich in Relation zum Produktions*aufwand* zu bewerten. Planung kann sich deshalb als
ökonomisch geleitete nicht auf die Fixierung der beabsichtigten (gar nur quantitativen)
Resultate beschränken, sie muß die Betriebsabläufe im Hinblick auf die Aufwand-Resultat-
Relation zu erfassen suchen. Das wird in der UdSSR mittels der oben knapp gekennzeichneten Planinstrumente der Normative und Limite angestrebt. Zum einen können aber
damit auf dem Wege der - von den Betrieben her gesehen - Außensteuerung die innerbetrieblichen Produktionsbedingungen bestenfalls ungefähr erfaßt werden. Das ist - ein für
das Verständnis wichtiger Aspekt - nicht so sehr ein technisch-organisatorisches Problem,
sondern ein vorrangig aus Interessenkonstellationen resultierendes (vgl. den unter dem
letzten Spiegelstrich erörterten Zusammenhang).

Zum anderen müßte zur Beurteilung der betrieblichen Wirtschaftsresultate eine Synthe-
tisierung der unterschiedlichen Planaufgaben und Leistungsindikatoren zu einem *homoge-
nen* Bewertungsmaßstab erfolgen. Will man die *Gewichtung* der verschiedenen Planaufgaben im Hinblick auf die Resultatsbewertung vorgenommen werden. Wie schon erwähnt,
erlangte dabei die Kennziffer ‚Bruttoproduktion' Dominanz. Ungeachtet wiederholter Beschlüsse zu ihrer Rücknahme ist es bis heute nicht einmal durchgängig gelungen, ihre
Anwendung als (wie schon 1965 beschlossen) ‚realisierte', d.h. abgesetzte Produktion zu
erreichen.[33] Allgemeine *Folge* ist die Negierung (oder zumindest Nachordnung) von Qua-
litätsmerkmalen und Erfordernissen der Aufwandminimierung durch die betrieblichen Arbeitskollektive.

2.3 Struktur und Merkmale der Wirtschaftsleitung

Allgemeine Funktion der Organe der Wirtschaftsleitung ist die Gewährleistung der Planerfüllung durch die Betriebe als produzierende Grundeinheiten. Planende und leitende Organe sind zum Teil identisch, allerdings bei unterschiedlicher Gewichtung der einen oder der anderen Funktion.

Die Probleme der Wirtschaftsleitung sind in der Wirtschaftspraxis wie in der ökonomischen Literatur zentriert auf die Beziehungen zwischen den Zweig-(Branchen-)ministerien und den Betrieben. Bis zu den jüngsten, noch nicht abgeschlossenen Umstrukturierungen des Leitungssystems im Zuge der Wirtschaftsreform bestanden etwa 50 solche Zweigministerien auf Unionsebene. Über ihnen stehen in der Hierarchie der Wirtschaftsverwaltung ,funktionale' Ministerien (z.B. das Finanz- und das Außenhandelsministerium der UdSSR) sowie etwa 12 Staatskomitees (Gosplan, Gossnab, das staatliche Preiskomitee (Goscen), das Staatskomitee für Arbeit und soziale Fragen (Gostrud), das Staatskomitee für Standards (Gosstandard), die Staatsbank (Gosbank) u.a.). Der Leitungskonzeption nach liegt die allgemeine Funktion dieser Organe in der Ausarbeitung der wirtschaftsadministrativen Instrumente der Steuerung und in der materiellen Gewährleistung der betrieblichen Wirtschaftsprozesse. Demgemäß ist ihre Funktion keine ,operative', unmittelbar in die Betriebsabläufe intervenierende. Genau das erfolgt jedoch nach zahllosen Zeugnissen in der sowjetischen Wirtschaftspublizistik laufend und umfassend.

Wie bereits erwähnt, gibt es drei Formen der leitungsmäßigen Unterstellung der Betriebe: unter ein Zweigministerium der Union, unter ein solches und ein entsprechendes einzelrepublikanisches Ministerium zugleich, unter ein regionales oder lokales Organ (Wirtschaftsabteilung beim Exekutivkomitee eines Gebiets- oder Stadtsowjets). Das ist jedoch nur die Grundform; im einzelnen ist die Struktur wesentlich komplizierter. Schon bald nach seiner Amtsübernahme sprach sich Gorbatschow für die Abschaffung der zwischen den Ministerien und den Betrieben angesiedelten Leitungsinstanzen aus. Bis 1973 waren das vornehmlich die ,Glavki', Hauptabteilungen als Untergliederungen der Ministerien. Danach sollten sie zu ,Allunions-Industrievereinigungen', die eher ökonomisch als administrativ leiten, umgebildet werden. Ihre Aufhebung ist beschlossen, aber noch nicht durchgängig realisiert.

In jüngerer Zeit werden ferner Formen gleichzeitiger zweigmäßiger und territorialer Leitung propagiert, u.a. im Zusammenhang der für großflächige ,Wirtschaftsregionen' forcierten Entwicklungspolitik. Wie bürokratisiert die Wirtschaftsadministration konkret sein kann, zeigt das folgende beliebige Beispiel: Die Hauptverwaltung für ,Öffentliche Beköstigung' beim Exekutivkomitee des Moskauer Stadtsowjets errichtete 1985 eine Vereinigung der Gaststätten oder Cafeterien in Sportanlagen und Bühneneinrichtungen. Obgleich diese Vereinigung nur 18 Basisbetriebe umfaßt, sind ihr nur zwei davon direkt unterstellt, die übrigen 16 drei dazwischengeschalteten ,Direktionen'.[34)]

Soweit ein knapper Überblick über die Struktur der Wirtschaftsverwaltung. Wie im Falle der Planung, können nachfolgend nur einige ihrer ökonomisch in besonderem Maße folgenreichen Merkmale skizziert werden.

Kompetenzlosigkeit der ökonomischen Grundeinheiten

Das vielleicht gravierendste Merkmal der sowjetischen Wirtschaftsadministration ist der ausgeprägte Mangel an Entscheidungs- und Verfügungskompetenzen der Organe der subalternen Ebene, der Betriebe. In einer Befragung von über 1000 Betriebsdirektoren in Sibirien und im Fernen Osten durch das Institut für Ökonomie und Organisation der industriellen Produktion bei der sibirischen Abteilung der Akademie der Wissenschaften der UdSSR Ende der 60er Jahre hielten über 90%, darunter fast alle Direktoren von Großbetrieben, eine Erweiterung ihrer Entscheidungs- und Verfügungsrechte für unabdingbar[35]. 1984 veröffentlichte dieses Institut in seiner Zeitschrift *EKO* die Resultate einer neuen (das genaue Datum ist nicht angegeben) Umfrage in 60 Betrieben aus 15 Städten der gesamten Union zu den gleichen Problemen. Obgleich in der fast zwanzigjährigen Zwischenzeit mehrfach zentrale Beschlüsse zur Erweiterung der wirtschaftlichen Eigenständigkeit der Betriebe gefaßt wurden, hat sich die Situation nach dem Urteil der Befragten nicht geändert. 96% von ihnen unterstützen die Einschätzung von *EKO*, daß die Rechte der Betriebskollektive erheblich zu erweitern seien. Eine merkliche Stärkung ihrer Entscheidungsbefugnisse in der jüngeren Vergangenheit stellen nur 9% fest; 53% der Befragten sehen keine Veränderung und 30% eher eine Verschlechterung.[36] Professor R.G. Karagedov, der die erste wie die zweite Befragung leitete, forderte in einem von der Zeitschrift *EKO* dokumentierten Rundtischgespräch zum Thema der Enquete „radikale Maßnahmen zur Stärkung der wirtschaftlichen Selbständigkeit der Produktionsvereinigungen (Betriebe) mit allen sich daraus ergebenen Konsequenzen. Wenn sich die Situation der Grundeinheiten der Produktion, der rechnungsführenden Betriebe, nicht verändert, sind substantielle Änderungen in der Effektivität des Systems der Wirtschaftsleitung schwerlich zu erwarten."[37]

Die Kompetenzlosigkeit der Betriebsleitungen im Hinblick auf ökonomische Entscheidungen und Dispositionen betrifft faktisch alle Momente der Wirtschaftstätigkeit. Handele es sich etwa um Anzahl und Beschäftigungsart des ‚ingenieur-technischen' und des ‚administrativ-ökonomischen' Personals,[38] um das Übermaß veralteter, widersprüchlicher, überflüssiger Standardvorgaben für jegliches Einzelteil von Erzeugnissen[39], um detaillierte Anweisungen nicht nur bezüglich der Produktionsergebnisse, sondern auch der -*methoden*[40], um Vorschriften über Umfang und Bedingungen der Erzeugung von Vorprodukten, die im gleichen Betrieb weiterverarbeitet werden[41], um Interventionen in die Lieferanten-Abnehmerbeziehungen[42] oder um die Untersagung, ausgediente Arbeitsmittel, nicht benötigte Rohstoffe und Vorprodukte oder auf Lager verbliebene Fertigerzeugnisse zu veräußern oder zu tauschen[43].

Die Praxis umfassender, dataillierter und nicht selten willkürlicher Anweisungen der leitenden Organe zur betrieblichen Wirtschaftstätigkeit hat die Minderung ihrer Effizienz zur *allgemeinen Folge*. Der ökonomische Wirksamkeitsgrad der betrieblichen Produktionsabläufe, die durch solche Interventionen auch oft unterbrochen werden, hängt von einer spezifischen Gestaltung des Faktoreneinsatzes ab, die infolge unzureichender Information von außen gar nicht getroffen werden kann. Zwar kann nicht geleugnet werden, daß *innerhalb* des etablierten ‚Wirtschaftsmechanismus' administrative Interventionen *auch* zum Nutzen der betrieblichen Wirtschaftsabläufe erfolgen. Es geht aber nicht um Abwägen der Vor- und Nachteile, sondern um eine Änderung *des* (nicht innerhalb des) Leitungssystems, die die unwirtschaftlichen Auswirkungen der administrativen Detailsteuerung mit dieser zusammen beseitigt und die zugleich ad hoc-Interventionen ‚von oben' zur Überwindung betrieblicher Ablaufstörungen entbehrlich macht.

Überdauern der Umfangkennziffern zur Bewertung der betrieblichen Arbeitsresultate

Die wirtschaftsleitenden Organe, vor allem die Zweigministerien, *bewerten* zugleich die betrieblichen Produktionsresultate für jeweilige Perioden (vor allem Quartale und Jahre). Allgemeines Kriterium dabei ist der Grad der Planerfüllung (zum Teil auch der Erledigung außerplanmäßiger Sonderaufgaben). Von dieser Bewertung hängt die Höhe der (finanziellen) Prämierung der je verschiedenen Beschäftigtengruppen ab. Der Mehrzahl unterschiedlicher Pläne und Planaufgaben entsprechen verschiedene Prämienarten. Ihre Höhe ist, sowohl was Durchschnittssummen wie Obergrenzen anbelangt, gleichfalls unterschiedlich. Die betrieblichen Arbeitskollektive sind deshalb im allgemeinen bestrebt, vor allem die entscheidenden ‚prämienfondsbildende' Plankennziffer zu erfüllen. Ungeachtet wiederholter Änderungsbeschlüsse seit 1965 blieb das entscheidende Bewertungskriterium die Erfüllung einer ‚val-' (Bruttoproduktions-)kennziffer. Das ist selbst heute noch der Fall. Die verbreitetste Hauptkennziffer heißt ‚Realisierte Produktion gemäß vertraglichen Lieferverpflichtungen', also klar eine Umfangskennziffer.

Eine gravierende, gesamtwirtschaftlich *negative Konsequenz* dieser Bewertungsart der betrieblichen Wirtschaftsresultate ergibt sich daraus, daß damit für die Arbeitskollektive Ökonomisierung (Minimierung) des Produktionsaufwands ein nachgeordneter Aspekt ihres Disponierens und Handelns bleibt.[44] Zwar werden auch dazu Planaufgaben gestellt. Aber zum einen wird deren Verfehlen in deutlich geringerem Maße negativ sanktioniert als die Nichterfüllung der Umfangskennziffern. Zum anderen sagt die Einhaltung der Verbrauchsnormen und die Erfüllung der Aufgaben zu ihrer Reduktion noch wenig über die *reale* Ökonomisierung aus, weil die Bedingungen für diese den externen Leitungsorganen unbekannt sind, mithin nicht den Planaufgaben zugrunde liegen.

Probleme der ökonomischen Normative

Effektivierung der betrieblichen Wirtschaftstätigkeit soll anstelle administrativer Leitungsformen durch ‚ökonomische' Instrumente, wie vor allem durch die erwähnten ‚Normative' erreicht werden. Diese ‚synthetisieren' jedoch nicht im Sinne von

Libermans Konzeption der Funktion des Gewinns *alle* relevanten Momente des betrieblichen Wirtschaftshandelns; sie setzen nur jeweils zwei Indikatoren in - der Absicht nach - handlungsleitende und prämierungswirksame Beziehung zueinander (z.B. Nettoproduktion und Arbeitsproduktivität, Ressourceneinsparung und Rate der Mittelzuführung in Sozialfonds).

Effektivierung *aller* Elemente und so des gesamten ökonomisch relevanten Handelns der Arbeitskollektive erfordert bei dieser Leitungsmethode mithin eine Vielzahl von Normativen. Sie müssen hinsichtlich ihrer Wirkung aufeinander abgestimmt sein, sich nicht wechselseitig blockieren oder gar widersprechen. Das ist in der Praxis keineswegs gewährleistet. Dazu nur wenige von vielen möglichen Beispielen:

Aufwandersparnis (sowohl stofflich wie kostenmäßig) und Qualitätssteigerung gelten zugleich als erstrebenswert; beides kann aber oft nicht zugleich erreicht werden. Das LKW-Werk KamAZ entwickelte z.B. einen Motorblock mit einer Legierung, die die bisherige Haltbarkeit erheblich verlängert. Die Produktionskosten stiegen dabei jedoch.[45] Im administrativen Leitungssystem werden diese beiden Wirkungen nicht durch Mechanismen der Preis- und Gewinnbildung synthetisiert (Ausgleich der Mehrkosten durch Preiserhöhung oder aber auch ohne diese aus kompensatorischen Kostenvorteilen durch Absatzsteigerung). Im sowjetischen ‚Wirtschaftsmechanismus' (der insofern eben kein Mechanismus ist) müssen dazu erst zeitraubende administrative Entscheidungen erwirkt werden. In diesem Fall ein Verfahren, dem Motorblock - oder den LKW, in die er eingebaut wird - das Qualitätssiegel ‚Q' zuzuerkennen, was einen Preisaufschlag erlaubt. In der Zwischenzeit erleidet das Arbeitskollektiv jedoch möglicherweise Prämienverluste wegen Kostenüberschreitung.

Konstrukteure eines Leningrader Metallbetriebs ermittelten, daß wichtige Einzelteile von Wasserturbinen vorteilhafter durch eigenes Schweißen als durch Gußteile, die von außerhalb bezogen wurden, herzustellen sind. Die Neuerung wurde eingeführt, die Selbstkosten sanken, der Gewinn erhöhte sich, ebenso die Qualität und der Produktionszyklus wurden beschleunigt. Die Arbeitsproduktivität sank jedoch. Früher waren nur Nähte der Gußteile zu glätten, nunmehr mußte Blech angerissen, geschnitten und zusammengeschweißt werden. Der Arbeitsaufwand stieg mithin, und obgleich die Neuerung im volkswirtschaftlichen Maßstab effizient war, wirkte sie sich für das Arbeitskollektiv negativ aus.[46]

Der Bruttogewinn der Betriebe wird nach betriebsspezifisch und zumeist nur für ein Jahr festgesetzten Relationen (auch als Normative bezeichnet) *aufgeteilt* in Abführungen in das Budget der Union und an andere staatliche Organe zum einen und zum anderen in Zuführungen in die betrieblichen Fonds. Diese Normative sind aber nicht verbunden mit jenen, die die Gewinn*bildung* beeinflussen. In nicht seltenen Fällen reicht deshalb der den Betrieben verbleibende Gewinn nicht aus, um den Stimulierungsfonds jene Summen zuzuleiten, die die erreichten Leistungsindikatoren vorsehen.[47]

Kontinuierliche Produktinnovationen sind kaum *zugleich* mit fortlaufender Selbstkostensenkung zu realisieren, die Wirkung der jeweiligen Normative ist mithin in vielen Fällen kontradiktatorisch.[48] Eine in der sowjetischen Fachpublizistik häufig diskutierte und nach wie vor kontroverse Frage ist die, ob sich die Normative auf je absolute oder auf Reihenresultate (Zuwachs oder Senkung) beziehen sollen.[49] Der Zuwachs-Ansatz entspricht der ‚Planung vom erreichten Stand' und teilt deren Mängel (veranlaßt die Betriebe zur Kapazitätsverschleierung). Dagegen schwächt die Bewertung nach Indikatoren unabhängig von ihrer Trendbewegung den Anreiz zu alljährlicher Leistungsverbesserung.

Die hier nur exemplarisch bezeichneten Probleme der Steuerung und Bewertung der betrieblichen Produktionsprozesse bzw. -resultate indizieren weniger Mängel *innerhalb* als vielmehr *des* Systems der Wirtschaftsadministration in der UdSSR.

Die Hyperthrophie der Daten- und Berichtsanforderungen und der Kontrollen

Der Anspruch umfassender Leitung, vor allem der einzelwirtschaftlichen Einheiten, der Industriebetriebe, der staatlichen und genossenschaftlichen Agrarwirtschaften, der Bau-, Transport- und Handelsorganisationen, erzeugt bei den übergeordneten Instanzen der Leitungshierarchie einen enormen Informationsbedarf. Die Fülle unterschiedlicher und datailierter Informationen dient nicht nur der Ausarbeitung der Planentwürfe und der Sammlung von Daten über die Produktionskapazitäten des Landes, sondern auch der *Kontrolle* der Wirtschaftstätigkeit der subalternen Einheiten.

Die Überfrachtung der Betriebsleiter, Chefingenieure und -ökonomen mit Daten- und Berichtsanforderungen, die in der sowjetischen Fach- und Tagespresse seit langem kritisiert, bislang aber kaum reduziert wurde, ist zum einen ein Merkmal der administrativen Leitungsmethoden.[50] *Ökonomische* Leitung wäre begriffsgemäß mit einem erheblichen Maß wirtschaftlicher Eigenständigkeit der Grundeinheiten, vorab der Betriebe und Produktionsvereinigungen, verbunden. Die Steuerung ihrer Tätigkeit würde als indirekte eher an *allgemeinen* ökonomischen Variablen (z.B. bei Preisen, Kreditbedingungen, finanzpolitischen Modalitäten) ansetzen als an den *konkreten einzel*betrieblichen Bedingungen. Zur Beurteilung der Wirtschaftsresultate würden ‚synthetischere' Indikatoren herangezogen; der Informationsbedarf der Leitungsinstanzen wäre quantitativ deutlich geringer.

Zum anderen ist die Daten- und Berichtshypertrophie ein Merkmal der weit in die vorrevolutionäre Zeit zurückreichenden, jedoch tradierten, hierarchisch verfestigten und obrigkeitlich fixierten russischen Bürokratie. Dafür wenige Einzelbeispiele.

In der Republik Turkmenien gibt es auf Republik- und auf Gebietsebene mehr als 100 Organe, die Kontrollen ausüben. In einer Schuhfabrik wurden 1983 durch verschiedene Instanzen 40 Überprüfungen vorgenommen, 1984 mehr als 30. Sie waren unkoordiniert und wirkungslos.[51] Innerhalb von zwei Tagen des Jahres 1985 sammelten sich auf dem Tisch des stellvertretenden Ministers für Leichtindustrie der Russischen Sozialistischen Föderativen Sowjetrepublik (RSFSR) 255 Anweisungen, Anfragen und Verfügungen von Instanzen der Unions- und der Republikebene. Von hier gehen sie in erweitertem Maße an die Betriebe. Ein Baumwollkombinat in Kirgisien erhielt in etwas mehr als einem Jahr 4.860 Anweisungen, Briefe und Telegramme allein aus dem Ministerium der Leichtindustrie der Union und der Republik. Hinzu kamen 1.500 Dokumente aus dem republikanischen Staatskomitee für Arbeit. Dieses erhielt in der gleichen Zeit mehr als 600 Beschlüsse und Protokolle von republikanischen Organen übersandt und etwa 400 Dokumente von Goskomtrud der UdSSR, die in der Mehrzahl der Kontrolle dienten.[52] Die Masse von Daten und Berichten kann von den anfordernden Instanzen gar nicht verarbeitet werden. Ein Kenner schätzt den ausgewerteten Anteil auf 10%.[53] Die Ministerien leiten die ihnen (vom Statistischen Zentralamt, von Gosplan etc.) zugestellten Fragebögen u.a.m. an die Betriebe weiter, ohne zu prüfen, ob sie auf diese überhaupt zutreffen oder ob die geforderten Angaben nicht schon bei ihnen vorliegen.[54] In 11 Monaten des Jahres 1986 erhielt die Produktionsvereinigung ,Stromavtolinija' in Mogilev von den vorgesetzten Organen 22.000 ,Dokumente', die statistischen Rechenschaftsanforderungen nicht mitgezählt. Das sind 60 Papiere am Tag, einschließlich der Feiertage. Auch die Konstrukteure sind täglich stundenlang damit befaßt, Anfragen der Ministerien und der örtlichen Organe zu beantworten.[55]

Kritiker betonen immer wieder die Überflüssig- und Wirkungslosigkeit dieser Erhebungen und Kontrollen. Gerade auf der Ebene der Betriebe beeinträchtigen sie jedoch die eigentliche Tätigkeit von Direktoren, Ökonomen, Ingenieuren und Werkleitern beträchtlich zu Lasten der Forschungs- und Entwicklungsarbeit, der Arbeitsorganisation, der Planungs- und Leitungsfunktionen.

Die Verselbständigung der Wirtschaftszweige

Wie die bisherige Darstellung zeigte, ist die zweig-(branchen)förmige Gliederung das dominante Strukturprinzip der sowjetischen Wirtschaftsleitung. Ihre Funktionsfähigkeit im Sinne der Gewährleistung effektiver Wirtschaftstätigkeit und entsprechender Produktionsresultate wird - neben der Wirksamkeit der generellen Funktionsprobleme des sowjetischen ,Wirtschaftsmechanismus' - beeinträchtigt durch die endemische, in der Fachpublizistik seit langem kritisierte Tendenz[56] der Zweigministerien zur Verselbständigung des eigenen Sektors, zur Vernachlässigung, wenn nicht gar zur Vermeidung intensiver umfassender und permanenter Kooperation mit anderen Branchen.

Die Wirtschaftsresultate der Branchen, repräsentiert durch die sie leitenden Ministerien,[57] unterliegen der Bewertung durch förmlich oder auch nur faktisch übergeordnete Organe (ZK-Abteilung, Ministerrat, Politbüro, Gosplan) im wesentlichen nach den gleichen Kriterien wie die Betriebe. Allein schon dieser Umstand setzt die Zweigministerien in Konkurrenzbeziehung untereinander. Wie im westlich-parlamentarischen System nicht entscheidend anders, ist der - absolute und relative - Umfang der Finanzmittel, über die ein Ministerium verfügt, ein wesentliches Kriterium seiner Bedeutung. Im Prozeß der volkswirtschaftlichen Investitionsplanung konkurrieren die Ministerien nicht zuletzt deshalb um Durchsetzung von Großprojekten im eigenen Bereich.

Das dabei übliche Vorgehen schilderten unlängst zwei sowjetische Autoren anschaulich.[58] Aussichtsreich sind Vorschläge für riesige Investitionsprojekte auf Gebieten, die die politische Führung für prioritär erklärte. Hier kann Aufnahme in den Plan u.U. schon erreicht werden, *bevor* die gesamte Dokumentation, einschließlich der technischen und ökonomischen Analysen vorliegt. Die mit diesen Projekten im allgemeinen verbundenen umfangreichen Erdarbeiten werden oft schon *vor* der abschließenden Begutachtung aufgenommen. Treten dann doch Zweifel an der ökonomischen Zweckmäßigkeit des Vorhabens auf, werden die bereits verausgabten Mittel als Argument für die Weiterführung benutzt. Gajdar und Jarošenko dokumentieren Beispiele sowohl enormer finanzieller Verluste infolge weit überzogener Errichtungstermine, überlanger Anlaufphasen der Anlagen und Verfehlen der projektierten Kapazität und Effizienz überhaupt, wie zugleich auch irreparabler ökologischer Schäden.

Im Hinblick auf diese steht als potentieller und aktueller Verursacher das Ministerium für Landgewinnung und Wasserwirtschaft im Zentrum der Kritik. Es wird in hohem Maße verantwortlich gemacht für die Austrocknung des Aralsees infolge der exzessiven Bewässerung der usbekischen Baumwollfelder aus seinem Reservoir wie auch für die Forcierung des als ökologisch verderblich erachteten Projekts der Umleitung sibirischer Flüsse.[59] Daß nach mehrfachen Berichten in der sowjetischen Presse das Ministerium Arbeiten zur Ausführung dieses Projekts entgegen dem ZK- und Regierungsbeschluß vom August 1986[60] *nicht* eingestellt hat, ist *ein* Beispiel für die Tendenz der Zweigministerien zur Verselbständigung auch gegenüber den vorgeordneten Instanzen. Einige beliebige andere: Das Unionsministerium für elektronische Industrie untersagt unterstellten Betrieben, neue Prämierungsregeln für Ingenieure und Techniker, die ZK und Regierung beschlossen haben, anzuwenden.[61] Das Ministerium für Schwermaschinenbau schlägt (für 1986) vor, weniger Anlagen für kontinuierliche Fließproduktion herzustellen, als die Kontrollziffern von Gosplan vorsehen. Es plant entgegen mehreren ZK-Resolutionen die Steigerung des Umfangs unvollendeter Bauten, und es forciert nicht die Inbetriebnahme neuer Kapazitäten. Das Ministerium für Werkzeugmaschinenbau plant die Erhöhung des Ausstoßes von *allgemeinen* Werkzeugmaschinen; das Ministerium für Gerätebau bestimmt, für diese *weniger* Aggregate zur Programmsteuerung herzustellen. Mehrere Ministerien planen 1985 so, daß sie die postulierte Intensivierung der Produktion auf spätere Jahre verschieben. Das Ministerium für Landmaschinenbau plant einen geringeren Zuwachs der Arbeitsproduktivität, als ihn die Kontrollziffern vorsehen, zugleich aber höhere Limite für die Beschäftigtenzahlen und Lohnfonds.[62]

Probleme des rechtzeitigen, ausreichenden und sortimentsgerechten Bezugs von Rohstoffen und Vorprodukten treten in den Betrieben als häufigster Faktor der Erschwerung der Planerfüllung auf. Sie sind deshalb bestrebt, von Zulieferungen aller Art so weit wie möglich unabhängig zu sein, u.a. durch Eigenerzeugung von Vorprodukten. Analog handeln die Ministerien; auch sie fördern die Schaffung von Kapazitäten zur ,Eigenproduktion' von Gütern, für die dem Leitungskonzept gemäß andere Ministerien zuständig sind. In Konsequenz dieser Bestrebungen wuchs in den vergangenen zwei bis drei Dekaden der Anteil der ,Fremderzeugung' innerhalb der Branchen. So stellten z.B. (Anfang der 80er Jahre) von 100 Maschinenbaubetrieben 84 selbst Schmiederohlinge her, 76 Gesenkschmiedestücke, 65 Kleineisenzeug und Stützeisen. Beim Ministerium für Gerätebau macht die branchenspezifische Erzeugung nur 57% der Gesamtproduktion aus, beim Ministerium für Holz, Zellstoff und Papier 59%. 45% der Ausrüstungen zur Metallbearbeitung befinden sich außerhalb des Maschinenbausektors.[63] Die hier (keineswegs vollständig) skizzierten Ausdrucksformen der Verselbständigungs- und Autarkietendenz der Zweigministerien wirken in Richtung der Beeinträchtigung gesamtwirtschaftlicher Effizienz. Bei der Vergeudung finanzieller materieller und natürlicher Ressourcen durch oberflächlich kalkulierte Großprojekte liegt das auf der Hand. Im allgemeinen kann unterstellt werden, daß die Planentwürfe der zentralen Organe (bei allen inhärenten Mängeln) auf gesamtwirtschaftliche Erfordernisse ausgerichtet sind. Ihre Mißachtung durch Protagonisten zweigfixierter Interessen trägt dagegen zur Erschwerung und Verzögerung der volkswirtschaftlichen Kreisläufe und so zur Effektivitätsminderung bei. Das ökonomische Autarkiestreben der Zweige (wie das der Betriebe) nimmt gleichsam den erreichten (oder den möglichen) Grad gesellschaftlicher Arbeitsteilung in der Produktion zurück und wirkt damit volkswirtschaftlich kontraeffizient.

Das Problem der Allokation ökonomischer Ressourcen

Aus dem bereits Erörterten geht hervor, daß es in der UdSSR keinen Markt für die genannten ökonomischen Ressourcen gibt und daß ihre Allokation im wesentlichen durch ‚Fondszuteilungen‘ gemäß den Produktions- und Investitionsplänen erfolgt. Das maßgebliche, aber nicht alleinige Organ für die Planung, Leitung und Ausführung der m.t.V. ist Gossnab, das ‚Staatskomitee für materiell-technische Versorgung‘. Es ist gegliedert in zentrale Hauptverwaltungen für die Verteilung bestimmter Produktarten (mit einem wiederum untergliederten Sonderbereich für Baumaterialien und -ausrüstungen) und in einen Unterbau von territorialen Verwaltungen und regionalen bzw. örtlichen ‚Kontoren‘. Gossnab stellt Materialbilanzen für etwa 18.000 Produktgruppen auf.[64] ‚Fondshalter‘ und damit planendes und zuteilendes Organ für die wichtigsten, knappsten und wertvollsten Rohstoffe und Zwischenprodukte ist Gosplan, das etwa 2.000 Materialbilanzen erstellt. Unterhalb von Gosplan und Gossnab fungieren die Zweigministerien als Fondshalter, die zusammen etwa 50.000 Materialbilanzen ausarbeiten.[65]

Wie fast alle Bestandteile des Planungs- und Leitungssystems der sowjetischen Wirtschaft erklärt sich diese administrative Form der Ressourcenallokation aus der Situation allseitiger Knappheit in der Anfangsphase der forcierten Industrialisierung (in den dreißiger Jahren), aus der Absicht unbedingter Gewährleistung der prioritären Planziele sowie aus der Tradition und fortgesetzten Neigung der russischen Staatsmacht und -organisation zu bürokratischen Verfahrensweisen. Mit dem Wachstum und der Ausdifferenzierung der sowjetischen Wirtschaft[66] verschärfen sich jedoch die Funktionsprobleme dieser Organisationsweise der ökonomischen Ressourcenverteilung. Sie wurde kaum den veränderten Bedingungen angepaßt und ist bis heute derart rigid konzipiert, daß es z.B. Produktionsvereinigungen nicht einmal erlaubt ist, zugewiesene Rohstoffe u.ä. unternehmensintern umzuverteilen.[67] Die daraus resultierenden Probleme und Folgen drücken sich (keineswegs ausschließlich!) in Sachverhalten wie diesen aus:

Realistischerweise versuchen die für die materiell-technische Versorgung verantwortlichen Instanzen gar nicht erst, alle erzeugten Einzelgüter zu erfassen. Die absolute Anzahl bilanzierter Produktgruppen ist, wie gezeigt wurde, hoch und damit schon zu groß, um sie unter den gegebenen organisatorischen und informationstechnischen Bedingungen zuverlässig verarbeiten und handhaben zu können. Sie ist aber gemessen an dem (zumindest stillschweigend) aufrecht erhaltenen Anspruch allseitiger Erfassung zu gering. Entgegen bereits vor 20 Jahren gefaßten Beschlüssen gibt es bis heute auch für nichtbilanzierte Erzeugnisse keine Allokation über Märkte. Sie erfolgt vielmehr administrativ, und zwar letztlich nach dem Prinzip von ,trial and error'.

Zur Vermeidung oder jeweiligen Behebung der unter diesen Voraussetzungen gleichsam vorprogrammierten Produktionsunterbrechungen infolge von Materialmangel ist in den Betrieben eine für den ,Wirtschaftsmechanismus' insofern bezeichnende Institution entstanden, als sie zugleich illegal wie allgemein bekannt und auch geduldet ist. Es geht um die ,Tolkači', wörtlich die ,Drücker', d.h. Beschaffer. Sie sind in den Betrieben z.B. als Ingenieure oder Meister angestellt und üben die tolkač-Funktion z.T. eher sporadisch, z.T. eher permanent aus. Vorbeugend oder in akuten Fällen beschaffen sie die benötigten Materialien entweder durch ,Druck' in Ministerien, Gosplanverwaltungen etc., oder durch Vorsprachen bei möglichen Lieferbetrieben unmittelbar. In diesem Fall werden nicht selten Tauschgeschäfte offeriert.[68]

Das System der administrativen, ,fondierten' Zuteilung trägt in erheblichem Maße zur Reproduktion von Knappheit und Mangel bei, indem es Ministerien und Betriebe veranlaßt, mehr Rohstoffe etc. als eigentlich nötig anzufordern und soweit es gelingt, Vorräte in einem Ausmaß zu horten, das unter der Voraussetzung unproblematischer Verfügbarkeit ökonomisch unsinnig ist. Diese in der sowjetischen Literatur häufig bestätigte Wirkung spricht stark gegen das von einigen Ökonomen und Wirtschaftspraktikern vertretene Argument, Ressourcenallokation durch direkte Erzeuger - Abnehmerbeziehungen sei erst *nach* Überwindung der ,deficiti' möglich.

Die bei der Imperfektion des gegebenen Systems der materiell- technischen Versorgung notwendig eintretenden Störungen der Produktionsabläufe breiten sich infolge der Interdependenzen zwischen den einzelwirtschaftlichen Einheiten über je größere Teile der Ökonomie aus. ,,Jeder Betrieb ist sowohl Lieferant wie auch Verbraucher dieses oder jenes Erzeugnisses zugleich. Ist es nötig, zu sagen, welche Bedeutung zur Erfüllung der Produktionsprogramme die Zuverlässigkeit des Partners hat?"[69] Das Bemühen der Betroffenen, drohende Produktionsunterbrechungen zu vermeiden oder schon akute zu überwinden, z.B. durch den Einsatz von tolkači, hat beim überwiegenden Fehlen jeglicher Reserven das Aufreißen von Löchern an anderer Stelle und die von den Betriebsleitern immer wieder beklagte Praxis[70] ständiger Änderung der Lieferpläne und Neubestimmung der Lieferanten durch Gossnab und die Zweigministerien zur Folge.

Das in seiner gesamtwirtschaftlichen Wirkung unökonomische Verhalten der Beteiligten, vor allem das der betrieblichen Arbeitskollektive und ihrer Repräsentanten, ist vom Standpunkt *ihrer* Interessenlage aus rational. Es ist deshalb nicht ein Problem technischer Perfektionierung, das System der m.t.V. funktionsfähiger zu machen, sondern eins der Interessenkonstellationen, die aus dieser Art der gesellschaftlichen Organisation der Produktions- und Verteilungsprozesse erwachsen. Volkswirtschaftliche Produktions- und Effizienzeinbußen infolge endemischer Unterbrechungen der Erzeugnisprozesse sind die gravierendste Folge. Exemplarisch ist die Situation einer Kugellagerfabrik, die mit ihren hochmodernen Anlagen die Produktionspläne für Januar und Februar 1986 erfüllen konnte, im Mai infolge nicht gelieferter Vorprodukte aber nur noch zu 50%[71]. Aber auch dieser Sachverhalt ist keineswegs selten: Infolge mangelnder Abstimmung zwischen zuweisenden Organen und Beziehern erhalten diese nicht die benötigten Erzeugnisse. Sie stornieren bereits mit den Herstellern abgeschlossene Lieferverträge. Bei denen wachsen die Lager nicht abgesetzter Produkte[72]. Oft treten volkswirtschaftliche Verlust auch ein, wenn die Bezieher in Anbetracht der ‚deficity' das nehmen, was ihnen angewiesen wird. Ein Betrieb verfügt über 7 schwere und 5 mittlere Lastkraftwagen. Für seine Bedürfnisse würden 12 leichte, die es nicht gibt, genügen. Er könnte dann im Jahr 103 Tonnen Benzin sparen.[73]

Als Instrument der Sicherung und Kontrolle der administrativen Fondszuteilungen und Lieferanweisungen gelten die danach zwischen Erzeugern und Abnehmern abzuschließenden Lieferverträge. Die Hersteller haben diese jedoch oft zu einem Zeitpunkt einzugehen, an dem sie die eigenen Zulieferungen noch nicht kennen. Fallen diese dann geringer als beantragt und geplant aus, können sie geschlossene Verträge nicht erfüllen. In der Regel haben sie dann Vertragsstrafen zu zahlen, wofür sie die Gossnab- oder andere Organe nicht materiell verantwortlich machen können.[74]

3. Das Übergewicht extensiver Formen in der sowjetischen Wirtschaftsentwicklung

Der extensive Charakter der Wirkungsweise des überkommenen und verfestigten Wirtschaftsmechanismus der UdSSR resultiert aus der institutionellen Kompetenz- und Funktionsverteilung innerhalb, sowie aus der faktischen Wirkungsweise des Planungs- und Leitungssystems. Insofern werden nachfolgend soziale und wirtschaftliche Erscheinungen, denen wir direkt oder indirekt schon begegnet sind, nochmals aus einem veränderten Blickwinkel erörtert. Dabei sollen weitere Argumente für die Dringlichkeit einer ‚radikalen Reform' (Gorbatschow) der gesellschaftlichen Organisationsweise der gesamten Wirtschaftssphäre zur Sprache kommen.

3.1 Extensive und intensive Formen des Wirtschaftens

Die in der UdSSR seit 1985 unter Gorbatschow forcierte Wirtschaftsreform steht unter den (fast bedeutungsgleichen) Leitbegriffen Intensivierung, Beschleunigung (uskorenie) und Effektivität. Der ökonomische Sachverhalt, auf den diese Bezeichnungen, vorab der der ‚Intensivierung', zielen, ist elementar und war den produzierenden, den handeltreibenden, kurz: den wirtschaftenden sozialen Individuen und Gruppen in seiner allgemeinen Wirkung lange vor Herausbildung des industriellen Kapitalismus bekannt (wenn auch nur in Ausnahmebereichen systematisch genutzt). Wenn Adam Smith seine Untersuchung ‚Der Wohlstand der Nationen' (1776), das Hauptwerk der jungen, heute als ‚klassisch' bezeichneten Wirtschaftslehre (seinerzeit überwiegend Politische Ökonomie genannt) mit dem Kapitel ‚Die Arbeitsteilung' eröffnet, so geht er von der Grundmethode der ‚Intensivierung' der gesellschaftlichen Produktionstätigkeit, dem Kernbereich der Wirtschaft aus.

Die Autoren eines sowjetischen Wirtschaftslexikons nehmen unter dem Stichwort ‚Intensivierung der Produktion' Bezug auf folgende Textstelle im 2. Band des Kapitals' von Karl Marx[1]:

> (Der durch Verkauf jeweils produzierter Waren) „... in Geld verwandelte Teil des fixen Kapitalwerts kann dazu dienen, das Geschäft zu erweitern oder Verbesserungen an den Maschinen anzubringen, welche deren Wirksamkeit vermehren. In kürzeren oder längeren Abschnitten findet so Reproduktion statt, und zwar - vom Standpunkt der Gesellschaft betrachtet - Reproduktion auf erweiterter Stufenleiter; *extensiv*, wenn das Produktionsfeld ausgedehnt: *intensiv*, wenn das Produktionsmittel wirksamer gemacht."[2] (Hervorh. H.C.)

„Erweiterung des Geschäfts" bzw. „Ausdehnung des Produktionsfeldes" meint Erhöhung der vorhandenen Produktionskapazitäten (seien es die eines Unternehmens oder einer Volkswirtschaft) auf dem bisher schon vorhandenen und angewandten technischen Niveau der Produktion sowie unter der Verwendung der gleichen Art von Rohstoffen und Vorprodukten und bei unveränderter Arbeitsorganisation. Das also ist die extensive Form oder Methode der Erhöhung der Produktionskapazitäten und nachfolgend der Produktion.

„Verbesserungen an den Maschinen ... das Produktionsmittel wirksamer machen" steht dagegen für intensive Methoden. Diese erschöpfen sich aber nicht in der von Marx bezeichneten Form. Sie bezieht sich auf *einen* ‚Faktor' der Produktion[3], auf „das Produktionsmittel", unter industriellen Bedingungen vornehmlich Maschinen und Produktionsaggregate (im stofflichen Ausdruck; im wertförmigen: ‚fixes Anlagekapital' in kapitalistischer und ‚produktive Grundfonds' in sowjetischer Begrifflichkeit). Die beiden anderen Faktoren sind Arbeit und ‚Arbeitsgegenstände' (d.h. das, was bearbeitet oder verarbeitet wird): Rohstoffe, Energie, Vorprodukte u.ä. Auch ihre „Wirksamkeit" kann gesteigert werden, z.B. durch Änderung der Arbeitsorganisation, durch Erhöhung der Arbeitsqualifikationen, durch Verringerung des spezifischen Rohstoff- und Ernergieverbrauchs durch Entwicklung billigerer und/oder verbesserter Produktionsmaterialien. *Intensivierung* der Produktion findet nach dem genannten ökonomischen Wörterbuch (s.Fn.2 zu Kap. 1) „... Ausdruck in Kennziffern der Effektivität der Produktion: im Wachstum der Arbeitsproduktivität, der Erhöhung der ‚Fondsproduktivität' (Produktionswert je Rubel produktiver Grundfonds, H.C.), der Senkung der Materialintensität (Anteil des Werts von Roh- und Energiestoffen sowie anderer Vorprodukte in je einem Rubel Produktionswert, H.C.), in der Verbesserung der Qualität der Erzeugnisse."(S. 101)

Die ausdrückliche Unterscheidung zwischen extensiven und intensiven Formen der Produktion bzw. Methoden der Produktions- und Produktivkraftsteigerung, verbunden mit dem nachdrücklichen Postulat des Übergangs von der ersteren zu der letzteren, verbreitete sich in der UdSSR in den 70er Jahren. Formulierungen wie z.B. „... Lösung des Problemes der Intensivierung der Produktion"[4] oder „Erhöhung der Effektivität der gesellschaftlichen Produktion"[5] waren aber schon vorher geläufig.

Extensives Wachstum (oder Wachstum auf extensiver Grundlage) findet also statt, wenn der Einsatz der ‚Faktoren' Arbeit, Produktionsmittel, Rohstoffe, Energie und Vorprodukte erhöht wird, ohne daß diese in Richtung der Steigerung ihrer ökonomischen Wirksamkeit (Effektivität) verändert werden. Genau das ist aber nach Ansicht sowjetischer Wirtschaftswissenschaftler, Politiker oder Publizisten heute nicht mehr möglich. Die Begründungen dafür werden hier nur knapp referiert, sie werden z.T. nochmals aufgegriffen.

Bezüglich der Arbeitskräfte wird auf den Trend der letzten 20 Jahre im Zusammenhang der demographischen Entwicklung verwiesen: es findet kaum noch eine Erhöhung der Beschäftigtenzahl statt. Die Vorkommen von Rohstoffen und Energieträgern in den traditionellen Abbaugebieten sind erschöpft oder gehen der Neige zu. Zwar ist das Land reich an Bodenschätzen; diese lagern aber überwiegend in geologisch und klimatisch ungünstigen Regionen. Dieser Umstand, aber auch die Probleme und Kosten, Menschen dorthin zur Arbeit zu bekommen, verteuern die Erschließung und Förderung enorm. Forschung und Entwicklung zur Senkung des Verbrauchs und zur Entdeckung von Ersatzstoffen sind ökonomischer.

Die Investitionen sollen zwar weiter steigen und mithin die ‚Grundfonds'. Aber zum einen wird für unerläßlich erachtet, den produktiven Teil des Grundfonds*zuwachses* zu verringern zu Gunsten des unproduktiven (Wohnungsbau,

Errichtung von Schulen, Krankenhäusern, Verkaufsstätten, Freizeiteinrichtungen u.ä.), und zum anderen soll innerhalb der produktiven Grundfonds jener Anteil stärker wachsen, der aus Maschinen und Ausrüstungen besteht, die ihrerseits nicht weiter Produktions-, sondern Nahrungsmittel und andere Konsumgüter erzeugen. Hierin sehen Politiker und Wissenschaftler einen sozialen und politischen Imperativ. „Wie ersichtlich, ist von allen Tendenzen her eine kräftige Umgestaltung, ein Umschwung von extensiven Methoden der Entwicklung zu intensiven unabdingbar."[6]

3.2 Zur Dominanz extensiver Formen in der bisherigen sowjetischen Wirtschaftsentwicklung

„In den vergangenen 15 Jahren hat sich die Wirtschaft vorrangig durch extensive Faktoren entwickelt, dadurch, daß die Industrie mehr und mehr neue Ressourcen aufgesogen hat. Für die Zukunft ist der Übergang der Wirtschaft zur intensiven Entwicklung vorgesehen, einer Entwicklung, die auf erhöhter Effektivität und verbesserter Qualität beruht. Folglich wird der wissenschaftlich-technische Fortschritt zur Hauptquelle des Wirtschaftswachstums werden."[7]

Abel Aganbegjan, aus dessen neuem, wohl vorwiegend für westliche Leser geschriebenen Buch dieses Zitat stammt, forderte schon vor Gorbatschow, zu dessen Wirtschaftsberatern er heute zählt, die Durchsetzung intensiver Methoden der Steigerung von Produktion und Produktionskapazitäten mit Nachdruck. In einem 1984 erschienenen Artikel zog er eine Bilanz der neueren sowjetischen Wirtschaftsentwicklung unter dem Blickpunkt der intensiven Faktoren.[8] In seinem neuen Buch gibt er diese Bilanz in aktualisierter und modifizierter Form wieder:[9]

Bei einem Vergleich der von Aganbegjan 1984 und 1988 präsentierten Daten fällt auf: Die Angaben über die Entwicklung der produktiven Ressourcen stimmen überein, bis auf die für den 11. FJP1, dessen letztes Jahr im früheren Artikel noch nicht mit den endgültigen Resultaten berücksichtigt war. Die Angaben über die Entwicklung der Effektivitätsindikatoren sind jedoch in der neuen Publikation für alle drei FJP1-Phasen recht erheblich in Richtung der Verschlechterung korrigiert. Dafür gibt Aganbegjan ebensowenig eine Begründung, wie er nicht die Methode der Gewichtung der Faktoren von Ressourcenwachstum und Effektivitätsentwicklung erklärt. Die Anteilsbestimmung von extensiven und intensiven Faktoren in % entspricht der Relation der jeweiligen gewichteten Resultate (z.B. 21 : 6 ≈ 75 : 25)[10]

Da in den folgenden Abschnitten auf Probleme der in der Tabelle erfaßten Indikatoren, vor allem auf die der Effektivität bzw. Intensivierung noch eingegangen werden soll, wird hier auf eine Kommentierung der in den präsentierten Daten ausgedrückten Tendenzen verzichtet. Nur einige Erläuterungen seien angefügt:

Das Nationaleinkommen repräsentiert den aggregierten output, das in Geldform ausgedrückte *Resultat* der gesamten gesellschaftlichen Produktion (in die in der UdSSR die Mehrzahl der Dienstleistungen *nicht* einbezogen sind. Es ist hier als Nettoprodukt angegeben, dessen Verwendung nach Akkumulation (Investitionen) und Verbrauch unterschieden

TABELLE 1: ENTWICKLUNG DER SOWJETISCHEN WIRTSCHAFT 1975 BIS 1985
NACH WACHSTUM DER PRODUKTIVEN RESSOURCEN UND ENTWICKLUNG VON
INDIKATOREN DER EFFEKTIVITÄT AGGREGIERT NACH FÜNFJAHRESPLÄNEN

	9.FjPl '71-'75	10.FjPl '76-'80	11.FjPl '81-'85
Allgemeine Indikatoren:			
— Nationaleinkommen (verwendet)	28	21	17
— Reales Pro-Kopf-Einkommen	24	18	11
Produktive Ressourcen:			
— Produktive Grundfonds	52	43	37
— Produktive Anlageinvestitionen	44	23	17
— Erzeugung der extraktivem Industrien	25	10	8
— Zahl der Beschäftigten in allen Bereichen	6	6	2
Produktive Ressourcen gewichtet	21	13	9
Effektivität der gesellschaft- lichen Produktion:			
— Fondsproduktivität	-16	-15	-15
— Produktivität der Anlageinvestitionen	-11	-2	-1
— Effektivität der Nutzung der Produktionsmaterialien	2	10	8
— Arbeitsproduktivität	21	14	14
Indikatoren der Effektivität (gew.)	6	7	7
Anteil der Faktoren am Wirtschaftswachstum in Gestalt des Nationaleinkommens:			
— Anteil der extensiven Faktoren in %	75	67	60
— Anteil der intensiven Faktoren in %	25	33	40

wird.

Die Faktoren des *Produktionsaufwands*, des inputs, sind unter der Rubrik ‚Produktive Ressourcen' aufgelistet. Die Anlageinvestitionen gehören hierzu jedoch eigentlich nicht, denn sie sind, bezogen auf eine jeweilige Produktionsphase, kein Aufwandsfaktor der aktuellen Erzeugnisprozesse, sondern der zur Akkumulation (Investition) verwendete Teil des aggregierten Produktions*resultats* der *vorausgegangenen* Produktionsphase, der in der nachfolgenden als Zuwachs der in produktive und nichtproduktive unterschiedenen *Grundfonds* erscheint. Der zirkulierende materielle Produktionsaufwand (Rohstoffe, Energie, andere Vorprodukte) wird durch die Daten der Gesamterzeugung des extraktiven Sektors[11] nicht mehr als tendenzielle erfaßt.

Von den Indikatoren der Effektivität der gesellschaftlichen Produktion zeigen zwei eine positive und zwei eine negative Tendenz. Die wesentliche positive ist die Zunahme der Arbeitsproduktivität, die allerdings im 10. FJP1 gegenüber dem 9. stark absinkt. Der anhaltend deutliche Rückgang der Produktivität der Grundfonds (Produktionswert je Rubel Grundfonds) ist ein Sachverhalt mit schwerwiegenden negativen Folgen. Er drückt aus, daß zur Erzielung eines fixen Produktionsresultats ein ständig wachsender Investitionsaufwand erforderlich ist oder umgekehrt: daß eine feste Investitionssumme ein permanent abnehmendes Produktionsresultat hervorbringt. Dieser Sachverhalt wird in der Tabelle im

Rückgang der Produktivität der Anlageinvestitionen (Produktionszuwachs je Rubel Investition) sowie auch daraus deutlich, daß der Zuwachs der produktiven Grundfonds von 52 = 100 gesetzt im 9. FJP1 auf 71 im 11. FJP1 zurückgeht, das Nationaleinkommen aber von 28 = 100 gesetzt auf 59 fällt.

Die Unterscheidung zwischen extensiven und intensiven Formen bzw. Methoden der Steigerung von Produktion und Produktionspotential ist systematisch einleuchtend und eindeutig. In der Realität ist die Entwicklung einer beliebigen modernen Volkswirtschaft aber nie ausschließlich auf die eine oder andere Form zurückzuführen, *beide* sind immer *zugleich*, allerdings in unterschiedlichen Graden beteiligt. Sie analytisch so auseinanderzuhalten, daß ihr je spezifischer Anteil am aggregierten Produktionsresultat bestimmt werden kann, ist methodisch kompliziert und unbefriedigend gelöst.[12)]

Berechnungen wie die, die den Daten unserer Tabelle zugrunde liegen, werden in Wertgrößen (Preise in Geldform) vorgenommen. Diese repräsentieren jedoch zugleich ökonomische Ressourcen in ihrer stofflichen Beschaffenheit: Kohle, Eisenerz, Stahl, Rohöl, Maschinen unterschiedlichster Art usw. Von deren Qualität und technischen sowie ökonomischen Parametern hängt ihr Beitrag zu den Produktionsresultaten ab. Wie kann - gehen wir von der betrieblichen Ebene aus - der Beitrag eines einzelnen Produktionsaggregats zum Gesamterzeugnis eines bestimmten Zeitabschnitts ermittelt werden? Sowohl in der kapitalistischen Betriebswirtschaft wie im Prinzip in der UdSSR wird dabei von den ‚Faktorkosten’, von den Preisen für Arbeit (Löhne), Rohstoffe, Maschinen ausgegangen. So wird der Anschaffungspreis eines Maschinenaggregats - unser Beispiel - als sein Wert genommen, mit dem er in das Anlagekapital bzw. in die produktiven Grundfonds eingeht. Die Arbeitsmittel - in unserem Fall ein Produktionsaggregat - nutzen sich im Laufe ihrer Anwendung ab und diese (keineswegs exakt bestimmte, aber an Regeln gebundene) Wertminderung bildet den Kostenanteil am wiederum preisförmig gemessenen Produktionsresultat.

Das Messen der ‚natürlichen’ Produktionsvorgänge, der Verwandlung von Rohstoffen und Vorfabrikaten durch Arbeit mit Hilfe von Werkzeugen, Geräten, Maschinen in nützliche Gebrauchsgüter (von Marx als ‚Arbeitsprozeß’ bezeichnet) in Wert- (Geld-)einheiten ist generell problematisch und mehr oder minder willkürlich. Der kapitalistischen Ökonomie ist im ganzen aber das Verhältnis zwischen der stofflichen, naturalen und der wert-(geld-)förmigen Seite der Produktionsprozesse kein Problem. Die am Markt gebildeten Preise dienen (unhinterfragt oder auch unbewußt mit den Werten identifiziert) als Parameter einer strikt rentabilitäts-(gewinn-)bezogenen Kalkulation der ökonomischen Prozesse. Deren Erfolgsindikator steht nicht in Frage: das in einzelwirtschaftlichen Einheiten (Unternehmen) investierte Kapital muß sich verwerten, d.h. durch die Verwandlung erzielter Profite in Zusatzkapital vermehren. Dieser Zweck aller Wirtschaftstätigkeit der Eigentümer und Bevollmächtigten konkurrierender Einzelkapitale (Unternehmen) ist Triebkraft und ultima ratio ökonomischer Prozesse, in deren Verlauf zugleich nützliche Produkte (Waren) erzeugt, Einkommen der Beschäftigten geschaffen, Steuerzahlungen erwirtschaftet und letztlich die materielle und soziale

Reproduktion der Gesellschaft gewährleistet wird. Es ist vor allem das System der Konkurrenz um Märkte und Profite, das den Protagonisten der agierenden Einzelkapitale permanente *Intensivierung* der von ihnen in Gang gesetzten und dirigierten Produktionsprozesse zum Erfolgs- und zugleich auch zum Überlebensgebot macht. Widersprüche zwischen der geld- und der naturalförmigen Seite dieser Prozesse, die zu Lasten der letzteren wirken, wie etwa Arbeitslosigkeit und Umweltzerstörung, werden ‚externalisiert‘, d.h. sie tangieren die unternehmerische Rentabilitätsrechnung im Prinzip nicht negativ, die Kosten werden auf die Gesellschaft überwälzt.

Der sowjetische ‚Wirtschaftsmechanismus‘ ist in seiner Grundkonstruktion bis heute ungeachtet mancher meist äußerlichen Übereinstimmungen mit Elementen der kapitalistischen Organisationsweise der Produktion ein gänzlich anderer. Wie bereits angedeutet, stehen hier am jeweiligen Ausgangspunkt einer volkswirtschaftlichen Produktionsphase (Konzipierung der FJP2) Ziel- und Prioritätsbestimmung *in naturalen Ausdrücken*. Selbst wenn diese in Investitionssummen und/oder -anteilen definiert werden, steht dahinter prioritär der Gebrauchswertaspekt der intendierten Erzeugung, nicht deren geldförmige Rentabilität. Eine zweite fundamentale Differenz zwischen der kapitalistischen und der sowjetischen Produktionsweise betrifft das Verhältnis von volkswirtschaftlicher und einzelwirtschaftlicher Sphäre.

Volks-(oder Gesamt-)wirtschaft konstituiert sich im Kapitalismus als Totalität der Resultate einzelwirtschaflichen Entscheidens und Handelns. ‚Gesamtwirtschaft‘ ist hier *fiktiv* oder zumindest *subjektlos*, weil es auf dieser Ebene keine genuin ökonomischen Entscheidungs- und Handlungsträger gibt. Sie ist andererseits insofern *real*, als die aggregierten Resultate der einzelwirtschaflichen Aktivitäten auf die Bedingungen der unternehmerischen Wirtschaftstätigkeit zurückwirken (z.B. Schaffung von Überkapazitäten durch gleichgerichtete, aber natürlich nicht so intendierte Entscheidungen einzelwirtschaftlicher Subjekte). In der UdSSR hingegen existieren nicht nur gesamtwirtschaftliche Instanzen mit höchster Entscheidungs- und Interventionsvollmacht (siehe Abschnitte 2.2 und 2.3), volkswirtschaftliche Zielsetzungen dominieren zugleich über die einzelwirtschaftlichen Belange.

Diese strukturellen Grundvoraussetzungen stellen das sowjetische Wirtschaftssystem vor zwei Aufgaben. Für die erste sei vorausgesetzt, daß auch für eine letztlich gebrauchswertbezogene Ökonomie ein Aufwand - Resultat - Kalkül unerläßlich ist, zumal unter dem Gebot der ‚Intensivierung‘. Dieses Kalkül ist aber nicht in stofflichen Größen durchführbar, es bedarf der Kommensuration, der Herstellung eines gemeinsamen Nenners. Der *Form* nach existiert er - wie im Kapitalismus - im Geld. Es drückt nicht zuletzt die Preise aus, in denen u.a. die Berechnung von Indikatoren der Effektivität erfolgt (siehe Tabelle 1). Die bisherige Praxis der Preisbildung in der Sowjetunion schränkt die Eignung der Preise als Parameter für Aufwand-Resultats-Rechnungen jedoch in hohem Maße ein. Ein im gegebenen Zusammenhang relevantes Beispiel: in jüngerer Zeit heben sowjetische Ökonomen immer wieder hervor, daß die Preise der Erzeugnisse der Maschinen- und Gerätebau-Sektoren in den letzten Jahren weit über das Äquivalent der zumeist nur geringfügigen Verbesserungen hinaus gestiegen seien. Der ökonomische Effekt ihrer Anwendung bleibt mithin hinter ihrer Wirkung auf die Erhöhung des Wertumfangs der produktiven Grundfonds zurück: die Fondsproduktivität sinkt.

Die erste Aufgabe, vor der die sowjetischen Wirtschaftswissenschaftler und -praktiker unter dem Gebot der Effektivierung und Intensivierung stehen, liegt in der Entwicklung von Indikatoren und von Verfahren zu ihrer Bestimmung, die den ökonomischen Gehalt der vielen betrieblich parzellierten gesellschaftlichen Produktionsprozesse real auszudrücken vermögen. Dabei geht es um das Verhältnis zwischen dem gesamten Ressourcen*aufwand* jeweiliger Produktionsprozesse und den an ihrem Beitrag zur gesellschaftlichen Bedarfsbefriedigung gemessenen *Resultaten*. Das angeführte Beispiel zeigt, daß es im überkommenen sowjetischen Wirtschaftsmechanismus keine zuverlässigen Verfahren gibt, Indikatoren mit der notwendigen ökonomisch realen Aussagekraft zu bestimmen. Praktisch geht es um die Problematik der Preisbildungsverfahren.

Die zweite, sowjetischen Politikern und Ökonomen seit langem bewußte, aber bislang nur unzureichend gelöste Aufgabe besteht darin, die an der unmittelbaren Produktion beteiligten sozialen Individuen und Gruppen zu ‚ökonomischem' Handeln im Sinne der Orientierung an der Aufwand-Ergebnis-Relation zu motivieren. Längst hat sich erwiesen, daß die Beachtung dieses Gebots der Ökonomie nicht auf der Ebene der wirtschaftsplanenden und -leitenden Instanzen im notwendigen Maße gewährleistet werden kann, sondern daß es vorrangig im Bereich der unmittelbaren Produktion, in den Betrieben, durchgesetzt werden muß. Die Motivation zu in diesem Sinne ökonomischem Handeln kann nicht durch Postulate und Appelle erzeugt werden. Daß dazu vielmehr die Entscheidungs- und Handlungsorientierung am ökonomischen Kalkül mit den unmittelbaren Lohn- und Arbeitsinteressen aller an den Produktionsprozessen Beteiligten verbunden werden muß, haben sowjetische Politiker und Wissenschaftler gleichfalls längst erkannt und immer wieder gefordert. Allerdings wurden bisher nicht die notwendigen praktischen Konsequenzen realisiert. Allgemein ausgedrückt, verlangen diese eine grundlegende Umverteilung der ökonomischen Entscheidungs- und Verfügungskompetenzen zugunsten der betrieblichen Arbeitskollektive.

Dieser ins Grundsätzliche abschweifende Exkurs ging von der Feststellung aus, daß die Produktionsprozesse in ihrer jeweiligen *konkreten*, naturalen *Form* (Beschaffenheit der input-Faktoren, Art der Arbeitsorganisation, Motivation und Qualifikation der Beschäftigten u.a.) nur unzureichend im Geldausdruck erfaßt werden können. Aus Tabelle 1 ist nicht ersichtlich, welche unterschiedlichen, teils gleichgerichteten und sich verstärkenden, teils gegenläufigen Prozesse und Sachverhalte *hinter* den Daten stehen, die die Erhöhung (bzw. den Rückgang) der produktiven Ressourcen und der Indikatoren der Effektivität der Produktion indizieren. In den folgenden Abschnitten werden deshalb einige der wesentlichen zugrundeliegenden Sachverhalte beleuchtet.

4. Bereiche und Ausdrucksformen extensiven Wirtschaftens

Wirtschaftspublizistik und Tagespresse der UdSSR (aber daneben u.a. auch Beiträge in Literaturzeitschriften) liefern eine überwältigende Fülle von Informationen über Erscheinungsformen, Ursachen und Konsequenzen unökonomischer Sachverhalte und Wirtschaftstätigkeit.[1] Die vielfältigen Ausdrucksformen lassen sich systematisch nach einzelnen Strukturbereichen oder auch nach Ablaufphasen der Prozesse der Wirtschaft aufgliedern und dann innerhalb der so gewonnenen Gruppen weiter unterscheiden, z.B. nach spezifischen Ursachen und nach Folgewirkungen. Innerhalb der Thematik der vorliegenden Untersuchung muß jedoch der Umfang der Darstellung und Erörterung dieses Problembereichs deutlich begrenzt werden.

Deshalb ist die folgende Untergliederung wenig vertieft, und es können aus der Anzahl möglicher Beispiele nur wenige präsentiert werden, die jedoch in hohem Maße verallgemeinerungsfähig sind. In den beiden ersten Unterabschnitten wird die mangelnde Ökonomisierung wirtschaftlicher Ressourcen für die oben unterschiedenen input-Faktoren nachgewiesen: für Arbeitsmittel, Arbeitsgegenstände sowie für die ‚lebendige' (unmittelbare, nicht-vergegenständlichte Arbeit). Danach werden drei wesentliche Bereiche erörtert, in denen extensive Wirtschaftspraxis geronnenen Ausdruck findet (Zweigstruktur der Ökonomie), fortgesetzt wird (Investitionstätigkeit, technologische Forschung und Entwicklung) und entsprechende ökonomische Konsequenzen bewirkt. Überhaupt wird dabei augenfällig werden, daß die unterschiedlichen Ausdrucksformen von Unwirtschaftlichkeit sowohl Folgen wie auch Ursachen unökonomischer, extensiver Entscheidungs- und Handlungsorientierung (es läßt sich mit einiger Begründung auch formulieren: Entscheidungs- und Handlungs*gesetzlichkeit*) sind. Einer Gesetzlichkeit nämlich, die aus der eingangs erörterten Struktur des Planungs- und Leitungssystems der Wirtschaft erwächst.

4.1 Probleme der Nutzung und der Effektivität der Produktionsanlagen

Der Hauptindikator der Messung des Wirtschaftsbeitrags der Produktionsanlagen, die ‚Fondsproduktivität', wurde bereits als Quotient von Produktionswert (eines bestimmten Zeitabschnitts) und Wert der ‚produktiven Grundfonds' (der entsprechenden produzierenden Einheit) vorgestellt. In Tabelle 1 wird (in der 8. Zeile von oben) der *Rückgang* der Fondsproduktivität (fondootdača) in den Phasen des 9.-11. FJP1 angegeben. Weil daraus nicht der spezifische Produktions*wert* selbst zu ersehen ist, folgende ergänzende Angabe: je Rubel Grundfonds der sowjetischen Wirtschaft wurde ein Produktionsergebnis erzielt im Wert von:

63,7	Kopeken	im	Jahre	1961
53,2	"	"	"	1971
40,0	"	"	"	1976
38,0	"	"	"	1978
35,0	"	"	"	1981
34,4	"	"	"	1983 [2]

Diese Entwicklung hat schwerwiegende ökonomische Konsequenzen. Sie lassen sich u.a. wie folgt ausdrücken: Jedes Prozent Rückgang der Fondsproduktivität verlangt als Ausgleich Anlageinvestitionen in Höhe von 14 Mrd. Rubel.[3] Im extraktiven Bereich mußten 1985 90% der Investitionen aufgewandt werden, um den erreichten Förderumfang zu halten.[4] Im 8. FJP1 (1966-1970) bedeutete die Abnahme der Fondsproduktivität einen Verlust am gesellschaftlichen Bruttoprodukt in Höhe von 15,5 Mrd. R. Zum Ausgleich waren Investitionen in Höhe von 11,9 Mrd. R. erforderlich, das waren 3,4% der Anlageinvestionen in diesem Zeitraum. Die entsprechenden Angaben für die beiden nachfolgenden FJP1-Phasen lauten: Verlust: 81,4 Mrd. und 168,3 Mrd. R.; zum Ausgleich erforderlicher Investitionsaufwand: 69.0 und 152,7 Mrd. R.; Anteil an den gesamten Anlageinvestitionen: 14,0% und 24,1%.[5]

Um dieser bedrohlichen Tendenz gegenzusteuern, bedürfte es zunächst einmal der Ökonomisierung der Bildung und des Einsatzes der Grundfonds. Dazu wiederum wäre eine ökonomisch begründete Bewertung dessen erforderlich, was hinter dem Geldausdruck der Grundfonds steht: Produktionsstätten und -anlagen. Eine solche Bewertung existiert im Grund nicht.[6] Weil sich hinter diesem Faktum schon eine der Ursachen der Wirksamkeitsschwäche der produktiven Anlagen in der UdSSR verbirgt, sei der Sachverhalt skizziert.

Die produktiven Grundfonds werden in der sowjetischen Ökonomie begrifflich nach ihrem ‚passiven' und ihrem ‚aktiven' Teil unterschieden. Der erste besteht vor allem aus Gebäuden, Werkhallen, Lagerhallen u.ä., der zweite aus Maschinen und Produktionsaggregaten. Um diesen Teil geht es vor allem. Seine betriebswirtschaftliche Kalkulation und bilanzmäßige Bewertung in kapitalistischen Volkswirtschaften geht von ähnlichen Annahmen aus wie Karl Marx, auf den sich ja die sowjetische Wirtschaftslehre beruft, bei der Darstellung des Wertbildungsprozesses (in der kapitalistischen Produktionsweise): Die Arbeitsmittel (also der aktive Teil des Anlagekapitals) nutzen sich durch ihren Gebrauch ab, und ihr Wert vermindert sich entsprechend (er wird bei Marx - was auch die bürgerliche Betriebswirtschaftslehre impliziert - anteilig auf die in einer jeweiligen Periode erzeugten Produkte übertragen). Dieser Wertminderung wird durch „Abschreibungen" (vom Anschaffungspreis = Ausgangswert) Rechnung getragen. Die Abschreibungsbeträge drücken Produktionskosten aus. Als solche werden sie von den Bruttoeinnahmen der Unternehmen abgezogen, sie unterliegen nicht der Besteuerung. Deshalb sind sie für kapitalistische Unternehmen kosten- und rentabilitätskalkulatorisch von hoher Bedeutung. Steuerrechtlich ist es aber den Unternehmen nicht freigestellt, in

TABELLE 2: WERT DER PRODUKTIVEN GRUNDFONDS UND
ABSCHREIBUNGSBETRÄGE DER SOWJETISCHEN INDUSTRIE [7]

	1970	1980	1985	1986
Wert der produktiven Grundfonds der Industrie (x)	255	554	765	807
Abschreibungen in Mrd R.	15,4	39,2	56,4	60,2

(x): am Jahresende, Mrd R. in Festpreisen

welchen Sätzen sie den Wert ihrer Produktionsanlagen ‚abschreiben'. Zugelassen sind in der Regel 6-7 Jahresraten bis zur vollen Abschreibung.

Zumeist erfolgt der stoffliche, der reale Verschleiß der Anlagen langsamer. Werden die Anlagen nach ihrer Abschreibung weiter genutzt, verfügen kapitalistische Unternehmen zwar über steuerlich nicht existente Vermögenswerte; diesem Vorteil steht aber der schwerer wiegende Nachteil gegenüber, daß die Einkünfte aus dem Verkauf der mit solchen Anlagen erzeugten Produkte nicht mehr durch Abschreibungsbeträge gemindert werden können. Deshalb sind kapitalistische Unternehmen an ständigen und hohen Abschreibungsmöglichkeiten interessiert und allein schon deshalb (hinzu kommen neben anderem Konkurrenzzwänge) an laufender *Erneuerung* eines Teils der Produktionsanlagen.

Die sowjetische Ökonomie kennt begrifflich Abschreibungen des Werts der Produktionsanlagen als ‚Amortisationsraten' (amortizacionnye otčislenija). Konkrete und umfassende Angaben über deren Höhe waren nicht zu ermitteln. Offenkundig variieren sie nach Branchen; möglicherweise sind sie - zumindest zum Teil - sogar betriebsspezifisch festgesetzt, und sie unterliegen wohl auch häufiger Änderung. Das statistische Wirtschaftsjahrbuch der UdSSR enthält dazu nur volkswirtschaftlich aggregierte Daten:

Diese Abschreibungsbeträge bedeuten im volkswirtschaftlichen Durchschnitt Raten von 6%, 7,1% und 7,5% (in der Reihenfolge der in Tabelle 2 ausgewiesenen Jahre). Im Vergleich zu den in kapitalistischen Volkswirtschaften üblichen sind sie gering, und in jüngerer Zeit fordern sowjetische Ökonomen zunehmend ihre Erhöhung. Im gegebenen Zusammenhang ist vorab aber von Bedeutung, daß die Betriebe ganz oder zum überwiegenden Teil nicht über ‚ihre' Amortisationsbeträge selbst verfügen können. Sie sind vielmehr sowohl an ‚zentralisierte' wie an Investitionsfonds der jeweiligen Branchenministerien abzuführen,[8] und zwar offenbar in sehr unterschiedlichen und wechselnden Relationen. Das ist *eine* Ursache dafür (weitere liegen in den schon genannten Kriterien der Bewertung der betrieblichen Wirtschaftsleistung sowie im Mangel an entsprechenden Entscheidungskompetenzen), daß Umfang, Zusammensetzung, Erweiterung und Erneuerung der Grundfonds überwiegend keine vorrangigen Orientierungsparameter für die Wirtschaftstätigkeit der Betriebsleiter sind.

Wie die Daten der oberen Zeile in Tabelle 2 zeigen, bedeutet die relativ geringe Höhe der Amortisationssummen in der sowjetischen Industrie nicht, daß die wertmäßige Vergrößerung der Grundfonds zu langsam vonstatten geht. Die beachtliche wertmäßige Zunahme der Grundfonds indiziert vielmehr, daß Investitionen nicht nur aus Abschreibungen finanziert werden. Es stehen dafür vielmehr weitere - überwiegend zentralisierte - Fonds zur Verfügung, die vor allem aus den Gewinnabführungen der Betriebe an den Staatshaushalt gespeist werden. Zentralisiert werden dabei auch die Investitionsentscheidungen gefällt, und zwar im Zusammenhang mit den Planausarbeitungen nach volks- und naturalwirtschaftlich gerichteten Prioritäten. In dieser Möglichkeit wurde bislang einer der Hauptvorzüge der sozialistischen Planwirtschaft gesehen. Ihre Nützlichkeit ist auch nicht pauschal zu bestreiten, sie wird jedoch erkauft um den Preis unzureichender ökonomischer Kalkulation von Aufwand und Effektivität der Investitionen. Welche Sachverhalte dazu im einzelnen beitragen, kann nur unvollständig skizziert werden:

— Die Steigerung des Produktionspotentials erfolgt in der UdSSR vorwiegend in Form der *Neuerrichtung* oder der *Erweiterung* von Anlagen und in deutlich geringerem Maße als modernisierende *Erneuerung* der bereits vorhandenen. Unter dem Druck hoher Produktionsziele - und folglich nie ausreichender Kapazitäten - werden veraltete Anlagen nur in geringen Raten ausgeschieden: auf den jeweiligen Wert der produktiven Grundfonds bezogen betrug die Ausscheidungsrate 1970 2,3%, 1980 und 1985 je 1,9% und 1986 2,1%.[9]

Folglich wächst innerhalb der produktiven Grundfonds der Anteil physisch und ‚moralisch' (gemessen am je neuen Stand der Technik) veralteter Anlagen. Z.B. lag bei mechanisierten Fließbändern in der Industrie der Anteil der mehr als 10 Jahre alten 1971 bei 22,2%, 1981 bei 42.4 und 1985 bei 49,7%. Für automatisierte Linien sind die entsprechenden Anteile 15,4, 30,5 und 37,6%.[10] Als abgenutzt (iznos), aber noch in Gebrauch, gelten in der sowjetischen Industrie folgende Anteile (am Wert) der Grundfonds: 1975: 30%, 1980: 36%, 1985: 41%, 1986: 42%. Für den Bereich des Maschinenbaus sind die Anteile fast identisch.[11] Von den spanabhebenden Maschinen der Industrie waren 1986 45,6% bis zu 10 Jahre alt, genau ein Drittel 10 bis 20 Jahre und 21.1% über 20 Jahre.[12]

Die Rate der Erneuerung von Anlagen bleibt dagegen auf einem relativ niedrigen Stand: 1970 wurden (wertmäßig) 10,5% der produktiven Grundfonds (der Volkswirtschaft) erneuert., 1980 8.8% und 1986 7,3%.[13] Die mithin im Durchschnitt hohe Obsolenszenz (im stofflichen wie im ‚moralischen' Sinne) der Produktionsanlagen ist jedenfalls ein wesentlicher Faktor der geringen und weiterhin abnehmenden Fondsproduktivität der sowjetischen Wirtschaft.

— Die altersmäßige Struktur der produktiven Grundfonds (d.h. ihrer stofflichen Seite, der Fonds in ihrer Naturalform), der hohe Anteil vielfach vernutzter Maschinen und Anlagen bedingt einen entsprechend hohen Reparaturaufwand. Für Generalreparaturen wurden in der Industrie 1980 13,6 Mrd R. verausgabt, darunter für Generalreparaturen an Maschinen und Ausrüstungen 7,3 Mrd. R.; für 1986 lauten die entsprechenden Daten 18,7 und 10,2 Mrd. R.[14] 27% aller spanabhebenden Maschinen in der Industrie sind in Generalreparaturen eingesetzt.[15]

In der sowjetischen Ökonomie wird zwischen laufenden und Generalreparaturen (wörtlich: Kapitalreparaturen) unterschieden. Die ersteren werden aus den laufenden Kosten bestritten, die letzteren aus Investitionsfonds finanziert (nicht nur aus solchen der Betriebe, auch aus zentralen Fonds oder Fonds der Zweigministerien). Die Kosten der Generalreparaturen werden rechnerisch den Grundfonds zugeschlagen, d.h. ein nicht geringer Teil des Werts der Grundfonds repräsentiert nicht Neuwert oder den durch Abschreibungen verminderten Neuwert von Anlagen, sondern Reparaturkosten. Da aber die Generalreparaturen nicht die ursprüngliche Produktivität wiederherzustellen vermögen und weil sie zur Verlängerung der Nutzung von ,moralisch' obsoleter Kapazitäten beitragen, sind sie den Faktoren zuzurechnen, die die geringe Produktivität der Grundfonds bewirken.[16]

— Die wertmäßige Amortisation einer Maschine oder eines Produktionsaggregats, d.h. die geldförmige Reproduktion ihres Neuwerts durch Ansammlung der der Wertübertragung entsprechenden Teile des Verkaufserlöses der Produkte, erfolgt umso rascher, je länger das Arbeitsmittel innerhalb einer bestimmten Zeiteinheit angewandt wird. Eine Arbeitsschicht dauert in der UdSSR 8 Stunden. Wird in 24 Stunden vollkontinuierlich in drei Schichten gearbeitet, wird das als Nutzung der Anlagen mit dem Schichtkoeffizienten 3 bezeichnet. Ein Schichtkoeffizient von 0,5 besagt, daß die Anlage innerhalb von 24 Stunden 4 Stunden (= eine halbe Schicht) läuft.

Entgegen langjährigen Bemühungen um Erhöhung des Schichtkoeffizienten ist dieser in der sowjetischen Industrie sogar rückläufig: 1960 betrug er 1,54, 1970 1,42, 1980 1,37 und 1986 1,36. Im Maschinenbausektor liegt er sogar noch unter diesem industriellen Durchschnitt [17], was infolge des überdurchschnittlichen Werts der (nicht selten importierten) Anlagen Anlaß häufiger Klagen ist. Der Hauptgrund dafür liegt im Mangel an Arbeitskräften, insbesondere an Fachkräften. 1986 waren in der sowjetischen Industrie 700.000 Arbeitsplätze unbesetzt. Sollte der Schichtkoeffizient nur auf 1,7 angehoben werden, wären dazu weitere 3,3 Mio. Arbeitskräfte erforderlich.[18]

Zu dem niedrigen Nutzungsgrad der Produktionsanlagen tragen des weiteren aber auch die Defizite an Rohstoffen und Vorprodukten sowie die Abneigung der Beschäftigten gegen Mehrschichtarbeit bei. Es braucht kaum vermerkt zu werden, daß es hier nicht um eine Beurteilung von Wechselschicht-Arbeit unter dem Aspekt zumutbarer physischer und psychischer Arbeitsbelastung geht, sondern allein um das Faktum, daß der geringe Nutzungsgrad der Produktionsanlagen zu geringer Produktivität der Grundfonds beiträgt.

Hinzu kommen einige Momente, deren Zusammenhang mit der Funktionsweise des ,Wirtschaftsmechanismus' augenfällig ist:

— Infolge der permanenten Zulieferunterbrechungen ist die Auslastung der Produktionsanlagen sehr ungleichmäßig. Rechnerisch mögen sich Stillstandzeiten und Phasen der ,Šturmovščina' ausgleichen, letztere ruinieren die Anlagen aber rascher als kontinuierliche Produktionsabläufe und tragen so zu ihrem vorzeitigen Verschleiß bei.

— Sowjetische Betriebe versuchen, sich von Zulieferungen unabhängiger zu machen durch Hereinnahme möglichst vieler Vorleistungen in Eigenproduktion. Den dabei angewandten Arbeitsmitteln fehlt besonders häufig ein zeitgemäßes technisches Niveau, und sie sind zudem oft nur gering ausgelastet. So sind innerhalb des Maschinenbau-Sektors 58,5% aller Ausrüstungen *außerhalb* der Grundproduktion (d.h. der Erzeugung von Maschinen und Anlagen) eingesetzt. [19] Mit ihrem hier üblichen geringen Auslastungsgrad drücken sie die Produktivität der Grundfonds insgesamt.[20]

— Im volkswirtschaftlichen Maßstab wird die Fondsproduktivität beeinträchtigt durch ökonomisch unzureichend kalkulierte Großprojekte mit riesigem Investitionsaufwand (und folglich entsprechendem Grundfondsumfang), wie sie oben erwähnt wurden. [21]

— Wie bei anderen ökonomischen Sachverhalten ist bei den Faktoren der Fondsproduktivität zwischen der wert-(geld-)förmigen und der stofflichen Seite der Prozesse zu unterscheiden. Beide sollten sich jedoch *entsprechen*. Das ist u.a. bei der in jüngerer Zeit immer wieder kritisierten [22] Auseinanderentwicklung von Preisen und Gebrauchswerteigenschaften der Maschinenbauerzeugnisse nicht gegeben. Wenn der Nominalwert der Grundfonds rascher steigt als die Leistungsstärke der Anlagen, sinkt die Fondsproduktivität. So verdreifachte sich der Wert der Grundfonds der sowjetischen Volkswirtschaft zwischen 1971 und 1985, die Arbeitsproduktivität stieg aber nur um 82%. [23] „Unzulängliches Niveau und Tempo der Intensivierung der Produktion erklären sich heute hauptsächlich daraus, daß eine Reihe von Zweigen des Maschinenbaus Erzeugnisse herausbringen, deren Preis die Einheiten des Nutzeffekts übersteigt." [24]

— Negativ auf die Fondsproduktivität wirkt sich die notorisch überlange ‚Aneignungsdauer' neuer Anlagen. Darunter wird die Frist zwischen Erwerb und voller Nutzung von Anlagen und Ausrüstungen verstanden. Sie zieht sich bisweilen über 10 Jahre und mehr hin. Diese Verzögerungen verursachen nach einer Berechnung der sowjetischen Wirtschaft jährliche Verluste in Höhe von 20 Mrd. R. [25] Von 1852 im 11. FJP1 neu errichteten oder rekonstruierten Betrieben wurde die Frist bei 1237 nicht eingehalten. Im Durchschnitt erreichte die Kapazitätsauslastung 67%. Das bedeutet eine Mindererzeugung in Höhe von 9,6 Mrd. R. [26]

4.2 Fehlende Ökonomie der Umlaufmittel: Vergeudung von Vorprodukten und übermäßige Lagerhaltung

Wie bei den ‚produktiven Grundfonds', den Anlagemitteln oder im naturalen Ausdruck: den Produktanlagen, so findet in der UdSSR auch bezüglich der Umlauffonds keine strikte Aufwand - Ergebnis - Kalkulation statt, die Voraussetzung für ökonomischen, d.h. sparsamen Umgang mit diesen Mitteln wäre. In ihrer naturalen Form sind das vor allem Rohstoffe, Energie und andere Vorprodukte, noch nicht abgesetzte (‚realisierte') Fertigprodukte (die aus der Sicht des erzeugenden Betriebs nicht Endprodukte sein müssen) sowie das Arbeitsvermögen der Beschäftigten. Das letztere wird im nächsten Abschnitt angesprochen.

Wenn in jüngerer Zeit in der UdSSR von der Wirkung des ökonomischen Systems als ‚Aufwandsmechanismus' gesprochen wird, so hat man dabei zunächst den übermäßigen Verbrauch von Rohstoffen, Vorprodukten und Energie im Auge. Dieses Faktum wird in der Fach- und Tagespresse permanent an Einzelbeispielen dokumentiert. Hier müssen wenige exemplarische Informationen genügen:

1987 wurden in der UdSSR 162 Mio. t Stahl gegossen, in den USA 80 Mio. t (und dazu 18 Mio t importiert). Die Erzeugung des Maschinenbausektors und der anderen metallverarbeitenden Bereiche erreicht in der UdSSR aber nur 75 - 80% des Umfangs der USA. [27] Allgemein wird errechnet, daß der spezifische Metallverbrauch im sowjetischen Maschinenbau um 20-25% über dem anderer industriell entwickelter Länder liegt. [28] 1978 machten im sowjetischen Maschinen 28% des Metallverbrauchs Abfälle aus, in der elektrotechnischen Industrie 33%, in der Autoindustrie 32%, im Anlagenbau 31%. [29] Expertisen der technisch-ökonomischen Parameter sowjetischer und von der UdSSR importierter Ausrüstungsgüter zeigen, daß die einheimischen die importierten übertreffen: an spezifischer Masse (Materialintensität) um das 1,1 bis 3,5fache, am spezifischen Energieverbrauch: um das 3-3,5fache, am je Produktionseinheit erforderlichen Raum: um das 2,4-10fache. [30]

Das Ausmaß des exzessiven Materialverbrauchs in der sowjetischen Industrie drückt sich umgekehrt aus im hohen ökonomischen Nutzen, den Einsparungen versprechen:

— Wenn je Rubel Produktionswert der Materialaufwand um eine Kopeke reduziert wird, kann das Nationaleinkommen um 13 Mrd R. steigen.[31]

— Die Einsparung von Schwarzmetall in Höhe von einem Rubel Produktionswert bedeutet Einsparung von 10 Rubel an Investitionskosten in den der Metallerzeugung vorgelagerten Bereichen. [32]

— Material- und Energieeinsparungen in Höhe von 5 Mrd. R. würden 30 Mrd. R. an Investionsmitteln im extraktiven Bereich und in Verarbeitungssektor freisetzen. [33]

Die *Ursachen* für die angedeutete Praxis hohen Material- und Energieaufwands in der sowjetischen Wirtschaft - hier vor allem für den Bereich der Industrie gezeigt - sind vielfältig, und sie stehen in wechselseitigem Zusammenhang. Hier sollen zwei allgemeine, direkt mit dem Planungs- und Leitungssystem der Wirtschaft verbundene und mehrere spezifischere technisch-ökonomische unterschieden und in geraffter Form bezeichnet werden. Zunächst die ersteren:

— Entgegen bereits weit zurückreichenden und wiederholt erneuerten Beschlüssen bleibt - zumindest bereichsweise - bis heute die Plankennziffer ‚Bruttoproduktion' (im Geldwert gemessen = ‚val') ausschlaggebend für die Bewertung der Wirtschaftätigkeit der betrieblichen Arbeitskollektive und damit entscheidend für Ansehen und Einfluß der Direktoren bei den Leitungsinstanzen und für die Höhe der Prämien und anderen Gratifikationen aller Beschäftigtengruppen. ,,Die mißliche Lage, die als Resultat wissenschaftlich unbegründeter Messung des Umfangs des gesellschaftlichen Gesamtprodukts und des Standes der Arbeitsproduktivität entstanden ist, vertiefte sich weiter dadurch, daß die Brutto-(Waren-)produktion sich allmählich in die grundlegende Bewertungskennziffer der Arbeit der Betriebe und Branchen verwandelte."[34]

Da die Preisbildung in der UdSSR faktisch[35] von den je tatsächlichen Produktionskosten ausgeht und eben nicht die betriebliche *Netto*produktion (Wert des Produktionsresultats abzüglich Vorleistungen), sondern der *Brutto*produktionswert als Indikator genommen wird, können die Betriebe die dominante Bewertungskennziffer umso leichter erreichen, je höher die Produktionskosten - einschließlich der Vorleistungen - sind.[36]

— Das Verständnis gesellschaftlichen Eigentums an den Produktionsmitteln hat in der UdSSR (kaum durch theoretische Begründung als vielmehr infolge pragmatischer Handhabung) die ökonomisch verhängnisvolle Praxis hervorgebracht, die betrieblichen Wirtschaftsmittel als gesellschaftliche bzw. staatliche mit der Konsequenz zu behandeln, daß sie beliebig zugeteilt, bezuschußt oder entzogen werden können. Das hat einmal zur Folge, daß Umfang und ökonomische Wirksamkeit dieser Mittel für die betrieblichen Arbeitskollektive von nachgeordneter Bedeutung sind: können sie als Kosten nicht erwirtschaftet werden, erfolgt eine Alimentierung, wird ein Überschuß hervorgebracht, wird er ganz oder zum überwiegenden Teil entzogen. [37] ,,Im jetzigen Wirtschaftsmechnanismus wird die für die einfache Reproduktion der finanziellen Ressourcen unerläßliche Anforderung nicht verwirklicht, die Umlaufmittel aus Einkommen, die in de Verfügung der Kollektive verbleiben, zu erneuern. Die finanziellen Ressourcen für die Entwicklung der Produktion sind nicht an die Resultate der Tätigkeit der Kollektive gebunden."[38]

Nur 22-25% der sowjetischen Industriebetriebe sind in der Lage, die Kosten ihrer Produktion vollständig selbst zu erwirtschaften.[39] Diese Praxis ständiger Umverteilung von betrieblichen Wirtschaftsmitteln hat zum anderen zur Folge, daß ihre reale ökonomische Wirksamkeit im Sinne von Rentabilität überhaupt nicht berechenbar ist.

Ohne Anspruch, daß damit alle Ursachenaspekte für die hohe Materialintensität der sowjetischen Industrie erfaßt werden, seien noch einige gegenüber den beiden unmittelbar mit dem ‚Wirtschaftsmechanismus' verbundenen spezifischere technisch-ökonomische Ursachen angedeutet:

Schlechte Qualität der Rohstoffe und Vorprodukte. Unzureichende Be- und Verarbeitungsfähigkeit oder geringe Ergiebigkeit von Produktionsmaterialien und Zwischenerzeugnisse hat in der Regel Mehrverbrauch zur Folge und trägt so zur Ressourcenvergeudung bei. Im Falle der Vorprodukte sind die gleichen Ursachen beteiligt wie bei den Endprodukten, worauf unten knapp eingegangen werden soll. Hinsichtlich der Rohstoffe stehen Qualitätsmängel wiederum mit Modalitäten des Planungs- und Leitungssystems im Zusammenhang. Rohstoffe (z.B. Eisenerz, Steinkohle, Rohöl) sind einförmige Güter, bei deren Bewertung sich das Kommensurationsproblem nicht stellt. Die Leistung der extraktiven Betriebe (Zechen) wird deshalb nicht im Geld-, sondern im Naturalausdruck (Gewicht) gemessen. Nun variiert jedoch in einer jeweiligen Fördermenge der Anteil des eigentlich nützlichen Elements (Erzgehalt des Gesteins, Anteil von Abraum in einer jeweiligen Fördermenge Kohle). Für diese Betriebe sind die Pläne evidenterweise bei vollständiger Entfernung des Abraums oder des tauben Gesteins schwerer zu erfüllen; hohe Qualität der Rohstoffe liegt mithin nicht in ihrem Interesse.[40] Die Verarbeitung von Rohstoffen geringerer Ergiebigkeit und Qualität ist aber nicht nur quantitativ weniger ertragreich, sie erfordert auch erhöhten Brennstoff-, Energie- und Arbeitsaufwand.

Obsoleszenz von Maschinen und Anlagen. Offenkundig wirken sowohl die physische wie die ‚moralische' Obsoleszenz von Maschinen und Produktionsaggregaten in Richtung der Erhöhung des Materialverbrauchs. Im ersten Falle ist vor allem die geringere Genauigkeit und Zuverlässigkeit der Bearbeitung der Grund, im zweiten, daß der Vorzug neu entwickelter oder verbesserter Arbeitsmittel oft gerade in ihrer geringeren Verbrauchsintensität liegt.[41] Ein beliebiges Beispiel für die Vergeudungseigenschaft veralteter Technik sind die kraftstoffschluckenden Lastkraftwagen der Autofabrik in Gorki. „Überall führen wir den Kampf für die Einsparung von Brennstoffen, und irgendwo erzielen wir unter nicht geringem Kraftaufwand Erfolge. Aber letzten Endes geht das erreichte Resultat zunichte: der gewaltige Park alter LKW ist imstande, ohne Nutzen den eingesparten Brennstoff in seinen verschwendenden Motoren zu verbrennen."[42]

Ungenügende Produktdiversifizierung. Bei Produktionsmaterial führt unzureichende Differenzierung der Maße, Gewichte, Stärken zur Verschwendung, weil bei Fehlen der benötigten Profile die je größeren, schwereren usw. genommen und entsprechend zurechtgeschnitten, -gedreht, -gefräst, gebohrt werden. So gehen in der sowjetischen Metallverarbeitung jährlich 20 Mio t Metall in Form von Spänen und Abbrand verloren.[43] In den sowjetischen Stahlwerken werden 4000 Walzgut-Profile erzeugt; allein in den Klöckner-Hütten in der BRD 10.000.[44]

Bei Fertigerzeugnissen, vor allem bei Produktions- und Transportmitteln, führt unzureichende Differenzierung zu unnötigem Energie-, Brennstoff- und Materialaufwand. Infolge der aus den Anfangsjahren der sowjetischen Industrialisierung tradierten, ökonomisch unsinnigen Gigantonomie bedeutet geringe Diversifizierung zumeist Überwiegen großer, schwerer, kapazitätsstarker Maschinen, Fahrzeuge etc. In der sowjetischen Presse wird häufig auf die Diskrepanz zwischen benötigten und hergestellten Traktoren- und LKW-Typen hingewiesen. ,,Jedes Erzeuger-Werk ist bestrebt, die Kapazität der Traktoren zu erhöhen ... Jetzt bereitet man die Produktion einer Maschine mit 100 PS vor. Wozu? Wahrlich, jedes neue, stärkere Modell ist für den Benutzer und für das Land weniger nützlich als das vorherige: es erhöht sich der Verbrauch von Brennstoff, Metall usw."[45]

Im Metallbereich wird in der UdSSR bei 80% der Dreharbeiten eine Kapazität bis 100 mm benötigt, aber 92% der erzeugten Drehbänke und Aggregate haben eine Kapazität von über 250 mm. Für die Bänke mit geringerer Kapazität wären schwächere Elektromotoren als Antriebsaggregate ausreichend; so aber wird der Stromverbrauch in erheblichem Maße unnötig erhöht.[46]

Andererseits kann allerdings auch zu hohe Produktzersplitterung unökonomisch wirken. Sowjetische Ökonomen fordern z.B. die Vereinheitlichung von Einzelteilen, die in unterschiedlichen Typen von Maschinen Verwendung finden und deshalb in größeren und rentableren Serien gefertigt werden könnten.[47]

Infrastruktur-Defizite. Unzureichender Ausbau des Transport-Sektors, hohe Defizite an Lagerkapazitäten und eine unentwickelte Verpackungsindustrie bilden zusammen den vermutlich stärksten Verlustfaktor der sowjetischen Wirtschaft. Sicher spielen die Dimensionen sowie geographische und klimatische Bedingungen des Landes eine gewisse Rolle für die Transportprobleme. Vorrangig ist nach Einschätzung sowjetischer Ökonomen[48] aber wiederum die kurzsichtige und bis heute nachwirkende Produktionsfixierung von Politikern und Planern in den 30er bis 50er Jahren. Transport- und vor allem Lagerungseinrichtungen galten einfach als ,nicht produktiv' und deshalb als vernachlässigbar.

In jüngerer Zeit häufen sich in der sowjetischen Tages- und Fachpresse Berichte von Einzelbeispielen der so bedingten Verluste an wirtschaftlichen Werten aller Art. Die Gesamtverluste werden auf 6-8% der gesellschaftlichen Bruttoproduktion geschätzt: auf 60-80 Mrd. R. 1980 und 80-110 Mrd. R. 1985.[49] Besonders hoch sind die Verluste im Agrarsektor. Die transport- und lagerbedingten Einbußen an Getreide sollen etwa die Höhe der jährlichen Importe (schwankend zwischen 25 und 35 Mio t) ausmachen. Der sowjetische Staat kauft im Jahr 17 Mio t Kartoffeln auf, davon erreichen aber nur etwa 40% die Verbraucher[50] (die Differenz ist nicht ganz, aber überwiegend durch Transport- und Lagerdefizite bedingt). Tichonow verweist ohne Zahlenangabe auf hohe Verluste an Milch und Schlachtvieh, die daraus entstehen, daß - wiederum - riesige, aber viel zu wenige und mithin über große Entfernungen verstreute Schlachthöfe und Molkereien errichtet wurden. Fehlendes Verpackungsmaterial und mangelhafte Transportmittel verursachen Verluste bei der Beförderung von Kunstdünger und Zement in Höhe von 15% und bei Früchten und Gemüse von 20-30%.[51] Von 1 m³ Nutzholz gehen beim Flößen und bei der

Verladung 0,7 m³ verloren.[52]

Im Zusammenhang des im Frühherbst 1988 in der UdSSR heiß diskutierten Papiermangels, der zur Einschränkung der Möglichkeit zum Abonnement von Zeitungen und Zeitschriften beitrug, verwies ein Artikel in der ‚Ekonomičeskaja Gazeta'[53] auf Transportverluste bei aus der DDR importiertem Papier sowohl wegen ungeeigneter Bahnwaggons wie wegen fehlender Lagerkapazitäten am Bestimmungsort Kiew. Von 278 Waggonladungen, die im Juli 1988 Brest erreichten, war in 218 das Papier beschädigt. Es wird jedoch vermerkt - und auch dieser Aspekt ist verallgemeinerbar - daß Verluste zugleich durch den sorglosen Umgang mit dem Transportgut beim Be- und Entladen entstehen, wenn etwa das Papier im Selbstlauf aus den Waggons auf die Laderampe gerollt wird. Darin findet jedoch auch der häufig beklagte Mangel an Ladeausrüstungen (z.B. Gabelstapler) Ausdruck.

Qualitätsmängel. Der Begriff ‚Qualität' wird in der sowjetischen Wirtschaftspublizistik insofern etwas weiter als in unserem Verständnis gefaßt, als er zugleich den technischen Standard jeweiliger Erzeugnisse einbezieht. Daß Qualitätsmängel in diesem Sinne Ressourcenvergeudung in verschiedenen Formen bewirken, ist evident. Wenn Waren für den privaten Bedarf wegen qualitätsmäßiger und/oder modischer Defizite keinen Absatz finden, was u.a. bei Textilien und Schuhen in erheblichem Maße der Fall ist, wurden ‚vergegenständlichte' (Rohstoffe, Vorprodukte) und ‚lebendige' Arbeit umsonst verausgabt. Zusätzliche Arbeit in beiden Formen muß aufgewandt werden, wenn die Erzeugnisse reparaturanfällig sind, was in der UdSSR bei technischen Gebrauchsgütern wie Küchengeräten, Kühlschränken, Staubsaugern und - seit Jahren ein heißes Thema - bei Farbfernsehern eine allgemeine Erscheinung ist.

Sind Produktionsmittel technisch rückständig, ist - wie bereits festgestellt - im allgemeinen ihr Material- und Energieverbrauch höher. Bei hoher Reparaturanfälligkeit ist die Aufwandswirkung die gleiche wie bei technischen Gebrauchsgütern, allerdings in der Regel in größerem Umfang. Nutzlos verausgabter Arbeit in beiden unterschiedlichen Formen kommt nahe, wenn Arbeitsmittel wegen häufiger Defekte lange Zeit ungenutzt bleiben, was z.B. bei landwirtschaftlichen Maschinen in hohem Maße der Fall ist. Bei Traktoren werden aus diesem Grunde die keineswegs sehr hoch angesetzten Einsatznormative (Anwendungsstunden innerhalb eines bestimmten Zeitabschnitts) nicht erreicht. Würden sie eingehalten, könnten rechnerisch zwischen 1986 und 1990 480.000 Traktoren weniger erzeugt werden.[54]

Der Sachverhalt ausgeprägter Qualitätsmängel sowjetischer Erzeugnisse beinahe jeglicher Art ist in der UdSSR so unbestritten und wird in der Presse in einer solchen Breite dokumentiert,[55] daß im gegebenen Zusammenhang Nachweise entbehrlich sind und Beispiele zu viel Raum beanspruchen würden. Verwiesen sei deshalb nur auf den neben den Farbfernsehern häufigsten Gegenstand von Klagen und Kritik: Mangel an haltbaren und formschönen Schuhen. Dabei werden in der UdSSR im Jahr mehr als 800 Mio Paar produziert und damit pro Kopf der Bevölkerung mehr, als normalerweise benötigt und gekauft werden. Ein nicht geringer Teil findet in der Tat keinen Absatz, während importierte Schuhe (z.B. aus Jugoslawien oder der ČSSR) im Nu ausverkauft sind.

Antworten auf die sich aufdrängende Frage nach den Ursachen der Mangelhaftigkeit sowjetischer Erzeugnisse können nur unvollständig und verkürzt angedeutet werden, wobei der Aspekt des technischen Niveaus in einem späteren Zusammenhang erörtert wird:

Ein allgemeiner Grund ist wie bei vielen Erscheinungsformen ökonomischer Mängel zu wiederholen: die vorrangige Bewertung und Gratifizierung der Tätigkeit der betrieblichen Arbeitskollektive nach quantitativen Kennziffern bedeutet a priori Nachrangigkeit von Qualitätsaspekten. Das Standardargument von Ministern, Betriebsleitern, Ingenieuren oder Meistern, die wegen qualitativer Mängel ‚ihrer' Produkte in der Presse oder in Fernsehdiskussionen kritisiert werden, ist der Verweis auf die schlechte Qualität von Rohstoffen, Vorprodukten und auch Arbeitsmitteln. Es ist in der Tat schwierig, den Beginn der Ursachenkette oder besser: des circulus vitiosus ausfindig zu machen. Die zwar nicht allgemeinen, aber überwiegenden Warendefizite führen zur Situation von ‚Anbietermärkten', auf denen der Produzent, nicht der Käufer ‚König' ist. Das ist in der UdSSR umso mehr der Fall, als die plangeleitete Allokation der Erzeugnisse den Herstellern den Absatz weitgehend garantiert. Die nicht verkäuflichen Waren bleiben stärker im Handel als bei den Produzenten liegen. Der Handel nimmt aber in Anbetracht des verbreiteten Mangels und der eigenen Umsatzpläne, was er zugewiesen bekommt. Ungeachtet zahlloser Beschlüsse, Resolutionen, Dekrete und Anweisungen, die Verbesserung der Produktqualität postulieren, vorschreiben und Kontrollen verschärfen, bleibt die negative Sanktionierung funktionsschwacher, defektanfälliger usw. Erzeugnisse für Direktoren und Arbeitskollektive wenig empfindlich. Eine Ausnahme davon war verbunden mit der bereichsweisen Einführung einer staatlichen Qualitätsabnahme Anfang 1987. Die daraus folgenden Lohneinbußen erzeugten aber in den Betrieben eine solche Unruhe, daß die Kontrollen abgeschwächt wurden. Schon Ende 1988 las man in der sowjetischen Tages- und Fachpresse nur noch wenig über Resultate der Staatsabnahme. Wenig wirksam, zum Teil sogar kontraproduktiv sind die Modalitäten der Gratifizierung qualitativ anspruchsvoller oder zumindest zureichender Erzeugung. Sie sollen hier im einzelnen nicht erläutert werden. Angedeutet sei nur ihre allgemeine Problematik: bei der zugrundeliegenden Organisationsweise der gesellschaftlichen Produktion in der UdSSR befinden sich die Protagonisten der betrieblichen Wirtschaftstätigkeit nicht in der Situation, um die Realisierung (den Absatz) der erzeugen Werte konkurrieren und in diesem Zusammenhang Qualität gewährleisten und auch steigern zu müssen. Für sie geht es lediglich darum, einen administrativ - und das heißt hier: nicht von den potentiellen Abnehmern fixierten und nur selten erhöhten - Mindeststandard zu erreichen. Die Wirkung dieser unterschiedlichen Handlungsparameter auf das Niveau und die Änderungsdynamik von Qualität sind gleichfalls verschiedenartig.

Formen der Fixierung und Regulierung des Ressourcenverbrauchs. Der hohe, zuweilen verschwenderische Ressourcenverbrauch in der sowjetischen Wirtschaft ist innerhalb des überkommenen Planungs- und Leitungssystems für die betrieblichen Arbeitskollektive ohne spürbare Folgen. Sparsamer Umgang mit Wirtschaftsmitteln befördert ihre Arbeits- und Einkommensinteressen wenig und wirkt mithin nicht handlungsleitend.

Die gesamtwirtschaftlich orientierte Planung und Leitung der betrieblichen Produktionsprozesse schließt deshalb Vorkehrungen zur Begrenzung und Reduktion des Ressourcenverbrauchs ein. Sie lassen sich unterscheiden in Vorschriften und

Aufgaben, deren Mißachtung gleichsam geahndet wird und in Postulate und gleichfalls Aufgaben, deren Erfüllung gratifiziert wird. Die vorliegenden Daten (siehe Tabelle 1) zeigen, daß die Entwicklung der sowjetischen Wirtschaft auf diesem Gebiet positiv verläuft, die entsprechenden Maßnahmen also wirksam sind. Allerdings ist das noch bei weitem nicht im erhofften Maße der Fall, und die in der Tabelle ausgedrückte Tendenz der Abnahme des spezifischen Materialverbrauchs sagt nichts über die Ausgangslage und damit über das jetzt erreichte absolute Verbrauchsniveau aus.

Bevor die Ansätze zur Regulierung des Materialaufwands und ihre Problematik knapp bezeichnet werden, ist nochmals der schon angedeutete allgemeine Sachverhalt zu betonen, der ihre Wirksamkeit begrenzt: die Ingenieure, Meister und Arbeiter in den Betrieben wissen am genauesten, was die ökonomischsten Verbrauchsnormen sind. Diese sind für sie aber weniger verhaltensleitend als die Sanktionierungs- und Gratifizierungsnormen der übergeordneten Instanzen, die die optimalen Verbrauchsmargen in der Regel deutlich verfehlen. Denn die Unterbietung des bereits mit Prämien belohnten Verbrauchs würde, wie noch zu zeigen ist, schon bald negativ auf die Beschäftigten zurückwirken. Man orientiert sich deshalb nicht am Ersparnisoptimum, sondern am prämienverheißenden -minimum.

— Für einen erheblichen Teil der Rohstoffe und Vorprodukte gibt es in der UdSSR Verbrauchsnormen. Bedenkt man, in wie viele unterschiedliche Erzeugnisse ein jeweiliger Rohstoff eingeht und wie verschiedenartig die technischen und organisatorischen Produktionsbedingungen sind, dann deuten sich sowohl die ungeheure Vielzahl dieser Normen wie auch ihre unvermeidbare Ungenauigkeit an. Die diese Normen festsetzenden Instanzen, wie Gosplan, Gosstandard, die Zweigministerien sind zudem auf die Mitwirkung von Ingenieuren und Technikern der Betriebe bei der Feststellung der Bedarfsgrößen angewiesen, die nicht an der ,Offenlegung ihrer Karten' interessiert sind. Wegen veränderter Produktionsmaterialien, -techniken und -organisationsformen bedürfte es auch regelmäßiger Überprüfungen der Normative, die aber nur in großen zeitlichen Abständen erfolgen. Im Bereich des Ministeriums für Geologie wurden 1983 je 1000 Meter Bohrung 46,6 t Rohre benötigt. 1984 betrug die bestätigte Verbrauchsnorm 52,5, 1985 53 t[56].

— Teilweise setzen die Betriebe die Verbrauchsnormen selbst auf der Grundlage methodischer Anweisungen der übergeordneten Instanzen fest. Allein in der lettischen Industrie gab es 1985 10 solche sich unterscheidende Anleitungen für die Berechnung kombinierter Verbrauchsnormen.[57] Die Ingenieure und Techniker in den Betrieben können sich so die für sie günstigste Rechnungsart auswählen, die zu Normen führt, die ein gehöriges Reservepolster einschließen. Im übrigen verfügen nicht selten Betriebe über Verbrauchsnormen, nicht aber über die erforderlichen Geräte zur Verbrauchsmessung.[58]

— Die Nichteinhaltung von Verbrauchsnormen wird relativ geringfügig geahndet. 1983 wurden z.B. im Bereich von 29 Zweigministerien die Aufwandnormen um einen Gesamtwert von 1,8 Mrd. R. überschritten. Der in den Lohnfonds eingeschlossene Prämienfonds wurde deshalb um 6% des Werts des Überverbrauchs reduziert (um 108 Mio R.). Auf den Lohnfonds bezogen, machte das 1% aus.[59] Möglicherweise hätten die Betriebskollektive mehr eingebüßt, wenn die Einhaltung der Normen die Erfüllung der Produktionspläne gefährdet hätte.

— Aufwandreduktion wird zum einen durch die Plankennziffer (Planaufgabe) ,Senkung des Materialverbrauchs je Rubel Warenproduktion' angestrebt. Hierbei ist es den Betrieben überlassen, bei welchen Materialien oder Vorprodukten sie die Einsparung erbringen. Die Wirksamkeit dieses Regulativs wird dadurch begrenzt, daß die Planung ‚vom erreichten Stand' aus erfolgt, d.h. die Einsparungsaufgaben werden fortgeschrieben. Deshalb sorgen die Betriebe für Reserven, indem sie den Verbrauch weniger reduzieren, als es möglich wäre.[60] Zuweilen werden sogar Maschinen so konstruiert, daß sie eine Zeitlang Senkung des Materialverbrauchs ohne besondere Anstrengung ermöglichen.[61]

— Zum anderen gibt es Kennziffern für die Verbrauchssenkung konkreter Ressourcen; 1984 allerdings nur für 15% aller Rohstoffe, Materialien und Vorprodukte.[62] Hierbei werden die entsprechenden Anweisungen strikt und schematisch, ohne Berücksichtigung der besonderen Gegebenheiten erteilt. Das führt zu Absurditäten wie der, daß ein mechanischer Betrieb in Gorki taugliches Zink kauft, um seiner Planaufgabe zur Ablieferung von Buntmetallabfällen zu entsprechen.[63] In der Presse wird auch öfter darüber berichtet, daß Betriebe bewußt Produktionsrückstände ‚erzeugen', um die im Plan geforderten Späne u.ä. liefern zu können.[64]

— Von Wirtschaftswissenschaftlern wie -praktikern wird oft kritisiert, daß die Prämierung der Ressourceneinsparung eine zu geringe ist. Die auf diesem Wege erreichbaren Gratifikationen liegen in vielen Fällen pro Beschäftigten und Monat in Kopekenhöhe, pro Jahr bei wenigen Rubeln.[65] Der Anreiz ist umso geringer, als Ökonomisierungsanstrengungen prämienrelevantere Plankennziffern gefährden können.

Lagerhaltung. Zu den Umlaufmitteln in der Wirtschaft zählen die Kosten der Lagerhaltung. Zwei Arten von Lagern (die in sowjetischen Statistiken oft nicht getrennt ausgewiesen werden) sind zu unterscheiden: Vorratslager für Rohstoffe, Vorprodukte, Ersatzteile u.ä. und Lager von Fertigerzeugnissen. Die erstgenannten dienen vor allem der Gewährleistung kontinuierlicher Produktionsabläufe, die letzteren sind infolge der nicht völlig vermeidbaren zeitlichen Differenzen zwischen Fertigungsende und Versand der Waren an die Abnehmer sowie wegen der nicht nahtlos herstellbaren Koordination von Produktion und Absatz erforderlich. Der materielle wie der Arbeitsaufwand der Lagerhaltung gehören zu den Produktionskosten, oder genauer: zu denen der Zirkulation der Wirtschaftsmittel und der Fertigprodukte als einer notwendigen Phase im Gesamtprozeß de betrieblichen Wirtschaftskreisläufe. Als Aufwandfaktoren gehen die Kosten der Lagerhaltung mithin in die Rechnung ein, die den Wirksamkeitsgrad der Wirtschaftstätigkeit anzeigt. Er wird beeinträchtigt, wenn größere Materialvorräte gehalten werden, als sie bei optimaler Arbeitsorganisation funktional erforderlich sind oder wenn die Fertigerzeugnisse über die ‚normale' Dauer hinaus auf Lager verbleiben.

Ende 1986 war der Wert der (nicht nach den beiden Formen unterschiedenen) Lager in der sowjetischen Wirtschaft fast 470 Mrd. R. (= 80% der Höhe des Nationaleinkommens im gleichen Jahr).[66] Die Lager im Bereich der Industrie hatten einen Wertumfang von knapp 162 Mrd. R., = 79,1% des Werts der gesamten Umlaufmittel der Industrie und 19,4% ihres Produktionswerts im gleichen Jahr.[67]

Nach Berechnungen sowjetischer Ökonomen haben die Lager ihrer Wirtschaft vergleichsweise[68] den dreifachen Umfang der Lager der US-amerikanischen Privatwirtschaft. Während in den entwickelten kapitalistischen Volkswirtschaften in jüngerer Zeit durch den Einsatz von EDV, Programmsteuerung und Automatisierung die Lagerhaltung reduziert wird, nimmt sie in der UdSSR auch relativ weiter zu, d.h. sie wächst wertmäßig rascher als das Nationaleinkommen. 1970 kamen auf 100 R. Produktionswert 16,8 R. Wert der Lager, 1985 waren es 20,3 R.[69] Während die Lager des sowjetischen Handels in der Phase des 10. FJP1 (1976-1980) im Umfang von 20% des Einzelhandelsumsatzes wuchsen, so zwischen 1981 und 1984 im Umfang von 58% dieser Vergleichsgröße.[70] Dabei steigen die Lager unverkäuflicher Produkte rascher als die Vorratslager an. So stieg die ‚erzeugte' Jahresproduktion im Bereich des Ministeriums für Leichtindustrie der UdSSR auf 100 Mrd. R., die ‚realisierte' Produktion dagegen nur auf 64 Mrd.[71]

Der Grund des Bestrebens sowjetischer Betriebsleiter, hohe Materiallager anzulegen, wurde schon in anderem Zusammenhang erwähnt: die ausgeprägte Funktionsschwäche des plangeleitet-administrativen Systems der Ressourcenallokation hat ständige Produktionsunterbrechungen wegen ausbleibender Zufuhr zur Folge, die die Erfüllung der Planaufgaben gefährden. Insoweit ist das ökonomische Verhalten der Betriebsleiter, gemessen an den Funktionsbedingungen der Wirtschaft und an den Prioritäten der politischen Führung, ausgedrückt in der Gewichtung der Plankennziffern, rational. Nicht zuletzt deshalb zeitigten die Appelle an die Betriebskollektive, die Lager zu reduzieren, keine Wirkung und auch handfestere Regulative, wie Planaufgaben zur kontinuierlichen Verringerung allenfalls zeitweilige und geringe. Denn die Sanktionen sind analog zu den Plankennziffern gewichtet, und dabei stehen die Ergebniskennziffern noch immer über den Aufwandnormativen.

Die Hauptursache für die Lager unverkäuflicher Produkte liegt in den im letzten Abschnitt angesprochenen Qualitätsmängeln der Erzeugnisse (einschließlich ästhetischer Defizite und seltener Sortimentserneuerung). Dabei ist die Produktionsfixierung der Planungs- und Leitungsorgane noch so ausgeprägt, daß sie Produktionserhöhungen selbst dort vorschreiben, wo die Lager unabsetzbarer Waren schon überquellen.[72]

Solche Lager bilden sich aber auch aus einem für die sowjetische Wirtschaft schwer zu vermutenden Grund, nämlich wegen der Stornierung von Aufträgen durch die Besteller. Dabei geht es vor allem um Produktionsgüter. Da diese in der UdSSR nicht gehandelt, sondern zugeteilt werden, vermutet man bei den präsumptiven Abnehmern auch nicht die Kompetenz zur Auftragsstornierung. Letztlich geht diese auch von Gosplan oder vom Finanzministerium der UdSSR oder vom je zuständigen Zweigministerium aus. So, wie die Betriebe zunächst einmal Planaufgaben für ihre Produktion bekommen und *danach* mit Lieferanten und Beziehern entsprechende Verträge abschließen, ist es auch im Falle von Investitionen. Zusagen über die Zuteilung entsprechender Finanzmittel erhalten die Betriebe zumeist einige Jahre im voraus. Sie können sich daraufhin nach Lieferanten für die benötigten Maschinen oder Anlagen umsehen, die im Falle ihrer Bereitschaft die bestellten Aggregate in den Planvorschlag für das betreffende Jahr aufnehmen. So wie jedoch Produktionspläne häufig geändert werden, so auch Investitionspläne. Gosplan z.B. gewichtet Prioritäten neu, und bewilligte Investitionsvorhaben werden verschoben oder völlig kassiert. Den betroffenen Betrieben bleibt nur die Stornierung der Aufträge. Dabei geht es nicht selten um Aufträge großen Ausmaßes, auch um bestellte Unikate, spezifisch für einen Einzelauftrag entwickelte Großanlagen. Zur

Zeit der Stornierung sind dann zumeist schon Arbeit und Materialien in erheblichem Umfang aufgewandt worden.

4.3 Unzulängliche Nutzung des gesellschaftlichen Arbeitspotentials

Bei der Begründung der schon in den 70er Jahren erhobenen Forderung nach einem Übergang zu intensiven Methoden der Wirtschaftsentwicklung fehlte selten der Verweis auf die tendenzielle Erschöpfung des Arbeitspotentials. Zwischen 1960 und 1970 erhöhte sich die Anzahl der Arbeiter und Angestellten in der UdSSR um 45,5%, im nachfolgenden Jahrzehnt um 24,7%, im Jahrfünft 1980-1985 nur noch um 4,7%.[73] Dieser Rückgang des Beschäftigtenzuwachses drückt sowohl die allmähliche Erschöpfung der möglichen Migration vom Land in die Städte[74] aus wie auch demographische Tendenzen (wobei allerdings auch zu bezweifeln ist, daß die sowjetische Industrie und der tertiäre Sektor einen ständigen Arbeitskräftezuwachs in Höhe der 60er Jahre hätten absorbieren können). Jedenfalls wird seit geraumer Zeit Arbeitskräftemangel als die Wirtschaftsentwicklung hemmender Faktor betont.

Dabei sind jedoch -und das wird überwiegend erkannt - das tendenzielle Ende der Land - Stadt - Wanderung und die Geburtenrückgänge nicht die eigentlichen Probleme. Es geht nämlich nicht vorrangig um Arbeitskräftemangel an sich oder überhaupt, weil:

— es auf die UdSSR als ganze bezogen Arbeitskräftemangel und Arbeitsplatzmangel zugleich gibt. Die demographische Entwicklung ist alles andere als homogen; grob gesagt, gibt es hohe Geburtenüberschüsse in den mittelasiatischen Republiken, in Kasachstan und in Transkaukasien[75] einerseits und andererseits tendenzielle Stagnation der Bevölkerungszahlen in den baltischen Republiken und in der RSFSR (der russischen Föderation). Die Industriealisierungsdichte ist jedoch in den erstgenannten Gebieten im ganzen gering, in den letzteren dagegen relativ hoch. Aber auch das ist eine sehr globale Feststellung. In Wirklichkeit gibt es - insbesondere innerhalb der RSFSR - auch die Diskrepanz zwischen Unterbeschäftigung in den kleinen und mittleren Städten des flachen Landes und Arbeitskräftemangel in den industriellen Zentren;

— die optimale Nutzung und raschere Entwicklung des materiellen Produktionspotentials weniger durch generellen Arbeitskräftemangel behindert wird als durch Qualifikationsdefizite, genauer: durch Nichtentsprechung der im Bildungs- und Ausbildungssystem vermittelten und der erheischten Kenntnisse und Fertigkeiten;

— auch in den Regionen, in denen über Arbeitskräftemangel geklagt wird, viele Betriebe mit Beschäftigten übersetzt sind und dieses Arbeitspotential aus unterschiedlichen Gründen unzureichend genutzt wird (oder genutzt werden kann).

Eine Reform des Planungs- und Leitungssystems und damit der Funktionsweise der sowjetischen Wirtschaft muß Entscheidungen treffen und konsequente Schritte zur mehr oder minder gleichzeitigen Lösung der angedeuteten Probleme einleiten. Im gegebenen Zusammenhang können jedoch nur wenige Aspekte dieses breiten und vielschichtigen Themas skizziert werden. Sie betreffen den im letzten Spiegelstrich angedeuteten Sachverhalt, der unmittelbar die schon umrissene Funktionsweise des überkommenen ‚Wirtschaftsmechanismus' ausdrückt. Es ist das zugleich der Faktor, in dem sowjetische Ökonomen heute die größte *Reserve* zur Steigerung des Wirksamkeitsgrades der Wirtschaftätigkeit vermuten.[76]

Als wichtigster Indikator der Effizienz der gesellschaftlichen Wirtschaftstätigkeit auf allen Ebenen und in allen Sphären der Ökonomie gilt in der UdSSR der der Arbeitsproduktivität.[77] Sie stieg in der Gesamtwirtschaft (als Quotient des Nationaleinkommens je Arbeiter in der Materiellen Produktion) in der Phase des

    8.   FJP1   (1966-1970) um 6,8%   im Jahresdurchschnitt [78]

    9.   ”   (1971-1975) um 4,5%   ”

   10.   ”   (1976-1980) um 3,3%   ”

   11.   ”   (1981-1985) um 3,1%   ”

Dieser Rückgang der Zuwachsraten wird in der UdSSR allgemein als bedrohliches Indiz gewertet, obgleich die bloßen Zahlen das nicht unbedingt kundtun. Denn auch in den kapitalistischen Volkswirtschaften ist mit fortschreitender ‚Reife' der Industrialisierung das (zyklisch schwankende, deshalb im Durchschnitt aufeinanderfolgender Phase berechnete) Wachstum der Arbeitsproduktivität gesunken. Die Beunruhigung sowjetischer Politiker und Ökonomen ist aber insofern berechtigt, als die Wirtschaft der UdSSR einen entsprechenden Reifegrad noch längst nicht erreicht hat. Während in den 50er Jahren die Arbeitproduktivität in der UdSSR in Raten wuchs, die 40% über denen der USA lagen, so übertrafen sie diese in der ersten Hälfte der 80er Jahre nur noch um 5%. Absolut gesehen (d.h. Produktionswert pro Beschäftiger bzw. Arbeiter) erreichte die Arbeitsproduktivität in der sowjetischen Industrie 1986 nur 55% der US-amerikanischen, die in der Landwirtschaft nur 20-25%.[79] Der hinsichtlich aller Aufwandfaktoren geringe Wirksamkeitsgrad der sowjetischen Wirtschaft drückt sich auch darin aus, daß die Diskrepanz hinsichtlich des *Umfangs* der Industrieproduktion geringer ist als die der Arbeitsproduktivität, mithin Effizienzrückstand partiell durch Aufwandmasse wettgemacht wird. Das aber ist gerade ein Indiz extensiven Wachstums.

Abgesehen von internationalen Vergleichen sind es vor allem die zahlreichen ‚defizitären', mithin entwicklungsbedürftigen ökonomischen und sozialen Bereiche der UdSSR (Nahrungsmittel- und Konsumgüterversorgung, Wohnungsmangel, Bedarf an Schulen, Krankenhäusern, Freizeiteinrichtungen, Infrastrukturen, Landwirtschaft, Ausgleich regionaler Entwicklungsdiskrepanzen u.a.), deren Probleme nur durch ‚Intensivierung', durch Steigerung des Wirksamkeitsgrades der gesellschaftlichen Arbeit verringert und auf längere Sicht gelöst werden können.

Bevor einige wesentliche ‚Reserven' der Intensivierung der Wirtschaftätigkeit im betrieblichen Bereich angedeutet werden,[80] mag eine Bemerkung angezeigt sein:

Effektivierung der gesellschaftlichen Arbeit im Bereich der unmittelbaren Produktion, in den Betrieben, steht in mehr oder minder ausgeprägtem Widerspruch zu den Arbeits- und Einkommensinteressen der Beschäftigten. Wenn nach Marx, auf den sich ja bis heute sowjetische Politiker und Wissenschaftler berufen, die Freiheit „auf diesem Gebiet" (d.h. im Bereich der materiellen Produktion) nur darin bestehen kann, daß „... die assoziierten Produzenten diesen ihren Stoffwechsel mit der Natur rationell regeln, unter ihre gemeinschaftliche Kontrolle bringen, ... ihr mit dem geringsten Kraftaufwand und unter den ihrer menschlichen Natur würdigsten und adäquatesten Bedingungen vollziehen"[81]), dann geht es darum, einen *wirklichen* (alle erfassenden, auf egalitärer Grundlage und mit rationalen Argumenten herbeigeführten) Konsens darüber zu erzielen, welche Formen der Arbeitsgestaltung *konkret* die ‚der menschlichen Natur würdigsten' sind *und* wie man deren Gewährleistung gewichten will im Verhältnis zum Aspekt möglicher Erhöhung des materiellen Wohlstands durch gesteigerte Effizienz (= Produktivität) der Arbeitsorganisation. Im *Prinzip* ist das die einzig authentische sozialistische Lösung des Problems, deren Praktizierung in der UdSSR in näherer Perspektive ziemlich unwahrscheinlich ist. Immerhin mag ein hinlänglich realisierter ‚Pluralismus der Interessen', der ja parteioffiziell postuliert wird, dazu beitragen, die Entscheidungsprozesse durchsichtiger zu machen und partizipatorischer zu gestalten. Im übrigen dürfen, gerade beim derzeitigen Zustand der sowjetischen Ökonomie, Rationalität und Humanität nicht ausschließlich auf der Seite der Gestaltung der Arbeitsbeziehungen und -bedingungen gesucht und erwartet werden, sondern *auch* auf der des Umfangs und der Verteilung der Produktionsresultate. Stehen diese in einem derartigen Mißverhältnis zum gesellschaftlichen und individuellen Bedarf wie heute, überzeugt der rechtfertigende Verweis auf die Abwesenheit von Streß und rigider Arbeitsdisziplin wenig.

Bei der folgenden Bezeichnung von Momenten betrieblicher ‚Effizienzreserven' werden wir wiederholt auf schon in anderen Zusammenhängen angesprochene Sachverhalte stoßen.

Zum Umfang ‚überflüssiger' Beschäftigung. Das Faktum verbreiteter betrieblicher Arbeitskraftreserven wird in der sowjetischen Tages- und Fachpresse ständig thematisiert:[82]) Angaben über den Umfang finden sich jedoch selten. Es wird darauf verwiesen, daß der Arbeitskräfteüberschuß in den Betrieben „verdeckten Charakter" habe und deshalb die offizielle Statistik darüber keine Angaben machen könne. An gleicher Stelle wird das Arbeitskräftedefizit Anfang der 80er Jahre mit 2-2,5 Mio nicht besetzten Arbeitsplätzen bezeichnet.[83]) Schätzungen der betrieblichen Überbeschäftigung liegen aber deutlich darüber, etwa bei 10 Mio Arbeitern und Angestellten seit mindestens 15 Jahren.[84]) So konzediert z.B. auch ein Gosplan-Wissenschaftler, daß zwar ohne Abbau der überschüssigen Beschäftigung das Problem der Steigerung der Arbeitsproduktivität nicht zu lösen sei, daß eine konsequente Verringerung aber Probleme des Arbeitsplatzmangels mit sich bringe und entsprechende Vorkehrungen zur Steuerung der Berufswahl, der Arbeitskräfteverteilung, für Umschulungsmöglichkeiten sowie auch zur Erhöhung des Bedarfs an Beschäftigten durch verschiedene Formen der Verkürzung der Lebensarbeitszeit zu treffen seien.[85])

Zu den Ursachen und Motiven der ‚überschüssigen' Beschäftigung in den Betrieben. Den sowjetischen Betrieben ist keineswegs freigestellt, wieviele Arbeiter und Angestellte sie beschäftigen. Die Lohn- und Gehaltssumme (der ‚Lohnfonds') bedarf der Bestätigung durch die wirtschaftsleitenden Instanzen, unterteilt in Lohnfonds der Arbeiter, des ‚ingenieur-technischen Personals' und der übrigen Angestellten. Zumindest bis Anfang der 80er Jahre war darüber hinaus verbindlich vorgegeben, wie viele Arbeiter jeweiliger Lohngruppen beschäftigt werden dürfen, wie viele Ingenieure, Techniker, Ökonomen mit welchem Ausbildungsprofil und in welchen Gehaltsstufen u.ä.m. Dieser rigide Dirigismus sollte im Zusammenhang von Reformansätzen 1979 und 1983 beseitigt werden und nur noch der Umfang der (unterteilten) Lohnfonds bestätigungsbedürftig bleiben. Daß trotz dieser der Intention nach strikten Arbeitskräfteplanung und -regulierung die Schaffung teilweise hoher Beschäftigtenreserven in den Betrieben möglich war, erklärt sich allgemein vor allem daraus, daß die Zweigministerien und die anderen beteiligten Instanzen bei der Festsetzung der Lohnfonds auf Bedarfsangaben der Betriebe angewiesen sind, die sie allenfalls unvollkommen überprüfen können (oder, zumindest im Falle der Ministerien, wollen). Für die Betriebsleitungen selbst besteht - im Unterschied zum Management im Kapitalismus - *im Prinzip* kein Anreiz[86] zur Reduktion der Beschäftigtenzahl, da steigende Rentabilität (als Folge von Arbeitskraftökonomie) keine vorrangige Bewertungskennziffer der Betriebsleitung ist und weil die so eingesparten Finanzmittel den Betrieben bestenfalls zum geringeren Teil zu eigener Verfügung verbleiben würden. Dagegen gibt es eine Reihe von (z.T. schon in anderem Zusammenhang erwähnten) Gründen, die eine tatsächliche oder potentielle Überbeschäftigung[87] notwendig oder zumindest nützlich machen:

— Die ausgeprägt schwankende Auslastung der Produktionsanlagen infolge der ungleichmäßigen Rohstoffzufuhr verlangt Arbeitskraftreserven für die Phasen der ‚šturmovščina', wenn zeitweilig auf Mehrschichtenbetrieb umgestellt wird.[88]

— Im Zusammenhang mit übernommenen ‚Patenschaften' (šefstvo) werden die Betriebe verpflichtet, Arbeitskräfte abzustellen, vor allem - aber keineswegs ausschließlich - für landwirtschaftliche Tätigkeiten. Ohne Reserven wären dann Produktionsunterbrechungen schwer vermeidbar, und die Planerfüllung wäre gefährdet. 1986 wurde der sowjetischen Industrie jeder Arbeiter durch solche und andere Verpflichtungen für 2.8 Tage entzogen (in der RSFSR für 3,3 Tage), wobei knapp 50% für landwirtschaftliche und mehr als 15% für örtliche Bauarbeiten aufzuwenden waren.[89] Das scheint nicht dramatisch viel; es ist jedoch zu berücksichtigen, daß diese Durchschnittsdaten bereichs- und phasenweise Häufungen verdecken, die für nicht wenige Betriebe stark ins Gewicht fallen.

Nach diesen beiden Ursachen bzw. Motiven ‚tatsächlicher' nun allgemeine Gründe für ‚potentielle' Überbeschäftigung:

— Mit der Intention, ohne hohe Investitionen in die jahrzehntelang vernachlässigte Leichtindustrie die Konsumgütererzeugung zu steigern, wurden Mitte der 70er Jahre alle Industriebereiche, also z.B. auch Schwerindustrie und Maschinenbau verpflichtet, eine Nebenproduktion für zivile Gebrauchsgüter (z.B. Küchengeräte, Kühlschränke, Baumaterial für den privaten Bedarf usw.) aufzunehmen. Da hierbei überwiegend nicht die Vorteile der Massenerzeugung genutzt werden können, sind diese Bereiche überdurchschnittlich arbeitsintensiv. Das gleiche gilt für die nach entsprechender Propagierung in jüngerer Zeit von Industriebetrieben eingerichteten agrarischen Nebenwirtschaften zur Deckung des Eigenbedarfs der Werkskantinen. Diese Sachverhalte werden in der sowjetischen Wirtschaftspublizistik - oft kritisch[90] - erörtert; Angaben über den Umfang so gebundener Arbeitskräfte waren jedoch nicht ermittelbar.

— Die bereits erwähnte verbreitete technische Obsoleszenz der Produktionsanlagen bedingt in unterschiedlicher Weise hohe Arbeitsintensität. So erfordern die veralteten Ausrüstungen an sich schon mehr Bedienungspersonal als moderne. Hinzu kommen die ausgedehnten *betrieblichen* Reparaturbereiche, in denen 85-90% der Beschäftigung Handarbeit sind. In spezialisierten Reparaturbetrieben könnte die Produktivität diese Arbeit um das 4-4,5fache höher sein.[91] 1985 waren 14,1% aller sowjetischen Industriearbeiter mit der Einrichtung und Reparatur von Maschinen und Anlagen beschäftigt; dieser Anteil zeigt ansteigende Tendenz (1975 waren es 12,7%).[92] Infolge der Fixierung auf den engeren Produktionsbereich sind die der Produktion vor- und nachgelagerten Tätigkeiten (z.B. innerbetriebliche Materialzufuhr) nur wenig mechanisiert, hier überwiegt Handarbeit bei weitem. Nicht zuletzt deshalb verrichteten 1985 fast 35% der Industriearbeiter Handarbeit (in der Landwirtschaft 70-75%, im Baubereich 56,4%).[93]

Nichtarbeit während der Arbeitszeit. Die amtliche sowjetische Statistik unterscheidet drei Formen solcher Arbeitszeitverluste: Stillstand der Anlagen, Fernbleiben von der Arbeit mit und ohne Erlaubnis der Vorgesetzten. Die Intensität der Erörterung dieses Themas in der sowjetischen Tages- und Fachpresse, vor allem im Zusammenhang sporadischer Kampagnen zur Stärkung der Arbeitsdisziplin, steht im Kontrast zur statistisch ausgewiesenen Geringfügigkeit dieses Phänomens. Vor allem hat sich die Situation in dieser Hinsicht beträchtlich gebessert. Gingen aus den genannten drei Gründen in der sowjetischen Industrie 1970 *je Arbeiter* noch knapp drei (vermutlich Arbeits-)Tage verloren, so 1986 noch 0,86 Tage (= 6,8 Stunden), wobei etwa ein Drittel auf erlaubtes Fernbleiben und je ein Viertel auf die beiden übrigen Formen entfallen.[94]

Arbeitszeitverluste in derartig minimalem Umfang wären der Erörterung nicht wert. Es ist aber stark zu bezweifeln, daß sie von der amtlichen Statistik auch nur einigermaßen zuverlässig erfaßt werden. Nach einer anderen Mitteilung gehen in der Industrie bei Schichtarbeit 15-20% und bei normaler Tagesarbeit 10% der Arbeitszeit verloren.[95] Nichtarbeit während der Arbeitszeit in dieser beträchtlichen Größenordnung wird im Produktionsbereich vor allem infolge technisch und/oder organisatorisch bedingter Diskontinuität oder Parzellierung der Erzeugungsabläufe ermöglicht. Die zahlreichen, oft sehr plastischen und ironisierenden Darstellungen (offenbar zumeist durchaus geduldeter) ausgedehnter Plauschereien und vielfältiger Nebenbeschäftigungen während der Arbeitszeit in Zeitungen und Zeitschriften[96] lassen eher auf Korrektheit der letzten Angabe schließen. Auch nach der eigenen Einschätzung von Arbeitern und Angestellten verlangt ihnen ihre Berufstätigkeit keine hohen Anstrengungen ab. In ökonomisch erfolgreichen Betrieben erklärten 32% der in einer soziologischen Untersuchung Befragten, sie arbeiteten mit voller Kraft (v polnuju silu), in anderen Betrieben 17%. Als Hauptgründe wurden genannt: schlechte Arbeitsorganisation, ineffektive Leitungstätigkeit, zu geringe Stimuli zu effektiver Arbeit.[97]

In der Vergangenheit wurden in der sowjetischen Literatur Produktionsverluste durch den hohen Fluktuationsgrad der Beschäftigten beklagt. Vertraut man der amtlichen Statistik, ist hier jedoch durchaus eine Normalisierung erreicht worden: wechselten 1960 18,9% der in Industriebetrieben jahresdurchschnittlich Beschäftigten den Arbeitsplatz, so waren es 1986 noch 11,6%.[98]

Qualifikationsprobleme. Diese breite und differenzierte Problematik kann im gegebenen Zusammenhang nur sehr allgemein gestreift werden. In der sowjetischen Industrie, vor allem im Maschinenbau, fehlen offenkundig vor allem Beschäftigte mit der Qualifikation eines Facharbeiters (etwa im deutschen Verständnis). Die sowjetische Bezeichnung ‚Beruf' (professija) bezieht sich im Grunde auf Anlerntätigkeiten. So erklären sich z.B. die Aussage, der Arbeiter X sei in der Lage, sechs Berufe auszuüben oder die Aufforderung, sich mehrere Berufe anzueignen.

In der UdSSR besteht 10jährige Schulpflicht, und mit dem Abschluß der 10. Klasse erwirbt man die Hochschulreife. Für die Aufnahme in eine Hochschule müssen aber (je nach der relativen Anzahl von Bewerbern für eine jeweilige Studienrichtung) strenge Aufnahmeprüfungen absolviert werden. Längst nicht alle Absolventen der 10-klassigen Schule können studieren. In den Betrieben erwartet sie aber überwiegend nur eine Anlerntätigkeit, *innerhalb derer* es wenig Aufstiegsmöglichkeiten gibt.

Nach einigen Jahren Berufstätigkeit ist es leichter, Aufnahme an einer Hochschule zu finden, und viele Jugendliche gehen diesen Weg. So werden in der UdSSR z.B. relativ mehr Ingenieure ausgebildet als in den USA oder in der BRD. So viele werden im Grunde aber nicht benötigt, und sie finden in den Betrieben häufig nur Anstellung unterhalb der erworbenen Qualifikation. Das, verbunden mit der ohnehin geringen Bezahlung junger Ingenieure oder aber auch Ökonomen, beeinträchtigt die Arbeitsmotivation beträchtlich. Die ungewöhnlich enge Spezialisierung in der Ingenieurausbildung (etwa Ingenieur im Nahrungsmittelmaschinenbau) engt zudem die Breite des möglichen Arbeitsfeldes ein. Das heute in der UdSSR kritisierte Ausbildungsverständnis der Vermittlung und Aneignung fest vorgegebener Wissensbestände zu Lasten der Anleitung zu eigenständiger Problemlösungen und der Stimulierung kreativen Denkens trug bis jetzt in erheblichem Maße zur Diskrepanz zwischen vermittelten und in der Forschung, Entwicklung wie in der Betriebstätigkeit erheischten Qualifikationen mit der Folge eingeschränkter Möglichkeiten zur Nutzung des gesellschaftlichen Arbeitspotentials bei.

Regulative und Maßnahmen zur vollständigeren Nutzung der Arbeitszeit und des gesellschaftlichen Arbeitspotentials. Unter ‚Nutzung der Arbeitskraft' wird hier der Grad der Inanspruchnahme der Arbeitsfähigkeit der Beschäftigten bei ihrer je konkreten Tätigkeit verstanden. ‚Nutzung des gesellschaftlichen Arbeitspotentials' bezieht sich dagegen auf die Verteilung der betrieblichen, branchenmäßigen oder territorialen Beschäftigtengruppen gemäß den Erfordernissen der tatsächlichen bzw. der beabsichtigten technischen und organisatorischen Produktionsstrukturen. Bei der hier notwendigen Beschränkung auf wenige zentrale Aspekte werden die beiden Formen nicht in getrennten Abschnitten behandelt.

— Die Nutzung der Arbeitskraft soll vor allem durch ‚technisch begründete Arbeits(zeit-)normen' optimiert werden. Diese sollen durch analytische, d.h. auf elementare Teilverrichtungen abzielende Arbeitszeitmessungen ermittelt werden. Propagiert wird das seit langem, *real* werden diese Normen, die es im übrigen auch längst nicht für alle Arbeitssegmente gibt, nur in beschränktem Maße angewandt.

Die Ermittlung und Festsetzung solcher Normen durch zentrale Organe wie Goskomtrud (das Staatskomitee für Arbeit) oder Gosstandard wird beeinträchtigt durch die Menge der vielfältigen, komplexen, auf technisch sehr unterschiedlichen Niveaus verlaufenden Arbeitsprozesse. Letztlich ist auch hierbei entscheidend, daß die Messungen nicht ohne Beteiligung der Mitglieder der Arbeitskollektive erfolgen können (was anerkannt wird und im Aufruf zu ihrer Mitwirkung Ausdruck findet), strikte Normierung aber nicht in deren Interesse liegt. Daß diese auch nicht erreicht wird, zeigen zahlreiche bereichsspezifische Berichte darüber, daß die Produktionsnormen, die ja aus den Teilzeitnormen gebildet werden, in der Regel deutlich übererfüllt werden.[99] Das zahlt sich für die Beschäftigten eher aus als Mitwirkung an der Normüberprüfung. Sie sollen zwar auch dafür materielle Gratifikationen erhalten, eine Befragung ergab aber, daß nur 18% von Betroffenen diese tatsächlich erhalten hatten.[100]

— Eher der Nutzung des gesellschaftlichen Arbeitspotentials dienen ‚Attestierungen' von Arbeitsplätzen. Hierbei ist nicht die parzellierte Arbeitsverrichtung Gegenstand der Überprüfung, sondern Arbeitsplätze, deren technische Ausstattung, funktionale Zweckmäßigkeit und daraus resultierende physische und qualifikatorische Arbeitsanforderung eingeschätzt werden. Von dem Resultat hängt auch ab, ob die Eingruppierung des/der auf diesem Platz Arbeitenden in jeweilige Lohnskalen als zutreffend oder revisionsbedürftig gewertet wird. Die Arbeitsplätze selbst können als angemessen, als technisch verbesserungs- bzw. rationalisierungsbedürftig oder als abzuschaffen beurteilt werden. Letzteres soll die Umsetzung von Beschäftigten auf Arbeitsplätze mit höherem ökonomischen Effekt ermöglichen. In der sowjetischen Presse finden sich oft Hinweise darauf, daß die Attestierungen schematisch und formal ausgeführt werden. Die Resultate stehen offenbar oft im Mißverhältnis zum Aufwand. In einem Betrieb mit 1800 Arbeitsplätzen wurden z.B. 103 als nicht der Norm entsprechend und 27 als abzuschaffen gewertet. Im Bereich des Ministeriums für Wegemaschinenbau wurden durch Attestierung von 150.000 Arbeitsplätzen 764, d.h. 0,5% für den Wegfall ausgesondert.[101]

— Dynamisierung bzw. gesteigerte Flexibilität des gesellschaftlichen Arbeitspotentials wurde bislang vor allem durch Propagierung der auf das Jahr 1967 zurückgehenden Ščekino-Methode durchzusetzen versucht. Im Zusammenhang der 1965 beschlossenen Wirtschaftsreform wurde 1967 ein ‚Experiment' im Chemie-Großbetrieb Ščekino (Gebiet Tula) begonnen.[102] Die ‚Freisetzung' von Arbeitskräften wurde dabei stimuliert, indem dem Betrieb der ursprüngliche Lohnfonds für eine Reihe von Jahren bei reduzierter Beschäftigtenzahl garantiert wurde, so daß die Löhne der Verbleibenden nicht unbeträchtlich erhöht werden konnten. Die sozialen Folgen wurden dabei bagatellisiert: zum einen habe man viele Beschäftigte innerhalb des Unternehmens auf unbesetzte Arbeitsplätze überführen können, zum anderen wurde etwa zur gleichen Zeit in Ščekino ein neuer Betrieb errichtet, der Arbeitskräfte benötigte.

Ščekino wurde in den 70er Jahren zunächst als großer Erfolg gefeiert. Dann wurde es darum stiller; die Nachahmung fand nicht in der erhofften Breite statt. Dafür gibt es im einzelnen womöglich unterschiedliche Gründe. Der wesentliche dürfte aber darin liegen, daß die gebotenen Anreize nur temporär wirken konnten. Einmal war die Lohnfondsgarantie zeitlich begrenzt; zum anderen war das Erreichen der Grenze absehbar, bei der die betrieblichen Arbeitskraftreserven so weit reduziert wird, daß die Nachteile ihres Fehlens die eingeräumten Vergünstigungen zu überwiegen begannen.

— Steigerung der Arbeitsproduktivität (die ja in der Regel zumindest *auch* bessere Nutzung des Arbeitspotentials verlangt) wird nach wie vor durch Prämienangebote anzuregen versucht. Aber das ist bis heute nicht die Hauptform der Prämierung. Diese ist zum überwiegenden Teil an die gemäß Vertragsverpflichtungen realisierte Warenproduktion gebunden, also an eine val-Kennziffer. Die Gefahr, deren Erfüllung durch Arbeitskräftereduktion

60

zu verfehlen, wiegt im allgemeinen schwerer als die gebotenen Anreize.[103)]

— Als eine Art Kompensation für die aufgehobene rigide Festlegung der Beschäftigungs-zahlen in den einzelnen betrieblichen Funktionsgruppen wurde die Kennziffer ‚Reduktion des ingenieur-technischen und des Verwaltungspersonals' eingeführt. Der Schematismus ihrer Anwendung stößt auf allgemeine Kritik. Auch hier wird ‚vom erreichten Stand' ge-plant, die Einsparungsanforderungen also fortgeschrieben. Daß dabei früher oder später die Grenze erreicht wird, von der an betriebliche Funktionen gefährdet oder nur noch in unökonomischer Weise realisiert werden können, ist offensichtlich.[104)]

— Schon in den 70er Jahren, verstärkt ab Anfang der 80er Jahre wird in der UdSSR wie-der die Bildung von ‚Arbeitsbrigaden' in den Betrieben propagiert. Ihnen sollen bestimmte Rechte eigenständiger Arbeitsdisposition und der Verfügung über Lohn- und Prämienmit-tel zuerkannt werden. Der Intention nach läuft das auf eine Art betriebsinterner Ščekino-Methode hinaus. Bis in die jüngere Zeit scheiterte der Erfolg aber zunächst einmal an der ökonomischen Unselbständigkeit der Betriebe selbst. Ob das, wie in der jetzigen Wirt-schaftsreform als Kernpunkt postuliert, nunmehr anders wird, bleibt zu untersuchen.

4.4 Extensive Entwicklung der Ökonomie und Wirtschafts-struktur

Die Ausdrucksformen extensiven Wirtschaftens, wie: hohe Materialintensität der Produktion, unzureichende Nutzung des gesellschaftlichen Arbeitspotentials, sin-kende Produktivität der Anlagemittel (stofflich: der Maschinen und Ausrüstungen) müßten - so wäre zu erwarten - die Struktur der gesellschaftlichen Produktion und des Produktionspotentials prägen. Die entsprechenden Indizien sind allerdings in den hochaggregierbaren Daten wirtschaftlicher Gesamtrechnung nur grob identifi-zierbar; wichtige Merkmale gehen hier unter oder überhaupt nicht in die Berech-nung ein.[105)] Tabelle 3 enthält ein Strukturbild[106)] der sowjetischen Industrie für die Jahre 1970 und 1986, es werden also die Veränderungen in diesem Zeitraum angezeigt, in dem der Übergang von extensiven zu vorwiegend intensiven Metho-den des Wirtschaftens von Ökonomen und Politikern mit wachsendem Nachdruck gefordert wurde.

Bezüglich des Anteils einiger[107)] großer Industriezweige an der jeweiligen in-dustriellen Gesamtproduktion 1970 und 1986 sind am auffallendsten die starke Erhöhung des Anteils des Maschinenbaus und die deutliche Abnahme der beiden unmittelbar konsumgerichteten Zweige Leicht- und Nahrungsmittelindustrie. Ihr Gesamtanteil an der industriellen Produktion von nur knapp 30% 1986 würde im übrigen auf eine kaum denkbare Disproportion zwischen produktions- und kon-sumbestimmten Erzeugnissen verweisen, wenn nicht die in den anderen Zweigen hergestellten Gebrauchsgüter in den Produktionsanteilen enthalten wären.

Auffällig ist der hohe und 1986 gegenüber 1970 kaum reduzierte Anteil des Brennstoff- und Energiesektors an den Grundfonds (im wesentlichen Sinne: fi-xes Kapital oder Anlagevermögen) der Industrie. Dieser Bereich beansprucht ei-nen deutlich höheren Anteil am Gesamtwert des materiellen Produktionspotentials als der Maschinenbausektor, dessen Erzeugnisse für den Stand und die weiteren Möglichkeiten der Effektivierung der gesamten Wirtschaftätigkeit ausschlagge-

TABELLE 3: DATEN ZUR STRUKTUR DER SOWJETISCHEN INDUSTRIE, 1970 UND 1986

Industriebereich	Anteil an der industriellen Produktion(x)		Anteil an den Grundfonds (xx) in %		Abnahme der Fonds- produktivität (1970=100)	Steigerung der Arbeits- produktivität (1970=100)
	1970	1986	1970	1986	1986	1986
Industrie insgesamt	100,0	100,0	100,0	100,0	69	190
Brennstoff- und Energie	12,9	11,0	30,5	30,1	61	164
Metallurgie	-,-	-,-	15,2	13,3	59	157
Maschinenbau	16,3	28,0	20,0	24,9	92	281
Chemische Industrie	10,5	11,2	14,0	14,1	70	221
Baumaterialien	4,3	3,8	5,7	4,7	61	163
Leichtindustrie	18,8	14,1	4,6	4,0	55	160
Nahrungsmittelindu- strie im agrar-industri- ellen Komplex	18,9	15,3	7,5	6,4	64	162

(x) Die Aufschlüsselung enthält nicht alle Industriebereiche, deshalb ergeben die Einzeldaten nicht 100%.
(xx) Die Summe der Einzeldaten ergibt 97,5%; die Differenz wird an der Fundstelle nicht erklärt.
Quelle: Narodnoe chozjajstvo SSSR..., 1987, aaO. (Fn. 32; von links nach rechts: Sp. 1: S. 132, Sp. 2: S. 154, Sp. 3: S. 155, Sp. 4: S. 141

bend sind. Ein gravierender Unterschied zwischen diesen beiden Industriebereichen tritt zugleich bezüglich der Relation zwischen den Anteilen an der industriellen Gesamtproduktion und den Anteilen am Wert der Grundfonds hervor. Der Maschinenbau zeigt im Hinblick auf dieses Kriterium zugleich eine positive Entwicklung: 1970 lag sein Anteil an der industriellen Produktion noch *unter* dem Anteil am Gesamtwert des Grundfonds (16,3 : 20,0), 1986 liegt er *darüber* (28,0 : 24,9). Im Brennstoff-Energie-Sektor ist die entsprechende Entwicklung leicht negativ verlaufen: sein Anteil an der Gesamtproduktion hat sich stärker verringert (um fast 15%) als sein Anteil an den industriellen Grundfonds (Rückgang nur um 2,3%), wobei der letztere Anteil den an der industriellen Grundproduktion ohnehin fast um das Dreifache übersteigt (1986:30,1:11,0). Die extensive Form der Produktion des Brennstoff- und Energiesektors scheint sich in diesen Daten mithin in hochsignifikanter Weise auszudrücken (geringe Fondproduktivität). Aber die Art der Preisbildung in der sowjetischen Wirtschaft verzerrt das Bild. Die Preise für Brennstoffe und Energie werden „künstlich" niedrig gehalten und unrentable Bereiche, wie die Kohleproduktion, werden vom Staat subventioniert. Bei den Preisen, die ein hinlängliches Rentabilitätsniveau sichern, wäre die gezeigte Diskrepanz zum Maschinenbausektor geringer, aber keinesfalls aufgehoben.

Diese Einschränkung der Aussagekraft der im gegebenen Zusammenhang relevanten sowjetischen Wirtschaftsdaten muß auch bezüglich der Information beachtet werden, die Tabelle 3 über zwei der drei[108)] wesentlichen Indikatoren für die Effektivität der Wirtschaft gibt: Fonds- und Arbeitsproduktivität. Sie werden nicht in Wertgrößen präsentiert, sondern in ihrer Entwicklung zwischen 1970 und

1986. Auch hier erweist sich im Hinblick auf (relative!) Effektivität und Intensität der Produktionstätigkeit der Maschinenbau als „Spitzenreiter": die Fondsproduktivität ist mit 8 Prozentpunkten nur geringfügig zurückgegangen, sie ist um 23 Prozentpunkte weniger gefallen, als der industrielle Durchschnitt zeigt. Die Arbeitsproduktivität hat sich fast verdreifacht. Aber in diesem Bereich macht sich die umgekehrte Erscheinung wie im Brennstoff- und Energiesektor bemerkbar: heute wird in der UdSSR allgemein konzediert und beklagt, daß es dem Maschinenbau schon in den 70er Jahren gelang, ökonomisch nicht gerechtfertigte Preiserhöhungen durchzusetzen.

An zweiter Stelle steht nach dem Effektivitätskriterium die chemische Industrie. Die Produktivität ihrer Anlagen sank etwa in der Relation des industriellen Durchschnitts, die Arbeitsproduktivität wurde jedoch mehr als verdoppelt. Alle fünf Industriebereiche liegen hinsichtlich beiden Indikatoren *unter* dem industriellen Durchschnitt (wobei Tabelle 3 gemäß den Mängeln der Vorlage nur etwa 83% der Gesamtproduktion und 97,5% der industriellen Grundfonds erfaßt). Da aber angenommen werden kann, daß die fehlenden Anteile nicht-effektive Produktionsbereiche betreffen (bei den Produktionsanteilen fehlt vor allem der Metallurgiesektor, der hinsichtlich der anderen Indikatoren erfaßt ist und Ineffizienz ausdrückte), kann die folgende grobe Feststellung getroffen werden: 1986 wurden nur 28% der industriellen Produktion, nämlich die des Maschinenbausektors, in *relativ* effektiver Weise erwirtschaftet. Mit Ausnahme der chemischen Industrie liegen die ökonomischen Effizienzindikatoren der übrigen Zweige so deutlich unter dem industriellen Durchschnitt, daß auf ein klares Überwiegen der extensiven Form des Wirtschaftens geschlossen werden muß.

Naheliegend ist die Frage, ob ein internationaler Strukturvergleich nicht aussagekräftige Resultate ermöglichen würde. Einige Momente machen einen solchen jedoch zu einem nicht ganz leichten und aufwendigen Unternehmen: zum einen weichen Konzeption, Kategorien, Methoden und Klassifizierungen der Wirtschaftsrechnungen und Datenrepräsentation zwischen sozialistischen und kapitalistischen Volkswirtschaften voneinander ab, so daß komplizierte und z.T. notwendig fragwürdige Umrechnungen erforderlich sind. Zum anderen sollten solche Vergleiche nicht auf der Ebene der natürlichen Zeit geführt werden (z.B. UdSSR - USA im Jahre 1986), sondern müßten unter Bezug auf eine Phasenkonzeption der industriellen Entwicklung vergleichbare Stadien ermittelt und zugrunde gelegt werden. Denn ein hoher Anteil der Industrie an der Gesamtwirtschaft sagt z.B. für sich genommen noch wenig in Bezug auf Effektivität aus. Ist diese hoch, ist ein relativ geringer Anteil der Industrie kein negatives Indiz, aber es *kann* auch auf Entwicklungsdefizite verweisen. Und schließlich wird die wirtschaftliche Struktur eines Landes auch von den natürlichen Bedingungen, wir z.B. vom Vorhandensein oder Fehlen von Bodenschätzen geprägt, was bei Vergleichen in Rechnung zu stellen ist.

Im folgenden sollen anstelle eines alle Bereiche einschließenden zwischennationalen Strukturvergleichs einige begrenzte, aber aufschlußreiche Einzelvergleiche angeführt werden:

— Auf die Gesamtwirtschaft bezogen, ist der hohe Anteil des Agrarsektors am sowjetischen Nationaleinkommen auffällig. Er machte 1970 21,8% und 1986 noch 20,6% aus.[109] Am Gross Domestic Product (GDP) der USA war die Landwirtschaft dagegen 1987 mit 2,8% beteiligt[110], am Bruttosozialprodukt der BRD 1986 mit 1,7%.[111] Diese Differenz zeugt *auch* von der Größe des Unterschieds der jeweiligen *realen* gesellschaftlichen Gesamtproduktion, denn die geringen Anteile der agrarischen Produktion in den USA und der BRD repräsentieren *absolut* ja hohe, den Eigenbedarf übersteigende Erzeugnismengen. Aus verfügbaren statistischen Daten läßt sich errechnen, daß die Arbeitsproduktivität in der westdeutschen Landwirtschaft die sowjetische um das 4,5 fache übersteigt (eine infolge der angedeuteten methodischen Probleme jedoch nur ungefähre Orientierung).[112]

— Die Industrie der USA war 1987 am GDP nur mit 23% beteiligt, der „tertiäre Bereich" (Banken, Versicherungen, Dienstleistungen u. ä.) dagegen mit 52,2%. In dieser Hinsicht ist bis jetzt[113] ein direkter Vergleich insofern nicht möglich, als ein erheblicher Teil des tertiären Sektors in der sowjetischen Konzeption des Nationaleinkommens nicht berücksichtigt wird. Rechnet man das sowjetische Nationaleinkommen gemäß der westlichen Konzeption von ‚Sozialprodukt', so sind die Anteile der Industrien der UdSSR und der BRD am jeweiligen gesellschaftlichen Gesamtprodukt nicht weit voneinander entfernt (BRD etwa 36% und UdSSR 33%, aber unsicher wegen divergierender Bereichsabgrenzungen). In der BRD ist jedoch ohne Zweifel der Anteil der verarbeitenden Industrie an der Gesamtindustrie größer als in der UdSSR, wo die Effektivität dieses Bereiches - im Unterschied zur BRD! - deutlich höher als im Bergbau- und Energiesektor ist. In der BRD lag 1986 die Produktionsleistung *je Beschäftigten* in der verarbeitenden Industrie bei 61 864 DM, in der UdSSR in der Gesamtindustrie *je Arbeiter* bei 8 495 Rubel.[114]

— Im Hinblick auf die Effektivität und das technische Niveau der Produktion sind Angaben wie die folgende aussagekräftiger als Vergleiche der Makrostrukturen: Die sowjetische Industrieproduktion erreicht dem Wertumfang nach etwa 80% der US-amerikanischen[115], hinsichtlich der Arbeitsproduktivität aber nur 40%.[116] Die UdSSR übertrifft die USA: in der Erdölförderung um 40%, bei der Erdgasgewinnung um 33%, bei der Erzeugung von Gußeisen um 186%, von Stahl 114%, Zement um 68%, bei der Förderung von Eisenerz um 400%. Dagegen liegt die UdSSR in vielen, in der Vorlage nicht näher spezifizierten Erzeugnissen des Maschinenbaus weit hinter den USA zurück. Die sowjetische Produktion von Kunstfasern beträgt 39% der USA, die synthetischer Harze und Plasten 19%. Hier drückt sich nicht nur statistisch sondern auch sachlich die Divergenz zur Eisen- und Stahlerzeugung aus: in der UdSSR sind Eisen und Stahl in noch viel geringerem Maße als Produktionsmaterialien durch bedeutend billigere Kunststoffe ersetzt. Maschinenbau und andere Metallverarbeitung, chemische und petrochemische Industrie sowie Elektroenergetik, die zusammen weitgehend die technologische und technische Entwicklung bestimmen, haben in der UdSSR einen Anteil von 38% an der Industrieproduktion, in den entwickelten kapitalistischen Volkswirtschaften zwischen 55 und 65%.

— Die Dominanz der extraktiven und Produktionsmaterialien erzeugenden Industriezweige in der UdSSR ist in hohem Maße bedingt durch die Material- und Energieintensität der Wirtschaft, mithin durch ihren extensiven Charakter. In der Phase des 11. FJPl (1981 - 85) betrug der spezifische Brennstoffverbrauch zur Erzeugung eines Rubels Produktionswert in der Produktionsmaterialien erzeugenden Industrie 4,85-5,0 kg, im verarbeitenden Bereich dagegen etwa 1 kg. Es ist mithin leicht zu ermessen, welch enormen Brennstoffbedarf die hypertrophen energie- und rohmaterialerzeugenden Zweige zur Folge haben.[117] Bei der Erzeugung von Stahl und Zement ist der Energieverbrauch in der UdSSR wesentlich höher als in entwickelten kapitalistischen Volkswirtschaften, weil energiesparende

Technologien, wie das Sauerstoffkonverter-Verfahren in der Stahlproduktion, noch in wesentlich geringerem Umfang Anwendung finden.

Sowjetische Ökonomen betonen häufig die „... Möglichkeit, mit Hilfe struktureller Veränderungen eine Verbesserung der qualitativen Parameter der ökonomischen Entwicklung zu erreichen, eine starke Erhöhung der Effektivität und Intensität der Produktionsressourcen und von daher bedeutend mehr wirtschaftliche und soziale Resultate des ökonomischen Wachstums zu gewährleisten." [118] Die überkommene Struktur habe sich unter den Bedingungen des extensiven Typs der erweiterten Produktion herausgebildet. Nunmehr müßten „wissenschaftsintensive" Bereiche vorrangig entwickelt werden, wie Maschinenbau, Mikroelektronik, Chemie, Biotechnologie, Schaffung neuer Produktionsmaterialien. „Nötig ist die Stärkung aller Zweige, die rationelle Nutzung der Ressourcen gewährleisten, vor allem der Infrastruktur."[119]

In ökonomischen Fachpublikationen werden nicht selten Daten zu den positiven Konsequenzen des postulierten Strukturwandels präsentiert. Die im folgenden knapp wiedergegebenen Berechnungen beziehen sich auf die drei wesentlichen „input-Faktoren" der Produktion:

— Wenn die Struktur der Verteilung der Arbeitskräfte und die des Niveaus der Arbeitsproduktivität seit 1960 unverändert geblieben wären, wäre 1985 das Nationaleinkommen um 40,4 Mrd Rubel (ca. um 7%) niedriger gewesen;

— wäre die Struktur der Verteilung der produktiven Grundfonds auf die Wirtschaftszweige seit 1960 konstant geblieben, wäre 1985 bei gleichem Umfang der Grundfonds und gleicher Fondproduktivität das Nationaleinkommen um 35 Mrd R. (etwa 6%) geringer ausgefallen;

— in der Industrie, im Bauwesen und im Bereich der Ressourcenallokation („materiell-technische Versorgung") sowie im Handel ging die Materialintensität (der spezifische Verbrauch von Produktionsmaterial) zwischen 1975 und 1980 zurück. So konnten 20,5 Mrd R. eingespart werden. Diese Ökonomisierung wäre um 17,3 Mrd. R. höher ausgefallen, wenn nicht zugleich die Materialintensität in der Landwirtschaft und im Transportbereich gestiegen wäre. [120]

Die Entwicklung der Aufwandfaktorn verläuft nicht parallel und nicht einmal in die gleiche Richtung. So können Strukturveränderungen durchaus auch eine gegenteilige Wirkung haben, also Ineffektivität erhöhen. Zwischen 1975 und 1980 trugen zweigstrukturelle Änderungen zur Einsparung von 1,2 Mio Arbeitskräften[121] und 49 Mrd R. Grundfonds bei. 1981-1985 wurden sogar 21,8 Mio Arbeitskräfte eingespart, die Grundfonds erhöhten sich jedoch um 115 Mrd R. , was zu 75% auf die Verringerung der Fondproduktivität und zu 25% auf Strukturveränderungen zurückzuführen war.[122]

Der Strukturwandel der sowjetischen Wirtschaft hat sich in den vergangenen 20 Jahren verlangsamt und mit ihm seine insgesamt positiven Wirkungen. Tabelle 3 zeigt nicht an, daß die zweigmäßigen Veränderungen besonders ausgeprägt in den 60er Jahren waren. Voraussetzung dafür waren hohe Investitionen in die Industrie in der 2. Hälfte der 50er und auch noch in den 60er Jahren und das begleitende hohe Beschäftigungswachstum in diesem Wirtschaftsbereich, vor allem durch die Land - Stadt - Migration. In den drei FJPl-Phasen ab 1971 nahm der Koeffizient der Strukturveränderung von 5,4% über 4,9% auf 3,4% in der Periode 1981-85 ab.[123)]

Die Verlangsamung des zweigstrukturellen Wandels drückt auch aus, daß die Schwerpunktverlagerung auf „wissenschaftintensive" Bereiche nicht oder jedenfalls nicht im notwendigen Maße stattfindet. Manche Indikatoren der technischen Entwicklung verschlechtern sich sogar. So nahm die Anzahl der jahresdurchschnittlich neu entwickelten Typen von Maschinen, Ausrüstungen und Geräten von 4.000 1971-75 über 3.700 1976-80 auf 3.500 1981-84 ab. Zugleich verlangsamte sich der Prozeß der Installierung neuer Anlagen (von 11,9% des Werts der Grundfonds 1970 auf 7,3% 1984), und die Rate der Liquidationen veralteter Anlagen sank im gleichen Zeitraum von 3,8% auf 1,3,% des wertmäßigen Umfangs der Grundfonds.[124)] Zugleich stieg der Aufwand für die Förderung der Rohstoffe, und ihr Nutzungsgrad ging zurück. In der Phase des 10. FJPl (1976-1980) stieg der Anteil des Brennstoff- Energie-Sektors an den Investitionsanlagen der gesamten Industrie von 32 auf 38,5%, im 11. FJPl hielt diese Tendenz an. Die Fondsproduktivität nahm in diesem Bereich (wie übrigens ähnlich im Transportwesen) im 10. FJPl um 20% gegenüber 14% im industriellen Durchschnitt ab.[125)]

E. Gajdar hebt hervor, daß in den USA die Erzeugung von Eisen und Stahl zwischen 1970 und 1986 erheblich sank, während sie in der UdSSR anstieg. Er betont: „Wichtigster Faktor der Erhöhung der Produktion effektiver Arten von Erzeugnissen ist die Umlenkung von Ressourcen, die in anderen Sphären freigesetzt wurden, zu ihren Gunsten."[126)] Es fragt sich nur, in welchen Bereichen unter den Bedingungen fast allseitigen Mangels, wachsenden Produktionsaufwandes und rückläufiger Ressourcenproduktivität in wesentlichen Wirtschaftssektoren Mittel freigesetzt werden können.

Zum einem wirkt dabei ein circulus vitiosus: avancierte Produktionstechniken und neue Arten von Produktionsmaterial z.B. sollen Ressourceneinsparung ermöglichen[127)] , aber zunächst einmal ist für die Entwicklung und Erzeugung dieser „fortschrittlichen" Techniken und Materialien erhöhter Ressourcenaufwand erforderlich. Zum anderen widersetzen sich die Protagonisten der einzelnen ministerialgeleiteten Zweige mit allen möglichen Mitteln dem Ressourcenentzug und einer Minderung ihres jeweiligen Gewichts, das sich in Investitions- und Produktionsteilen ausdrückt.[128)]

Wo kann also der Hebel angesetzt werden, um den circulus vitiosus zu durchbrechen? Gorbačev hat sein Konzept schon kurz nach seiner Amtsübernahme, auf einer Fachtagung im ZK der KPdSU im Juni 1985, deutlich gemacht: beim Maschinenbau.[129)] Er formulierte für diesen Bereich zwei zugleich zu verwirklichende Aufgaben, die bald darauf Eingang in den Entwurf der 12. FJPl fanden: breite und grundlegende technische Erneuerung der veralteten Anlagen und Ausrüstung dieses Sektors und „kardinale" Erhöhung des technischen Niveaus seiner Erzeugnisse. In diesem Jahr des 12. FJPl soll der Maschinenbau 13% seiner Produkte (am Wertumfang gemessen) erneuern, gegenüber 4,5% im Jahre 1985. Während die Anlageninvestition insgesamt im 12. FJPl gegenüber dem 11. um 36% steigen sollen, so im Maschinenbau um 80% . Die Erhöhung der Erzeugung dieses Sektors soll 90% über der Produktionssteigerung des industriellen Durchschnitts liegen.[130]

Auf die in der sowjetischen ökonomischen und technischen Fachpresse vieldiskutierten Probleme des Maschinenbaus kann im gegebenen Zusammenhang nicht näher eingegangen werden. Die exemplarische Erörterung von Fragen der Zweigstruktur der Wirtschaft der UdSSR hat jedoch an zwei zentrale Felder der gesellschaftlichen Wirtschaftstätikeit herangeführt, deren Funktionsprobleme in der hier gebotenen Kürze (und damit zugleich Unvollständigkeit und Vereinfachung) noch anzusprechen sind: Investionspraxis und Technikentwicklung.

4.5 Probleme der Investionspraxis

Die Realisierung der unter den Leitbegriffen Intensivierung und Effektivierung der sowjetischen Wirtschaft gestellten Aufgaben und Ziele setzt eine entsprechende Ausrichtung der Investitionspraxis voraus. Wie schon gezeigt, geht es darum, die produktiven Ressourcen (gesellschaftliches Arbeitspotential, Anlagefonds, Rohstoff und Produktionsmaterialien) zu flexibilisieren im Sinne ihrer Umlenkung in andere Wirtschaftsbereiche, in denen ihr Nutzungsgrad und die Produktionsresultate hoch und die zugleich Erzeugnisse liefern, die für die Steigerung der Produktivität der gesellschaftlichen Arbeit in besonderem Maße von Bedeutung sind. Da diese Dynamisierung der Zweigstrukturen der Ökonomie kaum durch *Umverteilung* der vorhandenen Wirtschaftsmittel, insbesondere nicht der Grundfonds, erfolgen kann, sondern *Umlenkung* der Finanzmittel und der entsprechenden materiellen Ressourcen, die der Erweiterung und der technischen Erneuerung der Produktionskapazitäten dienen, verlangt, ist eine so gerichtete Investitionspolitik und -praxis gefordert.

Das tradierte Überwiegen extensiver Wirtschaftsmethoden betrifft, wie kaum anders zu erwarten, auch diesen Bereich der gesellschaftlichen Wirtschaftstätigkeit, den der Akkumulation und Investition.[131] „Investition" als Umwandlung gesellschaftlich ersparter (dem unmittelbaren Verbrauch entzogener) Finanzmittel in neue, erweiterte und/oder verbesserte materielle Produktionskapazitäten wird geleitet von der Absicht, einen möglichst hohen Grad der Vergrößerung und/oder Effektivierung der Anlagen zu erreichen. Obgleich in der Investitionspraxis nicht so eindeutig unterscheidbar, weil oft Erweiterung und Verbesserung (im Sinne avancierterer technischer Merkmale und erhöhter ökonomischer Effizienz) *zugleich* angestrebt werden, läßt sich systematisch eine vorwiegend auf Vergrößerung der Kapazitäten ausgerichtete Investitionspraxis dem extensiven Typus von Wirtschaftshandeln zuordnen und eine auf Erhöhung des Wirksamkeitsgrades abzielende dem intensiven.

Daß in den früheren sowjetischen FJPl-Perioden (vor dem 2. Weltkrieg und danach in der Wiederaufbauphase bis Anfang der 50er Jahre) die Investitionspolitik in diesem Sinne extensiv ausgerichtet war, ist verständlich. Das Ende der 20er Jahre vorhandene (an sich dringend erneuerungsbedürftige) Produktionspotential war im ganzen zu gering, als daß seine Modernisierung die angestrebten Produktionserweiterungen ermöglicht hätte. Außerdem waren im Brenn-und Rohstoffbereich zusätzliche Kapazitäten unerläßlich.

Das Maß, in dem das mit Investitionen verbundene Ziel der Vergrößerung des Produktionspotentials erreicht werden kann, hängt (neben anderen Faktoren) vom Umfang der dazu verfügbaren Mittel und von der Art ihres Einsatzes ab. Letzteres bezieht sich auf die unter den je konkreten natürlichen, technischen und wirtschaftlichen Bedingungen bestmögliche Variante der zweigmäßigen Verteilung der Mittel, ihre strikte ökonomische Kalkulation, auf die Bestimmung der technischen und arbeitsorganisatorischen Produktionsmethoden u.ä.m. Als extensiv läßt sich dabei eine Investitionspraxis kennzeichnen, die primär auf den Umfang der einsetzbaren Mittel fixiert ist, als intensive dagegen die auf die optimale Verwendung ausgerichtete. Auch in diesem Sinne - und das ist ökonomisch weniger legitimierbar als beim erstgenannten Aspekt - war die sowjetische Investitionspraxis von Beginn der planwirtschaftlichen Industrialisierung an eine extensive.

Von der Akkumulation, der Bildung der gesellschaftlichen Investitionsfonds aus gesehen, läßt sich zunächst weder an der absoluten noch an der relativen (auf die Gesamtproduktion bezogenen) Größe der Investitionsmittel festmachen, ob ihr Umfang hoch ist. Das hängt wesentlich vom Entwicklungsstand einer Volkswirtschaft ab. Ist er, wie in der UdSSR Ende der 20er Jahre, vergleichsweise niedrig, muß der weitaus größte Anteil des Gesamtprodukts zur „einfachen" (d.h. noch keine Erweiterung ermöglichende) Reproduktion der Gesellschaft (Subsistenz der Menschen, Wiederherstellung der verbrauchten materiellen Wirtschaftsmittel, Aufrechterhaltung des je historischen zivilisatorischen Mindeststandards) verwandt werden. Eine Akkumulationsrate von z.B. 6% kann hier schon hoch, die unmittelbare Subsistenzbedürfnisse einschränkend sein. Je effizienter die gesellschaftliche Wirtschaftstätigkeit ist, desto weniger engt eine wesentlich höhere Akkumulationsrate die Verbrauchsansprüche ein.

Wie in den übrigen Bereichen des Wirtschaftens, ist in der UdSSR auch in der Investitionspraxis der Übergang von extensiven zu intensiven Formen nicht rechtzeitig und nicht im erforderlichen Maße gelungen. Das hat neben anderem zur Folge, daß der Akkumulationsanteil am verwendungsfähigen Gesellschaftsprodukt (statistisch als Nationaleinkommen ausgewiesen) vergleichsweise hoch bleibt, und zwar bei etwa 25% seit Beginn der 80er Jahre. In einem neueren sowjetischen Beitrag werden als entsprechende Raten genannt: für die USA 18%, die ČSSR 20%, die DDR 21%.[132] In der BRD war 1960 der Anteil der Anlageninvestitionen am Bruttosozialprodukt etwa so hoch wie der für die jüngere Zeit genannte Akkumulationsanteil in der UdSSR. Er stieg noch bis auf 27,2% 1964 und nahm dann fast kontinuierlich ab bis auf 20,1% 1986.[133]

Auch in der UdSSR zeigt die Akkumulations*rate* abnehmende Tendenz. Im 8. FJPl (1966-70) betrug sie 28%, und sie fiel über 27,7 und 26,2% im 9. und 10. FJPl auf 25,5% im 11. (1981-85). In absoluten Summen markiert die geringe Differenz der Prozentpunkte allerdings eine beträchtliche Zunahme: im Jahresdurchschnitt des 8. FJPl wurden 69 Mrd R. akkumuliert, in den folgenden Planjahrfünften 91, 107 und 121 Mrd.[134]

Dem relativ geringen Rückgang des Anteils der Akkumulation an der Verwendung des Nationaleinkommens zwischen dem 8. und 11. FJPl (von 28,0 auf 25,5%) steht allerdings eine wesentlich deutlichere Abnahme der Zuwachsraten der Investitionen gegenüber. Jahresdurchschnittlich betrug der Zuwachs der Anlageinvestitionen

in der Phase des 8. FJP1 (1966-1970) 7,3%
" 9. " (1971-1975) 6,6%
" 10. " (1976-1980) 3,7%
" 11. " (1981-1985) 3,7% [135]

Der Anteil der Anlageinvestitionen an der Verausgabung der akkumulierten Mittel sinkt mithin.[136] Hierin gelangt bereits eine prekäre Tendenz zum Ausdruck, denn Investitionen verbessern künftige Produktions*möglichkeiten*, Alimentierung der laufenden Produktionskosten durch den Staat als Halter der Akkumulationsfonds hingegen nicht (oder allenfalls unter temporären Sonderbedingungen).

Zum Rückgang des Investitionszuwachses tritt als verstärkender negativer Faktor die Abnahme der Produktivität oder Effektivität der Investitionen. Dieser Indikator wird als Koeffizient von Produktionszuwachs und Investitionsaufwand in einer bestimmten Zeiteinheit (zumindest pro Jahr) im betrieblichen, im branchenweisen oder im volkswirtschaftlichen Maßstab berechnet. Anschaulich drückt sich diese Tendenz in der UdSSR so aus: ein Rubel Anlageinvestition in der Industrie brachte in der Phase des

8. FJP1 92 Kopeken Produktionszuwachs
9. " 84 " "
10. " 53 " "
11. " 45 " " [137]

Umgekehrt bedeutet die Abnahme der Effektivität der Investitionen also, daß zur Erzielung von je einem Rubel Produktionszuwachs ein phasenweise entsprechend steigender Mehraufwand an Investition erforderlich ist (z.B. 1,89 R. im 10. FJP1 und 2.23 R. im 11.).[138] Da - wie gezeigt - keine Steigerung des Investitionszuwachses erfolgt und in nächster Zukunft bestenfalls der Rückgang gestoppt werden kann, indiziert die laufende Verringerung der Effektivität der Investitionen eine für die sowjetische Wirtschaft bedrohliche Entwicklung. Es sind vielfältige ökonomische Gründe, die in diesem Indikator zusammengefaßten Ausdruck finden. Nur einige gelangen nachfolgend zur Sprache.

Ökonomen unterscheiden verschiedene Arten von Investitionen, deren Effektivität (Produktionszuwachs in Relation zu Investitionsaufwand) unterschiedlich ist. Die statistischen Wirtschaftsjahrbücher der UdSSR geben über die einzelnen Formen keine Auskunft, in der Fachpublizistik finden sich dazu jedoch Angaben. Die hier zunächst benutzt Quelle[139] bringt entsprechende Daten nur für den Zeitraum 1976-1982. Es werden vier Arten von Investitionen unterschieden: 1. Neuerrichtung von Produktionskapazitäten, 2. Erweiterung und Erhaltung von Anlagen, 3. Rekonstruktion von Kapazitäten, 4. technische Umrüstungen.[140] Die beiden ersten Formen lassen sich als eher extensive, die beiden letzteren als überwiegend intensive kennzeichnen (so jedenfalls generell im Verständnis sowjetischer Ökonomen). Interessant ist nun, daß „normative" (d.h. geplante, vorgesehene) und tatsächliche Verteilung der Gesamtinvestitionen auf diese vier Formen stark divergieren:

Sollen also normativ die beiden eher extensiv wirkenden Formen von Investitio-

TABELLE 4: VERTEILUNG DER ANLAGEINVESTITIONEN IN DER SOWJETISCHEN INDUSTRIE 1976-1982 IN %

	normativ	faktisch
1. Neuerrichtung	18,0	41,8
2. Erweiterung und Erhaltung	23,0	33,5
3. Rekonstruktion	24,0	10,7
4. Technische Umrüstung	35,0	14,0
	100,0	100,0

nen zusammen 41% des Gesamtumfangs ausmachen, so erreichen sie tatsächlich nicht weniger als 75,3%. Wenn man der Zuverlässigkeit der herangezogenen Quelle trauen darf, so ist erstaunlich, daß die gezeigte Diskrepanz zwar die Effektivität des gesamten Investitionsaufwands mindert, aber nicht im zu erwartenden Maße. Und zwar deshalb nicht, weil die beiden extensiven Formen weniger stark von der normativen Effektivität abweichen, als die intensiven. Ein Rubel Anlageinvestition soll bei der 1. Form etwa 32 Kopeken Produktionszuwachs bringen, tatsächlich bringt er 25 Kopeken. Die entsprechenden Daten für die restlichen Arten sind: 2. 30 K. normativ, 25 real; 3. 29 K. normativ, 12 real; 4. 52 K. normativ, 25 real.

Daß danach die Effektivität der Investitionen in technischer Umrüstung faktisch nicht über der von Neuerrichtungen von Anlagen liegen soll, widerspricht Aussagen wie z.B. der, daß die Fondsproduktivität von technischen Umrüstungen 50% höher sind als die von Neuanlagen sei.[141] Allerdings sind Fondproduktivität und Produktivität der Investitionen, obgleich sie im Zusammenhang stehen, nicht identisch.[142] Über die letzteren findet man in der sowjetischen Fachliteratur ebenso wie in der Amtlichen Statistik nur vereinzelt auf Teilbereiche bezogene Angaben. Die häufige Kritik an Preissteigerungen bei Maschinen, Geräten, Anlagen, die der Verbesserung ihrer Gebrauchseigenschaften (z.B. Anwendungseffektivität) weit vorauseilen[143], bietet eine erste Teilerklärung für den enttäuschenden Wirksamkeitsgrad technischer Umrüstungen. Nach Schätzung sowjetischer Ökonomen müßte bei neuen Maschinen und Anlagen die Arbeitsproduktivität 2,5-3 mal höher als bei den ersetzten sein, erreicht wird jedoch nur das 1,8fache.[144] Nach einer in einem anderen Kontext gegebenen Information gehen 50-60% der Aufwendungen für technische Umrüstungen in die sog. „einfache Produktion". Dieser Anteil würde mithin keinen qualitativen und quantitativen Effekt über den Ersatz der ausgeschiedenen Anlagen hinaus bringen (EK. Gaz. No. 16-1987. S. 9).

Geben mithin die sowjetischen Quellen keine eindeutige Auskunft über die Produktivität bzw. Effektivität der nach unterschiedlichen Formen aufgegliederten Investitionen, so stimmen alle entsprechenden Angaben darin überein, daß Neuerrichtung und Erweiterung von Produktionskapazitäten die technischen Umrüstungen anteilsmäßig deutlich übersteigen. Seit einer Reihe von Jahren werden Planziele für die Steigerung des Anteils der Erneuerungsinvestitionen vorgegeben (im 12. FJPl sollen sie 50% erreichen), und obgleich sie nicht erreicht werden, nimmt ihr Anteil immerhin zu. Allerdings machen sowjetische Ökonomen und Wirtschaftspraktiker darauf aufmerksam, daß sich hinter statistisch ausgewiesenen Modernisierungsinvestitionen zumeist auch ein Anteil von Baukosten verbirgt; ein weiterer Hinweis auf eine der Ursachen ihrer unbefriedigenden Effektivität.

Die ökonomisch prekärste Folge des langjährig permanenten Übergewichts der Neuinvestionen und der entsprechenden Mißachtung der Erfordernisse des Einsatzes und der technischen Modernisierung bestehender Anlagen [145] ist die bereits erwähnte hohe physische und „moralische" Obsoleszenz der Maschinen und Produktionsaggregate in den Betrieben. Am 1.1.1985 waren 13% der Anlagen in der Industrie bis 5 Jahre alt, 33% bis 10 Jahre und 53% über 15 Jahre.[146] Wenn man die notorisch lange Zeitdauer in Rechnung stellt, die in der UdSSR Projektierung, Bauphase und Anlaufzeit neuer Produktionskapazitäten beanspruchen, kann man ungefähr ermessen, was diese Altersstruktur der vorhandenen Maschinen und Aggregate für ihr technisches Niveau bedeutet.

Einzelbeispiele illustrieren die Situation anschaulicher. 1986 waren 80% aller Maschinen in der Papier- und Kartonerzeugung über 20 Jahre alt, etwa die Hälfte über 40 Jahre. Die Rate der Ausscheidung obsolenter Maschinen betrug 1,5% im Jahr (wertmäßig berechnet), der jährliche Reparaturaufwand 600 Mio. R. [147] In der ukrainischen Industrie sind 40% der Anlagen verschlissen, darunter in der Schwarzmetallurgie und in der Erdölverarbeitung über 60%. Für General- und laufende Reparaturen wird mehr als 10 mal soviel ausgegeben wie für den Ersatz der Anlagen. In der Metallurgie, im Maschinenbau und in der chemischen Industrie war die Auscheidungsrate der im 11. FJPl 2% (jährlich). Der Verfasser[148] berichtet über eine Untersuchung der Investitionspraxis von 68 ukrainischen Industriebetrieben (1985 durchgeführt, sie erstreckte sich vermutlich auf die Phase des 11. FJPl). Die gesamte Anlageinvestitionen dieser Betriebe (1,9 Mrd R.) wurden verausgabt: zu 69% für Bauten, 15% für Erweiterungen, 15% für Rekonstruktionen und nur 1% für technische Umrüstungen. Die vorgesehenen Fristen für die Realisierung der Vorhaben wurde nur in 20 der 68 Fälle eingehalten. Die Effektivität der Investitionen (hier nicht auf den Produktionszuwachs, sondern auf den Gewinn bezogen, also eigentlich ihre Rentabilität) betrug 6% statt der projektierten 15%. Als Ursache dafür nennt der Verfasser: mangelhafte technische Projektierung, qualitativ schlechte Rohstoffe und Produktionsmaterialien, unregelmäßige Energie- und Wasserversorgung, Mangel an Arbeitskräften und hohe Fluktuation, aber auch Absatzprobleme. Auf eine anderer Untersuchung Bezug nehmend, berichtet der Verf., daß häufig alte Anlagen durch nicht oder nur geringfügig verbesserte ersetzt werden. Bei der einführung von Industrierobotern konnte nur in 3 von 10 Fällen eine Senkung der Selbstkosten erreicht werden. Das sei weniger technische Mängel als schlechter Organisation geschuldet gewesen.

Festzuhalten bleibt mithin, daß unabhängig von der nicht eindeutig klärbaren Frage nach Effektivitätsunterschieden zwischen Neu- und Erweiterungsinvestitionen und technischen Umrüstungen (wobei zu beachten ist, daß die auf S. 70 gebrachten Daten, die Identität indizieren, eine solche auf absolut gesehen niedrigem Stand ausdrücken), die anteilsmäßige Dominanz der ersteren schwerwiegende prekäre technische, ökonomische und im übrigen auch soziale (z.B. im Hinblick auf Arbeitsbedingungen) Konsequenzen hat.

Dieses Übergewicht der Neu- und Erweiterungsinvestitionen in der sowjetischen Wirtschaft hat verschiedene Ursachen; nur einige seien hier angedeutet:

— Zunächst wirkt auch in diesem Bereich die schon wiederholt angeführte Mengenfixierung der gesamten Wirtschaftstätigkeit in den früheren Phasen der sowjetischen Industrialisierung nach. Erweiterung der Kapazitäten wird infolge dessen als sicherere Methode der Produktionssteigerung gegenüber der Erneuerung vorhandener Anlagen eingeschätzt.

— Ersatz physisch oder moralisch obsoleter Anlagen ist kaum ohne Produktionsunterbrechungen vorzunehmen. Diese werden in den Produktionsplänen aber nicht oder nicht zureichend berücksichtig, woraus den betrieblichen Arbeitskollektiven Nachteile erwachsen können.

— Neu- und größere Erweiterungsinvestitionen werden aus „zentralisierten Fonds" (überwiegend aus dem Staatshaushalt) finanziert. D.h. erstens müssen die Betriebe die erforderlichen Finanzmittel nicht selbst erwirtschaften[149], und zweitens werden für solche Investitionen die erforderlichen Sachgüter priorität zugeteilt.[150] Betriebe, die unter günstigen Wirtschaftsbedingungen und dazu gut arbeiten, verfügen selten über die für Erneuerungsinvestitionen erforderlichen Mittel in ihren „Produktionsentwicklungsfonds". Sie haben jedoch große Probleme, die benötigten Ausrüstungsgüter zu erhalten. [151]

— Viele Betriebe verfügen jedoch auch nicht über die entsprechenden Finanzmittel.[152] Die Produktionsentwicklungsfonds wurden bis 1985 ausschließlich gewinnabhängig gebildet, Amortisations- (Abschreibungs-)beträge konnten ihnen nicht zugeführt werden. Die Betriebe können ohnehin nur über einen - variierenden - Teil der Abschreibungsmittel (die zudem z.T. fiktiv sind, d.h. nur rechnerisch existieren) verfügen, andere Teile gehen in die zentralisierten Fonds. 1986 wurden nur 3,2% der gesamten Anlageinvestitionen aus betrieblichen Mitteln finanziert, 1987 aber schon 18,8 und 1988 38,4%.[153]

— Für Betriebe besteht im ganzen wenig Anreiz, ihre Produktionsanlagen zu modernisieren.[154] Die Erfüllung der produktionsbezogenen Planaufgaben bleibt bis heute der wichtigste Erfolgsindikator und damit ausschlaggebend für die materielle und moralische Belohnung der Arbeitskollektive. Die „Pläne neuer Technik" schreiben zwar technische Verbesserungen vor, überwiegend jedoch nicht in konkreter und substantiierter Form, so daß das Unterlassen vertuscht werden kann und in dieser Hinsicht auch kaum Kontrollen erfolgen. Sind mit technischen Modernisierungen Kapazitätserweiterungen verbunden, besteht aus betrieblicher Sicht die Gefahr, daß diese in den Produktionsplänen ohne gleichzeitige Gewährleistung der erforderlichen Materialzufuhr berücksichtigt werden. Damit würden Planerfüllung und Prämienbezug gefährdet.

Der Grad der Effektivität der volkswirtschaftlichen Investitionen hängt auch ab von ihrer Verteilung auf die verschiedenen Wirtschaftsbereiche. Allgemein ist zu erwarten, daß in Bereichen, in denen die Produktivität der Anlagemittel (relativ) hoch ist, auch die Effektivität der Investitionen hoch ausfällt (jedenfalls, solange noch Nachfrage nach den Erzeugnissen des Bereichs besteht) und umgekehrt. Die Verteilung der gesamtwirtschaftlichen Investitionen auf die vier Hauptbereiche Industrie, Landwirtschaft, Transport und Kommunikation und Bauwesen hat sich im Verlauf der letzten drei FJPl-Phasen (1971-1985) nicht entscheidend verändert. Der Anteil der Industrie lag stets etwa bei 50% und entsprach damit auch in etwa ihrem Beitrag zum produzierten Nationaleinkommen und ihrem Anteil an den produktiven Grundfonds.[155] Der Anteil der Landwirtschaft wurde von 28,7% im 9. FJPl auf 26,4% im 11. reduziert, der des Transportwesens erhöhte sich zugleich um etwa diese Differenz, nämlich von 15,5 auf 17,6%. Das Bauwesen schließlich nahm mit ziemlich konstanten Sätzen zwischen 5.2 und 5,5% an den Gesamtinvestitionen teil.

Unter dem Aspekt der Effektivität der Investitionen sind nach den verschiedensten Informationen die in der Landwirtschaft am problematischsten. Ihr Anteil ist hoch (zum Vergleich: 1986 in der BRD in Festpreisen berechnet 6,4%) und übertrifft den Anteil der Landwirtschaft am erzeugten Nationaleinkommen (schwankend je nach Qualität der Ernten) um etwa 10 und an den produktiven Grundfonds um etwa 7 Prozentpunkte. Die statistischen Differenzen verschleiern jedoch - wie schon an anderer Stelle erwähnt - noch das tatsächliche Ausmaß der Ineffizienz dieser Investitionen, weil die landwirtschaftliche Produktion in den staatlichen Aufkaufpreisen, die bedeutende Subventionen einschließen, gemessen wird. Die in der sowjetischen Tages- und Fachpresse fortlaufend dokumentierte Tatsache, daß sich die unzureichende Versorgung der Bevölkerung mit Nahrungsmitteln trotz der seit Beginn der 70er Jahre immensen Investitionen sogar noch weiter verschlechtert hat, ist ein allgemeines, aber deutliches Indiz ihrer hochgradigen Wirkungslosigkeit. Zu den Ursachen zählt nicht zuletzt die unzureichende Ausrichtung der Investitionen auf die unterschiedlichen defizitären Bereiche. So wurden die Errichtung von Lager- und Verarbeitungskapazitäten sowie die Verbesserung der Transportbedingungen vernachlässigt; dagegen die Parks (im übrigen erheblich verteuerter) landwirtschaftlicher Maschinen über den Grad rationeller Anwendungsmöglichkeiten hinaus vergrößert.[156] Auch der hohe Aufwand für Bewässerungsprojekte hat nach dem Urteil vieler Ökonomen nicht die erwarteten Resultate gebracht.[157]

Innerhalb der Industrie springt im Hinblick auf die Investitionen die Diskrepanz zwischen dem Brennstoffsektor und der Leicht- und Nahrungmittelindustrie ins Auge.[158] Sie trifft nicht nur die Anteile an den industriellen Gesamtinvestitionen, sondern zugleich das jeweilige Verhältnis von Investitionsanteil und Beitrag zur industriellen Produktion. Der Brennstoffbereich war im 9. FJPl (1971-75) mit 18,5% an den Investitionen der Industrie beteiligt, im 11. FJPl mit 26,5%. Der Beitrag dieses Sektors zur industriellen Produktion ging dagegen von 9,2% 1970 auf 7,6% 1984 zurück. Wie an anderer Stelle schon angedeutet, ist diese Diskrepanz zumindest teilweise auf die niedrig festgesetzten Preise (vor allem für Kohle) zurückzuführen.[159] Die steigenden Investitionsteile sind Ausdruck der erhöhten Kosten für die etwa ab Mitte der 70er Jahre dringlich gewordenen Neuerschließungen von Förderfeldern von Erdöl und Erdgas in geologisch und klimatisch ungünstigen Regionen. Im Zusammenhang der Impulse zu einer Reform des „Wirtschaftsmechanismus" ist zu beachten, daß es nicht zuletzt dessen Funktionsmängel sind, die - hier in Gestalt hoher Energieintensität der Produktion und von vielfältigen Formen der Energie- und Brennstoffverschwendung - die Errichtung der teuren neuen Förderkapazitäten notwendig machen.

Leicht- und Nahrungsmittelindustrie hatten dagegen an den industriellen Gesamtinvestitionen einen rückläufigen Anteil von 11,2% im 9. zu 9,8% im 11 FJPl. An der industriellen Bruttoproduktion waren diese Sektoren dagegen 1970 mit 41% und - bei kontinuierlich abnehmender Tendenz - 1984 mit 32,9% beteiligt. Wie gleichfalls schon erwähnt, ist die statistisch indizierte hohe Produktivität der Anlagen dieses Bereichs (ihr Anteil an den industriellen Grundfonds entspricht

etwa dem niedrigen Investitionsanteil) allerdings zum Teil insofern nur eine schein-
bare, als die Bruttoproduktion hier wohl in den Preisen gemessen wird, die hohe
indirekte Verbrauchssteuern einschließen. Heute ist jedoch die hochgradige Obsoleszenz der Produktionsanlagen der Leicht- und Nahrungsmittelindustrie ein be-
vorzugtes Thema ökonomischer Problemerörterungen, das der jahrzehntelangen
Vernachlässigung dieses Sektors geschuldet ist und nunmehr zu einem der prioritären Reformbereiche erklärt wurde.

Unter den vielfältigen Ursachen der ungenügenden und weiter rückläufigen
Produktivität der Anlageinvestitionen lassen sich zwei hervorheben, denen besonderes Gewicht zukommt. Eine betrifft den „passiven Teil" der Grundfonds
(Gebäude), die andere den „aktiven" (Maschinen, Ausrüstungen, Produktionsaggregate). Diese Ursache wurde in den auf S. 71 skizzierten Beispielen für den
hier verfolgten Zweck zureichend veranschaulicht. Es geht dabei um das Zusammenwirken von technisch nur partiell und/oder nur in geringem Maße verbesserter neuer Maschinerie, die in neue Werke (oder Werkteile) installiert oder die
im Zusammenhang technischer Umrüstungen eingeführt wird mit unzulänglicher
Gewährleistung reibungsloser Produktionsabläufe. Der erstgenannte Aspekt wird
im folgenden Abschnitt noch einmal angesprochen.

Die auf den passiven Teil der produktiven Grundfonds bezogene Ursache geringer Effektivität der Anlageinvestitionen sind die Zersplitterung der Investitionsvorhaben und die neben anderem damit verbundenen langen Baufristen.[160]
Einige der gleichfalls vielfältigen Gründe dieses Sachverhalts seien abschließend
noch knapp bezeichnet:

Zahlreiche Betriebsleiter agieren gegenüber den für sie zuständigen Branchenministerien
(z.T. auch an höherer Stelle) und jedes Zweigministerium tritt Gosplan, dem Finanzministerium, Gossnab entgegen als ein Lobbyist zur Durchsetzung von Investitionsvorhaben.
Im Resultat werden dann insgesamt mehr Projekte gebilligt und begonnen, als die ursprüngliche Planung vorsah. 1982 z.B. dreimal so viele als im Plan 1981 bestätigt.[161]
Für die so zustande kommende Nachfrage nach Bauleistungen reichen die Kapazitäten
nicht aus. Hier kommt nun eine seit langem kritisierte, aber zumindest bis vor kurzer Zeit
noch nicht beseitigte Eigenart der Bewertung der Tätigkeiten der Baubetriebe ins Spiel.
Ihre Planerfüllung wird am Verbrauch aufeinander folgender Teilsummen der Kostenvor-
schläge der Investitionsprojekte gemessen. Der erste, vor allem aus den Erdbewegungen
bestehende Bauabschnitt ist für die Baubrigaden am leichtesten zu bewältigen (für diesen Zweck verfügt die UdSSR über zuverlässige Arbeitsmittel; in dieser Phase ist die
Abhängigkeit von Zulieferungen noch gering). Deshalb sind Baubetriebe bestrebt, stets
zumindest einen Teil ihrer Kapazitäten in dieser Bauphase einzusetzen. Ist sie abgeschlossen, werden die Baukolonnen häufig für längerer Zeit wieder abgezogen. Die Bevorzugung
von Projekten zur Neuerrichtung von Produktionsanlagen durch die Baubetriebe führt zu
systematischen Zurückstellung von Umbauten, die für Vorhaben technischer Umrüstung
erforderlich sind. Bereits gelieferte Ausrüstungsgüter liegen dann mitunter jahrelang un-
benutzt bei den Beziehern.[162]
Zu diesen Ursachen der Zersplitterung der Tätigkeit des Anlagenbaus treten andere
hinzu wie: Arbeitskräftemangel und hohe -fluktuation, ungenügende Ausrüstung mit Maschinen und Geräten für die Hochbauarbeiten, geringe Mechanisierung der Hilfstätigkeiten,
häufiges Ausbleiben der Belieferung mit Baumaterialien aller Art, geringe Arbeitsdisziplin

und schlechte Arbeitsorganisation.

Infolge der Wirksamkeit dieser (und weiterer) Faktoren nimmt die Dauer der Baufristen zu. Mitte der 60er Jahre betrug sie bei Produktionsobjekten im Durchschnitt 7-8 Jahre, 1985 10 Jahre.[163] Nach Berechnungen der sowjetischen Baubank gehen der Wirtschaft durch die endemischen Überschreitungen der Baufristen jährlich 6-6,5 Mrd R. verloren. Chronisch und mit den bezeichneten Faktoren zusammenhängend ist auch die Überschreitung der in den Voranschlägen berechneten Baukosten, ein weiterer Grund für das Zurückbleiben der Effektivität der Investitionen hinter den Projektierungen.

Die Realisierung der Investitionsvorhaben beansprucht jedoch nicht allein die Phase der Errichtung von Produktionsstätten oder der Vornahme von Umbauten. Vorgelagert sind die Projektierungsarbeiten,[164] nachgelagert ist die Anlaufphase der neuen Anlage (osvoenie). Auch diese Teilphasen überschreiten in der Regel die vorgesehenen Fristen. Anlaufphasen von 3-4 Jahren sind keine Seltenheit (Unzuverlässigkeit der neuen Technik, zuweilen werden Maschinen ohne funktionsnotwendige Einzelteile geliefert, ungenügende Qualifizierung der Einrichter oder des Bedienungspersonals): Fast ein Drittel der Kapazitäten der sowjetischen Industrie befindet sich zu einem beliebigen Zeitpunkt in der Anlaufphase der Produktionsanlagen.[165] Der durchschnittliche Auslastungsgrad beträgt hier 67%.

4.6. Hemmnisse des „wissenschaftlich-technischen Fortschritts"

Kaum ein anderer Begriff ist in der UdSSR seit etwa 30 Jahren als Schlagwort so strapaziert worden wie der des „wissenschaftlich-technischen Fortschritts". Zugleich besteht gerade auf diesem Gebiet eine enorme Diskrepanz zwischen Anspruch, Postulaten und Erwartungen einerseits und dem realen Stand der Erforschung und Entwicklung technologischer Neuerungen und ihrer Umsetzung in die Produktionspraxis andererseits. Hier liegt nach dem Verständnis sowjetischer Ökonomen und Politiker das Hauptproblem der eigenen Wirtschaft, von dessen Lösung die Chancen der Überwindung der meisten übrigen ökonomischen und sozialen Schwierigkeiten und Defizite abhängen. Zu diesem Problemkreis liegen zahlreiche sowjetische und auch westliche Publikationen vor, die z. T. auf systematischen empirischen Untersuchungen basieren.[166]

Ausdrucksformen technischen Rückstands der UdSSR gegenüber entwickelten kapitalistischen Volkswirtschaften wurden schon im Kontext der vorangegangenen Abschnitte benannt. Sie werden in der Sowjetunion nicht erst seit Gorbatschow so unumwunden konzediert[167], daß der Nachweis des Faktums selbst hier nicht erforderlich ist.[168] Schon in den 60er Jahren wurde - ungeachtet des „Sputnik-Schocks" von 1958 - von einer „technologischen Lücke zwischen Ost und West" gesprochen. Vermutlich ist diese heute sogar größer als damals. Ein Indiz dafür ist der sowjetische Rückstand im Bereich der Mikroelektronik, der sich auf Gebieten wie der Kommunikations-, der Rüstungs- und der Produktionstechnik höchst empfindlich auswirkt.

Die Frage nach den Gründen der technischen Innovationsschwäche der sowjetischen Wirtschaft betrifft zwei zu unterscheidende allgemeine Sachverhalte, sie ist mithin eine doppelte. Sie bezieht sich einmal auf die Ursachen der geringen Neigung und Fähigkeit der Verantwortlichen auf der mikroökonomischen Ebene, der Betriebsleitungen, technische Neuerungen - sowohl Prozeß- wie Produktinnovationen - einzuführen und ihre Entscheidungen und ihr Handeln generell an einer hohen Innovationsdynamik auszurichten. Antworten auf diese Frage sind nicht schwer zu finden. Die zweite dagegen betrifft komplexere Sachverhalte und Zusammenhänge: es ist die nach den Gründen der Resultatschwächen der ingenieurwissenschaftlichen Forschungs- und Entwicklungstätigkeiten.

Die „Innovationsträgheit" der Betriebe und die geringe ökonomische Wirksamkeit technischer Neuerungen

Die Gründe der angedeuteten Probleme sind nicht nur vielfältig, sie liegen auch auf unterschiedlichen Ebenen von Unmittelbarkeit bzw. Allgemeinheit. So spielen z.B. ganz konkrete Modalitäten der Entscheidungsweisen über und der Steuerungsmethoden von technische(n) Neuerungen eine Rolle, aber mittelbar auch die gesellschaftlichen Grundbedingungen und die allgemeine Regulierungs- und Funktionsweise der Prozesse der materiellen Produktion und Reproduktion des sozialen Ganzen.

An verschiedenen Stellen wurde bereits verdeutlicht, daß - zumindest nach dem bisherigen - Verständnis der politischen Führung und der Protagonisten der Wirtschaftsadministration der UdSSR die Betriebe als *unmittelbare* (und d.h. zugleich unselbständige) Grundeinheiten des gesellschaftlichen Handlungs- und Funktionsbereichs „Wirtschaft" verstanden wurden, die durch die Erfüllung zugewiesener Produktionsaufgaben unter zentral festgelegten materiellen, personellen, organisatorischen u. a. Bedingungen zur Erreichung der bedarfsgerichteten volkswirtschaftlichen Ziele beitragen. Als soziale Individuen und Gruppen bilden die Beschäftigten aufgrund ihrer Stellung, Funktion und Erfahrung in den Betrieben arbeits- und entlohnungsbezogene Interessen, Erwartungen und Ansprüche aus, deren - wie immer begrenzte - Realisierung im wesentlichen innerhalb der vorgegebenen inner- und überbetrieblichen Verteilung von Entscheidungs- und Verfügungskompetenzen erfolgt. Steuerung des Arbeitshandelns durch bei diesen Interessen ansetzende resultatsbezogene Gratifizierungsformen wird in der UdSSR seit den 30er Jahren mit wechselndem Nachdruck propagiert und praktiziert. Damit wird implizit anerkannt, daß die überbetrieblich definierten Aufgaben der Arbeitskollektive nicht mit deren unmittelbaren Interessen zusammenfallen und ihre Erfüllung deshalb „stimuliert" werden muß. Der Mehrzahl und Unterschiedlichkeit der Aufgaben entsprechen differenzierte Gratifikationsangebote, die gleichsam untereinander in Konkurrenz um Akzeptanz durch die Beschäftigten stehen (wobei die Höhe nur *ein* Aspekt ist: die Bedingungen der Erlangung und die möglichen Konsequenzen - z.B. Normerhöhungen - gehören zu den weiteren).

Für die im gegebenen Kontext zu diskutierende Thematik ist (ebenso wie hinsichtlich anderer wichtiger Erscheinungen) eine grundlegende Differenz zwischen den Arbeitsbeziehungen in den sowjetischen Betrieben und der sozialen Macht- und Interessenstruktur in kapitalistischen Unternehmen von Bedeutung. Letztere sind rechtlich und ökonomisch im Prinzip autonome gesellschaftliche Gebilde; sozialistische - in der Ausprägung der sowjetischen Produktionsverhältnisse - sind es nicht. In Bezug auf die Protagonisten und Organe überbetrieblicher Wirtschaftsplanung und -leitung unterscheiden sich Stellung, Funktion und Interessen sowjetischer Betriebsleiter, Ingenieure, Arbeiter und Angestellte zwischeneinander graduell, aber nicht prinzipiell. Daß Tätigkeit und Arbeitsresultate dieser Gruppen generell nach den gleichen Kriterien bewertet, gratifiziert und sanktioniert werden ist nur *eine* Ausdrucksform des bezeichneten strukturellen Sachverhalts. Die Vergegenwärtigung seiner sozialen Implikation und Konsequenz verweist auf das generelle Verhältnis der betrieblichen Arbeitskollektive zum Innovationsproblem.

Die betrieblichen Arbeitskollektive in der UdSSR haben (ähnlich den Belegschaften kapitalistischer Unternehmen, aber anders als deren Leitungen) keine originäre Verfügungskompetenz über die ökonomischen Resultate realisierter technischer Neuerungen. Sie partizipieren an den Ergebnissen nach Maßgabe festgesetzter Gratifizierungsregeln. Deshalb ist es für die Betriebsleiter, Ingenieure und Arbeiter relevanter, neu entwickelten Produkten oder eingeführten Produktionsverfahren Anerkennung im Sinne der geltenden Bewertungskriterien zu verschaffen, als tatsächlich ökonomisch optimale Ergebnisse zu erreichen.

Sowohl Produkt- wie Prozeßinnovationen sind im überkommenen Planungs- und Leitungssystem für die Arbeitskollektive jedoch mit der Gefahr verbunden, die dominanten produktionsbezogenen Leistungsindikatoren zu verfehlen.[169]

> „Als wir zugunsten der Erhöhung der Produktion automatisierter Aggregate die Erzeugung „nackter" Pressen verringerten, beschuldigte man uns der Nichteinhaltung der Nomenklatur (der Planaufgaben im Naturalausdruck, H. C.). Der Mechanismus der Planung stimuliert bisher das quantitative Wachstum. Auch der Planentwurf für 1985 sieht noch immer die Zunahme des Ausstoßes von Maschinen ohne Rücksicht darauf vor, ob sie mit Mitteln der Mechanisierung und Automation ausgestattet sind oder nicht."[170]

Bis jetzt ist die Nichterfüllung der prioritären quantitativen Planaufgaben nicht kompensierbar durch Gratifikationen, die für technische Neuerungen erlangbar sind.[171] Prozeßinnovationen bergen in zweifacher Weise die Wahrscheinlichkeit in sich, die Erfüllung der qualitativen Plankennziffern zumindest zu erschweren. Technische Umrüstungen sind kaum ohne zeitweilige Produktionsunterbrechungen realisierbar und die Anlaufphasen neuer Anlagen, in denen noch nicht die volle Kapazität erreicht wird und die Arbeitsproduktivität oft unter dem bisherigen Stand liegt[172], nehmen nicht selten Jahre in Anspruch. Die Produktivitätsgewinne, die Prozeßinnovationen im volkswirtschaftlichen Interesse bewirken sollen, sind aus der Sicht der betrieblichen Arbeitskollektive mit einer doppelten Gefahr verbunden: sie steigern die Produktionskapazität, entsprechend dürften die Planaufgaben erhöht werden. Aber es ist sowohl unsicher, wann und ob die vorgesehene Kapazität erreicht wird wie auch, ob die Materialzulieferungen entsprechend erhöht werden.[173]

Zum anderen wirkt der Produktionszuwachs selbstkostensenkend, und weil die Preise unter Zugrundelegung der Kosten festgesetzt werden, kann Betrieben, die ihre Produktionsprozesse rationalisieren, eine Verbilligung ihrer Erzeugnisse „drohen". Diese wirkt wie eine Erhöhung der Produktionspläne mit den angedeuteten Gefährdungen der Erfüllung. So wurde vor mehr als 20 Jahren ein Verfahren zur Erzeugung von Zement entwickelt, das den Entstehungspreis einer Tonne von 20-22 R. auf 7 R. reduziert hätte. Es wurde nicht eingeführt, weil die Arbeit der Baubetriebe nach dem Wert der erbrachten Bauleistung, der die Materialkosten einschließt, abgerechnet wird.[174] Auch Produktinnovationen bringen für die betrieblichen Arbeitskollektive Probleme mit sich. Die Aufnahme der Produktion neuer Modelle verlangt zuweilen neue Ausrüstungen oder andere Vorprodukte, deren Bezug prekär ist. Liefer- und Abnehmerverträge müssen neu ausgehandelt werden. „Mit einem Wort, ein gerader Weg zur Erhöhung der Angespanntheit des Planes."[175]

Die skizzierten Zusammenhänge bilden eine der allgemeinen Ursachen der geringen Neigung sowjetischer Betriebsleiter, technische Neuerungen einzuführen. Im einzelnen sind die wirtschaftlichen Bedingungen und Situationen allerdings differenzierter. Hier sollen zunächst drei Formen der Veranlassung an technischen Prozeß- und Produktinnovationen unterschieden werden:

1. Direktive und spezifizierte Anweisungen durch übergeordnete Planungs- und Leitungsorgane;
2. Generelle Verpflichtungen der Betriebe zur Vornahme technischer Neuerungen;
3. Eigeninitiative der Betriebe zwecks Nutzung der Gratifikationsangebote und/oder zur Erlangung anderweitiger ökonomischer Vorteile.

Die erstgenannten Formen sind zunächst einmal ein Indiz für den Mangel originärer Eigeninteressen der betrieblichen Arbeitskollektive an der Erarbeitung und Implementierung technischer Innovationen. „Die ‚obrigkeitliche' Reglementierung der Einführung von Maschinen mit Programmsteuerung, automatischer Linien, von Robotern usw. zeugt einmal mehr vom Fehlen wirklichen ökonomischen Interesses der Betriebe an der Vervollkommnung der Technologie."[176]

In bezug auf Prozeßinnovationen (etwa in Form der technischen Umrüstung bestehender Anlagen) ist die erste Form selten bzw. neu.[177] Solchen Verpflichtungen können sich die Betriebe nicht entziehen; in Grenzen ist es ihnen jedoch möglich, die Bedingungen und Ausführungsmodalitäten förmlich zu beeinflussen oder aber faktisch zu modifizieren. Anfang der 70er Jahre z. B. beauftragte der Ministerrat der UdSSR das Ministerium für Straßenbau-Maschinen, die ihm unterstehende Produktionsvereinigung, „Volgcemmaš" zu verpflichten, 8 automatisierte Linien für die Produktion von Zement komplett herzustellen. Der Betrieb lieferte diese Anlagen mit jeweiliger Verspätung zwischen 2 und 4 Jahren.[178]

Die Obstruktion solcher Verpflichtungen durch die Betriebsleitungen dürfte sich allerdings in Grenzen halten, denn allgemein ist diese Form der Beförderung des wissenschaftlich-technischen Fortschritts für die Betriebe günstig. Zur Finanzierung (vor allem von technischen Umrüstungen) werden in diesen Fällen Mittel aus „zentralisierten Fonds" bereitgestellt. Die Belieferung mit den entsprechenden Ausrüstungsgütern wird im Rahmen der Möglichkeiten des Systems administrativer Ressourcenverteilung gewährleistet, und es bestehen Chancen, daß die im Falle von Prozeßinnovationen unvermeidlichen Produktionsunterbrechungen in den Plänen berücksichtigt werden.

Aber auch bei dieser direktiven Form der Veranlassung technischer Innovationen, in der klare Prioritätensetzung seitens der politisch und administrativ leitenden Organe vergleichsweise günstige Realisierungsbedingungen für die Beschlüsse schaffen, bleiben die ökonomischen Resultate zumeist deutlich hinter den Erwartungen zurück. Zu den Gründen dafür, die bei den anderen Formen der Initiierung technischer Neuerungen in verstärktem Maße wirksam sind, zählen unter anderem:

— die innovatorisch-technische und qualitative Begrenztheit der im Inland erzeugten Maschinen, Geräte und Ausrüstungen (deren Ursachen noch thematisiert werden),

— die Restriktionen, die aus der bereits skizzierten Funktionsweise des Wirtschaftsmechanismus resultieren und die nach erfolgten Neuerungen, z.B. bisheriger Produktionstechniken, die nicht nur fortwirken, sondern sich nicht selten verschärfen (etwa veränderte Anforderungen an das Produktionsmaterial, quantitative Bedarfserhöhung u. ä.),

— bei direktiv angeordneten Produktionsinnovationen hemmt eine Fülle detailliert vorgegebener Parameter, gültiger Normen und Standards u.a.m. die kreativen Möglichkeiten der Entwicklungtätigkeit, wobei eine sachliche Abstimmung zwischen den planenden und anordnenden Instanzen und den ausführenden Ministerien und Betrieben überwiegend nicht stattfindet.[179]

— im Falle von Prozeßinnovationen mindert das Unterbleiben von Anpassungen der Arbeitsorganisation an die neuen technischen Bedingungen oft die ökonomischen Resultate.

Die zweite der unterschiedlichen Formen der Veranlassung technischer Neuerungen in den Betrieben erfolgt vornehmlich in Gestalt der „Pläne neue Technik”. Diese sind allerdings im Hinblick auf die technischen Parameter und ökonomischen Resultate vorzunehmender Prozeß- oder Produktionsinnovationen zumeist nicht spezifiziert, so daß den Betrieben sowohl Entscheidungsfreiräume bezüglich der Ausführung und auch Chancen zu eher fingierter als tatsächlicher Realisierung der Planaufgaben gegeben sind. Die Sanktionierung der Nichterfüllung der Pläne ist im übrigen eher schwach. Dem entsprechend gehören sie zu den am wenigsten „bilanzierten” Plantypen, d.h. die Produktions- und Lieferpläne für Ausrüstungsgüter und/oder Produktionsmaterialien u.a.m. sind nicht mit ihnen abgestimmt. Den Plänen liegt in erster Linie die Erwartung zugrunde, daß die betrieblichen Arbeitskollektive nicht nur die finanziellen, sondern auch die materiellen Mittel und das Arbeitspotential zu ihrer Ausführung aus eigenen Reserven aufbringen. Stellt man in Rechnung, daß die in dieser Form zu realisierenden Maßnahmen zur Forcierung und Verallgemeinerung des wissenschaftlich-technischen Fortschritts auf die gleichen Restriktionen wie die zuvor bezeichneten stoßen, so ist kaum zu erwarten, daß die Betriebsleitungen auf die Erfüllung der „Pläne neue Technik” besondere Anstrengungen konzentrieren.

Im Hinblick auf die am Kriterium der „Intensivierung” gemessenen ökonomischen Resultate der in dieser Form veranlaßten technischen Neuerungen liegt das Problem vor allem darin, daß es unter den angedeuteten Bedingungen möglich ist, partielle und geringfügige Verbesserungen technischer Parameter als bedeutsame Innovationen zu deklarieren und sogar als solche bestätigt zu bekommen. Dafür finden sich in der sowjetischen Tages- und Fachpresse ständig Belege.[180] Ein verallgemeinerter Indikator dazu ist z.B. , daß zwischen 1975 und 1982 die Gesamtsumme der Prämien für Leistungen zur Beförderung des wissenschaftlich-technischen Fortschritts um 50% anstieg, die Amortisation der dafür aufgewandten Mittel sich aber nur um etwa 25% beschleunigte.[181]

Allerdings darf man die Bedingungen, unter denen die Betriebe im Hinblick auf die technischen Neuerungen agieren bzw. reagieren, nicht zu sehr verallgemeinern. Die im Maßstab der Industrie geltenden Gratifizierungs- und Sanktionierungsregeln werden oft noch zweigmäßig ergänzt, und ihre jeweilige Stimulierungswirkung ist *auch* von je besonderen betrieblichen Wirtschaftsbedingungen abhängig. Diesen entsprechend können Betriebsleitungen und Arbeitskollektive durchaus auch Eigeninteresse an technischen Innovationen entwickeln und Initiativen dazu über die Anforderungen des „Plan neue Technik" hinaus ergreifen. In dieser Hinsicht unterscheidet sich die Situation für die bisher in ihrer Wirkung eher gleichgesetzten Prozeß- und Produktinnovationen.

Eine direkte und allgemeine Prämierung von Prozeßinnovationen gibt es nicht. Indirekt soll eine stimulierende Wirkung dazu von den Steigerungen des Betriebsgewinns und der Arbeitsproduktivität ausgehen, da beide Indikatoren „fondsbildend" sind (d.h. hier erreichte Verbesserungen kommen anteilig den Gratifikationsfonds zugute). Aber entgegen gültigen Bestimmungen entziehen das Finanzministerium und/oder das je übergeordnete Zweigministerium den Betrieben mitunter allen Mehrgewinn. Sicherer ist die Prämienwirkung gesteigerter Arbeitsproduktivität; aber die angedeuteten Gefährdungen der Erfüllung der Mengenpläne infolge von Prozeßinnovationen fallen entgegenwirkend ins Gewicht.

Bei Produktinnovationen sind die Risiken geringer und die Anreize höher. Sie bestehen in Preisaufschlägen, die für Erzeugnisse vorgenommen werden, denen in einem Attestierungsverfahren die Gütezeichen „K", „N" oder „D" zuerkannt wurden.[182] Die Ansprüche sind dabei nicht sehr rigide und sowohl Leichtigkeit wie Willkür der Vergabe der Prädikate bilden Anlaß zu häufiger Kritik.[183] Der offizielle Anspruch an die Erzeugnisse lautet, sie sollen dem höchsten einheimischen Standard und dem entwickelsten Weltniveau entsprechen. Abgesehen von der in den meisten Fällen unrealistischen Gleichsetzung beider Kriterien wird häufig vermerkt, daß die Gutachter hinsichtlich des letzteren kaum hinreichend informiert sind. Es scheint nach zahlreichen Berichten jedenfalls möglich zu sein, für geringfügige - und zuweilen ohne jegliche - Verbesserung der Erzeugnisse ein Qualitätsprädikat zu erhalten.

Die ausgezeichneten Produkte müssen allerdings (i.d.R. nach drei Jahren) einer erneuten Attestierung unterworfen werden, wobei das Gütezeichen aberkannt oder sogar Preisabschläge angeordnet werden können. Letztere machten insgesamt in einem in der Fundstelle[184] allerdings nicht genannten Zeitraum nicht einmal 1% des Umfangs der Preiszuschläge aus! Die drei skizzierten Formen der Veranlassung technischer Neuerungen in den Betrieben zeigen im Resultat eine Gemeinsamkeit: da nicht die Ansprüche der Benutzer im Falle von Produktinnovationen und nicht die realen ökonomischen Resultate von Prozeßinnovationen für die Gratifizierung der Erzeuger ausschlaggebend sind, sondern die Einhaltung förmlicher *Mindest*normen. orientieren sich die Hersteller und die technische Umrüstungen vornehmenden Betriebsleiter an diesen und nicht am Maßstab maximaler Qualität und bestmöglicher Effektivität.[185]

Insgesamt wirken zahlreiche weitere Einzelursachen, die jedoch in einem komplexen Wechselwirkungszusammenhang stehen, in die Richtung technischer „Innovationsträgheit" und unzureichender Effektivität realisierter technischer Neuerungen. Einige seien noch ohne systematische Ordnung und fern von Vollständigkeit angedeutet:

— Bis heute noch ist die prioritäre Produktionsmengenfixierung sowjetischer Politiker und Wirtschaftsfunktionäre nicht wirklich überwunden. Die Beschwörungen der Dringlichkeit, Anschluß an die „wissenschaftlich-technische Revolution" zu finden, wirken rhetorisch in Anbetracht der unzureichenden praktischen Konsequenzen. Für die Betriebe bleiben damit technische Innovationserfordernisse zweitrangig.[186]

— Produkt- und Prozeßinnovationen stehen in einem hier noch nicht explizierten engen Sachzusammenhang. Produkterneuerungen im Bereich der Produktionsmittel erzeugenden Industrien finden Verkörperung in jenen Ausrüstungsgütern, die im Zuge von Prozeßinnovationen obsolete Anlagen ersetzen. Intensive Kommunikation zwischen der Erzeugern und künftigen Anwendern über Produktionsmöglichkeiten und -erfordernissen u.ä.m. sind deshalb von großer Bedeutung für die technische Optimierung und ökonomische Effektivierung der Innovationen. Im überkommenen System administrativer Allokation aller relevanten Wirtschaftsmittel sind Erzeuger und Bezieher/Anwender aber systematisch voneinander isoliert.[187]

— Unter den endemischen Bedingungen allseitiger „deficity" (Mangel; die Situation, die J. Kornai umfassend als „Economics of Shortage" analysiert[188]) kommt Druck der Anwender von Produktionsausrüstungen auf die Erzeuger in Richtung der Einforderung der benötigten technischen Lösungen und der erwarteten Qualitätsstandards ebenso wenig zustande wie nachhaltiger Einfluß der Käufer privater Gebrauchsgüter. Betriebsleiter, die über einen zureichenden Produktionsentwicklungsfonds verfügen, müssen nehmen, was Gossnab ihnen außerplanmäßig zukommen läßt oder was sie anderweitig beschaffen können.[189] in den Bereichen der Produktionsgüterindustrien sind viele Erzeuger in der Lage von Angebotsmonopolisten.

— Nicht nur die betrieblichen Arbeitskollektive verhalten sich „innovationsträge", auch die Zweigministerien. Nur ein Beispiel: Die Einzelteile zur Herstellung von Autobussen in der UdSSR sind nur zu 10% vereinheitlicht und damit in allen entsprechenden Betrieben verwendbar. In L'vov wurde für eine neue Generation von Bussen eine Konstruktion erarbeitet, bei der 85% der Antriebsteile und 95% der Autoelektrik unifiziert sind. Der jährliche Spareffekt würde 640 Mio R. betragen. Die Ausarbeitung liegt dem zuständigen Ministerium seit 10 Jahren vor, ohne daß die Implementierung veranlaßt wurde.[190]

Die Fixierung der Zweigministerien auf ihre jeweilige Brancheninteressen bedeutet systematische Vernachlässigung ihrer Aufgaben, zweigübergreifende Kooperation, insbesondere im Bereich der Technologiepolitik und -entwicklung, sowie die Verbreitung von Neuerungen[191] zu initiieren und zu gewährleisten.[192] Die Beschränkung ihres Bemühens um fortgeschrittene technische Lösungen und ihre produktionspraktische Nutzung auf die Dimension zweiginterner Verwertbarkeit mindert das technische Niveau und die ökonomische Effizienz im gesamtwirtschaftlichen Maßstab.

— Ein wesentlicher Grund für die unzureichende Effektivität von Prozeßinnovationen liegt im schon erwähnten „Endpaßbereich" Anlagenbau. Auch Maßnahmen der technischen Umrüstung bestehender Anlagen erfordern in der Regel bauliche Veränderungen. Wegen ihrer oft jahrelangen Verzögerungen stehen schon gelieferte Ausrüstungsgüter entsprechend lange herum, häufig nicht einmal in dafür geeigneten Lagern.

— Obgleich von den Betrieben Initiativen zu technischen Innovationen erwartet werden, haben sie kaum Entscheidungs- und Verfügungskompetenzen für deren Realisierung. Im Grunde sind Eigeninitiativen nicht wirklich gefragt. „In der Regel wird ein bedeutender Teil der vom Betrieb vorgeschlagenen Maßnahmen nicht in den Plan aufgenommen."[193] Vorgeschrieben werden u. a.: die Anzahl der beschäftigten Ingenieure und Techniker, die Verausgabung des Produktionsentwicklungsfonds, eine Unzahl technischer Standards.[194] Übermäßig umfassende und detaillierte Ansprüche werden an technische Dokumentationen gestellt. Deren Bestätigung nimmt dann ungebührlich lange Zeit in Beschlag und trägt zu den teils enormen Verzögerungen der Implementierung von Neuerungen bei. Zum Beispiel beanspruchte die Entwicklung einer neuen landwirtschaftlichen Maschine 3 Jahre, die Überführung in die Produktion aber 7 Jahre. [195]

— Die Effektivität technischer Neuerungen ist in nicht wenigen Fällen deshalb äußerst beschränkt, weil in Produktionen, die in einer integrierten Phasenabfolge stattfinden, die Technik nur eines Teilaggregats verbessert wird.[196] Das hat seinen Grund zumeist darin, daß für die Erzeugung der unterschiedlichen Anlagenteile verschiedene Zweigministerien zuständig sind. Infolge fehlender Kooperation zwischen ihnen sind jeweilige Einzelaggregate, nicht integrierte Gesamtanlagen Gegenstand der Technologieplanung.[197]

— Die Diskrepanz zwischen den hohen Preisen für neu entwickelte oder verbesserte Ausrüstungsgüter und dem Niveau ihrer technischen und ökonomischen Parameter hält nicht wenige Betriebsleiter davon ab, Prozeßinnovationen vorzunehmen. „Heute wächst der Wert (gemeint ist der Preis, H. C.) technischer Ausrüstungen im Vergleich zu den alten schneller als ihre Produktivität... Man kann mit voller Verantwortung sagen, daß die Ausrüstungen, die die Betriebe dieses Ministeriums herstellen (gemeint ist das Ministerium für Leicht- und Nahrungsmittelmaschinenbau. H. C.), weit hinter dem Niveau entsprechender importierter zurückbleiben."[198]

Defizite und Probleme der Forschungs- und Entwicklungstätigkeit

Die kennzeichnende „Innovationsträgheit" der sowjetischen Betriebe konnte aus den Modalitäten des überkommenen Planungs- und Leitungssystem der Wirtschaft unmittelbar und schlüssig erklärt werden. Für die Ursachen der Mängel der Forschungs- und Entwicklingstätigkeit (F & E) bzw. ihrer Resultate gilt das nur teilweise. Hier sind die Wirkungszusammenhänge einiger Aspekte vermittelter und z.T. anders geartet. Das hängt nicht zuletzt mit den besonderen Bedingungen der Forschungsarbeit zusammen.

Nach exemplarischen Verweisen auf die Ausdrucksformen unzureichender Resultate der Arbeit der F & E- Institute wird im folgenden deren Ursachen in vier Bereichen, die in der Realität weit weniger trennbar als in der Analyse sind, nachgegangen: Form der Institutionalisierung der F & E Einrichtungen innerhalb der Hierarchie der Wirtschaftsleitung; Methoden der Planung, Stimulierung und Bewertung der F & E- Tätigkeit; Binnenhierachie und interne Bedingungen von Forschungs- und Konstruktionstätigkeiten in den Instituten und Büros; materielle und personelle Ausstattung der F & E-Einrichtungen. In einer spezialisierten Studie wäre dabei noch zwischen Grundlagenforschung, angewandter Forschung und Konstruktionstätigkeit zu unterscheiden. Im gegebenen Zusammenhang muß es genügen, jeweilige Besonderheiten zu benennen.

Zunächst einige ausgewählte Hinweise auf unzureichende Resultate der sowjetischen F & E-Tätigkeit:

— „Technischer Fortschritt ist vielseitig. Er schließt sowohl einen evolutionären Prozeß der Perfektionierung der Technologie wie auch einen revolutionären ein, generelle Änderungen der Technologie im Sinne des Übergangs zu vollständig neuen technologischen Systemen. In den letzten 15-20 Jahren herrschte in der Sowjetunion der evolutionäre Weg des technologischen Fortschritts vor. Der Fortschritt war schleppend und fand wenig Ausdruck in der Erhöhung der Effektivität der Wirtschaft."[199]

— Die Serienerzeugung einer fortentwickelten Anlage (offenbar für Erdbohrungen) wurde vom zuständigen Ministerium angeordnet, obgleich offenbar war, daß die Neukonstruktion nicht den Erfordernissen verbesserter Technik entsprach. Wirklich verändert war nur die Bohrtiefe (52 statt 24 Meter). Die übrigen Parameter waren entweder nur geringfügig verbessert (Bohrdurchmesser und Produktivität in Minuten) oder verschlechtert (Gewicht der Anlage, Umlaufgeschwindigkeit des Bohrers, Arbeitsaufwand der Bedienung, Kosten je Meter Bohrung). Entscheidend aber war die Verteuerung: die Arbeitsintensität der Herstellung der Anlage stieg um das 5-fache, der Herstellungspreis um das 2,2-fache.[200]

— Von mehr als 200 technologischen Ausarbeitungen, die Institute der Kazaner Filiale der Akademie der Wissenschaften zwischen 1971 und 1985 erstellten, wurden nur 20 in die Produktion überführt. Der ökonomische Effekt erreichte nur 4% des projektierten.[201]

— Die sowjetischen F & E-Institute und Büros erarbeiten pro Jahr etwa 3.000 technologische Lösungen und Entwürfe für neue oder verbesserte Maschinen und Anlagen. Damit wäre die Erneuerung von 4% der Erzeugnisse des Maschinenbaus pro Jahr möglich, angestrebt wird aber etwa die dreifache Rate. „Wenn man berücksichtigt, daß bei weitem nicht alle neuen technischen Entwürfe dem Weltniveau entsprechen und daß dafür der Übergang von der Imitation zur Eigenentwicklung unerläßlich ist, (dann wird deutlich), daß die Konkurrenzfähigkeit der Maschinenbauerzeugnisse bestenfalls in einigen Jahrzehnten erreicht werden kann."[202]

— Von den zwischen 1977 und 1986 eingeführten technischen Neuerungen entsprechen nur 10% dem Weltstandard. Die personellen, technischen und materiellen Bedingungen des F & E-Bereichs bedürften einer umfassenden Überprüfung. Reserven zur Verbesserung der Arbeitsresultate werden in der Grundlagenforschung auf 50% geschätzt, in der angewandten Forschung auf 100 - 300%.[203]

— Die im Jahresdurchschnitt entwickelte Anzahl neuer technischer Muster nahm im Verlauf der letzten fünf FJPl- Perioden ständig ab und betrug 1986 etwa 3.500. Das waren 25% weniger als vor 25 Jahren. Zugleich stiegen die Kosten für die Schaffung neuer Technik, berechnet auf je eine in die Produktion überführte neue Maschine, Ausrüstung etc. von 11.800 R. im 9. FJPl (1971-75) auf 14. 00 im 11. FJPl (1981-85). Stärker noch stiegen die Entwicklungskosten für jeden Prototyp einer Neuerung, und zwar von 1,5 Mio R. im 9. auf 3,3 Mio im 11. FJPl. Der ökonomische Effekt einer technischen Neuerung im Bereich der Produktion wird in der relativen Anzahl eingesparter Arbeitskräfte gemessen. Diese Ökonomisierung der lebendigen Arbeit schreitet nur langsam voran und betrug 1986 kaum eine halbe Million. [204] Die Kosten der Einsparung einer Arbeitskraft steigen dagegen an und erreichten 1986 25.000 R. „Derartig wenig effektive Maßnahmen erlauben kaum eine scharfe Beschleunigung des technischen Fortschritts in der Produktion."[205]

Die institutionelle Ausformung und Stellung der F & E-Tätigkeit in der wirtschaftlichen Leistungshierarchie. Die F & E-Tätigkeit ist in der UdSSR im wesentlichen in vier Bereichen institutionalisiert: innerhalb der Akademie der Wissenschaften (Grundlagen- und angewandte Forschung mit Schwergewicht auf der ersten), in den Universitäten und Hochschulen (nach Umfang und Gewicht in beschränktem Maße[206], hier überwiegt die Ausbildungsfunktion), in den den Branchenministerien unterstehenden Instituten (mit Schwergewicht auf angewandter Forschung) und Entwurfs- und Konstruktionsbüros sowie auf Betriebsebene und in den „Wissenschafts-Produktions-Vereinigungen". Bis heute sind die Akademie-Forschung und die auf der Ebene der Zweigministerien dominierend. Die Nutzung der entsprechenden Kapazitäten der Universitäten und Hochschulen zur industriellen Verwertung wurde erst im Zusammenhang der aktuellen Reformentwicklung postuliert, [207] ist jedoch noch nicht weit gediehen.

Eine teilweise Verlagerung der F & E-Tätigkeiten von den Instituten und Büros der Zweigministerien in Betriebe wurde bereits in der 2. Hälfte der 60er Jahre beschlossen und in den 70er Jahren in der Form der „Wissenschaft-Produktions-Vereinigungen" (W.P.V.) forciert. Diese Bezeichnung soll ausdrücken, daß angewandte Forschung, Konstruktion, Erprobung und Serienerzeugung innerhalb *einer* Betriebsvereinigung stattfinden. Ausschlaggebend für das Konzept dieser institutionellen Neuerungen war die Absicht der Überwindung einer der Hauptschwächen der den Ministerien beigeordneten Institute: ihre räumlichen und vor allem sachliche Trennung von der industriellen Praxis und deren Anforderungen. Wie bei anderen sowjetischen Reformbeschlüssen setzte sich aber auch hier die Tendenz zur nur formellen Verwirklichung durch.[208] So ist in der Regel die Arbeit der F & E-Einrichtungen innerhalb dieser Vereinigungen nicht in deren Pläne integriert. Die Wirtschaftstätigkeit der W.P.V. wird ganz vorrangig nach der Erfüllung ihrer Produktionsaufgaben bewertet und prämiert. Für die Verwirklichung der Aufgaben der „Pläne neue Technik" tragen die Betriebe und Vereinigungen faktisch keine materielle Verantwortung, weshalb auch in den W.P.V. der F & E-Tätigkeiten keine hohe Aufmerksamkeit gewidmet wird.[209] Zudem bewahren sich die Ministerien den Zugriff auf diese, und die entsprechenden Kompetenzen der Leiter der W.P.V. sind gering. Indem auch innerhalb der W.P.V. für die Produktions- und die F & E-Bereiche getrennte Planaufgaben sowie Leistungs- und Bewertungsindikatoren fortbestehen,[210] wird die intendierte Integration von Forschung und technologischer Innovationsorientierung und -praxis auf Betriebsebene weiterhin verfehlt. Hinzu kommt, daß die Kosten der F & E-Arbeit auch innerhalb der W.P.V. ganz oder zum größten Teil aus zentralen Fonds bestritten werden, so daß die Betriebe dem Druck einer konsequenten Aufwand-Resultat-Berechnung enthoben sind. [211]

Der Kapazität nach dominieren noch die F & E- Tätigkeiten in den Instituten und Büros der Zweigministerien.[212] Sie erhalten ihre Planaufgaben vorrangig von den je leitenden Ministerien zugewiesen bzw. „bestätigt". Zum Teil führen die Ministerien dabei Anweisungen „höherstehender Organe", etwa des Ministerrats, von Gosplan oder des Staatskomitees für Wissenschaft und Technik (Goskom NiT) aus. Letzteres trägt formal die Verantwortung für die Verwirklichung der in einer größeren Anzahl von „Komplexprogrammen" festgeschriebenen staatlichen Technologiepolitik. Faktisch konnten bislang jedoch die Zweigministerien noch immer dieser gegenüber ihre bereichsfixierten Interessen und Prioritäten durchsetzen.[213]

Propagiert werden seit vielen Jahren auch Verträge zwischen Instituten und Betrieben über die Ausarbeitung je besonderer technischer Lösungen. Ähnlich wie im Falle der Lieferverträge zwischen Produzenten und Abnehmern machen auch hier die Verträge zumeist nur die Planaufgaben der Institute und Konstruktionsbüros nochmals gegenüber den Betrieben verbindlich, die für die Einführung der Neuerungen in die Serienproduktion vorgesehen sind. Betriebe, die die Hilfe von Forschungsinstituten bei der Lösung bestimmter technischer Aufgaben und Probleme suchen, müssen sich entweder zunächst an das zuständige Ministerium wenden oder aber das direkt beauftragte Institut bedarf für die Annahme des Auftrags der Zustimmung durch die übergeordnete Leitungsinstanz. Für diese - i.d.R. geht es um Zweigministerien - ist zumeist ausschlaggebend, ob das intendierte Resultat im eigenen Bereich genutzt werden kann. Zum Beispiel entwickelte ein Institut (offenbar im Chemiesektor) einen Hemmstoff gegen Korrosion, die u. a. im Gerätebau hohe Schäden verursacht. Obgleich zur Massenerzeugung des erfundenen Mittels nur eine einfache Anlage erforderlich war, nahm das zuständige Ministerium die Produktion, die volkswirtschaftlich von großem Nutzen wäre, nicht auf. [214]

Die sowjetische Akademie der Wissenschaften ist eine autonome Institution, ihre Institute unterstehen ihrem Präsidium. Die Akademieinstitute arbeiten ihre Pläne selbst aus, wobei sie sich orientieren: an den wissenschaftlich-technischen Zielen und Prioritäten der langfristigen staatlichen Entwicklungspläne; an Aufträgen, die der Ministerrat, Gosplan oder Goskom NiT im Rahmen der FJPl erteilen; an den sich aus den Schwerpunkten und dem Stand der eigenen Arbeit ergebenden Erfordernissen; an Kooperationsbeziehungen, die sie mit Großbetrieben unterhalten.[215] Diese Pläne bestätigt das Präsidium der Akademie.

Da im Bereich der Akademie der Wissenschaften die Grundlagenforschung überwiegt, ist für die Innovation zur unmittelbaren technischen und ökonomischen Nutzung die F & E-Tätigkeit der den Zweigministerien unterstellten Institute und Konstruktionsbüros ausschlaggebend. Neben der bereits erwähnten Distanz zwischen ihnen und den produzierenden Betrieben ist es die Tendenz zur Verselbständigung der Zweige, zur Abschottung gegenüber den anderen Bereichen der Volkswirtschaft, die ihre Leistungsfähigkeit einschränken. Denn auch die Institute und Entwicklungsbüros unterschiedlicher Zweigzugehörigkeiten kommunizieren kaum untereinander und kooperieren noch weniger.

> Eine armenische Produktionsvereinigung des Automobilsektors entwickelte einen neuen Typ von Gabelstabler. Zur Aufnahme der Produktion benötigt sie eine Bestätigung des Ministeriums für Autoindustrie, daß die Neuentwicklung dem modernen technischen Stand entspricht. Das Ministerium schlägt eine Modifikation vor, die der Betrieb unter beträchtlichen Schwierigkeiten entwickelt. Als auch diese zur Produktion gereift ist, stellt ein Spezialkonstruktionsbüro in L'vov (Ukraine) fest, die neue Konstruktion sein nicht funktionsfähig. Es wird eine alternative Lösung ent-

wickelt, doch dann stellt sich heraus, daß die Maschine, die zur Erzeugung des neuen Aggregats erforderlich ist, in absehbarer Zeit nicht zur Verfügung stehen wird.[216] Der renommierte Großbetrieb ‚Uralmaš' entwickelte eine moderne Gießereianlage. Die Steuerpulte sollen von einem anderen Werk bezogen werden. Das stellt solche her, aber nicht vollständig. Uralmaš wendet sich um Hilfe an das Ministerium für elektrotechnische Industrie, das ablehnend reagiert. In einem ähnlichen Fall ging Uralmaš dazu über, das benötigte Vorprodukt selbst herzustellen, was jedoch nur um den Preis der Unwirtschaftlichkeit möglich war.[217]

Der Mangel an Kooperation zwischen den Instituten verschiedener Zweigunterstellung blockiert komplexe technologische Ausarbeitungen, die Teillösungen erfordern, für die unterschiedliche Branchenministerien zuständig sind. Die Spezialisierung der zweiggebundenen Institute ist oft eine so hohe , daß sie zur Ausführung komplexerer F & E-Tätigkeiten nicht imstande sind. [218] Auch das ist ein wesentlicher Grund für die Neigung sowohl der Institute und Büros wie der Betriebe, technische Neuerungen in Form gradueller Einzelverbesserungen zu entwickeln und zur Anwendung zu bringen. Gefordert werden seitens der politischen Führung und zentralen Wirtschaftsleitung dagegen „revolutionäre" Lösungen und „radikale" Neuerungen.

Planung, Stimulierung und Bewertung der F & E-Tätigkeit. Wie bereits angedeutet, unterliegt die F & E-Tätigkeit im Prinzip in gleicher Weise der Planung und Leitung übergeordneter Instanzen wie die materielle Produktion. Gelingt hier schon die „Bilanzierung" der Planung im Wert- und im Gebrauchswertausdruck nicht, so erweist es sich als noch prekärer, Indikatoren für die Planung und Bewertung der Resultate innovationsgerichteter Forschungs- und Konstruktionstätigkeit zu entwickeln, die Ansprüchen der Vergleichbarkeit und der Gewährleistung technologischer Raffinesse und Ökonomischer Effektivität genügen.

Hinlänglich klar sind nur die allgemeinen Ziele der F & E-Arbeit. In bezug auf Arbeitsmittel sollen die Neuerungen vor allem die Bearbeitungspräzision und Nutzungszuverlässigkeit erhöhen und die Reparaturanfälligkeit senken, den spezifischen Material- und Energieverbrauch reduzieren, die Arbeitsproduktivität erhöhen und die Qualität der Erzeugnisse steigern. In bezug auf Produktionsmaterialien sollen die Neuentwicklungen teure Rohstoffe ersetzen und zugleich die Bearbeitungs- und Nutzungseigenschaften verbessern. Entsprechende Planaufgaben lassen sich aber kaum in exakten Gebrauchswertindikatoren bestimmen. Zwar kann man z.B. die Aufgabe stellen, für einen bestimmten (Teil-)Fertigungsprozeß ein Produktionsaggregat zu entwickeln, das gegenüber der bisher angewandten Technik die Arbeitsproduktivität um nicht weniger als (willkürlich angenommen) 18% erhöht. *Zugleich* jedoch ähnlich exakte Vorgaben bezüglich der anderen genannten Ziele zu machen, ist entweder unrealistisch oder es würde voraussetzen, daß jene, die die Aufgabe stellen, die technische Lösung schon haben. In der Tat variiert die Form der Fixierung der Planaufgaben im F & E-Bereich zwischen hoher Allgemeinheit[219] und realitätsferner Exaktheit.[220] Das häufige Bestreben der planenden und leitenden Organe, die Tätigkeit der F & E-Institute und Konstruktionsbüros im Hinblick auf die Gebrauchswerteigenschaften ihrer Lösungen, Entwürfe und Prototypen sowie der Bedingungen ihrer Serienerzeugung rigide festzulegen, ist verbunden mit der Vorgabe einer Fülle detaillierter technischer Vorschriften und Standards.[221] Sie erschweren die Arbeit der Wissenschaftler, Ingenieure und Konstrukteure beträchtlich wegen der damit verbundenen Einengungen von Lösungsvarianten, durch die Verpflichtung, zahllose Instruktionen und Vorschriften zu beachten und eine Fülle detaillierter technischer Dokumentationen und Arbeitsnachweise zu erstellen.[222]

"Unsere Spezialisten verfolgen den dornigen Weg der Dokumentation im Prozeß der experimentellen und konstruierenden Erarbeitung ... Die Anforderungen der Besteller müssen heute mit allen Organen abgestimmt, präzisiert und gebilligt werden. Auftrag und Anweisungen dreimal, technische Aufgaben sechsmal, technisches Projekt fünfmal, insgesamt 21 Instanzen ... Nur die Verringerung der Anzahl solcher Instanzen, an deren Türen heute die Konstrukteure zu klopfen haben, könnte die Ausarbeitung und Erzeugung neuer Technik um Monate und für einigen Erzeugnisse um Jahre beschleunigen."[223]

Für die Planung und Bewertung der F & E-Tätigkeit in Wertziffern wird seit langem vorgeschlagen, die Prämienchancen an die ökonomischen Resultate jeweiliger Innovationen zu binden. Das scheitert neben anderen Problemen schon daran, daß diese Resultate kaum früher als 7-10 Jahre nach der Vorlage der Lösungen durch angewandte Forschung ermittelbar sind.[224] Ist aber deshalb praktisch die Bewertung der Resultate der F & E-Tätigkeit im Wertausdruck nicht möglich, so auch nicht die Planung.

Ein vergleichbares Dilemma (das Kommensurationsproblem) im Bereich der materiellen Produktion führt dort, wie oben gezeigt, zum Überdauern der allseitig kritisierten Hauptbewertungskennziffern „val" (Bruttoproduktion). Ähnlich unbefriedigend ist die „Lösung" im Bereich von F & E. Sie läuft faktisch darauf hinaus, daß die Planaufgaben nach mehr oder minder allgemeinen Gebrauchswertindikatoren gestellt werden und die Bewertung der geleisteten Arbeit nach überwiegend formalen Kriterien erfolgt, wie Termineinhaltung, Beachtung des Kostenrahmens und Vorlage einer Lösung, die bestimmte Verbesserungen der erwähnten Indikatoren *verspricht*. Daß diese dann in der Regel nicht wie vorgesehen erreicht werden, stellt sich so viel später heraus, daß allein der Gedanke absurd wäre, die Forscher, Ingenieure und Konstrukteure nachträglich materiell verantwortlich machen zu wollen.[225]

Zu fragwürdigen Resultaten führt auch die Anwendung eines bereits erwähnten zusätzlichen Bewertungsindikators, des „Weltniveaus" bzw. des technischen Standes der fortgeschrittenen kapitalistischen Volkswirtschaften bezüglich bestimmter Produktionsmaterialien, -mittel und -prozesse. Daran werden die Endprodukte der F & E-Tätigkeiten zu messen versucht, neue oder verbesserte Produktionsanlagen z.B., die der Attestierung für die Zuerkennung des Qualitätssiegels „K" unterzogen werden. Die Teilhabe der jeweiligen Forschungsinstitute und Konstruktionsbüros am Mehrgewinn der erzeugenden Betriebe aufgrund der zulässigen Preisaufschläge steht im Prinzip außer Frage, ist praktisch jedoch nicht gelöst.

Die Wirksamkeit dieses Bewertungsindikators wird durch mehrere Faktoren begrenzt. Verwiesen sei hier nur auf den unzureichenden Informationsstand der Gutachter über das jeweilige „fortgeschrittenste Niveau"[226] und auf das Interesse der an der Begutachtung beteiligten Zweigministerien daran, daß möglichst viele Erzeugnisse ihres Bereichs das Prädikat erhalten.[227] Die Orientierung an westlichen Technikmustern bedeutet oft deren Kopieren. Bis das aber erfolgt und für die Serienproduktion nutzbar gemacht ist, sind diese Lösungen in den Ursprungsländern meist schon wieder obsolet. Dennoch gelten sie in der UdSSR als „fortgeschrittene Technik".[228] Schließlich sei noch vermerkt, daß die Tätigkeit der Konstruktionsbüros und der Versuchs- und Erprobungseinrichtungen in erheblichen Maße dadurch beeinträchtigt wird, daß ihnen zugleich Produktionsaufgaben zugeteilt werden.[229] Da deren Erfüllung exakter kontrollierbar ist als die Resultate ihrer eigentlichen Tätigkeit und für die Prämienchancen auch entscheidender, erhält sie auch für die Beschäftigten höheres Gewicht und die Versuchs- und Konstruktionstätigkeit tritt dahinter zurück.

Binnenstruktur der Institute und Bedingungen der F & E-Tätigkeit. In diesem Abschnitt sollen einige Probleme der F & E-Tätigkeit in der UdSSR bezeichnet werden, die unter dem Aspekt ihrer Resultatschwächen von Belang sind, deren Ursachen und Bedingungszusammenhänge jedoch nur allgemein und lückenhaft zur Sprache kommen können. Das ist sowohl der beschränkten wissenschaftssoziologischen Sachkompetenz des Verfassers wie dem Faktum geschuldet, daß sich in der ausgewerteten vornehmlich ökonomischen Literatur nur sehr wenig Beiträge zu dieser Thematik fanden.

Generell ist wohl unstrittig, daß Forschung eine besonderen Bedingungen unterliegende Tätigkeit ist, denen ihre Organisationsweise und äußeren Gegebenheiten ebenso entsprechen soll wie die motivativationalen Dispositionen und Befriedungschancen der Wissenschaftler.[230] Hierzu zählt u. a., daß nicht vorausbestimmbar ist, ob und wann die gewünschten Resultate erreicht werden. Reglementierung der Forschungstätigkeit, z.B. im Hinblick auf vorauszusetzende Hypothesen, anzuwendende Methoden, Arbeitsphasen, Kooperationsformen u. ä. blockieren Arbeit und Resultate eher, als daß sie diese befördern. Breite und intensive fachliche Kommunikation zählt dagegen zu den nützlichen Faktoren, auch wenn sie nicht wenig Zeit beansprucht.[231] Gewisse Rivalitätsverhältnisse wirken ebenfalls stimulierend. Mißerfolge müssen generell akzeptiert werden und der Abbruch eingeschlagener Wege der Forschung muß möglich sein, schon um der Neigung zu begegnen, Fehlentwicklungen in brauchbare Resultate umzumünzen.[232] Die Aufzählung solcher Bedingungen ließe sich leicht fortsetzen.

Die in der UdSSR zunächst für die Sphäre der materiellen Produktion geschaffenen Leitungsstrukturen und die aus ihr erwachsenen Funktionsprinzipien wurden weitgehend in den Wissenschaftssektor übertragen. Der Stellung der Betriebsdirektoren im System der „Einmannleitung" entspricht die Position der Institutsleiter ziemlich genau. Ungeachtet der engen Spezialisierung der Forschungsinstitute, vor allem im Bereich der Zweigministerien, sind sie der Beschäftigtenzahl nach groß und haben eine ausgeprägte hierarchische Binnenstruktur. Die dienstliche Stellung der Wissenschaftler und Wissenschaftlerinnen reicht von einfachen („jungen") über höhere („alten") Mitarbeiter über die stellvertretenden Abteilungs-

und Laborleiter etc. bis zum Institutsdirektor. Aufstiegschancen sind weitgehend an das Senioritätsprinzip gebunden, modifiziert durch das der Nomenklatura.[233)] Besonderes Prestige genießen die ordentlichen oder korrespondierenden Mitglieder der Akademie der Wissenschaften (AsW)[234)], aber deren Wahl wurde bislang in nicht geringem Maße durch ihre formale Position innerhalb der wissenschaftlichen Einrichtungen bestimmt. [235)]

Die Institute haben einen eigenen Stellenplan und entsprechende Lohnfonds und bekommen Sachmittel aus dem Staatshaushalt. In sie eintretende jüngere Wissenschaftler haben einerseits hohe Arbeitsplatzsicherheit, denn die Stellen sind nicht zeitlich begrenzt. Andererseits sind die Gehälter absolut wie auch relativ gering und Karrierechancen (von Ausnahmen abgesehen) spärlich bzw. infolge des Senioritätsprinzips nur auf längere Sicht gegeben. Dieses Prinzip gehört zu den Faktoren, die Stellenwechsel blockieren und damit zugleich die Chancen, Kenntnisse und Erfahrungen zu erweitern.[236)]

Die Planung der F & E-Tätigkeit erfolgt in der bereits knapp skizzierten Weise. Für jeweilige Planaufgaben werden innerhalb der Institute Forschungsteams gebildet, die jedoch nicht unmittelbare Adressaten des Planauftrags (oder, bisher in Ausnahmefällen, des direkt geschlossenen Vertrags) sind. Diese Position nimmt vielmehr das Institut ein. Die Bildung mehrerer Gruppen, die an dem gleichen Thema arbeiten und sich wechselseitig anspornen, ist innerhalb der Institute selten.[237)] Dagegen kommt parallele Beschäftigen mit dem gleichen oder einem engverwandtem Problem in den Instituten unterschiedlicher Zweigzuordnung nicht selten vor. Diese Gruppen wissen aber i.d.R. nichts voneinander und können mithin auch nicht kommunizieren. Bereits in den 60er Jahren postulierten Partei- und Regierungsbeschlüssen zur Revision der Organisationsweise der F & E-Tätigkeit die Herstellung von Wettbewerbsbeziehungen, die Realisierung kam jedoch auch in den 70er Jahren nicht über das experimentelle Stadium hinaus.[238)]

Bis in die jüngste Zeit war auch unter den Wissenschaftlern der Institute wechselseitige Kritik von Thesen, methodischen Konzepten und Forschungsergebnissen wenig verbreitet[239)] oder aber formalisiert und streng den Autoritätsstrukturen folgend.[240)] Die Kombination von Druck auf die Institute und ihre Untergliederungen zur Einhaltung überwiegend formaler Kriterien der Planerfüllung und dem weitgehenden Fehlen der Bewertung der Arbeitsresultate nach wissenschaftlichen, technisch und ökonomisch sachlichen Indikatoren trägt wesentlich zum konservativen Grundzug der sowjetischen F & E- Tätigkeit bei. Wie in der materiellen Produktion das Verfehlen der Umgangskennziffern schwerer wiegt als Qualitätsmängel und hoher Aufwand, so hier die Mißachtung der Personallimits und Terminvorgaben gegenüber dem Niveau der Resultate. Weiterarbeit in eingefahrenen thematischen und methodischen Gleisen ist deshalb vorteilhafter als die Erprobung neuer Ansätze, deren Scheitern nicht auszuschließen ist.[241)] Welche Einwände dagegen immer berechtigt sind; sicher ist wohl, daß amerikanische - wie in zunehmenden Maße auch westdeutsche - Forscher(gruppen), die unmittelbar Adressaten von Auftrag- und Geldgebern für je einzelne, zeitlich begrenzte Forschungsvorhaben sind, nachhaltigeren und gezielteren[242)] Resultaterwartungen ausgesetzt sind. Diese Momente des „Klimas" der Forschungtätigkeit in der UdSSR tragen in Verbindung mit weiteren, wie etwa der geringen Chance, je eigene Untersuchunginteressen gegenüber den Planaufgaben durchzusetzen, nicht wenig dazu bei, daß die in der Tagespresse wie in der Fachliteratur immer wieder beschworenen Effektivitätsreserven der F & E- Tätigkeit in so geringem Maße aktiviert werden.

Grundsätzliche Kritik an der Forschungsplanung und -organisation wird in der Sowjetunion erst in jüngster Zeit publik. „Unser Hauptleiden", so schreibt ein Geophysiker, Leiter des Laboratoriums im Institut für Geologie der sibirischen Abteilung der AdW[243] „ist die Bürokratisierung der Wissenschaft, ihre übermäßige Zentralisierung und als Folge der unzureichende Stand der Demokratie und der inneren schöpferischen Freiheit." Die Rolle von Leitung und Organisation sei unmäßig überhöht[244] im Verhältnis zu allen Aspekten der wissenschaftlichen Arbeit. Das Hauptziel der Organisation der Forschungtätigkeit müsse die Gewährleistung einer schöpferischen Atmosphäre sein. Diese sei „... unmöglich zu erreichen als Resultat fortlaufender Kampagnen und Appelle an das Bewußtsein; nötig (sei) die Schaffung der objektiven Voraussetzungen für sie."[245] Eine Hauptbedingung dazu sieht Gol'din in der Abschaffung der institutsexternen direkten Forschungsplanung. Eine sachlich begründete Fünfjahresplanung sei auf diesem Gebiet nicht möglich, und deshalb erfolge sie auf der Basis wissenschaftsfremder Indikatoren. Jahresplanung sei möglich, in der bisherigen Form aber unnütz, an ihre Stelle sollten institutsinterne Programme treten, die vor allem aus Aufträgen und Verträgen hervorgehen. In verallgemeinernder Weise kritisiert Gol'din scharf das dogmatisierte Prinzip der Unterordnung individueller Interessen unter kollektive, das er als Relikt von Erfordernissen der Kriegsführung interpretiert.[246] Die Position Gol'dins, der ausdrücklich aus der Sicht der Grundlagenforschung argumentiert, ist sicher in mancher Hinsicht problematisierbar. Seine Diagnose wird aber zumindest indirekt erhärtet durch die Beispiele für den Stand sowjetischer Wissenschaft und Technik, von denen die Tages- und Fachpresse voll ist.

Die sachliche Ausstattung der F & E-Institute. Ein wesentlicher die Tätigkeit der Wissenschaftler und Konstrukteure beeinträchtigender Faktor ist die unzulängliche Ausstattung der Institute und Büros mit den erforderlichen Einrichtungen, Versuchsanlagen, Geräten u.ä.m.[247] Das Defizit ist sowohl ein qualitatives wie quantitatives.

In quantitativer Hinsicht ist es eine der Ausdrucksformen der so gut wie allseitigen permanenten Mangelsituation. Bei deren Verwaltung schlägt mitunter noch die vulgarisierte Unterscheidung zwischen „produktiv" und „nichtproduktiv" durch, bei der, im diametralen Gegensatz zum offiziellen Verständnis, Forschung informell als nichtproduktiv behandelt wird. Zu den Konsequenzen dieser Unterstellung dürfte auch zählen, daß Versuchs-, Konstruktions- und Erprobungsabteilungen in ihren Plänen zugleich Produktionsaufgaben zugewiesen erhalten, mitunter in einem Umfang, der ihre eigentliche Bestimmung gefährdet. Einen Hinweis auf die erwähnten Ausstattungsdefizite gibt auch das Faktum, daß der Wert eines Arbeitsplatzes in einer F & E-Einrichtung mit 10.000 R. nur die Hälfte eines Arbeitsplatzes in der Industrie beträgt und dreimal langsamer wächst als dort.[248] Die Konstruktionstätigkeit wird auch häufig durch das Fehlen der erforderlichen Rohstoffe und Vorprodukte behindert. So nahm z.B. die Projektierung einer Vorrichtung, die Drainagerohre mit einer Schutzschicht aus Polymermasse ausspritzen soll, ein Jahr in Anspruch. Es dauerte jedoch noch drei Jahre, bis die erforderlichen Teile zur Herstellung eines Prototyps geliefert wurden.[249] Auch die räumliche Ausstattung der F & E-Einrichtungen ist oft unzureichend und behindert die Arbeit.[250] In manchen Wissenschafts- Produktions-Vereinigungen, die über Konstruktionsbüros verfügen, hemmt das Fehlen von Versuchs- und Erprobungseinrichtungen die Entwicklung von Modellen bis zur Produktionsreife.[251]

Das in verschiedener Hinsicht unzulängliche technische Niveau der für Forschungszwecke erforderlichen Instrumente, Geräte, Anlagen u.ä.m. spiegelt im Grunde nur den Stand der angewandten Forschung, der Technologie und technischen Konstruktionsfähigkeit wider, der ja durch F & E gerade erhöht werden soll; mithin ein circulus vitiosus. Die notwendigen Instrumente und Geräte werden zum Teil importiert, die erforderliche Prozedur ist aber langwierig, und die Devisenzuteilungen bleiben stets hinter dem Bedarf zurück.

In der SU obliegt die Erzeugung von Ausrüstungen für die Forschung Betrieben unterschiedlicher Branchenzugehörigkeit. Sie können die Vernachlässigung dieser Planaufgaben riskieren, weil die entsprechenden Geräte etc. in der Regel nicht zur Grundproduktion der Betriebe gehören, deren planmäßige Erzeugung für sie ausschlaggebend wirkt.[252] Nicht selten behelfen sich die Institute und Büros mit Eigenkonstruktionen und -anfertigungen der erheischten Vorrichtungen und Anlagen, eine nicht immer mögliche und die Resultate begrenzende Notlösung.

Die Akademie der Wissenschaften verfügt über ein eigenes Beschaffungssystem für Geräte und Materialien, aber der Bedarf muß vorzeitig angemeldet werden, um Aufnahme in die Pläne zu finden. Die erforderliche Flexibilität der Versorgung ist mithin nicht gesichert.

Welche Bedeutung Mangel und relative technische Rückständigkeit von Versuchsausrüstungen, Forschungsgeräten u.ä.m. haben, zeigt das durch umfassende Quellenstudien gesicherte Urteil eines amerikanischen Sachkenners, daß die sowjetische Grundlagenforschung ihre Stärken vor allem in solchen Bereichen hat, die keiner technischen Ausstattung bedürfen (wie Mathematik, Theorie der Elementarteilchen, theoretische Astrophysik, theoretische Seismologie.[253])

5. Schlußfolgerungen zu den Bedingungen und Grenzen der Effektivierung der sowjetischen Wirtschaft

Es soll nunmehr versucht werden, aus den exemplarisch dargestellten Ausdrucksformen und Ursachen ökonomischer Funktionsblockaden und Wirksamkeitsdefizite der sowjetischen Produktionsweise einige allgemeine Schlußfolgerungen zu ziehen in die Richtung notwendiger und zugleich gesellschaftsimmanent legitimierbarer Reformschritte in der UdSSR und darüber hinaus für die Konstitutions- und Funktionsweise einer sozialistischen Wirtschaft überhaupt. Dazu bedarf es vorab der Reflexion einer Frage, die, ungeachtet einiger kontextabhängiger Andeutungen im vorausgegangenen Text, bisher nicht grundsätzlich erörtert wurde. Es geht dabei um die Bedeutung bzw. um den Status des formal- rationellen[1] ökonomischen Prinzips, das der entscheidungs- und handlungsleitenden Anwendung des Aufwand-Ergebnis-Kalküls zugrunde liegt (mit gegebenem Aufwand ein maximales Resultat zu erreichen oder umgekehrt ein gegebenes Resultat mit minimalstem Aufwand), in einer sozialistischen Wirtschaft.

Im bisherigen Text wurde das der sowjetischen Wirtschaftsreform unter Gorbatschow vorausgesetzte Leitziel der ‚Intensivierung’ und ‚Effektivierung’ des ökonomischen Handelns auf allen Ebenen nicht diskutiert, es wurde implizit akzeptiert. Das ist aber keineswegs selbstverständlich, läßt sich doch schon generell einwenden, daß die aus der Kritik der kapitalistischen Produktionsweise entwickelten Vorstellungen einer - wie immer konkret ausgeformten - sozialistischen/kommunistischen[2] Wirtschaft allemal in der einen oder anderen Weise auf normativen Gesellschaftskonzepten *material*-rationaler Art basieren.

Vorausgeschickt sei die These, daß weder die Annahme, das genannte formal-rationale ökonomische Prinzip spiele für eine sozialistische Wirtschaft keine Rolle, haltbar ist noch die Unterstellung, es habe hier den gleichen Status wie in der kapitalistischen Produktionsweise. Diese These soll zumindest in allgemeinen Umrissen präzisiert werden. Wie auch hinsichtlich anderer Aspekte, ist es für die Bestimmung des Status des Prinzips der Ökonomie im engeren Sinne (eben des Grundsatzes der Aufwandsminimierung) in einer sozialistischen Wirtschaft hilfreich, sich zunächst der Bedeutung und Stellung dieses Entscheidungs- und Handlungsparameters in der kapitalistischen Produktionsweise zu vergewissern.

Mehr oder minder kohärente Wirtschaftsrechnung gab es schon vor dem Aufkommen des industriellen Kapitalismus, vor allem im spätmittelalterlichen (Fern-)Handel. Die Verallgemeinerung strikter Ausrichtung der wirtschaftlichen Entscheidungen[3] am ökonomischen Prinzip im oben bezeichneten Sinne ist jedoch eine Konsequenz der Durchsetzung der kapitalistischen Produktionsweise. Dem liegen ihre wesentlichen strukturellen Voraussetzungen zugrunde: Warenproduktion (Erzeugung unter ungewissen Realisierungs-(=Absatz)bedingungen), wirtschaftliches Agieren unter Konkurrenzverhältnissen, Verwertung (=Vermehrung) des eingesetzten Kapitals als entscheidungs- und handlungsleitendes Motiv. In Form einer stilisierten historischen Skizze ließe sich zeigen, in welcher Weise das umfassende

System von Konkurrenzbeziehungen den ‚klassischen' kapitalistischen Unternehmer zu strenger Befolgung des Gebots der Aufwandsökonomie und Ertragsmaximierung zwang. Im ganzen war jedenfalls ungeachtet der im einzelnen gegebenen Entscheidungs- und Handlungsspielräume jene Verhaltenskonditionierung der Agenten der Kapitalbildungsprozesse eine notwendige Konsequenz der kapitalistischen Produktionsweise, und sie ist es noch heute. Diese Behauptung wird weder widerlegt durch das Argument ökonomischer Vergeudungserscheinungen, nicht nur im volkswirtschaftlichen Maßstab, sondern auch im Unternehmensbereich, noch etwa durch Verweis auf die spekulative Verwendung wachsender Profitanteile als Zeugnis einer ‚objektiven' Dispensierung von Ökonomisierungszwängen.

Zwar wäre die Rede von ‚ökonomischen Gesetzen' in diesem Zusammenhang irreführend, zumindest mißverständlich und klärungsbedürftig. Aber tradierte und internalisierte sozioökonomische Ziel- und Verhaltensorientierungen, institutionalisierte Erfolgskriterien und kollektive Interessenfixierungen auf der Seite der Entscheidungs- und Verfügungsmächtigen setzen sich gesellschaftlich kaum weniger zwingend als ‚Gesetze' durch. Davon zeugen z.B. nicht nur Forderungen bundesdeutscher Unternehmerverbände und ihnen nahestehender Politiker, Wissenschaftler und Publizisten nach weiterer sozial- und lohnpolitisch flankierender Rentabilitätssicherung ungeachtet einer seit 8 Jahren sinkenden Lohnquote, sondern auf der anderen Seite auch die ungebrochene Produktionsmengenfixierung sowjetischer Wirtschaftsplaner trotz hoher Lager z.B. unabsetzbarer Schuhe und Landwirtschaftsmaschinen.

Im übrigen hat die fortdauernde Fixierung auf Kapitalverwertung und auf das Aufwand-Ertrag-Kalkül als dafür funktionaler Entscheidungs- und Handlungsparameter keineswegs allein oder auch nur vorwiegend ihre Ursache in verzerrter Realitätswahrnehmung und in falsch verstandenem Eigeninteresse der Kapitaleigner und Manager. Bei allen Form- und Strukturveränderungen wirkt das System kapitalistischer Konkurrenz ungebrochen, und es reproduziert seine Zwänge auf jeweils höherer Stufe. Zwar öffnen sich zugleich Nischen, in denen sich kleinere und mittlere Kapitale bei einiger Distanz von der ‚großen' Konkurrenz betätigen können. Aber weder sie noch die Imperien der Multis sind dispensiert von der Notwendigkeit der Kapitalverwertung, Akkumulation und Expansion und mithin nicht von striktem ökonomsichen Kalkül.

Zur Durchsetzung formaler wirtschaftlicher Rationalität als ökonomisches Entscheidungs- und Handlungsgebot im Kapitalismus und in der sowjetischen Wirtschaft. Die Darstellung im materialen Teil der Studie hat gezeigt, daß in der sowjetischen Wirtschaft ein derartiger ‚Mechanismus', der den unmittelbar produzierenden Grundeinheiten einen Zwang zur Disposition aller ökonomischen Entscheidungen und Handlungen nach dem Gebot strikter Ökonomisierung[4] auferlegt, nicht existiert.[5] Das ist wenig erstaunlich, wenn man sich vergegenwärtigt, daß hier die oben benannten strukturellen Voraussetzungen der Herausbildung und Perpetuierung dieses entscheidungs- und handlungsleitenden Zwanges zur Beachtung des Kerngebots formaler ökonomischer Rationalität nicht bestehen. Dazu sei nochmals resümiert:

‚Warenproduktion' beruht auf einer grundlegenden sozialstrukturellen Voraussetzung, die Marx als Existenz ‚unabhängiger Privatproduzenten' umschreibt. ‚Unabhängig' verweist auf das Prinzip der Entscheidungs-, Handlungs- und Verfügungsautonomie der einen gesellschaftlichen Kernfigur der kapitalistischen Produktionsweise, des ‚Unternehmers' als Agenten eines Einzel-(Privat-)-Kapitals. Genau auf ihn wirkt der konkurrenzvermittelte Ökonomisierungsdruck, ohne dessen Beachtung er seine über das wahrgenommene Eigeninteresse internalisierte soziale Funktion als ‚unabhängiger Privatproduzent' nicht lange ausüben kann. ‚Seine' Arbeiter und Angestellten haben zwar kein originäres Interesse an der Beachtung der Gebote des Aufwand-Ergebnis-Kalküls, eher im Gegenteil. *Innerhalb* des Unternehmens, in der Sphäre der Anwendung der gekauften Arbeitskraft, liegt die Dispositions- und Anweisungsmacht jedoch beim Unternehmer (und dessen Bevollmächtigten) und auf dieser Grundlage können die subalternen Beschäftigten zu entsprechender Ausübung ihrer jeweiligen Funktionen angehalten werden.

Daß sich die Position der Leiter der unmittelbaren Produktion in der UdSSR, der Betriebsdirektoren, in dieser Hinsicht deutlich von der ihrer formalen westlichen Pendants unterscheidet, wurde in den vorausgehenden Abschnitten vielfach verdeutlicht. Sie befinden sich selbst gegenüber den leitenden Ministerien sowie den zentralen Planungs- und Leitungsorganen in subalterner Stellung, verfügen nicht über das betrieblich erzeugte Mehrprodukt, und die an sie in administrativer Form, nicht in der eines anonymen Funktionszwanges gerichtete Ökonomisierungsforderung ist nur eine von mehreren und - bis heute - nicht die vorrangigste.

Ungeachtet der Verwendung dieses Begriffs zumindest im Konsumgüterbereich liegt in der UdSSR im strikten Sinne *keine* Warenproduktion vor. Sie würde die Sozialfigur des ‚unabhängigen Privatproduzenten' voraussetzen, der in der Sphäre *seines* Kapitals entscheidungsautonom ist. In der sowjetischen Wirtschaft gibt es zwar Produktionsbereiche (z.B. die Bekleidungsindustrie), in denen zumindest der Konzeption, kaum aber der Realität nach, *nicht* aufgrund von Planaufgaben, sondern nach Bestellung der Handelsorganisationen produziert wird. Aber auch dort werden Preise, Zulieferbeziehungen, Investitionen u.a.m. außerbetrieblich festgesetzt.

An diesem Beispiel kann die unterschiedliche Wirkungsweise des konkurrenzvermittelten Ökonomisierungsgebots im Kapitalismus und der administrativen Ökonomisierungsaufgaben in der sowjetischen Wirtschaft nochmals verdeutlicht werden. Die Aufwandsökonomie findet ihre Grenze im Kapitalismus selbstwirkend nicht zuletzt darin, daß die Waren sich auf Märkten ‚bewähren' müssen, um ‚realisiert', d.h. in Geldform verwandelt werden zu können. Wäre dem nicht so, würde die Ökonomisierungsorientierung leicht zur Minderung der Erzeugnisqualität führen. Während in der kapitalistischen Produktionsweise die Zwänge der Marktkonkurrenz die unterschiedlichen ökonomischen Handlungsanforderungen und Bewährungskriterien der Erzeugnisse synthetisieren (gleichsam organisch zusammenfassen), müssen sie im Leitungssystem der sowjetischen Wirtschaft administrativ definiert und den betrieblichen Arbeitskollektiven additiv vorgegeben werden. Dabei bleibt erstens die ökonomische ‚Richtigkeit' der Festlegungen fragwürdig, und zweitens bedeutet das Fehlen einer Synthesisierung, daß eine jeweilige Einzelanforderung zugunsten einer anderen mißachtet werden kann (grob, aber realistisch: Qualität zugunsten der Quantität, Materialökonomie zugunsten der Termineinhaltung u.a.).

Daß sich im administrativen, zentralistischen und direkten Planungs- und Leitungssystem die sowjetischen Betriebe untereinander nicht im Verhältnis realer Konkurrenz befinden, geht aus den früheren Ausführungen klar hervor und braucht hier nicht noch einmal belegt zu werden. Wesentlich ist im gegebenen Zusammenhang aber noch die dritte der genannten Voraussetzungen des im Kapitalismus zu einer Funktionsbedingung verfestigten Gebots formaler ökonomischer Rationalität in Gestalt des Aufwand-Ergebnis-Kalküls: Verwertung jeweiliger Privat-(Einzel-)Kapitale als dominantes Motiv der Wirtschaftstätigkeit ihrer Protagonisten. Auf allgemeinster Ebene bedeutet das: ‚Verwertung' meint Vergrößerung der agierenden Einzelkapitale in abstrakter Wertform, in der des *Geldes*. Geld ist gleichförmig, eine bestimmte Geldeinheit unterscheidet sich von einer anderen nur quantitativ. Deshalb ist das Kernmotiv kapitalistischer Wirtschaftstätigkeit dem Kalkül nach formalrationalen Kriterien zugängig. Die sowjetische Wirtschaft ist dagegen ungeachtet der in konkreten Anweisungen, Transaktionen, Informationen usw. überwiegenden Wertindikatoren (‚Wert' nur in äußerer Geldform, nicht im Sinne der Marxschen Arbeitswerttheorie) vorab und letztlich auf naturalwirtschaftliche (gebrauchswertförmige) Ziele ausgerichtet. Diese sind jedoch, wie auch Max Weber konstatierte, nur nach Kriterien materialer Rationalität zu erfassen und zu bewerten, d.h. sie entziehen sich letztlich dem formalrationalen Kalkül.

Lediglich vermerkt, im Interesse der Umfangsbegrenzung jedoch nicht näher ausgeführt sei noch, daß auf einer weniger allgemeinen Analyseebene - selbst ohne strikte Voraussetzung der Marxschen Werttheorie - gezeigt werden kann, wie in Verfolgung des zentralen ökonomischen Handlungsmotivs der Kapitalverwertung im Bereich der *Anwendungsbedingungen* der Arbeitskraft (bei Marx: Methoden der Produktion des relativen Mehrwerts[6]) formalrationale Entscheidungskalküle in einem Maße unverzichtbar werden, das in einer gebrauchswertorientierten Produktionsweise nicht denkbar ist.

Formale ökonomische Rationalität im aktuellen sowjetischen Reformprojekt und in anderen Entwürfen sozialistischer Produktionsweise. Sowjetische Ökonomen und Politiker richten die mit der beschlossenen Wirtschaftsreform verbundenen Erwartungen am Niveau der ökonomischen Effizienz der entwickelten kapitalistischen Volkswirtschaften aus. Hier drängen sich dem interessierten Beobachter die Fragen auf, ob diesen Reformern jene in groben Zügen bezeichneten strukturellen Voraussetzungen der spezifischen Effizienzdynamik der kapitalistischen Produktionsweise bewußt sind und ob sie - wenn diese Frage bejaht werden kann - über begründete Vorstellungen darüber verfügen, wie entweder der besondere kapitalistische ‚Mechanismus' zur Fixierung der Protagonisten ökonomischer Entscheidungen auf ständige Effizienzverbesserung für die sowjetische Wirtschaft nutzbar gemacht oder in welcher Form ein Ersatz für ihn entwickelt werden kann?

Nach den Reden der Politiker und den Schriften der Ökonomen zu schließen, muß schon die erste Frage verneint werden.[7] Die Ausführungen von Politikern (als

Kronzeuge dient hier vor allem M.S. Gorbatschow) sind kaum analytisch, sondern vorrangig deskriptiv, konstatierend, postulativ und absichtsbekundend. Sowjetische Ökonomen konzentrieren sich auf Nachweise von Zusammenhängen zwischen den vielfältigen Funktionsblockaden und Effizienzdefiziten der Wirtschaft und den Modalitäten des Planungs- und Leitungssystems, dem ihre Prozesse unterworfen sind. Die Reformexponenten unter ihnen nehmen kritisch zu den verschiedenen Reformbeschlüssen und -dokumenten Stellung, und sie verfolgen und bemängeln wiederum die Unzulänglichkeiten ihrer Umsetzung in die Praxis.

Die Orientierung am technischen Niveau, an der Erzeugnisqualität, an der Dynamik und an den Effizienzmaßstäben der entwickelten kapitalistischen Ökonomien teilen die Wirtschaftswissenschaftler mit den Politikern und sie wecken wie diese den Verdacht, die Übertragbarkeit ihrer Funktionsbedingungen auf die sowjetische Wirtschaft schlicht zu unterstellen. Dieses Verständnis ist zumindest das vorherrschende. Ausnahmen bilden auch nicht jene sowjetischen Ökonomen, die nachdrücklich für die Herstellung von Marktregulativen innerhalb geplanter Rahmenbedingungen plädieren. Denn entweder vermeiden sie ihre Darlegung, oder sie verfügen einfach über keine ausgearbeitete Konzeption der Verbindung von Marktmechanismen mit Kernelementen der sowjetischen Produktionsweise wie z.B. gesellschaftliches (staatliches) Eigentum an Produktionsmitteln, Wirtschaftsplanung, staatliches Außenhandelsmonopol, Arbeitsplatzgarantien. So drängt sich der Verdacht unreflektierter Unterstellung eines rein instrumentellen Charakters der Institution und Funktionsweise des Marktes auf, der nach der Beliebigkeit eines technischen Hilfsmittels ‚angeschafft' (eingeführt) und benutzt werden kann. Daß der Markt zugleich das Medium elementarer Vergesellschaftungsprozesse auf der Grundlage sozioökonomischer Macht- und Interessenverhältnisse ist, bleibt außer Betracht. Diese kritische Kennzeichnung trifft jedoch in umgekehrter Weise auch auf die Protagonisten der bisher gültigen Konzeption der Wirtschaftsreform zu, die entweder Begriffe wie Warenproduktion und Markt auf offenkundig anders geartete Strukturen und Regulative anwenden oder nicht begründen, wie sie die postulierten Wirtschaftsresultate ohne Markt- und Konkurrenzverhältnisse erreichen wollen.

In welchem Maße können sowjetische Politiker und Ökonomen in Ermangelung gründlich ausgearbeiteter eigener Reformkonzepte auf solche früherer sowjetischer oder ausländischer sozialistischer Wirtschaftsexperten sowie auf Erfahrungen praktischer Reformabläufe zurückgreifen? Im gegebenen Zusammenhang kann diese Frage, die einen quellenreich fundierten Essay erfordert, nur sehr pauschal und damit undifferenziert beantwortet werden. Es sollen deshalb nur wenige Haupttendenzen bezeichnet werden.

Bekanntlich fanden in der Sowjetunion zwischen Mitte der 20er und Anfang der 30er Jahre intensive Wirtschaftsdebatten auf teilweise hohem Niveau statt.[8] Ihr Gegenstand war aber vornehmlich ein anderer als die für die sowjetische Wirtschaft heute aktuelle Problematik. Grob formuliert, ging es nicht um die Funktions- und Effizienzbedingungen einer etablierten sozialistischen Ökonomie, sondern um die Akkumulationsquellen für einen ersten gezielten Industrialisierungsschub unter sozialistischen Produktionsverhältnissen, um das mögliche Industrialisierungstempo, um einzuhaltende ökonomische Strukturproportionen, zu sichernde Versorgungsbedingungen, und zwar auch um die Aufrechterhaltung von Marktbeziehungen, allerdings nicht im Kontext der Effizienzproblematik, sondern in dem der Sicherung der Loyalität der Bauernschaft gegenüber der sich als proletarische verstehenden Staatsmacht.

In den ost- und südostmitteleuropäischen Staaten, auf deren Gesellschaften das in den 30er Jahren in der UdSSR herausgebildete administrativ-zentralistische und direktive Planungs- und Leitungssystem der Wirtschaft im Zusammenhang der Folgeprozesse des Zweiten Weltkriegs mehr oder minder rigide übertragen wurde, entwickelten sich schon relativ bald Bestrebungen zu Änderungen dieser als nicht den eigenen Bedingungen entsprechend beurteilten und/oder in ihrem Leistungsvermögen als enttäuschend gewerteten ökonomischen Systeme (z.B. Jugoslawien 1952, Polen in der 2. Hälfte der 50er, DDR Anfang der 60er Jahre). Bei diesen und mehr noch bei den bald folgenden ökonomischen Reformansätzen (UdSSR 1965, CSSR 1966/67, Ungarn etwa zur gleichen Zeit) konzentrierten sich die jene Änderungen vorantreibenden Politiker und Ökonomen auf die als Kernproblem verstandene Frage nach den Formen und Methoden einer Verbindung von Wirtschaftsplanung und Marktregulierung. Insbesondere dort, wo die Reformpläne die Chance dauerhafterer Umsetzung in die Wirtschaftspraxis erhielten (Jugoslawien und Ungarn, in geringerem Maße DDR), beeinflußte die reale Entwicklung verständlicherweise die Theoriebildung, in deren Verlauf die Konzeptionen modifiziert oder neue formuliert wurden.

Obgleich die angedeuteten Reformbestrebungen unter zwar im ganzen vergleichbaren Ausgangsvoraussetzungen, jedoch unter recht unterschiedlichen politischen, realwirtschaftlichen, sozialen und soziokulturellen Realisierungsbedingungen verliefen, zeig(t)en sie eine gemeinsame allgemeine Grundtendenz: die am Beginn übereinstimmend postulierte, offenkundig als wenig problematisch unterstellte *Verbindung* von Plan und Markt war im Sinne *eines* zwar unterschiedliche Regulative umfassenden, aber doch einheitlichen ökonomischen Funktionssystems nicht zu verwirklichen. Die ‚Logik' der Marktregulierung schien mit der der planinduzierten Wirtschaftstätigkeit nicht vereinbar zu sein und umgekehrt. Eine stabile Verbindung von Plan und Markt wurde nicht erreicht, geschweige denn eine ‚Synthese'. Dagegen trat schon bald eine politische und ökonomische Dynamik zutage, die die Entwicklung in Richtung zunehmender Ausdehnung der einen und Zurückdrängung der je anderen Komponente forcierte (in der DDR zugunsten von Planung und administrativer Leitung, ebenso in der UdSSR; in der CSSR wurde der Reformansatz gewaltsam unterbrochen, in Jugoslawien und Ungarn expandierte dagegen die Marktsphäre).

Es wäre allerdings zu kurz gegriffen, die nur grob angedeutete Entwicklung als Beweis für die Unvereinbarkeit von Plan und Markt infolge inhärent kontradiktatorischer Funktionslogiken zu werten. Immer waren es politische und gesellschaftliche Konstellationen, die den einen oder den anderen Trend bewirkten. Die Reformbeschlüsse wurden von keiner der politischen Eliten bzw. Oligarchien konsensual gefaßt, überall gab es Befürworter und Gegner. Und die bei den entscheidenden Beschlußfassungen Unterlegenen versuchten - mit unterschiedlichem Erfolg - die

Entwicklung in ihrem Sinne zu korrigieren. Dafür wurden zumeist ökonomische Probleme zum Anlaß genommen, die - sei es tatsächlich, sei es vorgeblich, was schwer nachweisbar ist - der Reform geschuldet waren. Aber auch ökonomische Erfolge konnten, wie im Falle der UdSSR Ende der 60er Jahre, zum Vorwand für die Abkehr vom Reformkurs genommen werden: die weitere konsequente Verwirklichung der beschlossenen Änderungen schien überflüssig.

Wo sich, wie in Jugoslawien und in Ungarn, die Reformprozesse über längere Zeiträume (als in der DDR, in Polen und der UdSSR) hinzogen, war unverkennbar, daß mit der Durchsetzung und - relativen - Konsolidierung jeweils weiterer Reformschritte veränderte oder neue gesellschaftliche Funktionen und Positionen entstanden, deren Träger zu den nachdrücklichsten Protagonisten der Neuerungen wurden (Industrie- und Bankenmanager, Leitende in Institutionen der Außenwirtschaft, Wirtschaftswissenschaftler, Publizisten, privatwirtschaftlich Tätige u.a.). Sie waren es vor allem, die zusammen mit den Reformpromotoren in der politischen Führung jene ökonomischen Fiktionen, die beim Nebeneinander von Plan und Marktregulierung unvermeidlich sind, zum Anlaß nahmen, die Erweiterung der Marktsphäre zu fordern und auch durchzusetzen. Die Resultate dieser Entwicklungsvariante in Jugoslawien und Ungarn stellen sich heute nicht als überzeugend dar. Es bedürfte aber einer tiefschürfenden und präzisen Analyse, um zu erkunden, welche konkreten Ursachen(syndrome) dazu beigetragen haben. Monokausale Erklärungen sind hier unzureichend.

Nur pauschal kann noch vermerkt werden, daß die realen ökonomischen und politischen Entwicklungen wie auch die individuellen Schicksale der ursprünglichen theoretischen Reforminitiatoren in vielen Fällen einen Wechsel ihrer Positionen bewirkten. Zumeist verlief dieser vom ursprünglichen Konzept einer ‚Verbindung von Markt und Plan' in die Richtung zunehmender Marktorientierung (z.B. in Jugoslawien B. Horvat, der polnische Ökonom W. Brus im britischen Exil, die Tschechoslowaken O. Šik und J. Kosta im schweizerischen bzw. westdeutschen Exil, der Ungar T. Bauer). Theoretisch fundierte und die realen Reformprozesse analytisch reflektierende Untersuchungen der Möglichkeiten, Bedingungen und Grenzen der Veränderung zentralistisch-administrativer und direktiver Planwirtschaften in Richtung von Dezentralisierung der Entscheidungs- und Verfügungskompetenzen, ökonomischer Steuerungsmethoden, bereichsweiser Marktregulierung und Durchsetzung von formalrationalen Entscheidungs- und Handlungsimperativen sind jedenfalls nach wie vor ein Desiderat.

Umrisse einer kommunistischen Produktionsweise bei Marx. Verweisen die jüngeren wirtschaftlichen Reformerfahrungen sozialistischer Länder und die theoretischen Konzepte von Ökonomen zu den Funktions- und Effizienzbedingungen einer sozialistischen Produktionsweise die sowjetischen Reformer mithin eher darauf, welche Maßnahmen und Entwicklungsrichtungen zu vermeiden sind, als daß sie erfolgversprechende Schritte vorzeichnen, so liegt die Frage nahe, welche Auskünfte die Promotoren der Wirtschaftsreform in der UdSSR von den ‚Klassikern' der sozialistischen und kommunistischen Lehren erwarten können. Bei der im gegebenen Kontext notwendigen Kürze beschränke ich mich dabei auf Marx.

Vor allem bürgerliche Kritiker monier(t)en häufig, daß Marx zwar die kapitalistische Wirtschaftsordnung kompromißlos - und nach ihrer Auffassung im Entscheidenden unbegründet - verworfen, jedoch nicht ausgeführt habe, wie eine kommunistische Wirtschaft funktionieren solle. Bei dieser im engeren Sinne richtigen Feststellung verkennen die Kritiker überwiegend, daß jenes ,Versäumnis' Konsequenz der erkenntniskritischen und methodologischen Position von Marx war, auf die hier nicht eingegangen werden kann. In knappster Weise sollen jedoch zwei Kernpunkte der Marxschen Kapitalismuskritik benannt werden, die zwar kaum geeignet sind, den sowjetischen Reformern einen Weg zur Lösung ihrer Probleme zu weisen, die allerdings andeuten, an welchen Kreuzungen im Reich seiner Gesellschaftsauffassung Irrwege beginnen. *Ausgangspunkt* von Marx' Analyse und Kritik der bürgerlichen Gesellschaft und ihrer Produktionsweise war nicht, wie oft unterstellt, die erbärmliche Lage der Proletarier infolge ihrer Unterdrückung und Ausbeutung im Kapitalismus seiner Zeit. Es waren vielmehr zwei weniger ,harte' Fakten, subtilere Merkmale der bürgerlichen Gesellschaft und Ökonomie.

Der eine Kritikaspekt war gerichtet auf das Verhältnis zwischen dem gesellschaftlichen Ganzen und dem Partikularen. Marx verwarf die Artikulation und Verfolgung von Teilinteressen (von Ständen, Korporationen, Klassen etc.) im Namen der Ordnung und des Wohls der Gesamtheit, und er sprach zunächst dem spätfeudal- monarchischen preußischen Staat seiner Zeit, bald darauf aber auch der bürgerlichen Republik am Beispiel der Schweiz und der USA die Berechtigung ab, als Repräsentant der gesamten Gesellschaft aufzutreten und zu agieren.[9] In Gesellschaften mit sozioökonomisch struktureller Ungleichheit konnte für ihn die Gleichheit der Staatsbürger, die Legitimationsbasis des bürgerlichen Staates, nur eine illusionäre sein.

Der zweite Aspekt betraf die bürgerliche Produktionsweise. Das, was ihre Theoretiker und Sozialphilosophen rühmten: ihr inhärenter Mechanismus der Transformation der Verfolgung von - vorab ökonomischen - egoistischen Sonderinteressen in das, ,höchstmögliche Glück der größtmöglichen Zahl', jene ,List der Vernunft' oder ,unsichtbare Hand', war für Marx ein Hauptanlaß der Kritik. Sie zielte auf zwei Kernpunkte: daß die Erzeugung, Verteilung und Verwendung des gesellschaftlichen Reichtums auf der Grundlage parzellierter und herrschaftlicher Verfügung über die Wirtschaftsmittel *nicht* zum Wohle aller sozialen Klassen führte, war eher der zweite. Der erste bezieht sich auf den Mechanismus privater Interessendurchsetzung, auf das System der allseitigen Konkurrenz. Für Marx widerspricht es der Vernunftbegabtheit und -fähigkeit der Menschen, wenn sie ihr soziales und individuelles Wohl blindwirkenden, vom eigenen Willen und Bewußtsein unabhängigen, ,hinter ihrem Rücken' ablaufenden Gesetzen anvertrauen. In jahrtausendelanger Entfaltung von Erkenntnissen und Fähigkeiten der Ohnmacht gegenüber den unberechenbaren Mächten der Natur nunmehr fast entronnen, unterwerfen sich die Menschen den Zwängen des Marktes, einer selbst geschaffenen, aber unbeherrschten Gewalt, einer ,zweiten Natur'.

Dieser Exkurs führt scheinbar vom Thema ab, ermöglicht aber, nunmehr noch stärker zu komprimieren. Benennen wir hier bewußt nicht Zwischenglieder in der Entwicklung der Marxschen Kritik der politischen Ökonomie des Kapitalismus, so sind es letztlich die angedeuteten Ausgangspositionen, die Marx zur Vorstellung einer vorausschauend konzipierten, einer *geplanten* Gestaltung der Prozesse der Erzeugung, Verteilung und Verwendung des gesellschaftlichen Reichtums, der materiellen Produktion und Reproduktion der Gesellschaft führen. Im Kontext seiner *nach* der Erarbeitung dieser Auffassung entfalteten umfassenden Kritik der Funktionsbedingungen und -gesetze der kapitalistischen Produktionsweise hat Marx - eher implizit und im Umkehrschluß - die ökonomischen Argumente *für* dieses Grundkonzept der Gestaltung der gesellschaftlichen Ökonomie im Sozialismus entwickelt. Und es gibt im breiten Marxschen Werk (wie in seinem Briefwechsel) keinen Hinweis darauf, daß er dieses Verständnis kommunistischer Produktionsweise später aufgegeben oder eingeschränkt hat.

Ausdruck findet es in seinen zahlreichen folgenden (d.h. etwa nach 1856) Schriften jedoch immer nur am Rande, nirgends systematisch entfaltet und nur in allgemeinsten Umrissen: *alle* gesellschaftlichen Individuen (die ,assoziierten Produzenten') entscheiden *am Beginn* einer jeweiligen Produktionsperiode darüber, *was* in welchem Umfang, in welchen Proportionen unter welchen Bedingungen produziert, und wie das Gesamtresultat der gesellschaftlichen Arbeit verteilt und das Mehrprodukt verwendet wird.[10] So sehr linke Kritiker der Produktionsweise, die in der stalinistischen Periode der UdSSR errichtet wurde, es verdrängt haben: wie immer in seiner Rigidität pervertiert, findet das zentralistische, administrative, umfassende und direktive Planungs- und Leitungssystem eine gewisse Rechtfertigung im Marxschen Konzept einer kommunistischen Ökonomie. Allerdings mit Ausnahme eines zentralen Aspekts: bei Marx sind es die ,assoziierten Produzenten' in ihrer Gesamtheit und *direkt*, ohne ein Vertretungsorgan Partei oder Staat, die ihre Bedürfnisse definieren, miteinander abstimmen und die ihre gemeinsame Arbeit auf die Erzeugung der entsprechenden Gebrauchswerte ausrichten.

Es bleibt jedoch auch festzustellen, daß die möglichen Funktionsprobleme einer in den Grundzügen so beschaffenen Organisationsweise der materiellen gesellschaftlichen Produktion und Reproduktion von Marx nicht reflektiert wurden. *Diese* Probleme werden auch nicht gelöst, sondern allenfalls abgeschwächt, wenn die Planaufstellung nicht in autoritärer, sondern in egalitär-partizipatorischer Weise erfolgt, was von nicht wenigen Vertretern und Gruppierungen linker UdSSR-Kritik verkannt wird. Die gesellschaftliche Arbeitsteilung und damit Segmentierung ist - und das ist nur *ein* Argument - zu weit fortgeschritten, als daß sich jedes soziale Kollektiv oder gar Individuum mit den Resultaten der gesellschaftlichen Willensbildung identifizieren kann. Aus solchen Dissensen erwächst u.a. aber jenes Arbeitsverhalten, das zu den Effizienzdefiziten sowjetischer Betriebe beiträgt.

Das Problem, das wir in der Terminologie Max Webers als das der formalen Rationalität der Wirtschaft bezeichnet haben, hat Marx allerdings in bezug auf eine kommunistische Produktionsweise knapp erörtert. Bei ihm wird es unter dem Begriff der ,Ökonomie der Zeit' angesprochen.[11] Ihr Gebot: permanente Verringerung des Aufwands an vergegenständlichter und lebendiger Arbeit zur Erzeugung der je benötigten Gebrauchswerte, gilt für Marx *gerade* unter kommunistischen Produktionsverhältnissen. *Wie* es aber durchzusetzen ist, sowohl im gesamtwirtschaftlichen Maßstab wie auch im Bereich der einzelnen Arbeitskollektive, hat

Marx nicht im Zusammenhang der Funktionweise einer nachkapitalistischen Ökonomie angedeutet. Bezeichnet hat er nur das *Mittel* dazu: eine auf den im Kapitalismus entwickelten materiellen Produktivkräften und Erkenntnissen aufbauende und unter nunmehr humaneren Bedingungen weiter entfaltete *Technik*.

Das formalrationale Prinzip der Ökonomie der Zeit bleibt bei Marx aber Ansprüchen materialer Rationalität nachgeordnet. Sinn der Ökonomie der Zeit ist für ihn vornehmlich die Ausdehnung von arbeitsfreier Zeit, die er sich jedoch bei seinem vom Vernunftglauben geprägten ‚Menschenbild' anders ausgefüllt vorstellt als in den ‚Freizeitgesellschaften' unserer Gegenwart. Und zum anderen findet die Ökonomie der Zeit ihre Grenze in der oben zitierten Einschränkung: daß nämlich „die assoziierten Produzenten diesen ihren Stoffwechsel mit der Natur ... mit dem geringsten Kraftaufwand und unter den ihrer menschlichen Natur würdigsten und adäquaten Bedingungen vollziehen."[12] Dieser Grundsatz gehört zu den wenigen, aber zentralen Hinweisen von Marx auf die gesellschaftliche Gestaltung einer sozialistischen Produktionsweise, die für ihre heutigen Protagonisten, also auch für die sowjetischen Reformpolitiker und -ökonomen entscheidungs- und handlungsleitend wirken können und sollten.

6. Allgemeine Konsequenzen für die aktuelle sowjetische Wirtschaftsreform

Aus den grundlegenden Ursachen der nur in exemplarischer Auswahl beschriebenen und analysierten Funktions- und Effizienzdefizite des überkommenen Planungs- und Leitungssystems der sowjetischen Wirtschaft sowie aus den soeben resümierten Schlußfolgerungen können allgemeine Konsequenzen für die sowjetische Wirtschaftsreform entwickelt werden. So lassen sich etwa Kritierien für Urteile darüber gewinnen, ob Reformkonzepte und -entscheidungen generell als zureichend gewertet werden können. Die Realisierung solcher Beschlüsse bedarf einer zusätzlichen Prüfung nach den gleichen Kriterien. An dieser Stelle sollen solche Konsequenzen unter Beschränkung auf wenige zentrale Reformbereiche und auf das Grundsätzliche skizziert werden.

1. Konzeption und Praxis allumfassender, zentralistischer, direktiver, administrativer und naturalwirtschaftlich orientierter Wirtschaftsplanung und -leitung müssen als gescheitert insofern gewertet werden, als sie - nicht allein, aber in besonderem Maße - unter den Bedingungen fortschreitender gesellschaftlicher Arbeitsteilung, beschleunigter Veränderung der Arbeitsmittel und der Produktionsverfahren, gewandelter und differenzierterer Motivationen und Ansprüche der sozialen Individuen und Gruppen im Hinblick auf Arbeit, Einkommen, Freizeit, soziale Anerkennung u.a.m. in zunehmendem Maße ergebnis- und entwicklungshemmende Prozesse und Folgen erzeugen. Die in diesem Zusammenhang oft beschworenen organisatorischen und informationstechnischen Probleme sind zwar wirksam, aber nachrangig. Die entscheidenden Ursachen sind sozialer Natur. Auf den hierarchischen Stufen und in den Funktionsbereichen des Planungs- und Leitungssystems der Wirtschaft bilden die sozialen und professionellen Gruppen Interessen, Verhaltensorientierungen und Handlungsweisen aus, die den intendierten Resultaten und den funktionalen Erfordernissen ‚ökonomischer', effizienter gesamtgesellschaftlicher Produktion und Reproduktion häufig zuwiderlaufen. Dieser Sachverhalt wurde in den vorstehenden Abschnitten für verschiedene Funktionsbereiche der Wirtschaft verdeutlicht.

Konsequenz der Erkenntnis dieses strukturellen Zusammenhangs und seiner Wirkungen kann nur sein, den betrieblichen Arbeitskollektiven wesentlich erweiterte Entscheidungs-, Dispositions- und Verfügungskompetenzen einzuräumen. Das ist notwendige - wenn auch für sich genommen vermutlich noch nicht zureichende - Bedingung dafür, daß die einzelbetrieblich assoziierten Werktätigen einen unmittelbaren Zusammenhang zwischen der Gestaltung ihres Arbeitshandelns, seinen Resultaten und dem möglichen Grad der Befriedigung ihrer Einkommensinteressen wahrnehmen und - im Prinzip - beeinflussen können.

Allerdings sind ihre materiellen Subsistenzbedingungen, sozialen Teilhabechancen, kulturellen Ansprüche u.a. nicht allein durch Berufstätigkeit und Arbeitseinkommen bestimmt, sondern auch durch gesellschaftlich (staatlich) gebotene Dienste und Leistungen. Und die Kritierien und Resultate der betrieblichen Wirtschaftstätigkeit stimmen nicht völlig und stets mit den gesamtwirtschaftlichen

Funktionserfordernissen und Entwicklungsbedingungen überein. Deshalb kann die ökonomische Entscheidungs- und Verfügungsautonomie der betrieblichen Arbeitskollektive keine absolute seien, wie sie ja auch nicht für die Unternehmen innerhalb der kapitalistischen Produktionsweise besteht. Auch unterschiedlichen Sozialismuskonzeptionen ist gemein, daß sie den Agenturen übergreifender gesellschaftlicher Belange, seien es staatliche, korporative, selbstverwaltende o.a., ökonomische Entscheidungskompetenzen und Anteile am gesellschaftlichen Gesamtprodukt einräumen, die jene übersteigen, die in der Regel dem Staat in der bürgerlichen Gesellschaft zukommen.

2. Die substantielle Erweiterung der wirtschaftlichen Eigenständigkeit der betrieblichen Arbeitskollektive muß ihre Entsprechung in weitgehender Rücknahme der außerbetrieblichen Steuerung der einzelwirtschaftlichen Prozesse finden. Zunächst geht es dabei vor allem um eine radikale Änderung der *Formen* staatlicher Wirtschaftsregulierung. Völlig beseitigt werden müssen die regellosen Verfügungen staatlicher Instanzen über betriebliche Wirtschaftsressourcen, seien es finanzielle, materielle oder personelle. Auch die permanente Steuerung der betrieblichen Wirtschaftsabläufe durch übergeordnete administrative Organe, der die Kompetenzarmut der Betriebsleitungen entspricht, muß im Prinzip vollständig aufgehoben werden. Das bedeutet konkret nicht weniger als die Abschaffung der wirtschaftleitenden Branchenministerien.

Wie schon in der sowjetischen Wirtschaftsreform von 1965 proklamiert, aber nicht realisiert, müssen *ökonomische* (im Unterschied zu administrativen) Methoden der Regulierung der wirtschaftlichen Prozesse entwickelt und praktiziert werden. Dazu bedarf es aber institutioneller Voraussetzungen, die in der UdSSR bis heute noch nicht existieren. So kam z.B. der sowjetischen Staatsbank bislang die Funktion einer regulativen Geldpolitik, die wiederum eine gewisse Autonomie gegenüber den staatlichen und politischen Führungsorganen verlangt, überhaupt nicht zu. Auch die übrigen Banken waren (und sind es häufig noch) administrative, nicht wirtschaftliche Institutionen. Eine ökonomischen Kriterien folgende Kreditpolitik gab es und gibt es noch immer nicht. Ebenso wenig existiert ein auf allgemeingültigen Regeln beruhendes Steuersystem. Die von den Betrieben zu leistenden Steuern und Abgaben werden auch da, wo nominell allgemeinverbindliche Normen und Sätze festgelegt sind, faktisch nicht nur branchen-, sondern sogar betriebsspezifisch bestimmt und zugleich ständig verändert. Finanz-, geld- und kreditpolitische Lenkungsmethoden sowohl gesamt- wie teilwirtschaftlicher Prozesse waren und sind damit bis jetzt nicht möglich. Adressat staatlich-politischer (administrativer) Interventionen sind vor allem die einzelnen Betriebe, weniger die Branchen, Territorien und die Volkswirtschaft. Damit wird versäumt, für die Betriebe möglichst weitgehend gleiche Bedingungen ihrer Wirtschaftätigkeit herzustellen und zu gewährleisten.

Unter kapitalistischen Produktionsbedingungen ist es vor allem die rechtliche und mehr noch die faktische ökonomische Autonomie der Sachwalter der konkurrierenden Einzelkapitale gegenüber staatlichen Instanzen, die es ihnen ermöglicht, wirtschaftspolitische Lenkungsmaßnahmen zu konterkarieren. Das ihrer ‚privaten', d.h. gesellschaftlich abgesonderten Stellung entspringende System der Konkurrenz und deren Folgen, wie vor allem die Verwirklichung des Weltmarktes, drängen den Agenten der Kapitale dieses Verhalten geradezu auf. Es wird deshalb auch zu den Hauptproblemen einer grundlegend erneuerten sozialistischen Wirtschaftsordnung gehören, den schmalen Grat zwischen Rückfällen in die direktiv-administrative Lenkungspraxis und der Verselbständigung der einzelwirtschaftlichen Einheiten gegenüber der Gesellschaft einzuhalten und zu sichern.

Die Aufrechterhaltung des gesellschaftlichen Eigentums an den sachlichen Produktionsmitteln ist dafür nur rechtliche Bedingung, deren sachlicher Gehalt ausgehöhlt und zur Formalität geraten kann. Es geht dabei letztlich um die Verteilung der realen Verfügungsmacht über die Prozesse der Reproduktion der Gesellschaft. Der Übergang zu ‚ökonomischen' Leitungsmethoden wie den angedeuteten heißt nicht, daß die Organe der Wahrnehmung gesamtwirtschaftlicher und -gesellschaftlicher Belange sich ihrer unerläßlichen Verfügungskompetenzen begeben. Es müssen deshalb zugleich die *politischen* Bedingungen dafür hergestellt und gewährleistet werden, daß jene Methoden der Regulierung ökonomischer Prozesse wirken können. Im übrigen dürfte sich dieses Instrumentarium nicht in den erwähnten Formen erschöpfen. Ihnen müßten z.B. Methoden der (zumindest partiellen) Lenkung der Investitionsprozesse zur Seite treten, die auch ‚ökonomisch' beschaffen, aber als solche durchaus wirksam gestaltet werden sollten.

3. Eine der frühesten, umstrittensten und sowohl theoretisch wie praktisch am wenigsten gelösten Fragen einer sozialistischen Wirtschaftsweise ist die nach dem Ausmaß marktförmiger Regulierung ökonomischer Prozesse. Es ist zugleich die Frage nach dem Status des Marktes im Verhältnis zu den Erfordernissen und Instanzen gesellschaftlich-politischer Programmierung und Steuerung der Entwicklung von Wirtschaft und Gesellschaft. Oft bleibt in diesen Diskussionen unausgesprochen, welches Verständnis von ‚Markt' unterlegt wird.

Im engeren Sinne geht es um die Form, in der erzeugte Produkte und verfügbare Dienste ihrer bestimmungsmäßigen Nutzung (Ver- und Gebrauch) zugeführt werden. Hier entspricht ‚Markt' in etwa den heute in der UdSSR postulierten „direkten Erzeuger-Abnehmer- Beziehungen": Anbieter und Nachfrager treten sich direkt gegenüber und einigen sich (oder einigen sich nicht) über Verkauf und Kauf nach je eigenem ‚freien' Willensentschluß.

Im weiteren Verständnis sind dagegen die Implikationen und Konsequenzen der historischen und strukturellen Funktionsbedingungen des Marktes in der kapitalistischen Produktionsweise mitgedacht. Dazu gehört vor allem die Entscheidungs- und Verfügungsautonomie der Agenten der Angebotsseite, der Sachwalter der konkurrierenden Einzelkapitale. Sie betrifft z.B. Gegenstand und Umfang der Warenerzeugung, Bestimmung der Produktionsverfahren und der Arbeitsorganisation, Preisfestsetzung, Verwendung der Nettoerlöse, Umfang und Art der Investitionen u.a.m. Für die Verfechter dieses Verständnisses ist jene Autonomie[1] mit ihren Implikationen und Konsequenzen Voraussetzung dafür, daß ‚der Markt' seine Fähigkeit zur Regulierung der unzähligen ökonomischen Einzelprozesse sowie der volkswirtschaftlichen Abläufe mit der Wirkung optimaler Verteilungsrelationen, Bedarfsbefriedigung, Gewährleistung der materiellen Reproduktionsbedingungen u.a.m. entfalten kann. Sie plädieren deshalb für einen entsprechenden Status des Marktes auch in einer sozialistischen Wirtschaft. Innerhalb der politischen Führung der UdSSR und unter sowjetischen Wirtschaftwissenschaftlern und -praktikern waren bis etwa Ende 1988 die Protagonisten strikter ,Freiheit' des Marktes in deutlicher Minderheit. In Konsequenz der seitherigen wirtschaftlichen Krisenentwicklung, die allgemein als Ausdruck des Scheiterns der Reformbeschlüsse von 1987 (vgl. Teil II) gewertet wird, schwenkten vor allem immer mehr Ökonomen auf ,rein' marktwirtschaftliche Positionen um, ohne dabei zureichend die notwendigen ökonomischen, sozialen und soziokulturellen Vorbedingungen für hinlängliches Funktionieren der Marktregulation zu reflektieren. In den Problemskizzen der vorausgegangenen Abschnitte dürfte deutlich geworden sein, daß allerdings Reformschritte in Richtung marktmäßiger Wirtschaftsbeziehungen unerläßlich sind. So zählt z.B. der Umstand, daß bis heute die betrieblichen Arbeitskollektive faktisch keine materielle Verantwortung für die Erzeugung unabsetzbarer Produkte tragen, zu den Hauptursachen der endemischen Ressourcenvergeudung. Es ist schwer auszumachen, wie dieses Problem ökonomisch sinnvoll zu lösen ist, ohne daß sich die Erzeugnisse als Gebrauchswerte ,bewähren' müssen, also Abnehmer finden. Dabei wird zumeist in erster Linie an Massenbedarfsgüter gedacht; das Problem ist in der UdSSR aber auch in Bereichen des Produktionsgütersektors akut, wie z.B. im Landmaschinenbau, der massenhaft am Bedarf vorbei produziert.

Die traditionelle Frage: ,,in welchen Sektoren Markt, in welchen Planung" orientiert weniger auf konstruktive Lösungen als die Entwicklung von *ökonomischen* Methoden und Instrumenten der Marktlenkung. In diesem Zusammenhang scheint die sowjetische Formulierung ,,direkte Erzeuger-Abnehmer-Beziehungen" auch exakter als die Kategorie des ,Marktes'. Im Anlagenbau z.B. geht es heute oft um Großprojekte einmaliger Art (Unikate), für die es Märkte nicht gibt. Sehr wohl aber können Auftraggeber und -nehmer unmittelbar (d.h. ohne daß der erstere durch ein Branchenministerium vertreten wird) über die Konditionen verhandeln.

Märkte im Sinne zahlreicher konkurrierender Erzeuger auf der Angebotsseite sind in der UdSSR auch nicht umstandslos herstellbar infolge der jahrzehntelangen Praxis der Errichtung gigantischer Betriebe, die unter Marktbedingungen monopolartige Macht besäßen. Wirksamer Einfluß der Abnehmer auf die Erzeugung (wie auf die Preisgestaltung) ist jedoch unerläßlich. Dazu taugliche ökonomische und soziale Formen sind unter den Bedingungen gesellschaftlichen Produktionsmitteleigentums entwickelbar, insbesondere beim nunmehr parteioffiziellen Postulat seiner ,realen Vergesellschaftung'.

Die aktuelle Ausgangssituation hohen Nachfrage- und Kaufkraftüberhangs begünstigt eine zirkuläre Argumentation innerhalb der sowjetischen Reformdiskussion. Die einen halten dafür, die Regulierung von Erzeugung und Absatz über Marktbeziehungen könne erst nach Herstellung eines Gleichgewichts zwischen Kaufkraft und Angebotspotential aufgenommen werden. Die anderen geben ihrer Überzeugung Ausdruck, daß Marktregulierung die *Voraussetzung* dafür ist, dieses Gleichgewicht zu erreichen. Die Erfahrungen der sowjetischen Wirtschaftsreform von 1965 sprechen für die letzte Position. Der unter 1. diskutierte Aspekt der ökonomischen Eigenständigkeit der Betriebe hat im Gesamtkontext der Wirtschaftsreform so hohe Relevanz, daß die Verzögerung der Ausrichtung ihrer Tätigkeit auf den unmittelbaren gesellschaftlichen Bedarf - d.h. auf die Nachfrage der Verbraucher/Benutzer - nicht weniger hieße als Aufschub der gesamten Reform mit der antizipierbaren Konsequenz ihres Versandens. Allerdings drängt sich damit auch die Erkenntnis auf, daß nicht alle notwendigen Reformschritte zugleich realisiert werden können. So werden z.B. unter der Bedingung überschießender Nachfrage und vorherrschender Anbietermacht Preisbegrenzungen und -kontrollen erforderlich sein, wie sie im Grunde der Reformintention und -logik nicht gemäß sind.

4. Neben - und im engen Zusammenhang mit - der Frage nach der Dimension und dem Status von Marktbeziehungen in einer sozialistischen Ökonomie ist das Problem der Formen und Methoden der Preisbildung in gleicher Weise bedeutsam wie ungelöst. Ohne die hiermit verbundenen Schwierigkeiten zu verkennen, sei vermerkt, daß es die Suche nach einem *universellen* ‚Mechanismus' der Preisformierung ist, die die Problematik zuspitzt. Hier kann kein umfassender Lösungsvorschlag angeboten, es sollen lediglich Lösungsrichtungen eingegrenzt werden.

a) Die bisherige Art und Weise der Preisbildung in der UdSSR ist für entscheidende Funktionshemmnisse des überkommenen Planungs- und Leitungssystems (mit-)verantwortlich. Im Prinzip muß sie kompromißlos aufgeben werden. Das gilt sowohl für ihre Form - administrativ - wie für den Gehalt - die jeweiligen Produktionskosten als Grundlage. Hierin liegen Ursachen der Aufwands- bzw. Vergeudungsneigung und der fehlenden Zwänge zur Ökonomisierung, der Mißachtung der Gebrauchswerteigenschaften der Erzeugnisse, der Unempfindlichkeit gegenüber der Nachfrageentwicklung, der geringen Reagibilität auf technologische und produktmäßige Neuentwicklungen, von Verteilungsdisproportionen u.a.m. Die praktizierten administrativen Ansätze zur Flexibilisierung (z.B. Preisabschläge bei veralteten Erzeugnissen und -aufschläge für neue und gute Qualität) vermochten an diesen gravierenden Mängeln kaum etwas zu ändern.

b) Auf der anderen Seite kann eine sozialistische Wirtschaft den Einheiten der unmittelbaren Erzeuger keine völlige Freiheit der Preisfestsetzung einräumen. Generell liegt das u.a. begründet in der erforderlichen Rücksicht auf Regulative der Investitionslenkung, der Steuerung der Verteilungsrelationen, der Gewährleistung der Geldwertstabilität u.a.m. In der - keineswegs kurzfristigen - Phase des Übergangs von direktiven, zentralistischen und administrativen Methoden der Wirtschaftsleitung zu ökonomischen Regulierungsinstrumenten auf der Basis hoher Eigenständigkeit der Betriebe werden jedoch, wie schon angedeutet, zusätzliche Regulative infolge der überkommenen Disproportionen (zwischen Nachfrage und Angebot, zwischen Wirtschaftsbereichen, zwischen Wirtschaft und sozialem Sektor, zwischen Regionen) erforderlich sein. Sie müssen jedoch wirksam werden als Faktoren, die die ökonomischen Dispositionen und Entscheidungen der betrieblichen Arbeitskollektive beeinflussen, nicht aber als direktive und vom Ermessen administrativer Instanzen abhängige Vorgaben.

c) Marktpreisbildung kann zunächst in Bereichen erfolgen, in denen zureichende

Produktionskapazitäten existieren, die Anzahl der Erzeuger Wettbewerb erwarten läßt und die Endprodukte herstellen. Das gilt z.B. für die Schuh- und Bekleidungsindustrie, mit Einschränkungen (in bezug auf möglichen Wettbewerb) auch für Teile des Maschinenbaus (Elektromotoren, Landmaschinenbau).

Die mit ‚eingeplanten' Verlusten (aufgrund nicht kostendeckender adminstrativer Preise) arbeitenden Zweige oder Betriebe bedürfen zumeist technischer Umrüstungen und rentabilitätssichernder Preise auf dieser Grundlage. Hier sollten ökonomisch begründete Preisbildungsregeln eingeführt und deren Einhaltung kontrolliert werden, die Regulative zur Senkung der Preise im Zuge der Kostenreduktion nach dem Einlaufen der neuen Produktionstechniken enthalten.

Im agrarischen Bereich muß die faktische Teilung in zwei Preissysteme aufgegeben werden, die u.a. Anreize zu erweiterter und effektiverer Erzeugung im vergesellschafteten Sektor schwächt. Ohne bereichsweise Preisstützungen (z.B. in der Nicht- Schwarzerde-Zone) wird hier aber für eine längere Übergangszeit nicht auszukommen sein. Diese darf jedoch nicht als administrative Institution auf Dauer wirken, sondern als ökonomischer Hebel zur Forcierung von Produktivitätsverbesserungen, die den stufenweisen Abbau der Subventionen erlauben.

Eine Kombination von Preisbildungsregeln, entsprechenden Kontrollen und steuerpolitischen Regulativen sollte für jene Bereiche ausgearbeitet und implementiert werden, in denen die Betriebe i.d.R. bereits rentabel arbeiten, ihre Anbietermacht (infolge permanent überschießender Nachfrage und/oder geringer Anzahl von Erzeugern und mithin fehlendem Wettbewerb) aber keinen wirksamen Einfluß der Abnehmer erlaubt. Die Kontrolle über die Einhaltung der - ökonomisch sorgfältig zu begründenden - Preisbildungsregeln sollte nicht von einer *allgemeinen* Organisation mit der daraus folgenden Tendenz zu formaler Funktionsausübung (wie die derzeitige ‚Arbeiterkontrolle') wahrgenommen werden, sondern von branchen- oder sogar betriebsspezifisch zusammengesetzten Organen, in denen nicht Vertreter der verbleibenden Wirtschaftsadministration dominieren, sondern die der Abnehmer der jeweiligen Erzeugnisse.

5. Zu den wichtigen ökonomischen Problembereichen, die in den vorausgegangenen Abschnitten nicht thematisiert wurden, zählen die außenwirtschaftlichen Beziehungen. Wegen der Bedeutung und zugleich der Brisanz dieses Reformaspekts seien einige *allgemeine* Einschätzungen zu den Gestaltungsmöglichkeiten und - grenzen auf diesem Felde gegeben.

Für die sowjetische Wirtschaft hatte von Beginn an - und insbesondere seit den 30er Jahren - der Außenhandel keine eigengewichtige, sondern eine die autochthone Industrialisierungsstrategie flankierende, außen- und sicherheitspolitischen Zielen und Interessen nachgeordnete Funktion. Das Gewicht lag dabei auf der Seite des Imports, der Einfuhr von technisch fortgeschrittenen Produktionsanlagen, Maschinen und Geräten. Der Export stand ganz im Dienst der Erwirtschaftung der für diese Importe erforderlichen Devisen. Gesteuert wurden diese Prozesse auf der Grundlage eines strikten staatlichen Außenwirtschaftsmonopols.

Die angedeuteten ökonomischen Reformen anderer sozialistischer Volkswirtschaften waren überwiegend (Jugoslawien, Polen, Ungarn, VR China) begleitet vom Postulat der unerläßlichen „Eingliederung in das System der internationalen Arbeitsteilung", d.h. in den von den entwickelten kapitalistischen Ökonomien dominierten Weltmarkt. Drei miteinander verbundene Absichten standen dabei im Vordergrund: Erleichterung der Einfuhr technologisch hochentwickelter Erzeugnisse, vor allem von Produktionsmitteln, besserer Zugang zu Devisendarlehen und Herstellung von Konkurrenzdruck auf die eigene, innovationsträge und effizienzschwache Industrie. Für Polen und Jugoslawien muß man - zumindest bis jetzt - das Scheitern dieser Strategie konstatieren. Für Ungarn und China wäre dieses Urteil verfrüht; aber auch hier führte die Auslandsverschuldung zu schwerwiegenden ökonomischen und sozialen Problemen.

Die in den genannten Ländern im Kontext der Wirtschaftsreformen geführten, auf die Gestaltung der außenwirtschaftlichen Beziehungen gerichteten Debatten werden heute in der UdSSR wiederholt. Anders als etwa in Jugoslawien und Ungarn befinden sich hier jedoch die Befürworter unbedingter Weltmarktöffnung - bis jetzt - in der Minderheit. Die von Politikern und Ökonomen mehrheitlich vertretenen Positionen sind jedoch punktuell fixiert und wenig kohärent.

Das Ziel beschleunigter und erweiterter Technologieimporte steht im Zentrum der außenwirtschaftlichen Orientierung. Zu Recht erinnern einige Diskussionsteilnehmer jedoch daran, daß die umfangreichen Maschinen- und Ausrüstungsimporte, die die UdSSR in den 70er Jahren aufgrund der unerwartet und steil gestiegenen Rohölpreise am Weltmarkt tätigen konnte, die Wirtschaft auf dem proklamierten Wege zu höherer Effizienz wenig voranbrachten. Technisch hochentwickelte Produktionsanlagen innerhalb einer die mannigfachen und interdependenten einzelwirtschaftlichen Prozesse blockierenden Organisationsweise der gesellschaftlichen Ökonomie bewirken offenkundig wenig. Virulent bleibt die Gefahr, daß, wie eben in den 70er Jahren, Technologieimporte weniger als Ergänzung denn als Ersatz für Änderungen des Planungs- und Leitungssystems verstanden werden.

Die natürlichen, ökonomischen und politischen Bedingungen der sowjetischen Außenwirtschaft sind in mancher Hinsicht andere als die Polens, Ungarns und Jugoslawiens. Die Erfahrungen dieser Länder mit der Weltmarktorientierung sind schon deshalb nicht einfach übertragbar. Das Dilemma der UdSSR nach dem Preisverfall von Energieträgern besteht in außenwirtschaftlicher Hinsicht darin, daß die eigene Ökonomie über sehr wenige weltmarktgängige hochverarbeitete Erzeugnisse verfügt. Die m.E. nicht zu erwartende, aber von einigen Ökonomen befürwortete rasche und umfassende Weltmarktöffnung mit Konsequenzen wie freie Konvertibilität des Rubel, wachsende Auslandsverschuldung und unbeschränkte Fremdinvestitionen würde die UdSSR tendenziell zum Billiglohnland, zum Lieferanten von Rohstoffen und Erzeuger technisch wenig anspruchsvoller Produktionsmaterialien und Halbfabrikate machen. Das könnte durchaus mit einem Wirtschaftsaufschwung, mit der Steigerung der Realeinkommen breiter Schichten, mit substantieller Verbesserung der Versorgungslage und entsprechender Erhöhung des materiellen Lebensstandards verbunden sein. Die erstrebte Annäherung an das technologische Niveau und an die wirtschaftliche Leistungsstärke und Dynamik der großen kapitalistischen Ökonomien USA, Japan und EG läge jedoch in kaum verringerter Ferne.[2]

Die angedeutete Einschätzung besagt nicht, daß die UdSSR ihre außenwirtschaftlichen Beziehungen nicht neu gestalten und zugleich aktivieren sollte. Die dazu zu bestimmende und konsequent zu verfolgende Strategie muß jedoch auf fundierten und zuverlässigen Analysen basieren, sorgsam mit den übrigen Reformmodalitäten abgestimmt und mit Korrektiven gegen Tendenzen zur Verselbständigung der Außenwirtschaft gegenüber den Reformzielen, den gesamtwirtschaftlichen Erfordernissen und den gesellschaftlich-politischen Grundlagen und Gestaltungsprozessen ausgestattet sein.

Teil II

Konzeption und Probleme der Änderung des Planungs- und Leitungssystems der Wirtschaft unter Gorbatschow

Meine eingehende Beobachtung der sowjetischen Wirtschaftsentwicklung, vor allem der Schritte zur Veränderung des überkommenen Planungs- und Leitungssytems, reicht in die Phase des kurzen 'Interregnums' Jurij Andropows zurück. Damals war nicht voraussehbar, daß der im Sommer 1983 in der UdSSR gefaßte Beschluß zu einer bescheidenen Wirtschaftsreform in Gestalt eines 'Experiments'[1] schon bald unter einem anderen Generalsekretär des ZK der KPdSU in beträchtlichem Maße erweitert werden sollte, wie es dann unter Gorbatschow entschieden wurde.

Das Bedürfnis, das bis etwa 1988 gesammelte Material in Buchform auszuwerten, wurde sowohl von dem bis dahin erreichten Umfang bestimmt wie auch von der sich immer mehr beschleunigten Reformdynamik, in deren Verlauf die Anzahl der Reformbereiche wuchs und der Gesamtprozeß der Perestrojka immer schwerer zu überblicken und zu erfassen war. Das bedeutete auch, daß die Untersuchung keine abgeschlossene wirtschaftlich-gesellschaftliche Entwicklung zum Gegenstand haben und deshalb keine gesicherte Einschätzung ihrer schließlichen Resultate erlauben würde, was aber in Kauf zu nehmen war.

Gegenwärtig - Mitte 1989 - spricht vieles dafür, daß im Herbst 1988 die sowjetische Wirtschaftsreform unter Gorbatschow an einem Einschnitt angelangt war, der in künftiger Rückschau vermutlich als Ende ihrer zweiten Phase verstanden werden kann.

Das Eingeständnis eines beträchtlichen Haushaltsdefizits durch den Finanzminister der UdSSR auf der Herbsttagung des Obersten Sowjets[2] bewirkte neben anderem, daß der bis dahin parteiamtlich und auch in der Publizistik vermiedene Begriff einer manifesten 'Wirtschaftskrise' durch nunmehr offiziellen Gebrauch legitimiert wurde. Zugleich werden seither Preissteigerungen nicht mehr nur zurückhaltend und unbestimmt konzediert, sondern in (wenn auch variierender) konkreter Größenordnung benannt. Das sich immer rascher verallgemeinernde Warendefizit bei wachsendem Kaufkraftüberhang markiert die dritte hauptsächliche Ausdrucksform der ökonomischen Krise.[3]

Diese Situation, die sich seither weiter verschärft hat, beeinträchtigt die Realisierungsbedingungen der Wirtschaftsreform in mehrfacher Weise. So gibt sie jenen Protagonisten der administrativen Planungs- und Leitungsorgane, die ihre Positionen und Funktionen durch die Reform bedroht sehen, den Vorwand dafür, die Unentbehrlichkeit direktiver Planungs- und Regulierungsmethoden unter Beweis zu stellen. Das nehmen offenkundig auch Reformverfechter innerhalb der politischen Führung in Kauf, weil in einer Gesellschaft, in der etwa ein Viertel ohnehin an der Subsistenzgrenze lebt, die Vermeidung weiterer realer Einkommensverluste zur Verhinderung sozialer Unruhen höchste Priorität erlangt.

Die Reformakzeptanz nimmt in breiten Schichten ohnehin ab. Zwar ist die Führung bemüht, die Krise als Folge früherer ökonomischer 'Sünden' und Versäumnisse der Breschnewschen 'Stagnationsperiode' anzulasten, aber das ist nur zum Teil richtig und überzeugt offenbar auch die Öffentlichkeit nicht so recht. Da sich bei der generellen Labilität des Zustands der sowjetischen Wirtschaft die Krise rasch auf immer weitere Bereiche erstreckt, ändern sich für die Partei- und Staatsführung die Prioritäten: Umkehr der verhängnisvollen ökonomischen und sozialen Entwicklungsrichtung erhält Vorrang vor konsequenter Reformpolitik. Daß diese selbst ein geeigneter Weg zur Krisenüberwindung wäre, wird - unter den gegebenen Bedingungen zu Recht - wohl für die weitere Perspektive als richtig, aktuell aber als nicht praktikabel erachtet. Selbst bekannte Protagonisten 'reiner' marktwirtschaftlicher Lösungen stecken momentan zurück.

Zwar ist die Wirtschaftsreform bis heute keineswegs 'beerdigt', aber sie tritt allenfalls auf der Stelle. Daß sie in der bisher verwirklichten Form nicht weiter forciert wird, ist allzu verständlich, denn diese hat zweifelsfrei die Krise beschleunigt. Es bedarf vielmehr eines neuen Ansatzes, durch den zwar manches Begonnene weitergeführt, anderes aber revidiert und Wesentliches ergänzt werden muß. Dafür fehlen bislang offenkundig zureichend begründete und konsensfähige Konzepte, und deren Erarbeitung tritt erst einmal hinter die Anforderungen des Krisenmanagements zurück.

So ist vermutlich der Gegenstand des zweiten Teils der vorliegenden Untersuchung doch kein willkürlich gewählter Abschnitt aus einem fortlaufenden reformpolitischen Prozeß, sondern eine sachlich abgrenzbare Phase desselben. Das bietet die Möglichkeit, aus der Not der Materialfülle die Tugend einer selektiven und exemplarischen Darstellung zu machen. Wenn bei der gegebenen Raumbegrenzung ohnehin nicht alle Reformbeschlüsse hätten referiert werden können, so macht ihr nunmehr offenkundiger Makulaturwert den Verzicht umso leichter und die Beschränkung auf einige besondere Reformbereiche neben der Verdeutlichung der allgemeinen Tendenzen ist umso mehr zu rechtfertigen.

1. Zu früheren Reformansätzen in der sowjetischen Wirtschaft

Im bisherigen Text wurde mehrfach festgestellt, daß das Anfang der dreißiger Jahre in der UdSSR errichtete Planungs- und Leitungssystem der Wirtschaft mit seinen kennzeichnenden Attributen zentralistisch, direktiv, allumfassend, administrativ und (häufig verkannt) im Kern naturalwirtschaftlich in den Grundzügen bis heute fortbesteht. Gleichwohl gab es in der Vergangenheit wiederholt Bestrebungen zur Veränderung bestimmter Komponenten dieser Organisations- und Funktionsweise gesellschaftlichen Wirtschaftens.[4]

Daß sie dennoch fast unverändert fortexistiert, hat (bezogen auf jene Ansätze zur Revision) zwei allgemeine Gründe: zum einen waren ohnehin im wesentlichen nur Modifikationen beabsichtigt, die nicht ihre Kernmerkmale betrafen und zum anderen wurden selbst diese Änderungspläne nur partiell und/oder zeitweilig realisiert.

Die Beobachtung des Verlaufs der unter Gorbatschow postulierten 'radikalen Reform der Wirtschaft' erfolgt verständlicherweise innerhalb wie außerhalb der UdSSR vor dem Hintergrund der Kenntnis bzw. Erfahrung des Scheiterns dieser früheren Ansätze. Auf deren eingehendere Darstellung, Interpretation und Diskussion muß hier im Interesse der Umfangsbegrenzung verzichtet werden, was in Anbetracht der nicht eben spärlichen Literatur zu diesem Thema vertretbar scheint. Die folgenden selektiven und verkürzten Hinweise konzentrieren sich auf den vor Gorbatschow vergleichsweise relevantesten Reformansatz von 1965.

1.1 Zur allgemeinen Problematik von Teilreformen

Während der vergangenen zwei bis drei Jahrzehnte war unter den Experten für sozialistische Wirtschaftssysteme die Frage umstritten, ob die ökonomische Effektivität des zentralistisch-direktiven und administrativen Systems schon durch Änderungen *innerhalb* seiner konstitutiven sozialen, institutionellen und funktionalen Ausprägung zureichend verbessert werden kann oder ob dazu nicht tiefgreifende, eben diese Grundbedingungen überwindende Neuerungen unerläßlich sind. Diese Debatte war gleichsam ein Spiegelbild der kapitalismuskritischen Diskurse der späten sechziger und frühen siebziger Jahre durchziehenden Kontroverse über 'systemimmanente' und 'systemüberschreitende' Reformen.

Generell kann diese Diskussion auf empirischer und/oder auf theoretischer Ebene geführt werden. Bis etwa Mitte der siebziger Jahre schien die empirische Argumentation dadurch beschränkt zu sein, daß ökonomische Reformansätze (wie in Polen schon Ende der fünfziger Jahre, in der DDR ab 1963, in der UdSSR ab 1965) nicht konsequent verwirklicht wurden, sondern über kurz oder lang versandeten, oder aber, wie im Falle der CSSR (1968) durch Intervention von außen zunichte gemacht wurden. Nicht zureichend reflektiert wurde, ob das Steckenbleiben und die - zumindest partiele - Rücknahme der erstgenannten Reformansätze nicht selbst schon Ausdruck ihrer ökonomischen Dysfunktionalität waren.

Das ungarische Beispiel einer längerwährenden und (mit Unterbrechungen) kontinuierlichen Reformentwicklung lag bis dahin noch etwas außerhalb des Blickpunkts. Und das jugoslawische wurde nur vereinzelt als Beleg des Nutzens einer grundlegenden Änderung der 'ordnungspolitischen' Bedingungen herangezogen, vermutlich nicht zuletzt deshalb, weil es in Gestalt hoher Arbeitslosigkeit und ausgeprägt inflationärer Tendenz zu sehr mit 'Schönheitsfehlern' behaftet war (die Verschuldungsproblematik wurde erst 1979 manifest).

Auf der Plausibilitätsebene machten jene, die Erfolge von Reformen geringerer Reichweite für möglich hielten, geltend, daß viele institutionelle, organisatorische und instrumentelle Modalitäten des bestehenden Planungs- und Leitungssystems in so evidenter Weise unökonomisch wirken, daß ihre Modifikation auch innerhalb der Bedingungen zentraler Planung, weitgehender ökonomischer Unselbständigkeit der Betriebe und begrenzter Marktbeziehungen Wachstum und Effizienz befördern können.[5] Andere dagegen erkannten dem 'kommandowirtschaftlichen' System eine - wenn auch in ihrer Wirksamkeit deutlich beschränkte - Funktionslogik zu, deren auch nur partielle Durchbrechung zu weiterer wirtschaftlicher Desorganisation führen könne.[6] Die Einschätzung kann auch empirische Indizien geltend machen. Sie sind allerdings methodisch immer anfechtbar, weil nicht nur die greifbaren ökonomischen Resultate mehrdeutig, sondern auch die ihnen zugrundeliegenden sozialen und wirtschaftlichen Prozesse so komplex sind, daß stets auch alternative Erklärungen entwickelt werden können.

Ist im Hinblick auf die aktuelle sowjetische Wirtschaftsreform die Reichweite der beabsichtigten Veränderungen größer einzuschätzen, so ging es bei den hier zur Debatte stehenden früheren Ansätzen im wesentlichen um Ersetzung von Indikatoren der Planung und der Bewertung der betrieblichen Wirtschaftsresultate durch andere sowie um Änderungen im Planungs- und Leitungssystem, die den Übergang von direkter von Instrumenten direkter zu solchen indirekter Zentralisierung[7] der Steuerung der einzelwirtschaftlichen Prozesse markierten. Die allgemeine Problematik derartiger Änderungen sei knapp an je einem Beispiel gezeigt.

Kern eines Reformbeschlusses der sowjetischen Partei- und Staatsführung im Jahre 1979[8] war die Ersetzung der Hauptplankennziffer 'realisierte Warenproduktion' durch 'normative Nettoproduktion'.[9] Der erstgenannte Indikator bedeutet die berüchtigte Bruttoproduktion ('val'), der die betrieblichen Arbeitskollektive im Interesse leichterer Planerfüllung zur Nutzung möglichst vieler und teurer Vorprodukte veranlaßt. Diese werden bei der Kennziffer 'Nettoproduktion' nicht berücksichtigt; hier handelt es sich um die betriebliche 'Wertschöpfung', um den Produktionswert, den die jeweiligen Arbeitskollektive den Vorprodukten *hinzufügen*. Als Verwendungsgröße setzt sich dieser Nettoproduktionswert aus zwei Teilen zusammen: der Lohn- und Gehaltssumme und dem (betrieblichen) Mehrprodukt. Das Interesse der Belegschaften konzentriert sich auf die erste Komponente, da das Mehrprodukt zum überwiegenden Teil an den Staatshaushalt abgeführt werden muß.

Die Arbeiter, Angestellten wie auch die Betriebsleitungen sind mithin daran interessiert, gegenüber den vorgeordneten Instanzen einen hohen Arbeitskraftbedarf (d.h. einen entsprechend großen Lohnfonds) geltend zu machen. Dieser kann fiktiv aufgebläht oder aber auch tatsächlich genutzt werden, indem die Arbeitsintensität durch Hereinnahme von Vorleistungen in die betriebliche Erzeugung erhöht wird. Um dem entgegenzuwirken, soll der Bewertung der betrieblichen Leistung ein normativer Arbeitsaufwand zugrundegelegt werden. Dazu müssen außerbetriebliche Instanzen (die aber auf Informationen aus den Betrieben angewiesen sind) den für die Herstellung jeweiliger Erzeugnisse 'im gesellschaftlichen Durchschnitt notwendigen' Arbeitsaufwand ermitteln; eine in Anbetracht von ca. 22 Mio Einzelprodukten und von höchst unterschiedlichen technischen Produktionsbedingungen innerhalb der Branchen kaum zu bewältigende Aufgabe. Der mit ihr verbundene bürokratische Mehraufwand zeigt sich u.a. darin, daß für alle Betriebe ein 'Paß' erstellt werden sollte mit Angabe aller die Produktionsbedingungen kennzeichnenden Daten. 1983 war man damit noch nicht weit vorangekommen, und danach wurde dieser Reformansatz für die Mehrzahl der Branchen aufgegeben. Im Kern sollte also eine Kennziffer mit unökonomischer Wirkung durch eine andere mit ganz ähnlichem Effekt ersetzt werden.

Was den Verbrauch von Produktionsmaterialien, Energie und Vorprodukten angeht, so ist die Aufstellung und verbindliche Vorgabe von detaillierten und spezifischen 'Verbrauchsnormen' kennzeichnender Ausdruck direkter Leitungszentralisierung. Die aus der Realitätsfremdheit der Anforderungen zur Erstellung dieser Normen notwendig folgenden Realisierungsmängel wurden im Abschnitt I 4,2 bereits exemplarisch aufgezeigt. Neben diese (längst nicht für alle Erzeugnisse wirklich vorhandenen) Verbrauchsnormen treten deshalb zwei andere Regulative; zumindest das zweite gehört zum Typus indirekter Zentralisierung. Das erste besteht in Planauflagen zur generellen Reduktion des Materialaufwands. Dabei wird ohne Spezifizierung für einzelne Materialarten die Aufgabe gestellt, den Verbrauch z. B. pro Jahr um 0,8 % zu senken. Neben anderem ist es die schematische Handhabung dieses Regulativs, die seine Wirksamkeit begrenzt. Die Permanenz der Anforderung rückt die Grenze ins Licht, von der an ihr nicht mehr nachgekommen werden kann. Deshalb sind die Betriebskollektive bestrebt, bei Aufnahme neuer oder veränderter Erzeugnisse überhöhten Materialbedarf anerkannt zu bekommen, der dann sukzessive Reduktion ohne große Anstrengungen ermöglicht. Die Gesamtwirkung des Regulativs bleibt mithin gering.

Ein Instrument indirekter Zentralisierung sind Normative, die eine Relation zwischen Leistungsindikatoren und Gratifikationsraten fixieren, z.B. zwischen Materialeinsparung und Zuführungen in den Prämienfonds. Hier liegt also keine direktive Anweisung vor, sondern die materiellen Eigeninteressen der Arbeitskollektive sollen zur Steuerung ihres Arbeitshandelns genutzt werden.

Empirisch ist maßgeblich, daß bei Aufrechterhaltung umfassender - wenn auch teilweise indirekter - zentraler Steuerung und Bewertung der betrieblichen Wirtschaftsabläufe einzelne Stimulierungsangebote in Form von Normativen aus der Sicht der Beschäftigten abzuwägen sind mit möglichen Nachteilen im Hinblick auf die Wirkung anderer Regulative. So kann eben Prämierung für Materialökonomie im negativen Sinne überkompensiert werden durch Prämienreduktion wegen Nichterfüllung z.B. von Wertumfangskennziffern. Dieses Beispiel ist durchaus verallgemeinerbar. Es ist letztlich das Zusammenwirken zweier konstitutiver Merkmale des zentralistisch-administrativen Systems der Wirtschaftsplanung und -leitung, das der Änderung von Modalitäten *innerhalb* seiner Grundbedingungen (wie beim Übergang zu Methoden der indirekten Zentralisierung) den beabsichtigten Erfolg versagt: die Aufrechterhaltung der Außenlenkung und -gratifizierung der betrieblichen Wirtschaftsprozesse fixiert das Verhalten der Arbeitskollektive auf die (oft manipulierte) Gewährleistung der Bewertungskennziffern statt auf optimale tatsächliche ökonomische Resultate, und die Steuerung durch administrativ gesetzte Parameter (z.B. Preise, die weder den gesellschaftlich notwendigen Aufwand noch Knappheitsverhältnisse ausdrücken, Gewinnmargen, die Residualgrößen des staatlichen Haushaltsbedarfs sind etc.) würde selbst im Falle umfassenden formellen Funktionierens von ökonomisch begrenzter Wirkung bleiben.

1.2 Die 'Kossygin-Reform' von 1965

Im Herbst 1965 ergingen in der UdSSR Beschlüsse der Partei- und Staatsführung zu einer Wirtschaftsreform. Ein Jahr zuvor war in einer gelungenen Palastintrige N.S. Chruschtschow 'abgewählt' und durch L.I. Breschnew im Amt des Generalsekretärs des ZK der KPdSU sowie durch A.N. Kossygin im Amt des Vorsitzenden des Ministerrats der UdSSR ersetzt worden.

Durch den Beschluß 'Über die Verbesserung der Leitung der Industrie' vom 30.9.1965[10] wurde die im Frühjahr 1957 auf Initiative Chruschtschows erfolgte Ablösung der branchenförmigen Leitung der Industrie (durch Zweigministerien) durch eine territoriale Leitungsstruktur (in Gestalt von - zunächst - 105 'Volkswirtschaftsräten', d.h. die gesamte Sowjetunion erfassenden regionalen Einheiten der Wirtschaftsverwaltung) rückgängig gemacht. Chruschtschows erklärtes Hauptmotiv hatte in der Durchbrechung des zur Autarkie tendierenden und damit die volkswirtschaftlichen Zirkulations- und Kooperationsprozesse blockierenden Branchenegoismus der Zweigministerien gelegen. Es wird jedoch vermutet, daß er damit (zugleich oder sogar vorrangig) Machtpositionen innerparteilicher Gegner beseitigen wollte.[11] Denn in durchaus antizipierbarer Weise wurde so der Zweigegoismus lediglich durch den territorialer Einheiten ersetzt. Das führte Anfang der sechziger Jahre zur Errichtung zusätzlicher vertikaler (also wiederum industriebereichsweiser) Verwaltungsorgane und damit zu einer Ausdehnung der funktionshemmenden Wirtschaftsbürokratie, die die Steuerung der ökonomischen Prozesse verstärkt blockierte. Im Beschluß vom 30.9.1963 wurde festgestellt:

> „Die gegenwärtigen Formen und Methoden der Leitung der Industrie entsprechen, wie die Erfahrung zeigte, nicht den sich ändernden Bedingungen der Wirtschaft, Technik und der Organisation der Produktion ... Die hauptsächliche Unzulänglichkeit bestand darin, daß die Leitung der Industriebranchen, die sich in technischer Hinsicht als einheitliches Ganzes darstellen, nach wirtschaftsverwaltenden Regionen zersplittert wurde."[12]

Den Reformbeschlüssen von 1965 ging eine bereits Anfang der sechziger Jahre einsetzende Diskussion unter Wirtschaftswissenschaftlern und - praktikern über Notwendigkeit und Richtung von Änderungen im Planungs- und Leitungssystem voraus.[13] Den Anstoß dazu gab weniger die Erfolglosigkeit der territorialen Leitungsstruktur nach ihrer Einführung 1957, als vielmehr die schon seinerzeit spürbare Erschöpfung des Potentials extensiver Produktions- und Akkumulationsmethoden. Deshalb war die Reformdiskussion auch nicht auf die UdSSR beschränkt, sie setzte vielmehr in Polen und in der DDR schon früher ein und führte in der DDR bereits 1963 zu entsprechenden Änderungsbeschlüssen.[14]

'Intensivierung' war deshalb der Sache nach und teilweise explizit die übereinstimmende Devise der sowjetischen Reformdebatte. Weitgehender Konsens bestand unter den Teilnehmern auch darüber, daß die spürbare Erhöhung des Wirksamkeitsgrades der gesamten Wirtschaftstätigkeit bei den unmittelbaren Produktionsprozessen anzusetzen habe und deshalb ökonomische Effizienz mit dem materiellen Eigeninteresse der betrieblichen Arbeitskollektive verbunden werden müsse. Dazu sei der wirtschaftliche Entscheidungs- und Handlungsspielraum der Betriebskollektive zu erweitern, weil die detaillierte Normierung und Steuerung aller einzelwirtschaftlichen Prozesse eben deren Ökonomisierung gerade verfehlte, statt sie zu ermöglichen.

Besondere Beachtung als konziser konzeptioneller Beitrag fand der Prawda-Artikel des Charkower Ökonomen J. Liberman 'Plan, Gewinn, Prämie' vom 9.9.1962[15] Er empfahl, den betrieblichen Arbeitskollektiven Kompetenzen und Anreize zu einer solchen Gestaltung der Produktionsprozesse zu geben, durch die alle Momente der Aufwandsökonomie (Einsparung) synthetischen Ausdruck in der (von ihm als Hauptkennziffer vorgeschlagenen) *Rentabilität* (Gewinn im Verhältnis zu Grund- und Umlauffonds) finden würden. Als prämierungsentscheidender Indikator für alle Beschäftigtengruppen sollte diese Kennziffer an die Stelle der Planerfüllung nach Produktionsumfang (mit Fortschreibung 'vom erreichten Stand') treten. Ihr Produktionsprogramm sollten die Betriebe im Naturalausdruck mit den vorgeordneten Leitungsorganen aushandeln und ansonsten alle weiteren ökonomischen Dispositionen weitgehend eigenständig treffen.

Libermans Konzept kann hier nur in dieser Verkürzung angedeutet und nicht weiter diskutiert werden; als seine Hauptschwäche (in der Prawda-Version) sei lediglich festgehalten, daß es von weiterhin administrativ fixierten (wenn auch revidierten) Preisen ausging, die die ökonomische Indikatorfunktion von Rentabilität stark beschränken mußten. Der Beschluß des ZK der KPdSU und des Ministerrats der UdSSR vom 4.10.1963 „Über die Vervollkommnung der Planung und die Stärkung der ökonomischen Stimulierung der industriellen Produktion"[16] folgte Libermans Vorschlägen im allgemeinen, ordnete jedoch nicht ihre umfassende, konkrete und verbindliche Implementierung an. Einleitend wurden die Kernpunkte der intendierten Reform so formuliert

> „Mit dem Ziel der Erhöhung der Effektivität der gesellschaftlichen Produktion, der Steigerung des Wachstumstempos des Nationaleinkommens ... halten das ZK der KPdSU und der Ministerrat der UdSSR für erforderlich, die Methoden der planmäßigen Leitung der Industrie in folgende Richtungen zu ändern:
> — Gewährleistung der bestmöglichen Vereinigung der zentralisierten staatlichen Planung mit breiter wirtschaftlicher Initiative der Betriebe und mit der Stärkung der Stimulierung der industriellen Produktion;

— Erweiterung der Rechte der Betriebe auf der Grundlage vollständiger Wirtschaftsrechnung. Im Maße der Erhöhung der Effektivität der Produktion und des Wachstums der Ressourcen der Betriebe Erhöhung des Ausmaßes der Mittel, die in der Verfügung der Betriebe zur Entwicklung der Produktion und zur Prämierung der Arbeiter verbleiben;

— Bewertung der Resultate der Tätigkeit der Betriebe nach der abgesetzten Erzeugung, dem erzielten Gewinn ... und nach der Erfüllung der Aufgaben zur Lieferung der wichtigsten Produktarten;

— Bestimmung der Löhne der Industriearbeiter in direkter Abhängigkeit ... von den gemeinsamen Ergebnissen der Arbeit der Betriebe;

— Festlegung des Prinzips wechselseitiger materieller Verantwortlichkeit als Grundlage der wirtschaftlichen Beziehungen zwischen den Betrieben."[17]

Der Reformbeschluß bestimmte, daß die neuen Methoden der Planung und Leitung 1966 in ausgewählten Bereichen erprobt und 1967 und 1968 auf die gesamte Industrie übertragen werden sollten.

Anfang der siebziger Jahre wurde die 'Kossygin-Reform', die in der westlichen Fachwelt und Publizistik beträchtliche Aufmerksamkeit erregt hatte, von der Mehrzahl der Ostexperten als gescheitert erklärt. Dabei wurde 'Scheitern' weniger im Sinne von Versagen der reformleitenden Konzeption konstatiert als vielmehr aufgrund von nur teilweiser oder lediglich nomineller Durchsetzung der vorgesehenen Veränderungen, häufiger und zunehmender Mißachtung der neuen Maßregeln, ihrer bereichsweisen Rücknahme und somit dann schließlich des 'Versandens' der Reform nach 1969.

Im Verlauf der siebziger Jahre erschienen im Westen zahlreiche mehr oder minder umfassende und fundierte Untersuchungen des Verlaufs der Wirtschaftsreform in der UdSSR nach 1965.[18] Sie stimmen in einem Resultat weitgehend überein: das Scheitern der Reform im angedeuteten Sinne ist in erster Linie zurückzuführen auf Obstruktion der vorgesehenen Veränderungen durch die Protagonisten der Wirtschaftsadministration, die bei konsequenter Verwirklichung der Beschlüsse die eigenen Positionen, Funktionen und damit Status, Macht und Privilegien bedroht sahen.[19]

Da so gerichtetes Verhalten dieser sozialen und professionellen Gruppe(n) auch nach beschränkten ökonomischen Neuerungsbeschlüssen 1973 und 1979 beobachtet wurde, trafen die Reformbestrebungen unter Gorbatschow in westlichen Fachkreisen wie in der Öffentlichkeit auf die Vermutung zu erwartender *Wiederholung* solchen verdeckten oder offenen, aber jedenfalls wirksamen bürokratischen Widerstands. Nur die dieser Prognose vorausgesetzte Deutung soll im folgenden knapp diskutiert werden.

Es ist empirisch unschwer und recht breit zu belegen, daß Instanzen wie Gosplan, das Finanzministerium der UdSSR, das Staatskomitee für Arbeit und vor allem die wiedererrichteten Zweigministerien dem Wortlaut und vor allem dem 'Geist' der Reformdokumente zuwider handelten, indem sie z.B. Instruktionen zur Implementierung oder Anwendung von Reformmaßregeln erließen (womit sie der Beschluß vom 4.10.1965 ausdrücklich beauftragte), die deren Wirkungsweise im intendierten Sinne verhinderten oder indem sie für gültig erklärte Organisations-

und Funktionsregulative ignorierten oder auch ganz offenkundig verletzten.[20]

Die Erklärung solchen Handelns aus manifesten Status- und funktionsgebundenen Eigeninteressen ist jedoch ebenso plausibel wie zugleich trivial und unzureichend. Zu fragen ist u.a. nach denkbaren anderen oder weiteren Motiven sowie nach den Gründen und Umständen der augenscheinlichen Duldung dieses Agierens seitens der Partei- und Staatsführung.[21] Dazu nur unvollständig und verkürzt einige Argumente:

Obgleich die konsequente Verwirklichung der Reformbeschlüsse trotz der Begrenztheit ihrer Änderungsreichweite) die überkommene Praxis der Wirtschaftsplanung und -leitung in erheblichem Maße verändert und deshalb die Produktionsabläufe beeinträchtigende organisatorische Umstellungs- und handlungsmäßige Anpassungsprozesse erfordert hätte, blieben die überwiegend 'angespannten' wachstumsfixierten Planaufgaben in Kraft. Die politische Führung setzte mithin in unrealistischer Weise voraus, die Reformverwirklichung sei ohne jegliche Störungen der laufenden Produktionsabläufe möglich und der erhoffte Effektivitätszuwachs könne sofort eintreten. Die wirtschaftsplanenden und -leitenden Instanzen waren mithin 'von oben her' der Erwartung ausgesetzt, jegliche Produktionsunterbrechungen zu vermeiden. Dafür drängte sich natürlich die Beibehaltung der überkommenen Leitungsmethoden auf.

Mit der gängigen Zuweisung der Verantwortung für die Nichtrealisierung beschlossener Reformmaßregeln an die Wirtschaftsadministration wird implizit (und nicht selten auch explizit unterstellt, daß - zumindest die Mehrheit - der politischen Führung die Reform gewollt habe. Aber was heißt das? Gewollt wurden zunächst und vor allem einmal die erhofften Wachstums- und Effizienzeffekte. Den *Methoden*, durch die diese erreicht werden sollten, wurde seitens der Partei- und Staatsführung zweifelsohne kein normativer oder 'ordnungspolitischer' Eigenwert beigemessen. Das wird aber von den mehrheitlich liberal und marktwirtschaftlich fixierten westlichen Beobachtern oft unterstellt oder erwartet und dementsprechend beurteilen sie den Verlauf der Reformprozesse. Bewußt oder unbewußt führen sie damit ein dem ökonomischen und gesellschaftlichen Verständnis der großen Mehrzahl sowjetischer Partei- und Staatsfunktionäre fremdes Wertungskriterium ein.

1966 - 1968 wurden in der UdSSR bemerkenswert gute volkswirtschaftliche Resultate erzielt. Einige westliche Experten führten diese schon seinerzeit - und sowjetische Ökonomen bestätigen das seit einigen Jahren - nicht auf die Reformmaßregeln als solche, sondern auf die von ihnen *temporär* ausgehenden Anreize zur Mobilisierung betrieblicher Reserven zurück.[22] Als diese erschöpft waren, sanken die Resultate wiederum ab. *Zuvor* konnte in der sowjetischen Führung und Administration der Eindruck entstehen, die Reform sei schon in zureichendem Maße realisiert.[23] *Danach* aber - und das konnten sich jene zunutze machen, die der Reform ohnehin ablehnend begegneten - ließ sich argumentieren, die neuen Leitungsmethoden hätten sich als ungeeignet zur dauerhaften Gewährleistung der erhofften Resultate erwiesen.

Äußerungen von Vertretern der Partei- und Staatsführung (zum Teil auch von

Ökonomen) lassen darauf schließen, daß ihnen die sachlichen Begründungen, Voraussetzungen, Erfordernisse und Implikationen der von den Wissenschaftlern diskutierten und empfohlenen Reformkonzeption nicht bewußt waren, und ihr Verhalten zeigt an, daß sie jedenfalls nicht bereit waren, sich auf diese einzustellen und sie zu respektieren. Ein Beispiel: Die angeratene und auch beschlossene Erweiterung der wirtschaftlichen Entscheidungs- und Verfügungskompetenzen der betrieblichen Handlungsträger sollte diese - verbunden mit entsprechenden materiellen Anreizen - auf eine effizienzsichernde Disposition der ökonomischen Ressourcen und Organisation der Produktionsprozesse orientieren, wie sie erfahrungsgemäß betriebsextern nicht durchzusetzen war. Das verlangt aber nicht nur Deklarierung und - wie in der sowjetischen und russischen Tradition üblich - *nominelle* Einführung entsprechender Regulative, sondern zugleich auch wirksame *Garantien* für deren Einhaltung. Dem in der UdSSR (allenfalls mit regionalen Ausnahmen) aus der vorrevolutionären Zeit überkommenen und weiter verfestigten politischen Denken ist jedoch die Vorstellung fremd, daß zivilen Personen und Korporationen sowie auch jeweils nachgeordneten staatlichen Organen (wie den Betrieben) *Rechte* gegenüber der jeweils vorgeordneten oder gar der höchsten politischen Gewalt zukommen sollten.[24] Obrigkeitliche Interventionen (Befehle, Verfügungen, Requirierungen etc.) gelten im Gesamtinteresse, dessen exklusive Wahrnehmung der Träger der Zentralmacht beansprucht, unbefragt als legitim. Vor diesem denkgeschichtlichen und soziokulturellen Hintergrund wird verständlich, daß - verstärkt durch das erwähnte Unverständnis für ökonomische Funktionszusammenhänge - Protagonisten sowohl der Partei-'und Staatsführung wie der Wirtschaftsadministration nicht die mindesten Hemmungen verspürten, bei tatsächlichem oder vermeintlichem aktuellen Bedarf befehlend, anordnend und materiell verfügend in die betrieblichen Wirtschaftsprozesse einzugreifen. Das aber hieß Nichtverwirklichung einer zentralen Reformmaßregel.

Westliche Beobachter, die sich auf die Wirtschaftsbürokratie als die wesentlichste ökonomische Reformen obstruierende Schicht konzentrieren, unterschätzen häufig den von Betriebsleitern und subalternen Beschäftigten ausgehenden Widerstand. Gerade Manager werden als besonders reformfreudig eingeschätzt. Ihre Tätigkeit wird oft durch Interventionen vorgeordneter Organe erschwert, und in diesem Zusammenhang fordern die nicht selten erweiterte ökonomische Unabhängigkeit. Aber ihre Haltung ist nach Einschätzung kompetenter Beobachter ambivalent. Handeln unter umfassenden Anweisungen entlastet von Entscheidungs- und Initiativzwängen und mindert die Eigenverantwortlichkeit für den Absatz der Produktion, für Erwirtschaftung der Betriebsmittel, für Vertragserfüllung etc. Viele Betriebsleiter wissen offenkundig um ihre - verständlichen Defizite an Kenntnissen und Fähigkeiten zur Arbeit unter solchen ungewohnten Umständen und ziehen letztlich die eingeschliffene Praxis vor.[25]

Viele Beobachter des Reformverlaufs nach 1965 konstatierten wenig positive Resonanz der Neuerungen unter Arbeitern (und vermutlich auch unter Angestellten, die aber kaum Erwähnung finden). Das ist verständlich, weil die mit den neuen Bedingungen verbundenen Anforderungen und Belastungen wie flexiblerer

Arbeitseinsatz, erhöhte, zugleich aber erschwerte Prämierungsbedingungen, 'Freisetzungs'drohungen u.a. rasch wirksam wurden, die verhießenen Gratifikationen (höhere Reallöhne, reicheres Warenangebot etc.) aber ungewiß blieben. Die Rechte der Direktoren zur Disposition über die Arbeitskräfte und auch zu ihrer Disziplinierung wurden im Zuge der Reform erweitert, was spiegelbildlich Verschlechterung der Stellung der Beschäftigten bedeutet. Die Zunahme der Einkommensdifferenzen infolge ungleicher Prämierungschancen wurde von Arbeitern ablehnend aufgenommen. Druck zu konsequenter Reformverwirklichung 'von unten' blieb mithin aus.

Eine Kernschwäche der Änderungskonzeption für das Planungs- und Leitungssystem der Wirtschaft setzte nach 1965 eine Art Mechanismus der Selbstdestruktion der Reform in Gang. Dieses Defizit lag darin, daß Erweiterung der ökonomischen Eigenständigkeit der Betriebe zwar *auch* postuliert, konkret jedoch nur die - wiederum nur partielle - Ablösung von Methoden direkter Leitungszentralisierung durch solche der indirekten beschlossen und wirksam wurde. Die Erfahrungen der sowjetischen Wirtschaftsreform von 1965 scheinen sogar die Verallgemeinerung zuzulassen, daß Leitungsmethoden indirekter Zentralisierung noch dysfunktionaler wirken als solche direkter. Der allgemeine Grund dafür liegt darin, daß sie den betrieblichen Leistungsadressaten Dispositionschancen einräumen, die vorgegebenen Leistungsindikatoren auf unterschiedliche Weise zu erfüllen. Die jeweils bequeme und für die betrieblichen Arbeitskollektive vorteilhafte ist dabei oft volkswirtschaftlich schädlich. Rentabilität als Plan- und Bewertungskennziffer wirkt zum Beispiel in mehrfacher Hinsicht auf diese Art.

Bei dem endemischen Nachfrageüberhang war die Rentabilität natürlich am einfachsten durch Preiserhöhungen zu verbessern. Das ist bei staatlich fixierten Festpreisen zwar nicht unmittelbar möglich, wohl aber indirekt, z.B. durch geringfügige Veränderungen von Erzeugnissen, die (unverhältnismäßige) Preiszuschläge zulassen oder durch Herausnahme wenig rentabler Produkte aus dem Sortiment.[27]

War die Beschleunigung technischer Innovationen erklärtes Ziel der Reform, so wirkte die Gewinn- und Rentabilitätskennziffer in dieser Hinsicht gleichfalls entgegengerichtet. Möglichst langfristige Beibehaltung eingefahrener Produktion in großen Serien ist am rentabelsten, erspart den Entwicklungsaufwand für Produktionsinnovationen und vermeidet Produktionsunterbrechungen von Prozeßinnovationen.[28] Solches Verhalten der Betriebe führte dann zum Rückgriff der übergeordneten Organe zu Methoden der direkt und direktiv zentralisierten Leitung. Indirekt zentralisierte Aufgabenzuweisung - kontraproduktive Aufgabenerfüllung - direkte und direktive Reaktion der Leitungsinstanzen konstituierten mithin den reformdestruierenden Zirkel.[29] V. Kontorovich sieht in diesem Verlauf der Reform die eine Möglichkeit, die alternative im Übergang zur marktförmigen Regulierung der einzelwirtschaftlichen Prozesse. „Es war nicht bürokratischer Widerstand, sondern das potentielle ökonomische Scheitern, was als letzter Grund für das administrative Scheitern zu gelten hat."[30]

Im einzelnen waren vielfältige weitere ökonomische Umstände, Zusammenhänge sowie Aktions- und Reaktionsweisen der Protagonisten wirksam, die den Verlauf der Reform bestimmten. Sie können und brauchen im gegebenen Kontext nicht bezeichnet werden. Hier ging es um Hervorhebung der allgemeinen Ursachen des

Mißerfolgs der Reform von 1965, deren Kenntnis als Orientierungshilfe bei der Beobachtung und Einschätzung der aktuellen sowjetischen Wirtschaftsreform dienen kann.

1.3 Das 'Experiment im großen Maßstab' von 1983

Der Beschluß der sowjetischen Partei- und Staatsführung zu erneuten Änderungen im Planungs- und Leitungssystem der Wirtschaft vom 14.7.1983[31] hat im Hinblick auf die Konzeption einer 'radikalen' ökonomischen Reform unter Gorbatschow keine entscheidungsleitende Bedeutung. Er wird deshalb nur knapp behandelt.[32]

Die als 'Experiment in großem Maßstab' beschlossenen Modifikationen der überkommenen Wirtschaftspraxis wurden ab 1.1.1984 in den Bereichen zweier Unions-(Branchen-)Ministerien und von drei Republikministerien erprobt. Ab 1.1.1985 wurde ihr Geltungsbereich erheblich erweitert und zum 1.1.1986 auf die gesamte Industrie und die Mehrzahl der übrigen Wirtschaftssektoren ausgedehnt. Die Modalitäten des Beschlusses vom Juli 1983 markieren mithin die Grundlage der normativen Ausformung wesentlicher Momente der Wirtschaftsplanung und -regulierung, von der Gorbatschows 'radikale Reform' auszugehen hatte.

Dem Inhalt nach kommt der Beschluß zum 'Experiment' einem förmlichen Eingeständnis gleich, daß die 1965 erlassenen Änderungen auf den Gebieten der Planung, Steuerung und Stimulierung der gesellschaftlichen Produktion ebenso wenig in die Praxis umgesetzt wurden wie die Mehrzahl der in den siebziger Jahren erfolgten Modifikationen und Ergänzungen. Der im Umfang knappere Text von 1983 wiederholt die Deklarationen des Reformbeschlusses vom Oktober 1965 fast vollständig. Knapp resümiert soll(en):

— *auf dem Gebiet der Planung:* die Fünfjahrespläne die Jahrespläne als Hauptform der verbindlichen Projektierung der Wirtschaftsentwicklung ablösen; die den Betrieben zu bestätigenden obligatorischen Plankennziffern reduziert und ökonomische Normative zum bevorzugten Planinstrument werden; die Betriebe die bestätigten Pläne rechtzeitig vor Beginn des Planjahres erhalten. Hauptbewertungskennziffer für die Arbeit der Betriebe soll die realisierte Produktion nach Sortiment, Qualität und Termin gemäß vertraglichen Lieferverpflichtungen werden (was bereits 1974 festgelegt worden war);

— *auf dem Gebiet der Investitionen:* die Betriebe das Recht erhalten: über die Verwendung ihrer Produktionsentwicklungsfonds eigenständig zu entscheiden (deshalb waren sie 1965 geschaffen worden), Kredite zur Finanzierung technischer Umrüstungen aufzunehmen, Kompensation für vorübergehende Verschlechterung von Leistungsindikatoren infolge technischer Umrüstungen aus den Reservefonds der Ministerien anzufordern;

— *auf dem Gebiet der Lohn- und Stimulierungsfonds:* längerfristig stabile Kennziffern und Normative, die ihren Umfang und Zuwachs strikt an Leitungsindikatoren koppeln, eingeführt werden; die Betriebsleiter eigenständiger über die Vergabe von Sonderprämien sowie von Lohn- und Gehaltszuschlägen in strenger Abhängigkeit von besonderen Resultaten auf den Gebieten der Qualitätsverbesserung, technischer Innovationen, der Material- und Energieeinsparung sowie der Steigerung der Arbeitsproduktivität entscheiden können; die Bedeutung der Fonds für Wohnungsbau und für soziale und kulturelle Einrichtungen und Maßnahmen erhöht und die Mittel-zuführung gleichfalls an die kollektiven Arbeitsresultate gebunden werden.

Die allgemeinen Begleitumstände wie die konkreten Modalitäten der Umsetzung des Beschlusses vom Juli 1983 in die Wirtschaftspraxis ließen nicht erkennen, daß die politisch Verantwortlichen Lehren aus dem Scheitern der Reformansätze der 60er und 70er Jahre gezogen hatten. Sie unterlagen vielmehr den gleichen Illusionen, begingen ähnliche Versäumnisse und erlaubten den exekutiven und administrativen Instanzen so wie nach 1965 die Umdeutung, Obstruktion und Verletzung der Reformmaßregeln. So wurde wiederum unterstellt, die Veränderung von Planungsmethoden und -praktiken sowie von Leitungsprinzipen und -instrumenten könne ohne auch nur temporäre Beeinträchtigung der Wirtschaftsabläufe durchgesetzt werden. Auch wurde erneut die Illusion kurzfristiger Reformerfolge gehegt und verbreitet. In einer Art Selbstbetrug wurden die Produktionsresultate der Betriebe des Experimentierbereichs bereits im ersten Quartal 1984 mit denen der übrigen Sektoren verglichen und das bessere Abschneiden der ersteren auf die Reformbedingungen zurückgeführt statt auf Reservenmobilisierung, vorgängige überdurchschnittliche Leistungsstärke und auf die angeordnete bevorzugte 'materiell- technische Versorgung' der ausgewählten Branchen; und schließlich wurden im Wortlaut des Beschlusses wiederum Gosplan, Gossnab (das Staatskomitee für materiell-technische Versorgung), das Finanzministerium, das Staatskomitee für Arbeit sowie die Branchenministerien, also Instanzen mit ausgeprägtem Interesse ihrer Protagonisten an Bewahrung der status- und funktionssichernden hierarchisch-administrativen Leitungspraxis, damit beauftragt, die beschlossenen Neuerungen in die Praxis umzusetzen und zu diesem Zwecke u.a. „... methodische und normative Dokumente, entsprechende Kontrollziffern, Normative und Limite, die für die Vorbereitung des Plans für 1984 unerläßlich sind, auszuarbeiten ... (und) die systematische Kontrolle über die Durchführung des ökonomischen Experiments zu gewährleisten."[33]

Die lebhafte Berichterstattung über den Verlauf des 'Experiments' in der Tages- und Fachpresse bot die gewohnte Gleichzeitigkeit von Erfolgsmeldungen und harscher Kritik. Wie ebenfalls schon früher erwies die Ernüchterung in Anbetracht der Resultate nach zwei bis drei Jahren die höhere Authentizität der kritischen Publikationen. Diese dokumentierten neben anderem:[34]

Mängel der Konzeption: sie sieht wiederum nur Teiländerungen vor, die die grundlegenden Funktionsdefekte nicht zu beseitigen vermögen

- das Experiment hätte im Bereich der Rohstofferzeugung beginnen sollen, weil deren Lieferdefizite und -verzögerungen alle folgenden Produktionsprozesse blockieren

- die Form eines Experiments in wenigen Teilbereichen ist wertlos, weil deren Wirtschaftätigkeit von der Leistung der übrigen Sektoren abhängt

- die Planungs- und Leitungsorgane, die mit ihren ständigen Interventionen die betrieblichen Wirtschaftsabläufe stören, hätten unter Festlegung ihrer materiellen Verantwortlichkeit für die Folgen in das Experiment einbezogen werden müssen

- die vorgesehenen Normative als Instrumente indirekt zentralisierter Leitung der Betriebe sind in ihrer Wirkung zwieschlächtig. Z.B. blockiert die Bildung der Lohnfonds nach Normativen der Nettoproduktion die Erhöhung der Arbeitsproduktivität

- die Hauptkennziffer zur Bewertung der betrieblichen Wirtschaftsleistung (realisierte Produktion gemäß vertraglichen Lieferverpflichtungen) ist unter den Bedingungen administrativer Ressourcenallokation und landesweit defizitärer Transportkapazitäten illusorisch

- die Betriebe erhalten auch im Zuge der vorgesehenen Neuerungen nicht das Recht, Umfang und Zusammensetzung der Belegschaften selbst zu bestimmen

- Prämierungsverbesserungen sind im wesentlichen nur für Leitungskader und für das ingenieur-technische Personal vorgesehen.

Mängel der Praxis des 'Experiments':
Im Bereich der Planung:

- Die Plankennziffern werden nicht wie vorgesehen reduziert

- weiterhin werden die bestätigten Pläne mit großer Verspätung zugestellt

- die häufigen Planänderungen durch übergeordnete Organe dauern fort

- die Planung erfolgt weiterhin nach dem Prinzip 'vom erreichten Stand'

- die Hauptkennziffer 'realisierte Produktion nach Lieferverpflichtungen' wird so gehandhabt, daß die beabsichtigte Bedarfsbefriedigung kaum erreicht wird. Z.B. werden Sortimente so breit bestimmt, daß sie auch die Lieferung anderer als der vereinbarten Erzeugnisse abdecken.

Im Bereich der Investitionen:

- Die Normative der Gewinnverteilung sind von vornherein vom Finanzbedarf des Staates aus festgelegt. Die möglichen Zuführungen in den Produktionsentwicklungsfonds bleiben deshalb zu gering

- die Mittel dieser Fonds können nur mit großen Schwierigkeiten realisiert werden, weil es keinen Markt für Maschinen, Geräte und Ausrüstungen sowie keine freien Baukapazitäten gibt

- die allgemeingültigen Normative der Gewinnverteilung werden den betrieblichen Erfordernissen nicht gerecht. Der Umfang erforderlicher Ersatzinvestitionen ist z.B. von der spezifischen Reproduktionsstruktur abhängig.

Im Bereich von Entlohnung und Gratifizierung:

- Ministerien machen die volle Nutzung der vorgesehenen Prämierungsregelungen von Bedingungen abhängig, die der Beschlußtext vom Juli 1983 nicht enthält

– die Bildung der Gratifizierungsfonds nach dem Zuwachsprinzip prämiert weniger die aktuellen Wirtschaftsresultate als die jeweilige Ausgangslage. Das damit fixierte Prinzip 'vom erreichten Stand' stimuliert gerade nicht die Mobilisierung von Reserven

– die Regeln der Fonds- und der Gewinnbildung sind nicht kongruent, so daß der betriebliche Gewinn häufig nicht ausreicht, den Gratifizierungsfonds die Mittel zuzuführen, die gemäß der erreichten Wirtschaftsresultate vorgesehen sind

– auch das neue Prämierungssystem vermag nicht das Interesse der Arbeitskollektive an 'angespannten' Plänen zu wecken

– viele Betriebe arbeiten unter Bedingungen, bei denen die im 'Experiment' vorgesehenen Regeln der Fondsbildung nicht geeignet sind, die intendierte Stimulierungswirkung zu erreichen. So bleibt u.a. die Prämierung für Materialeinsparung unbedeutend.

Die hier exemplarisch aufgelisteten Unzulänglichkeiten von Konzeption und Praxis des 1984 in der UdSSR begonnenen 'Wirtschaftsexperiments' verweisen - so läßt sich verallgemeinern - weniger auf Erfordernisse der Korrektur seiner Modalitäten und Anwendungspraxis *innerhalb* der Logik des Systems indirekter Zentralisierung von Wirtschaftsplanung und -leitung, als auf die Notwendigkeit eines alternativen Reformansatzes.[35] Denn das nach 1965 nunmehr erneut erprobte 'Modell' vermag in seiner Grundkonstruktion und Funktionsweise nicht das Spannungsverhältnis zwischen den Arbeits- und Lohninteressen der Beschäftigten und autoritativ definierten volkswirtschaftlichen Erfordernissen in ökonomisch und sozial vernünftiger Weise zu regulieren, geschweige zu überwinden. Die 1965 populäre Formel 'Was der Gesellschaft nützt muß zugleich für die Betriebe gut sein und umgekehrt' bleibt unerfülltes Postulat.

Hinzu treten für die UdSSR spezifische erschwerende, nur unter großen Anstrengungen und nicht kurzfristig zu überwindende Bedingungen. Sie konstituieren einen circulus vitiosus, in dem die intendierten ökonomischen *Resultate* weitgehend als *Vorbedingungen* der zu ihrer Erzielung in Gang gesetzten Prozesse erscheinen. Nur ein Beispiel: Von ihrer Funktionslogik her verlangen Instrumente indirekt zentralisierter Wirtschaftsplanung und -leitung Anwendung in generalisierter Weise. Das erlauben jedoch die höchst unterschiedlichen ökonomischen, sozialen, ausrüstungsmäßigen, personalen, regionalen etc. Bedingungen nicht, unter denen die Betriebe arbeiten. Die neuen Methoden sollen gerade dazu beitragen, jene Divergenzen zu überwinden. Ihre konsequente Anwendung würde unter den gegebenen Voraussetzungen aber die Mißverhältnisse unvermeidbar verschärfen.

2. Die sowjetische Wirtschaftsreform unter Gorbatschow

Vorab sei die allgemeinste Ausdrucksform rückläufigen wirtschaftlichen Leistungsvermögens der UdSSR dokumentiert, die in Gestalt aggregierter gesamtwirtschaftlicher Daten, denen in der Sowjetunion die gleiche Indikatorfunktion wie in den westlichen Volkswirtschaften zuerkannt wird.

Tabelle 5: JAHRESDURCHSCHNITTLICHER ZUWACHS GRUNDLEGENDER KENNZIFFERN DER WIRTSCHAFTLICHEN UND SOZIALEN ENTWICKLUNG DER UdSSR (IN %)

	Fünfjahresplan-Perioden			
	8. 1966/ 1970	9. 1971/ 1975	10. 1976/ 1980	11. 1981/ 1985
Produziertes Nationaleinkommen	7,8	5,7	4,3	3,6
Industrieproduktion	8,5	7,4	4,4	3,7
Landwirtschaftliche Bruttoproduktion	3,9	2,5	1,7	1,0
Anlageinvestitionen	7,3	6,7	3,7	3,7
Arbeitsproduktivität	6,8	4,5	3,3	3,1
Anzahl der Arbeiter und Angestellten	3,2	2,5	1,9	0,9
Realeinkommen pro Kopf der Bevölkerung	5,9	4,4	3,4	2,1
Einzelhandelsumsatz	8,2	6,3	4,4	3,1

Quelle: Narodnoe chozjajstvo SSSR za 70 let. Jubilejnyj statišsticeskij ešzegodnik (Die Volkswirtschaft der UdSSR in 70 Jahren. Statistisches Jubiläumsjahrbuch), Moskva 1987, S. 51 [1]

Die Daten in Tabelle 5 zeigen mehr als eine Halbierung der für den Jahresdurchschnitt von Fünfjahrplanphasen ausgewiesenen Zuwachsraten maßgeblicher ökonomischer Leistungskennziffern. Auf einen ersten Blick könnte man diese Tendenz als Ausdruck zunehmender Industrialisierungsreife deuten. Abgesehen von konjunkturzyklischen Bewegungen und von historisch spezifischen Situationen, wie der wirtschaftlichen Rekonstruktionsphase nach dem Zweiten Weltkrieg, sanken im längerfristigen Trend auch in kapitalistischen Volkswirtschaften die Zuwachsraten des Sozialprodukts, des Nationaleinkommens und der industriellen Produktion. Mit zunehmender Erweiterung von Produktionskapazitäten und Produktionsumfang zeigt ein Prozentpunkt Investitions- und Produktionszuwachs einen wesentlich größeren absoluten Wertumfang an als in jeweils früheren Phasen der industriewirtschaftlichen Expansion.

Für Wirtschaft und Gesellschaft der UdSSR signalisiert die in Tabelle 5 in hochaggregierter Form und damit abstrakt ausgedrückte Tendenz jedoch eine durchaus bedrohliche Entwicklung, weil

— der Rückgang des Zuwachses an Produktionspotential und Gütererzeugung innerhalb eines in historischer Perspektive kurzen Zeitraums erfolgt;
— im Unterschied zur Situation geringer Zuwachsraten in kapitalistischen Volkswirtschaften hier noch ausgeprägt ungedeckter Bedarf ('deficity') in fast allen ökonomischen, sozialen, wissenschaftlich-technischen, kulturellen, Ausbildungs- u.a. Bereichen besteht;
— sowjetische Ökonomen in jüngster Zeit freimütig konzedieren, daß sich im Verlauf der hier erfaßten Periode der Kaufkraftverlust des Rubel verstärkte und dieser Trend in den Berechnungen des Statistischen Zentralamtes keine Berücksichtigung fand; die Zuwachsraten, vor allem im 11. Fünfjahrplan (FJPl), mithin real noch geringer sind;
— der pauschal dokumentierten wirtschaftlichen Entwicklung eine ganze Reihe verschiedenartiger, sich wechselseitig bedingender und zum Teil verstärkender Ursachen zugrunde liegt, deren Wirksamkeit in ökonomisch negativer Richtung zunehmen wird und deren Überwindung erheblichen materiellen, intellektuellen, organisatorischen, gesellschaftlichen und politischen Einsatz verlangt.

Zur Zeit der Arbeit an diesem Textteil liegt die Amtsübernahme M.S. Gorbatschows als Generalsekretär des ZK der KPdSU 4 Jahre und 4 Monate zurück. Erst im Juli 1987 billigte ein Plenum des ZK der KPdSU einen längeren Text, der als parteioffiziell Konzept der Wirtschaftsreform verstanden werden kann. Er wird zusammen mit einigen etwa zur gleichen Zeit sanktionierten Reformdokumenten im Abschnitt 2.2 vorgestellt. Zuvor werden unter 2.1 in geraffter Form Hinweise auf ökonomische Änderungserfordernisse und -schritte in Reden Gorbatschows referiert sowie einige der Einzelbeschlüsse zur Änderung von Maßregeln der Wirtschaftsplanung und -leitung oder zur Neubestimmung ökonomischer und sozialer Entwicklungsprioritäten benannt.

2.1 Konzeptionelle Reformorientierung bis Juni 1987

Vorwegnehmend sei festgestellt, daß die angedeuteten reformkonzeptionellen Verlautbarungen ebenso wie die vor und im Sommer 1987 gefaßten Beschlüsse durchweg dem 'Modell' indirekt zentralisierter Wirtschaftsplanung und -leitung zuzurechnen sind. Dessen immanente Funktionsmängel und Wirkungswidersprüche wurden im vorausgegangenen Kapitel an Beispielen ökonomischer Reformansätze vor Gorbatschow herausgestellt. Die nach der förmlichen Inkraftsetzung der Beschlüsse von 1987 im darauffolgenden Jahr einsetzenden Tendenzen in den Wechselbeziehungen zwischen der wirtschaftlichen Entwicklung und der Handhabung der Reformpraxis können deshalb kaum überraschen. Sie werden im Kapitel 3 am Beispiel ausgewählter Reformdimensionen bzw. - bereiche skizziert.

Die heute in der UdSSR gängige Betonung eines revolutionären Bruchs zwischen der Stagnationsperiode unter Breschnew (in die auch das Interregnum unter Tschernenko einbezogen wird) und der unter Gorbatschow eingeleiteten perestrojka schließt die Suggestion der Neuheit ihrer Konzeption, Diskurse und einzelnen Vorhaben ein. Dabei ist auf dem Gebiet der Wirtschaftsreform bis 1987 parteioffiziell so gut wie kein Gedanke entwickelt worden, der nicht schon im Kontext der Änderungsansätze der 60er und 70er Jahre artikuliert wurde.

Diese Kontinuität drückt das folgende Gorbatschow-Zitat aus einer noch *vor* seinem Amtsantritt als Generalsekretär des ZK der KPdSU gehaltenen Rede aus:

> „Als eine der Hauptfragen steht heute die Umgestaltung (perestrojka!) der Formen und Methoden des Wirtschaftens auf der Tagesordnung. Das Ziel dieser Arbeit besteht darin, einen Wirtschaftsmechanismus zu schaffen, der den Erfordernissen des entwickelten Sozialismus entspricht. Ein Meilenstein auf diesem Wege ist das Wirtschaftsexperiment großen Maßstabs in der Industrie. Es ist notwendig, die Suche nach noch zweckmäßigeren Formen und Methoden der Vereinigung der Interessen der Gesellschaft, der Arbeitskollektive und jeden einzelnen Arbeiters noch energischer fortzusetzen."[1a]

Die den genannten Reformdokumenten vom Sommer 1987 zugrunde liegende Konzeption der Umgestaltung der Wirtschaftsplanung und -leitung wurde nicht erst in den zwei vorausgegangenen Amtsjahren Gorbatschows erarbeitet. Er umriß sie vielmehr von Beginn an[2] so gut wie vollständig. Daß er mithin das Amt des Generalsekretärs mit einem in den Grundzügen ausgearbeiteten ökonomischen Reformprogramm antrat, erklärt sich aus den von ihm bei späterer Gelegenheit mitgeteilten Beratungsgesprächen, die er schon als ZK-Sekretär mit einer Gruppe von Reformökonomen um den Direktor des Novosibirsker Akademieinstituts für 'Ökonomie und Organisation der industriellen Produktion', Abel Aganbegjan, führte.

In den zahlreichen Reden seines ersten Amtsjahres bezeichnete Gorbatschow immer wieder jene Funktions- und Resultatsmängel der Wirtschaftsprozesse und die in besonderem Maße leistungsschwachen Sektoren, die im Teil I ausführlich nachgewiesen wurden: Ressourcenvergeudung, Ausschußproduktion und Qualitätsmängel zahlreicher Erzeugnisarten, geringe Arbeitsdisziplin, bürokratische Arbeits- und Leitungsmethoden der Wirtschaftsadministration, Mißachtung ökologischer Erfordernisse sowie der Versorgung und der sozialen und kulturellen Ansprüche der Bevölkerung, die besonders ausgeprägten Leistungsdefizite in den Bereichen Transport, Anlagenbau, Landwirtschaft sowie im System der Ressourcenallokation ('materiell- technische Versorgung'). Und weiter:

> „Heute ist ein bedeutender Teil der Produktionsfonds veraltet mit der Folge unmäßigen Anschwellens des Reparaturbereichs. Die Fondsproduktivität verringert sich, die Zahl neuer Arbeitsplätze wächst und zugleich wird die Mechanisierung der Produktion träge eingeführt. Nur langsam verringert sich der Anteil der Handarbeit."[3]

Zugleich zeichnen sich in Gorbatschows Reden während seines ersten Amtsjahrs die Umrisse des Konzepts von 'perestrojka' im Bereich der Wirtschaft in den Hauptelementen ab:

Reduktion der Hierarchie der Wirtschaftsverwaltung: „Die höherstehenden Organe, an den alten Arbeitsstil gewöhnt, fördern oft nicht konsequent die Wirksamkeit und Entwicklung der Prinzipien des Wirtschaftens, wie sie das ökonomische Experiment festlegt. Das erweist sich besonders auf der Ebene der Allunions-Industrievereinigungen. Es ist nötig, die Beschäftigung mit diesen Fragen nicht aufzuschieben ..."[4] Auf der ZK-Tagung im Juni 1985 kündigte Gorbatschow die Beseitigung dieser zwischen Branchenministerien und Betrieben fungierenden Leitungsebene an. Das in manchen Bereichen 5 - 6-gliedrige Leitungssystem sollte auf 2 - 3 Stufen reduziert werden.[5]

Veränderte Funktionen der zentralen Planungs- und Leitungsorgane: „Es ist jene Grenze erreicht, wo es nötig wird, vom Experiment überzugehen zur Schaffung eines einheitlichen Systems des Wirtschaftens und der Leitung. Und das bedeutet, den Anfang zu machen mit der praktischen Umgestaltung der Arbeit auf den oberen Ebenen der Wirtschaftsleitung, die vor allem zu lenken ist auf die Lösung langfristiger sozial- ökonomischer und wissenschaftlich-technischer Aufgaben, auf die Suche nach wirksameren Formen der Vereinigung von Wissenschaft und Produktion."[6] „Unter den neuen Bedingungen sollen sich Rolle und Funktion der Ministerien ändern. Sie sollten ihre Aufmerksamkeit hauptsächlich auf die langfristige Planung konzentrieren, auf die umfassende Nutzung von Neuerungen zur Erhöhung des technischen Niveaus der Produktion und der Erzeugnisse."[7]

Über zu verändernde Formen, Methoden und Inhalte der Wirtschaftsplanung finden sich in Gorbatschows Reden während seines ersten Amtsjahres nur wenige und allgemeine Aussagen:

„Bevor steht die tatsächliche Verwirklichung der Leninschen Idee der Verwandlung von Gosplan in ein wissenschaftlich-ökonomisches Organ ... Die führende Position in den Plänen sollen qualitative Kennziffern einnehmen, die die Effektivität der Ressourcennutzung ausdrücken, das Ausmaß der Erneuerung der Produktion, das Wachstum der Arbeitsproduktivität auf der Grundlage des wissenschaftlich- technischen Fortschritts."[8] Die Anzahl der den Betrieben zentral erteilten Planaufgaben solle deutlich reduziert werden. Im Bereich der Leichtindustrie (Erzeugnisse des Massenbedarfs) sollen die Pläne von den Betrieben selbst auf der Basis von Bestellungen des Handels auf entsprechenden Messen erstellt werden.[9]

Ökonomische Kompetenzen der Betriebe: Der vorgesehenen Reduktion der Funktionen und Kompetenzen der höheren Leitungsorgane im Bereich der unmittelbaren Wirtschaftstätigkeit muß eine Erweiterung der Entscheidungs- und Verfügungskompetenzen der betrieblichen Arbeitskollektive entsprechen. „Wenn wir den zentralistischen Ansatz zur Lösung strategischer Aufgaben weiterentwickeln, ist es erforderlich, kühner voranzugehen auf dem Wege der Erweiterung der Rechte der Betriebe, ihrer Selbständigkeit; die wirtschaftliche Rechnungslegung einzuführen und auf dieser Basis die Verantwortlichkeit und Interessiertheit der Arbeitskollektive für die Endresultate der Arbeit zu erhöhen."[10]

Stellt man die bisher geringe Wirksamkeit der Fünfjahrpläne auch in dieser Hinsicht in Rechnung und verwirft man Formen der Wirtschaftsplanung nicht pauschal und a priori, müssen Formulierungen wie die zitierte nicht widersprüchlich sein, wie es westliche Beobachter oft behaupten. Es bedürfte jedoch klarerer Aussagen über die Formen, Methoden und Bereiche zentraler Perspektivplanung und über deren Verhältnis zu den autonomen Wirtschaftsaktivitäten im mikroökonomischen Bereich, als sie in den angezogenen Texten zu finden sind.

Das Prinzip der Erhöhung der Eigenständigkeit der Betriebe betont Gorbatschow in fast allen öffentlichen Äußerungen jener Periode, und er unterstreicht in diesem Kontext auch die Notwendigkeit der „... richtigen Bestimmung der Rechte und Pflichten jeder Leitungsebene."[12] Die genauen Funktions- und Kompetenzabgrenzungen werden jedoch allenfalls allgemein und vage angedeutet.

Investitions- und Strukturpolitik. Erklärtes Ziel der proklamierten Wirtschaftsreform ist eine 'kardinale' Erhöhung des Wirksamkeitsgrades allen Wirtschaftshandelns. Es soll nicht ausschließlich durch Änderungen im Planungs- und Leitungssystem erreicht werden, sondern z.B. auch durch neue Prioritäten der zweigstrukturellen Entwicklung der sowjetischen Wirtschaft. In der Vergangenheit fanden entsprechende Neubestimmungen ökonomischer Schwerpunktsetzung *innerhalb* des Rahmens der etablierten Planungs- und Leitungspraxis statt. Nunmehr wird sie mit Elementen der Wirtschaftsreform verbunden.

Als wichtigste Einzelursache der unbefriedigenden Effektivität der industriellen Produktion wird die Obsoleszenz der Produktionsanlagen identifiziert, die Konsequenz der jahrzehntelangen Vernachlässigung von Ersatz- und Modernisierungsinvestitionen zugunsten der Errichtung neuer Kapazitäten ist. Auf der ZK-Versammlung am 11./12.6.1985 kündigte Gorbatschow an, den Anteil der erstgenannten Investitionsart von 33 % (den er zu dieser Zeit tatsächlich nicht einmal hatte) in kurzer Frist auf 50 % zu erhöhen.[13] Im 12. FJPl. (1986-1990) sollen für diese Investitionen 200 Mrd Rubel verausgabt werden; mehr als in den *beiden* vorausgegangenen Fünfjahrplänen.[14] Schon auf dem ZK- Plenum am 23.4.1985 hatte Gorbatschow postuliert, im kommenden (also dem 12.) FJPl die Kapazitäten des Maschinenbausektors (der für die Realisierung von Modernisierungsinvestitionen entscheidend ist) um 50 - 100 % zu steigern.[15] Dazu müßten die Anlageinvestitionen in diesem Bereich um 80 - 100 % erhöht werden.

Daß die Finanzierung dieser technischen Ersatz- und Modernisierungsinvestitionen hauptsächlich aus Eigenmitteln der Betriebe (und aus von diesen aufzunehmenden Krediten) erfolgen soll, [16] verbindet die genannte strukturpolitische Prioritätensetzung mit der Wirtschaftsreform. Denn damit ist vorausgesetzt, daß die Betriebe unter Bedingungen arbeiten, die 1. ihr Eigeninteresse an technologischen Prozeßinnovationen stärken, 2. ihnen das Recht zur Entscheidung über solche überantworten und 3. ihnen Anteile am betrieblichen Nettoeinkommen sichern, die die Eigenfinanzierung erlauben.

Beschleunigung des wissenschaftlich-technischen Fortschritts. Die forcierte Entwicklung des Maschinenbausektors setzt zur Erfüllung der damit verbundenen Erwartungen technische Produktinnovationen, also die Neuentwicklung moderner Maschinen und Anlagen voraus. Das jahrzehntealte sowjetische Postulat der Beschleunigung des 'wissenschaftlich-technischen Fortschritts' steht nicht zuletzt deshalb im Zentrum des ökonomischen Reformdiskurses unter Gorbatschow. „Als hauptsächlichen strategischen Hebel der Intensivierung der Volkswirtschaft ... setzt die Partei die kardinale Beschleunigung des wissenschaftlich-technischen Fortschritts an die erste Stelle." [17]

Die durchgängige Hervorhebung der Schlüsselrolle von Wissenschaft und Technik für die Realisierung der Ziele der Wirtschaftsreform kontrastiert allerdings mit der Spärlichkeit und Allgemeinheit der Aussagen über die Wege, auf denen Grundlagen- und angewandte Forschung, Entwicklung von neuartigen Maschinen, Geräten und Aggregaten auf der Basis der gewonnenen Erkenntnisse und ihre Überführung in die Produktionspraxis erreicht werden sollen. Außer einigen Hinweisen institutionell-organisatorischer Art sind kaum Elemente zu einer überzeugenden Gesamtkonzeption auszumachen. Sie beziehen sich auf die Errichtung zweigübergreifender wissenschaftlich-technischer Zentren im Bereich der Akademie der Wissenschaften und auf Angliederung von bisher den Zweigministerien unterstehenden F&E-Einrichtungen an Betriebe und Produktionsvereinigungen.[18] Damit ist jedoch dem Syndrom von Ursachen der technologischen Rückständigkeit der sowjetischen Industrie, das im Abschnitt 4.6 Teil I skizziert wurde, bei weitem nicht Rechnung getragen.

Landwirtschaft. In Gorbatschows Reden während seines ersten Amtsjahres finden sich recht wenige Hinweise auf intendierte Änderungen der Planungs- und Leitungspraxis in diesem Bereich. Das erklärt sich wohl damit, daß in dieser Zeit vorrangig die Reform der Industrie auf der Tagesordnung stand und daß der neue Generalsekretär seine Reisen, die er zum Anlaß vieler Reden nahm, auf die industriellen Zentren des Landes konzentrierte. Auf dem April-Plenum des ZK 1985 erwähnte Gorbatschow die Notwendigkeit der Vervollkommnung der Leitung der agrar-industriellen Komplexe.[19] Erforderlich seien Maßnahmen „... die erlauben, die agrar-industriellen Komplexe als einheitlich-ganze auf allen (territorialen) Ebenen zu leiten, zu planen und zu finanzieren."[20]

Erst gegen Ende seines ersten Amtsjahres, auf dem XXVII. Kongreß der KPdSU deutete Gorbatschow neben dem Erfordernis der Schaffung einheitlicher Leitungsorgane der agro-industriellen Komplexe auf allen administrativen Ebenen weiterreichende Änderungen in diesem Sektor an:

> „Im Agrarbereich steht die Vollendung (!?, H.C.) des Übergangs zu neuen Methoden der Leitung und des Wirtschaftens bevor ... Der Grundgedanke läuft darauf hinaus, ökonomischen Methoden des Wirtschaftens Raum zu geben, die Selbständigkeit der Agrogenossenschaften (kolchozy) und Staatsgüter (sovchozy) bedeutend zu erweitern und ihre Interessiertheit und Verantwortlichkeit für die Endresultate zu erhöhen ... Die Erfahrungen der Vergangenheit zeigen, daß das Ignorieren der Prinzipien der Eigenerwirtschaftung (der Betriebsmittel), die Verletzung der materiellen Interessiertheit und der Verantwortung für die Arbeitsresultate finanzielle und ökonomische Situation der Kolchozy und Sovchozy verschlechtern und zu bedeutender Verschuldung der Wirtschaften führen. Wirkliche Wirtschaftsrechnung, Abhängigkeit der Einkünfte der Betriebe von den Endresultaten sollte die Norm für alle Glieder des agrar-industriellen Komplexes ... werden"[21]

Verbesserung des materiellen Lebensniveaus und der sozialen Leistungen. Weisen die bisher skizzierten Elemente des unter Gorbatschow forcierten ökonomischen Reformdiskurses gegenüber 1965 kaum neue Akzente aus, so spielte die Verheißung verbesserter Arbeits- und Lebensbedingungen seinerzeit im Vergleich mit den Aussagen von 1985/86 eine untergeordnete Rolle.

„Die KPdSU sieht das letzte Ziel der Beschleunigung der sozial-ökonomischen Entwicklung des Landes darin, stetig Schritt für Schritt den Volkswohlstand zu erhöhen, alle Seiten des Lebens der sowjetischen Menschen zu verbessern ... Viel bleibt auch zu tun zur vollständigeren Befriedigung der Nachfrage nach industriellen Waren und Dienstleistungen, zur Sättigung des Marktes mit den nötigen Erzeugnissen, zur Verbesserung der Qualität und Erweiterung der Sortimente der erzeugten Waren, zur Schaffung eines flexibleren Preissystems ... Es ist wichtig, daß die sowjetischen Menschen schon in kürzester Zeit eine Wende zum Besseren verspüren."[22]

Bekundungen dieser Art, die sich neben der individuellen Versorgung zunehmend auch auf die Erhöhung des Niveaus der sozialen Dienste und Leistungen beziehen, finden sich von da an in allen Reden Gorbatschows.[23] Im Kontext gelesen, wecken sie nicht den Eindruck bloßer Deklarationen. Hier scheint eine Lehre aus der vorherrschenden Gleichgültigkeit der Beschäftigten gegenüber dem Reformversuch von 1965 und mithin auch gegenüber seinem schließlichen Abbruch gezogen zu sein. Jedenfalls betonte Gorbatschow von Beginn an und in zunehmendem Maße, daß die Reformbemühungen ohne aktive Unterstützung seitens der Werktätigen zum Scheitern verurteilt seien.

2.2 Reformschritte sowie wirtschafts- und sozialpolitische Beschlüsse.

Am Beginn der sowjetischen Wirtschaftsreform 1965 standen Partei- und Regierungsbeschlüsse, die die Konzeption der beabsichtigten Änderungen im Planungs- und Leitungssystem ausdrückten und deren Elemente es *nachfolgend* in die Wirtschaftspraxis umzusetzen galt.[24] Eine sachlich (nicht der Form nach) vergleichbare partei- und regierungsoffizielle Präsentation der ökonomischen Reformkonzeption erfolgte unter Gorbatschow erst mehr als zwei Jahre *nach* seinem Amtsantritt und der unmittelbar folgenden Ankündigung von Neuerungen im Bereich der Planung und Leitung der Industrie. Gemeint sind die im nächsten Abschnitt zu skizzierenden 'Hauptleitsätze zur grundlegenden Umgestaltung der Wirtschaftsleitung' vom Juni 1987, ein Text, den das ZK-Plenum des gleichen Monats billigte, der aber nicht die Form eines Partei- und Regierungsbeschlusses erhielt. Jedoch waren im Verlauf der beiden *vorausgegangenen* Jahre bereits zahlreiche reform- und wirtschaftspolitische[25] Entscheidungen der Partei- und Staatsführung getroffen und in Kraft gesetzt worden. Einige [26] der bedeutsameren werden nachfolgend benannt, um eine allgemeine Vorstellung dieser Initiativen der höchsten staatlich-politischen Beschlußorgane während der ersten Phase[27] der Wirtschaftsreform unter Gorbatschow zu vermitteln. Die Inhalte können dabei jedoch nicht mehr als angedeutet werden, weil ihre wie immer komprimierte Darstellung zu breiten Raum einnehmen würde, was umso entbehrlicher ist, als der weitere Reformverlauf viele dieser Beschlüsse in ihrer ursprünglichen Form überholt hat. Zuvor soll jedoch ein Exkurs Eigenarten der staatlich-politischen Willensbekundung und Entscheidungssetzung in der UdSSR andeuten, die gerade auf dem Gebiet beabsichtigter Änderungen der überkommenen Macht-, Kompetenz- und Funktionsverteilung im staatlich-politischen und administrativen Bereich Realisierungsprobleme erzeugen bzw. verstärken.

Exkurs zum Charakter der Partei- und Regierungsbeschlüsse. Die wesentlichen reform- und wirtschaftspolitischen Entscheidungen der Partei- und Staatsführung erfolgten - wie generell - im genannten Zeitraum in Form gemeinsamer 'Beschlüsse' (sing. postanovlenie) des ZK der KPdSU und des Ministerrats der UdSSR.[28] Der rechtssystematische Status dieser 'normativen Akte' ist nicht eindeutig definiert. Im Unterschied zu Gesetzen regeln sie nicht Rechtsbeziehungen zwischen natürlichen oder öffentlichen Rechtssubjekten unter- oder zwischeneinander. Sie verkünden vielmehr gesellschaftliche Projekte im weitesten Sinne (z.B. in der Rechts- oder Sozialpolitik, im kulturellen Bereich, in Wissenschaft und Forschung, Erziehung und Bildung, Wirtschaftsorganisation usw.) mit intendiert verbindlicher Wirkung, d.h. Umsetzung in die soziale Realität. Adressaten dieser Beauftragung sind die funktions- und kompetenzmäßig zuständigen Organe vor allem des Staates (Ministerien, Staatskomitees, entsprechende Instanzen der Einzelrepubliken etc.). Den Parteiorganen wird eher die Kontrolle über die Realisierungsprozesse überantwortet.

Probleme dieser Form staatlich-politischer Entscheidungssetzung und - realisierung erwachsen im allgemeinen daraus, daß solche Beschlüsse des ZK der KPdSU und des MR der UdSSR oft ausgeprägt proklamatorischen Charakter haben. Sie verkünden Absichten und Ziele eingehend und präzise, bestimmen aber die Wege, Methoden und Mittel, durch die sie erreicht werden sollen, nur allgemein und jedenfalls konkretisierungsbedürftig. Zuweilen sind die Zielbestimmungen unverkennbar voluntaristisch. Zumeist werden andere Instanzen (der Ministerrat allein, einzelne Ministerien und Staatskomitees, oft in Zusammenarbeit z.B. mit der Akademie der Wissenschaften oder dem Zentralrat der Gewerkschaften) ausdrücklich mit der Erarbeitung von Ausführungsbestimmungen, Instruktionen und methodischen Anweisungen beauftragt, die mit verbindlicher Wirkung jenen nachgeordneten Institutionen zugeleitet werden, die, wie z.B. Betriebe, Schulen, Institute etc., die Beschlüsse unmittelbar zu realisieren haben.

In dieser gleichsam sekundären Normsetzung können jene mittleren Instanzen Eigeninteressen wirksam werden lassen. Im hier interessierenden Fall wirtschaftsreformerischer Beschlüsse geht es stets auch um Umverteilung und Neubestimmung von Rechten, Vollmachten, Chancen zur Durchsetzung status- und positionsgebundener Ansprüche u.ä.m. Damit ist die Wahrscheinlichkeit so verursachter Abweichungen der gestaltungs- und handlungsrelevanten Anweisungen von den originären Beschlußintentionen und Leitlinien generell akut.

Eine Begründung dieses Handelns der mit der Beschlußumsetzung beauftragten Instanzen bieten z.B. geltende entgegenstehende gesetzliche Bestimmungen, Verordnungen etc., die von den oberen Beschlußorganen oft nicht beachtet werden. Die von den Beschlußabsichten und -formulierungen abweichenden Interpretationen und Bearbeitungsweisen der administrativen Handlungsträger entspringen jedoch durchaus nicht allein statusbedingten, professionellen oder anderen Eigeninteressen. Die Kennzeichnung mancher Entscheidungen der politischen Führung als voluntaristisch verweist u.a. darauf, daß die materiellen und/oder personalen Realisierungsbedingungen nicht zureichend beachtet wurden. In bezug auf diese verfügen die Mittelinstanzen oft über umfassendere Informationen als die Führung.

Erkenntnis des 'Machbaren' kann mithin durchaus ein Grund für beschlußmodifizierende Ausführungsbestimmungen sein. Das gilt auch im Falle kontradiktorischer Wirkungen neuer Beschlüsse in bezug auf andere, von der Führung aufrechterhaltene, aber bei der Entscheidungsfindung nicht berücksichtigte Prioritäten, Absichten, Festlegungen etc.

Aus dieser besonderen Organisationsweise der staatlich-politischen und administrativen Prozesse in der UdSSR resultierende Probleme der Verwirklichung reform-, aber auch generell wirtschafts-, sozial- etc. -politischer Beschlüsse der Führungsorgane werden uns im folgenden wiederholt begegnen.

Der erste ökonomische Reformbeschluß des Zentralkomitees und Ministerrates unter Gorbatschow erging am 12.7.1985.[29] Seine Präambel bezieht sich auf das 1984 begonnene 'Wirtschaftsexperiment' (s. Abschnitt 1.3), dessen Maßregeln noch nicht die erwartete Wirksamkeit gezeigt hätten. Die in dem neuen Beschluß vorgesehenen Änderungen betreffen drei von Gorbatschow zuvor wiederholt thematisierte Schwachstellen:

Beschleunigung technischer Produkt- und Prozeßinnovationen. Hierzu werden Planänderungen vorgesehen, darunter solche, die entgegen dem allgemeinen Reformpostulat auf Erhöhung der für die Betriebe verpflichtenden Kennziffern hinauslaufen. Zum anderen werden verschiedene Stimulierungsangebote gemacht in Form von Zusatzprämien und Preiszuschlägen auf technisch avancierte Erzeugnisse (denen Preisabschläge bei obsoleten entsprechen).

Im Bereich der *Investitionspolitik* zielt der Beschluß auf rasche und deutliche Steigerung technischer Umrüstungsmaßnahmen ab. Deren Realisierung soll zugleich durch Erweiterung der Entscheidungs- und Verfügungskompetenzen der *betrieblichen Arbeitskollektive,* die sich vor allem auf die Bildung und Nutzung der Produktions- und Technikentwicklungsfonds bezieht, gesichert werden. Die Pläne für solche Vorhaben sollen in den Betrieben eigenständig erstellt und sanktioniert werden; die leitenden Ministerien sind lediglich zu informieren. Zugleich enthält der Beschluß jedoch eine ganze Reihe restriktiver Vorschriften über die Art der Fondsnutzung. Als Stimulus der betrieblichen Tätigkeit soll die Bedeutung der Sozial-, Kultur- und Wohnungsbaufonds erhöht werden, deren Umfang strikter an die Wirtschaftsresultate gebunden wird. Der Beschluß enthält eine Reihe von Bestimmungen zur Sicherung der finanziellen und materiellen Bedingungen der Realisierung der neuen Maßregeln. Unter der obwaltenden allgemeinen Ressourcenknappheit ist die Wirkung solcher Prioritätsverlagerungen im Verteilungssystem jedoch stets eine prekäre.

Weitere Beschlüsse zur Forcierung von Forschung und Entwicklung: Ende 1985 billigte das Politbüro einen Beschluß des ZK und des MR über die Errichtung 'Branchenübergreifender wissenschaftlich-technischer Komplexe'.[30] Die neuen Gebilde, von denen man sich die Überwindung der den Zweigegoismen entspringenden Hemmnisse effektiver F&E- Tätigkeit versprach, sollen Forschungseinrichtungen, Konstruktionsbüros und Erprobungslaboratorien unterschiedlicher Branchen vereinigen zur gemeinsamen Arbeit nach einem vom Staatskomitee für Wissenschaft und Technik (GKNT) zu sanktionierenden Plan. In der Folgezeit war über diese Einrichtungen in der sowjetischen Tages- und Fachpresse wenig zu lesen. Die seltenen Berichte[31] waren kritisch gestimmt; wieder einmal wurde auf diese Weise ein Problem eher administrativ als reformpolitisch zu lösen versucht. Bald verlagerte sich die Propagierung wieder auf die bereits 1975 geschaffenen 'Wissenschafts-Produktions-Vereinigungen'.

1985 und 1986 ergingen eine Reihe von Beschlüssen und Erlassen zur Normierung und Verbesserung der materiellen Gratifizierung von Wissenschaftlern, Ingenieuren und Technikern. Wie weit entfernt man noch von der Verwirklichung der grundlegenden Reformpostulate war, zeigt z.B. ein Erlaß von sechs zentralen Organen (darunter Gosplan, GKNT und das Präsidium der Akademie der Wissenschaften) über die Bildung und Nutzung der Fonds der ökonomischen Stimulierung in Forschungs-, Konstruktions- und Technologieeinrichtungen [32], in dem die Bedingungen der Fondsbildung, die Gratifizierungsvoraussetzungen und -beträge in detailliertester Weise festgelegt sind. Von einem Entscheidungsspielraum der Betriebe bzw. Institute konnte mithin nicht die Rede sein.

Auf zwei entscheidenden Gebieten der Wirtschaftsreform, dem der *Planung* und dem der *Struktur der staatlichen Leitung* sind in der Phase bis Sommer 1987 keine relevanten Entscheidungen und praktischen Schritte zu registrieren. Im Bereich der Planung standen nach Gorbatschows Bekundungen Änderungen der Struktur der Pläne und der Methoden der Planerstellung auf der Tagesordnung. Die im Sommer 1985 wohl schon so gut wie abgeschlossene Ausarbeitung des Entwurfs für den 12. FJPl (1986-1990) galt von nun an als Grund dafür, eine substantielle Veränderung der Planungstätigkeit und der Gestalt der Wirtschaftspläne bis zur Ausarbeitung des 13. FJPl aufzuschieben.

Im Herbst 1985 wurde der Entwurf des 12. FJPl zusammen mit einer Langzeitprojektion bis zum Jahr 2000 vorgelegt.[33] Er stieß auf Kritik von Ökonomen wie auch Vertretern der politischen Führung. Dennoch wurde der Entwurf mit den maßgeblichen gesamtwirtschaftlichen Kennziffern vom XXVII. Parteikongreß im März 1986 so gut wie unverändert gebilligt.[34] Am 18.6.1986 teilte N.I. Ryschkow, der Vorsitzende des Ministerrats, der 5. Sitzung des Obersten Sowjets allerdings eine Neufassung des 12. FJPl mit, die eine Reihe von Änderungen enthielt.[35]

Im gegebenen Zusammenhang interessiert nur, ob und mit welchem Resultat die Reformer der politischen Führung versuchten, den 12. FJPl in Richtung ihrer Struktur- und Entwicklungsvorstellungen zu korrigieren. Ein Vergleich der Fassung des 12. FJPl vom Juni 1986 nicht nur mit dem Entwurf vom Herbst 1985, sondern auch mit dem vom XXVI. Parteikongreß im März 1981 gebilligten 11. FJPl (1981-1985) offenbart einmal mehr konzeptionelle Kontinuitäten, wie sie unter Gorbatschow geflissentlich geleugnet werden.

Wie bereits erwähnt, betonte Gorbatschow auf den ZK-Konferenzen im April und Juni 1985 die herausragende Bedeutung des Maschinenbaus für die dringlichen technischen Umrüstungen der hochgradig obsoleten Anlagen und damit für die Intensivierung der Wirtschaftstätigkeit überhaupt. Der Entwurf des 12. FJPl sah vor, die Produktion des Maschinenbausektors zwischen 1986 und 1990 um 40 - 45 % zu steigern; Ryschkow präzisierte diese Kennziffer am 18.6.86 auf 43 %. Aber die Notwendigkeit dieser technischen Modernisierung hatte auch sein Vorgänger Tichonow im März 1981 bei der Präsentation des 11. FJPl vor dem XXVI. Parteikongreß betont und das Ziel einer Erhöhung der Maschinenproduktion zwischen 1981 und 1985 um 40 % mitgeteilt.[36] Ähnliche Übereinstimmungen zwischen der Ausgangsfassung des 11. FJPl und dem 12. in der Version vom Juni 1986 bestehen u.a. im Hinblick auf die Zuwachsraten der industriellen Produktion, der Anlageinvestitionen, der Arbeitsproduktivität in der Industrie, der landwirtschaftlichen Erzeugung, der durchschnittlichen Monatslöhne der Arbeiter und Angestellten.

Die im Juni 1986 von N.I. Ryschow mitgeteilten Änderungen des kurz zuvor vom XXVII. Parteikongreß gebilligten 12. FJPl betrafen vor allem seine 'soziale Orientierung', den individuellen und kollektiven Verbrauch. So sollten nunmehr (im Vergleich mit den Fassungen vom Herbst 1985 und vom März 1986) wachsen: die Erzeugung gewerblicher Konsumgüter um 35 % (statt 30 %), die privaten ('bezahlten') Dienstleistungen um 50 % (30-40 %), die gesellschaftlichen Verbrauchsfonds um 25 % (20-23 %), der Einzelhandelsumsatz um 33,4 % (gegenüber 22-25 % im 11. FJPl; zu dieser Kennziffer machte der Entwurf des 12. FJPl keine Angabe). 1986-1990 sollen nunmehr 595 Mio m^2 Wohnfläche gebaut werden (gegenüber 565-570 Mio im Entwurf und 530-540 Mio im 11. FJPl). Voraussetzung zu all dem sollte die Steigerung der Erzeugung von Ver- und Gebrauchsgütern ('Gruppe B') um 27 % sein (statt 22-25 % im Entwurf). Interessanterweise gingen die Initiatoren dieser Planänderungen offenbar schon von brachliegenden Masseneinkommen aus, denn die beschlossenen Erhöhungen des Waren- undDienstleistungsangebots sollen *ohne* Heraufsetzung der im Planentwurf vorgesehenen Rate der Lohnsteigerung realisiert werden

Hatte Gorbatschow schon in seinen ersten Reden im Amte des Generalsekretärs der KPdSU die Notwendigkeit der *Vereinfachung und Straffung* (auch im Sinne der Reduzierung) *der Hierarchie der Wirtschaftsverwaltung* betont, so erfolgten in dieser Hinsicht in der ersten Phase der Wirtschaftsreform - außer der erwähnten Auflösung[37] der Leitungsebene der Unions-Industrievereinigungen - keine Schritte. Im Gegenteil, es wurden sogar neue zentrale Leitungsorgane kreiert, zuweilen sarkastisch als 'Superministerien' gekennzeichnet. Sie sollen entweder als 'Büro beim Ministerrat der UdSSR' die Koordination von Planung, Forschung und Entwicklung, Zulieferung, Maßnahmen der Weiterqualifikation u.a.m . für die Ministerien *einer* Hauptbranche übernehmen. So wurden Ende 1985 und Anfang 1986 ein 'Büro für den Maschinenbau' und ein weiteres für den 'Brennstoff- und Energiekomplex' geschaffen.[38] Oder sie sollen ähnliche Aufgaben im Range von Staatskomitees erfüllen, eine Institution der Ministerialebene, für die zweigübergreifende Funktionen kennzeichnend sind (wie z.B. das Staatskomitee für Wissenschaft und Technik, das staatliche Preiskomitee etc.).

Als erstes derartiges „ständiges Organ des Ministerrats der UdSSR zur Führung großer zwischenzweiglicher Komplexe ... gleichartiger Zweige der Volkswirtschaft"[39] wurde im November 1985 das 'Staatliche Agroindustrielle Komitee der UdSSR' geschaffen. Es koordiniert nicht nur die Planung, Ressourcenzuteilung, den Absatz etc. für die verschiedenen landwirtschaftlichen Ministerien, sondern es bezieht auch das Ministerium für Landmaschinenbau, das für

Kunstdüngererzeugung und Teilbereiche weiterer Ministerien ein. Anfang 1987 wurde das Staatskomitee für Außenwirtschaftsbeziehungen errichtet.[40] Im August 1986 war das Staatskomitee der UdSSR für das Bauwesen in ein Unions-Republikanisches staatliches Baukomitee umgewandelt worden[41], d.h. entsprechende Komitees werden auch auf der Ebene der Unionsrepubliken geschaffen. Entgegen der vorherigen Ankündigung blieben die Ministerien, die nunmehr eine Oberleitung erhalten haben, überwiegend bestehen. Von einer Vereinfachung und Straffung der Leitungshierarchie und -tätigkeit kann also keine Rede sein. Die Arbeit dieser 'Superministerien', vor allem die von Gosagroprom, wird inzwischen häufig und deutlich als bürokratisch und ineffektiv kritisiert.

Zur *Erweiterung der wirtschaftlichen Entscheidungs- und Verfügungskompetenzen der Betriebe* erfolgten in der ersten Phase der unter Gorbatschow erneut initiierten Wirtschaftsreform neben dem oben erwähnten noch weitere Schritte. Zum 1.1.1986 wurden die Modalitäten des 1983 beschlossenen 'Wirtschaftsexperiments' in der erweiterten Version des genannten Beschlusses vom 12.7.1985 in der gesamten Industrie eingeführt und nunmehr als 'neue Methoden des Wirtschaftens' bezeichnet. 1986 wurde darunter vor allem die 'normative Methode der Gewinnverteilung'[42] verstanden. Ähnlich wie schon 1965 wird mit diesem Instrumentarium indirekt zentralisierter Wirtschaftsleitung beabsichtigt, den Gewinn als Indikator der betrieblichen Wirtschaftsleistung - nicht zuletzt als Ausdruck erfolgreicher Intensivierung - zur zentralen Orientierungsgröße für die ökonomischen Entscheidungen und Dispositionen der betrieblichen Arbeitskollektive zu machen.

Daß der finanzielle Überschuß der Produktionstätigkeit der Betriebe diese Funktion bisher nicht erfüllen konnte, weil er (überwiegend unabhängig vom absoluten und relativen Umfang) fast vollständig abzuführen war, wurde bereits erwähnt. Mit der normativen Gewinnverteilung sollte erreicht werden: 1. die Bestimmung des Gewinnumfangs in Abhängigkeit von Indikatoren der erzielten Wirtschaftsresultate, 2. die Gewährleistung der Ansprüche des Staatshaushalts und anderer staatlicher Instanzen an Gewinnteilhabe, 3. Forcierung der Interesses der Arbeitskollektive an hohem Gewinn.[43] Der - dann nicht realisierten - Absicht nach sollten die Verteilungsnormative branchenweit (oder zumindest für jeweils größere Gruppen von Betrieben) *einheitlich* und für FJPl-Perioden *'stabil'*, d.h. nicht revidierbar sein. Damit sollten die Betriebe gewissen Einfluß auf den Umfang der Mittel, über die sie selbst verfügen können, erhalten.

Bereits im Laufe des Jahres 1986 wurden die 'neuen Methoden' modifiziert zum Prinzip 'vollständiger Wirtschaftsrechnung' (vWR) und 'Selbstfinanzierung' (SF), das - auf das Allgemeinste reduziert - die betriebliche Wirtschaftsrechnung verallgemeinerte und systematisierte, den Dispositionsraum der Arbeitskollektive bei der Gestaltung der betrieblichen Wirtschaftsprozesse erweiterte und die Eigenerwirtschaftung der Betriebskosten (zunächst überwiegend nur der 'einfachen Reproduktion') zur Pflicht machte. Am 1.1.1987 wurden die Branchen von 7 Unionsministerien (darunter Chemiemaschinenbau, Petrochemie, Gerätebau und Kfz-Industrie) sowie eine Reihe größerer Einzelbetriebe bzw. Vereinigungen auf diese neuen Wirtschaftsbedingungen umgestellt. Für die Bildung der verschiedenen betrieblichen Fonds in diesem nunmehr fortgeschrittensten Reformbereich wurden von Gosplan wiederum Musterordnungen erlassen.[44)] Auf die Probleme der Praxis des Wirtschaftens auf der Grundlage vWR und SF wird später näher eingegangen.

Das endemische *Problem der geringen Qualität* sowjetischer Erzeugnisse aller Art, ihrer ungenügenden Dauerhaftig- und hohen Reparaturanfälligkeit war schon vor Gorbatschow Dauerthema von Politikern, Wissenschaftlern, Journalisten und Leserbriefschreibern. Am 1.1.1987 wurde (zunächst) in etwa 1500 Betrieben im Bereich von 28 Zweigministerien die *staatliche Qualitätsprüfung und Erzeugnis- abnahme* eingeführt (russ. Abbreviatur: gospriem)[45)]. Diese Kontrolle wurde zuvor von Arbeitern der Erzeugerbetriebe ausgeübt, die dem Direktionsrecht der betrieblichen Vorgesetzten und den gleichen Gratifizierungsregeln wie die in der Produktion Beschäftigten unterlagen, mithin an der Zurückweisung mangelhafter Erzeugnisse nicht interessiert waren. Die Mitarbeiter von gospriem dagegen sind Angestellte des Staatskomitees für Standards. Es handelt sich hierbei eindeutig um eine administrative, nicht um eine reformpolitische Maßnahme. Unter den gegebenen Bedingungen allseitigen Gütermangels bei reichlicher Kaufkraft hätte der Übergang zu umfassenderer Marktregulierung der Zirkulationsprozesse das Qualitätsproblem jedoch kurzfristig nicht gelöst. So mochte gospriem als ein Schritt zu wirksamerem Verbraucherschutz verstanden werden.[46)]

Die staatliche Qualitätsprüfung zeigte umgehend Wirkung, sogar in volkswirtschaftlicher Dimension. Sowjetische Ökonomen führten das Zurückbleiben der Industrieproduktion im 1. Quartal 1987 hinter dem Wachstum des Vorjahreszeitraums um 0,8 Prozentpunkte[47)] vor allem auf gospriem zurück. Aber deren Folgen erwiesen sich als zwieschlächtig: in den Betrieben entstand Unruhe, weil die Arbeiter durch gewissenhafte Qualitätsprüfung und Zurückweisung von Erzeugnissen ihre Prämien einbüßten. Im Juli 1987 z.B. wies die Staatsabnahme Produkte im Wert von 60 Mio R. zurück, und bis zum 1. August hatten sich in den Betrieben nicht abgenommene Güter im Wert von 120 Mio R. angehäuft. [48)] Betriebsleiter und Arbeitskollektive wiesen die Verantwortung dafür von sich und beriefen sich auf mangelhafte Rohstoffe, Vorprodukte und veraltete Anlagen.[49)]

Andererseits wurde die Wirksamkeit von gospriem häufig angezweifelt. Die Zahl der Mitarbeiter sei zu gering, und oft mangle es an der erforderlichen Qualifikation. Zudem fehlen zuverlässige Prüfgeräte. Betriebsleiter kooperieren nicht mit den Staatsprüfern, selbst Parteisekretäre treten gegen gospriem auf.[50)] Die vorgeschriebenen Prozeduren sind so bürokratisch, daß die Mitarbeiter mehr mit dem Ausfüllen von Formblättern als mit Prüfen beschäftigt sind. [51)] Ab 1988 ebbten die Presseberichte über gospriem deutlich ab.

Auf dem Gebiet der *Landwirtschaft* war die erste Neuerung unter Gorbatschow, die oben erwähnte Gründung des 'Agroindustriellen staatlichen Komitees der UdSSR', eine administrative Maßnahme und kein Schritt in Richtung grundlegend veränderter Planung und Leitung in diesem Problembereich der sowjetischen Wirtschaft. Der Beschluß zur Errichtung des Komitees vom 14.11.1985[52)] charakterisiert es als „... zentrales Organ der staatlichen Leitung des agroindustriellen Komplexes des Landes, das zusammen mit den Ministerräten der Unionsrepubliken die volle Verantwortung für die Steigerung der Produktion, die Erfüllung der Lieferpläne landwirtschaftlicher Produkte, die Gewährleistung ihrer Lagerung, qualitativen Verarbeitung und für eine bedeutende Erweiterung des Nahrungsmittelsortiments trägt." Wie für das zentralistisch-administrative Leitungssystem kennzeichnend, erhielt Gosagroprom einen *dreistufigen* Unterbau entsprechender Komitees a) auf der Ebene der Unions- und der Autonomen Republiken, b) auf der Ebene Gebiete ('oblast') und c) der Kreise (rajon).[53]

Zwar drückt eine Passage des Beschlusses Gorbatschows Vorstellung veränderter Funktionen der zentralen Leitungsorgane aus: ,,Gosagroprom als zentrales Organ der Leitung soll seine Aufmerksamkeit auf die Lösung grundlegender Fragen, die mit der Beschleunigung des wissenschaftlich-technischen Fortschritts zusammenhängen konzentrieren ...", und an anderer Stelle heißt es: ,,Das Zentralkomitee der KPdSU und der Ministerrat der UdSSR richteten ihre Aufmerksamkeit auf die Unzulässigkeit kleinlicher Bevormundung und des Kommandierens der unterstellten Wirtschaftsleiter und Fachleute." Aber die Komitees der Kreise (RAPO) werden nachdrücklich und unmittelbar für die ,,... unbedingte Erfüllung der Staatsaufträge zur Lieferung der Produkte nach vorgegebenem Sortiment..."[54] verantwortlich gemacht, was nach der allgemeinen und langjährigen Erfahrung bedeutet, daß entsprechender administrativer Druck von oben durch alle Stufen der Leitungshierarchie hindurch auf die unmittelbaren Erzeuger ausgeübt wird.

Zur gleichen Zeit, als der Ministerrat die Musterstatuten der agroindustriellen Komitees der verschiedenen Leitungsebenen bestätigte (März, 1986), erging ein Beschluß des ZK der KPdSU und des MR der UdSSR ,,Über die weitere Vervollkommnung des Wirtschaftsmechanismus im agroindustriellen Komplex des Landes"[55] Sein Inhalt läßt auf die Absicht zwar nicht der Korrektur der Errichtung von Gosagroprom, wohl aber auf die der Installierung gegenwirkender Tendenzen schließen. Generell geht es in dem Beschluß darum, die Methoden indirekter Zentralisierung der Planung und Leitung, wie sie in den Beschlüssen vom Juli 1983 ('Wirtschaftsexperiment') und vom Juli 1985 (s.Fn.29) für den Bereich der Industrie fixiert wurden, auf die Landwirtschaft zu übertragen. Alle dort vorgesehenen Ansätze und Instrumente finden sich hier wieder: ökonomische Normative als Mittel der Planung und Leitung, vielfältige Formen der Stimulierung des Interesses der unmittelbaren Produzenten am Inhalt, an den Bedingungen und den Resultaten der eigenen Arbeit, Reduktion der direktiven Plankennziffern, Erarbeitung der Pläne durch die Betriebskollektive (die aber der Bestätigung durch vorgeordnete Instanzen bedürfen), Eröffnung von Dispositionsräumen der kolchozy und sovchozy für die Gestaltung der Arbeitsprozesse zur vollständigeren Nutzung der Ressourcen und Kapazitäten, auch jene der privaten Nebenwirtschaften usw.

Einige Sonderregelungen drücken spezifische agrarwirtschaftliche Bedingungen und Probleme aus. So etwa Gratifikationen in Naturalform (z.B. Futter für die eigene Tierhaltung) oder die Erweiterung der Verfügung regionaler Sowjetinstanzen über die landwirtschaftliche Produktion ihres Funktionsgebietes, um die territoriale Selbstversorgung zu stärken. Die Detailliertheit vieler Maßregeln läßt den Hang zu direkter Zentralisierung der Leitung erkennen. Nicht nur das evidente Andauern der sowjetischen Nahrungsmittelmisere, auch das weitere Experimentieren mit veränderten Organisationsformen der landwirtschaftlichen Produktion, auf das später zurückzukommen ist, verweisen auf die Wirkungslosigkeit des Beschlusses vom März 1986.

Gegen Ende der ersten Phase der unter Gorbatschow forcierten Wirtschaftsreform, im Februar 1987, faßte der Ministerrat (wohlgemerkt: dieser allein, ohne Beteiligung des ZK der KPdSU) einen potentiell folgenreichen Beschluß (formell waren es drei Beschlüsse). Er betraf eine Reformdimension, die Gorbatschow anfangs nicht berührt hatte, die er aber auf dem XXVII. Parteikongreß ansprach, als er feststellte: ,,Wir sind für völlige Klarheit auch in der Frage des genossenschaftlichen Eigentums. Es hat seine Möglichkeiten in der sozialistischen Produktion, zur besseren Befriedigung des Bedarfs der Menschen bei weitem nicht erschöpft."[56] Die Beschlüsse ermöglichen die Bildung von drei Arten von *Genossenschaften:* solchen auf dem Gebiet der 'öffentlichen Beköstigung' (d.h. Restaurants), der Erzeugung von Massenbedarfsgütern und des Angebots von Dienstleitungen.[57] Auf den Inhalt der Beschlüsse (und der beigefügten Musterstatuten) wird hier nicht eingegangen, weil die Problematik der Genossenschaften im weiteren Reformverlauf unten eingehender erörtert wird und weil die durch jene Beschlüsse geschaffene normative Basis durch das Genossenschaftsgesetz vom Mai 1988 überholt ist.

Eine markante Differenz des unter Gorbatschow initiierten Ansatzes einer erneuten Wirtschaftsreform gegenüber 1965 liegt in der nunmehrigen Betonung des *'subjektiven Faktors'*, d.h. der Bedeutung des Engagements der Beschäftigten für die Realisierung der beschlossenen Neuerungen. In behavioristischer Manier lag das Gewicht der Stimulierung der Akzeptanz erhöhter und anspruchsvollerer Arbeitsanforderungen sowie flexiblerer und intensivierter -bedingungen zunächst ganz im materiellen Bereich: Eröffnung von Chancen für höhere Löhne und Prämien in strikter Abhängigkeit von der individuellen oder kollektiven Leistung. Dazu wurde eine ganze Reihe von Beschlüssen allgemeiner und bereichsspezifischer Geltung gefaßt[58]; der der Intention nach weitreichendste in der ersten Reformphase stammt vom September 1986.[59]

Die mit dem Beschluß verfolgte Absicht bestand darin, 1. die stimulierende Wirkung sowohl der Lohn- und Gehaltsstufen wie der Prämien zu erhöhen und beide Variablen möglichst exakt an Qualifikation und Leistung zu binden sowie 2. die Struktur der Arbeitseinkommen zu revidieren. Im Verlauf vieler Jahre hatte sich der Prämienanteil beständig erhöht (bereichsweise bis zu 50 % und mehr). Dabei ging der stimulierende Effekt der Prämien verloren, weil diese weithin zu einem *festen* Einkommensbestandteil und so als Gratifikation zur Formalität geworden waren. Das hing wiederum mit den seltenen und nur geringfügigen Erhöhungen der Tarife zusammen, deren Sätze am oder sogar unter dem Existenzminimum lagen. Sollten die Prämien die ihnen zugedachte Wirkung zurückgewinnen, mußten die Einkommen der Beschäftigten wieder zu einem höheren Anteil aus tariflich gesicherten Löhnen bestehen, damit als negative Sanktionierung Prämienentzug realisierbar würde. Zugleich sollten damit Anreize zur beruflichen bzw. betrieblichen Fortqualifikation (die propagierte Aneignung mehrerer 'Berufe', was meint: mehrerer Anlernqualifikationen), die zu tariflicher Höherstufung berechtigt, geschaffen werden. Neu war, daß diese Änderung des Lohn- und Gehaltssystems an die Bedingung der Kostenneutralität bzw. daran gebunden wurde, daß die Betriebe die entstehenden Mehrkosten selbst erwirtschaften. Das führte bei der Vorbereitung der Realisierung des Beschlusses nach Pressebeiträgen zu urteilen häufig zu Konflikten, weil Betriebsleitungen versuchten, *vor* dem Übergang zu den neuen Bedingungen Arbeiter tariflich abzugruppieren, um die nachfolgende Höherstufung ohne den Druck zu zusätzlicher Mittelerwirtschaftung vornehmen zu können.[60]

Insgesamt boten die Maßregeln des Beschlusses vom September 1986 aber insbesondere nach dem breiteren Übergang zum Prinzip 'vollständiger Wirtschaftsrechnung' Anfang 1988 - genutzte Chancen zur Erhöhung der Beschäftigteneinkommen; ein zwieschlächtiges, weil unter den obwaltenden 'deficity' die inflationären Tendenzen verstärkendes Resultat.

Wenige Monate vorher, im Mai 1986 erging ein Beschluß des ZK der KPdSU, der in gewisser Weise ein negatives Komplement zu dem im September nachfolgenden darstellt. Er hatte den Titel „Über Maßnahmen zur Verstärkung des Kampfes gegen nichterarbeitete Einkommen." [61] Zwar richtete sich die anschließende Kampagne vor allem gegen in den Bereichen der Schattenwirtschaft erzielte Einkommen. Zunehmend wurden jedoch - begrifflich und in der Erörterung der Problematik in den Medien - darunter auch Abweichungen zwischen Lohn und Leistung zugunsten des ersteren verstanden. Über praktische Konsequenzen daraus wurde jedoch - außer im Sinne von Postulaten - wenig mitgeteilt.

Lange vor der Amtsübernahme Gorbatschows schon stiegen die Spareinlagen der Bevölkerung beständig an; weniger ein Ausdruck von Massenwohlstand als der umfassenden Warenknappheit. Die Chancen zur Einkommensverbesserung konnten mithin nur arbeitsstimulierend wirken, wenn Angebot, Sortimente und Qualität von Ver- und Gebrauchsgütern deutlich gesteigert werden. Für den Ernährungssektor war dazu noch unter Breschnew, auf dem Mai-Plenum des ZK 1982, ein 'Nahrungsmittelprogramm' beschlossen worden, das detaillierte Produktionsziele bis ins Jahr 1990 verkündete. Diese sollten ohne Änderung des Planungs- und Leitungssystems im Agrarsektor und ohne strukturelle Erneuerung der Arbeitsorganisation der kolchozy und sovchozy erreicht werden durch Maßnahmen technischer, aufwandsmäßiger (Dünger, Bewässerung u.ä.) und verlustreduzierender (Verbesserung von Lagerung und Transport) etc. Art, was sich trotz enormer Investitionen während der siebziger Jahre schon als kaum wirksam erwiesen hatte.

Traditioneller Voluntarismus und Zahlenkult kennzeichnen auch das im Herbst 1985 vom ZK und MR beschlossene „Komplexprogramm zur Entwicklung der Erzeugung von Waren des Massenbedarfs sowie des Dienstleistungsbereichs in den Jahren 1986 - 2000".[62] In seinem ersten Teil findet eine wahre Zahlenorgie statt, in der sich die Verfasser an den 1990 und 2000 zu erreichenden Produktionsvolumina in allen möglichen Konsumbereichen berauschen und verkennen, daß es z.B. in der Schuhproduktion ausschließlich um Qualitätsverbesserungen geht und nicht darum, 1990 900 Mio und 2000 1.015 Mrd Paar zu erzeugen. Zu den Methoden der Verwirklichung der ehrgeizigen Produktionsziele äußert sich das Programm in Leerformeln der Art: „Konzentration der Kräfte der Wissenschafts-, Konstruktions- und Technologieeinrichtungen und der Industriebetriebe auf die Lösung aktueller Probleme der Erhöhung des technischen Niveaus und der Effektivität der Erzeugung von Massenbedarfsgütern und Dienstleistungen."[63]

Von der Einsicht, daß Zahlenspiele und Wunschdenken dem Konsumgütermangel nicht abhelfen, war wohl der bereits ein halbes Jahr später erlassene Partei- und Regierungsbeschluß „Über die Verbesserung der Planung, der wirtschaftlichen Stimulierung und Vervollkommnung der Leitung der Erzeugung von Massenbedarfsgütern in der Leichtindustrie" inspiriert.[64] Dem Titel entsprechend werden in diesem Beschluß keine Produktionsziele festgeschrieben, sondern konkretere Änderungen des 'Wirtschaftsmechanismus' dieses Sektors deklariert. Der Sache nach geht es um die üblichen Methoden indirekt zentralisierter Leitung, jedoch mit im Vergleich zu dem Beschluß vom Juli 1985 (s.Fn.29) etwas erweiterten Entscheidungs- und Verfügungskompetenzen der Betriebe und stärkerem Einfluß der Nachfrageseite (vermittelt über den Handel) auf die betrieblichen Produktionspläne.

Der Beschluß des ZK und des MR „Über Maßnahmen zur weiteren Erhöhung der Rolle und Stärkung der Verantwortung der Sowjets der Volksdeputierten für die Beschleunigung der sozial-ökonomischen Entwicklung..." vom 25.7.1986[65] ist geleitet vom Bestreben, die für den Alltagsbedarf bestimmte Erzeugung stärker der örtlichen und regionalen Wirtschaftsadministration zu überantworten, von der erwartet wird, nachfragegerechtere Resultate durchzusetzen und lokale materielle und personelle Ressourcen und Kapazitäten wirksamer als zentrale Organe ermitteln und aktivieren zu können. Bisher haben jedoch auch diese in ihrer Neuerungsdimension bescheidenen Reformschritte die Erwartungen enttäuscht.

In der ersten Phase der Wirtschaftsreform erging eine Reihe von gleichsam flankierenden Beschlüssen zur (z.T. gruppenspezifischen) Verbesserung von Sozialleistungen, des Wohnungsbaus, der Gesundheitsvorsorge u.a.m., die im gegebenen Kontext jedoch nicht benannt werden.

2.3 Die maßgeblichen Reformbeschlüsse vom Sommer 1987

Die 'Hauptleitsätze der grundlegenden Umgestaltung der Wirtschaftsleitung' vom Juni 1987

Im Juni 1987 billigte eine Plenartagung des ZK der KPdSU mit dem in der Überschrift genannten Text die Umrisse einer umfassenden Konzeption der von Gorbatschow schon unmittelbar nach seinem Amtsantritt postulierten Wirtschaftsreform.[66] Das Vorhaben der seit dem XXVII. Kongreß der KPdSU (Februar/März 1986) als 'radikal' apostrophierten 'Änderung des Wirtschaftsmechanismus' wird in den 'Hauptleitsätzen' insoweit in geschlossener Form präsentiert, als alle Komponenten des Planungs- und Leitungssystems mit den jeweils vorgesehenen Neuerungen einbezogen sind. Sachliche Kohärenz läßt das Programm jedoch vermissen. Das sei vorab konstatiert, weil die folgende Wiedergabe des Textes so weit wie möglich komprimiert werden soll und dabei Raum allenfalls für wenige Hinweise auf die teils latenten, teils evidenten Widersprüche und Unklarheiten bleibt. Sie durchziehen jedoch die gesamte Darlegung.

Die im vorausgegangenen Abschnitt wiederholt formulierte kritische Einschätzung der Realisierung von Neuerungsbeschlüssen und wirtschaftspolitischen Entscheidungen im Verlauf der ersten Reformphase wird in der Einleitung der 'Haupt-leitsätze' bestätigt:

> „Der Bremsmechanismus ist noch nicht überwunden. Die wirtschaftlichen Prozesse sind noch nicht vom Druck des Aufwands- und Bruttoprinzips befreit; langsam nur entwickelt sich die Ressourceneinsparung, noch trat kein grundlegender Wandel in der Beschleunigung des wissenschaftlich-technischen Fortschritts ein."[67]

Im Leitungssystem wurde nur wenig verändert; die Zweigministerien arbeiten wie zuvor, die Funktionen der zentralen Organe sind noch die überkommenen. Sechs allgemeine Ziele der Reform werden benannt:
— Umorientierung des Wirtschaftswachstums auf relevante Endresultate, auf die Befriedigung des gesellschaftlichen Bedarfs;
— organische Vereinigung der Interessen der Gesellschaft, der Kollektive und jeden Arbeiters; Erreichen eines qualitativ neuen Niveaus des Wohlstands;
— Verwandlung des wissenschaftlich-technischen Fortschritts in den Hauptfaktor des Wirtschaftswachstums;
— Erreichen von Gleichgewicht, Überwindung der Defizite an materiellen Ressourcen und Verbrauchsgütern;
— innerhalb der Wirtschaftsbeziehungen sollen die Verbraucher die dominierende Position erlangen;
— Schaffung eines zuverlässig wirkenden aufwandbeschränkenden Funktionsmechanismus der Volkswirtschaft und vor allem ihrer Grundeinheiten, der Betriebe.

Die beabsichtigte Umgestaltung des 'Wirtschaftsmechanismus' soll noch im laufenden FJPl erfolgen[68], damit der 13. FJPl (ab 1991) schon unter den neuen Bedingungen anlaufen kann. Das nachfolgende Programm ist in sechs Hauptabschnitte gegliedert, deren Überschriften übernommen werden.

I. Zum neuen Wirtschaftsmechanismus der Tätigkeit der Betriebe übergehen
1. Zur Erstellung der Wirtschaftspläne durch die Betriebe. Zunächst heißt es, die Betriebe gehen dabei vom in 'Staatsaufträgen' ausgedrückten gesellschaftlichen Bedarf, von direkten Lieferbeziehungen und von der Verbrauchernachfrage aus. Danach werden jedoch als Richtgrößen der betrieblichen Planung Kontrollziffern, ökonomische Normative, nochmals die Staatsaufträge und Limite genannt, also Instrumente indirekter Zentralisierung. Es wird nicht gesagt, wie die Planung im Falle von Diskrepanzen zwischen 'horizontalen' Beziehungen (Nachfrage der Abnehmer) und den Richtwerten der vorgesetzten Instanzen gestaltet werden soll.
2. Zur Verantwortlichkeit der Betriebe für die Endresultate ihrer Tätigkeit. Sie soll durch Anwendung der Prinzipien vollständiger Wirtschaftsrechnung und Selbstfinanzierung (dazu näher unter 4.1.4) durchgesetzt werden.
3. Zur Anwendung der 'normativen Gewinnverteilung'. Die Normative sollen nicht nach der überkommenen Regel 'vom erreichten Stand' festgesetzt werden.
4. Hier werden zwei alternative Varianten der Wirtschaftsrechnung vorgestellt. Bei der ersten wird der Lohnfonds der Betriebe nach Normativen der Nettoproduktion gebildet, und die Löhne werden als Kosten behandelt; bei der zweiten bildet der Lohnfonds eine Residualgröße *nach* der normativen Verteilung des betrieblichen Nettoeinkommens (auch dazu später mehr).
5. Postulat, Wettbewerbsbedingungen zu schaffen, um bestmögliche Bedarfsbefriedigung und Aufwandsökonomie zu gewährleisten und Monopolmacht zu verhindern. *Wie* das er-

reicht werden soll, wird nicht gesagt.

6. Damit jeder Werktätige in die Position eines wirklichen 'Wirts' (chozjain) versetzt wird, soll zur „Selbstverwaltung der Arbeitskollektive" übergegangen werden (s. folgenden Abschnitt).

II. Die Effektivität der zentralen Leitung der Volkswirtschaft auf der Basis ökonomischer Lenkungsmethoden erhöhen

Eingangs wird nochmals betont, daß sich die zentralen Organe auf jene Fragen konzentrieren sollen, die nur zentral entschieden werden können. Zwei umfassende werden genannt: 1. Verwirklichung der 'gesamtstaatlichen' Strategie der ökonomischen, sozialen und wissenschaftlich-technischen Entwicklung sowie Regulierung der volkswirtschaftlichen Prozesse auf der Grundlage umfassender und zuverlässiger 'Bilanziertheit' (Entsprechung von Bedarf und Produktion in allen Bereichen), 2. Schaffung der notwendigen Bedingungen für effektives Wirtschaften der Betriebe und der territorialen Verwaltungseinheiten.

Erforderlich sei ein System der zentralen Leitung, das wirksam ist durch Interessenregulierung unter Nutzung aller ökonomischen Instrumente: Pläne, Finanz- und Kreditbeziehungen, Preise, Ressourcenallokation etc. in ihrer organischen Verbindung und Einheit.

Planung. (dieser Teil wird im nächsten und übernächsten Abschnitt auf der Grundlage des Betriebsgesetzes von 1987 und eines besonderen Partei- und Regierungsbeschlusses zur Planung skizziert).

Materiell-technische Versorgung.

1. Hauptrichtung der hier vorgesehenen Änderung ist der Übergang von der (administrativen) fondsgebundenen Zuteilung von Rohstoffen, Vorprodukten, Ausrüstungsgütern zum Großhandel mit diesen Gegenständen. Der Übergang soll 4 - 5 Jahre in Anspruch nehmen, aber schon „in den nächsten Jahren" erfolgen für Produktionsgüter, die wesentlich sind für die Erzeugung von Massenbedarfsartikeln, Nahrungsmitteln, Maschinen und Ausrüstungen sowie für das Bauwesen.

2. Zur Gewährleistung der materiell-technischen Versorgung auf der Basis von Staatsaufträgen und zur Erstellung der Staatsaufträge durch Gosplan und die Zweigministerien.

3. Den Gossnab-Organen (d.h. vor allem den regionalen Untergliederungen des Staatskomitees für materiell-technische Versorgung) wird hier - wenn auch nominell gemeinsam mit den Betrieben - die Verantwortung für zuverlässige Ressourcenlieferung übertragen. Es fragt sich, wozu es nach dem Übergang zum Großhandel mit Produktionsgütern noch dieser administrativen Organe bedarf? Bleiben sie bestehen, wird auch die administrative Zuteilung fortgesetzt werden.

Die Organisationen der Ressourcenverteilung sollen eigenständig werden und auf der Basis eigener Wirtschaftsrechnung arbeiten (dabei ist nicht klar, ob hier die Gossnab-Organe gemeint sind).

Preisbildung

1. Es geht nicht um einzelne Preisänderungen, sondern um kohärente Umgestaltung des ganzen Preisbildungsmechanismus. Die Preisreform soll in Kürze stattfinden, damit der 13. FJPl schon auf der Basis neuer Preise erstellt werden kann.[69]

2. Dieser entscheidende Abschnitt ist im wesentlichen postulativ. Die Preise *sollen*: den gesellschaftlich notwendigen Aufwand für Erzeugung und Absatz, die Qualität des Produkts und die Nachfrage ausdrücken. Sie *sollen* Stimulierungsfunktionen erfüllen, aufwandsökonomisch wirken, höhere Erzeugnisqualität anregen usw. *Wie* man zu solchen Preisen gelangt bzw. wie man sie erstellt, bleibt ungesagt. Es folgen Einzelheiten zu Preisen für jeweilige Produktarten. In den extraktiven Sektoren (Bergbau, Landwirtschaft), die in-

folge der Preisgestaltung bisher weithin defizitär wirtschafteten, sollen die Preise nunmehr rentabilitätssichernd gestaltet werden.

Die Änderung der Einzelhandelspreise soll das materielle Lebensniveau der Werktätigen nicht gefährden. „Unter Berücksichtigung der politischen und sozialen Bedeutung der Preisreform soll diese Gegenstand der breitesten Erörterung im Lande werden."

3. Zu den Methoden der Preisbildung nochmals postulative Aussagen. Formelhafte Gebote wie etwa 'Anwendung ökonomischer Methoden bei gleichzeitiger Stärkung des zentralen Ansatzes'. Rolle der Verbraucher bei den Preisfestsetzungen soll erhöht werden (wie?). Die Zahl der zentral festgesetzten Preise soll scharf reduziert werden, die Preisbildungsprozeduren vereinfacht.

Finanz- und Kreditmechanismus

1. Finanzen und Kredite sollen zu wichtigen Instrumenten der Verbindung von Marktprozessen ('Ware-Geld-Beziehungen') und plangebundenen Leitungsformen werden. Dazu muß die Finanzlage der Betriebe konsolidiert werden (vgl. Teil I, 5.2).

2. Die Finanzpläne sollen konstitutiver Bestandteil des staatlichen Fünfjahrplanes werden (eine alte Forderung!). Die Beziehungen zwischen Betrieben und Staatshaushalt sollen auf normative Basis umgestellt werden (d.h. an die Stelle des Nebeneinanders von willkürlichem Mittelentzug und Mittelzuweisungen sollen feste, von Indikatoren des Betriebsergebnisses abhängige Abführungsraten treten). Die Verpflichtungen gegenüber dem Staatshaushalt sollen weniger als Steuern, sondern vorrangig in Form von Abgaben für die Nutzung produktiver Ressourcen (Boden, Wasser, Arbeitskräfte) erfolgen.

3. Eine systematische Finanzpolitik, die die Wirtschaftstätigkeit der Betriebe in Richtung der staatlichen Interessen reguliert, soll an die Stelle der regellosen Interventionen der Finanzorgane treten.

4. Nochmals zu langfristigen Normativen als Instrumenten der Budgetfinanzierung und der Regulierung der betrieblichen Wirtschaftstätigkeit.

5.Hier geht es im Kern um die *Schaffung* eines auf ökonomischer (statt auf direktiv-administrativer) Basis fungierenden Geld- und Kreditsystems. Deutliche Erhöhung der Kredite bei der Finanzierung von Investitionsprojekten.

6. Sparkassen und Versicherungen sollen auf die Grundsätze eigener Wirtschaftsrechnung und Selbstfinanzierung überführt werden.

7. Der Kredit- und Finanzmechanismus soll zur Regulierung der außenwirtschaftlichen Tätigkeit nutzbar gemacht werden.

III. Die Organisationsstruktur der Leitung umgestalten (unter 3.3.3 wird der besondere Beschluß zu diesem Aspekt skizziert)

IV. Die optimale Vereinigung der zweigmäßigen und territorialen Wirtschaftsleitung gewährleisten

1. In der Langzeitplanung sollen die Erfordernisse der räumlichen Entwicklung und Verteilung der Produktivkräfte stärker berücksichtigt werden.

2. Die Ministerräte der Einzelrepubliken sollen höhere Verantwortung für die Erschließung von Reserven zur Erzeugung von Nahrungsmitteln, gewerblichen Konsumgütern und für die Entwicklung des sozialen und kulturellen Bereichs übernehmen.

3. Die lokalen und regionalen Sowjets (Räte der Volksdeputierten) sollen nach festen Sätzen abzuführende Budgetabgaben der Betriebe ihres Territoriums ohne Rücksicht auf deren zweigmäßige Unterstellung erhalten, um die soziale Infrastruktur verbessern zu können.

4. Die Planungs- und Leitungsfunktionen sollen zwischen Union und Einzelrepubliken neu abgegrenzt werden in Richtung der Erweiterung der Kompetenzen der letzteren.

V. Die soziale Ausrichtung der Leitung verstärken

1. Das ZK hält die „Erhöhung der Rolle des menschlichen Faktors" für die wichtigste ökonomische und soziale Aufgabe. Sie verlangt die Entwicklung eines entsprechenden Ansatzes zur Motivierung für gewissenhafte Arbeit im Interesse des Gemeinwohls.
2. Hier werden eine Reihe von schon länger gebräuchlichen Formen effizienzgerichteter Arbeitsorganisation genannt, deren Verallgemeinerung beschleunigt werden soll (Brigadeform der Arbeit, Kollektivverträge u.a.). Das Lohnsystem soll umgestaltet werden.
3. Der (betrieblichen) Sozialplanung sind „wissenschaftlich begründete soziale Normative" zugrundezulegen. Sie sind z.B. anzuwenden bei der Einführung neuer Produktionstechniken oder im Hinblick auf die Erfordernisse des Umweltschutzes.
4. Schaffung eines Systems effektiver Nutzung des Beschäftigungspotentials des Landes, der Sicherung von Beschäftigungschancen und der professionellen Weiterbildung und Umschulung.
5. Zu verstärken sind die Anstrengungen zur Erhöhung des Waren- und Dienstleistungsangebots. Der genossenschaftliche und der individuelle Wohnungsbau sind zu forcieren.
6. Die Institutionen und Leistungsangebote im Sozial- und Kulturbereich sowie in der Gesundheitsvorsorge sind zu erweitern und zu modernisieren. Den Betrieben sollen Möglichkeiten eingeräumt werden, dafür zusätzliche Finanzmittel aufzuwenden.

VI. Die Umgestaltung der Wirtschaftsleitung strikt organisieren

„Das Plenum des ZK der KPdSU unterstreicht, daß die wichtigste Bedingung der erfolgreichen Durchführung der radikalen Reform der Wirtschaftsleitung die präzise Organisation der Arbeit ... ist. Es ist unannehmbar, daß das Fehlen zuverlässiger organisatorischer Gewährleistung, Zögerlichkeit und Unkoordiniertheit wie in der Vergangenheit zum Hinausschieben und zu unvollständiger Realisierung der radikalen Reform ... führen."
2. Hier wird nochmals die Frist genannt, in der die Reform implementiert werden soll: bis zum Beginn des 13. FJPl (1991).
3. Notwendig sind Maßnahmen zur Verbesserung der Qualifikation der Wirtschaftsleiter, um sie zur Arbeit unter den neuen Bedingungen zu befähigen.
4. „Unverzichtbare Bedingung der erfolgreichen Durchführung der radikalen Reform der Wirtschaftsleitung und des Funktionierens des neuen Wirtschaftsmechanismus ist die breite Entfaltung demokratischer Prinzipien in der Gesellschaft."

Das 'Gesetz über den staatlichen Betrieb (die Vereinigung)'

Ende Juni 1987 verabschiedete der Oberste Sowjet das 'Gesetz über den staatlichen Betrieb (die Vereinigung)'. Der Gesetzentwurf war im Februar veröffentlicht[70] und zur Diskussion gestellt worden. Die in der Fach- und Tagespresse sowie in Rundtischgesprächen geführte Debatte verlief unter breiter Beteiligung lebhaft und kontrovers. Sie kann hier ebensowenig nachgezeichnet werden wie ein systematischer Vergleich zwischen Entwurf und endgültiger Fassung des Gesetzes (die in manchen Punkten erheblich vom Entwurf abweicht) möglich ist.[71]

Das Gesetz trat am 1.1.1988 in Kraft und manche Befürworter der Wirtschaftsreform setzten große Hoffnungen auf seine Wirksamkeit. Andere dagegen hielten es in entscheidenden Punkten für so mangelhaft, daß sie nur geringe Konsequenzen für wirklich radikale Änderungen der eingefahrenen Wirtschaftspraxis erwarteten und die Novellierung schon vor oder bald nach Inkrafttreten forderten.[72] Die Skeptiker konnten darauf verweisen, daß auch im Zusammenhang der Wirtschaftsreform von 1965 eine neue 'Verordnung über den sozialistischen staatlichen Produktionsbetrieb' erlassen wurde,[73] die (mit einer Reihe von Änderungen im Verlauf der 70er Jahre) erhebliche Übereinstimmungen mit Maßregeln des neuen Gesetzes aufwies, ohne daß diese die *Praxis* z.B. der Beziehungen zwischen Betrieben und Ministerien bestimmten.

In der Tat gilt das oben im Exkurs über die Partei- und Regierungsbeschlüsse (s.S.135ff) angedeutete auch für sowjetische Gesetze, zumindest für solche im Bereich des Wirtschaftsrechts:

> es mangelt an begrifflicher Eindeutigkeit; selbst innerhalb *eines* Gesetzes werden Begriffe in unterschiedlicher Bedeutung verwandt;[74] anstelle konkreter und präziser Festlegung von Rechtsbeziehungen finden sich häufig an die Adresse der Rechtssubjekte gerichtete Postulate (die stärker Attribute und Resultate ihrer Wirtschaftstätigkeit als ihr Rechtsverhalten betreffen);[75] zuweilen widersprechen sich Maßregeln innerhalb eines Gesetzes oder aber solche verschiedener Rechtsakte, die zugleich gültig sind;[76] Normen stehen in eklatantem Gegensatz zur eingeübten Praxis ökonomischer Beziehungen, ohne daß das betreffende Gesetz oder auf diesem fußende Verordnungen oder Ausführungsbestimmungen rechtlich sicherstellen, daß die Bedingungen zur Änderung dieser Praxis geschaffen werden.[77]

Hier können und müssen nicht alle Bestimmungen des Betriebsgesetzes vom Juni 1987 referiert werden. Es soll eine Beschränkung auf *Beispiele* erfolgen, die 1. wesentliche Reformdimensionen betreffen, die sich 2. auf Maßregeln des Gesetzes beziehen, die neu und relevant sind oder aber die in deutlichem Gegensatz zu eingefahrenen Wirtschaftspraxis stehen und deren Realisierung deshalb a priori prekär erscheint, die schließlich 3. die anderen angedeuteten Mängel sowjetischer Gesetzgebung ausdrücken.

Vorab noch eine generelle Feststellung: das Betriebsgesetz von 1987 enthält fast in jedem Artikel eine Aufzählung dessen, was den Betrieben auf dem jeweils normierten Gebiet erlaubt ist. Hier findet die in der UdSSR seit geraumer Zeit und in zunehmendem Maße kritisierte, zäh tradierte Grundhaltung der staatlich-politischen Machtträger Ausdruck, dergemäß den 'Untertanen' generell alles, was nicht ausdrücklich gestattet wird, verboten ist. Wenn dieser autokratische Geist das Gesetz unverkennbar durchzieht, fällt es schwer, die vereinzelten Deklarationen betrieblicher Eigenständigkeit als authentische aufzufassen.

„Die Beziehungen des Betriebs zum übergeordneten Organ ..." (Art.9)

In der Rhetorik der Perestrojka wird immer wieder der Erkenntnis Ausdruck gegeben, daß ohne wesentliche ökonomische Entscheidungs- und Verfügungskompetenzen der Betriebskollektive Intensivierung der gesamten Wirtschaftstätigkeit als Kernziel der Wirtschaftsreform nicht realisierbar ist. Im Artikel 2 des Gesetzes „Der Prinzipien der Tätigkeit des Betriebes" heißt es:

> „Das Arbeitskollektiv, das vollberechtigter Herr (oder Wirt, russ. chozjain, H.C.) des Betriebes ist, entscheidet selbständig alle Fragen der Entwicklung der Produktion und der sozialen Sphäre."[78]

Das liest sich wie eine Generalvollmacht. Im Artikel 9 sind die Formulierungen dagegen zweideutiger:

„Die Beziehungen des Betriebes zum übergeordneten Organ ... beruhen auf der planmäßigen Leitung, der ... vollständigen wirtschaftlichen Rechnungsführung, der Eigenfinanzierung und der Selbstverwaltung im Betrieb.

Alle Organe der Staatsmacht und der Leitung sollen die Entwicklung der wirtschaftlichen Selbständigkeit, der Initiative und des sozialistischen Unternehmungsgeistes der Betriebe und ihrer Arbeitskollektive allseitig fördern.

Die Führung des Betriebes wird vor allem durch wirtschaftliche Methoden auf der Basis von Kontrollziffern, Staatsaufträgen, langfristigen ökonomischen Normativen und Limits realisiert."[79]

In diesen Formulierungen liegt das Schwergewicht unverkennbar auf dem Prinzip der Leitung, nicht auf dem der Eigenständigkeit der Betriebe. Weshalb deren Entwicklung von den Leitungsorganen gefördert werden muß, ist nicht einzusehen, wenn das im Gesetz wiederholt bekräftigte Prinzip vollständiger Wirtschaftsrechnung und Selbstfinanzierung (vWR & SF) tatsächlich realisiert ist. Denn wenn Gehälter und Löhne nicht mehr unabhängig von den betrieblichen Wirtschaftsresultaten durch Alimentierung aus dem Staatshaushalt garantiert sind, wird das Eigeninteresse von Betriebsleitern und Arbeitskollektiven an der Erwirtschaftung der Betriebsmittel auch ohne solche patriarchalische Unterstützung entscheidungs- und handlungsleitend.

Im dritten Absatz des Zitats wird deutlich, daß es tatsächlich um Steuerung der betrieblichen Wirtschaftstätigkeit durch Instrumente indirekt zentralisierter Leitung geht: Diese werden in dem Gesetz an vielen Stellen auf die zentralisierte Leitung zugeschnitten; ökonomische Eigenständigkeit wird dadurch nicht gefördert. Zwar begrenzt Artikel 9 in verschiedenen Normierungen die Kompetenzen des 'übergeordneten Organs': es soll sich nicht in die operative Wirtschaftstätigkeit der Betriebe einmischen, es kann den Betrieben nur Anweisungen erteilen, die mit seinen gesetzlich festgelegten Kompetenzen übereinstimmen. Ähnliche die Allmacht der Leitungsorgane einschränkende Klauseln enthält das Gesetz noch in anderen Artikeln, *zugleich* aber auch immer wieder kleinliche Festlegungen, die ökonomischen Dispositionsrechten der Betriebskollektive diametral widersprechen.

Dieser ambivalente Grundzug des Gesetzes stieß auf breite Kritik von Wirtschaftspraktikern und -wissenschaftlern. Sie entsprang wohl weniger der Textexegese als langjährigen Erfahrungen mit einer Leitungspraxis, die geltende Normen noch immer zugunsten direktiver, administrativer, umfassender und auch willkürlicher Direktlenkung einzelwirtschaftlicher Prozesse ignoriert. Die Feststellung eines Diskussionsteilnehmers, der Gesetzentwurf mißtraue der Fähigkeit der Betriebsleiter und -kollektive, ökonomisch sachgemäße Eigenentscheidungen zu treffen,[80] bringt den Sachverhalt auf den Punkt. Viele Kritiker insistieren auf präzisen, nicht auslegungsfähigen Abgrenzungen von Rechten, Kompetenzen und Pflichten [81], und es wurde moniert, daß das Gesetz faktisch nur die Interventionen der leitenden Ministerien beschränkt, die zentraler Organe wie Gosplan, Gosbank, des Finanzministeriums u.a. aber unerwähnt läßt[82].

„Die Planung" (Art. 10)

Die entscheidende Frage im sowjetischen Reformdiskurs auf diesem Gebiet ist die nach dem Verhältnis von zentraler und betrieblicher Planung. Da sie zwei

Extreme ausschließt - zentralistisch-direktive Planung und Betriebsautonomie - verbleiben zwei Grundvarianten: betriebliche Planung auf der Basis indirekt zentralisiert vorgegebener Indikatoren und Planung der Betriebe nach lediglich indikativen Richtlinien bei Nutzung investitions-, finanz- und kreditpolitischer Steuerungsinstrumente seitens der Zentrale. Die Konzeption der 'Hauptleitsätze' und des Betriebsgesetzes ist die erstgenannte, innerhalb deren es aber divergierende Realisierungsmöglichkeiten gibt. Und im Hinblick auf diese ist das Betriebsgesetz ungenau, wie nicht wenige Kritiker konstatieren.[83]

Im Artikel 2 ('Die Prinzipien der Tätigkeit des Betriebes') heißt es:

„Die Tätigkeit des Betriebes basiert auf dem staatlichen Plan der wirtschaftlichen und sozialen Entwicklung des Landes ... Geleitet von Kontrollziffern, den staatlichen Aufträgen, den langfristigen ... Normativen und Limits sowie von Aufträgen der Verbraucher erarbeitet und stellt der Betrieb seinen Plan auf ..."

Im Artikel 10 wird unter Punkt 1 formuliert:

„Die Planung der Tätigkeit des Betriebes ... geht aus von der Notwendigkeit der Befriedigung der wachsenden Nachfrage der Verbraucher ..."

Einmal werden also die Instrumente indirekter Zentralisierung an erster Stelle genannt, dann jedoch die Verbrauchernachfrage. In Gesetzesformulierungen verweisen Reihenfolgen auf Prioritäten, und diese unterschiedlichen Fassungen drücken zumindest Nachlässigkeit aus.

Berücksichtigt man partei- und staatsoffizielle Äußerungen zu dieser Frage im Kontext, ist kaum zu bezweifeln, daß sie konzeptionell vom Vorrang der überbetrieblichen Planung ausgehen. Dem widersprechen aber zumindest zwei Passagen im Artikel 10, die *in der Formulierung* unzweideutig sind. So heißt es, daß der Betrieb die Pläne nicht nur eigenständig erarbeitet, sondern auch *bestätigt* (d.h. sanktioniert; unter P. 3 für den FJPl, P 4 für den Jahresplan). Und - damit übereinstimmend - wird (unter P. 3) versichert: „... die Kontrollziffern ... tragen keinen direktiven Charakter, sollen das Arbeitskollektiv bei der Erarbeitung des Planes nicht behindern..."[84] Hier haben wir ein Beispiel für den oben allgemein bezeichneten Fall, daß Formulierungen eindeutig, aber starke Zweifel anzumelden sind, ob das Geschriebene wirklich gewollt ist. Denn wörtlich genommen widerspricht es sowohl der eingefahrenen Praxis diametral wie zugleich anderen Passagen des Gesetzes und den erwähnten konzeptionellen Aussagen.

Artikel 10 des Betriebsgesetzes erläutert unter Punkt 3 knapp die vier Instrumente indirekt zentralisierter Planung: Kontrollziffern, Staatsaufträge, ökonomische Normative und Limits. Ihre Wirkung, nicht zuletzt im Hinblick auf den Grad betrieblicher Eigenständigkeit, hängt ganz von der konkreten Ausgestaltung (die das Gesetz nicht fixiert) und von der Handhabung ab. Das - wie sich zeigte voll berechtigte - Mißtrauen der Kritiker konzentrierte sich auf die Staatsaufträge [85], die das Gesetz für obligatorisch erklärt. Die teils unklaren, teils widersprüchlichen Formulierungen des Gesetzes über die Gestaltung der Wirtschaftsplanung schließen jedenfalls nicht aus, daß die überkommene zentralistisch-direktive Praxis (kaschiert durch neue Begriffe) wieder einmal überdauert. Im nächsten Abschnitt ist noch knapp zu prüfen, ob der Partei- und Regierungsabschluß vom 17.7.1987 zur Wirtschaftsplanung die Fragen klärt, die das Betriebsgesetz offen läßt.

Die sozialistische Selbstverwaltung des Arbeitskollektivs (Art. 6 u. 7)

In seinem Rechenschaftsbericht auf dem XXVII. Kongreß der KPdSU kündigte Gorbatschow im Zusammenhang einer kritischen Bewertung der Bewährung des (1983 erlassenen) Gesetzes über die Arbeitskollektive [86] die Bildung von Räten (Sowjets) derselben (d.h. der Betriebsbelegschaften) an. Nach den Erfahrungen der fortgeschrittenen Arbeitsbrigaden bei der Wahl ihrer Leiter (der Brigadiere) solle erwogen werden, das Wahlprinzip „allmählich" auf Meister, Schicht, und Abteilungsleiter auszudehnen.[87]

Unter Punkt 1 wird im Artikel 6 ('Die Leitung des Betriebes') des Gesetzes vom Juni 1987 festgestellt: „Die Leitung des Betriebes wird auf der Grundlage des demokratischen Zentralismus, der Verbindung der zentralisierten Leitung und der sozialistischen Selbstverwaltung des Arbeitskollektivs realisiert." Als deren wichtigste Ausdrucksformen erscheinen in dem Gesetz die beiden von Gorbatschow im Februar 1986 angekündigten Neuerungen im Bereich der betrieblichen Arbeitsbeziehungen. Artikel 6 P. 2 deklariert: „Im Betrieb wird die Wählbarkeit der Leiter (in der Regel auf der Basis des Wettbewerbs) realisiert ..."[88] Dieser Aspekt soll uns hier nicht näher beschäftigen, obgleich die Erörterung der aus den Quellen wie aus der Literatur nicht erkennbaren Motive interessant wäre, die die Reformer zu dieser Neuerung veranlaßten. Art. 7 führt als neues Organ der Belegschaften den 'Rat des Arbeitskollektivs' (RdA) ein und listet dessen Funktionen und Kompetenzen auf. Dabei weicht die Endfassung des Gesetzes - zumindest nominell erheblich vom Entwurf ab. Der Katalog der Aufgaben und Rechte des RdA ist weiter ausdifferenziert und vor allem sind die Kompetenzen nun überwiegend als *Entscheidungsrechte* gefaßt, wo sie zuvor solche der Beratung oder Erörterung (rassmatrivat) formuliert waren.

Hier stoßen wir auf ein weiteres Beispiel einer evidenten Diskrepanz zwischen Wortlaut und Intention. Denn im Gesetz heißt es nicht etwa: „Der RdA entscheidet zusammen mit ...", sondern schlicht: Der RdA entscheidet (z.B.) „Fragen der Vervollkommnung der Leitungs- und Organisationsstruktur des Betriebes ..." oder - in einer erst in der Endfassung aufgenommenen Generalvollmacht „... andere Fragen der produktionsmäßigen und sozialen Entwicklung ..." Ist hier aber nicht in erkennbarer Weise von *Mit*entscheidung die Rede, müßte nach sprachlicher und juristischer Logik Entscheidungs*autonomie* des RdA angenommen werden, die jedoch mit Sicherheit nicht gemeint ist. Dagegen spricht nicht nur die überkommene Ausprägung der betrieblichen Arbeitsbeziehungen in der UdSSR[89], die zwar verändert, aber doch wohl nicht auf den Kopf gestellt werden sollen, sondern auch Maßregeln des Gesetzes selbst an anderen Stellen. So heißt es in Art. 6: „Die sozialistische Selbstverwaltung wird realisiert ... durch *Teilnahme* des gesamten Kollektivs und seiner ... Organisationen an der Erarbeitung der wichtigsten Beschlüsse ..." und das Prinzip der 'Einzelleitung' wird aufrecht erhalten (Art. 6 P. 4). Im Art. 7 wird normiert, daß die Mitglieder des RdA zur Ausübung ihrer Funktion nicht von der Arbeit freigestellt werden[90] und als Mindestturnus der

Sitzungen des RdA wird einmal im Quartal genannt.[91)] Auch die Normierung der 'sozialistischen Selbstverwaltung' im Gesetz über den staatlichen Betrieb' leidet mithin an Ungenauigkeit und Widersprüchlichkeit.

"Der wissenschaftlich-technische Fortschritt ..." (Art. 11)

Entscheidungsleitende Intention der Wirtschaftsreform ist die Intensivierung (Effektivierung) aller ökonomischen Aktivitäten, und die Beschleunigung von Entwicklung und Anwendung fortgeschrittener Produktionstechnologien gilt den Reformprotagonisten als Hauptweg zur Verwirklichung dieses Ziels. Das ab 1.1.1988 geltende Betriebsgesetz enthält folglich einen Artikel zu diesem Problembereich. Dieser bietet ein Musterbeispiel für die Tendenz zu postulativen Formulierungen:

> „Die Tätigkeit des Betriebes auf dem Gebiet des wissenschaftlich-technischen Fortschritts muß der ständigen Erhöhung des technischen Niveaus und der Organisation der Produktion, der Vervollkommnung der technologischen Prozesse, der Produktion von Erzeugung höchster Qualität, die auf dem Weltmarkt konkurrenzfähig sind ... untergeordnet sein.
> Die Qualität der Erzeugnisse ... ist bestimmend für die Einschätzung der Tätigkeit jedes Arbeitskollektivs durch die Gesellschaft. Die Sorge um die Ehre des Markenzeichens seines Betriebs muß zum Gegenstand des beruflichen und patriotischen Stolzes der Arbeiter, Ingenieure, Konstrukteure und Leiter werden." (Art. 11, P. 1)

Das Zitat (wie der gesamte Artikel und viele Passagen der übrigen) enthüllt ein offenkundiges Mißverständnis der Funktion von Gesetzen sowie der Bedingungen und Grenzen der Durchsetzung ihrer Normen. Gesetze regulieren wesensgemäß Beziehungen zwischen Rechtssubjekten durch Normen, deren Einhaltung Institutionen des staatlichen Gewaltmonopols erzwingen können. Das vorliegende Gesetz spricht den Betrieben die Eigenschaft juristischer Personen zu (Art. 1 P. 2) und die Normierung ihrer rechtlichen Beziehungen vor allem mit anderen Betrieben (Lieferanten, Abnehmern) und mit den Organen der staatlichen Wirtschaftsverwaltung ist unbestreitbar notwendig.

Eine Formulierung wie: „Das vorliegende Gesetz bestimmt die Grundlagen der Organisation und der Tätigkeit ... der Betriebe und Vereinigungen ..." (Art. 1. P. 1) beweist jedoch eine Fehleinschätzung. Tätigkeit und Organisation der produzierenden gesellschaftlichen Grundeinheiten werden durch jene gesellschaftliche Struktur bestimmt, die in der sowjetischen Terminologie vorwiegend als 'Wirtschaftsmechanismus' gekennzeichnet wird. Im allgemeinen verkennen sowjetische Politiker und Ökonomen das natürlich nicht, und sie fordern seit langem die Schaffung eines derartigen Komplexes institutionalisierter sozialer und funktionaler Beziehungen, die entscheidungs- und verhaltensdeterminierend auf die Produzenten in der Weise wirken, daß 'ökonomisches' Handeln (im Sinne strikten Aufwand-Resultat-Kalküls) durch ihr Eigeninteresse bestimmt wird.

Ein Gesetz kann jedoch nicht die Funktion eines Wirtschaftsmechanismus erfüllen, es kann nur dessen *rechtlichen* (eben nicht die ökonomischen) Grundlagen fixieren und, wie gesagt, die *Rechts*beziehungen zwischen den Subjekten der ökonomischen Prozesse regulieren. Das ganze Betriebsgesetz ist aber durchzogen von Postulaten und auch von Maßregeln, die im Kern als Ersatz *ökonomischer* Verhaltensregeln wirken sollen:

"Die Einrichtungen für Forschung und Entwicklung, Projektierung, Konstruktion und Technologie sind verpflichtet, ein hohes Niveau der Forschung und Entwicklung zu gewährleisten und in ihnen zukunftsweisende Anforderungen an die Qualität der Erzeugnisse ... zu realisieren ..." (Art. 11, P.5)

Was 'hohes Niveau' heißt, kann das Gesetz nicht definieren; es gehört jedoch zu den juristischen Grundregeln, daß gesetzliche Bestimmungen präzis sein müssen. Eine andere besagt, daß die Adressaten der Normen rechtlich *und sachlich* in der Lage sein müssen, ihnen nachzukommen. Gewährleisten die *ökonomischen* Beziehungen jedoch diese sachlichen Bedingungen nicht (vgl. Teil I 4.6), bleiben Rechtsnormen wirkungslos.[92]

"Arbeit und Arbeitslohn" (Art. 14)

Allgemeine Postulate wie im Artikel 11 finden sich in dem über Arbeit und Arbeitslohn zwar auch ("Es ist die Pflicht jedes Beschäftigten, ehrlich und gewissenhaft zu arbeiten ... Der Betrieb ist verpflichtet, die Arbeit der Beschäftigten effektiv zu nutzen ...", (P.19)); aber insgesamt zeichnet sich Artikel 14 im Unterschied zu 11 eher durch eine Vielzahl zumindest teilweise überflüssig konkreter Normierungen aus. Die zentrale Intention, die die Bestimmungen dieses Artikels leitet, verfolgten schon Gorbatschows Vorgänger, sie wurde unter seiner Amtsführung jedoch aktualisiert und verstärkt. Es geht dabei um den 'subjektiven Faktor' der Intensivierung aller Wirtschaftstätigkeit, um die Stimulierung zu intensiverer, gewissenhafterer, qualifizierterer, ergebnisreicherer Arbeitsausübung.

Nach vorherrschender Auffassung sowjetischer Ökonomen, Publizisten und Politiker hat die Herausbildung quasi garantierter und hochgradig egalitärer Lohneinkommen auf allerdings niedrigem Niveau die Leistungsbereitschaft der Beschäftigten zersetzt und zu Gleichgültigkeit gegenüber den Inhalten und Resultaten der eigenen Tätigkeit geführt. Abhilfe dagegen wird nunmehr erhofft von der stimulierenden Wirkung der Einkommensdifferenzierung, von Chancen zu deutlich höherem, zugleich aber strikt an Leistung/Arbeitsresultat gebundenem Mehrverdienst.[93] Die detaillierten Bestimmungen des Artikel 14 sind auf Realisierung solcher Bedingungen durch die betriebliche Gestaltung der Arbeitsorganisation, der Formen der Entlohnung und Stimulierung und der Methoden der Ermittlung von Lohn- und Prämienhöhe ausgerichtet.

Diese Maßregeln des Artikels sollen hier nicht wiedergegeben werden (z.B. welche Arten von Prämien und Lohnzuschlägen unter welchen Bedingungen welchen Beschäftigtengruppen gewährt werden sollen oder dürfen). Es seien jedoch knapp einige Kritikpunkte benannt;

— "Der Arbeitslohn *jedes* (Unterstreichung H.C.) Beschäftigten ergibt sich aus den Ergebnissen seiner Arbeit, dem persönlichen Arbeitsbeitrag des Beschäftigten ... Der Betrieb garantiert auf der Grundlage der Offenheit die objektive Einschätzung des persönlichen Arbeitsbeitrags jedes Beschäftigten."[94]

Unter den Bedingungen fortgeschrittener Arbeitsteilung sind individuelle Leistungsanteile am betrieblichen Wirtschaftsresultat nicht bestimmbar, schon gar nicht 'objektiv'. Hinzu kommt, daß staatliche Festpreise, in deren Fixierung Erwägungen volkswirtschaftlicher Prioritäten einfließen, nicht als Elemente des Indikators 'betriebliches Wirtschaftsresultat' geeignet sind. Weiterhin haben unter den im Teil I dargestellten Bedingungen oft hochgradig obsoleter Produktionsanlagen sowie stark schwankender Zufuhr von Rohstoffen und Vorprodukten die Beschäftigten nur begrenzten Einfluß auf die (quartals- oder gar monatsweise gemessenen) Wirtschaftsergebnisse.

— Im Artikel 14 werden einerseits Selbstverständlichkeiten normiert (,,Der Betrieb bildet entsprechend dem festgelegten Normativ den Lohnfonds ...” der Betrieb hat ,,... das Regime der Arbeits- und Pausenzeiten festzulegen ...”), andererseits werden Verpflichtungen verallgemeinert, deren Erfüllung durchaus von betriebsspezifischen Bedingungen abhängig ist, wie z.B. die zur relativen Reduktion einmal der Belegschaftsstärke überhaupt (P.2) und dann nochmals des Verwaltungspersonals im besonderen (P.4).

— Umfang und Detailliertheit der Maßregeln zur Gestaltung von Arbeit und Entlohnung/Prämierung widersprechen der bekundeten Absicht, die ökonomischen Entscheidungs- und Dispositionsrechte der Betriebe substantiell zu erweitern.[95]

Das letztere gilt (durchaus nicht allein) auch für Artikel 13 'Die soziale Entwicklung des Arbeitskollektivs', der ebenso wie andere Artikel hier nicht mehr diskutiert werden soll. Zwar werden den Betrieben eine ganze Reihe für die Beschäftigten wichtiger sozialer Einrichtungen und Leistungen vorgeschrieben. Setzt man aber voraus, daß die durch das gleiche Gesetz kreierten Räte der Arbeitskollektive die ihnen zuerkannten Kompetenzen und Rechte auch nur halbwegs nutzen, bedürfte es nicht rechtlicher Normierung einer betrieblichen Sozialpolitik, die ohne eine aktive Belegschaftsvertretung ohnehin nicht einklagbar ist.

Zu den bereichs- und funktionsspezifischen Beschlüssen vom Juli 1987

Am 17.7.1987 ergingen 10 Beschlüsse des ZK der KPdSU und des MR der UdSSR, die offenkundig den ”Hauptleitsätzen zur grundlegenden Umgestaltung der Wirtschaftsleitung” in problem- und funktionsspezifischer Aufteilung normative Kraft verleihen und ihre Implementierung durch Konkretisierung der vorgesehenen Reformschritte vorbereiten sollten. Nachfolgend werden nur zwei dieser Beschlüsse in ihren Umrissen und Tendenzen gekennzeichnet.[96]

,,Über die Umgestaltung der Tätigkeit der Ministerien und Ämter im Bereich der materiellen Produktion unter den neuen Bedingungen des Wirtschaftens”.[97]

Vorwegnehmend sei resümiert, daß dieser Beschluß kaum als *Reform*dokument gewertet werden kann.[97a] Wo er Momente der Veränderung der zentralistisch-administrativen und autoritären Leitungspraxis streift, bleibt der Text postulativ und wo er konkret ist, geht es um organisatorische Neuerungen ohne Reformqualität.

Der Beschluß wird eingeleitet durch eine ziemlich umfassende und wahrhaft vernichtende Kritik der bisherigen Tätigkeit der Organe zweigförmiger Wirtschaftsleitung, d.h. vor allem der Branchenministerien. In groben Stichworten: die Ministerien und Ämter [98]

— gewährleisteten nicht die vollkommenere Befriedigung des volkswirtschaftlichen

154

Bedarfs und der Nachfrage der Bevölkerung;

— engten mittels bürokratischer und amtsegozentrischer Methoden die Rechte und die Selbständigkeit der Betriebe ein;

— sicherten nicht die wissenschaftlich-technische Entwicklung der Branchen auf fortgeschrittene Positionen, so daß das technische Niveau und die Qualität der Erzeugnisse hinter zeitgemäßen Anforderungen zurückblieben;

— führten ... völlig unbefriedigend ... die Tätigkeit zur Erhöhung der Effektivität der Produktion aus, zur Steigerung der Rentabilität, zur Verringerung der Verluste;

— nahmen die unzulängliche Erneuerung der Produktionsanlagen und ein niedriges Niveau ihrer Ausnutzung in Kauf;

— erwiesen sich nicht selten als nur passive Ausführende der Planaufgaben;

— widmeten der Stärkung der materiellen Basis der sozialen Einrichtungen und Leistungen ihrer Zweige nur geringe Aufmerksamkeit;

— blähten ihren administrativen Apparat in ungerechtfertigter Weise auf u.a.m.

Diese kritischen Feststellungen sind zweifelsfrei berechtigt; aber völlig ignoriert werden sich aufdrängende Fragen wie etwa die, weshalb die politische Führung dieses Walten der Wirtschaftsadministration jahrzehntelang duldete und ob die dysfunktionalen Leitungsmethoden nicht zumindest *auch* bedingt sind durch Art und Umfang der seitens der Partei- und Staatsführung gestellten Anforderungen. Und geradezu kurios wirkt, wenn genau diese bürokratisierten Organe im Anschluß mit einer Fülle von Aufgaben (alle in Richtung der Überwindung der beklagten Mängel) betraut werden:

— auf dem Gebiet der Wirtschaftsplanung (etwa 9 Aufgabenkomplexe),

— im Bereich des Anlagenbaus,

— auf dem Gebiet der materiell-technischen Versorgung,

— in den Bereichen der Finanzen, des Kredits, der Preise,

— im Außenhandel,

— auf den Gebieten der Beschäftigungspolitik, der Arbeitsorganisation und der sozialen Entwicklung.

Die Kennzeichnung der einzelnen Aufgaben erfolgt überwiegend in postulativer Weise insofern, als die intendierten *Resultate* der Tätigkeit bezeichnet werden, nicht aber deren Methoden (abgesehen von der pauschalen Etikettierung als 'vorwiegend ökonomische'). Eine klare Abgrenzung der Funktionen und Kompetenzen von Ministerien und Betrieben, auf die es gerade ankäme, erfolgt jedoch nicht. Zwar wird gefordert, die Ministerien sollten sich der Einmischung in die laufende ('operative') Wirtschaftstätigkeit der Betriebe enthalten. Das Problem liegt jedoch darin, wie sie sich bei den zugemuteten Aufgaben daran halten können, die nämlich ganz überwiegend genuin solche der unmittelbaren Produktionseinheiten sind.

Mit der eingehenden Auflistung der Aufgaben der Ministerien ist der Beschluß noch nicht am Ende. Es folgt in mehreren Punkten die Deklaration einer Reihe von Veränderungen der Leitungsorganisation. In Übereinstimmung mit den allgemeinen Reformpostulaten befinden sich allenfalls zwei: die von Gorbatschow schon zwei Jahre zuvor geforderte Auflösung der Unions-Industrievereinigungen als Leitungsebene zwischen Betrieben und Ministerien und das - nicht konkretisierte - Gebot der Reduktion der administrativen Apparate der Ministerien und Ämter selbst.

Eine der angekündigten Maßnahmen widerspricht sogar den Reformideen: die Zentralisierung der Leitung prioritärer Wirtschaftszweige (u.a. Energetik und Elektrifizierung, Schwarz- und Buntmetallurgie, Kohle, Erdölgewinnung und -verarbeitung) durch die Umbildung derzeitiger Unions-Republik-Ministerien in reine Unionsministerien.[99]

Ziemlich unklar bleibt (und auch nicht durch spätere Berichte aus der Praxis aufgehellt), was mit der postulierten Kreierung eines dritten Typs einzelwirtschaftlicher Grundeinheiten neben Betrieben und Produktionsvereinigung, den sog. 'staatlichen Produktionsvereinigungen' bezweckt wird. Erahnen läßt sich, daß sie Kooperation, Koordination, gleichsam Synthesis arbeits- und vor allem verwaltungsteiliger Trennung und Verselbständigung ermöglichen sollen. Reformqualität kommt dieser in der Vergangenheit schon so oft gescheiterten, zumeist nach kampagneförmiger Propagierung rasch im Ansatz steckengebliebenen nur-organisatorischen Innovation jedenfalls nicht zu.[100]

„Über die Umgestaltung der Planung und die Stärkung der Rolle von Gosplan SSSR unter den neuen Bedingungen des Wirtschaftens"[101]

Der umfangreichste der 10 Partei- und Regierungsbeschlüsse vom 17.7.1987 ist hier vorrangig darauf zu prüfen, ob die für Artikel 10 des neuen Betriebsgesetzes konstatierten Unklarheiten durch Präzisierungen, Konkretisierungen und Ergänzungen beseitigt wurden. Um das Ergebnis vorwegzunehmen: Der Beschluß schafft Klarheit, indem seine Aussagen über Funktionen, Methoden, Verfahrensweisen, Verantwortlichkeiten etc. eindeutig erkennen lassen, daß von einer neuen Planungskonzeption nicht die Rede sein kann. *Intendiert* sind vollkommeneres Funktionieren und bessere Resultate der plangeleiteten Wirtschaft, und deren *Praxis* soll sich in vieler Hinsicht verändern. Verkannt wird jedoch, daß diese Praxis notwendig der herrschenden Grundkonzeption von Wirtschaftsplanung und ihrer dementsprechenden Institutionalisierung und Organisationsweise entspringt. Und diese Determinanten läßt der Beschluß unberührt.

Wie der zuvor gekennzeichnete beginnt dieser Beschluß mit einer harschen Kritik der bisherigen Planungspraxis und ihrer Resultate. Danach werden unter der Überschrift „Vervollkommnung des Planungssystems und Erweiterung seiner demokratischen Grundlagen" vier Stufen und zugleich Planarten unterschieden. Auf der ersten Stufe geht es um Erarbeitung einer „Konzeption der ökonomischen und sozialen Entwicklung der UdSSR für eine Periode von 15 Jahren" durch Gosplan, das Staatskomitee für Wissenschaft und Technik und die Akademie der Wissenschaften. (P.3) In dieser Konzeption werden Prioritäten und gesamtgesellschaftlich und -wirtschaftlich vorrangige Erfordernisse und Projekte begründet und umrissen.

Auf der 2. Stufe werden aus der (vom ZK und vom MR zu billigenden) „Konzeption" „Grundrichtungen der wirtschaftlichen und sozialen Entwicklung der UdSSR" abgeleitet (von Gosplan unter Beteiligung zentraler Ministerien und

Ämter sowie der Ministerräte der Unionsrepubliken), die, in Fünfjahrphasen unterteilt, bereits in quantifizierenden Daten ausgedrückt werden. Das Projekt der „Grundrichtungen" für den jeweils nächsten Fünfjahreszeitraum dient als Basis der Erarbeitung des FJPl (3.Stufe), der als „Hauptform der Verwirklichung der in den Grundrichtungen vorgesehenen Ziele und Aufgaben" hervorgehoben wird. (P. 5)

Vom 13. FJPl an (ab 1991) soll die Erarbeitung der Jahrespläne (4.Stufe) nicht mehr eine besondere Stufe der Plantätigkeit bilden; sie sollen identisch mit den jeweiligen Untergliederungen der FJPl. sein. (P. 7) Hier haben wir das Beispiel einer konkret vorgesehenen Änderung, die durchaus nicht die herrschende Grundkonzeption von Wirtschaftsplanung tangiert und bei der vor allem ignoriert wird, daß die Notwendigkeit der Erarbeitung von Jahresplänen gerade den Mängeln und der mithin erforderlichen Korrektur der FJPl entspringt.

Der Beschluß bekräftigt die Maßregeln im Artikel 10 des Betriebsgesetzes, wonach die Betriebe ihre FJPl und Jahrpläne eigenständig erarbeiten und bestätigen, und er umreißt die intendierte Wirkung der vier Instrumente Kontrollziffern, Staatsaufträge, Normative und Limits, die die betriebliche Planung mit den - dem Anspruch nach - in den staatlichen Plänen ausgedrücken volkswirtschaftlichen Erfordernissen in Einklang bringen sollen. (P. 6) Wie aber, wenn diese Instrumente indirekter Zentralisierung nicht greifen? Der Beschluß enthält Passagen, die auf Prozeduren zur Sicherung der Prioritäte der staatlichen Pläne verweisen:

> „Die Ministerien und Ämter ... leisten im Prozeß der Erstellung der Planentwürfe ... systematische Arbeit mit den Betrieben ..., die gerichtet ist auf das Erreichen der Kennziffern, die in den Kontrollziffern und Staatsaufträgen vorgesehen sind." (P. 6)

> „Die Ministerien erörtern die Vorschläge der Betriebe ... zur weiteren Entwicklung ... der Produktion im folgenden Jahr, treffen Entscheidungen zu aufkommenden Problemen der Wirtschaftstätigkeit und erarbeiten zusammen mit Gosplan die notwendigen Maßnahmen zur Sicherung der Befriedigung des Bedarfs der Volkswirtschaft." (P. 7; hier auf Jahrespläne bezogen)

Im Anschluß an den allgemeinen Teil werden in dem Beschluß Maßregeln und Postulate für die Planung in einzelnen ökonomischen Funktionsbereichen formuliert. Für das Gebiet des wissenschaftlich-technischen Fortschritts (P.P. 10-15) sind die Normierungen in gleicher Weise postulativ und unbestimmt, wie in dem entsprechenden Artikel des Betriebsgesetzes (s.S. 161f.). Auch hier drückt sich wieder der konzeptionelle Vorrang der zentralen Planung vor der ökonomischen Eigenständigkeit der Betriebe aus, denen autonome Initiativen zu technischen Innovationen offenbar ungeachtet aller Erfahrungen des Versagens administrativer Planung gerade auf diesem Gebiet nicht zugetraut werden.

Auch im Abschnitt über die „Umgestaltung der Investitionsplanung" (P.P. 16-24) ist unverkennbar, daß Verbesserungen von Detailänderungen innerhalb der überkommenen Praxis erhofft werden, daß nicht einmal Änderungen im Verhältnis von zentralisisierten und betrieblichen Investitionen oder eine wirklich alternative Organisation des leidigen Anlagenbaus vorgesehen sind.

Der Sozialplanung (P.P. 25-29) und der territorialen Planung (P.P. 30-36) wird deutlich höheres Gewicht als in der bisherigen Praxis zugemessen. Gestärkte Priorität der ersteren verlangt aber nicht Änderungen des Planungs*systems*, die auch nicht vorgesehen sind. Erweiterte Ausrichtung der Planungen auf lokale und regionale Erfordernisse impliziert die Verlagerung von Planungsaktivitäten auf Organe dieser administrativen Ebene, was beabsichtigt ist. Zugleich bringt jedoch der mit einer erhöhten Anzahl von Planungsebenen wachsende Koordinationsbedarf gleichsam durch die Hintertür wieder eine Fülle von Kennziffern ins Spiel (vgl. P. 32), die den Reformpostulaten gemäß nicht mehr Gegenstand adressengerichteter Planung sein sollen.

Die herausragende Bedeutung, die im Punkt 39 den Materialbilanzen als „... wichtigstem Instrument der Gewährleistung des Gleichgewichts natural-stofflicher Proportionen der Wirtschaftsentwicklung unter den neuen Bedingungen der Planung der materiell-technischen Versorgung" zuerkannt wird, kommt der Absage an den nicht erst seit Gorbatschow wiederholt angekündigten Übergang zum Großhandel mit Produktionsgütern [102] gleich. Überhaupt ist unübersehbar, daß in dem gesamten Text kein einziges Mal die Rede von Markt oder auch nur von 'Ware-Geld- Beziehungen' ist.

Im Abschnitt über Funktion und Verantwortung von Gosplan (P.P.48 -58) finden sich zwar einige auf Einschränkung direktiver Interventionen gerichtete Aufforderungen. Entscheidend ist jedoch die Aufzählung ökonomischer Sachverhalte, für die Gosplan die „gesamte und vollständige Verantwortung" tragen soll (P. 48). Man fragt sich, ob den Verfassern des Textes bewußt war, daß sie damit Gosplan zugleich die Legitimation für die Beibehaltung direktiver, umfassender und detaillierter Planvorgaben und administrativer Eingriffe in die laufende Wirtschaftätigkeit sowohl der Ministerien wie vor allem der Betriebe verschafften.

2.4. Resümee

Im Kapitel 2 wurde - mit Ausnahme von Abschnitt 2.2 - die konzeptionelle und normative Dimension der aktuellen sowjetischen Wirtschaftsreform in ihrer Entwicklung bis zur Verabschiedung der Reformdokumente vom Sommer 1987 ('Hauptleitlinien ...', Gesetz über den staatlichen Betrieb, 10 bereichs- und funktionsspezifische Beschlüsse) skizziert. Die nur selektive, gleichwohl aber zureichend umfassende Darstellung und Diskussion der konzeptionellen Verlautbarungen und gefaßten Beschlüsse belegt eindeutig deren Grundmerkmal: es handelt sich um einen erneuten Ansatz zur Installierung 'ökonomischer Methoden der Wirtschaftsleitung', d.h. um Ablösung von Methoden und Instrumenten direkt zentralisierter Planung und Regulierung der Gesamtheit ökonomischer Prozesse durch indirekt zentralisierte. Gorbatschows seit dem XXVII. Kongreß der KPdSU gängige Charakterisierung der Wirtschaftsreform als 'radikale' ist mithin fragwürdig.

Das Scheitern von Bemühungen vor allem in den 60er Jahren, durch Übergang von direkt zu indirekt zentralisierter Wirtschaftsplanung und -leitung den Wirksamkeitsgrad ('Effektivität', 'Intensivierung') der gesamten Produktions- und Reproduktionstätigkeit grundlegend ('kardinal') zu erhöhen, wurde im Kapitel 1 in Erinnerung gerufen. Von der Interpretation des damaligen Reformverlaufs hängt ab, ob die Kennzeichnung der jüngeren Beschlüsse zur Veränderung des eingefahrenen 'Wirtschaftsmechanismus' als im wesentlich identisch mit dem von 1965 ausreicht, um das Scheitern des erneuten Versuchs zu prognostizieren und zu begründen. Das Faktum, daß der Übergang zu Formen indirekt zentralisierter Wirtschaftsplanung und -leitung in den Jahren nach 1965 nicht wirklich erfolgte, läßt für manche Beobachter die Frage nach ihrer potentiellen Tauglichkeit zumindest offen. Andere, am stringentesten V. Kontorovich (s. Fn. 18, Kap. 1), argumentieren umgekehrt: *weil* sich die modifizierten Leitungsmethodenals kontraproduktiv erwiesen, wurde ihre umfassende Einführung aufgegeben.

Die Alternative ist in dieser Weise jedoch zu apodiktisch und zu verallgemeinert gestellt. Die sowjetischen Erfahrungen (und auch die anderer sozialistischer Länder) reichen nicht aus, um Methoden gesamtwirtschaftlicher Prozeßregulierung mit Hilfe von Instrumenten mittelbarer Beeinflussung einzelwirtschaftlicher Entscheidungen und Handlungsweisen (gegebenenfalls ergänzt durch eine geringe Zahl eindeutig geregelter Formen direkter Intervention) generell Funktionsfähigkeit abzusprechen (vgl. Teil I, Kap. 5 und 6). Zumindest bedarf es gründlicher und differenzierter Untersuchungen der konkreten Ausgestaltung sowohl des Steuerungsinstrumentariums wie der politischen, gesellschaftlichen und ökonomischen Rahmenbedingungen, innerhalb deren es Anwendung findet. Kapitel 3 enthält dazu einige Hinweise für die aktuelle sowjetische Reform.

Selbst die durchaus unvollständige Auflistung von in der ersten Reformphase gefaßten Beschlüssen im Abschnitt 2.2 läßt erkennen, daß auf Veränderungen im Planungs- und Leitungssystem zielende Maßnahmen einhergehen mit der Neubestimmung von Produktions- und Investitionsprioritäten, mit struktur- und sozialpolitischen Entscheidungen u.a.m. Die Notwendigkeit dieser mehrdimensionalen Vorgehensweise begründete Gorbatschow schon früh:

> „Uns steht bevor, sofort, gleichzeitig in viele Richtungen zu gehen, sonst bewegt sich die Sache nicht von der Stelle, ist die Beschleunigung unserer Bewegung nicht gewährleistet."[103]

Der Druck zu einer Vielzahl pragmatischer Entscheidungen mag *eine* Erklärung für das offenkundige Versäumnis der Ausarbeitung einer fundierten und *kohärenten Strategie* zur Reformverwirklichung liefern, die u.a. gezielt die Abfolge notwendiger Schritte, nicht zuletzt zur Herstellung der notwendigen Rahmenbedingungen für das Wirksamwerden der neuen Kompetenz- und Funktionsverteilung und des Instrumentariums ökonomischer Prozeßregulierung zu fixieren hätte. Die oft überhasteten, unzureichend durchdachten und mit zu hohen und raschen Resultatserwartungen befrachteten Änderungsentscheidungen und - maßnahmen ließen jedenfalls eine solche Strategie nicht erkennen.

Die kritische Rezeption und Diskussion der Institution der Staatsaufträge im Verlauf der Erörterung des Betriebsgesetzes im Frühjahr 1987 verdeutlichte exemplarisch die dann bald von Gosplan und den Zweigministerien genutzte Möglichkeit, die neuen Leitungsinstrumente als direktive, umfassende und detaillierte Aufgabenzuweisungen unter neuem Etikett zu handhaben. Die Skizze der konzeptionellen und normativen Dimension der ersten Phase der aktuellen Wirtschaftsreform in der UdSSR läßt mithin grundlegende Mängel erkennen sowohl in der Ausarbeitung der Änderungsmodalitäten wie im Hinblick auf die Herstellung der unerläßlichen politischen, sozialen und gesamtwirtschaftlichen Voraussetzungen für eine konsequente Implementierung der Neuerungsbeschlüsse und das Wirksamwerden des reformierten Wirtschaftsmechanismus.

3. Probleme der Verwirklichung der Wirtschaftsreform – die Wirksamkeit der 'neuen Methoden'.

Die im Sommer 1987 gefaßten Reformbeschlüsse (vgl. Abschnitt 2.3.) sollten innerhalb der drei Jahre 1988 - 1990 in die Wirtschaftspraxis umgesetzt werden, damit der 13. FJPl (1991 - 1995) unter den institutionell, rechtlich und organisatorisch erneuerten Funktionsbedingungen realisiert werden kann. Der Versuch einer ersten - natürlich vorläufigen - Einschätzung der Verwirklichung der beabsichtigten Veränderungen im Sommer 1989, also gerade bei Halbzeit der vorgesehenen Implementierungsphase, mag verfrüht erscheinen. Hinzu kommt, daß von einer kontinuierlichen Entwicklung nicht die Rede sein kann. Im Herbst 1988 wurden bis dahin negierte bzw. verdrängte oder aber bewußt verdeckt gehaltene ökonomische Krisenerscheinungen (s. Kapitel 5) in geballter Weise manifest. Infolgedessen kam es zwar nicht zu einer Aussetzung der Reformpolitik; sie trat aber hinter vielfältige wenig koordinierte, zum Teil ad hoc gefaßte und unzureichend geprüfte Beschlüsse und Aktivitäten zur Krisenregulierung zurück.

Andererseits ist zu bedenken, daß die erneute Wirtschaftsreform in der UdSSR keineswegs erst Anfang 1988 in ihre Verwirklichkeitsphase trat. Im Vorgriff wurden Elemente der 1987 gebilligten Beschlüsse und Dokumente bereits zu Beginn des gleichen Jahres in größeren Bereichen der Wirtschaft wirksam und Aspekte wie veränderte Wirtschaftsplanung und erweiterte ökonomische Entscheidungs- und Verfügungskompetenzen der Betriebe gehörten schon ab 1984 zu den Hauptmerkmalen des 'Wirtschaftsexperiments im großen Maßstab'. Im folgenden wird auch nicht nach Reformresultaten im Sinne der üblichen ökonomischen Erfolgsindikatoren gefragt, sondern nach den *Tendenzen* der Umsetzung der beschlossenen Veränderungen der Planungs- und Leitungsformen und - methoden in die Wirtschaftspraxis. Und dazu lassen sich durchaus Beobachtungen resümieren.

Gleichzeitig mit der im Herbst 1987 als „zweite Phase der Wirtschaftsreform"[1] deklarierten Vorbereitung der Implementierung der Reformbeschlüsse wurde die Propagierung von Reformelementen verstärkt, denen bis dahin eher Randbedeutung zukam: Genossenschaftsbildung, Familienvertrag (vor allem in der Landwirtschaft) und bald darauf das Pachtsystem. Läßt sich begründet vermuten, daß diesen Neuerungen zunächst nur bereichsspezifische und damit begrenzte Relevanz zugedacht war, so verstärkte sich im Laufe des Jahres 1988 ihre gezielte Erörterung in Richtung forcierter Anwendung immer mehr. Ein Ausdruck dieser Tendenz ist die (anfangs zwar nicht explizit ausgeschlossene, vermutlich aber nicht beabsichtigte) Ausdehnung des Pachtwesens auf den industriellen Sektor. Diese Akzentverschiebung im Diskurs der Wirtschaftsreform war unverkennbar veranlaßt durch die Erfahrungen der vielfältigen Schwierigkeiten und Widerstände, auf die die 'neuen Methoden des Wirtschaftens' im Kernbereich der Reform, in der Industrie stießen.

Die Darstellung der Realisierungsprobleme der Wirtschaftsreform wird nachfolgend nach den drei Ansätzen gegliedert: neue Methoden des Wirtschaftens in der Industrie, Genossenschaften und Pachtsystem (im Zusammenhang mit Problemen der Landwirtschaft). Im parteioffiziellen Verständnis ist die erstgenannte Dimension die prioritäre. Unter Ökonomen und Publizisten gibt es dagegen den Trend, den anderen Neuerungsformen gute Perspektiven einzuräumen. Die Tendenzen der Reformpraxis sind in dieser Hinsicht widersprüchlich.

3.1 Realisierungsprobleme und Verlaufstendenzen der 'neuen Methoden des Wirtschaftens'.

Wie schon erwähnt, trat das 'Gesetz über den staatlichen Betrieb', das zentrale Reformaspekte der 'Hauptleitlinien ...' und auch der Einzelbeschlüsse vom 17.7.1987 rechtsverbindlich macht, am 1.1.1988 in Kraft. In welchem Maße hat es die Wirtschaftspraxis verändert? Sowjetische Politiker, Wirtschaftswissenschaftler und -praktiker urteilen darüber sehr skeptisch: die Formen der Wirtschaftsplanung und -leitung seien in den Grundzügen die alten geblieben:

> „Wir müssen die Probleme realistisch sehen. Ungeachtet der bereits unternommenen Schritte ... haben keine ernsthaften Veränderungen in der Wirtschaft stattgefunden."[2]

In einer Umfrage äußerten 75 % der befragten Direktoren von 120 Betrieben der Region Sverdlovsk ihre Überzeugung, daß selbst in der nächsten FJPl-Periode (1991-1995) die Ministerien ihre administrative Kontrolle der Betriebe nicht lockern werden. [3] „Die Wirtschaftsreform findet statt, aber sie tritt noch auf der Stelle, ihr Triebwerk knirscht."[4] Die knappe Auswahl aus einer Fülle gleichlautender Stimmen sei mit der Feststellung des prominenten Ökonomen und Volksdeputierten der UdSSR Pavel Bunič abgeschlossen: „Ich denke, daß die Wirtschaftsreform im staatlichen Sektor im Unterschied zur politischen Reform noch nicht den ersten Schritt getan hat..."[5]

Offenkundig besteht also eine enorme Diskrepanz zwischen Beschlußlage und Realität der Wirtschaftsreform. Die in der zweiten Hälfte der 60er Jahre in der UdSSR beobachteten Prozesse scheinen sich zu wiederholen. Wie spielt sich das ab und wo liegen die Ursachen? Diese Fragen drängen sich auf, zumal Praktiker und Ökonomen ausdrücklich warnend auf das unrühmliche Ende der 1965er Reform verwiesen hatten. Dem Versuch zu einer - unvollständigen - Antwort sei eine methodische Anmerkung vorausgeschickt.

In ihren Resultaten sind jene Prozesse der Verschleppung, Verfälschung und Obstruktion der ökonomischen Reform knapp und eindeutig benennbar. Ihre Verlaufstendenzen dagegen sind in den Details weniger leicht rekonstruierbar und ihre Ursachen sind präzise kaum nachzuweisen. Dazu tragen zwar *auch* Informationsdefizite bei; größere Probleme verursacht aber die Komplexität dieser Vorgänge. Man stößt bei ihrer Untersuchung rasch sowohl auf Ursachen*bündel* wie auf Ursachen*ketten*. Zeigt sich z.B., daß die Betriebe einer bestimmten Branche ihre Tätigkeit nicht gemäß der Reformkonzeption und den grundlegenden Partei- und Regierungsbeschlüssen umstellen, so bieten sich dafür *mehrere* plausible Erklärungen an, die jedoch wieder die Frage nach *dahinter liegenden Ursachen* aufwerfen. So etwa die vordergründige Antwort, das leitende Ministerium habe Instruktionen zur Umgestaltung der betrieblichen Wirtschaftspraxis erlassen, die der Grundidee der Reform widersprechen.

Neben diesen Ermittlungsproblemen ergeben sich auch solche der Darstellung. Im folgenden wird eine Anzahl von Teilerklärungen skizziert. Die kaum vermeidbare additive Form der Präsentation macht jedoch nicht zureichend deutlich, daß es sich real um einen (oder mehrere) Ursachen*komplex(e)* handelt, dessen Elemente in einem wechselseitigen Bedingungsverhältnis stehen. Einsichtig dürfte werden, daß unterschiedliche Erklärungs- bzw. Ursachen*dimensionen* beteiligt sind. Auf eine typologisierende Gliederung der Ursachen unzulänglicher Verwirklichung der Reformbeschlüsse wird bewußt verzichtet, weil dadurch die Suggestion von *Einzel*ursachen, wo es sich doch um ein Syndrom handelt, noch mehr befördert würde.

Ausdrucksformen und Ursachen inkonsequenter Reformverwirklichung im allgemeinen.

Als erster Aspekt seien organisatorisch-technische Mängel bei der Vorbereitung und Umstellung der Betriebe auf die neuen Wirtschaftsbedingungen benannt. Obgleich die daraus resultierenden Hemmnisse nur in der unmittelbaren Implementierungsphase eine Rolle gespielt haben sollten, blieben möglicherweise häufig spätere Korrekturen aus. So klagten Betriebsleiter oft über weit verspätete Zustellung der methodischen Anweisungen und Instruktionen zur Einführung der veränderten Organisationsformen der einzelwirtschaftlichen Prozesse seitens der Ministerien, die Minister wiederum entsprechend seitens Gosplans oder anderer Staatskomitees. „Insbesondere besaßen wir zu Beginn des vierten Quartals noch nicht die Methodik der materiell-technischen Versorgung der Produktion (d.h. der Belieferung mit Vorprodukten, H.C.) und der technischen Umrüstung der Betriebe ..., der Erstellung von Anforderungen und Aufträgen undder Durchführung der Großhandelsmessen ..." monierte z.B. der Minister für Leichtindustrie der litauischen Republik, dessen Bereich am 1.1.1987 zu den 'neuen Methoden des Wirtschaftens' überging.[6] Hier wird jedoch zugleich deutlich, wie weit es mit den Veränderungen her ist, wenn ein Republikminister zur Gestaltung regionaler Konfektionsgütermessen für den Textilgroßhandel Anweisungen des Unionsministeriums abwarten muß! Ein Betriebsökonom, der über das Ausbleiben der entsprechenden Instruktionen von Gosplan klagt, ist zugleich erstaunt darüber, daß auch unter den 'neuen Bedingungen' der Betrieb bei der Erstellung seines Planes sich strikt an die Anweisungen der höchsten Planungsinstanz zu halten hat (während das Betriebsgesetz besagt, daß die Betriebe ihre Pläne *selbständig* erarbeiten). [7]

Von der Verallgemeinerbarkeit dieser organisatorischen Mängel zeugt neben den zahllosen Kritiken in der Presse folgende Passage aus einer der knappen Mitteilungen über die Tätigkeit der 'Kommission zur Vervollkommnung der Leitung, Planung und des Wirtschaftsmechanismus': „Die Aufmerksamkeit dieses Ministeriums (des für Leichtindustrie der Union, H.C.) wurde gelenkt auf die schwache Kontrolle der Zustellung methodischer Regeln und Normative an die Betriebe, auf das Ausbleiben einer grundlegenden Umstellung der Arbeit des zentralen Apparats des Ministeriums." [8]

Nachhaltiger als durch die in wenigen Beispielen dokumentierten organisatorischen Mängel (die im wesentlichen schlicht auf die in der Tat knappen Zeitvorgaben seitens der politischen Führung zurückgehen) wird die Realisierung der Wirtschaftsreform blockiert durch Instruktionen der zentralen Organe (z.B. des Finanzministeriums der Union, von Gosplan u.a.) und der Branchenministerien an die je nachgeordneten Instanzen (Ministerien, Betriebe), die Wortlaut, Konzeption und Sinn der Beschlußtexte verkehren. „Sehr wichtig ist, daß die nach dem Erlaß der Entscheidungsrichtlinien ausgearbeiteten Instruktionen diesen im vollen Maße entsprechen und nicht das Verständnis dieser Beschlüsse erschweren, sondern für ihre Ausführung hilfreich sind."[9] Daß die Realität der Implementierung der Reformaßregeln diesem Gebot im allgemeinen nicht entspricht, belegen unzählige Leserbriefe, Reportagen, Rundtischgespräche, Zeitungs- und Zeitschriftenbeiträge. Schon in der ersten Phase des unter Gorbatschow erneuerten Reformansatzes stellte das höchste politische Führungsorgan, das Politbüro der KPdSU z.B. fest: „In vielen Zweigen geht der Umbau langsam voran, erfaßt nicht alle Arbeitskollektive. Die Leiter einer Reihe von Ministerien und Ämtern ... ziehen nicht die erforderlichen Konsequenzen aus der Kritik, die der Beschluß des Politbüros ... enthält." [10] Da hier auf Präsentation vieler möglicher Beispiele verzichtet werden muß, sollen zum Beleg noch zwei Zitate ausreichen:

> „Betrachten wir die Dokumente, die seit April 1983 ergangen sind, ich habe die Beschlüsse des ZK der KPdSU und des Ministerrats der UdSSR im Auge ..., so finden auf jeder ihrer Seiten unsere Erwartungen und Hoffnungen Ausdruck. Aber vergleicht sie mit dem, was die Betriebe erhalten in Form von Anweisungen des Ministeriums oder als Erläuterungen des Finanzministeriums und ihr seht viele Abweichungen." [11]
> „Es ist offensichtlich, daß zur konsequenten Verwirklichung der politischen Entscheidungen der Partei nach Inhalt und Geist angemessene praktische Maßnahmen erforderlich sind. Dafür ist notwendig, daß nicht Instruktionen und Anweisungen der Ministerien und Ämter erscheinen, in denen der 'Ton' der Parteibeschlüsse gedämpft, die Radikalität beseitigt wird - mit einem Wort, daß die Sache nicht auf eine Verfälschung der von der Partei gefaßten Entscheidungen hinausläuft."[12]

Nach Präsentation einer Reihe von Beispielen, die die Verletzung von Reformmaßregeln durch verschiedene politische und administrative Instanzen bezeugen, stellt ein populärer kritischer Ökonom fest: „Das Bild ist in der Tat trübe. Ist es jemandens schlechter Wille oder die Unfähigkeit, die Dinge zu Ende zu denken? Ist es ein Fall völligen Verlusts staatsbürgerlichen Bewußtseins oder tierischer Egoismus von Leuten, die an ihren Privilegien festhalten, oder ökonomische Unkenntnis, oder Bewegungsträgheit, die niemand beseitigen kann? Ich habe keine Antwort. Vielleicht ist es eine Kombination all der genannten Faktoren."[13]

Mit diesem Zitat soll zugleich begründet werden: wenn einem mit der hier diskutierten Problematik befaßten sowjetischen Ökonomen keine präzise Erklärung möglich ist, sollte sie nicht von einem mit den Realitäten der UdSSR weniger vertrauten 'westlichen' Autoren erwartet werden. Es können nur einige beteiligte Momente bezeichnet, jedoch nicht einmal ihr spezifischer Anteil am festgestellten Resultat reformobstruierenden Verhaltens geschätzt werden. Zunächst ein Beispiel, das m.E. auf eine unter den sowjetischen Protagonisten von Staat und Partei verbreitete Grundhaltung als 'versteckte' Ursache verweist. Durch Änderung der direktiven Planaufgaben der Agrarbetriebe zur Lieferung landwirtschaftlicher Erzeugnisse an die 'Fonds' der Union und der Republiken in Richtung von Reduktion und Stabilität der Raten sollte Anreiz zur Mehrerzeugung geschaffen werden, die die Agrarwirtschaften zu freien oder zu Vertragspreisen in direkter Vereinbarung mit jeweiligen Abnehmern absetzen dürfen. Daraufhin ermächtigten zentrale Planungsorgane (Gosplan, Gosagroprom) die regionalen bzw. örtlichen Instanzen, über dieses Mehrprodukt zu verfügen und es in die eigenen Pläne einzubeziehen, was faktisch heißt: den beabsichtigten Anreizeffekt zunichte zu machen. N.Ja. Petrakov, ein angesehener Wirtschaftswissenschaftler und Volksdeputierter, der dieses Beispiel anführt, stellt fest, daß die „... eingefahrene Praxis ... alles durch den Plan zu erfassen ... leider bis jetzt nicht als Rückfall in alte Denkweisen" aufgefaßt werden kann. „Das ist eher der allgegenwärtige Hintergrund, vor dem sich der Kampf für neue Methoden der zentralen Planung und Leitung entwickelt."[14]

Die verbreitete Erklärung der Entschlossenheit bürokratischer Organe, die eigenen Kompetenzen zu behaupten, zieht hier nicht, denn Anweisungs- und Verfügungsrechte werden an andere Instanzen abgetreten. Hier gelangt m.E. eine vor allem unter russischen Trägern obrigkeitlicher Macht tradierte Haltung zum Audruck. Die stalinistische Praxis, die gesamte arbeitende Bevölkerung zugleich rechtlos wie in Lebensbedingungen auf dem Niveau des Existenzminimums zu halten, wurde ja nicht erst endeckt, sie entsprach der Haltung der feudalen Grundherren zu ihren Leibeigenen. Wir werden in anderem Zusammenhang auf Beispiele stoßen, die ein geradezu manisches Bestreben von Amtsträgern belegen, staatlich nicht erfaßte und regulierte Wirtschaftätigkeit zu unterbinden oder zumindest hier erzielte Einkommen maximal abzuschöpfen.

Es kann nicht überraschen, daß in den zahlreichen Berichten über Verletzungen von Buchstaben und Sinn der ökonomischen Änderungsbeschlüsse durch Protagonisten der zentralen Wirtschaftsorgane und der Ministerien so gut wie nie die geläufige Ursachendeutung: Festhalten an Positionen, Kompetenzen und Privilegien, belegt wird. Zumeist werden nur die Handlungsweise oder deren Folgen bezeichnet, ohne nach Motiven zu fragen. Auch eine psychologisierende Stilisierung wie die folgende läßt unterschiedliche Erklärungen zu:

> „Natürlich tritt selten jemand direkt für die Beibehaltung administrativer Methoden ein. Aber stille Hoffnungen auf sie, versteckte Befürchtungen um Planmäßigkeit und Zentralismus sind noch sehr verbreitet. In der Praxis bedeutet das Hoffnung auf Kontrolle. Man argumentiert so: jeder Arbeiter, jeder Betrieb, jede Institution ist gehalten, seine Pflichten voll und ganz zu erfüllen, seien es Dienstvorschriften oder Verpflichtungen gegenüber den Verbrauchern ... Deshalb ist es leider nötig, die Sanktionen für alle möglichen Formen von Verletzungen zu verschärfen." [15]

Wird so die Überzeugung beschrieben, in der einzig richtigen Weise zu handeln; Unwilligkeit oder Unfähigkeit, veränderten Handlungsanforderungen gerecht zu werden oder die zähe Verteidigung bürokratischer Eigeninteressen? - Ich verzichte hier auf die Interpretation von Indizien und skizziere stattdessen Momente

der Handlungsbedingungen, unter denen die mit der Realisierung der Wirtschaftsreform beauftragten Funktionsträger zu agieren haben.

Die von der politischen Führung gebilligte Reformkonzeption, die auf ihrer
Grundlage gefaßten Beschlüsse und weitere Entscheidungen der höchsten Partei-
und Staatsorgane determinieren bereits Bedingungen der Verwirklichung der beabsichtigten Neuerungen. Schon 1986 wurde häufig die Verbindlichkeit der Aufgaben
und Ziele des 12. PJPl für Probleme der Umsetzung der Reformmaßregeln in die
Wirtschaftspraxis verantwortlich gemacht. Nicht zuletzt von den Erfahrungen der
1965er Reform ausgehend, waren sowjetische wie westliche Ökonomen zu der allgemeinen Überzeugung gelangt, daß eine grundlegende Veränderung der gesamten
Organisations- und Funktionsweise der Wirtschaft nicht ohne mehrjährige Umstel-
lungsschwierigkeiten und entsprechende Produktionsstörungen durchzusetzen sei.
Gleichzeitige Verwirklichung des 12. FJPl *und* einer 'radikalen' Reform der Ökonomie wurde also für illusorisch gehalten und die politische Führung konnte sich
dessen nicht nur bewußt sein, sie hätte auch den Entwurf des 12. FJPl 1986 nicht
sanktionieren müssen oder sie hätte den Plan z.B. 1987 annullieren können. ,,Es ist
verständlich, daß man unmöglich zwei Dinge zugleich machen kann: auf eine neue
Weise die Wirtschaft umgestalten und den Fünfjahrplan buchstabengetreu erfüllen
..." betont kein Geringerer als Politbüromitglied Aleksandr Jakovlev.[16] Auch für
die Modalitäten der Reformverwirklichung wurden seitens der politischen Führung
wichtige Entscheidungen getroffen. Zwei Momente seien benannt, die - durchaus
vorhersehbar - erfolgshemmend wirkten.

Schon das 'Wirtschaftsexperiment' ab 1984 und dann seine Erweiterungen unter Gorbatschow wurden sukzessiv branchenweise in die Praxis umgesetzt. Anstelle dieses 'vertikalen' Ansatzes wäre nach Ansicht mancher Ökonomen ein 'ho-
rizontaler' sachgemäßer gewesen, der Betriebe vergleichbarer ökonomischer Leistungsstärke erfaßt hätte. So wurden von vornherein Betriebe einbezogen, denen
die technischen und wirtschaftlichen Voraussetzungen zur Arbeit unter erhöhten
Anforderungen fehlten. Oft fand ihre Umstellung auf die neuen Bedingungen infolgedessen nur formal, 'dem Buchstaben nach' statt. Neben anderen Folgen wirkte
das negativ auf das Reformverständnis der Beteiligten: auch jetzt wieder schien
es sich wie schon so oft um eine Neuerungskampagne zu handeln, von der bald
niemand mehr sprechen würde. Unter diesen Bedingungen war es auch unvermeidlich, daß jene Betriebe weiterhin durch Umverteilung innerhalb der Branchen
alimentiert wurden, was die Reform gerade überwinden sollte.[17]

Zum anderen - und in Verbindung mit dem erstgenannten Aspekt wirkend -
wurden wesentliche Komponenten der Reform überhastet eingeführt. [18] Diese
Feststellung sollte nicht im Kontext der sowjetischen Debatte darüber diskutiert
werden, ob die Reform etappenweise oder mit einem Mal und umfassend durchgesetzt werden muß. [19] Denn 'überhastet' bezieht sich auf Implementierung *ohne*
Vorsorge für die funktionsnotwendigen Voraussetzungen, und diese müßten zumindest in wesentlichen Teilen *vor* dem dann umfassend und in einem Zuge möglichen
Übergang zu den 'neuen Methoden' geschaffen werden. Als übereilt muß vor allem
die Umstellung auf die Prinzipien 'vollständiger Wirtschaftsrechnung' (vWR) und
Selbstfinanzierung (SF) gewertet werden. Erinnert sei daran, daß diese Begriffe zu-

sammen neben ihrer engeren Bedeutung im sowjetischen Verständnis als Synomym für weitgehende ökonomische Eigenständigkeit der Betriebe stehen. Ab Anfang 1986 wurde diese Neuerung in zwei leistungsstarken Großbetrieben erprobt, in den Wolga-Autowerken in Tol'jatti und in der Frunse-Maschinenbau-Vereinigung in Sumy (Ukraine). Über den Verlauf dieses Experiments wurden unzählige Artikel veröffentlicht (nicht zuletzt dank der Schreibfreudigkeit des stellvertretenden Generaldirektors für ökonomische Fragen in Sumy, Dr. habil. V. Moskalenko). Diese Artikel waren zumeist informativ, konkret und kritisch in der Einschätzung. Sie legten die Vermutung nahe, daß infolge überwiegend fehlender Voraussetzungen mit einer raschen Ausweitung des Geltungsbereichs dieser Bedingungen betrieblicher Wirtschaftstätigkeit nicht zu rechnen sei. Diese erfolgte dann jedoch bereits zum 1.1.1987. Auf die Konsequenzen ist noch zurückzukommen.

Es sind weitere Mängel der Umsetzung der Reformbeschlüsse in die Wirtschaftspraxis zu registrieren, die ganz oder überwiegend zunächst der politischen Führung und erst in zweiter Linie den ausführenden Organen anzulasten sind. Pauschal ist zunächst an die schon exemplarisch benannten Unklarheiten und Widersprüche [20] zu erinnern, die sich in den normativen Reformdokumenten in erheblichem Maße finden (s.2.3). Die Unbestimmtheiten eröffnen den exekutiven Instanzen Freiräume zur Beschlußinterpretation und -umsetzung nach eigenem interessengeleiteten Verständnis und die Folgen entgegengerichteter Maßregeln legitimieren die Fortsetzung ständiger Interventionen der Ministerien und Staatskomitees in die betrieblichen Wirtschaftsabläufe. Unzureichendes ökonomisches Problemverständis und Mangel an Entschiedenheit offenbart die politische Führung der UdSSR nicht nur in ihrer Reformkonzeption und - politik selbst, sondern auch durch die Mißachtung von Reformerfordernissen bei anderen Wirtschaftsentscheidungen. So ist sie entgegen manchen rhetorischen Absichtsbekundungen noch kaum von der Fixierung auf gigantische Großprojekte abgerückt, die zentralisierte Investitionen in einem Umfang erfordern, der zu Lasten der betrieblichen Fonds, aus denen die dringend erforderlichen technischen Umrüstungen finanziert werden sollen, aufgebracht wird.[21] Auf den so verursachten zentralstaatlichen Finanzbedarf ist u.a. wohl eine Anweisung von Gosplan und dem Finanzministerium zurückzuführen, die es im Interesse der Gewinnabführungen der Betriebe in das Budget der UdSSR Bauorganisationen erlaubt, *entgegen* einem ZK- und MR-Beschluß zur Vervollkommnung des Wirtschaftsmechanismus im Bauwesen [22] Gewinne auch bei Nichtfertigstellung der Bauobjekte zu verbuchen.[23]

Die Durchsetzung und der ökonomische Erfolg der 'neuen Methoden des Wirtschaftens' hängen von einem Bündel unterschiedlicher Rahmenbedingungen ab. Einige der fehlenden können - im mehr oder minder zureichenden Maße - in der Vorbereitungsphase auf die neuen Bedingungen hergestellt werden. Das gilt z.B. für Veränderungen der relativen Preise (noch nicht notwendig für die grundlegende Erneuerung der *Methoden* der Preisbildung), die u.a. den bisher mit eingeplantem Verlust arbeitenden Betrieben die erforderliche Mindestrentabilität sichern. Die Angleichung geltender Gesetze, Verordnungen, Erlasse etc. an die normativen Reformmaßregeln *vor* deren Inkraftsetzung sollte selbstverständlich sein.

Die meisten institutionellen, organisatorischen und materiellen Voraussetzungen, zu denen auch die defizitären *Resultate* der bisherigen ökonomischen Prozesse zählen, die ja vielfach *Bedingungen* nachgelagerter Produktionsstufen bilden, sind Elemente eines circulus vitiosus: sie sollen im Zuge der Reform geschaffen werden, die Wirksamkeit des erneuerten 'Wirtschaftsmechanismus' hängt jedoch in hohem Maße davon ab, daß sie bereits existieren. Es ist gerade dieser Bedingungszusammenhang, der eine konsequente (und im Prinzip auch innerhalb kurzer Zeit umfassende) Durchsetzung der neuen ökonomischen Handlungsregeln und -anforderungen in die Praxis verlangt. Es ist deshalb in Anbetracht der skizzierten Mängel der Reformkonzeption *und* -verwirklichung nicht erstaunlich, daß vor allem Wirtschaftspraktiker immer wieder das Überdauern von Struktur-, Funktions-, und Resultatsdefiziten des überkommenen Planungs- und Leitungssystems als Ursachen des Nichtgreifens der Reformmaßregeln im eigenen Verantwortungsbereich identifizieren. Das gilt z.B. für:

— die anhaltenden und so gut wie allseitigen Ressourcendefizite, die zumindest verstärkt (wenn nicht sogar veranlaßt) werden durch das entgegen der Reformdeklaration nicht überwundene System administrativer ('fondierter') Zuteilung von Rohstoffen, Vorprodukten, Ausrüstungsgütern etc.; [24]
— das Ausbleiben beschleunigter Erneuerung hochveralteter Produktionsanlagen, das z.T. dadurch bedingt ist, daß den Betrieben nicht die verkündeten Entscheidungs- und Verfügungsrechte auf diesem Gebiet eingeräumt wurden;[25]
— die anhaltende schlechte Qualität von Erzeugnissen aller Produktionsstufen;[26]
— die nicht überwundenen Leistungsschwächen des Transportsystems; [27]
— die andauernden Defizite im Wohnungsbau und in der Gestaltung sozialer Einrichtungen und Dienste, die die Werktätigen allgemein demotivieren und in besonders rückständigen Zweigen zur Abwanderung benötiger Arbeiterinnen und Arbeiter führen.[28]

Im Bereich der Institutionen, Regulative und der eingeschliffenen Entscheidungsorientierungen und Handlungsweisen wirken u.a. unverändert:

— die Fixierung auf maximales wertmäßiges Mengenwachstum ('val'), die alle anderen und oft wesentlicheren Resultatserfordernisse in letzter Konsequenz negiert;[29]
— die Beibehaltung strikt zweigmäßiger Wirtschaftsleitung, die die postulierten direkten ('horizontalen') Liefer- und vor allem auch F & E- und produktionsbezogenen Kooperationsbeziehungen blockiert;[30]
— die völlig unzureichenden Resultate der F & E-Tätigkeit; [31]
— die Praxis, den Betrieben Arbeitskräfte für Ernte-, Bau- und andere 'Patenschaftsarbeiten' zu entziehen, die weiterhin dazu veranlaßt, mehr Arbeitskräfte als eigentlich benötigt zu beschäftigen, die an anderer Stelle gebraucht würden.[32]

Diese exemplarischen Ausdrucksformen mangelnder Voraussetzungen für die intendierte Wirksamkeit des Wirtschaftshandelns unter den 'neuen Bedingungen' mögen genügen.

Der Erfolg der Wirtschaftsreform hängt natürlich auch von der Motivation und den Fähigkeiten zur Arbeit unter veränderten und oft erhöhten Anforderungen auf der Ebene der Betriebe ab. Diesem Aspekt wurde von westlichen Beobachtern des Reformverlaufs nach 1965 im allgemeinen wenig Aufmerksamkeit gewidmet; hohe Neigung gerade der Betriebsleiter zur Arbeit bei wirklicher Eigenständigkeit wurde zumeist explizit unterstellt. In der neueren sowjetischen Diskussion sind die Urteile dazu skeptischer. Hier müssen wenige Beispiele genügen. Nicht selten dokumentieren Berichte geringe Vertrautheit auch der Inhaber von Leitungspositionen mit den Kategorien und Modalitäten der Reformbeschlüsse. „Nebenbei, im Verlauf der Attestierung (Qualifikationsüberprüfung, H.C.) war besonders bemerkenswert, daß bei weitem nicht alle Fachleute mit den neuen Methoden des Wirtschaftens vertraut sind ..."[33] In der Präsentation von Ergebnissen einer bereits erwähnten Umfrage unter Betriebsleitern im Gebiet Sverdlovsk wird resümiert: „Es ist auch sehr wesentlich, daß viele Direktoren (bis zu einem Drittel nach unserer Umfrage) bis jetzt keine klare Vorstellung von der Konzeption der Umgestaltung des Wirtschaftsmechanismus auf der Betriebsebene haben."[34] Die Untersuchung im Bereich eines Zweigministeriums gelangt zu dem Resultat, daß Betriebsleiter dazu neigen, nur die für 'ihren' Betrieb vorteilhaften Elemente der Neuerungen in die Praxis zu übernehmen und daß sie dabei oft die Unterstützung des leitenden Ministeriums finden. [35] Plausible allgemeine, in den tradierten Wertorientierungen und Verhaltensmustern wurzelnde Erklärungen für die in den Zitaten dokumentierten Motivations- und Kenntnisdefizite in bezug auf eine 'radikale' Veränderung der bisherigen Wirtschaftspraxis gibt R.V. Rykvina vom Novosibirsker Institut für Ökonomie und Organisation der industriellen Produktion in einer Untersuchung der 'ökonomischen Kultur' der UdSSR.[36]

Drei entscheidende Elemente des aktuellen Projekts der Wirtschaftsreform in der UdSSR sollen noch gesondert beachtet werden (wobei trotz der erforderlichen Beschränkung auf wenige Aspekte Überschneidungen mit schon mitgeteilten Sachverhalten nicht vermeidbar sind).

Zur Reform der Wirtschaftsplanung

In kürzester Weise resümiert, stehen im Mittelpunkt der beabsichtigten Veränderungen im Bereich der Wirtschaftsplanung:

- die Verlagerung der Priorität von den unmittelbar und detailliert produktionsgerichteten Jahresplänen zu den FJPl, die, ausgehend von struktur- und technologiepolitischen Entwicklungszielen und von der Sicherung der Proportionalität zwischen den volkswirtschaftlichen Funktionsaggregaten, Aufgaben auf den Gebieten der Produktion und Akkumulation, der Investitionen, Finanzen, Außenwirtschaft etc. fixieren;
- die Erstellung der Produktionspläne der Betriebe (Jahres- und FJPl) durch deren befugte Organe selbst bei Orientierung an Richtziffern der vorgeordneten Planungsinstanzen sowie am gesellschaftlichen Bedarf gemäß der Nachfrage;
- die wesentliche Verringerung der bestätigungsbedürftigen Kennziffern der betrieblichen Wirtschafts- und Sozialpläne;
- die Ersetzung der vorwiegend administrativen Planungsmethoden und - instrumente sowie der Plan- und Bewertungskennziffern durch 'ökonomische'.

Eine selektive Prüfung der zahlreichen Artikel in der sowjetischen Tages- und Fachpresse über die Umsetzung der Beschlüsse zu diesen Veränderungen in die Praxis der Planung auf verschiedenen Ebenen ergibt zunächst einmal, daß die kritischen, wenig oder keine Veränderungen konstatierenden Berichte bei weitem überwiegen. Zunächst aber wenige Beispiele für 'positive' Meldungen:

Pavel Bunič, ein schon wiederholt zitierter kritischer Ökonom, konzedierte im Herbst 1987, daß in den Plänen für 1988 den Betrieben größerer Spielraum belassen werde, innerhalb breiterer Erzeugnisgruppen die konkrete Produktion mit den Abnehmern abzustimmen.[37] Einschränkend fügte er jedoch hinzu, daß die Betriebe wirkliche Verantwortung für ihre Wirtschaftstätigkeit selbst dann nicht übernehmen könnten, wenn die direktiven Aufgaben nur 50 % der Kapazitäten beanspruchten.

In einem Interview über den Partei- und Regierungsbeschluß vom 17.7.1987 (s. 2.3) teilte der Vizepräsident von Gosplan mit, daß die Anzahl der von seinem Komitee geplanten und verteilten, konkret bezeichneten Erzeugnisse von 2 117 im Jahre 1987 auf 415 für 1988 reduziert werde. [38] Nach Gosplan und oberhalb der Betriebe sind allerdings die Zweigministerien Planungsinstanzen und ob diese den Umfang der obligatorischen Planaufgaben an die Adresse der Betriebe gleichfalls reduzieren, steht vorab dahin.

In einem neueren Beitrag in der 'Wirtschaftszeitung' werden Tabellen präsentiert, die für eine Reihe von Wirtschaftszweigen im 1. Quartal 1989 gegenüber dem entsprechenden Vorjahrszeitraum Produktionsrückgang, dennoch aber Planübererfüllung anzeigen. [39] Der Verfasser zieht daraus kritische Schlußfolgerungen, die in unserem Kontext nicht von Belang sind. Da die Pläne der höheren Instanzen jedoch so gut wie nie verminderte Produktionsaufgaben enthalten, deuten diese Daten schon auf Möglichkeiten der Betriebe zu eigener Planfestsetzung hin.

Adressaten der oberen und mittleren Planungsorgane sind die Betriebe und folglich geht die Kritik der Mißachtung der entsprechenden Reformbeschlüsse überwiegend von dieser Endstufe der Wirtschaftshierarchie aus. Die am häufigsten beklagten Aspekte unveränderter Planungspraxis und 'planungsmäßiger Leitung' seien an wenigen Beispielen und Zitaten belegt:

Die Anzahl der Plankennziffern wird nicht reduziert. Der stellvertretende Direktor einer Kammgarnfabrik in Grodno moniert, daß das leitende Ministerium (das für Leichtindustrie der belorussischen SSR) die Anzahl der Plankennziffern verdoppelte. Zum Beispiel wurden dem Betrieb früher der Produktionsumfang von Baumwollgarn im ganzen bestätigt, ab 1987 zusätzlich der von gezwirntem und innerhalb dieser Kategorie wiederum der von mehrfach gezwirntem Garn.[40] Die zur Herstellung eines bestimmten Produktionswerts erforderliche Arbeit in der ersten Moskauer Uhrenfabrik, die ab 1.1.1987 nach dem Prinzip der Selbstfinanzierung arbeitet und aufgrund dessen hohe ökonomische Eigenständigkeit genießen sollte, wird nach 5 Kennziffern bewertet: Anzahl der Erzeugnisse, ihr Einzelhandelspreis, der aktuelle Großhandelspreis, der Großhandelsfestpreis und die normative Nettoproduktion. Die letzte Kennziffer wäre nach Überzeugung des Direktors voll ausreichend.[41]

Es wird weiter nach dem Prinzip 'vom erreichten Stand' geplant. Obgleich im Bereich der Leichtindustrie die betrieblichen Pläne nach den Bestellungen des Handels erstellt werden sollen, setzte das Ministerium Produktionsmengenziele vom Vorjahrsumfang ausgehend fest, die *über* den Bestellungen lagen. Die Differenz machte im hier angezogenen Fall eines Textilbetriebs im Gebiet Krasnodar 1987 19 Mio laufende Meter Stoff aus. Die Lager des Betriebs quollen über. Es gelang zwar, einen Teil der Stoffe zu exportieren, der Betrieb mußte aber 40 % Preisabschlag und mithin 1 Mio Rubel Verlust in Kauf nehmen. [42]

Maßgebliche Bewertungskennziffer bleibt die Bruttoproduktion. „Eines der mächtigsten Hindernisse ist unsere Orientierung auf rein quantitatives ökonomisches Bruttowachstum. Beschleunigung wird identifiziert mit der Erhöhung des umfangsmäßigen Wachstums. Unabhängig welchen Mechanismus wir einführen und welche Stimuli wir anwenden: wenn die Wirtschaft weiterhin zu quantitativem Wachstum angetrieben wird, können wir keinerlei Qualität erwarten, keinen wissenschaftlich-technischen Fortschritt oder keine strukturelle Erneuerung."[43]

Die Pläne der Betriebe werden weiterhin ständig geändert. „Ernsthafte Schäden entstehen der innerbetrieblichen Wirtschaftsrechnung durch die auch jetzt fortgesetzte vielfache Korrektur der Pläne. Wie soll zum Beispiel die Produktionsvereinigung 'Autogerät' in Wladimir ihren Betriebsteilen stabile Rechnungskennziffern zuleiten, wenn ihr Plan für 1987 53-mal korrigiert wurde und in eineinhalb Monaten dieses Jahres (1988, H.C.) 5 mal für 20 Erzeugnisse?"[44]

Die von den Betrieben erstellten Pläne werden von den Ministerien ignoriert oder verändert. Der Generaldirektor und der Chefökonom einer Produktionsvereinigung für Kunstleder in Leningrad, die ab 1.1.1987 nach den Grundsätzen vWR und SF arbeitet, teilen mit, daß das vorgeordnete Ministerium dem Betrieb, der nach Intention der 'neuen Methoden' ja für die materiellen Resultate seiner Tätigkeit eigenverantwortlich sein soll, keinerlei eigenständige Entscheidungen über die Gestaltung der betrieblichen Wirtschaftsprozesse und die Verwendung ihrer Resultate zugesteht. Der vom Betrieb aufgestellte Produktionsplan wurde vom Ministerium überhaupt nicht beachtet.[45]

Traditionelle Planvorgaben werden lediglich in die Form der neuen Instrumente 'übersetzt'. „Unsere Aufmerksamkeit erregt auch, daß die den Betrieben vom Ministerium für Leichtindustrie der BSSR (der weißrussischen Sowjetrepublik, H.C.) aufgestellten Normative weder das Niveau der Nutzung der produktiven Fonds (d.h. die Auslastung der Produktionskapazitäten, H.C.), das der Nutzung der Energie- und der Arbeitskraftressourcen, noch den technischen und ökonomischen Stand der Erzeugung berücksichtigen. Nach der alten Methode wird der absolute Umfang des Lohnfonds und der Fonds der materiellen Stimulierung festgesetzt und ... nach diesen Summen ... die Normative ermittelt."[46]

Von der Verselbständigung der Planungsmethoden und der Planinhalte gegenüber den intendierten Wirtschaftsresultaten zeugen zahlreiche Ungereimtheiten auch der unter den 'neuen Bedingungen' geübten Praxis. Dazu zählen u.a. die Beibehaltung der direktiven Planung auch solcher Erzeugnisse, an denen kein Mangel besteht [47] (die es zumindest bis Mitte 1988 durchaus gab), oder die des 'Nomenklaturplanes' (Sortiment in naturaler Bezeichnung), wo doch Erfüllung der vertragsgemäßen Lieferverpflichtungen nach Sortiment und Frist Hauptbewertungsindikator der Leistung der Betriebe ist. [48]

Im Verlauf der öffentlichen Erörterung des Entwurfs zum neuen Betriebsgesetz zwischen Februar und Mai 1987 war einer der Hauptpunkte der Kritik die neue Institution der 'Staatsaufträge', vor allem ihre Erklärung zu einer obligatorischen Verpflichtung. Es war nach allen Erfahrungen durchaus naheliegend, zu argwöhnen, daß auf diese Weise die Fortsetzung direktiver Planung von vornherein legalisiert werden sollte. Auf der erwähnten ZK-Versammlung am 8./9.6.1987 schlug z.B. deshalb der prominente Ökonom G. Popov vor (s.Fn. 9), ein bei 50 - 60 % der betrieblichen Kapazitäten liegendes Höchstlimit für Staatsaufträge einzuführen. Der geäußerte Verdacht bestätigte sich 1988 in hohem Maße. Betriebsleiter und Wirtschaftswissenschaftler bombardierten die Tages- und Fachpresse geradezu mit entsprechenden Mitteilungen und harscher Kritik. Manche forderten schon wenige Monate nach dem Inkrafttreten am 1.1.1987 ein neues Betriebsgesetz.[49] Aus vielen Betrieben wurde nicht nur 100%ige, sondern darüber liegende Erfassung der Produktionskapazität durch Staatsaufträge berichtet.

Kennzeichnend ist der Beitrag des Direktors der RAF-Kleinbus-Werke in Elgava (lettische SSR), V. Bossert. Er wurde übrigens in der UdSSR weithin bekannt als der erste im experimentellen Vorgriff auf die Neuerung im Betriebsgesetz von 1987 schon zu Beginn dieses Jahres *gewählte* Direktor [50] RAF bekam für 1988 Staatsaufträge im Umfang von 105 bzw. 110 % (vermutlich zwei verschiedene Wagentypen betreffend) seiner Kapazitäten. Im April 1988 war für 30 % dieser Produktion noch kein Material zugeteilt. Die Betriebsleitung ergriff Initiativen zur eigenständigen Beschaffung der Vorprodukte. ,,Mit welchem Ergebnis? Im ersten Quartal erfüllten wir die hohen Staatsaufträge, indem wir etwa 500.000 Rubel aus dem Gewinn für Flugtransporte zur Zustellung der nötigen Materialien verausgabten."[51] Weitere 300.000 R. mußten für die Einrichtung von Maschinen zur Bearbeitung der Vorprodukte aufgewandt werden, die nicht dem genauen Bedarf entsprachen.

Hier nur noch eines der unzähligen in der sowjetischen Presse präsentierten Beispiele: Ein Werk für Elektromotoren in Perm mit breiter Produktionspalette, das bis 1986 in ökonomisch prekärer Lage war, dann jedoch durch große Anstrengungen Erfolge erzielte, erzeugte 1987 einen Produktionswert von 57,7 Mio R.. Für 1988 plante es eine Steigerung auf 61 Mio R. Das zuständige Ministerium erteilte jedoch nach Nomenklatur spezifizierte Staatsaufträge in Höhe von 67,5 R., eine Steigerung gegenüber 1987 um 17 %, während der FJPl des Betriebes eine Erhöhung von 12 % in *zwei* Jahren vorsah. Das Ministerium berief sich auf eine entsprechende Anweisung von Gosplan. Die Aufträge in diesem Umfang wird der Betrieb nicht erfüllen können. Unter den Bedingungen vWR wird er mithin Verluste erleiden, zusätzlich auch daraus, daß er die Erzeugung technisch avancierter Motoren, für die es Qualitätszuschläge gibt, zurückstellen muß. Bezeichnend ist übrigens, daß der Verfasser, ein Journalist, gar nicht 105%ige Staatsaufträge moniert, sondern nur darüber liegende.[52]

Daß die Interessen der Arbeitskollektive direkt und nicht nur in bezug auf die Prämien von den hypertrophen Staatsaufträgen tangiert werden, belegt ein Bericht, aus dem hervorgeht, daß der Betrieb bis zur Einführung dieser Institution seine überplanmäßige Erzeugung - für die sowjetischen Wirtschaftsverhältnisse kennzeichnend - im Naturaltausch gegen Nahrungsmittel für die Werksküche und gegen Materialien für den Wohnungsbau veräußert hatte, wozu er nun nicht mehr imstande ist. [53] Nicht wenige Betriebe riefen zur Hilfe gegen überhohe Staatsaufträge die staatliche Arbitrage an, wurden von dieser aber mit Begründung der gesetzlichen Verbindlichkeitsbestimmung abgewiesen.[54] Es ist das ein kennzeichendes Beispiel der überkommenen Fixierung der Rechtsorgane auf das Interesse der Machtträger und für den dazu praktizierten Rechtspositivismus. Denn jene Klausel widerspricht sowohl der Gesamtkonzeption des Gesetzes wie auch konkret anderen seiner Bestimmungen, so daß die Rechtslage keineswegs als eindeutig interpretiert werden muß. Zuweilen stößt man auch auf die Fragestellung, Betriebsleiter übernähmen gern Staatsaufträge, weil dann die 'materiell-technische Versorgung' ihrer Produktion besser gewährleistet würde.[55] In welchem Maße das zutrifft, muß dahingestellt bleiben.

Die überwältigende Kritik an der exzessiven Praxis der Erteilung von Staatsaufträgen - und vermutlich zugleich das Unbehagen der Reformkräfte innerhalb der politischen Führung daran - veranlaßten den Ministerrat im Juli 1988 zur Bestätigung einer „Zeitweiligen Ordnung über die Erstellung von Staatsaufträgen in den Jahren 1989 und 1990"[56]. In diesem Erlaß werden nicht Höchstgrenzen der Inanspruchnahme der betrieblichen Kapazitäten durch Staatsaufträge definiert, sondern in branchenmäßiger Unterteilung Erzeugnisse bzw. Erzeugnisgruppen bestimmt, für die Staatsaufträge erteilt werden dürfen.

Einer der stellvertretenden Präsidenten von Gosplan machte über die Reduktion der Staatsaufträge aufgrund der „Zeitweiligen Ordnung ..." Angaben, die nicht auf den Auslastungsgrad der Betriebe, sondern auf den Anteil an der (wertmäßigen) Gesamterzeugung der Branchen bezogen sind. (Tab.)

Diese Daten sind jedoch nicht zu vereinbaren mit einer nur wenig späteren Mitteilung von Gosplan, nach der für 1989 eine Reduktion der Staatsaufträge auf 65 - 75 % des Produktionsumfangs vorgesehen ist.[58] Zwar ist das wohl eine Angabe im volkswirtschaftlichen Maßstab; die von Vid ausgewählten Zweige sind jedoch solche von aktuell höchster Priorität und folglich müßte der Anteil der Staatsaufträge hier über dem gesamtwirtschaftlichen Niveau liegen. Ziemlich ungenau ist auch eine jüngere Mitteilung des Gosplanpräsidenten Masljukov, wonach die Staatsaufträge 1989 gegenüber 1988 um das 2-3fache verringert wurden. [59]

Daß die wirtschaftliche Krisensituation wie hinsichtlich anderer Reformelemente auch in bezug auf die Staatsaufträge den Rückgriff auf die gewohnten administrativen und direktiven Methoden begünstigt und (scheinbar) zugleich legitimiert, zeigt exemplarisch eine der knappen Mitteilungen „Aus dem Politbüro der KPdSU", die besagt, die Defizite im Bereich der Kinderbekleidung und der Erzeugnisse für ältere Menschen sollten auf dem Wege von Staatsaufträgen abgebaut werden. [60]

Tabelle 2: ERFASSUNG DER ERZEUGUNG EINIGER BRANCHEN DURCH STAATS-
AUFTRÄGE IN DEN JAHREN 1988 UND 1989, IN % [57)

Wirtschaftszweig	1988	1989
Maschinenbaubereich	86	25
Brennstoffe und Energie	95	59,4
Metallurgie	86	42
Chemie und Zellstoffe	87	34
Leichtindustrie	96	30
Baumaterialien	66	51

Das Grundproblem einer Reform der Wirtschaftsplanung - und das sei
nachdrücklich hervorgehoben - sind jedoch nicht der Umfang der Plankennziffern
und der Staatsaufträge, die Relationen der Aufteilung der betrieblichen Nettoeinkommen und Gewinne [61), die zahlreichen Planänderungen, die Unkoordiniertheit
der Einzelpläne usw. Es liegt vielmehr in einer tiefgreifenden Veränderung der
Konzeption von Wirtschaftsplanung überhaupt. Diese Notwendigkeit wird in den
programmatischen Aussagen zur sowjetischen Wirtschaftsreform mehr oder minder deutlich zum Ausdruck gebracht, die Reformbeschlüsse und Dokumente tragen
dem aber kaum Rechnung (s. die Abschnitte 2.1 und 2.3). Es kennzeichnet die
inneren Unstimmigkeiten des Gesamtkomplexes ökonomischer Reformbeschlüsse,
daß Elemente wie die beabsichtigten Änderungen der Planungsweise nicht über
zudem noch rigide gefaßte Methoden indirekt zentralisierter Planung hinausrei-
chen, die praktisch ohnehin stark zu den Wirkungen direkter Zentralisierung ten-
dieren, während andererseits Komponenten wie vollständige Wirtschaftsrechnung
und Selbstfinanzierung ohne ein hohes Maß wirtschaftlicher Eigenständigkeit und
Eigenverantwortlichkeit der Betriebe jeden Sinn verlieren.

Elemente einer wirklichen Reform der Wirtschaftsplanung können hier nur grob angedeutet werden. Die längerfristigen Pläne sollten aus sorgfältigen Analysen hervorgehende *Ziele* auf den Gebieten der branchenweisen und territorialen Strukturentwicklung, der Technologiepolitik, des Umweltschutzes, der Sozialpolitik u.ä.m. umfassen. Konkrete Produktionsaufgaben für die einzelnen Wirtschaftszweige müssen hier überhaupt nicht bestimmt, geschweige denn auf die Ebene der Betriebe disaggregiert werden. Die Jahrespläne sollten vor allem die aus den Perspektivplänen abzuleitende Investitionspolitik konkretisieren, die aus den Entwicklungsprioritäten folgenden Produktionsziele der Zweige umreißen, ebenso die Aufgaben von produktionsbezogener, aber auch sozialer Forschung und Entwicklung. Sie sollten die Bedingungen der Proportionalität der Komponenten des gesamtwirtschaftlichen Reproduktionsprozesses verdeutlichen, die ökonomisch mögliche und sozial erwünschte Verteilungs- und Verwendungsweise des Gesellschaftsprodukts, die Richtung der außenwirtschaftlichen Beziehungen u.a.m. Diese Pläne sollten für die Wirtschaftspolitik der Regierung verbindlich sein, die sie gegenüber den Betrieben vor allem mit Instrumenten der Investitionslenkung und der Geld,- Kredit- und Finanzpolitik durchzusetzen sucht. Auch die Jahrespläne sollten im Prinzip nicht in Form von Produktionsaufgaben auf die Betriebe aufgeschlüsselt werden. Die Erzeugung jeweils entwicklungsbestimmender oder aufgrund natürlicher oder ökonomischer Bedingungen defizitärer Güter sollte durch in angemessener Weise konzipierte Staatsaufträge gewährleistet werden. Die betrieblichen Pläne müßten aus direkten Erzeuger-Abnehmer-Beziehungen hervorgehen und im Sinne gesellschaftlicher und gesamtwirtschaftlicher Erfordernisse durch ökonomische Instrumente wie die angedeuteten reguliert werden.

Es ist erstaunlich, daß auch jene sowjetischen Ökonomen, die schon in der Breschnew-Ära mit konsequenter Kritik des zentralistisch- administrativen und direktiven Systems der Wirtschaftsplanung und - leitung hervortraten, in jüngerer Zeit kaum umfassendere und vertiefte Konzeptionen zur Reform der Planungsweise in der soeben angedeuteten Richtung vorlegten. Einige konzentrieren sich auf die Forderung, endlich dem Markt die ihm gebührende Freiheit und Funktion einzuräumen (z.B. N.Šmeljev, O. Bogomolov, in jüngerer Zeit auch P. Bunič). Andere, wie z.B. G. Popov haben sich überwiegend der Politik zugewandt. O. Lacis legte 1989 eine recht umfangreiche Arbeit vor, die jedoch in stark historischer Perspektve nochmals die Funktionsmängel des überkommenen 'Wirtschaftsmechanismus' nachweist.[62] D. Valovoj gab 1988 eine Sammlung seiner Artikel heraus; vorwiegend Reportagen, Interviews, auch jeweils aktuelle Analysen empirischer Prozesse, kaum aber Theoretisches und Konzeptionelles.[63] N. Petrakov [64] und Šatalin/Gajdar [65] legten 1988 bzw. 1989 konzeptionell gerichtete Arbeiten vor, in denen jedoch die Problematik der Wirtschaftsplanung weitgehend ausgeblendet bleibt. Zu den - nach meinem Überblick - wenigen Ausnahmen zählt ein relativ knapper, aber gehaltvoller Beitrag eines bisher wenig hervorgetretenen Mitarbeiters des mathematisch-ökonomischen Akademieinstituts, der auf der Linie der angedeuteten Planungskonzeption und -erfordernisse argumentiert.[66]

Ob und in welchem Maße innerhalb der politischen Führung der UdSSR und im besonderen bei der machtvollen Planungsbehörde 'Gosplan' eine neue Konzeption von Wirtschaftsplanung (mit allen Konsequenzen für Planinhalte, Planungsmethoden und -instrumente u.a.) Verbreitung und Verbindlichkeit erlangt hat, müßte der Entwurf des 13. FJPl erweisen. Er liegt zur Zeit (Sommer 1989) noch nicht vor, wofür es verständliche Gründe gibt: Gosplan ist mit Programmen zur Regulierung der ökonomischen Krise befaßt, die die längerfristige Planung zu berücksichtigen hat. Die begonnene Rüstungskonversion ist zu programmieren; sie eröffnet zwar zusätzliche Produktionschancen, hat jedoch zugleich materielle Anforderungen zur Folge (z.B. Arbeitsplätze, Umschulungsangebote und Wohnungen für 'freigesetzte' Berufssoldaten). Die neuen Beschlüsse zur erweiterten ökonomischen Selbständigkeit der Republiken im allgemeinen und der drei baltischen im besonderen, die bisher noch nicht konkretisiert wurden, müssen in Rechnung gestellt werden u.a.m. Es gibt jedoch ausdrückliche Hinweise darauf, daß am Entwurf des 13. FJPl *ohne* Vornahme struktrueller Veränderungen gearbeitet wird. [67]

Anfang August 1989 referierte Gosplanpräsident Ju. Masljukov vor dem Obersten Sowjet über den Entwurf des Wirtschaftsplanes für 1990, dem letzten Jahr des 12. FJPl.[68] Auch diesen Plan konnte er nur in Umrissen skizzieren; eine präzisere Version kündigte er für den Herbst an. Es ist natürlich nicht zu erwarten, daß es sich hierbei um einen strukturell veränderten Plan handelt, er wird allerdings deutliche Prioritätenverlagerungen, vor allem zugunsten der Konsumgüterproduktion und zur Erweiterung ihrer Kapazitäten ausweisen. Die zentralisierten (d.h. aus dem Haushalt der Union bestrittenen) Anlageinvestitionen im produktiven Bereich sollen gegenüber 1989 um 30 % reduziert werden. Während das Bruttonationalprodukt nur um 2 % steigen soll, ist eine Erhöhung der Erzeugung industrieller Massenbedarfsgüter um 18 % geplant. Masljukov machte dazu einige Einzelangaben, die - auch das ein Kennzeichen tradtitioneller Planungspraxis - unrealistisch erscheinen. Während demnach z.B. in den drei Jahren 1986 - 1988 die Erzeugung von Fernsehern um 257.000 Einheiten stieg, soll die Erhöhung 1990 gegenüber 1989 835.000 betragen, die von Staubsaugern 2,2 Mio Stück (gegenüber einem Zuwachs von 730.000 1986 - 1988). Bei Videogeräten ist im gleichen Zeitraum ein Zuwachs um 270 % vorgesehen usw. Geradezu voluntaristisch muß man die Absicht werten, das Haushaltsdefizit von 120 Mrd R. schon 1990 auf die Hälfte zu reduzieren.

Der Auftritt Masljukovs vor dem Obersten Sowjet zeigt allerdings einen Reformerfolg an; nicht im ökonomischen, sondern im staatlich- politischen Bereich. Die Verwandlung der traditionell formellen Akklamationen des Obersten Sowjets in kritische Wahlentscheidungen der Deputierten mit dem Resultat der Ablehnung einer Reihe von Personalvorschlägen für Ministerämter zeigte beim Gosplanpräsidenten offenbar Wirkung. Seine Ansprache der Abgeordneten hatte mitunter devote Züge. Ihm war wohl bewußt, daß die Annahme seines Planentwurfs durch den Obersten Sowjet im Herbst keineswegs gesichert ist.

Einen deutlichen Beleg für die Vermutung unveränderter Planungskonzeption und -praxis im Hause von Gosplan liefern die Kurzberichte in seiner Hauszeitschrift 'Planovoe Chozjajstvo' über die Sitzungen des Kollegiums der obersten Planungsbehörde.[69] Es handelt sich hierbei zwar nicht um Sitzungsprotokolle, sondern um relativ knappe Zusammenfassungen der Themenerörterungen und Beschlüsse. Sie lassen jedoch die Art der Behandlung der Probleme, der ein entsprechendes Eigenverständnis der Protagonisten von der Funktion dieser Institution zugrunde liegt, erkennen. Um davon einen Eindruck zu vermitteln, ist ein längeres Zitat erforderlich:

> „Das Kollegium von Gosplan erörterte den Ablauf der Verwirklichung des langfristigen staatlichen Programms der komplexen Entwicklung der Produktivkräfte der Wirtschaftskreise des Fernen Ostens ... in der Zeit bis zum Jahre 2000 ... Wie eine Revisionsreise vor Ort ergab, schoben eine Reihe von Ministerien und Ämtern der UdSSR im letzten Jahr die Ausführung einiger dringlicher Maßnahmen, die im Programm des 12. FJPl vorgesehen sind, auf. Die für 1988 erlassenen Staatsaufträge (im Baubereich) werden nicht erfüllt. Es änderte sich nicht die Arbeit des agroindustriellen Komplexes zur Verbesserung der Versorgung der Bevölkerung mit Massenbedarfsgütern und Lebensmitteln durch Erzeugung vor Ort. Die Fristen zur Aufnahme der Produktion (neu zu errichtender) großer Kapazitäten (verschiedener Industriezweige) wurden verletzt. Nur langsam werden die neuen Methoden des Wirtschaftens eingeführt....
>
> Die Stellvertreter des Präsidenten von Gosplan der UdSSR, die Leiter von Komplexen, die Mitglieder des Kollegiums und die Abteilungsleiter (von Gosplan) werden zusammen mit (es werden eine Reihe von Ministerien aufgezählt) beauftragt, einen Plan konkreter Maßnahmen zur Liquidierung des zugelassenen Rückstands bei der Erfüllung der Aufgaben des genannten Programms vorzubereiten, der Abteilung Territorialplanung zuzuleiten und seine unbedingte Erfüllung im 13. FJPl. zu gewährleisten."[70]

Hier ist nicht die Rede von den Gründen, die zur Nichterfüllung der einzelnen Planaufgaben führten und von geeigneten Schritten zur Überwindung. Es werden vielmehr neue Direktiven ausgearbeitet, was eine erhebliche Anzahl von Instanzen beschäftigt. Diese werden natürlich wieder nicht erfüllt, weil die komplexen Ursachen der Probleme unberührt bleiben. Das alles spielt sich *innerhalb* des eingefahrenen 'Wirtschaftsmechanismus' ab.

Nicht lange zuvor erörterte das Kollegium von Gosplan Probleme im Zusammenhang mit dem Entwurf einer Konzeption der wirtschaftlichen und sozialen Entwicklung der SU bis ins Jahr 2005. Es beauftragte die entsprechenden Gosplan-Abteilungen, unter Berücksichtigung der auf dieser Sitzung artikulierten Positionen sowie der Materialien des Entwurfs „... folgende Fragen zusätzlich zu bearbeiten:" Es folgt dann eine Aufzählung von nicht weniger als 23 zum Teil komplexen Problembereichen, die in ihrer Gesamtheit das ganze Ursachensyndrom der sowjetischen Wirtschaftsmisere präsentieren. Wären diese Probleme durch einen Gosplan-Auftrag zu beheben, würde wohl niemand mehr von ihnen sprechen. Es handelt sich hier um eine bloße Benennung endemischer Funktionsprobleme ohne Andeutung einer Konzeption zu ihrer Überwindung. Sie erfolgt völlig abgelöst vom gegebenen Kontext der Langzeitplanung und ohne jegliche Bezugnahme auf Reformerfordernisse. Für Beschäftigung wird jedoch wieder gesorgt:

> „Das Kollegium beauftragt die koordinierende Abteilung für volkswirtschaftliche Planung, die koordinierende Abteilung für Perspektivplanung und ökonomische Analyse und das ökonomische Forschungsinstitut Gosplans unter Teilnahme des Instituts für Ökonomie und Prognose des wissenschaftlich-technischen Fortschritts

der Akademie der Wissenschaften der UdSSR, die Vorschläge zu den genannten Problemen zusammenzufassen und dem Ministerrat der UdSSR zuzuleiten." [71)]

Zur Umgestaltung der Wirtschaftsleitung

Wirtschaftsplanung und -leitung sind in der UdSSR sachlich und institutionell kaum zu unterscheiden. Die meisten Leitungsorgane (z.B. die Zweigministerien) haben regulär gleichzeitig Planungsfunktion. Für Gosplan z.B. trifft das Umgekehrte formell nicht zu; faktisch tritt diese Instanz aber leitend, d.h. anordnend, untersagend, intervenierend gegenüber Ministerien und Betrieben auf. Bei dieser weitgehenden institutionellen und funktionellen Überschneidung mit den in den beiden vorausgehenden Abschnitten angesprochenen Problemen werden hier keine eigentlich neuen Aspekte diskutiert.

Die Reduktion der Wirtschaftsverwaltung. Konzeption und Beschlüsse zur Umgestaltung der Wirtschaftsleitung (vgl. die Abschnitte 2.1 und 2.3) sehen auch die Reduktion ihrer 'Apparate', d.h. sowohl die Verringerung von Leitungsebenen und -instanzen wie auch die der Beschäftigtenzahlen in den verbleibenden vor. In der offiziellen Version wurde das vor allem mit der Neubestimmung der Funktionen der wirtschaftsleitenden Organe begründet; im allgemeinen Reformdiskurs wird daneben oder auch davor betont, die Schrumpfung der Bürokratie sei erste und unverzichtbare Bedingung dafür, daß sie ihre permanente und allumfassende Reglementierung der betrieblichen Wirtschaftstätigkeit zumindest lockere. [72)] Mit der Verwirklichung dieses Reformaspekts wurde Anfang 1988 begonnen. Wie zumeist im Falle neuer politischer, administrativer, ökonomischer u.a. Maßnahmen von intentional bedeutender Reichweite fanden diese Vorgänge zunächst, d.h. im Winter und Frühjahr 1988, in der sowjetischen Presse hohe Beachtung. Dabei wurde berechtigerweise der Akzent der Berichterstattung und Problemerörterung häufig auf die soziale Seite, die Entlassung von Beschäftigten, gelegt; ein im hier verfolgten Zusammenhang der Durchsetzung neuer Leitungsformen allerdings nicht diskutierbarer Aspekt.

Die Reorganisation und gleichzeitige funktionale Umstellung der Wirtschaftsleitung sollen - wie andere die 'neuen Methoden' eher *vorbereitende* Reformschritte - Ende 1990 abgeschlossen sein. Wie weit sie bis heute (Sommer 1989) fortgeschritten sind, konnte nicht annähernd exakt ermittelt werden. Selbst für Teilbereiche werden abweichende Daten z.B. über die Anzahl 'Freizusetzender' veröffentlicht, etwa für Moskau 39.000, [73)] 60 000, [74)] oder 100 000. [75)] In manchen Beiträgen wurde skeptisch und warnend an frühere, im Resultat vergebliche Beschlüsse zur Verringerung administrativer Instanzen und Personalbestände erinnert. [76)] G. Popov antizipierte schon ein Jahr vor Beginn dieses Schritts zur Umgestaltung der Wirtschaftsleitung:

„Die Perestrojka verlangt radikale Änderungen der Funktion und der Rechte der zentralen Wirtschaftsorgane ... Die Experten von Gosplan zum Beispiel sind imstande, jeden beliebigen Vorschlag auszuführen, außer solchen, die eine kardinale Veränderung ihrer Funktionen und folglich eine 'Säuberung' ihres Personalbestands verlangen." [77)]

Daß die von der politischen Führung gestellten und in den Beschlußtexten festgeschriebenen Aufgaben der teilweisen Selbstliquidierung von den Ministerien und
Ämtern nicht mit besonderem Enthusiasmus ausgeführt wurden, stellte ein Autor
bereits in bezug auf eine etwas früher gefaßte, eine besondere Verwaltungsebene
betreffende Entscheidung fest:

> „Nachteilig wirkt auf die Arbeit der wirtschaftsrechnenden Betriebe auch die
> verzögerte Umgestaltung der Tätigkeit der Ministerien. Schon im vergangenen Jahr
> (1986, H.C.) wurde mit dem Ziel der Erhöhung der Selbständigkeit der Betriebe
> mit ... der Liquidierung der Allunions- Industrievereinigungen begonnen, aber bis
> jetzt existieren sie alle fort, setzen die kleinliche Bevormundung der nachgeordneten
> Untergliederungen fort, aber tatsächlich wichtige Probleme lösen sie nicht."[78]

Seit geraumer Zeit ist die Zahl der Berichte über den Fortgang der Umstruk-
turierung und Reduzierung der Wirtschaftsverwaltung spärlicher geworden. In einem neueren (in dem dieses Thema nur Teilaspekt ist) wird mitgeteilt, daß inzwischen etwa 100 Generalschemata reformierter Leitung und neue Organisati-
onspläne für die Ministerien und Ämter der UdSSR bestätigt wurden. Etwa 600.000
Beschäftigte der Verwaltungen seien entlassen bzw. 'umgesetzt' worden. Das be-
deute eine Einsparung von etwa 1 Mrd R., wobei der Staatshaushalt um 450 Mio
R. entlastet worden sei. [79] Dann konstatiert der Verfasser:

> „Jedoch häufig wird die Tätigkeit zur Verringerung des Leitungsapparats formal
> ausgeführt. Anstelle des Übergangs auf ein zweistufiges Leitungssystem errichten
> die Produktionshauptabteilungen einiger Ministerien Forschungs-, staatliche und
> andere Vereinigungen mit gesondertem Leitungsapparat. Dabei obliegt ihnen die
> gleiche Funktion, die der Apparat der liquidierten Leitungsorgane hatte."[80]

Diese Feststellung wird durch im Laufe des Vorjahres (1988) in der Presse dokumentierte Beispiele bestätigt.[81] Hier stoßen wir wieder darauf, daß es die bis in
die jüngste Zeit hinein von der öffentlichen Kritik ausgenommenen Organe der *politischen Führung* sind, die den Instanzen der mittleren Ebene, auf deren Agieren
sich sowohl westliche Beobachter wie die sowjetischen Medien konzentrieren, die
instituitionellen und rechtlichen *Voraussetzungen* für ihr Unterlaufen der Reformbeschlüsse verschaffen.

Nur zwei Monate nach Verabschiedung der funktionsspezifischen Änderungsbeschlüsse am 17.7.1987, zu denen der unter 2.3 referierte über die Umgestaltung
der Tätigkeit der Ministerien und Ämter gehört, bestätigte der Ministerrat die
Ordnung der „Staatlichen Produktionsvereinigungen".[82] Wie so häufig, sind sowohl deren Bestimmungen in sich widersprüchlich, wie bereits der Bestätigungs-
beschluß der 'Ordnung' das Gegenteil dessen behauptet, was tatsächlich bewirkt
wird. Hier heißt es nämlich, die Errichtung dieser neuen Gebilde solle seitens
der Ministerien genutzt werden „... mit dem Ziel der Schaffung der erforderlichen organisatorischen Bedingungen für den Übergang auf ein zweistufiges Leitungssystem ..."[83] Tatsächlich wird hier aber eine Leitungsebene zwischen Betrie-
ben/Produktionsvereinigungen und Ministerien installiert, bzw. es wird der überkommenen Ebene, den Hauptverwaltungen der Ministerien und den 'Allunions-
Industrievereinigungen' eine neue Hülle verschafft. Gegenüber den erstgenannten

besteht der formelle Unterschied darin, daß die neuen Vereinigungen auf eigener Wirtschaftsrechnung basieren sollen (was für die Industrievereinigungen schon seit 1974 gilt). Die detaillierte Funktionsbeschreibung der 'Staatlichen Produktionsvereinigungen' in der 'Ordnung' läßt jedoch keinen Zweifel daran, daß sie gegenüber den angeschlossenen Betrieben Leitungsfunktionen ausüben.

Auf andere Beispiele nur formeller Ausführung des Beschlusses zur Reduktion der Organe der Wirtschaftsverwaltung oder sogar für die Vermehrung administrativer Instanzen im Zuge der Umgestaltung [84] muß hier verzichtet werden. Der heutige Stand der Verwirklichung weniger des Wortlauts, aber des Sinns und der Absichten der Entscheidungen ist jedenfalls als unzureichend einzuschätzen.

Zur Veränderung von Methoden und Stil der Leitungstätigkeit. Die negativen, d.h. die das Ausbleiben solcher Wandlungen im Agieren der administrativen Organe dokumentierenden Berichte in der sowjetischen Tages- und Fachpresse sind so zahlreich, daß unter dem Druck der Raumökonomie hier keine konkreten Fälle, sondern diesen Sachverhalt verallgemeinernde Zitate ohne weitere Kommentierung präsentiert werden sollen:

> „Die Leitungsmethoden, die sich in langen Jahren des Administrierens herausgebildet haben, festigen das nunmehr wirksame Denkstereotyp als der einzig möglichen. Ich kenne viele Leiter verschiedener Rangstufen, die sich in ihrer Feindseligkeit offen, oder sagen wir es weniger hart, mit Zurückhaltung auf die neue Rolle der Betriebe einstellen."[85]

> „Leider wurden viele Maßnahmen, die in der letzten Zeit beschlossen worden sind, nicht in der notwendigen Weise realisiert ... es zeigt sich, daß die Ministerien und Ämter absolut nicht zu einer Änderung ihres Arbeitsstils bereit sind ..."[86]

> „Ungeachtet der Verringerung des Personals der Ministerien und Abteilungen hat sich die Macht dieser administrativen Organe nicht wirklich vermindert."[87]

> „Als ernsthafte Belastung der Reform erweist sich die Möglichkeit der unmäßigen direkten Reglementierung der laufenden Wirtschaftstätigkeit ... Ein bedeutender Teil der leitenden Kader kann sich eine andere Form der Leitung der Wirtschaft nicht vorstellen."[88]

> „... wenn die Widersprüche zwischen den neuen wirtschaftlichen Interessen der Betriebe und den alten Methoden, der Herangehensweise an die Planung, der Arbeit der Ministerien und Ämter erhalten bleiben, werden alle positiven Prozesse erstickt."[89]

> „Wir im Fernen Osten unterstützen die perestrojka, aber uns beunruhigt die Diskrepanz, die zwischen den gefaßten Beschlüssen und der tatsächlichen Umsetzung ins Leben besteht. Es entsteht die Situation, daß oben die richtigen Beschlüsse gefaßt werden, aber irgendwo in der Mitte des Weges verwischen sie sich und kommen bei uns in verfälschter Weise an. So sieht es die Mehrzahl derer im Fernen Osten. Was die Systeme der Leitung der Volkswirtschaft angeht, so sind keine wesentlichen Schritte zu erblicken, vor allem in der Arbeit der ...Ministerien und Ämter. Wie zuvor setzt sich ihr Diktat im Verhältnis zu den Arbeitskollektiven fort."[90]

Mit allen generellen Vorbehalten gegenüber der Aussagekraft standardisierter Verfahren der Meinungsforschung, insbesondere in Anbetracht der suggestiven Wirkung von Fragen, die sich auf obrigkeitlich propagierte Projekte, Verhaltensweisen etc. beziehen, seien in rein illustrativer Absicht Resultate einer Befragung von 800 Beschäftigten verschiedener Ministerien und Ämter mitgeteilt.[91]

Der Verfasser beginnt die Präsentation der Befunde kritisch und schließt optimistisch, weil 45 % der Befragten den Wunsch äußern, in ihrer Arbeit schöpferisch und in neuer Weise tätig zu sein, 52 % für Erweiterung von Marktbeziehungen eintreten und Markt und Sozialismus für vereinbar halten, 75 % für partnerschaftliche Beziehungen zwischen Ministerien und Betrieben plädieren.

Die Art der Fragestellungen, die für die Einschätzung des Gewichts solcher Resultate wesentlich ist, wird nicht mitgeteilt. Zuvor monierte der Verfasser unzureichende Kenntnisse von Reformmodalitäten: fast ein Drittel der Befragten konnte nicht die Besonderheiten der 'neuen Methoden des Wirtschaftens' zureichend kennzeichnen; nur 59 % kannten exakt die Differenzen zwischen den drei Hauptformen vWR. Im Hinblick auf die Einschätzung der eigenen Position und Tätigkeit erklärten nur 36 % der Respondenten, an der Entwicklung und Einführung neuer Formen des Wirtschaftens interessiert zu sein, 48 % sind mit der eigenen Arbeit zufrieden, 60 % meinen, durch die Einführung der neuen Methoden hätte sich der Umfang ihrer Tätigkeit erhöht. Der Verfasser wertet das als Indiz nicht erfolgten Übergangs zu neuen Formen der Leitung, weil sich anderenfalls die Menge administrativen Arbeitsanfalls reduziert haben müßte. Nur 25 % der Befragten sehen für die Apparate der Ministerien Möglichkeiten, Initiativen zu entfalten und ein kreatives Verhältnis zur eigenen Funktion zu entwickeln; nur jede(r) sechste Befragte schätzt, die Resultate der Arbeit der Apparate hätten sich verbessert.

Die postulierten *neuen Methoden der Leitungstätigkeit* werden in den programmatischen und normativen Reformdokumenten allgemein als 'ökonomische' charakterisiert. Eine besondere Rolle soll dabei dem Planungs- und Leitungsinstrument der 'Normative' zukommen.[92] Sie sollen für größere Wirtschaftsbereiche (Branchen oder zumindest Teilbranchen) einheitlich und für eine Reihe von Jahren (i.d.R. für FJPl-Perioden) unveränderlich ('stabil') sein. Damit soll den willkürlichen Verfügungen der Ministerien und Ämter über die betrieblichen Wirtschaftsresultate ein Riegel vorgeschoben und den Betrieben eine längerfristige Dispositionsbasis geschaffen werden. Daß dieses wesentliche Reformelement nicht bestimmungsgemäß in der Praxis angewandt wird, belegen wiederum unzählige Zuschriften, Berichte, Debatten und Analysen in der sowjetischen Fach- und Tagespresse. Im Interesse der Umfangsbegrenzung wird auf eine auch nur exemplarische Präsentation konkreter Fälle und ihrer Konsequenzen verzichtet, was zu rechtfertigen ist, weil:

— völlig unbestritten und mithin nicht nachweisbedürftig ist, daß die Normative von den Ministerien betriebsspezifisch und längstens für die Dauer eines Jahres aufgestellt und den Betrieben zugeleitet werden [93] (mit gewisser Ausnahme des Ministerium für Chemiemaschinenbau);

— weiterhin von keiner Seite bezweifelt wird, daß die Anwendung so beschaffener Normative nur eine andere *Form* direktiver und administrativer Wirtschaftsleitung und nicht regelhafter, sondern opportunitätsgeleiteter Verfügung über die materiellen und finanziellen betrieblichen Wirtschaftsresultate darstellt; [94]

— evident ist, daß Normative als Instrumente indirekt zentralisierter Wirtschaftsplanung und -leitung nicht im intendierten Sinne wirken, wenn nicht die notwendigen Rahmenbedingungen kontinuierlicher Produktion und Zirkulation gewährleistet sind (u.a. fließende 'materiell-technische Versorgung', Möglichkeit der bestimmungsgemäßen Verwendung der betrieblichen Fonds etc.);[95]

— diese Praxis des Mißbrauchs von Normativen bis zum Ablauf des 12. FJPl inzwischen quasi obrigkeitlich sanktioniert ist und die konzeptionsmäßige Anwendung bis Beginn des 13. FJPl aufgeschoben wurde.

Zu den ökonomischen Entscheidungs- und Verfügungsrechten der Betriebe

Im Teil I wurde am Beispiel wesentlicher ökonomischer Dimensionen die bisher fast völlige wirtschaftliche Unselbständigkeit der unmittelbar produzierenden Einheiten, der Betriebe, in der UdSSR als strukturelle Ursache des geringen Wirksamkeitsgrades alles Wirtschaftshandelns gezeigt. Resümiert sei nochmals: Der kennzeichnenden Organisationsweise der sowjetischen Wirtschaft liegt die Vorstellung zugrunde, die einzelwirtschaftlichen Prozesse müßten und könnten *unmittelbar* auf die Verwirklichung gesamtgesellschaftlich bestimmter wirtschaftlicher und sozialer Ziele ausgerichtet und nach zentralstaatlich festgelegten Indikatoren gelenkt werden. So allgemein formuliert, haben die Bolschewiki diese Konzeption nicht 'erfunden', sie war in den sozialistischen Parteien vor dem ersten Weltkrieg vorherrschend, und in den Werken von Marx und Engels finden sich Passagen, auf die sich diese Vorstellung sozialistischer Wirtschaftsorganisation stützen kann.

Es gibt drei Komplexe von Gründen dafür, daß diese Konzeption unter den Bedingungen hochdifferenzierter gesellschaftlicher Arbeitsteilung nur um den Preis wirtschaftlicher, sozialer, aber durchaus auch politischer Widersprüche, Funktionsmängel, Legitimationsprobleme u.a. realisiert werden kann: technisch-organisatorische, ökonomische und gesellschaftliche (vgl. dazu Teil I, vor allem Kapitel 5). Aus der Einsicht in die notwendige Wirksamkeit dieser Ursachen muß die Anerkennung der strukturellen Differenz zwischen der gesamt- und der einzelwirtschaftlichen Entscheidungs- und Handlungsebene folgen. Daraus wiederum begründet sich die Aufgabe der Herstellung eines 'Mechanismus' ständiger und flexibler Vermittlung zwischen den Entscheidungen, Handlungen und Handlungsresultaten beider Ebenen.

Die aktuelle sowjetische Reformkonzeption (wie schon die von 1965) geht von der Erkenntnis dieser strukturellen Ursache der empirischen Wirtschaftsprobleme des Landes aus; allerdings ist sie in der politischen Führung und unter den theoretischen und praktischen Reformprotagonisten offenbar in unterschiedlichem Maße ausgeprägt, und ihre Konsequenzen werden wohl von manchen verkannt oder verdrängt. Ausdruck dieser Einsicht ist das Reformpostulat der 'Erweiterung der ökonomischen Selbständigkeit der Betriebe'.[96] Seit 1987 gilt die Durchsetzung der Prinzipien 'vollständiger Wirtschaftsrechnung' (vWR) und Selbstfinanzierung (SF) als Voraussetzung und Hauptansatz der Verwirklichung substantiell erweiterter Entscheidungskompetenzen und zugleich Eigenverantwortung der Betriebe.

Es wurde bereits an anderer Stelle darauf verwiesen, daß es bisher in der UdSSR eine konsequente und kohärente betriebliche Wirtschaftsrechnung teilweise gar nicht, teilweise nur in Ansätzen gab und daß sie jedenfalls für die Bewertung der Tätigkeit der Betriebe durch die übergeordneten Instanzen und folglich auch für die Gratifizierung der Arbeitskollektive keine hohe Bedeutung hatte. Dafür war der Grad der Planerfüllung ausschlaggebend. Konzeptionsimmanent liegt darin eine gewisse Logik. Es läßt sich argumentieren, daß unter den - intendierten - Bedingungen vollständiger Bestimmung und Kontrolle aller materiellen, finanziellen und personalen Aufwandsfaktoren der betrieblichen Tätigkeit der Grad der Planerfüllung zugleich Material- und Arbeitsökonomie, also effektives Wirtschaften ausdrückt. Daß dem real nicht so ist, wurde im Teil I ausführlich gezeigt.

Die scheinbar nur ökonomisch-organisatorischen Fachbegriffe vWR und SF drücken mit den Implikationen, die sie im Zusammenhang der sowjetischen Wirtschaftsreform erhalten haben, also durchaus die Absicht einer 'radikalen' Umgestaltung der bisherigen Wirtschaftszweige aus. Ihre Verwirklichung wird allerdings wie auch andere Reformmaßregeln inkonsequent betrieben, und sie stößt zugleich in der Praxis auf vielfältige Probleme. Hier ist zunächst noch eine Zwischenbemerkung notwendig. - Die vorliegende Untersuchung bezieht längst nicht alle Probleme der sowjetischen Wirtschaftsreform ein. Zu den ausgesparten, sachlich jedoch wesentlichen, gehört das der Preisbildung. Westliche wie sowjetische Ökonomen betonen, daß vWR und SF der Betriebe ohne eine grundlegende Reform der Preisbildung nicht die beabsichtigten ökonomischen Wirkungen zeitigen können. Prinzipiell ist das richtig, und da die Preisreform aufgeschoben wurde, scheint es entbehrlich, die Probleme der Durchsetzung vWR und SF zu thematisieren. Das gilt jedoch nicht, wenn das Maß der Verwirklichung dieser ökonomischen Prinzipien als Indikator der Erweiterung der Entscheidungs- und Verfügungsrechte der Betriebe interessiert. Es ist das zwar nicht der einzige Indikator; daß es um andere bis heute nicht gut bestellt ist, wurde bereits in den vorausgegangenen Abschnitten dieses Kapitels gezeigt. Anschließend werden in knapper Form die allgemeinen Bedingungen der Einführung und Anwendung der nunmehr weitgehend mit den 'neuen Methoden des Wirtschaftens' identifizierten Grundsätze vWR und SF gekennzeichnet und in ebenso komprimierter Form (und eher exemplarisch als vollständig) die daraus folgenden Konsequenzen bzw. Probleme zum einen für die beabsichtigten gesamtwirtschaftlichen Wirkungen und zum anderen für die Tätigkeit der betrieblichen Arbeitskollektive skizziert.

Die Umstellung der sowjetischen Ökonomie auf Bedingungen, unter denen die Betriebe für die Erwirtschaftung der Produktionskosten und eines Überschusses zur Bestreitung vielfältiger Abgaben sowie der Aufwendungen für soziale Einrichtungen u.a. voll verantwortlich sind, bedeutet einen so radikalen Bruch mit der jahrzehntelang geübten Praxis, daß dieser Übergang einer umfassenden Vorbereitung bedurft hätte. Vor allem mußten die ökonomischen, materiellen, finanziellen, qualifikatorischen, institutionellen etc. Rahmenbedingungen dafür geschaffen werden, daß es der großen Mehrzahl der Betriebe möglich ist, diesen Anforderungen zu entsprechen.[97] Das ist 1986 und 1987 eindeutig nicht erfolgt; viel zu überstürzt wurden 1987 für erhebliche Teile der Wirtschaft die Prinzipien vWR und SF eingeführt, zum 1.1.1988 wurde deren Geltungsbereich bedeutend erweitert und ab

1.1.1989 für die gesamte Industrie und die Mehrzahl der übrigen Wirtschaftssektoren verallgemeinert.[98] Dieser rasche Übergang zu einer - der Intention nach - radikal veränderten Organisationsweise der betrieblichen und - wiederum der Absicht und den realen Erfordernissen nach - auch der überbetrieblichen Wirtschaftsprozesse *ohne* die Schaffung der erforderlichen sachlichen, qualifikatorischen, materiellen etc. Voraussetzungen sei als *erste* einschränkende Bedingung für die konzeptionsadäquate Umsetzung in die Praxis und für die Erfolgsaussichten festgehalten.

> Exkursartig soll hier eingeschoben werden: eine gewisse Berücksichtigung fand die enorm unterschiedliche ökonomische Situation der Betriebe durch die Einführung von zwei [99] alternativen'Modellen' vWR. [100] Zunächst sei knapp das beiden gemeinsame bezeichnet:
> Die betriebliche Wirtschaftsrechnung geht aus von den Bruttoeinnahmen aus der verkauften Produktion. Davon werden die Produktionskosten einschließlich der Abschreibungsbeträge sowie die Kosten der Sozialversicherung der Beschäftigten abgezogen. Die Restsumme wird als allgemeines oder Bruttoeinkommen bezeichnet, von dem abzusetzen sind: eine Abgabe für die Nutzung der Produktionsanlagen (die Produktionsfonds) in Höhe von 2, 4, 6 oder 8 % ihres Zeitwerts, eine Abgabe für die Nutzung der Arbeitskräfte (i.d.R. in Höhe von 300 R. im Jahr je Beschäftigte(n) sowie die Zinsverpflichtungen für Kreditaufnahmen (ab 1991 wird eine weitere Abgabe für die Nutzung natürlicher Ressourcen: Boden, Wasser, Luft eingeführt). Die nach diesen Abzügen verbleibende Summe wird als rechnerischer Gewinn (oder rechnerisches Einkommen) bezeichnet. Von diesem sind Gewinnabführungen an den Staatshaushalt, einschließlich der örtlichen/regionalen Haushalte, und an das leitende Ministerium (u.a. zur Bildung eines Fonds für F & E und eines Reservefonds) zu leisten. Der Restbetrag, der als Gewinn oder als 'wirtschaftsrechnerisches Einkommen' (im Falle des 2. Modells) bezeichnet wird, wird *nach vorgegebenen Normativen* auf die betrieblichen Fonds (Produktionsentwicklungsfonds, Fonds der sozialen Entwicklung, Reservefonds (letzterer nicht obligatorisch) verteilt.
> Der zentrale Unterschied zwischen beiden Varianten liegt darin, daß im 1. Modell der *Lohnfonds* den Produktionskosten zugerechnet wird und der Prämienfonds neben den genannten betrieblichen Fonds gebildet wird. Im 2. Modell dagegen ist der Lohnfonds nicht in den Produktionskosten enthalten, er bildet vielmehr als 'einheitlicher Lohn- und Prämienfonds' die Restgröße des Gewinns *nach* der normativen Formierung der zwei bzw. drei anderen genannten Fonds.
> Der doppelte Sinn der Trennung in diese beiden Formen ist kurz der: viele Betriebe können nicht ihre Umlaufmittel, darunter die Lohnkosten, erwirtschaften. Sie werden nach dem 1. Modell als anerkannte Produktionskosten aus dem Staatshaushalt aufgebracht oder bezuschußt. Das 2. Modell soll der Absicht nach leistungsstarken Betrieben Anreiz zu hohem Gewinn und folglich zur Chance hoher Lohn- /Prämienfonds bieten. Dem kann aber entgegengewirkt werden durch Handhabung der entscheidenden Variablen: Gewinnabführungen an Staatshaushalt und Ministerium.

Die *zweite* einschränkende Bedingung des Übergangs der Betriebe zu ökonomischer Eigenverantwortung und dieser entsprechenden Entscheidungs- und Verfügungskompetenzen wurde schon in anderem Zusammenhang genannt: die Fortgeltung des 12. FJPl und die folgliche Fixierung der Leitungsorgane auf seine Einhaltung und Erfüllung. Wenn diese gesamtwirtschaftlich erreicht werden soll,

184

müssen im Prinzip alle einzelnen Betriebe und Vereinigungen 'ihre' FJPl und die aus ihnen abgeleiteten Jahrespläne erfüllen. Das bot den leitenden Organen die Begründung dafür, den Betrieben spezifische ('individuelle') Normative der skizzierten Wirtschaftsrechnung (Gewinnabführung, Fondsbildung) zuzuleiten, die den Bedingungen der Planerfüllung und der dafür zugebilligten Ausstattung (Anlagen, Arbeitskräfte, Umlaufmittel etc.) entsprechen. Folglich bleiben für die Betriebe sowohl Anreize wie Möglichkeiten zu bestmöglicher (effektiver) Nutzung ihrer produktiven Ressourcen - die eben nicht identisch mit Planerfüllung ist - so gering wie zuvor.

Die *dritte* restriktive Realisierungs- und Wirkungsbedingung der 'neuen Methoden' resultiert daraus, daß die politische Führung offenkundig die *grundsätzlichen* Intentionen der Einführung vWR und SF als zentrales Reformelement mit kurzfristigen Anforderungen und pragmatischen Absichten verquickt, deren Durchsetzung den ersteren entgegenwirkt. Jedenfalls handelten die implementierenden Instanzen (Gosplan, Finanzministerium, Zweigministerien) in diesem Sinne, wenn sie die betrieblichen Wirtschaftsbedingungen so zu konditionieren suchten, daß eine maximale Entlastung des Staatshaushaltes ohne oder bei geringsmöglicher Erweiterung der Verfügungschancen der Betriebe über ihre Wirtschaftsresultate erzielt wird.

Nur exemplarisch seien einige Konsequenzen der genannten Komplexe restriktiver Bedingungen der Anwendung und Wirksamkeit von vWR und SF der Betriebe für die beabsichtigten volkswirtschaftlichen Effizienzeffekte angedeutet:[101]
— Solange die vom jeweils tatsächlichen Produktionsaufwand ausgehende Methode der Preisbildung beibehalten wird, bleiben die Wirkungen strikterer Kalkulation der betrieblichen Wirtschaftsprozesse auf der Basis solcher Preise begrenzt.[102]
— Solange Planerfüllung am Indikator 'wertmäßiger Produktionsumfang' (val) gemessen wird, sind die betrieblichen Arbeitskollektive auch unter den neuen Bedingungen nicht an Aufwandsökonomie interessiert.[103]
— Reibungslose betriebliche Wirtschaftsabläufe, die sich zu gesamtwirtschaftlicher Effektivität summieren, setzen die Überwindung der ständige Stockungen verursachenden Ressourcendefizite voraus.[104]
— Gesamtwirtschaftliche Effizienz und Dynamik erfordert, daß die betrieblichen Produktionsprozesse unmittelbar auf die Befriedigung gesellschaftlichen Bedarfs orientiert werden. Das verlangt betriebliche Planung nach Abnehmeraufträgen, nicht nach administrativen Vorgaben.[105]
— Betriebliche Wirtschaftsrechnung ist gesamtwirtschaftlich im beabsichtigten Sinne nur voll wirksam, wenn sie alle Aufwandsfaktoren *real* erfaßt. Das erfolgt u.a. nicht durch viel zu niedrig angesetzte Amortisationsraten (Abschreibungen).[106]
— Da der Gewinn nicht als synthetischer Indikator der betrieblichen Wirtschaftsleistung herangezogen wird (und das wegen mangelnder Vorbedingungen auch nicht kann), werden die betrieblichen Wirtschaftsabläufe durch eine Vielzahl spezifischer Instrumente reguliert, deren Wirkungen z.T. untereinander entgegengerichtet sind, z.T. anderen ökonomischen Zielen und Erfordernissen widersprechen.[107]

Konsequenzen der bezeichneten einschränkenden Bedingungen der Einführung und Anwendung vWR und SF für die Position und die Wirtschaftätigkeit der

Betriebe sollen ebenso verkürzt und exemplarisch skizziert werden:

Einige Wirkungen überhasteter Implementierung:
— Zu den mangelhaften Vorbereitungen auf den Übergang zu den veränderten betrieblichen Wirtschaftsbedingungen zählt das Fehlen von Angeboten zum Erwerb der erheischten Zusatzqualifikationen, vor allem für Betriebsökonomen und Buchhalter.[108]
— Auf einem Arbeitstreffen von Vertretern der am 1.1.1987 auf die neuen Bedingungen überführten 69 Betriebe Leningrads wurden zahlreiche Aspekte unzureichender Vorbereitung kritisiert. Es wurde hervorgehoben, daß die Umstellung in vielen Fällen nur nominell erfolgt. Die Finanzlage vieler dieser Betriebe ist angespannt; sie wurden nicht als Voraussetzung zu vWR und SF zuvor saniert. Nur 26 dieser Betriebe konnten in den ersten 4 Monaten den Gewinnplan erfüllen.[109]
— Als einer der Hauptbefunde einer Befragung von 100 Direktoren von unter den Bedingungen von vWR und SF arbeitenden sibirischen Betrieben wurde die Forderung nach Schaffung vergleichbarer Startbedingungen durch die leitenden Ministerien (Kredit- und Steuervorteile, Zuteilung günstiger Staatsaufträge, Recht zur Bestimmung der Produktionssortimente durch die Betriebe u.a.m.) herausgestellt.[110]

Fehlen der für vWR und SF erforderlichen Rahmenbedingungen:
— Zu den erforderlichen Rahmenbedingungen effizienter betrieblicher Wirtschaftsrechnung zählen Methoden und Instrumente der staatlichen Regulierung, die den Betriebsleitungen längerfristige eigenständige Dispositionen erlauben. Dem widersprechen im Jahreswechsel sprunghaft veränderte Produktionskennziffern, Normative der Gewinnabführung und der Fondszuweisung.[111]
— „... vollständige Wirtschaftsrechnung wird nur zu funktionieren beginnen, wenn ... normale Preise existieren, eine Form des Großhandels mit Produktionsgütern (besteht), die Unantastbarkeit der Finanzmittel der Betriebe garantiert ist etc. ... Alle die Neuerungen, die mit der radikalen Reform angekündigt wurden, beginnend mit der Planung der Volkswirtschaft bis hinunter zur Vergütung jedes einzelnen Arbeiters - nur alles dieses zusammen kann vollständige Wirtschaftsrechnung hervorbringen."[112] Diese Bedingungen sind bis heute nicht realisiert.
— In der erwähnten Umfrage unter Betriebsleitern wurden als Hauptelemente fehlender Rahmenbedingen funktionsfähiger vWR benannt: Abhängigkeit von der Belieferung mit Rohstoffen, Vorprodukten, Arbeitsmitteln (80 % der Befragten); Fehlen von sozialen Einrichtungen für die Beschäftigten und ihre Familien (76 %); die hochgradige Obsoleszenz der Produktionsanlagen (70 %); die Un- oder geringe Rentabilität bestimmter Erzeugnisse (64 %); Schwierigkeiten bei der Veräußerung nicht benötigter Produkte oder Materialien (wegen des Verbots durch vorgesetzte Instanzen, H.C., 64 %). [113]
— Von Beginn an wird propagiert, vWR nicht nur auf Betriebsebene, sondern auch auf der von Betriebsteilen wie einzelnen Werken, Abteilungen und vor allem in den Arbeitsbrigaden anzuwenden. Neben Problemen organisatorischer und betriebswirtschaftlicher Art, z.B. der Bestimmung fiktiver Preise für Zwischenerzeugnisse u.ä.m. behindern fehlende oder unzureichende Rahmenbedingungen vWR auf der Ebene der Betriebe ihre Anwendung in den Untergliederungen in potenzierter Weise.[114]

Fortdauernde Beschränktheit der betrieblichen Entscheidungs- und Verfügungsrechte [115]
— Bei Anwendung des 2. Modells vWR wird konzeptionswidrig die Aufteilung des Gewinns auf die betrieblichen Fonds nicht den Arbeitskollektiven überlassen, son-

dern nach von den Ministerien festgelegten Normativen vorgenommen.[116] Die anhaltende rigide Lenkung und kleinliche Kontrolle, u.a. monatliche Planabrechnung, und die detaillierte direktive Planung nach Sortimenten ('Nomenklatur') erlauben nicht die Ausrichtung der Produktion auf die Nachfrage und verhindern dadurch gute betriebliche Wirtschaftsresultate.[117]

— Vielen Betrieben verbleiben infolge entsprechend fixierter Normative der Gewinnabführung und der Fondszuweisung nach Übergang zu vWR und SF *weniger* Investitionsmittel als zuvor.[118] Entgegen verschiedenen gültigen Vorschriften werden betriebseigene Investitionsmittel von den Ministerien entzogen.[119] Betriebe dürfen nicht über die eigenen Abschreibungsmittel verfügen.[120] Der ihnen verbleibende Gewinnanteil ist in nicht wenigen Fällen geringer als vor dem Übergang zu vWR und SF und jedenfalls nicht ausreichend für den Investitionsbedarf und für die Schaffung erforderlicher sozialer Einrichtungen sowie für den dringlichen Bau von Werkswohnungen.[121]

Erschwerung der betrieblichen Wirtschaftstätigkeit: [122]

— Unter den Bedingungen vWR und SF wurde die bis dahin gängige Praxis direkter (aus dem Staatshaushalt) oder indirekter (faktisch nicht rückzahlbare Kredite) Alimentierung der betrieblichen Umlaufmittel weitgehend eingestellt. Da jedoch ein Hauptgrund für deren überplanmäßigen Umfang, die hohe Lagerhaltung, wegen der unregelmäßigen Belieferung mit Rohstoffen etc. nicht wegfiel, gerieten die Betriebe in ein Dilemma zwischen der Pflicht zur Erwirtschaftung der Betriebskosten und dem Druck zu quartalweiser oder sogar monatlicher Planerfüllung.[123]

— Die Betriebe erhalten unter den 'neuen Bedingungen' obligatorische Anweisungen zur fortlaufenden Reduktion der Belegschaften, bereichsweise aller Gruppen, generell für das ingenieur-technische Personal und andere Angestellte. Diese Verpflichtung erschwert insbesondere Wissenschafts-Produktionsvereinigungen die Erfüllung ihrer F&E-Aufgaben. Andere Betriebe bekommen Probleme, den sporadischen 'Patenschaftsverpflichtungen' zur Abstellung von Arbeitskräften nachzukommen, für die sie bisher eine Beschäftigtenreserve gehalten hatten.[124]

— Teilweise verschlechtern sich für die Betriebe nach Übergang zu vWR und SF die Prämierungsbedingungen. Das erfolgt auf ganz unterschiedliche Weise, weil die Konditionen nach Wirtschaftszweigen, Prämienarten und nach Empfängergruppen verschiedenartig sind. Verbreitet ist aber z.B. die Reduktion der Prämien für Materialeinsparung, obgleich diese nachdrücklich propagiert wird.[125]

— Die Einführung vWR und SF in den Betrieben ist wie bei früheren Neuerungen mit der Zustellung einer Unmenge von teils schwer verständlichen Instruktionen verbunden. „Wir erwarten bereits mit Schrecken eine neue Lawine von Anweisungen. Eine kam bereits vom Staatskomitee für Arbeit, ein 199-seitiges Buch mit der Auflistung jener, die Monatslöhne erhalten dürfen und derer, die nicht. Ist das nicht ein spaßiges Buch unter den Bedingungen der Selbständigkeit?".[126]

Die in unvollständiger Auswahl benannten Probleme der Einführung und Anwendung der Grundsätze vWR und SF soll jedoch nicht die Schlußfolgerung suggerieren, für die sowjetischen Betriebe hätte sich unter den neuen Bedingungen nichts geändert. Wenn das in manchen Zeitschriftenbeiträgen gesagt und begründet wird,[127] ist das Ausdruck der tatsächlichen Unterschiedlichkeit der betrieblichen Verhältnisse. Richtig ist im ganzen jedoch, daß nicht die erhofften gesamtwirtschaftlichen Effizienzeffekte erzielt wurden. Manchen bescheidenen und wohl auch nicht stabilen positiven Anzeichen stehen sehr viel deutlichere krisenhafte Entwicklungen gegenüber.

So entspricht es zwar der Konzeption vWR und SF, daß ab 1988 offenkundig nicht wenige Betriebe größere Gewinnanteile (oder jedenfalls höhere absolute Summen) zur eigenen Verfügung behielten. Sie nutzten diese zumindest *auch* zur Erhöhung von Löhnen und Prämien. Nie zuvor in den vergangenen etwa 30 Jahren stiegen die Masseneinkommen in der UdSSR rascher als 1988 und im ersten Halbjahr 1989. Da der Zuwachs der Verbrauchsgütererzeugung dahinter deutlich zurück blieb, wurden bei dem ohnehin gegebenen Kaufkraftüberhang der inflationäre Druck und die Warendefizite verstärkt. Diese krisenhaften Tendenzen sind letztlich Folge mangelnder materieller und ökonomischer Voraussetzungen für die neuen Wirtschaftsbedingungen *und* ihrer inkonsequenten Realisierung. In gewisser Folgerichtigkeit entspricht das unzureichende Maß an ökonomischer Verantwortung, das die Betriebe zu tragen haben, der Geringfügigkeit - und z.T. Einseitigkeit - der Erweiterung ihrer Kompetenzen.

3.2 Eine neue Reformvariante und ihre Widersprüche: die Genossenschaften

Die Umgestaltung der Wirtschaftsplanung und -leitung im staatlichen Sektor bildet schon infolge seines überwältigenden Anteils an der Gesamtwirtschaft den Kernbereich der ökonomischen Reform. Seit dem XXVII. Kongreß der KPdSU (Februar/März 1986) wurden jedoch auch Formen der Wirtschaftstätigkeit außerhalb der staatlichen Eigentums- und 'Normalarbeitsverhältnisse' legitimiert und propagiert. So die Institution des 'Familienvertrags', vor allem in der Landwirtschaft,zuweilen Heimarbeit, in beschränktem Maße individuelle ökonomische Aktivitäten und in besonderem Maße die Bildung vor Genossenschaften.

> „Bei der Lösung von Problemen des Mangels an Waren und Dienstleistungen ist Initiative gefordert, Beharrlichkeit und nötig ist auch die Suche nach neuen Formen der Hilfe der Bevölkerung durch individuelle Wirtschaftstätigkeit. Viele Werktätige stellen im besonderen in Briefen an die zentralen Organe die Frage einer breiten Entwicklung verschiedenartiger genossenschaftlicher Vereinigungen."[128]

Unterschiedlich wie die Formen waren die spezifischen Erwartungen, die an diese Neuerungen geknüpft wurden bzw. werden. Beim Familienvertrag (der heute hinter die Pacht zurücktritt) ging es vor allem darum, die Arbeitsintensität, die die bäuerlichen Familien anders als bei ihrer Tätigkeit im Kolchoz/Sovchoz für die ihnen zugestandenen Nebenwirtschaften aufwenden, zur Resultatsverbesserung der Stammbetriebe nutzbar zu machen. Heimarbeit wurde in Gebieten mit ausgeprägtem Arbeitskräftemangel als Teillösung verstanden und individuelle Tätigkeit, die nicht als Haupt-, sondern nur als ergänzende Einnahmequelle vor allem von RentnerInnen und StudentInnen zugelassen wurde, sollte zur Minderung des Mangels an Kleinerzeugnissen unterschiedlichster Art beitragen.

Eine gewichtigere ökonomische und soziale Funktion wurde den Genossenschaften zugedacht. Es waren in erster Linie die anhaltenden Mißerfolge bei der Konsumgütererzeugung im staatlichen Sektor und die wachsende Diskrepanz zwischen Massenkaufkraft und Ver- und Gebrauchsgüterangebot, die geradezu eine Kampagne zur Genossenschaftsgründung mit hohen Erwartungen auslösten. Im Februar 1987 wurden die oben erwähnten Beschlüsse des Ministerrats gefaßt (vgl. Fn. 57, Kap.2). Obgleich sie mit ihren Musterstatuten für Genossenschaften in den Bereichen der öffentlichen Beköstigung, der Massenbedarfsgüter und der Dienstleistungen dieser Form gesellschaftlicher Arbeit bereits eine institutionelle und rechtliche Grundlage verschafften, wurden sie nach nur gut einem Jahr durch ein Gesetz „Über Kooperation in der UdSSR" ersetzt.[129] Es war nicht zuletzt inspiriert durch die Absicht, den vielfältigen Formen der Behinderung der Errichtung und der Tätigkeit von Genossenschaften durch örtliche Partei- und Sowjetorgane die rechtlichen Begründungen zu entziehen.

Im öffentlichen Diskurs [130] war im allgemeinen die Rede von 'Genossenschaften' (pl.kooperativy); im Titel des Gesetzes steht jedoch 'Kooperation' (sg. kooperacija). Damit wird zum Ausdruck gebracht, daß das Gesetz nicht nur Genossenschaften im herkömmlichen Sinne zuläßt, sondern auch auf gemeinsame wirtschaftliche Tätigkeit gerichtete Zusammenschlüsse beschränkterer Zielsetzung, Mitgliederzahl, Finanzbasis. Ideologisch wurde dieser Reformschritt legitimiert durch aus- und nachdrücklichen Rückgriff auf die Genossenschaftskonzeption des späten Lenin,[131] obschon dessen Begründungen auf ganz andere soziale, ökonomische und soziokulturelle Voraussetzungen als die der UdSSR im Jahre 1988 bezogen waren.

Das Kooperationsgesetz wurde von in- und ausländischen Anhängern der perestrojka als bis dahin bestes Reformdokument gewertet. Einige Hauptmerkmale seien zusammengefaßt:

— Genossenschaften werden normativ den Staatsbetrieben gleichgestellt. „Die Arbeit in Genossenschaften ist ehrenvoll, angesehen und sie wird vom Staat allseitig gefördert." (Art.4) „Genossenschaftliches Eigentum ist als Form sozialistischen Eigentums unantastbar und es steht unter dem Schutz des Staates. Es wird vom Gesetz in gleicher Weise wie das staatliche Eigentum geschützt." (Art. 8, P.1)

— Das Gesetz stellt im Hinblick auf Tätigkeitsbereich, Mitgliederzahl oder Finanzgrundlage keine besonderen Anforderungen. Es betont ausdrücklich, daß die Gründung von Genossenschaften nicht genehmigungspflichtig ist (Art. 11, P.1). Sie ist den örtlichen Sowjetinstanzen lediglich anzuzeigen und von diesen zu registrieren. Sie dürfen die Registrierung nicht ablehnen.

— Die finanzielle Basis der Genossenschaften wird gebildet aus Einlagen der Mitglieder, der Beschäftigten, anderer Genossenschaften oder Betriebe. Ferner durch Kredite oder auch durch Anleihen in Form von Schuldverschreibungen. Die Ausgabe solcher Papiere ist allerdings an die Zustimmung von Finanz- und Bankorganen gebunden. (Art.22)

— Genossenschaften können Nichtmitglieder beschäftigen. In diesem Punkt ist das Gesetz etwas unklar. Es schließt die Vollbeschäftigung von Nichtmitgliedern nicht explizit aus (und sie wird heute praktiziert), legitimiert ausdrücklich aber nur die Nebenbeschäftigung bzw. die von Studenten und Rentnern. (Art. 25, P.2)

— Die Genossenschaften arbeiten nach Wirtschaftsplänen, die sie selbst erstellen und durch ihre Mitgliederversammlungen beschließen. Einmischung in ihre Wirtschaftstätigkeit seitens staatlicher oder anderer Organe soll nicht zugelassen werden.

(Art.10, P.2)

— Für Erzeugnisse, die Genossenschaften mit eigenen Produktionsmitteln und aus selbst beschafften Rohstoffen herstellen, können sie die Preise in eigener Entscheidung oder in Absprache mit den Abnehmern festsetzen. Nehmen sie Staatsaufträge an und erhalten Ressourcen aus den staatlichen Verteilungsfonds, sind sie an die von den administrativen Instanzen fixierten Festpreise gebunden. (Art.19)

— Die Genossenschaften zahlen Steuern auf ihre Einkommen, die Sätze legt das Gesetz aber nicht fest. Es besagt, daß die Tarife für 5 Jahre stabil und daß sie gestaffelt sein sollen nach Art der Genossenschaft, nach Tätigkeitsbereich und nach der Weise ihrer Gewinnverwendung. Die persönlichen Einkommen der Mitglieder und der übrigen Beschäftigten sollen progressiv besteuert werden. (Art.21)

— Genossenschaften haben das Recht, eigenständig außenwirtschaftliche Beziehungen aufzunehmen und zu unterhalten. (Art.28)

— Die Kolchozy, für die das Gesetz einen eigenen Abschnitt enthält, sollen dem Wortlaut nach den anderen Genossenschaften in allen wesentlichen Aspekten gleichgestellt sein. Hier konnte man, wie des öfteren im Falle sowjetischer Gesetzesformulierungen, von vornherein am tatsächlichen Realisierungswillen zweifeln, vor allem im Hinblick auf wirtschaftliche Eigenständigkeit. Diese Skepsis wurde durch die Praxis bestätigt.

Die Konzipierung und die tatsächliche Entwicklung der Genossenschaften als Komponente der Umgestaltung sowie ihre Behandlung seitens der administrativen Organe sind in vieler Hinsicht kennzeichnend für die sowjetische Wirtschaftsreform überhaupt: Die Initiatoren reflektierten offenkundig die Voraussetzungen, Erfordernisse und die zu erwartenden Resultate der genossenschaftlichen Wirtschaftstätigkeit nur unzureichend. Ungeachtet des recht umfangreichen Gesetzes blieben wesentliche Fragen der Errichtung, der Struktur und des Wirkens der Genossenschaften klärungsbedürftig.[132] Entgegen dem Gesetzeswortlaut behielten wirtschaftsleitende Instanzen und örtliche bzw. regionale Partei- und Staatsorgane de facto weitreichende Kompetenzen, die Errichtung von Genossenschaften und ihre Tätigkeit in vielfältiger Weise zu erschweren oder gar unmöglich zu machen. Enttäuschte Erwartungen bezüglich der Resultate, nicht in Rechnung gestellte, obgleich durchaus antizipierbare Begleiterscheinungen sowie mangelnde Entschlossenheit oder Fähigkeit der Führung, die das Gesetz mißachtenden Instanzen zur Räson zu bringen, schwächen offenkundig das ursprüngliche Interesse der politisch und wirtschaftlich Verantwortlichen an der Ausweitung und Konsolidierung der Genossenschaftsbewegung. Tendenziell wird ein Reformelement zurückgenommen, noch bevor es sich unter zureichenden Bedingungen entfalten konnte.

Diese Sachverhalte sollen an wenigen Beispielen verdeutlicht werden. Zuvor einige Daten zur Entwicklung der Genossenschaften in der UdSSR seit dem Ansatz zu ihrer Neubelebung.

Ende Mai 1987 existierten in der UdSSR erst [133] 458 Genossenschaften.[134] Am 1.9.1987 war ihre Zahl bereits auf 2 432 angestiegen mit etwa 30.000 Beschäftigten. [135] Sie erstellten (vermutlich im Jahre 1987 bis Ende August) Erzeugnisse und Dienstleistungen im Wert von 18,4 Mio R. Am 1.1.1989 bestanden 77 500 'tätige'[136] Genossenschaften mit fast 1,4 Mio Beschäftigten; 47 % davon in Teilzeitarbeit (d.h. als ihre 2. Arbeitsstelle). Ein Jahr zuvor hatte dieser Anteil noch fast 70 % betragen. Sie erzeugten 1988 Waren und realisierten Dienstleistungen im Wert von 6 Mrd R. Das ist allerdings ein Anteil von nur 1 % am Gesamtumfang der produzierten sowjetischen Massenbedarfsgüter und Dienste.[137] Die Verbreitung von Genossenschaften variiert innerhalb der UdSSR stark. Im Unionsdurchschnitt wurden 1988 pro Kopf der Bevölkerung Konsumgüter und Dienstleistungen im Wert von 21 R. von Genossenschaften erzeugt, in der lettischen SSR von 71, in der estnischen und der armenischen SSR von 64 R.; dagegen in der turkmenischen SSR nur 6 und in der tadschikischen nur 7 R.

Obgleich zur Zeit dieser Niederschrift die neue sowjetische Genossenschaftsbewegung nicht viel älter als zwei Jahre ist, hat sie schon verschiedene Wendungen der staatlichen Politik wie der eigenen Entwicklungsrichtung erfahren. Den Hauptgrund dieser Unstetigkeit bildet das Fehlen wesentlicher Voraussetzungen für eine kontinuierliche, produktive und effektive Entwicklung. Skeptische bis offen feindliche Haltung der Protagonisten zunächst einmal der örtlichen Partei- und Sowjetorgane trifft zusammen mit den Hemmnissen der materiellen Defizite. Die Widerstände setzen schon ein bei der Registrierung durch die lokalen Instanzen, die sie entgegen dem Wortlaut und der Intention des Kooperationsgesetzes nicht selten verweigern oder an nicht vorgesehene Bedingungen knüpfen.[138] Die Genossenschaftsgründer benötigen zumeist auch das Wohlwollen der örtlichen Organe für die Zuweisung von Gebäuden oder zumindest Räumlichkeiten, an denen im allgemeinen großer Mangel besteht. Nicht selten sind sie erneuerungsbedürftig, für die Renovierungsarbeiten stellen die Banken aber keine Kredite zur Verfügung.[139]

Zu den größten Problemen der Genossenschaften gehört die Beschaffung von Produktionsmaterialien und -ausrüstungen. Diese Ressourcen werden noch immer auf der Grundlage der staatlichen Pläne im System der 'materiell-technischen Versorgung' verteilt. Genossenschaften, die nach eigenen Plänen produzieren und nicht an staatliche Instanzen, sondern direkt an Abnehmer verkaufen, werden von Gossnab nicht berücksichtigt. Sie können sich Rohstoffe, Vorprodukte, Maschinen im Grunde nur auf Wegen besorgen, deren Legalität zumindest zweifelhaft ist. Auch in dieser Hinsicht sind sie von der Willkür der Behörden abhängig, die solche Praktiken dulden, aber auch kriminalisieren können.[140]

Allein schon unter diesen Bedingungen ist kaum verwunderlich, daß die Genossenschaften im ganzen noch nicht die hohen Erwartungen erfüllten, die manche Reformprotagonisten an ihr produktives Wirken stellten. Hinzu kommt jedoch auch, daß bei der Allgemeinheit des Warenmangels und gleichzeitig vorhandener Kaufkraft Genossenschaften (ebenso wie die individuelle Wirtschaftstätigkeit Ausübenden) leicht bequemere Einnahmequellen als die umfassender eigener *Produktion*stätigkeit ausfindig machen können.[141] Dazu gehört z.B. Handel, der sich zunutze macht, daß die Güterdefizite in der Regel nicht überall in gleicher Weise bestehen. Vermag man das Transportproblem zu lösen, lassen sich Ver- und Gebrauchserzeugnisse aller Art sogar im Einzelhandel erwerben und andernorts mit Gewinn verkaufen. Oder Waren der staatlichen Betriebe werden gekauft und mehr oder minder geringfügig bearbeitet mit beträchtlichem Profit abgesetzt. Ein Musterbeispiel dafür ist das Überspielen leerer Tonbandkassetten mit beliebter, nicht allgemein zugänglicher Musik.[142]

Man kann mithin konstatieren, daß neben der oft schikanösen Behandlung durch Partei- und Staatsorgane [143] die materiellen und ökonomischen Rahmenbedingungen fehlen, um das im Wortlaut liberale Genossenschaftsgesetz im Sinne gehegter Hoffnungen zur Wirkung zu bringen. Da Folgen wie Preissteigerungen [144] und provokativ hohe Einkommen einer Minderheit voraussehbar waren, hätte den Genossenschaften der Zugang zu den staatlichen Ressourcenfonds geöffnet werden, zugleich aber ihre Tätigkeit statt bürokratisch und willkürlich behindert, präziser bestimmt und in strikter, jedoch geregelter Weise reguliert werden müssen.

Die negative Haltung von Amtsträgern gegenüber den Genossenschaften findet eine Stütze in der überwiegenden Ablehnung, auf die sie in der Bevölkerung stoßen. Dafür sind zwei Gründe ausschlaggebend: Im Durchschnitt sind die Preise genossenschaftlicher Waren und Dienstleistungen so hoch, daß sie nur von der Minderheit gut Verdienender gezahlt werden können, die Mehrheit hat von ihrer Existenz keine Vorteile. Zudem ist sowohl eine diskriminierende Einstellung zu privatwirtschaftlicher Tätigkeit (und das ist die heutige genossenschaftliche in der UdSSR de facto) wie gegenüber hohen Einkommen ohne Rücksicht auf deren Herkunft verbreitet.[145]

Selbst Soziologen und Journalisten, die bei der Präsentation von Umfrageergebnissen [146] und in Artikeln bemüht sind, diese vorherrschende Tendenz zu relativieren, kommen nicht um ihre Anerkennung herum. Sie sei hier nur durch zwei exemplarische Zitate gekennzeichnet:

> „Im Volke sagt man, daß die Genossenschaften, diese 'Individuellen', gesetzliche Ausplünderung bedeuten. Mein Genosse, der Schicht für Schicht am Brennofen steht, verdient 300 Rubel, aber irgendein Onkel, der mit Zuckerwatte handelt, häuft Tausende in seiner Tasche an. Wie man uns das immer erklären mag, hier stellt sich die Frage nach sozialer Gerechtigkeit."[147]

> „Als Goldgräber war ich stolz, aber jetzt, als Genossenschaftler, schäme ich mich und die Leute sehen mich scheel an." [148]

In letzter Zeit (Sommer 1989) hat sich die Polemik gegen die Genossenschaften verschärft. [149] Ein Zeitungsartikel, in dem Beispiele dafür selbst aus ausgewiesenen pro-Perestrojka-Zeitschriften (Sovetskaja kultura, Nedelja) präsentiert werden, beginnt mit den Zeilen: „Es herrscht Unruhe in Chita. Ein bisher unbekannter Offizier der lokalen Garnison wurde zum Helden, über den man in Küchen, Omnibussen und in hohen Ämtern spricht."[150] Und weshalb? Weil er zwei Genossenschaftsmitglieder erschoß, von denen er nach der Version der Militärprokuratur in einer Bar beleidigt wurde und sich nicht anders zu helfen wußte. Die Genossenschaften sind zudem seit geraumer Zeit Opfer organisierter Banden, die Tribute erpressen und im Weigerungsfalle Produktions- bzw. Geschäftsräume zerstören oder auch Mitglieder entführen und foltern.[151]

Zu den hohen Einkommen von Genossenschaftsmitgliedern, die in der Bevölkerung breiten Unwillen erregten, trug partiell das Versäumnis der Regierung bei, rechtzeitig die Besteuerung der Kooperativen und ihrer Mitglieder zu regeln. So wurden die Einkünfte der letzteren zunächst nur nach dem simplen System der Lohnsteuer mit einem Höchstsatz von 13 % besteuert. Im März 1988 wurde der

Entwurf des Gesetzes über Kooperation veröffentlicht und zur Diskussion gestellt, in dem, wie bereits mitgeteilt, nur einige Grundregeln der Besteuerung festgelegt waren. Fast zur gleichen Zeit wurde ein Erlaß des Finanzministers der UdSSR bekannt, der die Einkommenssteuer der Genossenschaftsmitglieder und -beschäftigten regelte und schon zum 1.4.1988 in Kraft treten sollte. Er stieß auf breite öffentliche Kritik. Vorgesehen war eine seltsame Form doppelter progressiver Besteuerung, eine gemäßigte in Form von Festbeträgen für jeweilige Einkommensgruppen und eine schärfere auf die Zuwächse gegenüber der je niedrigeren Einkommensstufe.[152] Ende Mai 1988 wurde diese Regelung vom Obersten Sowjet zusammen mit einigen anderen Bestimmungen des Entwurfs des Genossenschaftsgesetzes zurückgewiesen. Die Festsetzung der Steuern für Genossenschaften wurde zunächst den örtlichen Sowjetorganen überantwortet.

Im Februar 1989 beschloß das Präsidium des Obersten Sowjets einen Erlaß „Über die Einkommenssteuer der Genossenschaften".[153] Auch hier wurden jedoch nur einige Regeln fixiert (z.B. setzt die Besteuerung nicht beim Einkommen der Genossenschaften, sondern bei ihren Erlösen abzüglich der Lohnkosten, aber einschließlich aller anderen Produktionsaufwendungen an),nicht aber Steuersätze. Deren Festlegung wird den Republiken überlassen; zugleich erhalten aber die örtlichen Instanzen das Recht, diese Sätze z.B. nach der Bedeutung der Erzeugnisse der Genossenschaften für die regionale Versorgung zu modifizieren. Sehr rigide gefaßt sind in dem Erlaß Bestimmungen über Formen und Fristen der Einkommensnachweise, der Steuerzahlungen und über Sanktionen bei Steuervergehen. Infolge dieser Dezentralisierung der tatsächlichen Besteuerung der Kooperativen und ihrer Mitglieder ist zur Zeit ein Gesamtüberblick über deren Abgabenbelastung schwer zu gewinnen.[154]

In jüngerer Zeit klagen des öfteren Betriebsleiter in der Presse darüber, daß ihre besten Arbeiter und Ingenieure in die Genossenschaften abwandern. Daß dort wesentlich höhere Einkommen als im staatlichen Sektor zu erzielen sind, steht außer Frage. Im Durchschnitt übertreffen sie jene (wie aus Einzelangaben zu schließen ist) um das drei- bis fünffache. Dazu werden bei den Genossenschaften oft 14 Monatslöhne gezahlt und weitere Vergünstigungen eingeräumt. Dafür gibt es keine festen Arbeitszeiten, es wird höchste Arbeitsdisziplin verlangt, und bei Nachlässigkeit droht schnell die Entlassung.[155] Vor allem ist die Frage der Sozialversicherung nicht verbindlich gelöst. Sie liegt in der UdSSR in der Verwaltung der Gewerkschaften, die in den Genossenschaften nicht präsent und an deren Beschäftigten nicht interessiert sind. Größere Genossenschaften führen aber inzwischen Versicherungsbeiträge (in Höhe von 5 - 17 % der Lohnsumme) ab. [156]

Anfang 1989 wurde ein Ende Dezember 1988 gefaßter Beschluß des Ministerrats der UdSSR unter dem Titel „Über die Regulierung einzelner Arten der Tätigkeit von Genossenschaften in Übereinstimmung mit dem Gesetz der UdSSR über Kooperation" bekannt.[157] Er untersagt eine Reihe von Aktivitäten und bestimmt andere, die nur in Kooperation mit staatlichen Betrieben, Institutionen oder Organisationen ausgeübt werden dürfen. In der reformorientierten Öffentlichkeit rief der Beschluß eine eindeutig negative Reaktion hervor. Es waren Formulierungen wie die vom Todesstoß gegen die Genossenschaften zu vernehmen. Am Wortlaut des Beschlußtextes gemessen war das überzogen. Manche der Verbote waren überflüssig, weil sie aufgrund anderer gesetzlicher Bestimmungen ohnehin bestehen (z.B. die Erzeugung von Waffen oder von Narkotika). Andere sind durchaus begründbar, wie etwa der Ausschluß der Betätigung in der medizinischen Versorgung, der Herstellung von Pharmazeutika, das Betreiben von Lotterien und anderen Arten von Glücksspielen. Die Intention weiterer Verbote ist augenscheinlich durch Sicherheits- und Mißbrauchserwägungen bestimmt (z.B. keine Bearbeitung von Edelmetallen und -steinen, keine Erzeugung von Film- und Videomaterial, keine Bedienung von Fernsprech- und Nachrichtenübermittlungssystemen des Landes, keine Devisengeschäfte). Die Liste der den Genossenschaften nur in Zusammenarbeit mit staatlichen Betrieben erlaubten Aktivitäten ist kürzer.

Denkt man alle möglichen Tätigkeitsfelder für Kooperativen zusammen, so erfaßt der Beschluß quantitativ sicher einen unbedeutenden Teil. Andererseits ist die erschrockene Aufnahme bei Genossenschaftlern und anderen Protagonisten der Wirtschaftsreform verständlich.[158] Obschon 'Glasnost' - Transparenz - ein Kernbegriff der Perestrojka von Beginn an war, erfolgte der Beschluß ohne jede vorherige Andeutung. Und der im knappen Befehlston gehaltene Text erinnert daran, daß die Staatsmacht jederzeit unerwartete und im offenen Gegensatz zur postulierten politischen, ökonomischen oder gesellschaftlichen Grundrichtung stehende Entscheidungen treffen kann. Die 'moralische' Wirkung blieb auch nicht aus. Manche Genossenschaften lösten sich auf, Kredite wurden nicht mehr gewährt, Verträge aufgekündigt u.ä.m. Viele erblickten in dem Beschluß einen Vorboten weiterreichender Einschränkungen. Er scheint auch zur Verstärkung der schon in der zweiten Jahreshälfte 1988 zu beobachtenden Tendenz der Bildung von Genossenschaften beigetragen zu haben, die von Beginn an eng an staatliche Betriebe gebunden sind oder die sich direkt auf deren Initiative hin konstituieren. Es geht dabei oft um Betriebsteile, deren Belegschaften Genossenschaftler werden, um jene Abteilungen, Arbeitsbereiche u.ä. in Pacht zu übernehmen. Der Anlaß dafür ist zumeist schlechtes, den gesamten Betriebsablauf beeinträchtigendes Funktionieren in der Vergangenheit. Über diese nunmehr unter dem Leitbegriff 'Pachtsystem' propagierte Form der Arbeitsorganisation sollen im folgenden Kapitel einige Informationen gegeben werden.

3.3. Pachtverträge in Landwirtschaft und Industrie: Der Königsweg zur 'Intensivierung'?

Probleme der sowjetischen Landwirtschaft. Die Leistungsschwächen der sowjetischen Landwirtschaft sind - zumeist aus popularisierten Berichten - den Lesern westlicher Zeitungen bekannt. Auf die vergleichsweise geringe Produktivität der agrarischen Tätigkeit verweist schon, daß 1970 noch 25 % und gegenwärtig immerhin noch 20 % aller Beschäftigten in diesem Sektor arbeiten.[159] Der Anteil entspricht dem des Beitrags des Agrarbereichs an der Erzeugung des Nationaleinkommens (im mehrjährigen Durchschnitt gemessen).[160] Die Gründe für die Mängel der sowjetischen Landwirtschaft sind vielfältig und komplex; hier müssen wenige allgemeine Hinweise zur Skizzierung des Hintergrunds der aktuellen agrar-politischen Orientierung genügen.

Bekanntlich wurde die zuvor de facto privat organisierte [161] landwirtschaftliche Produktion in der Phase des 1. FJPl (1929-1932) unter Anwendung staatlicher Zwangsmittel kollektiviert.[162] Das entscheidende Motiv dafür war, dem Staat *un-mittelbaren* Zugriff auf die agrarische, vor allem auf die Getreideerzeugung zu ver-schaffen, um die Ernährung der im Zuge der Industrialisierung rasch wachsenden städtischen Bevölkerung sowie gewisser Exportmengen (zur Sicherung von Maschi-nenimporten) zu gewährleisten. Bis etwa Mitte der 50er Jahre wurde der Agrarsek-tor seitens der politischen Führung als Billiglieferant behandelt, dessen eigene ökonomische und soziale Erfordernisse weitgehend vernachlässigt wurden. Wenn den Kolchosbauern (kolchozniki) schon wenige Jahre nach Beginn der Kollektivie-rung kleine Nebenflächen (0,25 bis 0,5 ha) zur Bewirtschaftung für den eigenen Bedarf belassen wurden, so war das weniger eine Konzession an ihre Besitzbedürf-nisse als eine Voraussetzung für die extrem geringe Vergütung der Kolchosarbeit. Noch bis 1966 waren in Zeiteinheiten gemessene Arbeitsgutschriften die Basis der Entlohnung der kolchozniki. Der 'Wert' dieser Guthaben ergab sich aus dem Ein-kommens*rest*, der einem jeweiligen Kolchos nach Leistung aller seiner sonstigen Zahlungsverpflichtungen aus seinen Einkünften verblieb (Steuern, andere Abga-ben, bis 1958 Zahlungen für die Leistungen der Maschinenstationen u.a.m.). Da die staatlichen Aufkaufpreise niedrig bemessen waren, blieb vielen kolchozy - wenn überhaupt - nur ein geringer Überschuß. Die Vergütung erfolgte zum Teil in Natu-ralien (Viehfutter und Getreide). Bis 1958 mußten die kolchozniki [163] Steuern für die Nebenwirtschaften zahlen und dazu noch Naturalabgaben an den Staat leisten.

Mitte der 60er Jahre (Beschluß des März-Plenums des ZK 1965) erfolgte eine Umorientierung der Agrarpolitik. Offenbar erkannte die Führung, daß die Lei-stungsschwächen der Landwirtschaft immer mehr zum Hemmschuh für Fort-schritte der industriellen Entwicklung und für die Hebung der materiellen Le-bensbedingungen wurden. [164] Neben der Besserstellung der Kolchosbauern und -bäuerinnen (garantierte - wenn auch geringe - Geldeinkommen, Aufnahme in die Renten- und Krankenversicherung, Abschaffung der Ablieferungspflicht auf die private Erzeugung) wurden nunmehr beträchtliche Investitionsmittel in den Agrarbereich gelenkt.[165] Obgleich seit Stalins Tod in keinem sowjetischen Wirt-schaftszweig so viele organisatorisch-institutionelle Änderungen erfolgten und 'Ex-perimente' stattfanden wie in der Landwirtschaft, bleiben die positiven Resultate bis heute sehr begrenzt. Zeitweiligen Verbesserungen stehen negative Entwicklun-gen zu anderer Zeit oder in anderen Teilbereichen gegenüber. Hier können einige Hauptgründe nur angedeutet werden:

— Die im Teil I ausführlich dargestellte extensive Wirtschaftspraxis beherrscht auch die Landwirtschaft. Bei der Fixierung auf kurzfristige quantitative Erfolge wird die Sicherung der Ressourcen für die Zukunft vernachlässigt. Das gilt z.B. für die in den 50er Jahren in Kasachstan erschlossenen Böden und für den Baumwollanbau in Uzbekistan. Der Umfang des agrarisch genutzten Bodens hat auch noch in jüngerer Zeit zugenommen (deutlich langsamer als in den 50er und 60er Jahren) aber die Bodenqualität hat sich verschlechtert, weil fruchtbare Böden der Urbanisierung und

Industrialisierung anheimfielen.[166)]

— Der an anderer Stelle schon erwähnte Begriff des Produktiven konzentrierte Entwicklungsbemühungen auf den Traktorenbau und auf Melorationsarbeiten, während Lagerkapazitäten, Transportmittel, Straßenbau und auch Weiterverarbeitung jahrzehntelang vernachlässigt wurden. [167)] Heute schätzen Agrarexperten, daß infolgedessen zwischen Ernte und Verarbeitung von Getreide Mengen verlorengehen, die etwa den importierten entsprechen (25 - 35 Mio t). Die Erzeugung landwirtschaftlicher Maschinen entspricht im übrigen nach Sortiment und Qualität nicht dem Bedarf.[168)]

— Das materielle Lebensniveau der kolchozniki hängt überwiegend noch immer stärker von den Resultaten der eigenen Nebenwirtschaften als von der Vergütung für die Kolchosarbeit ab. Entsprechend konzentrieren sie die Verausgabung ihres Arbeitsvermögens (d.h. vor allem der 'Qualität', nicht unbedingt der Quantität).[171)] M. Lewin hat eine plausible, aber allgemein wenig beachtete Konsequenz dieses Sachverhalts betont: es wird auf diese Weise die Mentalität, die Verhaltensorientierung des 'muŝzik' (des traditionellen russischen - auch des leibeigenen - Kleinbauern) reproduziert. [172)] Die Gleichgültigkeit gegenüber den Wirtschaftsmitteln und -resultaten des Kolchos entspricht der gegenüber dem Eigentum des Feudalherren. Wörtlich genommen ist das heute etwas überzogen, der Tendenz nach stimmt diese Feststellung aber noch.

— Starke Verteuerungen der Arbeitsmittel der Agrarbetriebe seit Beginn der 70er Jahre (Maschinen, Kunstdünger, Baumaterial) absorbierten einen erheblichen Teil der wiederholten Erhöhungen der vom Staat gezahlten Aufkaufpreise.[173)] Deshalb hat sich die Finanzlage der kolchozy kaum verbessert und damit auch nicht ihre Möglichkeit, die soziale und kulturelle Infrastruktur der Dörfer entscheidend zu verbessern, um die Abwanderung der jüngeren und qualifizierteren Arbeitskräfte aufzuhalten.

— In westlichen Berichten über die sowjetischen Agrarprobleme wird häufig suggeriert, bei sachgemäßer, vor allem bei privatwirtschaftlicher Organisation könne die sowjetische Landwirtschaft gleiche Resultate wie die der westeuropäischen oder nordamerikanischen Staaten erzielen. Das gilt aber nur für bestimmte Regionen (Schwarzerdezone, Nordkaukasus), wo die Erträge auch heute über dem sowjetischen Durchschnitt liegen. Insgesamt sind aber die Bodenbeschaffenheit und die klimatischen und geografischen Bedingungen der UdSSR so beschaffen, daß sie derartige Ernteerträge nicht erreichen kann.

Das Pachtsystem als neuer Ansatz der Agrarpolitik. Seit 1988 wird in der UdSSR die Verpachtung von Wirtschaftsmitteln der kolchozy/sovchozy (vorwiegend, aber nicht ausschließlich) an die Mitglieder bzw. Beschäftigten als Weg zu verbesserten Erträgen propagiert. In seiner Rede auf dem IV. Allunionskongreß der Kolchosbauern am 23.3.1988 führte Gorbatschow einige Beispiele für die Arbeitsresultate von Familien an, die Land, Geräte und Vieh in Pacht nahmen.[175)]

Auf dem Juli-Plenum des ZK der KPdSU 1988 konstatierte er im Anschluß an den Verweis auf hohe Rückstände bei der Erfüllung des 'Nahrungsmittelprogramms' von 1982, daß 680 Mrd Rubel Investionionen in die Landwirtschaft in den vergangenen 17 Jahren unzulängliche Resultate bewirkten. Das Problem sei nicht durch immer mehr Finanzmittel und Maschinen zu lösen, es müßten vielmehr die Produktionsbeziehungen verändert werden.

„Man muß dem Menschen die Möglichkeit geben, sein Talent zum Wirtschaftler (chozjajn) zu entfalten, auf dem Lande so zu arbeiten, wie er es für nötig hält, und er weiß es besser als ich und ihr, wie man es machen muß ... Es ist unerläßlich, Vertrags- und insbesondere Pachtformen des Betreibens der Landwirtschaft im Lande zu verbreiten."[176)]

Wie die meisten unter Gorbatschow unternommenen Reformschritte fiel die Pachtidee nicht aus dem heiteren Himmel; sie ist - vorläufiger - Endpunkt einer langjährigen Entwicklung. Anfang der 60er Jahre wurde die Einführung 'anweisungsfreier Arbeitsgruppen' (beznarjadnoe zveno) propagiert, die nicht täglich ihre konkreten Aufgaben zugeteilt bekamen, sondern umfassendere Funktionen und Produktionsziele. Die Art und Weise ihrer Erfüllung sollten sie selbst bestimmen können.[177)] Ab 1978 wurde die Einführung von Verträgen zwischen den Leitungen der kolchozy/sovchozy und größeren Arbeitsgruppen (Brigaden, z.B. den Traktorfahrern, den Reparaturschlossern, den Melkerinnen etc.) zur Ausführung regelmäßiger Tätigkeiten mit definierten Resultaten und nach festgelegten Konditionen diskutiert.[178)] Ein entsprechender Beschluß wurde aber erst 1983 gefaßt. Unter Gorbatschow wurde die Propagierung der 'Vertragsform der Arbeit' in der Landwirtschaft von den Brigaden auf die bäuerlichen Familien als Kontrahenten der Leitungsorgane verlagert.[179)] Die Pacht hat nunmehr den Kollektiv- und Familienvertrag als obrigkeitlich propagierte Form der Organisation der landwirtschaftlichen Produktion nicht völlig abgelöst, es wird aber die höhere Wirksamkeit der ersteren behauptet.

1988 und 1989 wurden Fragen der sozialen, ökonomischen und administrativen Gestaltung der Landwirtschaft und des Dorflebens überhaupt breit diskutiert. Das geschah zum einen vor dem Hintergrund der anhaltenden Nahrungsmittelmisere, zum anderen aber erwarteten viele Reformanhänger gerade auf diesem Gebiet eine radikalere Abkehr von den überkommenen Organisations- und Leitungsformen. Unverkennbar wurde die parteioffizielle Legitimierung des Pachtsystems unterschiedlich rezipiert. Die einen sahen darin einen ersten, aber deutlichen Schritt zur (nicht unbedingt allgemeinen, aber doch erlaubten) Privatisierung der Landwirtschaft. Das war (und ist) nicht nur die Auffassung Einzelner und kleiner Gruppen; in den baltischen Republiken ist das gleichsam das amtliche Verständnis. Gorbatschow als Repräsentant der - grob charakterisiert - 'zentristischen' Reformergruppe betonte 1988 und 1989 die Notwendigkeit der Veränderung der Produktionsverhältnisse im Agrarsektor; er propagiert aber eine Vielzahl von Organisationsformen und strebt augenscheinlich nicht die generelle Privatisierung an.[180)] Konservative Reformer leisten solchen Neuerungen nur Lippendienste oder sie befürworten sie zögerlich als mögliche Instrumente zur Steigerung der Arbeitsintensität und -resultate.

Die mehrfache Verschiebung eines ZK-Plenums zur Landwirtschaftspolitik läßt darauf schließen, daß in der Parteiführung dazu kontroverse Auffassungen bestehen. Im März 1989 fand diese Sitzung schließlich statt.[181)] Die Deutung, hier hätten sich eher die Konservativen durchgesetzt, findet in einer Akzentverschiebung des Pacht-Verständnisses eine gewisse Stütze. Zunächst wurde in exemplarischen Darstellungen der Arbeit unter Pachtbedingungen und ihrer guten Resultate eine

Form geschildert, bei der der oder die Pächter nach Erfüllung ihrer Zahlungsverpflichtungen gegenüber dem Verpächter über ihre Arbeitsresultate frei verfügen. Seit Anfang 1989 gebraucht z.B. auch Gorbatschow vornehmlich Formulierungen wie 'Pacht (oder auch Genossenschaften) *innerhalb* der kolchozy/sovchozy'. Hierbei verpflichten sich die Pächter, ihre Erzeugnisse ganz oder zum überwiegenden Teil an die Stammbetriebe zu verkaufen. Die Mengen werden in den Pachtverträgen festgelegt, sie bestimmen sich faktisch nach den Lieferverpflichtungen der kolchozy/sovchozy gegenüber dem Staat.

Offenkundig kann also 'Pacht' sehr unterschiedliche Bedeutungen haben. Einmal weitgehende Produzentenautonomie mit Verfügung des Pächters über Wirtschaftsmittel und Arbeitsresultate, zum anderen lediglich eine modifizierte Form der Arbeitsorganisation *im* Kolchos/Sowchos. Gegenwärtig (Sommer 1989) wird die erste Form im offiziellen Reformdiskurs kaum noch befürwortet. Beide Formen der landwirtschaftlichen Pacht stoßen in der wirtschaftlichen und gesellschaftlichen Realität auf schwerwiegende Hemmnisse. Sie können nur unvollständig und stark komprimiert bezeichnet werden:

— Sowohl die örtlichen und regionalen staatlich-politischen Instanzen (Exekutivkomitees der Sowjets, RAPO - Kreisorgane von Gosagroprom[182]) —, Parteisekretariate) wie die Leitungen der kolchozy/sovchozy sind überwiegend gegen das Pachtsystem eingestellt.[183] Auch Vertreter dieser Gruppen legen zwar rhetorische Bekenntnisse ab. Es ist jedoch z.B. bezeichnend, daß in einer Diskussion über Probleme der Agrarpolitik und -praxis im ZK [184] kaum einer der sich beteiligenden Kolchosvorsitzenden das Pachtsystem erwähnte.

— Manche Sowjet- und Parteifunktionäre handhaben die von der politischen Führung empfohlene Pacht im Sinne der gewohnten Kampagnen: sie wird auf dem Papier eingeführt. So wird schon bald 'nach oben' gemeldet: 84 % der kolchozy und 78 % der sovchozy des Rayon (des Kreises) wenden das Pachtsystem an![185] Das wird erreicht, indem Mitglieder bzw. Beschäftigte mehr oder minder unter Druck gesetzt werden, Pachtverträge zu unterschreiben, die ohne ihre Mitwirkung formuliert wurden.[186].

— Die Möglichkeiten der kolchozy/sovchozy, das Pachtsystem im Sinne der Erwartungen seiner Befürworter anzuwenden, werden im übrigen im hohen Maße dadurch beschränkt, daß sich die administrative Lenkung ihrer gesamten Tätigkeit durch Organe der Agrarbürokratie und der örtlichen Partei- und Sowjetinstanzen nicht gelockert hat. Wie sollen sie ihrerseits Pachtverträge einhalten, wenn die ihnen direktiv zugestellten Lieferverpflichtungen ständig erhöht oder der 'Nomenklatur' nach geändert werden?[187]

— Andererseits ist es aber auch keineswegs so, daß sich die Mitglieder bzw. Beschäftigten darum reißen, Pachtverträge abzuschließen. Bei einer Befragung von kolchozniki z.B. hielten zwar 65 % das Pachtsystem für nützlich, nur 25 % zogen es aber für sich selbst in Betracht.[188] Die Gründe dafür sind vielfältig. In sowjetischen Darstellungen wird oft 'Trägheit' genannt. Vielleicht gibt es die, aber es werden auch präzisere Gründe deutlich. Zum einen die Kenntnis von Schwierigkeiten, wie sie sogleich noch benannt werden. Viele trauen sich, wie Befragungen zeigen, nicht die erforderlichen Fähigkeiten und Kenntnisse zu oder sie halten den Schritt nicht für lohnend, weil sie nicht an die Beständigkeit dieser Neuerung glauben. Verbreitet ist zudem sozialer Konformismus: Ausscheiden aus der Gemeinschaft und individueller bzw. familialer ökonomischer Aufstieg werden mißbilligt und entsprechend sanktioniert.[189)]

— Vielfältige Probleme entstehen im Hinblick auf die Gewährleistung der erforderlichen Wirtschaftsmittel der Pächter. Das beginnt schon beim Pachtland. Kolchosvorsitzende oder Sowchosdirektoren sind oft nur bereit, schlechte Böden, womöglich noch weit abgelegen, zu verpachten. Zumeist sind die Pachtnehmer auf Zulieferungen von den Stammbetrieben (z.B. Viehfutter) angewiesen und dafür werden überhöhte Preise angesetzt.[190)] Allgemein ist die Klage darüber, daß die sowjetische Industrie nicht die benötigten Maschinen oder Geräte bereitstellt und daß die Qualität der vorhandenen miserabel ist.[191)] Überlassung der Maschinen der kolchozy/sovchozy wird - natürlich gegen Entgelt - in den Pachtverträgen meist vorgesehen, aber die überwiegend groß dimensionierten Typen sind für die Familienwirtschaften ungeeignet und die Stammbetriebe haben bei der Nutzung Vorrang. Auch die Versorgung der Pächter mit Kunstdünger, benötigten Baumaterialien, Brennstoff u.a. macht Schwierigkeiten. Ebenso die Aufnahme von Krediten.[192)]

— Ein entscheidender Hemmfaktor des Pachtsystems liegt in der Konsequenz der Kombination realer politisch-gesellschaftlicher Machtverhältnisse mit der unzureichenden Rechtskultur. Häufig kündigen die Verpächter einseitig und willkürlich die Pachtverträge, bestehen auf Abänderungen oder halten sie schlicht nicht ein. Einer der Gründe dafür ist die Absicht, vermeintlich zu hohe Einkommen der Pächter zu 'normalisieren'[193)] In erfahrungsbegründeter Einschätzung ihrer Chancen verzichten die betroffenen Pächter zumeist darauf, den Rechtsweg zu beschreiten.

Fachlich kompetente und tatkräftige Kolchosvorsitzende (wie auch andere Agrarexperten) fordern seit langem wirkliche wirtschaftliche Eigenständigkeit der kolchozy.[194)] Das Gesetz über Kooperation vom Mai 1988 und das neue Musterstatut der Kollektivwirtschaften aus dem gleichen Jahr [195)] bieten die rechtliche Basis dafür, sie aus formalen zu wirklichen Genossenschaften mit wirtschaftlicher Entscheidungs- und Handlungsfreiheit umzubilden. Generell ist nicht einzusehen, weshalb solche Vereinigungen nicht in der Lage sein sollen, die gleichen oder sogar bessere Resultate zu erzielen als Familienbetriebe. Es ist eine der verbreiteten Vereinfachungen, die gegenüber dem Pachtsystem Skeptischen a priori als Reaktionäre abzustempeln. Es ist kein Zufall, daß zu ihnen ausgewiesene Kritiker der bisherigen Kolchospraxis zählen.[196)]

Möglicherweise sehen das die Protagonisten des Pachtsystems innerhalb der politischen Führung nicht anders, kapitulieren aber vor der agrarischen Leitungsbürokratie, die im Verein mit den örtlichen Partei- und Sowjetorganen nicht bereit ist, den umfassenden administrativen Druck auf die kolchozy/sovchozy in entscheidendem Maße zu lockern.[197)] Die Einführung des Pachtsystems wäre dann eher der Versuch, dem Ziel auf einem Nebenweg näherzukommen. Ähnlich wie in der Industrie wird das jedoch selbst im besten Falle vermutlich nicht zur optimalen Aktivierung der vielbeschworenen 'Reserven' führen. Denn bei Aufrechterhaltung der nach Umfang und Nomenklatur obligatorisch festgesetzten Lieferverpflichtungen der kolchozy/sovchozy bilden diese die Richtgröße zur Bestimmung der Leistungen, die die Pächter an die Stammbetriebe zu erbringen haben. Darüber hinaus wird zwar vermutlich ein Mehrprodukt erzeugt, dieses gelangt an die städtischen Verbraucher aber nur zum Teil und nur zu den für breite Schichten unerschwinglichen Preisen der freien Märkte. Als 'Königsweg' aus der Misere der sowjetischen Agrarwirtschaft dürfte sich mithin das Pachtsystem kaum erweisen.

Das Pachtsystem in der Industrie. Von Beginn der Propagierung des Pachtsystems an wurde seine Anwendung nicht ausdrücklich auf die Landwirtschaft begrenzt. Dennoch ist zu vermuten, daß an diesen Bereich zunächst einmal vornehmlich gedacht war. Schon 1988 wurde jedoch in wachsendem Maße über Fälle der Verpachtung industrieller Betriebe (oder von Betriebsteilen) in der Presse berichtet. Diese Darstellungen ließen ebenso wie die nun einsetzende Debatte über Möglichkeiten und Probleme jener Neuerung erkennen, daß hier wie im Falle der landwirtschaftlichen Pacht unterschiedliche, zum Teil gegensätzliche Intentionen und Konzepttionen wirksam sind.

Obgleich die Protagonisten der wirtschaftsleitenden Organe im allgemeinen die Verpachtung ihnen unterstellter Betriebe ablehnen und zu blockieren suchen[198], gibt es auch Fälle, wo die Initiative dazu von ihnen ausgeht. In Kenntnis des möglichen ökonomischen Intensivierungseffekts aus Beispielen von Genossenschaften und landwirtschaftlicher Pacht sehen sie eine Chance, die bisher durch alle möglichen Stimuli nicht freigesetzten Produktionsreserven auf diesem Wege zu aktivieren [199], damit ihre Leistungsindikatoren zu verbessern und Verlustbetriebe rentabel zu machen. Dabei werden zuweilen bewußt soziale Schutzbestimmungen verletzt.[200] Ist das Ziel erreicht, werden nicht selten die Pachtverträge gekündigt bzw. nicht verlängert.

Manche Reformpolitiker, Wirtschaftswissenschaftler und -praktiver befürworten dagegen die breite Anwendung der Pachtform, um Entscheidungs- und Verfügungskompetenzen über die betrieblichen Wirtschaftsprozesse und -resultate von den Zweigministerien und ihren Hauptverwaltungen (glavki) auf die Arbeitskollektive zu verlagern. Die Sanktionierung dieses entscheidenden Reformschritts erwarteten nicht wenige - wie gezeigt wurde, vergeblich - von dem 1987 verabschiedeten neuen Betriebsgesetz. Dann wurde die Durchsetzung vWR und SF in den Betrieben, vor allem nach dem '2. Modell', als Vehikel zur Verwirklichung der Umverteilung von ökonomischer Entscheidungs- und Verfügungsmacht befürwortet. Diesen Effekt konterkarierten die Ministerien - letztlich mit Duldung der politischen Führung - durch Anordnung der normativen Gewinnverteilung auch im Falle des zweiten Modells vollständiger Wirtschaftsrechnung. Einige sowjetische Beobachter interpretieren nunmehr die Legitimierung und Propagierung des Pachtwesens als erneuten Ansatz zur Beschränkung der Macht der Wirtschaftsbürokratie.[201]

Das Pachtwesen, das bis jetzt in der Industrie noch keine starke Verbreitung gefunden hat [202], trifft auf nicht entschiedene rechtliche und institutionelle Fragen und auf ungelöste ökonomische und praktische Probleme. Die Regelung der rechtlichen Fragen durch ein eigenes Pachtgesetz befürwortete Gorbatschow bereits auf dem Juli- Plenum des ZK der KPdSU 1988.[203] An diesem Gesetz wird zur Zeit (Sommer 1989) noch gearbeitet, es soll in diesem Herbst dem Obersten Sowjet vorgelegt werden. Im April 1989 erging ein Erlaß (ukaz) des Präsidiums des Obersten Sowjets „Über Pacht und Pachtbeziehungen in der UdSSR".[204] Am gleichen Tag erließ der Ministerrat „Bestimmungen über die ökonomischen und organisatorischen Grundlagen der Pachtbeziehungen in der UdSSR".[205] Einige der hier festgeschriebenen Maßregeln werden in der folgenden knappen Auflistung von Problemen der Pacht in der sowjetischen Industrie, die zum Teil mit denen in der Landwirtschaft identisch sind, benannt.

— Die 'Bedingungen' sind in drei Teile gegliedert, die unterschiedliche Pacht-subjekte betreffen: die Arbeitskollektive ganzer Betriebe (Vereinigungen), Teil-Arbeitskollektive von Betrieben und Familien und Individuen in der Landwirtschaft „... und in anderen Zweigen der Volkswirtschaft" (aber offenkundig außerhalb der Industrie). Entscheidender ist jedoch, wer als Verpächter auftritt.[206] Im ersten Falle (Pacht eines ganzen Betriebes) ist das laut 'Bestimmungen' (P 3) „das höherste-hende Organ", d.h. in der Regel das zuständige Zweigministerium oder eine seiner Hauptverwaltungen. Damit ist aber schon fraglich, in welchem Maße die Verfügungs-macht der Administration tatsächlich eingeschränkt wird, kann sie sich doch durch Bestimmung der Modalitäten des Pachtvertrags erheblichen Einfluß sichern.
In den Fachdiskussionen und während der ersten Sitzungsperiode des 'Kongresses' der Volksdeputierten' im Mai und Juni 1989 wurde mehrfach vorgeschlagen, die Verpachtung solle durch Sowjetorgane erfolgen (je nach der Leitungsebene durch den Ministerrat der UdSSR, über den einer Unionsrepublik bis hinunter zu den örtlichen Exekutivkomitees der Sowjets). Dieser Vorschlag kann sich zwar auf die Verfassung der UdSSR und auf das Betriebsgesetz stützen, das die Arbeitskollektive selbst als Herren bzw. Besitzer (chozjajn) der in gesellschaftlichem Eigentum befindlichen Produktionsmittel bezeichnet (Art. 1, P. 2), aber die Maßregel der 'Bestimmungen' entspricht den bislang tatsächlichen Verfügungsverhältnissen.
— Diese suchen die Ministerien bzw. ihre glavki zu bewahren durch die Gestal-tung der Pachtverträge, wobei sie in den 'Bestimmungen ...' eine Stütze finden. Die Pachtfristen versuchen sie im allgemeinen kurz festzulegen.[207] Gesamt- oder repräsentative Angaben dazu waren nicht zu ermitteln; die Tendenz wird aber in vielen Einzelberichten bestätigt. Eine nicht nach diesem Kriterium vorgenommene Untersuchung von 10 Pachtbetrieben ergab, daß 5 eine Pachtdauer von 8 Jahren hatten, 2 von drei Jahren, 2 von einem Jahr und einer von 6 Monaten.[208] Kurze Pachtfristen sollen entweder baldige Wiederübernahme des Betriebs durch das je-weilige Ministerium ermöglichen oder Änderung der Pachtbedingungen.[209] Nach Meinung der in dieser Untersuchung befragten Direktoren gepachteter Betriebe ist das Maß der gewonnenen ökonomischen Eigenständigkeit vorrangig von der Pacht-frist abhängig.[210]
— Daß auch der Ministerrat kurze Pachtfristen voraussetzt, zeigt die vielkritisierte[211] Vorschrift der 'Bestimmungen ...', daß in die Pachtzahlun-gen die Abschreibungsbeträge einzubeziehen sind.[212] Desgleichen die Abführun-gen an die zentralisierten und an die Reservefonds des Ministeriums als Pachtkontrahenten.[213] Da es sich zumeist um unrentable, schlecht ausgerüstete Betriebe handelt, waren anfangs die Pachtbeträge oft niedrig angesetzt. In nicht wenigen Fällen konnten die Arbeitskollektive aber die wirtschaftliche Situation der Betriebe rasch verbessern, was die verpachtenden Instanzen zuweilen zur Kündi-gung der Verträge veranlaßte, um sie neu auszuhandeln.[214] Nunmehr bestehen die Ministerien oder glavki in der Regel darauf, von vornherein steigende Pachtraten festzulegen.[215]

Die 'Bestimmungen ...' enthalten eine Reihe weiterer Einschränkungen so-wohl der Möglichkeit, Pachtbeziehungen einzugehen wie der Entscheidungs- und

Verfügungskompetenzen der Pächter. Dazu zählen:

— Vertragskontrahent seitens der Pächter ist ein zu bildender Rat (Sowjet) der Vollversammlung der Pachtwilligen. Diese konstituieren sich als Organisation der Pächter mit eigener Rechtspersönlichkeit, wozu sie aber die Zustimmung des 'höherstehenden Organs' des Betriebes [216] benötigen.Ohne diese kommt mithin das Verfahren zum Abschluß eines Pachtvertrages gar nicht in Gang. Es mag deshalb kein Zufall sein, daß von den 10 Pachtfällen der erwähnten Untersuchung 6 auf Initiative der 'höherstehenden Organe' zustande kamen.[217]

— Die plangemäßen Produktionsaufgaben eines jeweiligen Betriebes und die ihm auferlegten finanziellen Abgaben an den Staatshaushalt und an das Budget des Sowjets seines Standorts sollen im Falle der Verpachtung gewährleistet werden. Deshalb wird die Höhe dieser finanziellen Verpflichtungen in den Pachtvertrag aufkommen (P.9). Daß auch der (vermutlich zumindest für die Dauer des laufenden FJPl) vorgesehene Produktionsumfang in den Vertrag aufzunehmen ist, geht aus P.7 indirekt hervor; direkt dagegen, daß die Pächter diese Erzeugnisse an den Staat zu den gleichen Bedingungen wie nicht verpachtete Betriebe zu verkaufen haben.

— In den ökonomischen und juristischen Fachdiskussionen wird, wie erwähnt, der Unterschied zwischen den betrieblichen Wirtschaftsbedingungen nach dem '2. Modell' vWR und denen auf der Grundlage der Pacht vor allem darin gesehen, daß bei der letzteren die normative (d.h. die überbetrieblich fixierte) Gewinnverteilung entfällt. Die 'Bestimmungen ...' führen sie aber in gewissem Maße wieder ein. So muß in den Pachtvertrag aufgenommen werden, welche Mittel (absolut oder in Gewinnanteilen bestimmt) dem Fonds der Entwicklung von Produktion und Technik zugeführt (d.h. faktisch reinvestiert) werden sollen.[218] Für 1989 und 1990 bleiben ferner die Normative in Kraft, die das Verhältnis zwischen der Steigerung der Arbeitsproduktivität und möglicher Erhöhung des Lohnfonds bestimmen (P.6) Ab 1991 soll diese Relation durch die Gestaltung der Steuersätze reguliert werden.[219]

— Im Falle der Verpachtung von Betriebsteilen (wo als Verpächter die Betriebsleitung fungiert), werden die plangemäßen Produktionsaufgaben und die finanziellen Abführungen dadurch gesichert, daß der Betrieb ungeachtet der Teilverpachtung gegenüber dem Staat die Gesamtverantwortung behält (PP. 21 u. 25).

Nur exemplarisch seien in komprimierter Form noch einige der praktischen Probleme der Einführung von und der Arbeit unter Pachtverhältnissen in der UdSSR benannt:

— Die jahrzehntelange Überhäufung von Parteiorganen und Sowjetinstanzen mit allen möglichen bald schon vergessenen Neuerungsbeschlüssen, die sie 'breit' in die wirtschaftliche, soziale, kommunale, schulische etc. Praxis umsetzen und entsprechende Reporte erstatten sollen, provozierte die verbreitete Reaktion der 'Einführung auf dem Papier'. Dem Gebietskomitee der KPdSU Voronešz z.B. wurde in einem der wöchentlichen Berichte gemeldet, bereits 1500 Arbeitskollektive seien mit Erfolg auf Pachtbeziehungen übergegangen. Ein Reporter der Pravda, der darüber berichten wollte, konnte gerade zwei Pachtbetriebe ausfindig machen.[220]

— Vor Erlaß der 'Bestimmungen...' im April 1989 bestand erhebliche Unsicherheit darüber, wem nach Ablauf der Pachtfrist die Produktionsmittel (bzw. ihr Gegenwert in Geld) gehören, die nicht aus Abschreibungsbeträgen, sondern aus dem Reingewinn der Pachtkollektive erworben wurden.[221] Punkt 12 der 'Bestimmungen' bestätigt nunmehr den Anspruch der Pächter auf Auszahlung der entsprechenden

Wertsummen.

— Da die verpachteten Betriebe und Betriebsteile in der Regel dringend technischer Umrüstungen bedürfen, stellt sich für die Pächter das allgemein ungelöste Problem des Erwerbs von Ausrüstungsgütern besonders scharf. Haben schon Staatsbetriebe größte Schwierigkeiten, sich Arbeitsmittel außerhalb in Plänen erfaßter, aus zentralen Fonds finanzierter Investitionen zu beschaffen, so gilt das für Pachtkollektive umso mehr. Als eines der größten Hemmnisse der Arbeit unter Pachtbedingungen bezeichneten das 70 % der Befragten in der Untersuchung Rutgajzers.

— Aus dieser Untersuchung sei eine Auflistung weiterer Probleme zitiert: „Nicht alle Erwartungen der Arbeitskollektive, die auf die neuen Formen des Wirtschaftens übergegangen sind, werden schon gerechtfertigt. Es stören die alten Hindernisse; die Rolle der Planung bedarf einer Neubewertung; aus der heutigen Sicht sollte das System der zweigmäßigen Leitung abgeschafft werden. Die materiell-technische Versorgung ist zu reorganisieren, Großhandel mit Produktionsmitteln einzuführen. Einer grundlegenden Änderung bedarf das System der Preisbildung. Alle diese Probleme sind zu einem Knäuel verstrickt."[222]

— Es mangelt an Motivation und Qualifikation zur Tätigkeit unter den Bedingungen erhöhter arbeitsmäßiger und ökonomischer Anforderungen und Eigenständigkeit. Dazu einige Zitate:

„Eine ausgesprochen negative Reaktion auf die Pacht findet sich bei einem Teil der Arbeiter, der sich unter den Bedingungen der Verantwortungslosigkeit und Gleichmacherei daran gewöhnt hat, ein gutes Einkommen zu haben ohne sich zu überanstrengen."[223] „Weshalb die Leute nicht sehr gern einen Pachtvertrag eingehen wollen? Sie fürchten, daß sie, nachdem sie in unglaublicher Arbeit eine gute Wirtschaft geschaffen haben, durch einen Willkürentscheid wieder davongejagt werden."[224] „Heute verteilt man Aufrufe, die Pacht aktiver voranzubringen. Aber dafür muß man zuvor den Leitern der Produktionsbereiche, den Meistern, Brigadieren und Arbeitern ökonomisches Denken beibringen. Heute beherrscht bei uns nicht einmal der Leitungsapparat die Ökonomie. Die Leute bedürfen nicht einfach der Lehre. Man muß ihnen helfen, die Sichtweise des 'Schräubchens' zu überwinden, damit sie begreifen, daß von ihnen selbst ihr Einkommen, ihre Arbeitsbedingungen, ihre Erholung abhängen."[225]

Ungeachtet dieser und weiterer Probleme finden sich in der sowjetischen Presse auch Berichte über ökonomisch erfolgreiche Pachtbetriebe.[226] Sieht man von bewußt schönfärberischen Darstellungen ab, die es ohne Zweifel gibt, so ist durchaus zu konzedieren, daß bei Zusammentreffen günstiger Umstände die Verpachtung von Betrieben oder Betriebsteilen in einer Weise gestaltet und stabilisiert werden kann, die es ermöglicht, die Erwartungen der Beteiligten an Arbeitsbedingungen und -resultate zu erfüllen. Als Indiz dafür, daß solche Beispiele bisher Ausnahmen sind, kann gelten, daß der Fall des Baumaterialien-Kombinats in Butovsk in verschiedenen Zeitungen immer wieder auftaucht.[227] Hier scheint der begünstigende Faktor von Beginn an in der nachhaltigen Unterstützung gelegen zu haben, die ein Sekretär des Gebietsparteikomitees, der das Pachtwesen zu seinem Steckenpferd machte, den pachtwilligen Arbeitskollektiven seines Zuständigkeitsbereichs angedeihen ließ. Stellt sich der Erfolg ein und wird er publizistisch verwertet, erhält der betreffende Betrieb gewissen Schutz gegen willkürliche Interventionen der Leitungsorgane. Solche Fälle müssen nicht Ausnahmen bleiben; es zeigt sich aber einmal mehr, daß die Wirtschaftsreform angemessene Rahmenbedingungen und Zeit der Bewältigung der unvermneidlichen Anlaufschwierigkeiten benötigt.

3.4 Resümee:
Defizite der 'radikalen Reform' der sowjetischen Wirtschaft

Die in der Sowjetunion seit geraumer Zeit gängige Feststellung, seit Gorbatschows Amtsantritt habe sich die wirtschaftliche Lage in keiner Weise gebessert, ist zwar unbestreitbar, sie verweist jedoch auch auf unangemessene Erwartungen. Einige westliche Ökonomen äußerten schon früher die Überzeugung, eine tiefgreifende Veränderung des überkommenen zentralistischen, administrativen und direktiven Planungs- und Leitungssystems bedürfe einer längerwährenden Übergangsphase, in der es zu Wachstumseinbrüchen und anderen ökonomischen und sozialen Störungen geradezu kommen *müsse*. Zeigt die gegenwärtige Krise der sowjetischen Ökonomie an, daß ihre Strukturen tatsächlich im Umbau begriffen sind?

Zum Teil gehen Erscheinungen wie das zunehmende Ungleichgewicht zwischen Kaufkraft und Warenangebot, die inflationäre Tendenz, das Haushaltsdefizit auf reformpolitische Maßnahmen zurück oder besser: sie wurden durch solche verstärkt. Aber das ist natürlich noch kein Qualitätsbeweis der Änderungsschritte. Auch solche in die falsche Richtung, zur verkehrten Zeit und im falschen Tempo haben wirtschaftliche Fehlentwicklungen zur Folge. Und vor allem: die Entscheidungs- und Machtstrukturen sowie die Funktionsweise der sowjetischen Wirtschaft wurden ja bisher nur geringfügig revidiert.

Die dargestellten Probleme der Durchsetzung einiger Reformelemente in die Wirtschaftspraxis resultieren jedoch nicht allein aus den Bedingungen der Implementierung; die Möglichkeiten der Durchsetzung und die Chancen der Bewährung in der ökonomischen und gesellschaftlichen Wirklichkeit hängen *auch* von der Fundiertheit der Reformkonzeption ab. Kritische Anmerkungen zu dieser finden sich im Kapitel 2 an verschiedenen Stellen. Ein zentraler Aspekt soll hier in hochverallgemeinerter Form nochmals aufgegriffen werden.

Es wurde festgestellt, daß Gorbatschow das Amt des Generalsekretärs des ZK der KPdSU im Frühjahr 1985 offenkundig mit einem ökonomischen Reformkonzept antrat. Es war jedoch im wesentlichen das von 1965,[228] das oben (vgl. Abschnitt 1.2) als solches der Ersetzung von Methoden direkt zentralisierter Wirtschaftsplanung und -leitung durch solche der indirekten Zentralisierung charakterisiert wurde. Vertiefte und erweiterte Entwürfe der gesellschaftlichen Grundlegung, der normativen und organisatorischen Institutionalisierung und des prozessualen Funktionierens einer sozialistischen Wirtschaftsweise wurden von sowjetischen Ökonomen nach meiner Kenntnis während der 70er und auch noch der 80er Jahre nicht ausgearbeitet oder jedenfalls nicht vorgelegt. Der eine Zweig der Wirtschaftswissenschaft in der UdSSR, die politische Ökonomie des Sozialismus, ließ eine Alternative zu ihren kanonisierten und normativistischen 'Grundgesetzen', deren Ausdrucks- und 'Anwendungs'formen voluntarisiert und in scholastischer Breite systematisiert und dargelegt wurden, gar nicht erst zu. Die kritischen Vertreter der zweiten Richtung, der 'angewandten Ökonomie', konzentrierten sich dagegen auf Untersuchungen der tatsächlichen Produktionsprozesse und Wirtschaftsabläufe und damit auf den Nachweis vielfältiger Funktionsmängel und Effizienzdefizite. Ihre Vorschläge zu deren Überwindung bewegten sich jedoch im Umfeld der Konzeption indirekt zentralisierter Planungs- und Leitungsmethoden.

Nach meinem Verständnis ist eine (wenn nicht *die*) Grundfrage sozialistischer Wirtschaftsweise die nach der Gestaltung der Vermittlungen zwischen den einzelwirtschaftlichen (betrieblichen) Prozessen und den politischen Entscheidungs- und Lenkungsorganen der gesamtwirtschaftlichen und -gesellschaftlichen Reproduktion. Dieses Problem stellt sich weder in der 'klassischen' staatssozialistischen (direkt-zentralisierten) noch in der kapitalistischen Produktionsweise. Die erstgenannte basiert auf dem Primat der zentralen Ebene, auf der gesamtgesellschaftliche und volkswirtschaftliche Ziele gesetzt und die einzelwirtschaftlichen Prozesse in Richtung ihrer Verwirklichung zu steuern versucht werden, sei es durch direkt oder durch indirekt wirkende Lenkungsinstrumente. Von 'Vermittlung' kann hier weder im gesellschaftlichen, politischen noch im ökonomischen Sinne, sondern nur im technisch-organisatorischen die Rede sein.

Auf kapitalistischer Grundlage stellt sich das Problem der Vermittlung im Prinzip nicht, weil Selbstverständnis und Legitimation dieser Ordnung auf der Überzeugung und Realitätsinterpretation beruhen, daß die Resultate der Entscheidungen und Handlungen der autonomen Sachwalter konkurrierender Einzelkapitale zum Zwecke ihrer Verwertung und Vermehrung *zugleich* die gedeihlichsten gesellschaftlichen und volkswirtschaftlichen Konsequenzen erzeugen. Es bedarf demnach keiner dafür zuständigen Instanz. Den Organen des Staates kommt nur die Gewährleistung der außerwirtschaftlichen Rahmenbedingungen der autonomen Entscheidungen und Prozesse der Kapitalakkumulation und die *nachträgliche* Korrektur bestimmter Fehlentwicklungen zu.

Die in hoher Verallgemeinerung bezeichnete Konzeption indirekt zentralisierter Wirtschaftsplanung und -lenkung mag in einer Weise modifizierbar bzw. fortzuentwickeln sein, durch die die Differenz zu der oben angedeuteten, nicht mit einem Etikett versehenen,[229] aber jedenfalls durch substantiell erweiterte ökonomische Entscheidungs- und Verfügungskompetenzen der Betriebe charakterisierte Version sozialistischer Wirtschaftsorganisation relativiert bzw. fließend wird. In der Fassung der im Abschnitt 2.3 vorgestellten konzeptionellen und normativen Dokumente ist dagegen der Unterschied zwischen der direkt und der indirekt zentralisierten Planungs- und Leitungsweise der Wirtschaft eher ein gradueller als ein prinzipieller. Die seit Gorbatschows schon Anfang 1986 benutzter Formulierung in den offiziösen sowjetischen Sprachgebrauch eingegangene Etikettierung der Wirtschaftsreform als 'radikale' ist mithin allein schon in konzeptioneller Hinsicht höchst fragwürdig. Die Konzentration auf Methoden indirekt zentralisierter Planung und Leitung der Ökonomie, die m.E. Charakteristikum des unter Gorbatschow initiierten Reformansatzes ist, hat Konsequenzen sowohl für andere Reformaspekte wie auch für die Umsetzung der Beschlüsse in die wirtschaftliche Praxis. Sie können hier nur unvollständig und verkürzt bezeichnet werden:

— Alle im Abschnitt 2.3 vorgestellten Reformdokumente vom Sommer 1987 bezeichnen vier Instrumente indirekt zentralisierterWirtschaftsplanung und -leitung: Kontrollziffern (zur Orientierung der betrieblichen Planerstellung), Normative (zur Bestimmung jeweiliger Relationen zwischen erzielten Wirtschaftsresultaten und den Raten materieller Gratifikationen), Staatsaufträge (verbindliche Produktions- und Lieferanweisungen für die Betriebe) sowie Limite (Gesamt- und Teilobergrenzen für Vorhaben des Anlagenbaus). Im Abschnitt 3.1 wurde gezeigt, daß Ministerien und andere Organe (z.B. Gosplan, Finanzministerien) die ihnen in den Reformbeschlüssen übertragene Aufgabe der anwendungsbezogenen Ausarbeitung dieser Instrumente dazu nutzten, die überkommene Praxis umfassender direktiver Detailplanung der betrieblichen Produktionsprogramme und - prozesse unter der Hülle neuer Begriffe aufrechtzuerhalten.

— Die Kritik vieler Wirtschaftswissenschaftler und -praktiker konzentrierte sich danach auf Tatsache und Einzelheiten dieses Agierens der Wirtschaftsadministration. Dadurch wurde die *vorab* zu klärende Frage verdrängt, ob im Verlauf der Verwirklichung einer radikalen Reform die volkswirtschaftlichen Projektierungen z.B. der Produktionsdimensionen, der Akkumulation, der zweig- und raumstrukturellen Proportionen, der Technologiepolitik etc. überhaupt noch in vollzugsverbindliche betriebliche Pläne umgesetzt werden sollen und gegebenenfalls, für welche Bereiche und für welche nicht. Vor der jüngsten Verallgemeinerung der Warendefizite (etwa Herbst 1988) gab es in der UdSSR durchaus Produktionssektoren (z.B. Oberbekleidung, Schuhe, Uhren, Radios, Fotoapparate aber auch Traktoren und bestimmte Maschinentypen), in denen nicht die Erzeugnis*mengen*, sondern die Qualitäten, Designs, Sortimente und das technische Niveau prekär waren. Daß die Beibehaltung der direktiven quantitativen Planaufgaben nach dem Prinzip 'vom erreichten Stand' gerade die Lösung der Qualitäts etc. -probleme blockierte, ist in der UdSSR heute so gut wie unbestritten. Nur kann einem niemand plausibel erklären, weshalb die Ministerien so verfuhren und die politische Führung das hinnahm. Nunmehr, wo die Ladenregale leergefegt sind, beschließt das Politbüro selbst die breite Anwendung von Staatsaufträgen (als eine Form der direktiven Erfassung der betrieblichen Produktionen) zur Gewährleistung der notdürftigsten Versorgung. Es blieb mithin die Chance zu einer wirklichen Reform der Planungspraxis (zumindest in einem Teil der Volkswirtschaft) ungenutzt.

— Ebensowenig wie Grundfragen der Planung wurden solche der Leitung vor Verabschiedung der Reformdokumente in der Fachpresse intensiv erörtert und zur allgemeinen Diskussion gestellt. Hier geht es vor allem darum, ob unter den 'neuen Bedingungen des Wirtschaftens' das System branchenmäßiger Leitung noch zureichende Funktionen hat, um beibehalten zu werden. Wie oben gezeigt wurde, sind die konzeptionellen Aussagen dazu unbestimmt und widersprüchlich. Es ist die Rede von 'grundlegender Erweiterung der ökonomischen Kompetenzen der Betriebe', aber diese Formel wird nicht umfassend präzisiert. Der Personalbestand der Ministerien soll reduziert werden; die Aussagen über die Verringerung der Zahl der Ministerien selbst sind aber vage. Vor allem sollen sie neue Funktionen erhalten, technologiepolitische, Stimulierung und Anleitung der F&E-Tätigkeit, Projektierung der Entwicklung der Branchen, Unterstützung der außenwirtschaftlichen Tätigkeit der Betriebe. Aber zur ersten und letzten Funktion fehlt dem administrativen Personal überwiegend die Qualifikation und für die sektorale Strukturpolitik wäre ein von Detailplanung entlastetes Gosplan oder ein nach Abschaffung der meisten Ministerien wiederzuerrichtender Oberster Volkswirtschaftsrat geeigneter. Der Konzeption nach sollen die Normative einheitlich und langfristig stabil sein. Also bedarf es zu ihrer

Festlegung gleichfalls keiner Zweigministerien. Aber es ist etwas anderes, wenn, wie es geschieht, die Normative betriebsspezifisch aufgestellt werden. Das entspricht, darüber sind sich die Ökonomen einig, in der Wirkung der unmittelbaren Steuerung der betrieblichen Prozesse. Und mit der Notwendigkeit der Kontrolle der Erfüllung der beibehaltenen direktiven und umfassenden betrieblichen Planaufgaben sowie der 'fondierten' Zuteilung von Rohstoffen, Vorprodukten etc. infolge des gleichfalls nicht verwirklichten Übergangs zum Handel mit Produktionsgütern sind die Ministerien zumindest im früheren Umfang ausgelastet.

— Das dritte zentrale, noch weniger als Planung und Leitung konzeptionell geklärte und praktisch in Angriff genommene Reformelement ist das der Preisbildung. Daß hier noch keine Änderungen erfolgt sind, wird nicht selten zur Erklärung und Rechtfertigung dafür herangezogen, daß die Produzenten - Abnehmer - Beziehungen noch so wenig entwickelt sind, noch kein Großhandel mit Produktionsgütern eingeführt und noch keine Rentabilität der Verlustbetriebe erreicht wurde. Das letztere dient wiederum zur Rechtfertigung dafür, daß die Normative betriebsspezifisch bestimmt werden. Zwar ist das in der vorliegenden Untersuchung weitgehend ausgesparte Preisproblem in der Tat höchst komplex und brisant. Es kann m.E. weder mit einem Male noch einförmig gelöst werden.[230] Zumindest für eine längere Übergangsperiode müssen vermutlich unterschiedliche Preisarten zugleich angewandt werden (Markt-, Vertrags-, Limit- und Festpreise). Aber über die Kolchos- und Genossenschaftsmärkte hinaus wäre bis 1987/88 in den oben genannten, seinerzeit nicht defizitären Sektoren die Anwendung von Marktpreisen (zumindest limitierten Marktpreisen) wohl möglich gewesen. Und bei Verwirklichung des postulierten Übergangs von extensiven zu intensiven Formen der Produktivkraftentwicklung hätte es auch möglich sein sollen, den mit eingeplantem Verlust arbeitenden Betrieben, vor allem im extraktiven Sektor (Kohle- und Erzförderung) und in der Metallurgie, die notwendige Mindestrentabilität durch gleichzeitig Modernisierung der Anlagen und Erhöhung der Festpreise zu sichern. Dazu hätte es zwar einer längeren Phase bedurft, aber der Beginn hätte gemacht werden können.

— Manche der hier nur in allgemeiner Form identifizierten Schwächen und Widersprüche der Reformkonzeption hatten zusätzliche Inkonsequenzen bei der Umsetzung in die Wirtschaftspraxis zur Folge; andere Mängel auf dieser Ebene hängen weniger oder gar nicht mit dem Reformprogramm zusammen, sondern mit dem Festhalten an tradierten ökonomischen Zielen, Vorstellungen und Praktiken. Dafür ein Beispiel: In entscheidenden Wirtschaftsbereichen, wie im Rohstoff-, Brennstoff- und Energiesektor, in der Metallurgie und in der Landwirtschaft würde nach Berechnungen sowjetischer Ökonomen die durchaus mögliche substantielle Verringerung von Verlusten (z.B. bei der Lagerung und beim Transport) sowie der Vergeudungen bei der Weiterverarbeitungausreichen, um den Mehrbedarf für die steigende Erzeugung der nachgelagerten Produktionsstufen zu decken. Trotzdem blieben die Bemühungen zur Durchsetzung solcher Materialökonomie im Grunde halbherzig und es werden gewaltige Investitionssummen in die Erweiterung der Kapazitäten der genannten Sektoren gelenkt (also die extensive Form beibehalten). Damit werden der Reform enorme Finanzmittel entzogen, die vor allem erforderlich sind zur Schaffung der materiellen Bedingungen für die Wirksamkeit 'neuer Methoden des Wirtschaftens'. Es geht dabei vorrangig (aber nicht ausschließlich) um die von Gorbatschow von Beginn an postulierte, primär qualitative Entwicklung des Maschinenbaus als Voraussetzung der technischen Umrüstung großer Teile der Industrie und um erste Schritte zur Dekonzentration der räumlichen Verteilung des Produktionspotentials, vor allem auf dem Wege der Errichtung kleinerer und flexiblerer Produktionseinheiten. Das ist sowohl dringlich zur Überwindung der regional schon jetzt beträchtlichen Beschäftigungslosigkeit als auch zur notwendigen Korrektur des hohen Anteils von Großbetrieben mit potentiell monpolistischer Angebotsmacht in der Industrie. Zugleich widerspricht die anhaltende Fixierung auf gigantische Entwicklungsvorhaben [231] einem zentralen Reformelement, nämlich der Selbstfinanzierung eines beträchtlichen Teils der Anlagenerneuerungen durch die Betriebe selbst.[232]

Soweit eine nur exemplarische Zusammenfassung von Schwächen der ökonomischen Reformkonzeption der UdSSR und von Inkonsequenzen der praktischen Reformpolitik in ihrem Wechselverhältnis.

4. Die Umgestaltung der staatlich-politischen Ordnung: Garant oder Barriere der Verwirklichung der Wirtschaftsreform?

Die Erweiterung des Programms der Wirtschaftsreform zum Entwurf der Perestrojka, der umfassenden Umgestaltung aller Sphären der sowjetischen Gesellschaft, markiert die entscheidende Differenz zu dem im engeren ökonomischen Bereich nicht grundlegend verschiedenen Ansatz von 1965. Intention, Vision, Prozesse und Probleme dieses kühnen Projekts können im gegebenen Zusammenhang nicht in seinen verschiedenen Dimensionen erörtert werden. Konzeption und Realisierung der Umgestaltung der staatlich-politischen Ordnung sollen aber nicht völlig außer Betracht bleiben; ihre widersprüchlichen Wechselbeziehungen mit dem Umbau des Wirtschaftsmechanismus sind zu bedeutsam.

Etwa seit der XIX. Allunions-Parteikonferenz der KPdSU im Juni/Juli 1988 teilen sowjetische Reformprotagonisten mit westlichen Beobachtern das Urteil, die Umgestaltung der politischen Verhältnisse komme deutlich rascher voran als die 2 - 3 Jahre früher eingeleiteten Veränderungen im Bereich der Wirtschaft. Diese unbestreitbare Entwicklung ist erstaunlich. Nach Gorbatschows ersten Hinweisen auf politische Reformschritte wurden allgemein den schon beschlossenen und den proklamierten Veränderungen auf dem Gebiet der Ökonomie die relativ größeren Verwirklichungschancen zugesprochen. Das Hauptargument dafür bezog sich auf den unterstellten Konsens der politischen Führung über die Unerläßlichkeit neuer Formen der Wirtschaftsorganisation. Änderungen der staatlich-politischen Strukturen in Richtung einer Neuverteilung der oligarchisch konzentrierten Macht, der rechtlichen Ordnung und regelhaften Institutionalisierung ihrer Ausübung und Kontrolle bei realer Beteiligung der gesellschaftlichen Individuen und Gruppen an der politischen Willensbildung wurden dagegen als kaum vorstellbare Konzession der Partei- und Staatsführung erachtet. Wie es dann doch zu einer solchen Entwicklung kam, soll im folgenden stark verkürzt nachgezeichnet werden.

In seiner Funktion als Generalsekretär des ZK der KPdSU äußerte sich Gorbatschow erstmals in seinem Rechenschaftsbericht auf dem XXVII. Parteikongreß am 25.2.1986 eingehender zur staatlich-politischen Ordnung. Anlaß dazu bot ihm nicht zuletzt, daß der Kongreß eine neue Fassung des Parteiprogramms zu verabschieden hatte. Der dritte Abschnitt seiner Rede stand unter der Überschrift „Weitere Demokratisierung der Gesellschaft, Vertiefung der sozialistischen Selbstverwaltung des Volkes"[1] Die letzte Formulierung darf allerdings nicht überraschen, sie wurde auch unter Breschnew (vor allem im Zusammenhang der neuen Verfassung der UdSSR von 1977) gebraucht. In seiner Rede benutzte Gorbatschow den Begriff der Demokratie zuweilen in emphatischen Wendungen: „Demokratie - das ist die gesunde und reine Luft, in der allein der Organismus der sozialistischen Gesellschaft blutvoll zu leben vermag."[2] Veränderungen der staatlich-politischen Strukturen, die Gorbatschow allerdings eher andeutete als ankündigte, bezogen sich auf die Erhöhung der Kompetenzen der örtlichen Sowjets (wozu schon 1971 ein Erlaß des Präsidiums des Obersten Sowjets ergangen war), auf Stärkung der direkt gewählten Organe (der Sowjets) gegenüber den exekutiven Instanzen, auf die Aktivierung der Gewerkschaften, Schritte zur Demokratisierung der betrieblichen Arbeitsbeziehungen, auf die Erweiterung der Artikulationsmöglichkeiten und die Stärkung des Einflusses der öffentlichen Meinung sowie (in vorsichtiger Weise) auf Rechtsgarantien für die Bürger.

Im Verlauf des Jahres 1986 erklärte Gorbatschow in seinen Reden in zunehmender Eindringlichkeit die Unverzichtbarkeit von Glasnost (breite Öffentlichkeit, Meinungsvielfalt) und Demokratisierung für die Verwirklichung der Wirtschaftsreform und das Gelingen der Perestrojka überhaupt. Das Januar-Plenum des ZK 1987, das die Kaderpolitik der Partei zum Hauptgegenstand hatte, gab dem Generalsekretär die Gelegenheit, in seinem Referat wieder ausführlich Fragen der Fortentwicklung der politischen Ordnung zu erörtern:[3]

> „Nur durch Demokratie und dank der Demokratie ist die Perestrojka möglich. Nur so ist es möglich, den schöpferischen Potenzen der Kraft des Sozialismus einen Freiraum zu öffnen ... Gerade deshalb stelltsich die weitere Demokratisierung der sowjetischen Gesellschaft als unaufschiebbare Aufgabe der Partei."[4]

In seiner Rede begründete Gorbatschow eingehender sein Konzept von 'Produktionsdemokratie' und konkretisierte es durch Ankündigung entsprechender Neuerungen. Er kam auf die Verbesserung des Wahlsystems zurück, wobei er sich auf Vorschläge in Briefen aus der Bevölkerung an das ZK berief. Er kündigte ein entsprechendes Gesetz an, das zur allgemeinen Diskussion gestellt wurde. Ausführlich erörterte er Probleme der innerparteilichen Demokratie. Wiederum unter Bezugnahme auf Briefe von Werktätigen (offenkundig eine Legitimationsformel bei brisanten Vorschlägen) kündigte er den Übergang zu geheimen Wahlen der Parteisekretäre an, auch der 'Ersten' bis hinauf zur Ebene der Unionsrepubliken. Dabei solle eine Auswahl zwischen mehreren Bewerbern ermöglicht werden. Das Politbüro sei der Meinung, daß auch bei der Wahl zu den zentralen Organen so zu verfahren sei. Wieder unterstrich der Generalsekretär die Unverzichtbarkeit von Offenheit und Durchsichtigkeit aller gesellschaftlichen und politischen Entscheidungen, und er versprach ein Gesetz über Glasnost. Ungewöhnlich war sein Plädoyer für die Heranziehung von Nicht- Parteimitgliedern zur Mitarbeit in leitenden Funktionen (natürlich außerhalb der Partei). In dieser Rede begründete Gorbatschow ein Kernelement seiner Konzeption der Reform des politischen Systems: die funktionale und entsprechend kompetenzmäßige Trennung von Partei- und Staatsorganen. Es bedürfe der Begrenzung der Amtsperioden, um eine regelmäßige Erneuerung der Kader zu ermöglichen. Auch innerhalb der Partei sei die Stellung der gewählten gegenüber den exekutiven Organen zu stärken.

Gorbatschows Vorstellungen fanden offenkundig in wesentlichen Punkten nicht die Unterstützung des Zentralkomitees. Im Beschluß des Plenums werden die geheimen Wahlen der Sekretäre, die Begrenzung der Wiederwahl und die Heranziehung von Nichtkommunisten für verantwortliche Aufgaben nicht erwähnt.[5] Etwa eineinhalb Jahre verblieben Gorbatschow bis zur von ihm auf dem XXVII. Parteikongreß durchgesetzten Parteikonferenz im Juni/Juli 1988, auf der die Reform der staatlich-politischen Strukturen zentrales Thema war. Er nutzte diese Frist intensiv zur Propagierung seiner Konzeption der Demokratisierung von Gesellschaft und Partei sowie zur Änderung der Mehrheitsverhältnisse im ZK zu seinen Gunsten.[6]

Es stellt sich die Frage nach den Motiven des Reformflügels der Parteiführung zu der brisanten Initiative der Umgestaltung der politischen Strukturen und damit letztlich der innerstaatlichen Machtverhältnisse. Abgesehen von deklaratorischen Wendungen findet sich in Gorbatschows zahlreichen Reden dafür keine ausdrückliche Begründung, wohl aber indirekte Hinweise. Immer wieder stößt man auf Passagen, in denen Zweifel an der Bereitschaft und Fähigkeit der Kader in Partei und Staatsapparat geäußert werden, das Projekt der Perestrojka im Sinne des Verständnisses der Reformer mitzutragen und durchzusetzen:

> „Einigen Genossen kann man offensichtlich nur schwer das Verständnis vermitteln, daß Demokratie nicht nur eine Losung ist, sondern das Wesen der Umgestaltung."[7]
> „Ich sagte schon, daß bei weitem nicht alle Partei- und Staatsorgane vor Ort aktiv an der Umgestaltung teilnehmen."[8]

Häufig schließt Gorbatschow an solche partei- und sowjetkritischen Passagen populistische Wendungen an: „Unser Volk ist für Demokratisierung, für politische und für praktische."[9] Die engere Absicht des Versuchs, die verharschten Machtstrukturen aufzubrechen, nicht nur im Zentrum, ebenso in den Regionen und Betrieben, ist ohne Zweifel, den Widerstand der Partei- und Sowjetfunktionäre gegen die gesellschaftliche Umgestaltung in allen ihren Dimensionen zu überwinden, die Kader wo immer erforderlich auszuwechseln und sie der zu institutionalisierenden und rechtlich zu gewährleistenden Kritik und dem Drängen der Bevölkerung nach Problemlösungen auszusetzen.

Zugleich wird jedoch ein allgemeineres Ziel deutlich. Es drängt sich die Vermutung auf, daß es Konsequenz einer respektvollen (womöglich zu unkritischen) Rezeption der inneren politischen Stabilität, des gesellschaftlichen Klimas, der sozialen und ökonomischen (arbeitsbezogenen) Verhaltensweisen der Individuen und Gruppen in den kapitalistischen Staaten des Westens ist. Mit diesem den Protagonisten des Reformflügels der Führung vermutlich von ihren intellektuellen Ratgebern vermittelten Bild kontrastiert die sowjetische (oder zunächst enger: die russische) Gesellschaft, die fast bruchlos in ihrer Prägung durch die vorindustriellen und vorbürgerlich-autoritären Verhältnisse des Zarenregimes einen gewaltförmig erzwungenen sozialen Umbruch durchlebte und erlitt, dem eine fast generationslange Phase ohne Terror und mit materiellem Aufstieg, jedoch unter weiterhin auferlegter politischer Unmündigkeit, geistig-kultureller Einförmigkeit und gesellschaftlicher Bevormundung folgte. Die auch von westlichen Beobachtern variierte Charakterisierung der so konditionierten sowjetischen Menschen als der Gesellschaft entfremdet, politisch angepaßt, gleichgültig in Arbeit und Beruf, privatistisch fixiert etc. war zwar schon für die Breschnewsche 'Stagnationsphase' zu grobschlächtig, erfaßte aber doch verbreitete Merkmale. Ihre Überwindung ist offenkundig als Bedingung des Erfolgs der Perestrojka erkannt. Dazu bedarf es jedoch zugleich schon der gesellschaftlichen Umgestaltung:

> „Das letzte Ziel des Umbaus ist, denke ich, klar: tiefgreifende Erneuerung aller Seiten

des Lebens des Landes, dem Sozialismus die modernste Form der Organisation der Gesellschaft geben ..."[10]

„Mehr Sozialismus - das bedeutet mehr dynamische Tatkraft, Organisiertheit und Ordnung ... Initiative in der Wirtschaft,Effektivität in der Leitung. Mehr Sozialismus - das bedeutet mehr Demokratie, Transparenz, Kollektivgeist in unserem Gemeinschaftsleben, mehr Kultur, Menschlichkeit ... mehr Würde und Selbstachtung der Persönlichkeit."[11]

In welcher Kürze das Projekt der Umgestaltung der staatlich- politischen Strukturen der UdSSR auch skizziert wird,[12] zum Verständnis seiner Zielrichtung, Bedeutung und Probleme ist eine stichwortartige Bezeichnung bisheriger Hauptmerkmale angezeigt.[13]

— Das staatlich-politische System der UdSSR ist durch zwei gleichsam parallele Organisations- und Machthierarchien gekennzeichnet, die der KPdSU und die der Sowjetorgane. Abgesehen von der Heraushebung der KPdSU als führende Kraft des Landes in der Verfassung kommt ihren Organen auf den jeweiligen Stufen der Hierarchie in der Regel auch faktisch der Machtprimat gegenüber den Sowjetinstanzen zu.

— Der Aufbau der KPdSU erstreckt sich von den Grundorganisationen in den Betrieben bis zur höchsten Ebene, der der Union, über die Zwischenstufen der Städte/Kreise, der Gebiete (Oblasti) und der Unionsrepubliken.[14] Auf jeder Stufe gibt es die Versammlung der Mitglieder (bzw. die Delegiertenkonferenz), ein gewähltes Komitee (ein nichtprofessioneller Vorstand) und ein 'Büro' hauptberuflicher Sekretäre. Der Aufbau ist strikt hierarchisch mit zentralistischer Machtkonzentration und Beschlußfassung. Die Sekretäre werden auf den jeweiligen Ebenen formal gewählt, faktisch aber von den Organen der je höheren Stufen bestimmt.

— Der staatliche Aufbau ist gleichfalls hochzentralisiert. Es gibt keine wirkliche Selbstverwaltung auf der kommunalen und regionalen Ebene und auch die Entscheidungs- und Verfügungskompetenzen der Einzelrepubliken sind faktisch stark begrenzt. Die Organe der unteren Ebene haben so gut wie keine eigenen Budgeteinnahmen und selbst die Unionsrepubliken werden zu drei Vierteln aus dem Unionshaushalt finanziert. Dementsprechend haben die (faktisch nur formal) gewählten Räte (Sowjets) nur geringe eigene Rechte und Handlungsmöglichkeiten. Sie 'wählen' (real nur eine Bestätigung 'von oben' kommender Vorschläge) Exekutivkomitees hauptberuflicher staatlicher Funktionäre (der Vorsitzende des Exekutivkomitees des Sowjets der Stadt X ist mithin ihr Bürgermeister).

— Im allgemeinen sind beide Machthierarchien eher durch personelle Verquickung (Doppelfunktionen) und durch Ämtertausch in beide Richtungen als durch Rivalitätsverhältnisse gekennzeichnet. Der Machtprimat der Partei bedeutet nicht, daß deren Funktionäre gegenüber denen der Sowjets weisungsbefugt sind. Die ersteren verfügen aber über mehr Einfluß auf Entscheidungen und auf die Ressourcenverteilung der höheren Instanzen, den sie zugunsten des eigenen Zuständigkeitsbereichs nutzen. Nicht zuletzt deshalb ist ihre Autorität am Ort höher als die der Sowjetfunktionäre.

— Im örtlichen/regionalen Bereich bilden sich oft informelle Machtkartelle aus Partei- und Sowjetfunktionären heraus, die weitere Inhaber leitender Positionen einschließen (aus den Gewerkschaften, der Industrie, der Landwirtschaft u.ä.). Kritik und Initiativen von (Gruppen von) Bürgern haben gegenüber diesen Koalitionen ganz überwiegend keine Durchsetzungschancen. Im Gegenteil: Ansätze von (an konkreten Mißständen entwickelter) Opposition werden nicht nur unterdrückt, die Initiatoren auch persönlich verfolgt (Stellenkündigung, Wohnungsentzug).[15] Bei den Bürgern verbreiten sich deshalb resignative Einstellungen und lethargische Haltungen. Die Konstellation geringer Entscheidungs- und Gestaltungsmöglichkeiten der Amtsträger bei gleichzeitiger Immunität gegen Kritik 'von unten' erzeugt häufig Gleichgültigkeit gegenüber den Belangen der Menschen, fachliche Inkompetenz, autoritäres Amtsverhalten und Devotion nach oben hin.

Richtung und Intention der Umgestaltung des politischen Systems im Verständnis der Reformprotagonisten[16] müssen in der gleichen Kürze und Unvollständigkeit bezeichnet werden wie zuvor einige Merkmale der bisherigen staatlich-politischen Machtordnung:

— Die Funktion der Partei und Staatsorgane sollen (wie in der Vergangenheit schon mehrfach beschlossen) gegeneinander abgegrenzt und diese Aufgabenteilung diesmal auch in der politischen und administrativen Praxis durchgesetzt werden. Vor allem auf den unteren und mittleren Ebenen bestand bislang Verdoppelung der Zuständigkeiten und Arbeitsweisen bei Dominanz der ausführenden Tätigkeit der Parteiorgane. Deren fast vollständige Inanspruchnahme durch Bemühungen zur Lösung von Produktions-, Versorgungs-, Erziehungsaufgaben etc. entspricht nicht der Stellung der Partei als politische und ideologische Avantgarde. Die Parteifunktionäre haben ihre Rolle als Vermittler der zentralen Beschlüsse, als Inspiratoren lokaler Initiativen ebenso wie ihre agitatorische Wirksamkeit eingebüßt. Sie sollen sie nunmehr zurückgewinnen.

— Die Sowjetorgane müssen mit tatsächlichen Entscheidungs- Gestaltungs- und Verfügungskompetenzen ausgestattet werden, vor allem - aber nicht allein - auf den unteren und mittleren Ebenen. Zumindest drei Wirkungen sind damit beabsichtigt: die Mehrzahl der Versorgungs-, Wohnungs-, Schul- der sozialen u.a. Probleme sollen eigeninitiativ und -zuständig gelöst werden, während bis jetzt z.B. ein Moskauer Ministerium bemüht ist, das Defizit an Kinderschuhen in Ufa zu beheben. Für diese neuen Aufgaben fehlen den Sowjetfunktionären vielfach die Qualifikationen. Das bietet die Möglichkeit zur Heranziehung fähiger Nichtmitglieder der Partei. Durch wirkliche Wahlen der Deputierten der Sowjets sollen sie Autorität erlangen, sollen zu gesellschaftlichem Engagement bereite Bürgerinnen und Bürger zur Mitarbeit gewonnen und allgemein das Interesse und Verantwortungsgefühl für die kommunalen Belange geweckt werden.

— Wenn von den ständigen Aktivierungskampagnen, denen keine Möglichkeiten zum von eigenen Vorstellungen und Interessen bestimmten Handeln entsprachen, zur Ermutigung zu selbstgewählten Initiativen in den Betrieben, Instituten, Bildungseinrichtungen, kommunalen Bereichen etc. übergegangen werden soll, lassen sich die Aktivitäten der Menschen nicht auf die obrigkeitlich präferierten Felder begrenzen. Eigeninspiriertes gesellschaftliches und politisches Engagement muß unterhalb der Ebene der von der KPdSU beanspruchten privilegierten Stellung möglich sein. Es kann im übrigen zur Behebung vielfältiger Mißstände beitragen, die in der Vergangenheit zwar in der Presse angeprangert werden konnten, was jedoch folgenlos blieb. So aber sollen die Menschen nunmehr lernen, die Lösung ihrer Probleme in die eigenen Hände zu nehmen.

— Die Durchsetzung von Glasnost muß die unerläßlichen Informations-, Artikulations- und Kommunikationschancen für die Erkenntnis der Probleme der Wirtschaft, der sozialen Gruppen, der Kommunen etc. und für die eigene Willensbildung, für die Prozesse des Meinungs- und Erfahrungsaustauschs, der kollektives Engagement inspiriert, gewährleisten.

— Bürgerliche und staatsbürgerliche Rechtsgarantien sind unerläßlich, um die eingeschliffene Praxis der Instanzen und Amtsträger der bisherigen Ordnung zu blockieren, alle nicht obrigkeitlich angeordneten oder ausdrücklich vorab gebilligten Initiativen zu verbieten. Ohne solche nicht nur proklamierten, sondern als wirksam erfahrenen Rechtsgarantien ist die gewollte breite Teilnahme der Menschen an der Lösung der vielfältigen sich im Verlauf der Perestrojka stellenden Probleme nicht möglich.

Während nach vier Jahren Wirtschaftsreform das ökonomische Planungs- und Leitungssystem der UdSSR in seiner überkommenen Funktionsweise noch wenig verändert ist, hat die staatlich-politische Ordnung innerhalb nur eines Jahres (zwischen Mai 1988 und Mai 1989) institutionell und, was entscheidender ist, in ihren realen Prozessen tiefgreifende Wandlungen erfahren. Die Hauptursache dieser Ungleichzeitigkeit der Verwirklichung der Perestrojka liegt wohl in der unterschiedlichen Aufnahme der Reformbeschlüsse durch ihre Adressaten. Die Sowjetbürger sind zwar als Konsumenten an der Wirtschaftsreform interessiert, als solche können sie aber kaum etwas für deren Durchsetzung tun. Aber als Produzenten, als Beschäftigte, ist ihre Einstellung wesentlich zurückhaltender. Außerdem kommt es bei der Realisierung dieser Dimension der Umgestaltung der sowjetischen Gesellschaft erst einmal auf das Verhalten der Protagonisten der ausgedehnten Wirtschaftsverwaltung an, dann auf das der Betriebsleitungen. Die Probleme dieser Gruppen mit der Verwirklichung der 'radikalen Reform des Wirtschaftsmechanismus' wurden oben dargestellt.

Die Veränderungen der staatlich-politischen Macht- und Autoritätsstrukturen sowie der Willensbildungs- und Entscheidungsprozesse wurden dagegen kaum unter Anleitung der Instanzen der KPdSU und der Sowjets (im Gegenteil, eher gegen ihren Widerstand) durchgesetzt, sondern durch Gruppierungen politisch- gesellschaftlich mobilisierter StaatsbürgerInnen selbst.[17] Gesellschaftliches und politisches Engagement, wenn auch nicht als Massenerscheinung, so doch in einem weder von sowjetischen Sozialwissenschaftlern noch von westlichen Beobachtern erwartetem Maße zeigte sich ab 1987 bei der Bildung 'informeller'[18] Vereinigungen. Die Mehrzahl der wie Pilze hervorschießenden Verbände ist unpolitischer Art (Musikgruppen, Sportvereinigungen, Hobbyclubs u.ä.), eine beträchtliche Anzahl verfolgt jedoch gesellschaftlich-politische Anliegen, wie z.B. Aufarbeitung der sowjetischen Zeitgeschichte, Wahrnehmung nationaler Interessen, Schutz von historischen und Kulturdenkmälern, ökologische Belange, soziale Hilfen u.a.m.[19] Zum Teil suchen die Initiatoren um förmliche Registrierung der Vereinigungen nach, die oft verweigert wird. Überhaupt stoßen die 'Informellen' aller Schattierungen, besonders aber die politischen, überwiegend auf Ablehnung der Behörden, der unteren und mittleren Partei- und Sowjetorgane, des Komsomol etc., aber auch bei Teilen der Bevölkerung. Zumeist werden ihre Aktivitäten aber geduldet, und ein Gesetz über solche Organisationen, das Einschränkungen und Gewährleistungen zugleich bringen wird, ist in Vorbereitung.[20]

Die Wahlen der Delegierten zur XIX. Allunions-Parteikonferenz boten Anlaß zu unerwartetem kritischen Engagement in einer Reihe von Städten.[21]Nie zuvor hatte es Proteste gegen die ritualisierten und manipulativen Praktiken der Kandidaten-aufstellung zu innerparteilichen Wahlen gegeben, im Mai 1988 wurde er jedoch da und dort artikuliert, von Teilen der Presse aufgegriffen und nicht zuletzt dadurch verbreitert. Von den Initiatoren einberufene Protestversammlungen wurden mancherorts von kommunalen Behörden genehmigt (z.B. in Moskau, Jaroslavl, Omsk).[22] Obgleich es den Kritikern der gelenkten Selektion von BewerbernInnen um ein Delegiertenmandat bis zur schließlichen Einmann/-frau-Kandidatur nur in wenigen Fällen gelang, ihre Alternativvorschläge durchzusetzen, äußerten sowjetische Beobachter die Gewißheit, daß nunmehr das Ende der Scheinwahlen unwiderruflich eingeleitet sei.

Die Parteikonferenz selbst, deren Plenarsitzungen zum großen Teil im Fernsehen übertragen wurden, bot den SowjetbürgernInnen das ungewohnte und für nicht wenige auch befremdliche Bild von Delegierten, die bislang tabuisierte Sachverhalte, Instanzen und auch Funktionsinhaber scharf kritisierten. Zwar gab es bei den Abstimmungen auch über sehr kontrovers diskutierte Fragen noch stark mehrheitliche Zustimmungen, aber nicht immer mehr 'Einmütigkeit'. Zutreffend wurde gelegentlich kommentiert, daß auf dem Kongreß faktisch mehrere Parteien innerhalb der einen agierten. Gorbatschows Programm der staatlich-politischen Umgestaltung wurde gebilligt[24] und ein zeitlich knapp bemessener Fahrplan seiner Realisierung fixiert (bis Herbst 1989). Zur Verwirklichung der wiederbelebten legendären Forderung 'Alle Macht den Sowjets'[25] bedurfte es keiner institutionellen Neuerungen, denn sie existierten förmlich nach wie vor. Es ging um ihre 'Belebung', was 'nur' verlangt, daß sie die ihnen normativ bereits zukommenden-Funktionen tatsächlich übernehmen. Auf die beiden wichtigsten institutionellen Neuerungen kann im gegebenen Zusammenhang nicht näher eingegangen werden. Es geht um die Kreierung eines neuen Staatsorgans, des 'Kongresses der Volksdeputierten', eine Art Übersowjet ohne eigentliche legislative Funktion, aber mit Wahl- und Abstimmungskompetenzen,[26] sowie um die Umwandlung des bislang rein repräsentativen Amtes des Vorsitzenden *des Präsidiums* des Obersten Sowjets in das eines Vorsitzenden des Obersten Sowjets mit starken Rechten (und - besonders umstritten - in Personalunion mit dem Amt des Generalsekretärs des ZK der KPdSU[27]. Die entsprechenden Verfassungsänderungen und ein Gesetz über die Wahlen zum Sowjet der Volksdeputierten wurden Ende November 1988 vom Obersten Sowjet angenommen.[28]

In den sich über drei Monate hinziehenden Prozessen der Kandidatenauswahl zum Kongreß der Volksdeputierten (Dezember 1988 bis März 1989) wurde die erwähnte Voraussage bestätigt: in wesentlich breiterem Umfang als im Mai 1988 bei den Wahlen zur Parteikonferenz wurden BewerberInnen um ein Deputiertenmandat 'von unten' vorgeschlagen und durchgesetzt (spontan in Wahlversammlungen von Bürgern und Bürgerinnen wie auch organisiert von informellen Gruppierungen). Das vom Wahlgesetz vorgesehene überaus komplizierte Verfahren der Aufstellung der KandidatenInnen begünstigte diese Entwicklung.[29] Ein solches breites und intensives Engagement von Vereinigungen, ad hoc-Gruppierungen und

Einzelnen gab es zwar nicht überall, und das überkommene autoritäre und manipulative Verfahren dürfte sogar noch in der Mehrzahl der Wahlkreise ohne mehr oder minder ausgeprägte Kritik abgelaufen sein. In Anbetracht der bisherigen 'Wahl'resultate mit 99,...% Zustimmung war der Ausgang der Wahlen am 26.3.1989[30] jedoch sensationell: eine Reihe unionsweit oder regional hochrangiger KPdSU-Bewerber erhielt nicht die erforderliche Mehrheit.[31]

Der Kongreß der Volksdeputierten wurde am 25. Mai 1989 eröffnet und tagte bis zum 9.6.[32] Seine Sitzungen wurden vom Fernsehen live übertragen und fanden in der Bevölkerung starke Resonanz. Sie wurden überwiegend bestimmt durch den Auftritt von Vertretern kritischer, vorwärtsdrängender pro-Perestrojka-Positionen, obgleich diese Gruppierungen und einzelnen Deputierten nicht mehr als 400 bis 450 der 2250 Mitglieder des Kongresses stellten.[33] Das Verfahren der Wahl der etwa 500 Abgeordneten des Obersten Sowjets durch den Kongreß stieß bei den 'radikalen' Deputierten auf harsche Kritik. Sie beschuldigten die von ihnen so bezeichnete 'schweigende Mehrheit', sich für die an ihren Positionen und ihrem Verhalten geübte Kritik durch die Wahl mehrheitlich konservativer Deputierter, von Vertretern der 'alten Ordnung', gerächt zu haben.

Die sich an den Kongreß der Volksdeputierten anschließende erste Sitzungsperiode der beiden Kammern des neuen Obersten Sowjets bestätigte diese Einschätzung jedoch kaum. Vor allem die Arbeit der zahlreichen Ausschüsse und Kommissionen[34] demonstrierte ebenso wie die intensiven kritischen Befragungen (und einzelnen Zurückweisungen) der vom Vorsitzenden des Ministerrates vorgeschlagenen Ministerkandidaten durch die Abgeordneten in erstaunlichem Maße deren Entschlossenheit, die Parole 'die Macht den Sowjets' in die Tat umzusetzen.

Trotz - und in gewissem Maße infolge - der im Prinzip, wohl aber nicht in den Formen und im Tempo intendierten Veränderungen der staatlich- politischen Machtordnung ist die derzeitige (Spätsommer 1989) Situation der sowjetischen Gesellschaft als geradezu bedrohlich einzuschätzen. Zu den auffälligsten, gleichzeitig auftretenden Anzeichen dafür zählen:

> — Der Autoritätsverlust der KPdSU mit der Folge tiefer Verunsicherung ihrer Funktionäre. Die bisherige Machtordnung bewegt sich auf die Grenze der Erosion zu, noch ehe die neue voll ausgebildet und funktionsfähig ist. Deutlich droht die Gefahr der 'Unregierbarkeit'.
>
> — Die jahrzehntelang mehr oder weniger gewaltförmig unterdrückten Ansprüche der einzelnen Nationen auf Wahrung ihrer ethnischen, historischen und kulturellen Identität (oder sogar auf Eigenstaatlichkeit) machen sich nunmehr eruptiv geltend. In den baltischen Republiken proklamieren diese Bewegungen mit dem Rückhalt breiter Unterstützung der autochthonen Bevölkerung ihr Ziel des Austritts aus der sowjetischen Union bereits so apodiktisch, daß ein Kompromiß außerhalb jeder Sichtweite ist. In Moldavien und in Grusinien ist die Lage fast schon ähnlich prekär. Die Position der Reformkräfte innerhalb der Partei- und Staatsführung ist aber kaum so gefestigt, daß ihre Zustimmung zu solchen Sezessionen denkbar erscheint.
>
> — Zugleich brechen politische, soziale und ideologische Gegensätze auch innerhalb der und über die Einzelnationen hinweg aus. Oppositionelle Gruppierungen formieren sich von rechts und links, traditionelle ideologische Fixierungen treten wieder hervor. Es scheint, daß auch der Konsens einer sozialistischen Grundordnung zu-

nehmend in Frage gestellt wird.

— Die Folgen langwährender Mißachtung der Entwicklungserfordernisse wichtiger sozialer und ökonomischer Bereiche führt an die Grenzen der Funktionsfähigkeit und Erträglichkeit. Das gilt für die Wohnungsnot, die Mängel im Gesundheitswesen, die Armut erheblicher Teile der Bevölkerung[35] (RentnerInnen, Invaliden, alleinerziehende Mütter, junge kinderreiche Familien, Arbeitslose u.a. in Mittelasien und Transkaukasien, die Landbevölkerung Nordrußlands), das Ausmaß der Vergiftung und Zerstörung der Umwelt.

— Die Massenstreiks der Bergarbeiter im Sommer 1989 mit den zugleich erhobenen politischen Forderungen zeigen den Vertrauensverlust derPartei- und Staatsführung innerhalb der als eigentliche Legitimationsbasis reklamierten sozialen Klasse an. Die Erfüllung ihrer - auch noch so berechtigten - ökonomischen und sozialen Forderungen belastet die extrem angespannte materielle und finanzielle Situation noch mehr und macht weitere Streikwellen wahrscheinlich.

— Kriminalität in allen ihren Erscheinungsformen steigt in beängstigendem Ausmaß an,[36] ein bedrohlicher Indikator gesellschaftlicher Anomie.

— Die sowjetische Ökonomie und die Staatsfinanzen befinden sich in der Krise.

Die am Beginn dieses Kapitels gestellte Frage nach den Konsequenzen der Umgestaltung des staatlich-politischen Systems für die Durchsetzung der Wirtschaftsreform muß derzeitig pauschal mit dem Verweis auf negative Wirkungen beantwortet werden. Zwar sollte deutlich sein, daß die aufgelisteten Merkmale des krisenhaften Zustands der sowjetischen Gesellschaft zum Teil gar nicht mit der politischen Reform zusammenhängen, zum anderen durch diese weniger erzeugt als zum Ausdruck gebracht werden. Evident ist jedoch auch, daß jene Vielfalt brisanter Problemlagen nicht die erforderlichen gesellschaftlichen, politischen, sozialpsychologischen u.a. Rahmenbedingungen für die Verwirklichung einer grundlegenden Umgestaltung der ökonomischen und sozialen Beziehungen und der Funktionsweise des 'Wirtschaftsmechanismus' bieten.

In diesem Zusammenhang soll exkursartig die innerhalb und außerhalb der UdSSR häufig gestellte Frage aufgegriffen werden, welche Resonanz die Politik der Perestrojka in den Klassen, Gruppen und Schichten der sowjetischen Gesellschaft findet. Dieses Problem beschäftigt die westliche „Sowjetologie" nicht erst seit Gorbatschow; auch im Hinblick auf frühere Reformansätze wurde die Frage nach den „friends and foes of change"[37] breit diskutiert.

Die systematischste und umfassendste mir bekannte Untersuchung dieses Problems stammt von der angesehenen Soziologin Tatjana Saslawskaja, Direktorin des Unionsinstituts zur Erforschung der öffentlichen Meinung in Moskau. Sie liegt in deutscher Übersetzung vor.[38] Saslawskaja sieht die „größte Schwierigkeit" der Verwirklichung des Projekts der Perestrojka darin, daß sie „...sich im Brennpunkt lebenswichtiger, miteinander verflochtener Interessen einzelner Klassen, Schichten und Gruppen vollzieht..." Nach ihrem Urteil hängt „vom Endergebnis dieser Wechselwirkung zwischen den Gruppen, die in der Gesellschaft verschiedene Positionen einnehmen und unterschiedliche oder gar entgegengesetzte Interessen haben,...schließlich auch der praktische Verlauf der Perestroika ab."(S.228).

Bei der Konstruktion der unterschiedenen Schichten geht Saslawskaja von der Klassendefinition Lenins mit ihren drei Hauptkriterien aus: Position und Funktion in der gesellschaftlichen Organisation der Arbeit, Verhältnis zu den Produktionsmitteln (Eigentum, Verfügungsmacht oder Ausschluß von beidem), Art (Form) und Ausmaß der Teilhabe am gesellschaftlich produzierten Reichtum.[39] Sie differenziert diese Merkmale aus und gelangt so in ihrer ursprünglichen Studie zu einer erheblichen Anzahl von Schichten, die zum gegebenen Zweck auf 12 (bzw.11; die 12. ist eigentlich keine soziale Schicht) reduziert werden: Arbeiterklasse (unterteilt in 3 Schichten); Kolchosbauern; wissenschaftlich-technische Intelligenz; Manager in der materiellen Produktion; Führungskräfte in den Bereichen Handel und Dienstleistungen; genossenschaftliche und individuelle Kleinunternehmer; Intelligancija in den Bereichen Wissenschaft und Lehre, Massenkommunikation, Kunstschaffen, Ärzte;hohe Verwaltungsfunktionäre; Politiker; Gruppen des organisierten Verbrechens.[40]

Die Haltung der diesen Schichten zugehörigen sozialen Individuen und Gruppen zur ,,radikalen Reform der gesamten sowjetischen Gesellschaft" ermittelte T.Saslawskaja nicht direkt und systematisch unter Anwendung von Methoden empirischer Sozialforschung. Offenkundig leitet sie zum einen Interessenlagen und daraus gefolgerte Einstellungsmuster aus den ,,objektiven" Klassen- und Schichtenlagen ab und sie rekurriert zum anderen auf vorliegende Teiluntersuchungen, auf Resultate von Meinungsbefragungen, auf Zeitungsartikel und Leserbriefe u.ä.m. Ungeachtet dieser prekären Verfahrensweise scheinen ihre Charakterisierungen nicht nur plausibel, ich finde sie auch durch sowjetische Veröffentlichungen unterschiedlicher Art in der Fach- und Tagespresse bestätigt. Sie sind jedoch - was der so abgebildeten Realität entsprechen dürfte - nicht sehr eindeutig.

Ein überwiegend positives Verhältnis zur Perestrojka wird drei Schichten zuerkannt: der human-und sozialwissenschaftlichen sowie künstlerischen Intelligencija, der ,,Arbeiter-Avantgarde"(gemessen am fachlichen Qualifikationsgrad) und den genossenschaftlichen und individuellen Kleinunternehmern (als soziale Schicht ein ,,Kind" der Perestrojka selbst); ein dominant negatives dem organisierten Verbrechertum, den hohen Verwaltungsfunktionären, den Führungskräften im Bereich von Handel und Dienstleistungen sowie einer Schicht der Arbeiterklasse. Deren Kennzeichnung als ,,Arbeiter (Saslawskaja faßt darunter auch Angestellte,H.C.), die durch den fortwährenden Bezug unverdienter Einkommen bis zu einem gewissen Grad verdorben...sind..." (S.237) mag befremden und man kann bestreiten, daß sie eine soziale Schicht bilden, nicht aber, daß sie existieren.

In den übrigen 5 Schichten konstatiert die Autorin ambivalente Einstellungen zum Reformprozeß; die ihnen Zugehörigen sind potentiell ,,Gewinner und Verlierer der Perestroika" (so der Titel eines Unterkapitels) zugleich. Zur Erläuterung nur kurz und exemplarisch: die Schicht der Arbeiter mittlerer Qualifikation erhält einerseits Chancen für höhere Löhne, Mitbestimmungsrechte, Möglichkeiten teilautonomer kollektiver Arbeitsgestaltung; andererseits drohen Anforderungen der Weiter- oder Umqualifikation und der Bereitschaft zu Arbeitsplatz- oder Betriebswechsel, auch Arbeitslosigkeit, Verteuerung von Grundnahrungsmitteln und Mieten, Umwandlung unentgeltlicher in zu bezahlende Dienstleistungen. Betriebsleitern winken u.a. ökonomische Entscheidungs- und Verfügungsrechte, Befreiung vom Zwang zur ständigen Bewältigung der mit dem zentralistisch-administrativen

Leitungssystem verbundenen Störungen der Betriebsabläufe, Chancen zur Realisierung eigener Produktionskonzepte; andererseits erwarten sie erhöhte Kenntnis- und Qualifikationsanforderungen, der Zwang zu eigenständigem Entscheiden und Handeln, zur Übernahme realer Eigenverantwortung.

Sind solche Interessenlagen im Hinblick auf mögliche Gratifikationen und Bedrohungen im Gefolge der Perestrojka gleichsam aus „objektiven" Klassen- und Schichtenlagen deduziert, so nimmt T.Saslawskaja noch einen zweiten, hier nur stark verkürzt referierbaren Ansatz vor. Dieser geht von „subjektiven" Einstellungs- und Verhaltensprägungen aus, wie etwa: soziale Erfahrungen und die Art ihrer Verarbeitung, Verinnerlichung moralischer Normen, Perzeption der je eigenen sozialen Lage und beruflichen Funktion, soziale Wertorientierungen, aktive oder lethargische Grunddisposition, Bildungsstand, Alter, Einflüsse örtlicher und regionaler Traditionen und Lebensbedingungen u.ä.m. Nach solchen Merkmalen konstruiert die Autorin 8 Typen politisch- gesellschaftlichen Verhaltens im Reformprozeß: Initiatoren und Ideologen der Perestrojka; aktive Befürworter; sozial Verbündete; Quasi-Befürworter; Beobachter; „Neutrale"; Konservative liberalen Typs und Konservative reaktionären Typs (267-271). In einem Raster von Zeilen und Spalten korreliert sie die Kategorien beider Klassifikationen, was zwar nicht zu konkret und eindeutig interpretierbaren Resultaten führt, aber erkennbar macht, welche Einstellungsmuster in welcher Schicht dominieren und welche eher selten anzutreffen sind. Wie T.Saslawskaja die so gewonnen Erkenntnisse nutzt zur Formulierung reformstrategischer Empfehlungen in Bezug auf die Gesellschaft als ganze wie für die unterschiedlichen Schichten unter der Voraussetzung zweier latent gegensätzlicher Erfordernisse: umfassende und rasche Realisierung der Reform und Vermeidung scharfer politischer und gesellschaftlicher Konflikte, ist im gegebenen Kontext nicht mehr zu verfolgen.

Seien sie so veranlaßt oder nicht: nicht wenige der in jüngerer Zeit gefaßten sozialpolitischen, ökonomischen, politischen und rechtlichen Reformbeschlüsse entsprechen den von Tatjana Saslawskaja formulierten Vorschlägen zur Durchsetzung der Perestrojka unter Berücksichtigung der in maßgeblichen sozialen Schichten vorherrschenden Erwartungen, Befürchtungen, Verhaltensneigungen. Dennoch nahm der Reformverlauf etwa ab Ende 1988 wohl nicht nur für die Verfasserin[41] unerwartete Tendenzen an. *Eine* Erklärung dafür ist, daß sie die Perzeption der Reform durch soziale Individuen, Gruppen und Schichten unter der nicht eingetretenen Voraussetzung ihrer zügigen und umfassenden Realisierung zu ermitteln suchte. Nur drei dieser Entwicklungen seien bezeichnet; eine vierte, die ökonomische Krise, ist Gegenstand des folgenden Kapitels.

1. Schon im Ansatz verfährt die referierte Untersuchung zu stark verallgemeinernd. Die Ableitung ökonomischer und sozialer Interessenvarianten aus gesellschaftlichen Klassen- und Schichtenlagen negiert historische, politische, soziokulturelle, ethnische u.a. Aspekte. Diese werden zwar im zweiten Ansatz der Studie benannt, aber nicht konkret einbezogen. Nicht nur ihrer sozioökonomischen Position und Situation entsprechend erwarten jedoch die SowjetbürgerInnen von der Perestrojka Unterschiedliches, auch z.B. aufgrund ihres nationalen Interessenverständnisses, also im Hinblick auf die staatlich- politische Dimension der Reform.

Die Ausdrucksformen und Folgen nicht erfüllter Ansprüche auf Gewährung nationaler Souveränität in kultureller, wirtschaftlicher und politischer Hinsicht sind bekannt und können im gegebenen Zusammenhang nicht diskutiert werden. In den baltischen Republiken z.B. scheint jedenfalls der Vorrang des nationalen Interessenverständnisses der autochthonen Bevölkerung kaum auffällige klassen- und schichtenspezifische Ausprägung aufzuweisen. Aus dem allgemeinen Bedeutungsgehalt des *Wortes* „Perestrojka" (Umbau, Umgestaltung) kann nicht entschieden werden, ob die scharfen manifesten Konflikte zwischen der Partei- und Staatsführung der UdSSR und den baltischen Volksfronten und z.T. auch kommunistischen Parteien und Regierungen mit ihrer Orientierung auf Austritt aus der Union den Reformprozeß vorantreiben oder erschweren. Unter der Voraussetzung der Intentionen und der Konzeption der sowjetischen Reformprotagonisten um Gorbatschow erwächst daraus jedoch ohne Zweifel eine Gefährdung.

2. Entgegen dem Titel seines Aufsatzes sah Stephen Cohen bereits in der Vor-Gorbatschow-Ära nicht nur „Freunde und Feinde der Veränderung"; er unterschied vielmehr vier Richtungen, die er als authentische Demokraten, Reformer, Konservative und Neostalinisten kennzeichnete.[42] Er stellte fest, daß die Vertreter der beiden polaren Positionen in vieler Hinsicht die Haltungen der ihnen gleichsam benachbarten gemäßigten Gruppierungen teilen und schloß daran eine bemerkenswerte These an: „In times of profound crisis, reformism and conservatism everywhere usually give rise to extremist trends and may even grow into their most extreme manifestations - revolution and counterrevolution."(ebenda)

Diese Situation trat gegen Ende des Jahres 1988 ein. Wurde innerhalb und außerhalb der UdSSR bis dahin im allgemeinen zwischen Reformern und Konservativen im Sinne von Cohen unterschieden, so mehren sich seither die Anzeichen für die Verlagerung der Wort- und Meinungsführerschaft auf die extremen Richtungen (bei Dominanz der „Progressiven" zumindest im Sinne ihrer Resonanz in den Massenmedien). Die Mehrzahl der Protagonisten jener Schicht, die T.Saslawskaja als stärkste Stütze der Perestrojka identifizierte, die Intelligencija der Berufsfelder Wissenschaft, Lehre und Bildung, Massenkommunikation und Kultur, sind heute in Cohens US-amerikanischem Verständnis,,authentische Demokraten", d.h.Befürworter bürgerlich- parlamentarischer Demokratie und einer Marktwirtschaft, die sie nur deshalb nicht als kapitalistische bezeichnen, weil für sie der Begriff obsolet ist.[43] Daß die allerdings (noch?) nicht einflußreiche Schicht der genossenschaftlichen Kleinunternehmer sich dieser Orientierunganschloß, kann nicht überraschen. Erstaunlich ist dagegen, daß jene Intelligencija nach manchen (allerdings noch nicht erhärteten) Indizien in der Arbeiter- und Bauernschaft Resonanz in einem Maße findet, das den von Cohen und anderen Sowjetologen behaupteten tiefverwurzelten Konservatismus *aller* Schichten der Sowjetgesellschaft zu dementieren scheint.Auf der anderen Seite artikulieren und organisieren sich auch Konservative und Neostalinisten in zunehmendem Maße, finden jedoch offenkundig zumindest in geringerem Maße *aktiven* Anhang als die „Progressiven". Hinsichtlich der gesellschaftlichen Basis dieser Richtungen dürfte die Analyse Saslawskajas im ganzen noch gültig sein.

Eine Polarisierung der politischen und gesellschaftlichen Strömungen innerhalb der UdSSR ist jedenfalls unverkennbar, wobei die soziale Verankerung der von Gorbatschow repräsentierten Reformrichtung[44] weitgehend erodiert und kaum noch auszumachen ist. Neben einem - m.E. allerdings nur temporären - Majoritäts- und Machtgewinn der „Progressiven" ist eine andere mögliche Variante eine Koalition zwischen gemäßigten Konservativen und den Protagonisten der Gorbatschow-Perestrojka.

3. Die letzte hier zu vermerkende Wende im sowjetischen Reformprozeß, die T.Saslawskajas Analyse nicht erahnen ließ, ist die Streikbewegung der Bergarbeiter im Sommer und Herbst 1989. Sie zwingt zur Revision der auch unter Fachleuten bis dahin verbreiteten Annahme sozialer Apathie, Handlungsunfähigkeit und privatistischen Rückzugs der Mehrzahl der sowjetischen Arbeiter aus dem Interessen- und Kommunikationszusammenhang der betrieblichen Arbeitskollektive.

Bereits 1987 tauchten in der sowjetischen Presse Berichte über Streiks auf; bis Mitte 1989 blieben sie aber - eher klein- und mittelbetriebliche - Einzelaktionen von kurzer Dauer (und verbreiteter im Transportwesen als in der Industrie). Die mit den Wahlen zum Kongreß der Volksdeputierten Anfang 1989, mit dem Tagungsverlauf des Kongresses selbst im Mai und Juni sowie durch die anschließende Sitzungsperiode des neuen Obersten Sowjets erzeugte Öffentlichkeit brachte Informationen und regte kollektive allgemein- und gesellschaftspolitische Reflexionen und Diskussionen an, die ohne Zweifel die Entscheidungen für und die Bereitschaft zur breiten Beteiligung an den Streiks erheblich beförderten. Der Seifenmangel mag als der sprichwörtliche Tropfen gewirkt haben, der das Faß zum Überlaufen brachte. Sein Wasserspiegel stieg mit der Dauer des Erleidens katastrophaler Arbeitsbedingungen, erbärmlicher Wohnverhältnisse und sich immer weiter verschlechternder Nahrungsmittelversorgung. Die Berichterstattung der Massenmedien im Zeichen von Glasnost schärfte das Bewußtsein der eigenen Lage und ihrer obrigkeitlichen Mißbilligung.Soziale und verbrauchergerichtete Umsteuerung der Volkswirtschaft wurde nachdrücklich propagiert, erreichte aber nicht die Alltagsrealität. Der Funke der Streiks im westsibirischen Bergbaugebiet um Kemerovo sprang rasch und vollständig auf das Donezbecken über, auf Nordkasachstan und auf den hohen Norden (Workuta). Die Streikführer und -aktivisten erwiesen in erstaunlichem Maße soziale Kommunikations-, Handlungs- und Durchsetzungsfähigkeit.[45]

Im Unterschied zu den beiden zuvor bezeichneten Entwicklungen im sowjetischen Reformprozeß beförderten die Streiks die Durchsetzung der Perestrojka in weit höherem Maße als daß sie ihr schadeten. Die Neuwahlen von Räten der Arbeitskollektive als Organe tatsächlicher Interessenvertretung, die anderer Gewerkschaftsfunktionäre oder die Ansätze zur Neugründung von Gewerkschaften überhaupt, die Erzwingung von ökonomischen Entscheidungs- und Verfügungskompetenzen der Betriebsleitungen, die angeeignete Kontrolle über die Arbeit des örtlichen Handels und der städtischen und regionalen Verwaltungsorgane, all' das und weitere erreichte Konzessionen der zentralen und regionalen Partei- und Staatsinstanzen entsprechen bereits gefaßten, wie üblich aber nicht verwirklichten Reformbeschlüssen. Daß dem Staat die Ressourcen fehlen, um die materiellen Zugeständnisse zu realisieren bzw. daß diese dann zu Lasten anderer Gruppen eingehalten werden, ist bedenklich, wiegt vergleichsweise aber wohl doch nicht so schwer wie die demonstrierte Entschlossenheit der Arbeiter, nicht länger über die eigenen Arbeits- und Lebensbedingungen verfügen zu lassen. Nicht unbedingt zu erwarten war, daß die Streikenden auch Forderungen der „radikalen" Reformer in Richtung der ordnungspolitischen Orientierung der liberalen Intelligencija übernehmen würden. Nach so vielen unerfüllten Verheißungen und Versprechungen ist jedoch kaum befremdlich, daß die Lösung schließlich nur noch vom total Anderen erwartet wird.

5. Die Krise der sowjetischen Wirtschaft: Sackgasse oder Ausweg der Reform?

Seit Herbst 1988 wird in der UdSSR offen von einem krisenhaften Zustand der Wirtschaft und der Staatsfinanzen gesprochen. Als Finanzminister B. Gostev Ende Oktober in seinem Bericht über den Staatshaushalt für 1989 vor dem Obersten Sowjet mitteilte, daß 36,5 Mrd R. der vorgesehenen Ausgaben in Höhe von 494,7 Mrd R. (= 7,3 %) nicht durch Einnahmen gedeckt sind,[1] wirkte das in der Öffentlichkeit schockartig. Dabei war nicht der Sachverhalt, sondern sein offizielles Eingeständnis neu: bislang wurden Übertragungen von Mitteln der Staatsbank (nicht Gewinne, sondern Einlagen der Bevölkerung bei den Sparkassen) in den Staatshaushalt nicht als Kredite, sondern als Einnahmen ausgewiesen. Viele SowjetbürgerInnen waren bis dahin überzeugt, daß die eigene Ökonomie ungeachtet ihrer nur allzu bekannten Funktionsschwächen immerhin einen ausgeglichenen Staatshaushalt sichern und Staatsverschuldung vermeiden könne. Die neue Erkenntnis wurde in Zusammenhang mit den aktuell am stärksten belastenden ökonomischen Problemen gestellt,[2] den sich ausweitenden Warendefiziten und den Preissteigerungen und auf den Nenner der 'Krise' gebracht, von der zunächst Journalisten und Ökonomen und bald auch Politiker sprachen.

Diesen waren natürlich ebenso wie den Ökonomen die bisherigen Budgetmanipulationen bekannt; was sie jedoch beunruhigte, war die erreichte Höhe des Defizits, die zudem in Schüben nach oben korrigiert wurde. Anfang August 1989 nannte Gosplanpräsident Ju. Masljukov vor dem neu gewählten Obersten Sowjet diese Daten: Haushaltsdefizit 1989: 120 Mrd R., Staatsschuld 312 Mrd R. (= 49,9 % des produzierten Nationaleinkommens von 1988), Auslandsschuld: 34 Mrd R.[3] Wie kam es zu dieser beträchtlichen Steigerung innerhalb weniger Jahre?

In einer Pressekonferenz am 29.3.1989 machte B. Gostev dazu folgende Angaben: Mindereinnahmen durch den Preisverfall von Erdölprodukten auf dem Weltmarkt: ca. 40 Mrd R.[4], Einnahmeausfall durch Einschränkung des Verkaufs von Spirituosen: 36 Mrd R., 20 Mrd außerplanmäßige Anlageinvestitionen, 18 Mrd R. zusätzliche Sozialausgaben, 8 Mrd für die Behebung von Folgen des Chernobyl-Desasters, 8 - 10 Mrd R. voraussehbare Ausgaben für den Wiederaufbau der armenischen Erdbebengebiete, nicht konkretisierte „bedeutende Ausgaben" zur Hilfe Afghanistans.[5]

Diese Faktoren erklären ganz oder überwiegend das jüngere Ansteigen, aber nicht das Haushaltsdefizit überhaupt. Einige seiner auch zuvor wirkenden Ursachen bezeichnete Gostevs Stellvertreter Anfang 1989 in einem Beitrag der 'Wirtschaftszeitung'[6]. Es geht dabei um Effektivitätsmängel des sowjetischen 'Wirtschaftsmechanismus', die uns im Teil I bereits begegneten. So das endemische Verfehlen der Fertigstellungsfristen im Anlagenbau (1986 - 1988 entsprechende Plandefizite in Höhe von 40 Mrd R.).[7] Trotzdem - oder deshalb - werden die Ausgaben für den Anlagenbau noch außerplanmäßig erhöht; 1986 - 88 um 19 Mrd R. Weiterhin bringt der Staat jährlich 11 Mrd R. für unrentabel wirtschaftende Betriebe auf. 1987 machte jeder 7. Industriebetrieb Verluste.[8] Ein Hauptgrund

dafür liegt in veralteten Produktionsanlagen. In manchen Branchen sind 40 %
der Ausrüstungen verschlissen. Eine weitere Ursache der Defizite sind Verluste
und Verderben landwirtschaftlicher Erzeugnisse infolge unzureichender Transport-
und Lagerkapazitäten. Allein im Bereich des Bahntransports betrugen so bedingte
Einbußen 1986 und 1987 nach Panskov 1,3 Mrd R.

Rätselhafter als der Anstieg des Haushaltsdefizits der UdSSR ist der sich noch
immer ausweitende Warenmangel.[9] Denn laut statistischem Nachweis ist nicht
nur die Konsumgütererzeugung, sondern auch ihr Zuwachs *nicht* rückläufig[10],
und der Einzelhandelsumsatz stieg 1986 um 6,4 %, 1987 um 4,0 % (in diesem
Jahr wurde der Spirituosenverkauf stark reduziert), 1988 um 7,1 % und im ersten
Halbjahr 1989 um 9,4 % (Quellen wie Fn. 10). Nun liegen diesen Daten zwar Wert-
(Preis-)größen zugrunde, und bei Preissteigerungen können diese Angaben Ange-
botsrückgänge im naturalen Ausdruck (Stückzahlen) verbergen. Das trifft wohl bei
manchen Erzeugnissen zu; wenn man der sowjetischen Statistik vertrauen kann,
jedoch nicht allgemein. Denn diese macht auch Angaben der Produktionsentwick-
lung in stofflichen Größen. Demnach wurden - nur wenige Beispiele - 1988 1 % und
im ersten Hj. 1989 2 % mehr Paar Schuhe als in der jeweiligen Vorjahresperiode
erzeugt, 6 % und 3 % mehr Fernseher (Stück), 6 und 8 % mehr Waschmaschinen,
8 und 5 % mehr Staubsauger etc.[11] Nicht für alle Erzeugnisse wird Zuwachs gemeldet. Nähmaschinen und Motorräder wurden z.B. 1988 noch in größerer Anzahl
als 1987 hergestellt, im ersten Hj. 1989 ging die Produktion jedoch zurück, bei
PKW war das schon 1988 der Fall. Aber das erklärt natürlich nicht den nunmehr
fast allseitigen Warenmangel.

Fernseher (vor allem in Farbe), Waschmaschinen, Motorräder und vieles andere
waren schon immer knapp, und die ausgewiesenen Produktionszuwächse sagen keineswegs aus, daß der Bedarf gedeckt sei. Aber wieso sind heute die Defizite *größer*
als je zuvor? Überzeugende und vollständige Antworten auf diese Frage liefern die
sowjetischen Ökonomen und die Medien nicht. Eine zutreffende Teilerklärung liegt
in dem Verweis darauf, daß es sich um Ansteigen des *relativen* Mangels infolge
rascheren Anwachsens der Kaufkraft als der Produktion handelt.[12] Es gibt auch
eine Flucht aus den Ersparnissen wegen der immer wieder angekündigten, verscho-
benen und ständig weiter diskutierten Preisreform, wegen der ohnehin spürbaren
Preiserhöhungen und der Gerüchte über eine bevorstehende Kaufkraftabschöpfung
(allgemeine Abwertung, Einfrieren oder Teilbeschlagnahme von Sparguthaben).[13]
Im Schwange sind auch Spekulationen über 'Sabotage' durch bürokratische Instanzen und andere Gegner der Perestrojka.[14] Letztlich spielt zweifelsohne ein sozial-
psychologisches Moment eine erhebliche Rolle: eine wie immer in Gang gekommene
Zunahme von Warenmangel[15] wird zum Selbstläufer. Die Nachfrage verlagert sich
auf Ersatzerzeugnisse, und bald sind auch diese nicht mehr zu haben.[16] Wird man
dessen gewahr, wird - es ist in der UdSSR ständig zu beobachten - nur noch in
Riesenmengen auf Vorrat gekauft. Das überfordert eine ohnehin angespannt, ohne
Produktionsreserven arbeitende und wenig flexible Ökonomie natürlich rasch.

Daß die Preise steigen, wird in der UdSSR heute von keiner Seite geleugnet,
über das Ausmaß sind jedoch keine präzisen Angaben zu erhalten. Das liegt unter
anderem daran, daß unterschieden werden muß zwischen dem Steigen der Preise

für konkrete, identische Erzeugnisse und der Erhöhung des Preisniveaus größerer Produktgruppen. In der UdSSR wird - und auch das ist neu - das erstere gemessen. Das führt z.B. zu der Angabe, im ersten Hj. 1989 sei der Index der Einzelhandelspreise um 2,2 % gestiegen, darunter der von Nahrungsmitteln um 3 %. Innerhalb dieser Warengruppe wiederum der für Hammelfleisch um 7 - 10 % und der für gesalzenen Fisch um 8 - 10 %.[17] Die Erhöhung der Einzelhandelspreise um 2,2 % wird vermutlich jeder sowjetische Verbraucher als verharmlost, als zu niedrig einschätzen. Das hat damit zu tun, daß die amtliche Statistik nicht den Effekt des Verschwindens preiswerter Erzeugnisse aus dem Angebot und ihren Ersatz durch teurere erfaßt. Bei Nahrungsmitteln wird - zumindest teilweise - die Preisentwicklung im Staats- und im Kolchoshandel getrennt ausgewiesen. Keine oder geringe Preissteigerungen im erstgenannten nützen den Verbrauchern aber nichts, wenn sie wegen hier fehlenden Angebots auf den teuren Kolchosmarkt ausweichen müssen. Inoffizielle Schätzungen, die das berücksichtigen, nennen eine derzeitige Erhöhung des Preisniveaus bei Konsumgütern von etwa 8 %.

Die Ursachen dieser Entwicklung sind verschiedenartig, sie können hier nur stark verkürzt und unvollständig bezeichnet werden:

— Regierung und Staatsbank bedienen sich zur Finanzierung der Mehrausgaben in gewissem Maße der Notenpresse. Der Geldumlauf wird ohne zureichende Berücksichtigung der Deckung durch materielle Gegenwerte erhöht.[18]

— Ab 1988 sind in der UdSSR die Masseneinkommen rascher als je zuvor gestiegen. Im ersten Hj. 1989 im Durchschnitt je Einkommensbezieher um 21 R., ein Betrag, um den die Löhne und Gehälter früher innerhalb einer FJPl-Periode wuchsen.[19] Möglich wurde das durch höhere Anteile der Betriebe am erwirtschafteten Nettoeinkommen bzw. Gewinn unter den 'neuen Methoden des Wirtschaftens'.

— Die Produktionskapazität der sowjetischen Konsumgüterindustrie ist zu begrenzt, und ihre Ausrüstungen sind physisch und technisch zu obsolet, um auf diese Kaufkraftsteigerung mit der notwendigen Mehrerzeugung reagieren zu können. Dazu ist im übrigen auch der 'Wirtschaftsmechanismus' noch nicht flexibel genug. Es waren in der Vergangenheit gerade die extrem geringen Masseneinkommen, die, kombiniert mit rigiden Festpreisen, die Herausbildung von Kaufkraftüberhang im volkswirtschaftlichen Maßstab in Grenzen hielten. Dagegen wurden unter den 'neuen Bedingungen' die Kontrollen der betrieblichen Wirtschaftstätigkeit partiell gelockert, und die Arbeitskollektive nutzten die gewonnenen Dispositionsmöglichkeiten z.T. zu erheblichen Einkommensanhebungen.[20] Zugleich erhöhte sich die Nachfrage der Betriebe nach Investitionsgütern, während der Staat seine Ausgaben für 'zentralisierte' Investitionen nicht entsprechend einschränkte.[21]

— In der sowjetischen Wirtschaft werden allgemein in besonderem Maße Arbeitseinkommen geschaffen, denen für lange Zeit weder konsumierbare noch zur Erzeugung von Verbrauchsgütern einsetzbare Sachwerte entgegenstehen. Das gilt z.B. für die überlangen Fertigungsfristen im Anlagenbau oder für gigantische, langwährende und arbeitsintensive Entwicklungsprojekte (z.B. Wasserkraftwerke, Erschließung von Rohstoffvorkommen mit aufwendigen infrastrukturellen Vorarbeiten u.a.m.).[22]

— Die Organe der Wirtschaftsadministration versuchen die Vermehrung überschüssiger Kaufkraft zu verhindern, indem den Betrieben Normative auferlegt werden, die die Erhöhung ihrer Lohn- und Prämienfonds an die Steigerung der Arbeitsproduktivität binden. Abgesehen von Möglichkeiten, diesen 'Mechanismus' zu unterlaufen, vergrößert die Erhöhung der Arbeitsproduktivität im Investitionsgüterbereich das Angebot an Waren des Massenbedarfs bestenfalls mit erheblicher zeitlicher Verzögerung. Es handelt sich hierbei also um ein wenig taugliches Regulierungsinstrument.

Natürlich fordert die krisenhafte Wirtschaftslage der UdSSR die Ökonomen heraus, Konzeptionen zu ihrer Überwindung zu entwickeln. In der Tages- und Fachpresse präsentieren sie seit Anfang 1989 teils umfassendere, teils eher punktuelle Vorschläge. Weitgehender Konsens besteht offenkundig über die Notwendigkeit folgender Schritte [23] (die Reihenfolge entspricht etwa der Häufigkeit der Empfehlungen und dem Dringlichkeitsgrad, den ihnen die Autoren beimessen):

— Die 'zentralisierten' (d.h. aus dem Staatshaushalt finanzierten) Investitionen müssen sofort und erheblich reduziert werden. Einzustellen sind vor allem Großprojekte mit ungewisser und nur langfristiger Amortisation; ein Teil der begonnenen Industriebauten ist einzufrieren, um Kapazitäten für die beschleunigte Fertigstellung der anderen freizusetzen.

— Die ohne Rücksicht auf materielle (Rohstoffe, Fertigprodukte) und kapazitätsmäßige (Maschinenbau, Anlagenbau, Arbeitskräfte allgemein) Deckung den Anforderungen der Betriebe und Ministerien nachgebende Geld- und Kreditschöpfung muß eingestellt werden. Kredite sind nur noch nach streng ökonomischen Kriterien zu vergeben. Vereinzelt wird in diesem Zusammenhang die Umbildung der Staatsbank zu einer gegenüber der politischen Führung unabhängigen Zentralbank mit voller Verantwortung für die Geld- und Kreditpolitik gefordert.

— Die Alimentierung der mit Verlusten arbeitenden Betriebe aus dem Staatshaushalt soll sofort reduziert und bald ganz eingestellt werden. Je nach den konkreten Umständen seien die Betriebe auf Kreditbasis zu sanieren, zu verpachten oder zu liquidieren.

— Die überschüssige Kaufkraft der Bevölkerung solle in langfristige Anlagen gelenkt werden. Der Kauf der bereits in Besitz befindlichen Wohnungen sei anzubieten oder die finanzielle Beteiligung an Bauvorhaben mit Anspruch auf Zuteilung einer Wohnung. Schuldverschreibungen sowohl von Betrieben wie von öffentlichen Körperschaften sollen mit attraktiver Verzinsung zum Kauf angeboten werden.

— Beträchtliche Steigerung der Erzeugung sowohl von Verbrauchs- wie von Investitionsgütern wird von der anlaufenden Rüstungskonversion erhofft, deren Beschleunigung und Erweiterung vorgeschlagen wird.

— Regulierung der Einkommen unter dem traditionellen Postulat ihrer strikten Bindung an die Arbeitsresultate wird zwar einmal mehr gefordert, aber keine alternativen Methoden zu den bereits weithin als unwirksam erwiesenen präsentiert.

Als längerfristig wirksame Reformschritte werden u.a. gefordert: substantielle Korrektur der Industriestruktur zugunsten des Verbrauchsgütersektors,[24] Erweiterung der Marktbeziehungen,[25] Aufhebung der Beschränkungen privater Wirtschaftätigkeit im Agrarbereich.

Die - verkürzt und unvollständig - referierten Empfehlungen sowjetischer Ökonomen zur Überwindung der Krise stimmen überwiegend mit bereits beschlossenen, bislang aber unzulänglich oder noch gar nicht verwirklichten ökonomischen Reformmaßnahmen überein. Die prekäre und zunehmend sozial brisante Wirtschaftslage drängt mithin verstärkt zu Änderungen der ökonomischen Zielorientierung, der überkommenen Zweigstruktur, der Planungspraxis, der Stellung der Betriebe usw. Gleichzeitig ist jedoch unter den eingetretenen Bedingungen die Realisierung ohnehin problembehafteter Reformelemente blockiert oder sie wird zumindest weiter verzögert. Das gilt z.B. für die Preisreform, deren Diskussion allein Unruhe in der Bevölkerung auslöst und deren Verwirklichung den Staatshaushalt zusätzlich belasten würde.[26] Auch die immer wieder geforderte und verheißene Erweiterung der Entscheidungs- und Verfügungskompetenzen der Betriebe, die sich in den vergangenen zwei bis drei Jahren als so schwer durchsetzbar wie nach 1965 erwies, wird erneut durch die Eilfertigkeit verhindert, mit der die Ministerien wiederum Zugriff auf die gesamte Erzeugung der Betriebe nehmen und die Verwendung ihrer Einkommen bzw. Gewinne bestimmen und unter Kontrolle halten.[27]

Über den angedeuteten Konsens der Mehrzahl sowjetischer Ökonomen hinsichtlich der zur Überwindung der Wirtschafts- und Finanzkrise erforderlichen Schritte hinaus gehen einige Protagonisten strikter markt- und weltwirtschaftlicher Lösungen (ohne jedoch umfassend ausgearbeitete Konzepte zu präsentieren). Zu ihnen gehört der in der westlichen Presse häufig zitierte N. Šmelev, Schriftsteller, Ökonom an einem Akademieinstitut und Deputierter des Volkskongresses. Vor diesem vertrat er am 8.6.1989 sein Antiinflationsprogramm,[28] das er bereits am Vorabend des Kongresses auf einem Treffen von Deputierten und Wirtschaftspraktikern umrissen hatte.[29] Einige seiner Vorschläge, wie die 40 %ige Kürzung der Anlageinvestitionen oder die Ausgabe von Schuldverschreibungen durch die Betriebe stimmen mit den referierten konsensualen Empfehlungen seiner Kollegen überein. Andere sind sachlich umstritten (so die Forderung, die angestaute Kaufkraft durch importierte Konsumgüter abzusaugen, wozu ein Dollarkredit in Höhe von 30 - 40 Mrd aufgenommen werden solle[30]) oder sie sind in einer Weise pragmatisch, die das - meines Wissens - Ausbleiben kritischer Reaktionen in der UdSSR erstaunlich macht: 'Normalisierung' des Spirituosenverkaufs zu reduzierten Preisen und Verringerung (oder Einstellung, das wird nicht konkretisiert) der Militär- und Wirtschaftshilfe an Kuba und andere lateinamerikanische Staaten.

Als Beispiel der staatlichen Politik zur Krisenüberwindung kann hier lediglich knapp auf ein umfassendes Maßnahmenpaket Bezug genommen werden, das am 15.3.1989 veröffentlicht wurde in Form eines Partei- und Regierungsbeschlusses unter dem Titel „Über Maßnahmen zur finanziellen Gesundung der Ökonomie und der Stabilisierung des Geldumlaufs im Lande 1989 - 1990 und im 13. Fünfjahresplan."[31] Der Beschluß umfaßt vier Teile: 1. Über Strukturveränderungen der Wirtschaft und zur Fortentwicklung ihres Funktionsmechanismus, 2. über Maßnahmen zur Beseitigung des Haushaltsdefizits, 3. zur Steigerung des Warenangebots und zur Normalisierung des Geldumlaufs und 4. zur Finanz- und Kreditpolitik.

Die im ersten Abschnitt bezeichneten Schwerpunkte wiederholen z.T. bereits gefaßte Reformbeschlüsse (z.B. zur Intensivierung der Wirtschaftstätigkeit, Punkt 4) und verbleiben auf der entsprechenden Allgemeinheitsebene, die erfahrungsgemäß die Neigung begünstigt, den Schritt von der Deklaration zur Veränderung der

Praxis zu unterlassen. Einige Akzente werden neu gesetzt, z.B. auf die Rüstungs-konversion (P.5) und durch den - auch in der Fachpresse geforderten - Ersatz der Normative als Instrument der Einkommensregulierung durch ein System progressi-ver Besteuerung. Offenbar soll auf diesem Wege jene zweigübergreifende Verallge-meinerung der Wirksamkeit der Lenkung ökonomischer Prozesse erreicht werden, die bei den der Absicht nach einheitlichen und langfristigen Normativen durch betriebsspezifische Festsetzungen seitens der Ministerien unterlaufen wurde.

In den übrigen Abschnitten sind dagegen ganz überwiegend konkrete Maßnah-men festgelegt, die in den Anlagen zum Beschluß noch für die Republiken und Wirtschaftszweige präzisiert werden. Sie stimmen in hohem Maße mit den referier-ten Vorschlägen der Theoretiker überein, z.B. zur Beschneidung der ursprünglich geplanten Anlageinvestitionen (P.P. 9 u. 10), zur Einkommensregulierung (P.P. 36 u. 38), zur Ausgabe von Schuldverschreibungen und Anteilspapieren der Be-triebe (P. 20), zur Rüstungskonversion (P. 5). Manche Einzelbeschlüsse sind sogar rigider als die Empfehlungen der Ökonomen, wie z.B. auf dem Gebiet der Verlust-betriebe, wo nach einer Reduktion der Subsidien um nicht weniger als 30 % im Jahre 1989 bereits 1990 die Unrentabilität „im wesentlichen" überwunden sein soll (P. 14). Über die bereits durch die Reformbeschlüsse von 1987 angekündigten Re-duktionen der Wirtschaftsverwaltung hinaus werden weitere gezielte Einsparungen angeordnet (P. 21). Obgleich in der UdSSR in jüngerer Zeit (und deklaratorisch auch im vorliegenden Beschluß) sozialpolitischen Maßnahmen ('Ausbau der sozia-len Sphäre') höchste Priorität zuerkannt wird, setzt der Rotstift auch hier an: etwa 1,9 Mrd R. 1989 und 2,4 Mrd 1990 sollen dadurch eingespart werden, daß früher beschlossene Erhöhungen von Löhnen, Renten und Stipendien sowie Verbesserun-gen bestimmter Sozialleistungen 3 - 9 Monate hinausgeschoben werden (P. 23 und Anlage 6).

Es ist zu früh, über die Wirksamkeit der zahlreichen in dem Beschluß vorge-sehenen, hier nur exemplarisch genannten Maßnahmen zu urteilen. Entscheidend wird sein, ob es den Ministerien (und den Betrieben mit deren Billigung) erneut gelingt, den Vollzug der Anweisungen zu melden, ohne sich tatsächlich um diese zu scheren oder aber beim Ministerrat, bei Gosplan, beim Finanzministerium Aus-nahmeregelungen zu erwirken.

6. Ausblick: Die aktuellen Perspektiven der Wirtschaftsreform

Das Manuskript des Buches wurde (von einigen Ergänzungen abgesehen) im September 1989 abgeschlossen. In Anbetracht der Entwicklungsdynamik der politischen, wirtschaftlichen und gesellschaftlichen Verhältnisse in der UdSSR behielt ich mir vor, kurz vor der Drucklegung wichtige Tendenzen im Bereich des Gegenstands der Untersuchung, der aktuellen sowjetischen Wirtschaftsreform, nachzutragen.

Die ökonomische Krise der UdSSR hat im letzten Drittel des Jahres 1989 Initiativen zur Änderung der Produktionsverhältnisse und des Planungs- und Leitungssystems der Wirtschaft nicht völlig zu blockieren vermocht. Im Gegenteil, sie wurden forciert und man kann sogar den erneuten Ansatz zur Verwirklichung einer erweiterten Reformkonzeption beobachten. Bevor deren Umrisse und Probleme knapp vorgestellt werden, sind jedoch vorab schon und unabhängig von ihrer Fundiertheit und Schlüssigkeit Zweifel an der Möglichkeit anzumelden, die zählebigen wirtschaftsadministrativen Strukturen unter derartig explosiven politisch-gesellschaftlichen und sich weiter verschärfenden sozialen und ökonomischen Bedingungen aufzubrechen. Zu diesen zählen vor allem:

— Die extreme Zuspitzung der zwischennationalen und religiösen Konflikte innerhalb der UdSSR (zur Zeit vor allem die bürgerkriegsähnliche Lage in Aserbajdschan sowie zwischen Aserbajdschan und Armenien) und die zunehmende Entschlossenheit einiger Unionsrepubliken, den Austritt aus dem Staatsverband der UdSSR zu erzwingen. Wäre z.B. die Kommunistische Partei der litauischen Republik nicht gewillt, die Sezession mitzutragen, machte ihre Trennung von der KPdSU wenig Sinn, denn der damit gewonnene Popularitätsgewinn bliebe ein zeitweiliger. Das Ende der Diktatur Ceausescus gibt dem Vereinigungsstreben der moldauischen Bevölkerung mit Rumänien enormen Auftrieb. Herausforderungen der Moskauer Partei- und Staatsführung dieser Art, deren Nachlassen nicht abzusehen ist, werden ihre Energien und politischen Handlungsfähigkeiten voll beanspruchen, so daß sie ihre ohnehin schwindende Autorität kaum zugleich gegen die die Wirtschaftsreform obstruierenden Kräfte einsetzen kann. Zudem wird die Reformergruppe um Gorbatschow auf dem Gebiet der Nationalitätenpolitik immer wieder Kompromisse eingehen und faits accomplis hinnehmen müssen, die als Auslöser von Putschversuchen wirken können.

— Die politischen Umwälzungen in Mittel- und Osteuropa im November und Dezember 1989 (DDR, CSSR, Rumänien; weniger revolutionär, aber in der Richtung gleich in Bulgarien) werden äußerlich von der UdSSR nicht nur akzeptiert, sondern sogar begrüßt. Tatsächlich ist jedoch kaum vorstellbar, daß sowjetische Politiker und Militärs nicht eigene Sicherheitsinteressen bedroht sehen. Noch definiert Gorbatschow das Projekt der Perestrojka als Erneuerung des *Sozialismus*, nicht als dessen Verabschiedung. Diese steht jedoch in sämtlichen anderen bisherigen Staaten der Warschauer Paktorganisation in Ostmitteleuropa bevor; eine Konsequenz, die zwar auch eine konservative Führung in der Nachfolge Gorbatschows nicht aufhalten könnte. Immerhin aber sind in dieser nicht völlig abgeschlossenen Entwicklung noch Entscheidungen denkbar (z.B.Ausdehnung des NATO-Bereichs auf das Gebiet der absehbar nicht mehr existierenden DDR), die Anlaß für eine Palastrevolte im Kreml bieten können. Zu bedenken ist in diesem Zusammenhang, daß jene Prozesse auch die ökonomischen Interessen der UdSSR tangieren; deutet sich doch der Verlust wichtiger Lieferanten von Maschinen, Geräten und Ausrüstungsgütern überhaupt an, die sich in Kürze auf westliche Märkte orientieren werden.

— Gegen Ende vom Kapitel 4, Teil II wurde darauf verwiesen, daß sich die ursprüngliche Polarisierung sowjetischer Politiker, Parteifunktionäre, Publizisten, Wissenschaftler, wie der Öffentlichkeit überhaupt in Anhänger und Gegner der Perestrojka in eine - grob formuliert- Dreiteilung in radikale Reformer, gemäßigte Reformer und Reformgegner fortentwickelt hat. Die Position der von Gorbatschow repräsentierten Richtung der gemäßigten Reformer hat im Verlauf dieses Prozesses immer mehr an Autorität und Gefolgschaft eingebüßt. Das unten noch knapp vorzustellende jüngste ökonomische Erneuerungskonzept weist sich jedoch kennzeichnend als „gemäßigtes" aus. Schon heute ist unverkennbar, daß es kaum gesellschaftlich und politisch relevante Schichten und Gruppen zu animieren vermag. Im Unterschied zu den beiden zuvor genannten Faktoren bietet es zwar keinen Anlaß für einen gegen Gorbatschow gerichteten coup de l'etat, aber ohne Unterstützung durch Arbeiter, Techniker, Betriebsleiter, Parteifunktionäre und Agenten der Regierung und Staatsverwaltung ist dieser erneute ökonomische Reformansatz zum Scheitern verurteilt.

Zudem ist mehr als fraglich, ob die als „gemäßigte Reformer" gekennzeichnete Richtung noch lange die Partei- und Staatsführung der UdSSR stellen kann. Auf Massenloyalität kann sie schon seit geraumer Zeit kaum noch bauen. Wie sich im Verlauf des 2. Kongresses der Volksdeputierten im Dezember 1989 zeigte, kann sie in diesem formell entscheidenden Staatsorgan noch mit einer zwar kritischen, im Entscheidungsfalle aber sicheren Mehrheit rechnen. Wenn jedoch im Frühjahr 1990 die Wahlen in den Unionsrepubliken und auf den nachgelagerten Gebietsebenen beendet sind, werden die akuten Massenstimmungen Ausdruck in entsprechenden Mehrheitsverhältnissen innerhalb der jeweiligen Sowjets gefunden haben. Und diese dürften kaum zugunsten der gemäßigten Reformer ausfallen. Daß vom Zentrum aus gegen solche oppositionellen Majoritäten nur noch schwer zu regieren sein wird, ist Konsequenz der von Gorbatschow intiierten Reform des politischen Systems der UdSSR.

— Die Leistungsindikatoren der sowjetischen Wirtschaft verschlechterten sich im Laufe des Jahres 1989 weiter. Ende Januar 1990 liegen (anders als in früheren Jahren) die Resultate des Vorjahrs noch nicht vor. Einige Beispiele für die ersten 9 Monate: laut Plan sollte 1989 das Bruttonationalprodukt um 6,6% wachsen; im ersten Quartal betrug die Steigerungsrate 5,0%, am Ende des dritten 3,6%.[1] Die entsprechenden Daten lauten für: Arbeitsproduktivität: 4,4%, 4,5%, 2,2%; Industrieproduktion: 3,1%, 3,2%, 2,2%; Erzeugung von Nahrungsmitteln: 11,0%, 2,7%, 3,2%; industrielle Massenbedarfsgüter: 10,0%, 5,8%, 5,7%. Dagegen nahm der nominelle Durchschnittslohn der Arbeiter und Angestellten bei geplanten 3,1% um 9,4 bzw. 9,5% zu. Die letzten Angaben zeigen, daß die Diskrepanz zwischen Kaufkraft und Warenangebot weiter wächst. Folglich verschärft sich der Gütermangel noch mehr und in der sowjetischen Presse wird konstatiert, daß inzwischen so gut wie überhaupt kein Erzeugnis mehr in ausreichender Menge angeboten wird. Offizielle Angaben über das Maß von Preissteigerungen liegen nicht vor, geschätzt wird eine Rate von 10- 12%. Wie schon im Kapitel 5 gezeigt, ist jedoch sowohl die Erzeugung von Nahrungsmitteln wie die industrieller Gebrauchsgüter gegenüber den Jahren eines einigermaßen hinlänglichen Angebots gestiegen und nicht etwa gesunken. Hauptgründe für die immer wieder von der Presse denunzierten „leergefegten Regale" sind:

die wachsende Diskrepanz zwischen Einkommens- und Produktionssteigerungen; die allgemeine Kauf- und Hortungspsychose; die verschärften Zustellungs- und Verteilungsprobleme infolge mangelnder Lager- und Transportkapazitäten und dem täglich in der Presse behaupteten rapiden Umsichgreifen von Arbeitsunlust und Gleichgültigkeit; Ausdehnung von Schattenwirtschaft und Wirtschaftsvergehen, wodurch eine wachsende Menge von Produkten nicht den Einzelhandel erreicht; nach offenbar nicht unbegründeten Vermutungen politisch motivierte Sabotage (Zurückhalten von Waren, um den Massenunmut anzuheizen).

Im Gefolge dieser Tendenzen ist das Vertrauen der Bevölkerung in die Partei- und Staatsführung unter Gorbatschow jedenfalls auf einen Tiefpunkt gesunken und Reformpostulate werden ignoriert oder als zynisch empfunden; jedenfalls ein bedenkliches Menetekel für die Erfolgsaussichten des nunmehr projektierten Neuansatzes.

Vom 13.-15.11.1989 fand in Moskau unter Teilnahme von Vertretern der Partei- und Staatsführung (neben anderen Generalsekratär M.S. Gorbatschow und Ministerratsvorsitzender N.I.Ryschkow) eine „Wissenschaftlich-praktische Allunionskonferenz” unter dem Motto „Die radikale Wirtschaftsreform - entschiedene Beschleunigung” statt.[2] Etwa vier Wochen vorher veröffentlichte das Organisationskomitee dieser Konferenz einen als „Material zur Erörterung” etikettierten Text mit dem Titel „Die radikale Wirtschaftsreform: vorrangige und langfristige Maßnahmen.”[3] Der bzw. die Verfasser blieben ungenannt; die Konferenz, die zunächst für die Zeit vom 30.10.bis 1.11. geplant war[4], wurde veranstaltet von der Kommission des Ministerrats für die Wirtschaftsreform, der Akademie der Wissenschaften und der Akademie für Volkswirtschaft beim Ministerrat.

Das im Vergleich zu den „Hauptleitsätzen zur grundlegenden Umgestaltung der Wirtschaftsleitung” vom Juni 1987 (vgl. Teil II Abschnitt 3.3.1) bündigere neue Konzeptionspapier ist für sich genommen bemerkenswert. Es zielt auf eine Reformvariante ab, die sich von der 1987 beschlossenen mehr als graduell unterscheidet. Wurde jene oben (Teil II 3.4.) als Modell „indirekt zentralisierter Wirtschaftsplanung und -leitung” gekennzeichnet, so liegt nunmehr ein Vorschlag zur Durchsetzung einer „gemischtwirtschaftlichen Ordnung” vor. Deren Umrisse, die auch im veröffentlichten Text nicht im Detail gezeichnet werden, sind die folgenden:

Eingangs werden die „Hauptkonturen des Modells eines neuen Wirtschaftssystems im Rahmen der Entscheidung für den Sozialismus”[5] in 5 Punkten zusammengefaßt: 1. Vielgestaltige Formen gesellschaftlichen Eigentums, 2. Arbeit als Grundlage des Eigentums, der Produktion und Verteilung (diese Formel richtet sich gegen die überkommene Praxis laufender und umfassender Umverteilung der einzelwirtschaftlich erzeugten Werte durch wirtschaftsadministrative Instanzen), 3. „Nutzung des Marktes als Hauptform der Koordination der Tätigkeit der Teilnehmer an der gesellschaftlichen Produktion”, 4. ein System sozialer Garantien („Gleichgewicht von wirtschaftlicher Effektivität und sozialer Gerechtigkeit”), 5. Staatliche Regulierung ökonomischer Prozesse auf der Grundlage langfristiger Wirtschafts- und Sozialplanung.

Im Abschnitt „Der zurückgelegte Weg” werden die seit dem Amtsantritt Gorbatschows im März 1985 unternommenen Ansätze zur Umgestaltung des Planungs-

und Leitungssystems, unterteilt in die Phasen 1985/86 und 1987/88 gekennzeichnet und als unzureichend gewertet. In der ersten Periode sei es noch gar nicht um strukturelle Änderungen gegangen und die Beschlüsse von 1987 waren inkonsequent, „Kompromisse zwischen der in der Gesellschaft verbreiteten Vorstellung über die Grundsätze eines sozialistischen Wirtschaftssystems und den objektiv unerläßlichen neuen Erfordernissen." Die sich entwickelnde Genossenschaftsbewegung z.B. sei von der dominanten und allumfassenden staatlichen Leitung erdrückt worden. Im nächsten Abschnitt des Papiers werden in groben Umrissen drei alternative Konzepte für die Übergangsperiode zur neuen Wirtschaftsordnung gegenübergestellt, ein konservatives, ein radikales und ein gemäßigt radikales. Es wird kaum verwundern, daß sich die Verfasser für das letztere aussprechen, das zureichend konsequent sei, um die Beharrungskraft der tradierten Strukturen zu überwinden und das zugleich die mit übereilten Schritten verbundenen Gefährdungen in Rechnung stelle.

Der anschließende Abschnitt des Papiers ist der zentrale; hier werden die fünf eingangs genannten essentials in modifizierter Anordnung etwas näher erläutert. Bei der „Vervielfältigung der Eigentumsformen" ist der Zusatz „gesellschaftlich" zu beachten, der in der aktuellen sowjetischen öffentlichen und Fachdiskussion immer mehr negiert wird. Der Sache nach geht es um Überwindung der umfassenden und hochzentralisierten staatlichen Verfügungsmacht. Im Prinzip sollte diese auch durch eine Neudefinition von Staats- bzw. gesellschaftlichem Eigentum mit entsprechender Dezentralisierung der Entscheidungs- und Dispositionskompetenzen erreichbar sein. Das bisherige Scheitern solcher Versuche läßt die Verfasser (wie auch andere Reformökonomen und -politiker) nunmehr den Ausweg in der Einführung neuartiger Eigentumstitel suchen. Die Rede ist jetzt von Entstaatlichung (razgosudarstvlenie) in Form der Umwandlung bisheriger Staatsbetriebe in Genossenschaften, Aktiengesellschaften, Gemeinschaftsbetriebe (tovarišsščestvo), Individualfirmen sowie durch Verpachtung. In unmittelbarer Verfügung des Zentralstaats soll das einheitliche Energiesystem verbleiben, der Bahn-, Luft- und Meerestransport, die Telekommunikation, Rüstungsindustrie und einige andere Zweige. Besondere Bedeutung wird der Entstaatlichung im Bereich der Landwirtschaft zuerkannt. Die Verlustbetriebe der Industrie sollen bis Ende 1990, die des Agrarbereichs bis Ende 1991 aus dem Staatseigentum „entlassen" werden.

Bei der Umgestaltung des Finanz- und Kreditwesens geht es um nicht weniger als um die Errichtung von Banken als nach ökonomischen Grundsätzen arbeitende Institutionen der Akkumulation und Distribution von Geld und Anlagemitteln sowie um die Schaffung eines einheitlichen und in sich stimmigen Steuersystems. Beide Einrichtungen gab es bislang im Grunde nicht. In diesem Abschnitt des Textes werden neben den strategischen reformpolitischen Schritten zugleich Maßnahmen zur Überwindung der akuten Probleme der Staatsfinanzen und des aufgeblähten Geldumlaufs erörtert. Im Zusammenhang mit der Frage der Schaffung einer umfassenden Ordnung sozialer Sicherung wird die Notwendigkeit erkannt, sowohl das Lohn- wie das Beschäftigungssystem zu flexibilisieren. Die Ökonomisierung der betrieblichen Wirtschaftstätigkeit läßt an konkrete Arbeitsplätze gebundene Beschäftigungsgarantien nicht zu, was jedoch die bislang fehlende Organisation der Arbeitsvermittlung sowie von Institutionen der beruflichen Weiter- und Umqualifizierung dringlich macht.

Der postulierte Übergang zur vorwiegend marktförmigen Regulierung der Zirkulationsprozesse ist in der UdSSR erschwert infolge der von dem hohen Zentralisationsgrad der Produktion in gigantischen Betrieben ausgehenden Gefahren monopolistischer Marktmacht und wegen noch immer fehlender Konzepte der Preisbildung. Hier begnügt sich der Text mit sehr allgemein gehaltenen Lösungsvorschlägen, obgleich erkannt wird: „im allgemeinen ist eine erfolgreiche Durchführung der Wirtschaftsreform unmöglich bei Beibehaltung der jetzigen Einzelhandelspreise und der Art ihrer Bildung." Auch für die entscheidende Aufgabe der „Umgestaltung der Organisationsstruktur" werden nur Grundsatzpostulate formuliert wie etwa: „Von der Hierarchie der administrativen Unterordnung, die die gesamte Wirtschaft und Gesellschaft von oben nach unten durchdringt, muß zu einem System organisierter Beziehungen übergegangen werden, in dem die horizontalen Verbindungen dominieren, die gleichberechtigte Partnerschaft." Dieser Aspekt betrifft nichts weniger als die Aufgabe fast vollständiger Beseitigung der hypertrophen Wirtschaftsbürokratie, an der alle bisherigen Reformversuche scheiterten.

Das hier nur unvollständig referierte Reformprogramm wird schließlich in vier Etappen gegliedert: eine Vorbereitungsphase im Jahr 1990; eine Periode der Gesundung und Konsolidierung der Versorgungs-, Kaufkraft- und Finanzlage 1991/92, in der zugleich ein der Übergangsphase angemessener Wirtschaftsmechanismus eingeführt wird; Vorbereitung auf den Übergang zur der eigentlichen reformierten Wirtschaftsweise 1993- 95 und deren schließliche Durchsetzung 1996-2000.

Die Umrisse der erweiterten reformpolitischen Konzeption hatte der Ministerratsvorsitzende N.I.Ryschkow schon Anfang Oktober 1989 vor dem Obersten Sowjet vorgetragen.[6] Er erläuterte vor allem jene Gesetzentwürfe, die zu erstellen der Oberste Sowjet die Regierung im Sommer beauftragt hatte.[7] Damit sollen die rechtlichen Grundlagen für die Veränderung der bisherigen Produktionsverhältnisse (Eigentumsbeziehungen und Verfügungsmacht) und ihrer institutionellen Ausformung in Richtung des erweiterten Reformansatzes geschaffen werden. Die neue Konzeption dürfte wesentlich unter Anleitung von L.Abalkin ausgearbeitet worden sein, der im Sommer 1989 zum Vorsitzenden der umgebildeten und mit erweiterten Kompetenzen versehenen „Staatlichen Kommission des Ministerrats der UdSSR für die Wirtschaftsreform" ernannt[8] und zugleich zu einem der Stellvertreter Ryschkows gewählt worden war. Einige dieser Gesetzentwürfe wurden Ende 1989 veröffentlicht und befinden sich derzeitig noch in der öffentlichen Diskussion[9], andere wurden bereits vom Obersten Sowjet verabschiedet.[10]

Ob das neue ökonomische Reformkonzept jedoch von den verantwortlichen Staatsorganen formell sanktioniert wurde, ist eine Frage der Interpretation. Der oben referierte Text vom Oktober 1989 wurde, anders als die „Hauptleitsätze..." vom Juni 1987, die ein Plenum des ZK der KPdSU billigte, diesem entscheidungskompetenten Parteigremium offenbar nicht vorgelegt und in dieser Form auch nicht dem Obersten Sowjet oder dem Kongreß der Volksdeputierten. Vor letzterem stellte Ryschkow am 13.12.1989 unter dem Thema „Effektivität, Konsolidierung, Reform - Weg zur Gesundung der Wirtschaft"[11] ein ökonomisches Programm der Regierung in drei Teilen vor: zum weiteren Verlauf der Reform, zum Entwurf des 13. Fünfjahrplanes, über Maßnahmen zur Gesundung der Wirtschaft. In dem Referat werden aber die Ankündigung und die Erläuterung von Projektierungen, Entscheidungen und Maßnahmen nicht deutlich nach den drei Dimensionen unterschieden und der Reformaspekt tritt unverkennbar hinter die beiden anderen zurück. Das Regierungsprogramm wurde nach dreitägiger kontroverser Debatte mit deutlicher Mehrheit angenommen[12], aber damit ist die im Oktober veröffentliche Reformkonzeption in ihren wichtigen Details und in ihrer relativen Geschlossenheit nicht mit legislativer Wirkung zum Beschluß erhoben.

Das von Ryschkow dem 2. Kongreß der Volksdeputierten vorgelegte Wirtschaftsprogramm schließt die Phase des 13. FJPl ein, es hat mithin eine Laufzeit von 6 Jahren, unterteilt in die Abschnitte 1990-1992 und 1993-1995. Der Ministerratsvorsitzende kennzeichnete die Differenz der beiden Phasen damit, daß in der ersten, in der die Konsolidierung des Staatshaushalts und des Verbrauchermarktes im Zentrum der Bemühungen stehen soll, neben ökonomischen Regulierungsinstrumenten noch administrative Maßnahmen eine erhebliche Rolle spielen, die in der zweiten Etappe hinter die dann zu forcierenden Marktbeziehungen zurücktreten sollen.

Unter dem Eindruck von Ryschkows gesamten Referat stimmt dieser Ansatz bedenklich. Zwar läßt sich begründen, daß in Anbetracht des enormen Kaufkraftüberhangs, des desolaten Zustands der Bereiche Produktion, Allokation, Transport und Handel sowie bei der potentiell monopolistischen Konzentration der Erzeugung jeweiliger Güter in wenigen Großbetrieben der abrupte Übergang zu marktgeleiteten Tausch- und Konkurrenzbeziehungen sozial unannehmbare Konsequenzen hätte.Jedoch legt Ryschkow die Betonung in einer Weise auf direktiv- administrative Maßnahmen und Regulierungsmethoden, daß sich der von Diskussionsteilnehmern hervorgehobene Eindruck in der Tat aufdrängt, es sei den Verfechtern der überkommenen Kommandowirtschaft einmal mehr gelungen, substantielle Änderungen der Wirtschaftsweise aufzuschieben.

Über Reformschritte oder zumindest deren Vorbereitung in der ersten Programmphase (1990-92) äußerte sich Ryschkow eher allgemein, während er hinsichtlich der Ziele und Maßnamen zur Überwindung der ökonomischen Krisenlage sehr konkret wurde. Dabei huldigte er der traditionellen Planeuphorie. Der Hauptweg zur Schließung der Schere zwischen Kaufkraft und Warenangebot sei dessen Ausweitung. Dazu soll 1990 die Erzeugung von Massengebrauchsgütern um die Wertsumme von 66 Mrd R. steigen, während der (keineswegs bescheiden projektierte) 12. FJPl eine jahresdurchschnittliche Erhöhung von 17 Mrd R.vorsah. Hier kann man nur auf die Kennzeichnung zurückgreifen, die Kritiker aller Coleur für die ersten Fünfjahrpläne unter Stalin benutzten: voluntaristisch. Zur Regulierung der Einkommensentwicklung werden ausdrücklich administrative Schritte angekündigt (Betonung auf Kontrolle, die die Vorgabe von ,,Normativen" voraussetzt). Für den Abbau des Haushaltsdefizits wird das nicht direkt gesagt; wenn der Ministerratsvorsitzende jedoch darauf verweist, daß Anfang 1989, als das Budgetmanko 120 Mrd R. betrug, die Betriebe 100 Mrd in freien Rücklagefonds angesammelt hätten, so läßt sich leicht vermuten, in welcher Weise letztlich das Loch in der Staatskasse gestopft werden soll. In fast allen produzierenden Bereichen der Wirtschaft soll 1990- 92 die Erzeugung zu 100% durch Plankennziffern und Staatsaufträge erfaßt werden, um die „materielle Bilanziertheit" der Jahrespläne zu erreichen. Der schon 1988 und 1989 ohnehin geringe Verfügungsanteil der Betriebe über die eigenen Arbeitsresultate wird mithin vollständig eliminiert. Gegen unbegründete Ablehnung der Übernahme von Staatsaufträgen durch die Betriebe soll schon für 1990 ein System von Sanktionen ausgearbeitet werden. Um dem trotz vielfältiger Gegenmaßnahmen im Verlauf der verflossenen Jahre weiter anwachsenden Umfang unvollendeter Industriebauten zu verringern, werden vorrangig die von Betrieben selbst finanzierten Vorhaben gedrosselt, der Vorrang zentralstaatlicher Investitionen mithin wieder garantiert. Für 1991 und 1992 kündigte Ryschkow die überfällige Preisreform an, meint jedoch offenkundig nicht wirklich eine solche, wenn er konkret von „neuen Preisen", nicht aber vom Übergang zu neuen *Methoden der Preisbildung* spricht.

In dem im Oktober 1989 veröffentlichten Positionspapier zu einem neuen Reformansatz wurde betont, der 13. FJPl solle als „Plan der Verwirklichung der radikalen Wirtschaftsreform" konzipiert werden.[13] Diese Forderung bezog sich nicht nur auf die Inhalte, sondern auch auf die *Form* des Planes: keine Aufschlüsselung der Ziele in direktive einzelbetriebliche Planaufgaben, die Planprojektionen unmittelbar verbindlich nur für die mittels ökonomischer Methoden regulierende staatliche Wirtschaftspolitik. Ryschkows Ausführungen zum 13. FJPl, die hier nicht mehr in den Einzelheiten verfolgt werden können, lassen jedoch erkennen, daß dem nicht Rechnung getragen wurde. Er benennt im wesentlichen nur Änderungen der Planinhalte (sozialpolitische Prioritäten, stärkere Berücksichtigung ökologischer Erfordernisse), präsentiert ansonsten aber wieder eine Fülle ziffernmäßiger Planziele, die umso absurder anmuten, als gerade die jüngsten Entwicklungen in der UdSSR demonstrieren, daß Moskau Politik und Ökonomie in den Republiken und Regionen immer weniger im Griff zu halten vermag.

Es ist somit nicht erstaunlich, daß die Diskussion der Regierungsvorlage für ein Programm zur wirtschaftlichen Gesundung und zur Fortsetzung der Reform des ökonomischen Systems drei Tage in Anspruch nahm und scharfe Kritik laut wurde. Für die von M.S.Gorbatschow repräsentierten Reformprotagonisten mag der Verlauf dieser (und anderer heute in der UdSSR in zahlreichen Versammlungen wie in der Fach- und Tagespresse ausgetragenen) Kontroversen einmal mehr die bittere Erkenntnis bestärkt haben, daß sachbezogene Diskurse auf der Grundlage *ihres* Verständnisses von Perestrojka, konkret also etwa im Sinne der im Oktober 1989 veröffentlichten Neuformulierung eines ökonomischen Reformkonzepts, eigentlich nicht (mehr) stattfinden. Dagegen agitieren Verfechter der „guten alten" Kommandowirtschaft, basierend auf unbedingter Autorität der höchsten Entscheidungs- und Machtträger, Befürworter strikter administrativer Kontrollen, von repressiven Schritten zur Erzwingung von Arbeitsdisziplin, Enthusiasten wortstarker Appelle an nationale und abstrakte kommunistische Werte, an den immer zahlreicheren Propheten der auf privatem Produktionsmitteleigentum gegründeten reinen Marktwirtschaft ebenso vorbei wie diese an ihnen. Die Frage nach den historischen, gesellschaftlichen, soziokulturellen u.a. *Voraussetzungen* der bürgerlich-kapitalistischen Produktionsweise und mithin die nach den Chancen, Bedingungen und Kosten ihrer Übernahme durch eine Gesellschaft, deren mittlere und ältere Generationen noch deutlich von vorindustriellen und -kapitalistischen sozialen Wertorientierungen und Verhaltensdispositionen geprägt sind, schenken sich jene zeitgenössischen „Westler", ähnliche Voluntaristen wie die Planfetischisten. Waren es diese Geister, die Hexenmeister Gorbatschow rufen wollte?

Anmerkungen

Einleitung

[1] Tagung 'Initiative, Organisiertheit, Effektivität' am 8./9.4.1985. Die Eingangsrede Gorbatschows ist dokumentiert in *Pravda*, 12.4.1985, S. 1f. – Tagung 'Beschleunigung des wissenschaftlich - technischen Fortschritts - Eine Forderung des Lebens' am 11./12.6.1985. Eingangsrede Gorbatschows 'Kernfragen der Wirtschaftspolitik der Partei' und anschließende Diskussion dokumentiert in *Ekonomiskaja Gazeta* (Wirtschaftszeitung, künftig abgekürzt: Ek.Gaz.), No. 24/1985, S. 3-9.

[2] Beschluß des ZK der KPdSU und des MR der UdSSR vom 14.7.1983 'Über ergänzende Maßnahmen zur Erweiterung der Rechte der Produktionsvereinigungen (Betriebe) der Industrie bei der Planung und der Wirtschaftstätigkeit und zur Stärkung ihrer Verantwortlichkeit für die Arbeitsresultate (Übersetzung hier und im folgenden durch den Verf.), in: Sobranie postanovlenij pravitel'stva CCP, Abt. 1), No. 20/1983, S. 339- 348. Dieser Reformansatz wurde ab 1.1.1984 als 'Experiment großen Maßstabs' in den Bereichen von zwei Unions- und drei Republik-Zweigministerien praktiziert; die Geltung seiner Maßregeln wurde in den folgenden Jahren auf weitere Ministerien ausgedehnt.

[3] Beschluß des ZK der KPdSU und des MR der UdSSR vom 12.7.1979 'Über die Verbesserung der Planung und die Stärkung der Wirksamkeit des Wirtschaftsmechanismus auf die Erhöhung der Produktion und die Qualität der Arbeit', in: Sobranie postanovlenij.. No. 18/1979, S. 390-429.

[4] Beschlüsse des ZK der KPdSU und des MR der UdSSR 'Über die Verbesserung der Leitung der Industrie' vom 30.9.1965 und 'über die Vervollkommnung der Planung und die Stärkung der ökonomischen Stimulierung der industriellen Produktion' vom 4.10.1965, in: Rešenija partii i pravitel'stva po chozjajstvennym voprosam 1917-1967 gg., tom 5, Moskva 1968, S.646-654 und S. 658-685 (Entscheidungen der Partei und der Regierung über wirtschaftliche Fragen in den Jahren 1917-1967, Bd.5).

[5] Vgl. Sharpe, M.E. (Ed.): The Liberman discussion, White Plains (N.Y.) 1966; Zaleskis, E.: Planning reforms in the Soviet Union 1962-1966, Chapel Hill 1967.

TEIL I

Kapitel 1

[1] Ekonomika i organizacija proizvodstva. Slovar (Ökonomie und Organisation der Produktion. Wörterbuch), Moskva 1983, S. 251

[2] Rumancev, A.M., Jakovenko, E.G., Janaev, S. I: Instrumentarij ekonomičeskoj nauki i praktiki (Instrumentarium ökonomischer Wissenschaft und Praxis), Moskva 1985, S. 136

[3] Morris Bronstein nimmt in seinem Aufsatz ,Improving the Soviet Economic Mechanism' (*Soviet Studies*, Vol. XXXVII, No. 1-1985, S. 1- 30) eine etwas andere Aufgliederung der Hauptkomponenten des sowjetischen Wirtschaftsmechanismus vor. Seine Unterscheidung zwischen Wirtschaftssystem und Wirtschaftsmechanismus (ersterem ordnet er die Eigentumsverhältnisse zu) überzeugt, nicht aber der Ausschluß der ,,Organisationsstruktur zur Handhabung und Steuerung der ökonomischen Aktivitäten" (S. 1) aus dem Wirtschaftsmechanismus.

Kapitel 2

[1] Dazu eingehender: Bronstein, M. (Ed.): The Soviet Economy. Continuity and Change, Boulder/Colorado 1981; Brus, W.: Funktionsprobleme der sozialistischen Wirtschaft, Frankfurt/M. 1971; Dobias, P.: Theorie und Praxis der Planwirtschaft, Paderborn 1977; Ellman, M.: Planning Problems in the CSSR, Cambridge 1973; Gregory, P. u. Stuart, R.: Soviet Economic Structure and Performance, New York/London 1974; Kosta, J.: Sozialistische Planwirtschaft. Theorie und Praxis, Opladen 1974; Nove, A.: System der Sowjetwirtschaft, Reinbek b. Hamburg 1968; Rutland, P.: the Myth of the Plan. Lessons of Soviet Planning Experience, London, Melbourne etc. 1985.

[2] Ihre Umbenennung in Kommunistische Partei (bis 1952 als KPdSU(B)) erfolgte im März 1918 auf dem VII. Kongreß

[3] Marx, K. u. Engels, F.: Werke, Band 4, Berlin (DDR) 1972, S. 481

[4]Über ‚linke' Kinderei und über Kleinbürgerlichkeit, in: Lenin, W.I.: Ausgewählte Werke in 6 Bänden, Band IV., Frankfurt/M. 1971, S. 383-414, hier: S. 392- 398.

[5]Dekret vom 15.12.1917; deutscher Text in: Altrichter, H. u. Haumann, H. (Hg.): Die Sowjetunion. Von der Oktoberrevolution bis zu Stalins Tod. Band 2: Wirtschaft und Gesellschaft, München 1987, S. 38-40. Siehe auch: Nove, A.: An Economiv History of the U.S.S.R., Harmondsworth 1984, S. 50-52 und 96-102

[6]Oppenheim, S.A.: The Supreme Economic Council 1917-1921, in: *Soviet Studies*, No. 1/1973, S. 3-27, hier: S.10

[7]vgl. das ‚klassische' Werk über den russischen Bürgerkrieg: Kritzman, L.N.: Die heroische Periode der großen russischen Revolution, Frankfurt/M. 1971 (Nachdruck der deutschen Ausgabe von 1929). Zur ‚proletarischen Naturalwirtschaft' vor allem die Kapitel V. und VI.

[8]Lenin, W.I.: Ausgewählte Werke in 6 Bänden, Band VI, Frankfurt/M. 1971, S. 232-274, hier: S. 233- 245

[9]Lorenz, R.: Sozialgeschichte der Sowjetunion 1, 1917-1945, Frankfurt/M. 1976, S. 115/16; Altrichter/Haumann, aaO., 108-110; Nove, A., aaO. (1984), S. 70/71.

[10]Kritzmann, aaO., Kapitel IX-XI; Oppenheimer, aaO, S. 17/18

[11]eine knappe, aber hervorragende Zusammenfassung der Debatte bietet: Erlich, A.: Die Industrialisierungsdebatte in der Sowjetunion 1924-1928, Frankfurt/M. 1971; siehe auch: Nove, A., aaO. (1984), Kapitel 5, sowie: Dobb, M.: Die Diskussion in den zwanziger Jahren über den Aufbau des Sozialismus, in: Hennicke, P. (Hg.): Probleme des Sozialismus und der Übergangsgesellschaften, Frankfurt/M. 1973, S. 282-331.

[12]Lorenz, aaO., S. 161; Nove, aaO. (1984), S. 138

[13]deutscher Text in: Altrichter/Haumann, aaO., S. 212-214

[14]Altrichter, H. (Hg.): Die Sowjetunion. Von der Oktoberrevolution bis zu Stalins Tod, Band 1: Staat und Partei, München 1986, S. 234-236; Schapiro, L.: Die Geschichte der Kommunistischen Partei der Sowjetunion, o.O. (Fischer-Verlag) 1961, Kapitel 16; Daniels, R.V.: Das Gewissen der Revolution. Kommunistische Opposition in Sowjetrußland, Köln-Berlin 1962, Kapitel XII.

[15]Altrichter/Haumann, aaO., Dokumente Nrn. 118, 122, 132, 133, 136; Lorenz, R., aaO., S. 183-215; Nove, A., aaO. (1984), S. 148-176.

[16]Altrichter, H., aaO., Dokumente 93-95; Schapiro, L., aaO., Kapitel 20; Daniels, R.V., aaO., Kapitel XIII; Cohen, St.F.: Bukharin and the Bolshevik Revolution. A Political Biography, 1888-1938, Oxford U.P. 1980 (Erstausgabe 1971), Kapitel IX

[17]Altrichter/Haumann, aaO., Dokumente Nrn. 120, 125, 131, 139, 149, 156; Lorenz, R., aaO., S. 215-237; Nove, A., aaO. (1984), Kapitel 8

[18]Industrializacija CCCP: pervye pjatiletki (Die Industrialisierung der UdSSR: die ersten Fünfjahrpläne), in: *Pravda* vom 28.10.1988, S. 6; vgl. dazu auch: Medwedew, R.A.: Die Wahrheit ist unsere Stärke. Geschichte und Folgen des Stalinismus, Frankfurt/M. 1973, S. 118- 125.

[19]siehe z.B. Brus, W., aaO. (Fn. 1), S. 104-113

[20]Lacis, O., in: *Kommunist* (theoretisches Organ der KPdSU) No. 13-1986, S. 33

[21]*Ek.Gaz.* 47- 1986, S. 4. Die Betriebe bleiben innerhalb der Produktionsvereinigungen in der Regel selbständig; Generaldirektor ist der Direktor des ‚Leitbetriebs'. Es geht bei den 300 Kennziffern mit großer Wahrscheinlichkeit um die *eines* Betriebs.

[22]Timofeev, S.A., in: *EKO* No. 11-1986, S. 50. Ähnlich äußert sich u.a. auch Šatalin, S., in: Kak izmerit' ekonomičeškie rost? (Wie das Wirtschaftswachstum messen?, *Ek.Gaz.* No. 31-1987, S. 11.

[23]Narodnoe chozjajstvo SSSR za 70 let. Jubilejnyj statističeskij ežegodnik (Die Volkswirtschaft der UdSSR in 70 Jahren. Statistisches Jubiläumsjahrbuch), Moskva 1987, S. 126. Von diesen 46.178 Betrieben sind 17.190 in 4.294 Produktionsvereinigungen zusammengeschlossen, haben aber ihre Selbständigkeit behalten (Kriterium dafür ist die eigene Bilanzerstellung, ebenda, S. 127).

[24]Verkürzt ausgedrückt, werden ‚Kontrollzifffern' der Planentwürfe der planenden zentralen Instanzen (ZK- Abteilungen, Ministerrat, Gosplan, weitere Staatskomitees und ‚funktionale' Ministerien, wie z.B. Finanzministerium der UdSSR) auf die *Zweigministerien* (und andere Planungs- und Leitungsorgane der mittleren Ebene, wie Ministerräte, Ministerien, Gosplani der Republiken) *disaggregiert* und von diesen weiter (z.T. über zusätzliche Zwischeninstanzen) auf die *Betriebe*. Diese erstellen, von den Kontrollziffern ausgehend, eigene Planentwürfe, die von den je übergeordneten Leitungsorganen gebilligt werden müssen. Diese Instanzen *aggregieren* die bestätigten Pläne der ihnen unterstellten Betriebe und leiten diese Datenbündel weiter ‚nach oben'. Sie werden von den

zentralen Organen zusammengefaßt, mit den Kontrollziffern abgestimmt und gegebenenfalls korrigiert. Daraus ergibt sich der endgültige *Planentwurf*, der vom ZK der KPdSU und vom Obersten Sowjet der UdSSR zu verabschieden ist. Die Kennziffern des so sanktionierten Planes werden dann wiederum ‚nach unten' disaggregiert bis auf die für die Betriebe verpflichtenden Einzelpläne.

[25]Narodnoe chozjajstvo ..., aaO., S. 127

[26]Hewett, E.A.: Reforming the Soviet Economy. Equality versus Efficiency, Washington D.C. 1988, S. 127

[27]Razvivat' funkcii osnovnogo zvena (Die Funktionen der Hauptkettenglieder (der Produktionshierarchie, H.C.) entzerren!), in: *Ek.Gaz.*, No. 32-1986, S. 8

[28]nur als Beispiel unzähliger Referenzstellen: Mergelov, G.S.: Pora bolee rešitel'nych šaga (Es ist Zeit für entschlossenere Schritte) in: *EKO* No. 8- 1985, S. 85-105, hier: S. 91

[29]Ocenivaja novinku (Die Würdigung einer Neuerung), *Pravda*, 12.3.1984

[30]vgl. Birman, J.: From the ‚Achieved Level', in: *Soviet Studies*, No. 2-1978, S. 153-172. Die hier diskutierten Sachverhalte werden in der sowjetischen Fachliteratur und Tagespublizistik umfassend bestätigt.

[31]Grebnev, L.: Primenenie dogovornych otnošenij v sisteme planirovanija proizvodstva (Die Anwendung von Vertragsbeziehungen im System der Produktionsplanung), in: *Voprosy Ekonomiki* (Probleme der Ökonomie), No. 11-1985, S. 3-10, hier: S. 4

[32]Gel'man, A., in: *Literaturnaja Gazeta* (Literaturzeitung) vom 10.9.1986, S. 10

[33]Mergelov, G.S., aaO. (Fn. 28), S. 94

[34]Začem ob"edineniju dubler? (Wozu eine Vereinigung von Doubles?), *EK.Gaz.* No. 7-1985, S. 19

[35]Aganbegjan, A., in: *Pravda* vom 12.11.1973

[36]*EKO*, No. 12-1984, S. 72- 75

[37]ebenda, S. 37

[38]z.B. ‚Pravo vybora' (Das Recht zur Wahl), in: *Pravda*, vom 30.1.1985

[39]z.B. ‚Stimul k tvorcestvu' (Anregung zum Schaffen), *Pravda* vom 31.1.1985

[40]z.B. ‚Podrjad dlja zavoda' (Vertrag für die Fabrik), *Ek.Gaz.* vo. 47-1985, S. 8

[41]z.B. ‚Sberegli sebe vo vred (Wir schützten uns vor Nachteilen), *Ek.Gaz.*, 35-1986, S. 8

[42]‚Krivizna prjamych svajazej' (Verbiegung direkter Beziehungen), *Ek.Gaz.*, 6-1987, S. 20

[43]‚Rekonstrukcija: Opyt i problemy' (Rekonstruktion: Erfahrungen und Probleme), *Pravda*, 8.6.1985; sowie: Podrjad dlja zavoda, aaO., (Fn. 40)

[44]In der der Wirtschaftsreform von 1965 vorausgegangenen Diskussion hatte der seinerzeit prominente Ökonom J. Liberman die Einführung zweier gleichgewichteter Hauptbewertungskennziffern vorgeschlagen: Produktion im wertmäßigen und naturalem Ausdruck sowie Gewinn. Letzterer wurde von ihm als synthetischer Ausdruck aller Momente der betrieblichen Wirtschaftstätigkeit verstanden (in: Plan, pribyl, premija (Plan, Gewinn, Prämie), *Pravda* vom 9.9.1962; deutsch in: Ostprobleme, No. 21-1962, S. 661-664). Diesem Vorschlag trug der Reformbeschluß nicht Rechnung. Voraussetzung dafür, daß der Gewinn die ihm von Liberman zugedachte Funktion hätte erfüllen können, wäre eine grundlegende Reform des Systems der *Preisbildung* gewesen.

[45]Podrjad dlja zavoda, aaO., (Fn. 40)

[46]*EKO*, No. 11-1985, S. 99

[47]Normativnyj metod raspretelenie pribyli (Normative Methode der Gewinnverteilung), *Ek.Gaz.*, 28-1986, S. 6

[48]Priglušennye stimuli (Gedämpfte Stimuli), *Ek.Gaz.*, 26-1987, S. 18

[49]Pljusy i minusy normativov (Plus und Minus der Normative), *Ek.Gaz.*, 39-1986, S. 7 als Beispiel einer Stellungnahme gegen den Zuwachsansatz

[50]Prigožin, A.: Potencial eksperimenta (Das Potential des Experiments), *Kommunist*, No. 5-1985, S. 30-40, hier: S. 35

[51]Kontrol' na vsech urovnjach (Kontrolle auf allen Ebenen), *Ek.Gaz.*, No. 6-1985, S. 7

[52]Oblast' vlijanija (Bereich der Einwirkung), *Pravda*, 14.9.1985

[53]Prigožin, aaO., (Fn. 50)

[54]Kružit bumažnaja metel' (Es kreist der papierene Schneesturm), *Ek.Gaz.*, No. 18-1986, S. 9

[55]Čto sderživaet initiativu (Was hindert die Initiative?), *Ek.Gaz.*, No. 2- 1987, S. 11

[56]Gegen die Verselbständigungstendenz der Zweigministerien war die Reform Chruschtschows 1957 gerichtet, durch die die meisten der Ministerien aufgelöst und territoriale ‚Volkswirtschaftsräte' als mittlere Leitungsinstanz geschaffen wurden. Schon vor der Rücknahme dieser Änderung im Jahre

1965 hatte sich die Zahl der Zweigministerien aber wieder erhöht und die Volkswirtschaftsräte entwickelten ein ähnliches Autarkiestreben.

[57]Die sowjetische Bezeichnung der Organe der branchenstrukturierten Wirtschaftsleitung als ‚Ministerien' ist im Grunde irreführend. Sie gehören zwar zum Ministerrat, aber nicht eigentlich zur Regierung, als die man in der UdSSR eher das Präsidium des Ministerrates bezeichnen könnte. Vorläufer der Zweigministerien in den zwanziger Jahren waren die damals als ‚Trusts' bezeichnenden Organe der Leitung mittlerer und größerer Betriebe jeweiliger Wirtschaftsbereiche.

[58]Gajdar, E. und Jarošenko, V.: Nulevoj cikl (Der Null-Zyklus), in: *Kommunist*, No. 8- 1988, S. 74-86

[59]Die langjährigen zähen Auseinandersetzungen um dieses Projekt schildert der auf der Seite der Kritiker maßgeblich beteiligte Chefredakteur der angesehenen Literaturzeitschrift *‚Novy Mir'* (Neue Welt) Sergej Salygin in No. 1-1987 dieser Zeitschrift. Der Artikel liegt in deutscher Übersetzung vor in: *Blätter für deutsche und internationale Politik*, No. 5-1987, S. 666-685 (‚Wie die Umleitung der sibirischen Flüsse gestoppt wurde').

[60]‚O prekraščenii rabot po perebroske čast' stoka severenych i sibirskich rek' (‚Über die Einstellung der Arbeiten zur Umleitung nördlicher und sibirischer Flüsse'), in: *Sobranie postanovlenij ...* (Fn. 2 Einleitung), No. 29-1986, S. 517/18

[61]*EKO*, No. 3-1986, S. 36

[62]Prosim vključit' v plan ... (Wir bitten, in den Plan auszunehmen ...) *Pravda*, 27.10.1985, S. 2

[63]Hewett, E.A., aaO., (Fn. 26), S. 172/73

[64]Fedorenko, N.P.: Planirovanie i upravlenie: kakim im byt'? (Planung und Leitung: wie werden sie (beschaffen) sein?), *EKO*, 12-1984, S. 3-21, hier: S. 7/8

[65]*EKO*, No. 8-1983, S. 26/27

[66]Neben den oben genannten mehr als 46.000 Industriebetrieben sind in der UdSSR etwa 32.000 Baubetriebe, 47.000 Agrarwirtschaften und 1 Mill. Handelseinrichtungen und Gaststätten zu beliefern, *EKO*, No. 8-1983, ebenda

[67]Krivizna prjamych svjazej, aaO. (Fn. 42)

[68]Über die tolkači wird in der sowjetischen Fach- und Tagespresse häufig geschrieben. Nur ein Beispiel: Trudno byt' tolkačom? (Ist es schwer, Tolkatsch zu sein?), *Pravda*, 18.3.1985. Für einen Betrieb wird in diesem Artikel angegeben, daß eine Beschaffungsreise 300 Rubel kostet (was aus heutiger Sicht billig ist). Der Produktionsverlust durch den Arbeitsausfall (hier handelt es sich offenbar nicht um hauptberufliche Beschaffer) wird mit 2000 Rubel angegeben.

[69]Mergelov, G.S., in: *EKO*, No. 8- 1985, S. 97

[70]z.B. ‚Čtoby ukrepljalis' prjamye svjazi' (Damit direkte Verbindungen gestärkt werden), in: *Ek.Gaz.*, No. 26-1985, S. 15; desgl. Krivizna prjamych svjazej, aaO. (Fn. 42).

[71]*Ek.Gaz.*, No. 40-1986, S. 18

[72]Bez prava na prosčety (Ohne Recht auf Rechenfehler), *Ek.Gaz.*, No. 37-1987, s. 7

[73]Leserzuschrift in *Ek.Gaz.* No. 31- 1987, S. 12

[74]Dogovor služit pokupatel' ju (Der Vertrag dient dem Käufer), *Pravda* vom 24.7.1985

Kapitel 3

[1]Rumjancev, Jakovenko, Janaev, aaO., (Fn. 2, Kap.1), S. 100/101

[2]Marx, K. u. Engels, F., Werke (MEW), Band 24, S. 172, Berlin (DDR) 1972

[3]Sowohl Marx wie die sowjetischen Ökonomen benutzen den Begriff ‚Produktionsfaktoren' direkt oder sinngemäß, wenn es um die stoffliche, die naturale Seite der Produktion, um die Erzeugung von Gebrauchswerten im Arbeitsprozeß geht (vgl. Marx, K., ‚Das Kapital', Bd. 1, Kapitel 5.1, MEW Bd. 23, S. 192-200). Marxens beißende Kritik an der ‚trinitarischen Formel', der Lehre von den drei Produktionsfaktoren Kapital, Boden und Arbeit bezieht sich auf den Wertbildungsprozeß aus der Sicht der Arbeitswertlehre; vgl. Marx, K., ‚Das Kapital', Bd. 3, MEW Bd. 25, S. 822- 839.

[4]‚Grundlagen der Wirtschaftsreform in der UdSSR', Berlin (DDR) 1972, S. 31 (Übersetzung aus dem Russischen; in der UdSSR 1971 erschienen).

[5]‚Über die Vervollkommnung der Planung ...', aaO. (Fn. 4, Einleitung), S. 658

[6]Aganbegjan, A.G.: Važnye pozitivnye skvigi v ekonomičeskoj zizni strany (Wichtige positive Schritte im ökonomischen Leben des Landes), in: *EKO* No. 6-1984, S. 3-16, hier: S. 10

[7]Aganbegjan, A.: The Challenge: Economics of Perestroika, London, Melbourne etc. 1988, S. 5

[8]Važnye pozitivnye sdvigi ..., aaO. (Fn. 6), Tabellen S. 9 und 11

[9]Aganbegjan, A.: The Challenge ...; die Wiedergabe ist eine Kombination der Tabellen auf S. 68 und 73

[10]Die Berechnung bzw. Schätzung Aganbegjans über den Anteil intensiver Faktoren am sowjetischen Wirtschaftswachstum ist optimistisch. Zu deutlich ungünstigeren Resultaten gelangt z.B. das wissenschaftlich-ökonomische Forschungsinstitut von Gosplan. Danach hatten intensive Faktoren am Wachstum des Volkseinkommens einen Anteil von: 34% im 7. FJP1 (1961-65), 40% im 8. FJP1 (1966-1970), 27% im 9., 23% im 10. und 26% im 11. FJP1. Daten in: Černikov, D.: Intensifikacija i proporcional'nost' ekonomičeskogo rosta (Intensivierung und Proportionalität des ökonomischen Wachstums, in: *Planovoe chozjajstvo* (Planwirtschaft), No. 6-1986, S. 63-72, hier: S. 67

[11]Wie leider häufig bei der Präsentation statistischer Daten in sowjetischen Veröffentlichungen, gibt auch Aganbegjan nicht an, welche Industrien hier unter die ,extraktiven' subsumiert sind. Das wäre umso angeratener gewesen, als im offiziellen statistischen Wirtschaftsjahrbuch der UdSSR bei der Aufgliederung der industriellen Produktion nicht die Rubrik ,extraktive Industrie' auftaucht. Sehr wahrscheinlich handelt es sich um Kohle- und Erzbergbau und um Erdölförderung und Erdgasgewinnung. Unklar ist, ob der gesamte Metallurgiebereich einbezogen ist.

[12]Einige dieser Probleme werden am Beispiel der Bilanz Aganbegjans in seinem Artikel aus dem Jahre 1984 (s. Fn. 6) diskutiert von E.A. Hewett, aaO., (Fn. 26, Kap.2), S. 69-78. Die Erörterung dieser methodischen Fragen muß im hier gegebenen Zusammenhang, wo es um die Grundrichtung, nicht um Details der Entwicklung geht, nicht aufgenommen werden.

Kapitel 4

[1]Die aus solchen Nachweisen der Vergeudung, des Mißbrauchs, der Mißachtung etc. wirtschaftlicher Ressourcen gezogene Schlußfolgerungen münden in jüngerer Zeit häufig ein in das scheinbar pleonastische Postulat ,Die Ökonomie muß ökonomisch werden!'. Hierbei werden aber die beiden *unterschiedlichen* Begriffsbedeutungen von ,Ökonomie' verwandt: einmal die Bezeichnung für die gesamte gesellschaftliche Sphäre des Wirtschaftens, zum anderen der zentrale ökonomische Handlungsparameter: Orientierung am Aufwand- Ergebnis-Kalkül.

[2]Tendencii i faktory povyšenija effektivnosti obščestvennogo proizvodstva (Tendenzen und Faktoren der Erhöhung der Effektivität der gesellschaftlichen Produktion), Moskva 1984, S. 27.

[3]Osnovnye reservy ekonomiki strany i ich ispol'zovanie v 12. pjatiletki (Hauptreserven der Ökonomie des Landes und ihre Nutzung im 12. Fünfjahrplan), in: *Planovoe chozjajstvo* (Plan.choz) No. 4-1986, S. 84-92, hier: S. 85

[4]Aganbegjan, A. in: *EKO*, No. 11- 1985, S. 24

[5]Tendencii i faktory ..., aaO., S. 73 Tabelle 2

[6]Obnovlenie fondov: planomernost', sbalansirovannost', effektivnost' (Erneuerung der Fonds: Planmäßigkeit, Gleichgewichtigkeit, Effektivität), in: *Ek.Gaz.* No. 47-1985, S. 15

[7]Narodnoe chozjajstvo SSSR za 70 let, aaO. (Fn.32), S. 100 und S. 626.

[8]Ekonomika i organizacija proizvodstva, aaO. (Fn. 1, Kap.1), S. 12

[9]Narodnoe chozjajstvo ..., aaO. (Fn. 23,Kap.2), S. 104. Diese Daten beziehen sich offenbar auf die gesamte Wirtschaft. Für die Industrie werden an anderer Stelle genannt: 1965: 2,1%, 1970: 1,8%, 1975: 1,6%, 1980: 1,4%, 1983: 1,3%, in: Kamaev, V.: Intensifikacija i kačestvo ekonomičeskogo rosta (Intensivierung und Qualität des ökonomischen Wachstums, in: *Voprosy ekonomiki* (Vop.ek.) No. 3-1985, S. 14-25, hier: S. 17

[10]Narodnoe chozjajstvo ..., aaO., S. 88

[11]ebenda, S. 152

[12]ebenda, S. 170

[13]ebenda, S. 104

[14]ebenda, S. 153

[15]Kamaev, aaO. (Fn. 9), S. 17

[16]Egorov, I.M.: Remont - na uroven' sovremennych trebovanij (Reparatur - auf dem Niveau zeitgemäßer Anforderungen) in: *EKO* No. 3-1985, S. 23-33, hier: S. 26/27

[17]Narodnoe chozjajstvo ..., aaO., S. 138. Metallbearbeitende Anlagen werden in der sowjetischen Industrie in der ersten Schicht zu 95% genutzt, in der zweiten zu 70% und in der dritten zu 12%. Es gibt Betriebe, bei denen der Schichtkoeffizient aller Ausrüstungen im Zweischicht-Betrieb 0,66

und bei Anlagen mit Programmsteuerung 0,44 beträgt. Information in: O bezrabvotnych stankach (Über arbeitslose Maschinen), in: *Ek. Gaz.* No. 7-1987, S. 18. - 1983 befanden sich 41,6% aller metallbearbeitenden Anlagen in mechanischen Abteilungen *außerhalb* des Maschinenbau-Sektors. Hier beträgt der Schichtkoeffizient nur 0,3-0,5: Chejnman, S.A.: Intensifikacija i naučno techničeskij progress (Intensivierung und wissenschaftlich-technischer Fortschritt), in: *EKO*, No. 11- 1985, S. 33-57, hier: S. 52/53

[18]Intensivno ispol'zovat' osnovnye fondy (Die Grundfonds intensiv nutzen!), in: *Ek. Gaz.* No. 37-1986, S. 2 u. 4

[19]Chejnman, S.A., aaO. (Fn. 17), S. 53

[20]so u.a. auch Grebnev, L., aaO. (Fn. 31, Kap.2), S. 5, sowie Popov, V. u. Šmelev, N. Anatomija deficita (Anatomie des Mangels), in: *Znamja*, No. 8-1988, S. 158-183, hier: S. 163

[21]Dieser Sachverhalt ist auch zentraler Gegenstand der Kritik von O. Lacis, in: Filosofija ekonomiki (Philosophie der Wirtschaft), in: *Kommunist*, No. 14/1988, S. 40-44

[22]z.B. Nakoplenie, ekonomiceskyj rost i potreblenie (Akkumulation, Wirtschaftswachstum und Verbrauch), in: *Ek. Gaz.* No. 15-1988, S. 8

[23]Intensivno ispol'zovat'..., aaO. (Fn. 18)

[24]Kamaev, V., aaO. (Fn. 9), S. 20

[25]Osnovnye reservy ekonomiki ..., aaO. (Fn. 3), S. 86

[26]ebenda, S. 84/85; weitere Beispiele in: Ne u del ostalsja robot (Der Roboter bleib außer Dienst), in: *Ek. Gaz.* No. 47-1986, S. 17; Kto že otladit stanok s ČPU? (Wer richtet eine Anlage mit Programmsteuerung ein?) in: *Ek. GAz.* No. 2-1987, S. 10; Pričiny otstavanija (Gründe des Zurückbleibens), in: *Ek. Gaz.* No. 47-1985, S. 13

[27]Chejnman, S.: Resursosbereženie - v osnovu chozjajstvovanie (Ressourceneinsparungen - Fundament des Wirtschaftens), in: *Plan. Choz*, No. 10-1988, S. 19-29, hier: S. 21

[28]Osnovnye reservy ekonomiki ..., aaO., (Fn. 3), S. 88

[29]Šmelev, D.: Vskryvat'i polnee ispol'zovat' reservy (Die Reserven aufdecken und vollständiger nutzen!), in *Plan. Choz.*, No. 1-1980, S. 39-45, hier: S. 44

[30]*Ek. Gaz.* No. 49-1987, S. 9

[31]*Pravda* vom 7.5.1984, Artikel ‚Indem wir die Entwicklung der Ökonomie beschleunigen'

[32]Osnovnye reservy ekonomiki ..., aaO. (Fn. 3), S. 87

[33]*Vopr. Ek.* No. 7-1984, S. 16

[34]Valovoj, D.: Ob izmerenii i ocenke proizvodstvennoj dejatel'nosti (Über die Messung und Bewertung der Produktionstätigkeit), in: *Plan. Choz.*, No. 1- 1986, S. 62-72, hier: S. 66. V. betont, daß die Bewertung der betrieblichen Wirtschaftstätigkeit ‚eigentlich' nach dem Resultat im Naturalausdruck (‚Nomenklatur') erfolgen soll, was in der Praxis aber an der Kommensurationsproblematik scheitert.

[35]Der Theorie und dem Anspruch nach soll - unter Berufung auf Marx - der ‚gesellschaftlich notwendige Produktionsaufwand' bestimmend für die Preisbildung sein. Dabei wird übersehen oder negiert, daß bei Marx keine Person oder Instanz diese Aufwandgröße *festsetzt* oder auch nur errechnet, sondern daß sie fließend durch die Wirksamkeit des Konkurrenzmechanismus geriert wird und sich den Warenproduzenten als Orientierungsmaß der eigenen Wirtschaftsentscheidungen aufdrängt. Ein Substitut für diesen Mechanismus haben sowjetische Ökonomen bisher nicht gefunden und man praktiziert schließlich die schlechteste Lösung, von den je tatsächlichen Kosten auszugehen. Als beliebige Referenzstellen dafür sollen genügen: Valovoj, 1986, aaO. (Fn. 34), S. 65; P.G. Bunič, in: *EKO* No. 8-1983, S. 31

[36]Dieser Sachverhalt wird in der sowjetischen Fach- und Tagespresse ständig kritisch thematisiert. Beliebige Beispiele: *Ek. Gaz.* No. 45-1985, S. 17; *Ek. Gaz.* No. 2-1987, S. 11; *Ek. Gaz.* No. 31-1988, S. 11; *EKO* No. 2-1985, S. 76ff.; *EKO* No. 8-1985, S. 94; *EKO* No. 1-1986, S. 13/14.

[37]z.B. wurden einer Elektrolampenfabrik in Riga am Jahresbeginn 1984 1,1 Mio. R = ein Drittel der eigenen Umlaufmittel entzogen, im Laufe des Jahres nochmals 462.000 R. und am Jahresende eine Finanzhilfe in Höhe von 1,4 Mio. R. gewährt; Oborodnye sredstva: problemy formirovanija (Umlaufmittel: Problem ihrer Bildung), in: *Ek. Gaz.*, 50- 1985, S. 15

[38]Figurnov, E.B.: Rost effektivnosti nužno stimulirovat' (Das Wachstum der Effektivität muß stimuliert werden), in: *EKO*, 1-1986, S. 3-17, hier: S. 7/8; hierzu auch: Belousov, in: *EKO*, 1-1983, S. 22f.; Petrakov, N.: Ukreplenie denežnogo obraženija i strategijach uskorenija (Kräftigung des Geldumlaufs und der Strategien der Beschleunigung) in: *Vopr. Ek.* 8-1987, S. 3-11, hier: S. 8/9

[39] *Ek.Gaz.* 32-1986, S. 8

[40] dieser Zusammenhang wird hervorgehoben bei einer Klassifizierung der wichtigsten Komponenten des „Aufwandsmechanismus' in: Belkin, V.D. u. Kazakecič, G.D. (verantw. Redakteure): Sbalansirovannost' i effektivnost' (Bilanziertheit und Effektivität) Moskva 1988, S. 34/35

[41] z.B. „Kogda normy raschoda resursov skryvajut ich pereraschod' (Wenn die Normen der Ressourcenverausgabung ihre Überverausgabung decken), in: *Ek.Gaz.* 14-1985, S. 9; Iniciativa i Otvetstvennost' kadrov (Initiative und Verantwortung der Kader), in: *Ek.Gaz.* 18- 1985, S. 7; Chejnman, S. 1988, aaO. (Fn. 27), S. 22/23

[42] A. Aganbegjan in einem Interview in der Illustrierten *Ogonek* (Das Flämmchen), No. 29-1987, S. 3

[43] *Ek.Gaz.* 47-1985, S. 6

[44] Chejnman, S. 1988 (Fn. 27), S. 23

[45] A. Aganbegjan in einem Interview in der Zeitung *Izvestija* (Nachrichten) vom 25.8.1987

[46] Palterovič, D.M.: Dvigateli mačin i dvigateli ekonomiki (Die Triebkraft der Maschinen und die Triebkraft der Wirtschaft), in: *EKO* 3-1985, S. 3-22, hier: S. 12/13

[47] z.B. Chejnman, S. 1988 (Fn. 27), S. 24

[48] z.B. Belkin/Kazakevič 1988, aaO. (Fn. 40), S. 35

[49] Chejnman, S. 1988, aaO. (Fn. 27), S. 21

[50] Tichonov, V. (Mitglied der Akademie der Agrarwissenschaften): How to spend the billions? in: Moscow News, No. 47-1988, S. 13

[51] Kak ustranit' 'uzakonennye' poteri? (Wie „gerechtfertigte' Verluste abschaffen?), in: *Ek.Gaz.* 35-1987, S. 6

[52] *Ek.Gaz.* 47-1985, S. 6

[53] Ek.Gaz. 39-1988, S. 19

[54] Belkin/Kazakevič 1988, aaO. (Fn. 40), S. 37

[55] zahlreiche Beispiele u.a. in: Aganbegjan 1987, aaO. (Fn. 42 und 45); Belkin/Kazakevič 1988 aaO. (Fn. 40), S. 37

[56] Za solidnom fasadom (Hinter einer soliden Fassade), *Ek.Gaz.* 42-1985, S. 7

[57] Normirovanie po starike, in: *Ek.Gaz.* 39-1985, S. 17; über Unklarheiten und Widersprüchlichkeiten der Einsparungsnormative auch: Zigzagi normirovanija - v labirintach (Normierung im Zickzack - in Labyrinthen), *Ek.Gaz.* 27-1985, S. 12, sowie: Kaznit' ili premirovat'? (Bestrafen oder prämieren?), *Ek.Gaz.* 23-1986, S. 19. Hier wird dargestellt wie das Ministerium für Bauwesen der UdSSR 1985 *zugleich* 50,6 Mio kwh Strom einspart und 92,4 Mio kwh zuviel verbraucht. Die Einsparung erfolgt nach den Normen des Ministeriums, der Mehraufwand nach den Normen von Gosplan.

[58] Chozrasčet - eto porjadok (Wirtschaftsrechnung, das ist Ordnung) *Ek.Gaz.* 46-1985, S. 19; Otčetnosti (Rechenschaftspflichtigkeit), *Ek.Gaz.* 47-1985, S. 12

[59] Figurnov, E.B. 1986, aaO. (Fn. 38), S. 5

[60] Bar'er formalizma (Barriere des Formalismus), *Ek.Gaz.* 38-1985, S. 9

[61] *EKO* 2-1986, S. 148

[62] *Plan.Choz.* No. 12-1984, s. 16

[63] Popov, Šmelev 1988, aaO. (Fn. 20), S. 162

[64] Prošče sdat' v lom (Es ist einfacher, in den Abfall zu geben), *Ek.Gaz.* 16-1988, S. 12

[65] z.B. im Bereich des Ministeriums für Erdölförderung im Jahresdurchschnitt 87 Kopeken pro Beschäftigten (*Ek.Gaz.* 7-1985, S. 15). Der Anteil der Prämierung an den eingesparten Wertsummen ist offenbar zweigmäßig oder sogar betrieblich sehr verschieden. Er reicht in Beispielen, die in einem Artikel präsentiert werden, von unter einem bis zu etwa 12% (Stimuly i sankcii - Anreize und Sanktionen - Ek.Gaz. 41- 1987, S. 13).

[66] Narodnoe chozjajstvo ..., 1987, aaO. (Fn. 23, Kap.2), S. 627 und 122

[67] ebenda; errechnet nach Daten auf S. 627 und 126

[68] Popov/Šmelev 1988, aaO (Fn. 20), S. 167. Hierbei wurde nicht der wertmäßige Umfang der Lager verglichen, sondern das Verhältnis zwischen Wert der Lager und Umsatz in einer best. Periode.

[69] Chejnman 1988, aaO. (Fn. 27), S. 26

[70] *Ek.Gaz.* 3-1986, S. 2

[71] Osnovnye reservy ekonomiki ..., 1986, aaO. (Fn. 3), S. 92. Das Jahr ist dabei nicht angegeben, vermutlich 1985.

[72] z.B.: Nuždaemsja v doverii (Wir brauchen Vertrauen), in: *Pravda* vom 18.9.1985, hier am Beispiel

einer Möbelfabrik in Volgograd. Auch hier ist die Hauptkennziffer noch immer ‚erzeugte', nicht ‚realisierte' Warenproduktion.

[73])so z.B. die in einem Rundtischgespräch mitgeteilten Fälle in: Perestrojka prodolžaetsja (Die Umgestaltung wird fortgesetzt), in: *EKO* No. 3-1986, S. 26- 43, hier: S. 29 und 35/36.

[74])Die Zahl der beschäftigten Kolchos- (formal: Genossenschafts-)bauern und -bäuerinnen nahm zwischen 1960 und 1970 um ca. 24% ab, im folgenden Jahrzehnt um etwa 21%, zwischen 1980 und 1985 nur noch um 4,6%; errechnet nach Angaben ebenda. In der RSFSR und in der weißrussischen SSR nahm zwischen 1951 und 1980 die Dorfbevölkerung um 80- 85%; nach: Kulakov, V.: Planirovanie ispol'zovanija trudovych resursov (Planung der Nutzung der Arbeitsressourcen) in: *Plan.Choz.*, 11-1988, S. 110-116, hier: S. 113

[75])Der Anteil der bis 30jährigen an den Beschäftigungslosen beträgt in Azerbajdžan 66%, in Kirgizien 60%, in Turkmenien und Armenien 46%, nach: Kulakov 1988, aaO., S. 111

[76])Lejkina, K.B. u. Maevskij, V.I. (verantw. Redakteure): Rasširennoe vosproizvodstrvo v uslovijach intensifikacii ekonomiki (Die erweiterte Reproduktion unter den Bedingungen der Intensivierung der Wirtschaft), Moskva 1986, S. 153f.

[77])Auch in den Wirtschaftsrechnungen kapitalistischer Betriebe, Branchen und Volkswirtschaften wird der Arbeitsproduktivität hohe, wenn auch nicht so vorrangige Bedeutung wie in der UdSSR beigemessen. Die Arbeitsproduktivität ist der Quotient des Produktionswerts (einer jeweiligen Wirtschaftseinheit) einer bestimmten Zeitphase und des Arbeitsaufwands, ausgedrückt in Arbeitsstunden oder in Beschäftigtenzahlen (in der UdSSR i.d.R. nur der Arbeiter). Die Aussagekraft des Indikators ‚Arbeitsproduktivität' läßt sich in verschiedener Hinsicht problematisieren. Bis heute werden in der UdSSR die Wirtschaftsrechnungen oft nicht preisbereinigt (unter rechnerischer Ausschaltung der Teuerungsrate) durchgeführt. Heute wird aber konzediert, daß die Preise bereits in den 70iger Jahren, besonders auffällig im Maschinenbau, zum größeren Teil ökonomisch unbegründet stiegen. Folglich wird der Zähler des Bruchs bei der Berechnung der Arbeitsproduktivität künstlich aufgebläht und ergibt sich ein erhöhter Wert. Dazu u.a. Šatalin, S.: Strukturnye sootnošenija ekonomičeskogo rosta, in: *Ek.Gaz.* 32-1987, S. 4

[78])Narodnoe chozjajstvo SSSR ..., aaO. (Fn.9), S. 107.

[79])*Ek.Gaz.* 49-1987, S. 15

[80])Wenn Faktoren eines komplexen Sachverhalts aufgelistet werden, ist oft ihre Klassifizierung von Nutzen. Auf den ersten Blick bietet sich in diesem Falle eine Unterscheidung in (dem Ursprung nach) betriebsinterne und - externe Faktoren sowie in solche der materiellen und der personalen Produktivkräfte an. Eine genauere Prüfung zeigt aber, daß sich in der Realität diese Aspekte überschneiden und gleichzeitig wirken, weshalb auf eine Klassifizierung verzichtet wird.

[81])Marx, K.: Das Kapital. Kritik der politischen Ökonomie, Bd. 3 = Marx, K. u. Engels, F.: Werke (MEW), Bd. 25, Berlin (DDR) 1972, S. 828

[82])Als Beispiele: Novoe kačestvo ekonomičeskogo rosta (Neue Qualität des Wirtschaftswachstums), *Ek.Gaz.* 24-1986, S. 4; Kostakov, V.: Zanjatost': deficit ili izbytok? (Beschäftigung: Mangel oder Überschuß?, in: *Kommunist*, 2-1987, S. 78-89, hier: S. 81

[83])Lejkina/Maevskij 1986, aaO. (Fn. 76), S. 157f.

[84])Osnovnye reservy ekonomiki ..., aaO. (Fn. 3), S. 86

[85])Važnaja zadača ekonomiki (Eine wichtige Aufgabe der Wirtschaft), *Ek.Gaz.* 38-1986, S. 6/7

[86])Daß solche Anreize gleichsam künstlich geschaffen werden, worauf noch kurz eingegangen wird, zeugt nur davon, daß sie von der Funktionsweise des ‚Wirtschaftsmechanismus' her zunächst einmal nicht existieren.

[87])Unter ‚tatsächlicher' Überbeschäftigung soll die verstanden werden, die bei *den je gegebenen* technischen und organisatorischen Arbeitsbedingungen besteht, unter ‚potentieller' jene, die sich unter diesen Voraussetzungen nicht manifestiert, bei fortgeschrittener technischer Ausstattung und Organisationsweise der Arbeit jedoch als Überbeschäftigung auftreten würde.

[88])u.a. Kostakov 1987, aaO. (Fn. 82), S. 81; Timofeev, S.A.: Kuda tolkaet predprijatie sistema priorototev? (Wohin treibt das System der Prioritäten den Betrieb?), in: *EKO* No. 11-1986, S. 42-61, hier: S. 59

[89])Narodnoe chozjajstvo SSSR ..., aaO. (Fn. 23, Kap.2), S. 111

[90])Šmelev, N.: Avansy i dolgi (Vorschüsse und Verpflichtungen), in: *Novy Mir* (Neue Welt), No. 6-1987, S. 142-158, hier: S. 150/51; Kostakov, aaO. (Fn. 82), S. 82

[91])Egorov, I.M.: Remont - na uroven' sovremennych trebovanija (Reparatur - auf dem Niveau

heutiger Anforderungen), in: *EKO* No. 3-1985, S. 23-33, hier: S. 27/28

[92]Narodnoe Chozjajstvo SSSR ..., 1987, S. 140

[93]ebenda

[94]Narodnoe Chozjajstvo SSSR ..., 1987, S. 140

[95]Lejkina/Maevskij 1986, aaO. (Fn. 76), S. 154

[96]in deutsch z.B. zugänglich: ‚UdSSR: Kein Stress am Arbeitsplatz' in: *osteuropa* (Monatszeitschrift, München), 1982, S. A. 411-423 (Übersetzungen aus der sowjetischen Presse) und ‚Mangelnde Arbeitsmotivation - ein Grundübel der sowjetischen Wirtschaft', ebenda, S. A. 600- 607; Hastrich, A.: Die Berichterstattung der Sowjetpresse zu aktuellen wirtschafts- und arbeitsrechtlichen Fragen' in: osteuropa-Recht, 1984, S. 62-78, hier vor allem: S. 63-69. - V.S. Afanas'ev berichtet über Resultate einer Befragung von mehr als 1500 Beschäftigten aus 14 Betrieben durch ein soziologisches Forschungsinstitut der Universität Leningrad 1983/84: Pričiny social'no-ekonomičeskich poter' na proizvodstve (Ursachen sozialökonomischer Verluste in der Produktion) in: *Sociologičekie issledovanija* (Soziologische Untersuchungen), No. 3-1987, S. 85-89. Die Erhebung bestätigt die Häufigkeit unterschiedlicher Formen der Verletzung der Arbeitsordnung und - disziplin, die Befunde werden allerdings in unpräziser Weise mitgeteilt.

[97]Zaslavskaja, T.: Čelovečeskij faktor razvitija ekonomiki i social',naja spravedlivost' (Der menschliche Faktor der Wirtschaftsentwicklung und die soziale Gerechtigkeit) in: *Kommunist*, No. 13-1986, S. 61-73, hier: S. 63/64

[98]siehe Fn. 94

[99]z.B.: Peresmotr norm ..., Ek.Gaz. 19- 1985, S. 19 (Überprüfung der Normen ...); Normirovanie v narodnom chozjajstve (Normierung in der Volkswirtschaft), *Ek.Gaz.* 28-1985, S. 7

[100]O normach i stimulach (Über Normen und Stimuli), in: *EKO*, No. 4-1986, S. 150-156, hier: S. 152/53

[101]Po tipovym proektam (Nach Mustervorhaben), in: *Ek.Gaz.*, 3-1985

[102]siehe z.B. Rutland, P.: The Shchekino Method an the Struggle to Raise Labour Productivity in Soviet Industry, in: *Soviet Studies*, No. 3-1984, S. 345-365; Norr, H.: Shchekino: Another Look, in: *Soviet Studies*, No. 2- 1986, S. 141-169.

[103]nur ist hier *ein* exemplarischer Beleg für die überwiegend als gering eingeschätzte Stimulierungswirkung: Zalog blagopolučenija (Unterpfand der Wohlfahrt), *Ek.Gaz.* 37-1987, S. 6

[104]z.B. Nužen li takoj normativ? (Ist ein solches Normativ notwendig?), Ek.Gaz. 11-1987, S. 7

[105]Im Prinzip sind Daten für die Erstellung differenzierterer Strukturübersichten ermittelbar. Dafür wäre jedoch der Arbeitsaufwand einer spezifischen Studie außerhalb des hier verfolgten Zusammenhangs erforderlich.

[106]Die Aufschlüsselung ist ziemlich grob. Hinsichtlich einiger Informationen, wie etwa Produktionsumfang, finden sich in der amtlichen sowjetischen Statistik feinere Unterteilungen, nicht aber in Bezug auf andere in diesem Kontext wichtige Indikatoren. Auch in der westlichen Literatur werden bei entsprechenden Strukturvergleichen i.d.R. nur grobe Aufschlüsselungen präsentiert.

[107]Weshalb das neueste mir zur Zeit der Erstellung des Manuskript zugängliche statistische Jahrbuch der UdSSR (s.Fn.23, Kap.2) nicht den Produktionsanteil des metallurgischen Bereichs ausweist und die verbleibenden kleinen Zweige nicht zumindest zusammenfaßt, bleibt unerklärt.

[108]Das benutzte statistische Jahrbuch der UdSSR bringt bezüglich der Entwicklung der Energie- und Materialintensität, also des spezifischen Energie- und Rohstoffverbrauchs, nur globale, nicht nach den Industriebereichen der Tabelle 3 aufgeschlüsselte Angaben.

[109]Naodnoe chozjajstvo SSSR..., 1987., aaO. (Fn. 23, Kap.2), S. 122

[110]Errechnet nach: OECD Quarterly National Accounts, No. 2-1988, S. 35

[111]Jahresgutachten 1987/88 des Sachverständigenrats zur Begutachtung der gesamtwirtschaftlichen Entwicklung. Deutscher Bundestag, 11. Wahlperiode, Drucksache 11/1317 vom 24.11.1987, S. 292 und 294

[112]27.061 DM Bruttowertschöpfung je landwirtschaftlichen Beschäftigten (Jahresgutachten 1987/88)..., aaO., S. 301) gegen 5970 Rubel (errechnet nach: Narodnoe chozjajstvo SSSR..., 1987, aaO., S. 122 und S. 410/11). Der offizielle sowjetische Wechselkurs bewertet den Rubel eindeutig über, beim inoffiziellen westlichen Wechselkurs ist er unterbewertet. Bis in die jüngere Zeit dürfte eine Relation von 1 : 1 der jeweiligen Binnenkaufkraft in etwa entsprochen haben; infolge der jüngsten Preissteigerungen in der UdSSR gilt das wohl nicht mehr. In die Berechnung des Nationaleinkommens der UdSSR gehen die Erzeugnisse des Agrarsektors in Höhe der staatlich

subventionierten Aufkaufpreise ein, wodurch der Anteil an der Bildung des Nationaleinkommens nach oben gedrückt wird. Auf das Bruttosozialprodukt bezogen, das den westlichen Berechnungen zugrunde liegt, wäre der Anteil der sowjetischen Landwirtschaft ca. 15%.

[113]Ab 1989 soll in der UdSSR neben der bisher in ihrer volkswirtschaftlichen Gesamtrechnung dominanten Kategorie des Nationaleinkommens ein mit dem westlichen Sozialprodukt vergleichbares Gesellschaftsprodukt ausgewiesen werden. Für 1986 würde dieses den Wertumfang des Nationaleinkommens um 36% übersteigen. Vgl. dazu: Götz-Coenenberg, R.: Vom Nationaleinkommen zum Sozialprodukt: Die Umgestaltung der volkswirtschaftlichen Gesamtrechnung in der UdSSR, Berichte des Bundesinstituts für ostwissenschaftliche und internationale Studien, No. 51-1988, hier: S. 3

[114]Jahresgutachten 1987/88..., aaO. (Fn. 111), S. 301; Narodnoe chozjajstvo..., 1987, aaO., S. 122 und 414

[115]Pomazanov, S.I.: Korennye strukturnye preobrazovanija v ekonimike kak neot'emlemaja sostavnaja cast' perestrojki (Grundlegende strukturelle Umbildungen in der Wirtschaft als unabdingbare Bestandteile der perestrojka), in: *Serija ekonomičeskaja* (Reihe Ökonomie; Kurztitel einer Zweimonatszeitschrift, deren wenig benutzter eigentlicher Titel ist: Nachrichten der Akademie der Wissenschaften der UdSSR: Reihe Ökonomie), No. 4-1988, s. 17- 28, hier: S. 19. Die nachfolgenden Angaben, soweit nicht anders vermerkt, aus diesem Beitrag.

[116]Sidorov, M.N.: Strukturnye sdvigi v narodnom chozjajstve SSSR (Strukturveränderungen in der Volkswirtschaft der UdSSR), in: *Serija Ekonomičeskaja*, No. 2-1986, S. 32-45, hier: S. 36

[117]Pomazanov, aaO. (Fn. 115), S. 18

[118]Lejkina/Maevskij 1986, aaO. (Fn. 76), S. 115/16

[119]Aganbegjan, A.: Generalnyj kurs ekonomičeskoj politiki (Generalkurs der Wirtschaftspolitik) in: *EKO*, No. 11-1985, S. 3-31, hier: S. 20/21

[120]Belkin/Kazakevič 1988, aaO. (Fn. 40), S. 90- 94

[121]Es ist zu beachten, daß es sich hierbei nicht um 'Freisetzungen', um tatsächliche 'Einsparungen' handelt. Die Angabe besagt vielmehr, daß *ohne* die Strukturänderungen der Arbeitskräftebedarf um 1,2 Mio. Beschäftigte höher gewesen wäre.

[122]Belkin/Kazakevič, S. 98/99

[123]Kuranov, G.: Strukturnye izmenenija v narodnom chozjajstve (Strukturänderungen in der Volkswirtschaft) in: *Plan.Choz*, No. 5-1986, S. 76-83, hier: S. 78. Die Berechnungsweise des Koeffizienten ist hier nicht angegeben. Im Prinzip wird der Strukturanteil für jeden Wirtschafts- oder Industriezweig an der Gesamtproduktion am Ende einer bestimmten Periode mit dem an ihrem Beginn ins Verhältnis gesetzt und dann ein Mittelwert aller prozentualen Veränderungen gebildet.

[124]Lejkina/Maevskij, S. 122/23

[125]Volkow, A.M. u. Sokolin, V.L.: Vosproizvodstvo osnovnych proizvodstvennych fondov i intensifikacija (Reproduktion der produktiven Grundfonds und Intensivierung), in: *EKO*, No. 8-1985, S. 113-130, hier: S. 114

[126]Gajdar, E.: Kursom ozdorovlenija (Auf den Kurs der Gesundung), in: *Kommunist*, No. 2-1988, S. 41-50, hier: S. 48

[127]vgl. z.B.: Pomazanov 1988, aaO. (Fn. 115)

[128]Beispiele u.a. in: Gajdar 1988, Gajdar/Jarošenko 1988, aaO. (Fn. 58 Kap.2), *Ogonek*, No. 36-1988, S. 9-11, hier: S. 10/11

[129]vgl. Fn. 1, Einleitung

[130]Ryškov, N.I.: Über die Grundrichtungen der ökonomischen und sozialen Entwicklung der UdSSR in den Jahren 1986-1990 ..., Referat auf dem XXVII. Kongreß der KPdSU am 3.3.1986, nach: *Ek.Gaz.*, No. 11-1986, S. 23- 30, hier: S. 26 u. 27

[131]In der neueren westlichen ('bürgerlichen') Wirtschaftslehre spielt der Begriff der Akkumulation kaum eine Rolle. Was darunter im Anschluß an Marx in der sowjetischen Ökonomie verstanden wird, wird dort zumeist unter den Vorgang der Investition subsumiert. In der sowjetischen Wirtschaftsterminologie bezieht sich 'Akkumulation' auf die Prozesse der *Bildung* oder *Formierung* jener Teile des gesellschaftlichen Wertprodukts, die für den Ersatz verbrauchter und die Schaffung zusätzlicher Produktionskapazitäten aufgewandt werden können. Investieren bezeichnet dagegen die *Verwendung* dieser Mittel.

[132]Nakoplenie, ekonomičeskoj rost i potreplenie (Akkumulation, Wirtschaftswachstum und Verbrauch), *Ek.Gaz.* 15-1988, S. 8

[133]Jahresgutachten 1987/88..., aaO. (Fn. 111), S. 305

[134]Nakoplenie i intensifikacija (Akkumulation und Intensivierung), *Ek.Gaz.*, 3-1986, s. 2

[135]Narodnoe chozjajstvo SSSR v 1985 g, (Die Volkswirtschaft der UdSSR im Jahre 1985), Moskva 1986, S.38.

[136]In zwei sowjetischen ökonomischen Wörterbüchern wird Akkumulation als „... der Teil des Nationaleinkommens", bestimmt, „der für die Entwicklung der sozialistischen Produktion, die Bildung von Reserven und die Erweiterung der Fonds in der Nichtproduktionssphäre genutzt wird"; Rumjancev et al. 1985, aaO. (Fn. 2, Kap.1), S. 51. Sinngemäß ebenso ‚Ekonomika i organizacija..., 1985, aaO. (Fn. 1, Kap.1), S. 126. Hier ist also von Ausgaben für die Entwicklung der *Produktion* - nicht der Produktions*anlagen* - die Rede. Das verweist darauf, daß auch nichtinvestive Produktionsaufwendungen aus den Akkumulationsfonds bestritten werden. Diese werden in den Wörterbüchern nicht genannt und auch in der amtlichen Statistik nicht ausgewiesen. Unter diesen Aufwendungen haben aber sicher die Alimentierungen der betrieblichen Umlaufmittel aus dem Staatshaushalt einen bedeutenden Anteil. Das gleiche dürfte für Preissubventionen für Brennstoffe gelten. Die für Nahrungsmittel werden dagegen vermutlich dem ‚gesellschaftlichen Verbrauch' zugerechnet.

[137]Narodnoe chozjajstvo SSSR ..., 1987, aaO, (Fn. 9), S. 104

[138]*Ek.Gaz.*, 8-1987, S. 11

[139]Malygin, A.A.: Planirovanie vosproizvodstva osnovnych fondov (Die Planung der Reproduktion der Grundfonds), Moskva 1985, S. 162

[140]Rekonstruktion und technische Umrüstung werden in der sowjetischen Ökonomie (nach ‚Ekonomika i organizacija..., 1983, s. 195/86) neben einer formalen Differenz, die sich auf die Finanzierungsquelle bezieht, sachlich dadurch unterschieden, daß es bei letzteren eher um Einzelanlagen geht, bei den ersteren dagegen um die Ausrüstung ganzer Produktionsprozesse, wobei oft die technische Ausstattung der Hilfstätigkeiten an die der Kernerzeugung angeglichen werden soll. Eine Untersuchung in einem allerdings begrenzten Industriebereich ergab, daß bei technischen Umrüstungen 78 Kopeken zur Erzielung von einem Rubel Produktionszuwachs erforderlich waren, bei Neu- und Erweiterungsinvestitionen der doppelte Betrag; Techničeskoe perevooruženie proizvodstva (Technische Umrüstung der Produktion), *Ek.Gaz.*, 50-1985, S. 2

[141]Volkov/Sokolin 1985, aaO. (Fn. 125), S. 117

[142]Möglicherweise werden in der sowjetischen Ökonomie Fondproduktivität (die das Produkt einer bestimmten Periode auf dem *Gesamt*wert der Grundfonds bezieht) und Produktivität der Investitionen (die das durch Investition bewirkte (*Zusatz*-)Produkt auf den Investitionsaufwand bezieht) identifiziert bzw. es wird die Effektivität der Investitionen an der Änderung der Fondsproduktivität gemessen. Denn in einer problematischen Rezeption von Marx' Bestimmung des Warenwerts in der kapitalistischen Produktionsweise durch den im gesellschaftlichen *Durchschnitt* erforderlichen Arbeitsaufwand interessiert sich die sowjetische Ökonomie hinsichtlich des Produktionsaufwands bis heute primär für Durchschnittsdaten, nicht für Zuwachsanteile.

[143]z.B.: Ocenivaja po kritierija kačastva (Bewertung nach dem Kriterium der Qualität) *Ek.Gaz.* 15-1985, S. 7; Disciplina i novaja technika, *Ek.Gaz.* 15-1985, S. 8; Neobchodim kompleks mašin (Die erforderliche Komplexität von Maschinen), *Ek.Gaz.* 15-1986, S. 9; S zavodskoj točki zrenija (Aus der Sicht des Betriebes), *Ek.Gaz.* 28-1986, S. 7

[144]Pogosov, I.: Strukturnie izmenenija v obšvestvennom proizvodstve i ekonomičeskij rost (Strukturveränderungen in der gesellschaftlichen Produktion und Wirtschaftswachstum), in: *Plan.choz.*, 6-1988, S. 39- 47, hier: S. 47

[145]Zwischen 1981 und 1984 soll der Anteil technischer Umrüstungen an der Gesamtheit der Anlageinvestitionen von 22,6 auf 25,5% gestiegen sein (Techničeskoe perevooruženie proizvodstva, *Ek.Gaz.* 50-1985, S. 2). Mit der von Malygin übernommenen Angabe (vgl. Tabelle 4) ist diese Information aber kaum zu vereinbaren. Sollte hier nicht, wie bei Malygin, zwischen normativem und faktischem Anteil unterschieden worden sein?

[146]Val'tuch, K.K. u. Lavrovskij, V.L.: 1987 god: nekotorie itogi i vyvody (1987: einige Ergebnisse und Schlußfolgerungen), in: *EKO* 9-1988, S. 3-22, hier: S. 11

[147]Rabotat' ne tol'ko v utro (Nicht nur morgens arbeiten!), *Ek.Gaz.* 46-1986, S. 6/7. Diese Ausscheidungsrate liegt nicht einmal unter dem Durchschnitt der Industrie. Sie betrug in dieser Dimension: 1970: 1,8%, 1975: 1,6%, 1980: 1,4% und 1985: 1,4%; *Vopr.ek.*, No. 12- 1986, S. 133, Tabelle 3. Im 12. FJP1 soll eine Ausscheidungsrate von 6,2%, also eine Umkehr des bisherigen Trends erreicht werden. 50% der Gesamtinvestitionen sollen für Rekonstruktion und technische

Umrüstungen aufgewandt werden; *Ek.Gaz.*, 2- 1987, S. 17/18

[148]Lukinov, I.I.: O nekotorych trebovanijach naučno-techničeskogo progressa (Zu einigen Erfordernissen des wissenschaftlich-technischen Fortschritts), in *EKO*, No. 5-1987, S. 48-57. Die Angaben wurden verschiedenen Stellen des Artikels entnommen. Ähnliche Daten aus einer anderen Untersuchung, auch aus der ukrainischen Industrie, in: O bezrabotnych stankach (Über arbeitslose Maschinen), in: *Ek.Gaz.* 7-1987, S. 18

[149]Darovye den'gi (Geschenktes Geld), *Pravda* vom 17.7.1985

[150]Volkov/Sokolin, 1985, aaO. (Fn. 125), S. 122

[151]ebenda, S. 16

[152]Sredstva fonda razvitija (Die Mittel des Entwicklungsfonds), *Ek.Gaz.*, 41-1985, S. 16

[153]Seit 1985 können die Betriebe Teile ihrer Abschreibungssummen den Produktionsentwicklungsfonds zuführen. In der Industrie betragen die Abschreibungssätze heute im Durchschnitt 5% auf Gebäude und Anlagen und 7-8% auf Maschinen und Ausrüstungen allein. Das bedeutet eine normative Nutzungsdauer der Grundfonds von etwa 20 Jahren, der Anlagen von 13 Jahren. 1985 lag deren *faktische* Nutzungsdauer aber bei 27 Jahren! (Pogosov, 1988, aaO. - Fn. 144 - S. 46 sowie ders.: Naučno-techničeskij progress - osnova strukturnoj perestrojki, *Ek.Gaz.* 26-1988, S. 8.

Die Produktionsentwicklungsfonds werden seit 1985 aus drei Quellen gespeist: Abschreibungsmittel, Gewinnanteile und Erlöse aus veräußerten Wirtschaftsmitteln. In den einzelnen Branchen ist die Größenrelation zwischen den beiden erstgenannten Quellen sehr unterschiedlich; z.B. Ministerium für Energieausrüstungen: 93,3% Abschreibungen, Gewinn 0, Ministerium für Gerätebau: Abschreibungen 20,1%, Gewinnzuführungen 71,5%; Sredstva fonda razvitija, aaO. (Fn. 152).

[154]Palterovič 1985, aaO. (Fn. 46), S. 16

[155]Smyšljaeva, L.: Soveršenstvovanie struktury kapital'nych vloženij i osnovnych fondov (Vervollkommnung der Struktur der Anlageinvestitionen und der Grundfonds), in: *Vopr.Ek.*, No. 12-1986, S. 129-139, hier: S. 130 Tabelle 1

[156]z.B. Popov/Šmelev 1988, aaO. (Fn. 20), S. 164

[157]Gajdar, E.: Kratkosročnye i dolgosročnye celi v ekonomike (Kurzfristige und langfristige Ziele in der Wirtschaft), in: *Kommunist*, No. 10-1987, S. 87-97, hier: S. 89; Gajdar/Jaročenko 1988, aaO. (Fn. 58 Kap.2), S. 67; Gajdar, E. u. Lacis, O.: Po karmany li traty? (Ein Verlust aus der Hosentasche?), in: *Kommunist*, No. 17-1988, S. 26- 29, hier: S. 29

[158]Smyšljaeva 1986, aaO. (Fn. 155), S. 131 Tabelle 4

[159]Die Subventionierung des Kohlenbergbaus erfolgt nicht, wie in der Landwirtschaft, über die Preise, sondern durch direkte Alimentierung der Produktionskosten aus dem Staatshaushalt.

[160]Kamaev 1985, aaO. (Fn. 9), S. 21; Osnovnye reservy ekonomiki... 1986, aaO. (Fn. 3), S. 89/90

[161]Volkov/Sokolin 1985, aaO. (Fn. 125), S. 116

[162]Pust' platit to, kto ošibsja (Soll der bezahlen, der sich geirrt hat), in: *Ek.Gaz.* 14-1987, S. 14

[163]Volkov/Sokolin 1985, S. 115

[164]z.B.: Sub'ektivnyj faktor plana, *Ek.Gaz.* 46-1986, S. 10

[165]Volkov/Sokolin 1985, S. 117

[166]z.B.: Aganbegjan, A. u. Rečin, V.D.: Upravlenie naučno-techničeskim progressom na predprijatii (Die Steuerung des wissenschaftlich-technischen Fortschritts und die Struktur der Erzeugung von Produktionsmitteln), Moskva 1982; Mučnik, V.S. u. Golland, E.B.: Ekonomičeskie problemy sovremennogo naučno-techničeskogo progressa (Ökonomische Probleme des gegenwärtigen wissenschaftlich-technischen Fortschritts, Novosibirsk 1984; o.A.: Uskorenie naučno- techničeskogo progressa i intensifikacija vosproizvodstva osnovych fondov (Beschleunigung des wissenschaftlich-technischen Fortschritts und Intensivierung der Reproduktion der Grundfonds), 3 Bände, Kiev 1984 - Amann, R.; Cooper, J.: Davies, R.W. (Eds.): The Technological Level of Soviet Industry, New Haven a. London 1977; Amann, R. a. Cooper, J. (Eds.): Industrial Innovation in the Soviet Union, New Haven/London 1982; dieselben: Technical Progress and Soviet Economic Development, Oxford 1986; Berliner, J.S.: The Innovation Decision in Soviet Industry, Cambridge/Mass. a. London, 1976; Cave, M.: Computers and Economic Planning, 1980; Lubrano, L. a. Solomon, G.S. (Eds.): The Social Context of Soviet Science and Technology, London 1979; Schüller, A.: Leipold, H.; Hamel, H. (Hg.): Innovationsprobleme in Ost und West, Stuttgart/New York 1983.

[167]z.B.: ,,Die Mehrzahl der Arten von Technik, die bis 1986 entwickelt wurden beim Ministerium für Werkzeugmaschinenbau, beim Ministerium für Gerätebau, bei dem für elektrotechnische Industrie und dem für die Leicht- und Nahrungsmittelindustrie entsprachen nicht den Anforderungen

des höchsten Weltniveaus", aus: Na polny chozrašcet (Bei vollständiger Wirtschaftsrechnung), in: *Ek.Gaz.* 31-1987, S. 17

[168]Hier sollen lediglich zwei von zahlreichen in der sowjetischen Tagespresse und Fachliteratur mitgeteilten Indizien dafür benannt werden, daß der *Wirkungsgrad* von Ausgaben zur Forcierung des w.t.F. abnimmt. Laut *Pravda* vom 8.9.1987, S. 2 wurden in der UdSSR 1960 3,9 Mrd. R. zur Förderung wissenschaftlicher Forschung ausgegeben, 1986 29 Mrd., d.h. 7,6mal soviel. Die Anzahl der neu geschaffenen Typen von Maschinen, Ausrüstungen, Geräten und Mitteln der EDV-Technik war 1986 aber um 30% geringer als 1970. - Die durchschnittliche Ausgabe für ein Projekt zur Entwicklung und Einführung neuer Technik in der Industrie erhöhte sich von 117.800 R. in der Phase des 9. FJP1 (1971-75) über 125.200 im 10. FJP1 auf 140.000 R. zwischen 1981 und 1984. Im gleichen Zeitraum verringerte sich der durchschnittliche jährliche Effekt einer solchen Maßnahme von 64.000 auf 62.300 R. oder - noch deutlicher - je Rubel Aufwand von 54,7 auf 44,5 Kopeken; nach: Muchin, S.A.: Pribyl v novych uslovijach chozjajstvovanija (Der Gewinn unter den neuen Bedingungen des Wirtschaftens), Moskva 1988, Tabelle 12, S. 130. Diese Daten werden bestätigt und ergänzt in: Narodnoe chozjajstvo SSSR..., 1987, aaO. (Fn. 23, Kap.2) in verschiedenen Tabellen S. 60-99, insbes. S. 64, 75 und 82.

[169]Die Produktionspläne sind oft so ‚angespannt', daß den Betrieben keine Reserve an Kapazitäten verbleibt. Diese wäre für Produktionsumstellungen aber unerläßlich; *EKO*, No. 3-1985, S. 160/61. Dazu u.a. ferner: Za ramkami vedomstvennych interesov (Jenseits der Rahmen behördlicher Interessen), *Ek.Gaz.* 12-1986, S. 19; Aganbegjan 1987, aaO. (Fn. 42), S. 3

[170]Krupenko, A.G.: V živom ritme obnovlenij (Im lebendigen Rhythmus der Erneuerung), *EKO*, No. 2-1985, S. 18-29, hier: S. 28

[171]1968 machte im Bereich der Industrie die Summe aller Gratifikationen für den w.t.F. nur 4% der Gesamtheit von Prämien aus, *EKO*, No. 11-1986, S. 54/55

[172]Lejkina u. Maevskij 1986, aaO. (Fn. 76), S. 178

[173]Novinki v očeredi (Neuerungen in Reihenfolge), *Pravda* vom 12.11.1984; Bunič, P.: Pooščrenija za result'tat (Belohnung nach dem Ergebnis), *Pravda* vom 19.4.1985

[174]Zatraty - ne resultaty (Aufwand - nicht Resultat), *Pravda* vom 30.6.1986; ähnlich: Bez lišnej opeki (Ohne unnötige Bevormundung), *Pravda* vom 18-11- 1985

[175]Bunič, P.: Slagaemie eksperimenta (Summe des Experiments), *Literaturnaja Gazeta* vom 30.5.1984; ähnlich: Rentablenost' i trudoemkost' (Rentabilität und Arbeitsintensität), *Ek.Gaz.* 24-1986, S. 6

[176]Timofeev, S.A.: Kuda tolkaet pretprijatie sistema prioritetov? (Wohin treibt das System der Prioritäten die Betriebe?), in *EKO*, No. 11-1986, S. 42-61, hier: S. 53

[177]z.B. Beschluß des ZK der KPdSU und des MR der UdSSR ,,Über Maßnahmen zur technischen Umrüstung der Leichtindustrie in den Jahren 1988 bis 1995 zur Gewährleistung einer beschleunigten Lösung der Probleme der Befriedigung des Warenbedarfs der Bevölkerung", in: *Ek.Gaz.* 14-1988, S. 4

[178]V plenu techničeskogo konservatizma (Befangen in technischen Konservatismus), *Pravda* vom 24.5.1984

[179]Palterovič, D.: Planirovanie i chozrašcet v upravlenii naučno-techničeskim progressom (Planung und Wirtschaftsrechnung bei der Leitung des wissenschaftlich- technischen Fortschritts), in: *Vopr.Ek.*, No. 11-1985, S. 22-33, hier: S. 22-24

[180]Exemplarisch: Cena i kačestvo technika (Preis und Qualität der Technik), *Ek.Gaz.* 5-1987, S. 17; Cena novoj techniki (Der Preis neuer Technik), *Ek.Gaz.* 24-1987, S. 15; Cena i kačestvo technika, *Ek.Gaz.* 17-1988, S. 19

[181]Amann/Cooper 1986, aaO. (Fn. 166), S. 18/19

[182]‚K' (für russisch: Qualität) wird bei Produktionsgütern angewandt und bezieht sich hier vor allem auf technische Standards. ‚N' steht für ‚neu', das dem Verf. wenig begegnete. ‚D' vermutlich für ‚wertvoll'. Beide Gütezeichen werden an Gebrauchsgüter vergeben wie vor allem für Bekleidung, Schuhe, Möbel u.ä.m. - 1986 bestätigte das Staatliche Preiskomitee (Goskomcen) 3000 Großhandelspreise für neue und modernisierte Maschinen und Ausrüstungsgüter, darunter 2000 mit Preisaufschlägen. Die Summe der Aufschläge erhöhte sich gegenüber dem Vorjahr um 15% auf 600 Mio R. Eine deutliche Erhöhung des technischen Niveaus der Erzeugnisse war nicht feststellbar. Technische Verbesserungen erfolgen wie früher durch einzelne Änderungen, nicht umfassend. In manchen Fällen entsprachen die Erzeugnisse nicht den technischen Dokumentationen, aufgrund

deren sie attestiert wurden. Bei der Hälfte der Fälle, für die Preisabschläge verordnet wurden, fand später keine Abführung dieser Mittel an den Staatshaushalt statt. Nach: Čtoby cena otvečala kačestvu (Damit der Preis der Qualität entspricht), *Ek. Gaz.* 50-1986, S. 17 - Die Einführung neuer Produkte kann für Betriebe im übrigen auch unabhängig von den Preiszuschlägen für Qualität vorteilhaft sein. Die endgültige Preisfestsetzung erfolgt erst nach einem Jahr Serienproduktion, wobei die Produktionskosten zu diesem Termin zugrunde gelegt werden. Gelingt es den Betrieben, die Gestehungskosten bis dahin hoch zu halten, haben sie die Chance, Preise bestätigt zu bekommen, in denen ,Luft ist'; *EKO* No. 11-1986, S. 52

[183]z.B.: Indeks ,N' - komy on vygoden? (Index ,N' - wem ist er nützlich?), *Ek. Gaz* 49-1988, S. 15. Die Institution der Gütezeichen wurde in den 60iger Jahren eingeführt und zuletzt wurden 1982 und 1986 die Modalitäten der Vergabe und der Gratifizierung modifiziert. Im Falle des Zeichens ,N' entscheidet über die Zuerkennung bei Preisaufschlägen bis 15% der ,künstlerisch-technische Rat' des erzeugenden (!) Betriebs (dem allerdings externe Mitglieder angehören). Bei den Zuschlägen bis 30% entscheidet das entsprechende Gremium auf Branchenebene. Zwischen 1977 und 1987 erhöhte sich der Anteil der Erzeugnisse mit dem Gütezeichen an der jeweiligen Gesamtproduktion z.B. bei Lederschuhen von 11,5 auf 30,5%, bei Konfektionserzeugnissen von 7 auf 33,2%, bei Trikotagen von 3,8 auf 22,4%. Zur Kritik vgl. auch die in Fn. 182 genannten Artikel. In einem Beitrag in der *Ek. Gaz.* (Uroki chozrasčeta - Lehren der Wirtschaftsrechnung -, No. 32-1988, S. 8/9 bringt der Direktor eines Textilbetriebs Beispiele dafür, wie Betriebe, deren Nettoeinkommen mangels konsequenter Aufwandsökonomisierung gering und sogar rückläufig ist, ihren Gratifikationsfonds aus Preisaufschlägen für den Index ,N' ebenso viele Mittel zuführen können wie gut wirtschaftende Betriebe aus den eigentlichen Erlösen.

[184]Cena novoy techniki, 1987, aaO. (Fn. 180)

[185]In den 70iger Jahren erließen das ZK der KPdSU und der Ministerrat eine Resolution zur ,Roboterisierung' der Produktion. Darauf hin nahmen viele Betriebe, um der gestellten Aufgabe gerecht zu werden, die eigene Herstellung von Robotern auf. Sie kamen dreimal so teuer wie in spezialisierten Betrieben erzeugte, waren doppelt so schwer und 5-10mal weniger funktionszuverlässig als die besten Modelle. Bei Ladearbeiten oder an Pressen angewandt, ersetzte so ein Roboter bestenfalls einen Arbeiter. Er kostete 40.000 bis 50.000 R., der Jahreslohn des Arbeiters lag höchstens bei 4000 R.; Chejnman 1985, aaO. (Fn. 17), S. 11

[186]Als Beispiel eines Beitrages, in dem diese Zusammenhänge und Konsequenzen sehr klar dargelegt werden: Klimentov, G.A.: Ujti ot Robinzona (Robinson verlassen), in: *EKO* No. 6-1986, S. 92-111

[187]Lavry i terniik (Lobeer und Dornen), *Pravda*, 5.9.1985; Chejnman, S. Uskorenie: prioritety i effektivnost' (Beschleunigung: Prioritäten und Effektivität), *Ek. Gaz.* 14-1988, S. 14/15

[188]Kornai, J.: the Economics of Shortage, Amsterdam 1980, 2 Bände

[189]Chozrasčetnye stimuly techničeskogo progressa (Wirtschaftsrechnerische Anreize des technischen Fortschritts)*Ek. Gaz.* 22-1985, S. 15; Palterovič 1985, aaO. (Fn. 179), S. 26; V.V. Šalimov, Generaldirektor eines Betriebs des Schwermaschinenbaus in einem Rundtischgespräch in: *EKO*, No. 3-1986, S. 34/35; S zavodskoj točki zrenija (Aus dem Blickwinkel des Betriebs), *Ek. Gaz.* 28-1986, S. 7

[190]Kakim byt' avtobusy? (Wie werden die Autobusse (beschaffen) sein?) *Pravda* vom 16.2.1986

[191]97% der zur Anwendung gebrachten Erfindungen werden nur in einem Betrieb genutzt, nur 0,5% in 3- 5 Betrieben; nach: Na polny chozrasčet (Bei vollständiger Wirtschaftsrechnung), *Ek. Gaz.* 31-1987, S. 17

[192]z.B.: Sdelano izobretenie (Gemachte Erfindungen), *Pravda* vom 16.9.1985; Izobresti i ispol'zovat' (Erfinden und nutzen), *Pravda* vom 7.1.1986; Neožidannye sledstvija 'vtorogo zakona archimeda' (Unerwartete Folgen des ,zweiten archimedischen Gesetzes'), *Ek. Gaz.* 9- 1986, S. 8

[193]*EKO*, No. 2-1986, S. 142

[194]z.B.: Stimuly dlja iščuščich (Anreize für Suchende), *Ek. Gaz.* 52-1987, S. 17; Palterovič 1985, aaO. (Fn. 179), S. 22-24

[195]*Ek. Gaz.* 16-1985, S. 4/5 (Diskussion im ZK der KPdSU)

[196]Cejnman, S.: Sklagaemye uskorenija (Bilanz der Beschleunigung), *Ek. Gaz.* 27-1988, S. 21

[197]Aganbegjan, A.: Raspravit' kryl'ja (Die Flügel öffnen), *Pravda* vom 14.7.1984; Roboty i osnastika (Roboter und Ausrüstungsteile), *Ek. Gaz.* 7- 1985, S. 16; V.E. Paton, Präsident der ukrainischen Akademie der Wissenschaften in einem Interview mit der Zeitschrift *Planovoe chozjajstvo*,

No. 8-1985, S. 28

[198]Čtoby byl dovolen pokupatel' (Damit der Käufer zufrieden ist), in: *Ek.Gaz.* 51-1986, S. 2 u. 4, hier: S. 2; Naučno-techničeskij progress: osnova strukturnoj perestrojki (Der wissenschaftlich-technische Fortschritt: Grundlage einer strukturellen Umgestaltung), *Ek.Gaz.* 26-1988, S. 8

[199]Aganbegjan, A.: The Challenge..., aaO. (Fn. 7, Kap.3), S. 14

[200]Bogomolov, S.: Prežde vsego - sobljudat' uslovija (Vor allem - die Bedingungen einhalten), *Plan.Choz.* No. 1-1985, S. 47-52, hier: S. 50

[201]Bez točno pricela (Ohne genaues Ziel), *Pravda* vom 23.12.1985

[202]Fal'cman, V.: Naučno-techničeskij progress v SSSR: Smena prioritetov (Der wissenschaftlich-technische Fortschritt in der UdSSR: Änderung der Prioritäten), in: *Vopr.Ek.*, No. 11-1988, S. 28-37, hier: S. 35

[203]Prioritety nauki (Prioritäten der Wissenschaft), *Ek.Gaz.* 14-1987, S. 13

[204]Es sei nochmals darauf verwiesen, daß es sich bei diesem Indikator nicht unbedingt um ,Freisetzung' von Arbeitskräften handelt. Berechnet wird, wieviele Arbeitskräfte erforderlich wären, um eine Produktionssteigerung, wie sie durch die neue Produktionstechnik erreicht wurde, auf Basis der alten zu erzielen. Sogar eine gewisse Erhöhung der Beschäftigtenzahl kann bei dieser Berechnungsart eine ,Einsparung' indizieren.

[205]Na polnyj chozrasčet (Bei vollständiger Wirtschaftsrechnung), *Ek.Gaz.* 31-1987, S. 17

[206]Weder die Forschung noch die Ausbildung an den Universitäten und Technischen Hochschulen waren bisher mit den Anforderungen der Wirtschaft abgestimmt; Pravo na risk (Recht auf Risiko), *Ek.Gaz.* 32-1986, S. 16

[207]Beschluß des ZK der KPdSU und des Ministerrats der UdSSR vom 13.3.1987 ,,Über die Stärkung der Rolle der Hochschulwissenschaft bei der Beschleunigung des wissenschaftlich-technischen Fortschritts und zur Verbesserung der Ausbildungsqualität der Fachleute", in: Sobranie postanovlenija ..., No. 24-1987, S. 483-93

[208]Als eine beliebig vieler Belegstellen: ,Rasširjat' set' mežotraslevych obedinenij' (Das Netz zweigübergreifender Vereinigungen erweitern), in: *Ek.Gaz.* 7-1986, S. 9

[209],Otvetstvennost' dolžna byt' vzaimnoj' (Verantwortung sollte gegenseitig sein), *Ek.Gaz.* No. 37-1986, S. 17; NPO na put' k chozrasčety (W.P.V. auf dem Weg zur Wirtschaftsrechnung), in: *Ek.Gaz.* 25-1987, S. 6/7

[210]Perepady rosta (Rückgänge des Wachstums), *Pravda* vom 12.9.1985

[211]Bunič, P.: Pooščrenie za resul'tat (Belohnung gemäß dem Resultat), *Pravda* vom 19.4.1985

[212]In diesem Bereich stieg die Anzahl der beschäftigten Wissenschaftler in den vergangenen 15 Jahren um mehr als zwei Drittel an; Na polnyj rozrasčet, aaO. (Fn. 205)

[213]Amann, R.: Technical progress and Soviet economic development: setting the scene, in: Amann, R. u. Cooper, J.: Technical Progress and Soviet Economic Development, Oxford 1986, S. 5-30, hier: S. 17

[214]Most: institut - zavod (Brücke Institut - Betrieb), *Pravda* vom 20.7.1985

[215]1985 machten im Akademiebereich die auf Vertragsbasis zustande gekommenen Ausarbeitungen allerdings nur 8% der entwickelten Lösungen und Neuerungen aus; Bez točnogo pricela (Ohne genaues Ziel), *Pravda* vom 23.12.1985. Einschränkend wirkt hier, daß Entwicklungen, die im Rahmen von Kooperationsbeziehungen entstehen, nicht prämiert werden; Most: institut - zavod, aaO.

[216]Perepady rosta, aaO. (Fn. 210)

[217]Esli risk opravdan (Wenn das Risiko berechtigt ist), *Pravda* vom 14.1.1987; ähnlich: Put' k proryvu (Weg zum Durchbruch), *Ek.Gaz.* 36-1988, S. 10

[218]Kakim byt' stankostroenija? (Wie wird der Maschinenbau sein?), *Ek.Gaz.* 29-1985, S. 6

[219]Die entsprechende Aufgabe einer W.P.V. im Bereich des Schwermaschinenbaus für den 12. FJP1 lautete z.B., technische Neuerungen auszuarbeiten, deren Einführung in die Produktion der Volkswirtschaft nicht weniger als 75 Mio. R. erspart; Otvetstvennost ..., aaO. (Fn. 209)

[220]Esli risk ..., aaO. (Fn. 217)

[221]z.B.: GOSt: stimuli ili tormoz? (Staatliche Standards: Stimuli oder Bremse?), *Ek.Gaz.* 17- 1987, S. 16; Lavry i ternii, aaO. (Fn. 187)

[222]z.B.: Stimuli dlja iščuščich, aaO. (Fn. 194); Čto sderživaet iniciativu? (Was hindert die Initiative?) *Ek.Gaz.* 2-1987, S. 11

[223]Fomin, B. (Generaldirektor der Leningrader W.P.V. ,Elektrosila') in der *Pravda* vom 4.5.1986 Artikel ,Ne mnogo li kontor?' (Gibt es nicht zu viele Büros?)

[224]Das ist für sowjetische Verhältnisse sogar eine knapp bemessene Frist. An die Phase der Forschung schließt sich die der Konstruktion an (wir gehen von einem Produktionsmittel aus), an diese die der Erprobung von Prototypen. Dann kommt die zumeist eine lange Anlaufphase erheischende Aufnahme der Serienproduktion der neuen Maschine etc. und dann die ihrer Anwendung, gleichfalls mit mehrjähriger Einlaufperiode; z.B. Množit' vklad nauki v ekonomike (Den Beitrag der Wissenschaft zur Wirtschaft vervielfachen), *Ek.Gaz.* 30-1985, S. 8; Vozmožnost' est' ... (Möglichkeiten gibt es ...) *Ek.Gaz.* 29-1985, S. 10

[225]„Die wissenschaftlichen Forschungs- und die technischen Projektierungsinstitute sind im allgemeinen an der Erfüllung des Arbeitsplanes interessiert und messen den Fragen der Qualität und der Effektivität neuer Konstruktionen zweitrangige Bedeutung bei. Auf diese Probleme stoßen die Betriebe bei der Erstellung des Plans neue Technik." Bogomolov, S.: Prežde vsego - sobljadat' uslovija (Die Hauptsache: die Bedingungen einhalten), in: *Plan.choz.* No. 1-1985, S. 47- 52, hier: S. 50. Na polnyj chozrasčet (Fn. 205): Plankennziffern der F & E-Institute sind zumeist: Limit der Beschäftigtenzahl, Wert der *geleisteten* Arbeit (Kosten!). Die thematischen Aufgaben drücken in keiner Weise den Beitrag der Institute zur Lösung der Probleme aus. Ferner: Opyt i problemy (Erfahrungen und Probleme), *Pravda* vom 30.7.1984; Nauka: reservy i effektivnost' (Wissenschaft: Reserven und Effektivität), *Ek.Gaz.* 7-1986, S. 10

[226]Nur etwa 40% der weltweit relevanten Informationen zum Stande von F & E sind in der SU verfügbar gemacht, und das mit erheblicher Verzögerung. Ein Rückstand von 2 bis 2 1/2 Jahren in Bezug auf die technologische Lösung bedeutet eine Verspätung von einer Generation in der Produktionspraxis. Die sowjetischen Defizite im Bereich der Computerentwicklung und -anwendung sind eine der Ursachen; Informacie kak resurs razvitija (Information als Entwicklungsressource), *Ek.Gaz.* 33-1988, S. 17

[227]Die Fragwürdigkeit der Attestierungsresultate wird, z.B. an der Behauptung deutlich, 1987 hätten 50% der Erzeugnisse des Maschinenbausektors dem fortgeschrittensten Weltniveau entsprochen.

[228]Val'tuch, K.: Techničeskij progress i strukturnye sdvigi v ekonomike (Technischer Fortschritt und Strukturveränderungen in der Wirtschaft), *Ek.Gaz.* 43-1986, S. 2 u. 4, hier: S. 2

[229]Soveršenstvoyanie chozjajstvennogo mechanizma opytnych pretprijatija (Vervollkommnung des Wirtschaftsmechnanismus der Versuchsbetriebe), in: *Plan.Choz.* No. 1-1987, S. 122 - 125, Hier: S. 122; Na polnyj chozrasčet, aaO. (Fn. 205)

[230]Hier können die partiell unterschiedlichen Erfordernisse von Grundlagen- und angewandter Forschung nicht berücksichtigt werden.

[231]Solche Kontakte über die Grenzen des eigenen Instituts hinaus, zumal ins Ausland, waren in der UdSSR bisher wenig entwickelt; Gustafson, Th.: Why Doesn't Soviet Science Do Better Than It Does?, in: Lubrano, L.L. u. Gross Solomon, S.: The Social Context of Soviet Science, Boulder/Col. 1980, S. 31-67, Hier: S. 37

[232]Diese Bedingung wird z.B. durch formale Bewertungskriterien der Forschungstätigkeit, wie etwa Termineinhaltung, verletzt; Parrott, B.: The Organizational Environment of Soviet Applied Research, in: Lubrano/Gross Solomon, aaO., S. 69-100, hier: S. 75

[233]'Nomenklatura' bezeichnet das Prinzip der Zustimmungspflichtigkeit von Parteiorganen bei der Besetzung bestimmter Leitungspositionen. Welche Parteiorgane das sind, hängt davon ab, auf welcher Ebene eine jeweilige Position Relevanz hat. Es gibt also eine örtliche, regionale, republikanische und eine Unions-Nomenklatura.

[234]Es ist zwischen der AdW als Versammlung oder 'Kammer' ausgewählter, besonders verdienter Wissenschaftler und der riesigen Anzahl von Wissenschaftlerinnen und Wissenschaftlern zu unterscheiden, die innerhalb der vielen Institute der AdW der UdSSR arbeiten. Wissenschaftlerinnen und Wissenschaftler, die *außerhalb* des Akademiebereichs (z.B. in Universitäten) arbeiten, aber in die Akademie gewählt werden, sind korrespondierende Mitglieder.

[235]Gol'din, S.: Perestrojka nauki i nauka perestrojki, in; *Kommunist* No. 18-1988, S. 75-84, hier: S. 75

[236]Gustafson, aaO. (Fn. 231), S. 47

[237]Parrott, aaO. (Fn. 232), S. 74

[238]ebenda, S. 83f.

[239]Gustafson, aaO., S. 37 und 59

[240]Diese Feststellung sieht auch ab von der notorischen Form ritualisierter Kritik, die nicht auf wis-

252

senschaftlich legitimierte Kriterien gegründet war, sondern auf obrigkeitliche, autoritative Präferierung bestimmter Forschungsansätze oder Paradigmen sowie auf unterstellte mißliebige politische und gesellschaftliche Konsequenzen wissenschaftlicher Hypothesen, Forschungsrichtungen oder -ergebnisse.

[241]Gustafson, aaO., S. 33

[242]Das gilt zwar weniger für einen erheblichen Teil der geistes- und sozialwissenschafltichen Forschung, im gegebenen Kontext geht es aber um die natur- und technikwissenschaftliche.

[243]Gol'din, aaO. (Fn. 235), S. 75

[244]So auch Gustafson, aaO., S. 36

[245]Gol'din, aaO., S. 78

[246]ebenda, S. 84

[247]Dafür gibt es unzählige Belege. Als Beispiele nur: Izobresti i ispol'zovat' (Erfinden und nutzen), *Pravda* vom 7.1.1986; Na polnyj chozrasčet, aaO. (Fn. 205), Amann, aaO., (Fn. 213), S. 19/20. Gustafson, aaO., S. 48, sieht in der Diskrepanz zwischen der sachlichen Ausstattung sowjetischer und amerikanischer Institute den gravierendsten Einzelunterschied zwischen den F & E-Bereichen beider Staaten.

[248]*Vopr.Ek.* No. 6-1986, S. 109 (Bericht über die Jahreshauptversammlung des Instituts für Ökonomie der AdW der UdSSR).

[249]Množit' vklad nauki ..., aaO. (Fn. 224)

[250]Most: institu - zavod, aaO., (Fn. 214)

[251]Vozmožnost' est', aaO., (Fn. 224); Strategija masinoštroenija, *Ek.Gaz.* 29-1988, S. 8

[252]Gustafson, aaO., (Fn. 231, S. 51

[253]ebenda, S. 32

Kapitel 5

[1]Die Unterscheidung von formaler und materialer Rationalität, gerade im Zusammenhang wirtschaftlichen Handelns, geht auf Max Weber zurück (vgl. ,Soziologische Grundkategorien des Wirtschaftens', §9: Formale und materiale Rationalität der Wirtschaft', in: derselbe: Wirtschaft und Gesellschaft. Studienausgabe, Erster Halbband, Tübingen 1956, S. 60). In Webers knapper, sprachlich wenig geschliffener und unpräziser Definition ist das Merkmal formaler Rationalität die Anwendung von Rechenoperationen auf die Erfassung wirtschaftlicher Prozesse, während materiale Rationalität durch - nicht unbedingt ausschließliche, sondern auch neben formalrationale Maßstäbe tretende - Bewertung ökonomischer Vorgänge und Resultate nach ethischen, politischen, verwendungs- und gebrauchswertbezogenen Kriterien gekennzeichnet ist. Diese Unterscheidung, deren Kriterien anwendungsbezogen zu konkretisieren wären, kann keineswegs Bedeutung allein in der Sphäre ökonomischer Beziehungen beanspruchen, sondern ebenso etwa in den Bereichen der Politik, des Rechts, der internationalen Beziehungen, der sozialen Sicherung u.a.m.

[2]Die Begriffe sozialistisch und kommunistisch, die in der jetzt auch in der UdSSR in Frage gestellten, lehrbuchformelhaft verkürzten und simplifizierten Form des ,Marxismus-Leninismus' in spezifischer Weise unterschieden werden (der Sache, nicht dem Wortlaut nach gemäß einer von Marx in seiner ,Kritik des Gothaer Programms' getroffenen Unterscheidung), verwende ich, so wie etwa in der sozialistischen Bewegung von den siebziger Jahren des vergangenen Jahrhunderts bis zum Ersten Weltkrieg, synonym.

[3]Als Entscheidungsträger werden hier die Protagonisten der konkurrierenden Einzelkapitale verstanden, deren autonomes Entscheiden und Handeln als Resultante die jeweiligen volkswirtschaftliche Situationen erzeugt. Natürlich handeln nicht nur Unternehmer ökonomisch, sondern auch Lohnabhängige z.B. als Käufer, Sparer, Arbeitende usw. Ihre *Einzel*handlungen sind jedoch gesamtwirtschaftlich weniger folgenreich als die der Unternehmer und sie sind zum Teil in anderer Weise, zum Teil auch gar nicht den Geboten formaler ökonomischer Rationalität unterworfen.

[4]Hier ist ,Ökonomisierung' im weiteren Sinne der spezifischen Reduktion *aller* Aufwandmomente gemeint, nicht nur im Sinne z.B. von Materialökonomie. Systematische und permanente Suche nach technologischen und arbeitsorganisatorischen Prozeßinnovationen zählt neben anderem gleichfalls zu den Konsequenzen dieses Ökonomisierungsdrucks.

[5]Die Frage, ob in einer sozialistischen Wirtschaft nicht ein Substitut für die kapitalistische Form der Durchsetzung der Gebote formaler ökonomischer Rationalität gefunden werden kann, wird

später angesprochen.

[6]Vgl. Marx, K.: Das Kapital. Kritik der politischen Ökonomie, Band I, MEW Band 23, Berlin (DDR) 1972, Vierter Abschnitt: Die Produktion des relativen Mehrwerts.

[7]Ob diese Antwort so pauschal haltbar ist, kann zwar problematisiert werden. Ich kenne natürlich nicht alle relevanten Reden und Schriften und es ist auch nicht auszuschließen, daß Einsichten wie die gefragte bestehen, aber nicht öffentlich artikuliert werden. Es lassen sich aber, was an dieser Stelle entbehrlich scheint, nicht wenige Indizien für die gegebene Antwort nennen.

[8]vgl. die Darstellung bei A. Erlich, aaO. (Fn. 11, Kap.2)

[9]Zur Kritik des preußischen Staates am Beispiel konkreter Entscheidungen und Handlungen vgl.: Bemerkungen über die neueste preußische Zensurinstruktion, in: MEW Bd. 1, Berlin (DDR) 1972, S. 3-25; Die Verhandlungen des 6. rheinischen Landtags. Erster Artikel: Debatten über Pressefreiheit und Publikation der landständischen Verhandlungen, ebenda, S. 28-77; Verhandlungen des 6. rheinischen Landtags. Dritter Artikel: Debatten über das Holzdienstahlgesetz, ebenda, S. 109-147; Rechtfertigung des Korrespondenten von der Mosel, ebenda, S. 172-199. Zur Kritik des bürgerlichen Staates: Zur Kritik der Hegelschen Rechtsphilosophie. Kritik des Hegelschen Staatsrechts (§ 261-313), in: ebenda, S. 201-333, insbes. S. 279ff.

[10]vgl. dazu die kurzen Bemerkungen z.B. in: MEW Bd. 4, S. 104; Bd. 17, S. 342/43; Bd. 18, S. 62; Bd. 23, S. 92/93; Bd. 24, S. 316/17; Bd. 25, S. 197; Bd. 32, S. 552.

[11]Marx, K.: Grundrisse der Kritik der politischen Ökonomie, Berlin (DDR) 1953, S. 89 und S. 599; MEW Bd. 26.3, S. 252/53.

[12]siehe Fn. 81, Kap.4

Kapitel 6

[1]Die Forderung der Eigentümer und Agenten der Einzelkapitale nach tatsächlicher und rechtlich verbürgter ökonomischer Entscheidungs- und Verfügungsfreiheit richtete sich historisch - und richtet sich noch heute - an den (zunächst noch nicht bürgerlich konstituierten) Staat. Im Hinblick auf die wirksamen Entscheidungs- und Handlungszwänge, die vom System der Konkurrenz ausgehen, kann natürlich nicht von Autonomie der Sachwalter der Einzelkapitale die Rede sein.

[2]Bis zu welchem Grade diese Zielsetzung überhaupt realistisch ist, bedürfte einer zahlreiche und nicht nur ökonomische Faktoren sorgsam berücksichtigenden Analyse. Nach meinem Dafürhalten ist das kapitalistische Konkurrenzsystem als notwendige Bedingung der einzigartigen Dynamik der Produktivkraftentwicklung und folglich der hypertrophen Effizienz der gesellschaftlichen Arbeit - zugleich jedoch vielfältiger destruktiver Wirkungen - nicht substituierbar.

TEIL II

Kapitel 1

[1] siehe Fn. 2) zu Einleitung, Teil I

[2] *Pravda* vom 28.10.1988, S. 4/5

[3] als Beispiel der nunmehr in der sowjetischen Fachpresse häufigen Krisendarstellungen: Jakovec, Ju.: Rynok, finansy, infljacija: vybor al'ternativ (Markt, Finanzen, Inflation: Wahl von Alternativen) in: *Ek.Gaz.*, No. 24-1989, S. 16/17

[4] z.B.: Bress, L. u. Hensel, P. (Hg.): Wirtschaftssysteme des Sozialismus im Experiment, Frankfurt 1973; Bronstein, M.: Improving the Soviet Economic Mechanism, in: Soviet Studies, No. 1-1985, S. 1- 30; Brus, W.: Wirtschaftsplanung. Für ein Konzept der politischen Ökonomie, Frankfurt/M., 1972; ders.: Sozialisierung und politisches System, Frankfurt/M.,1975,.Kapitel III; ders.: The East European Reforms: What Happened to them?, in: Soviet Studies, No. 2-1979, S. 257-267; ders.: Wirtschaftsreformen in der Sowjetunion, in: Europäische Rundschau, No. 1-1985, S. 15-36; Drexler, A. (Hg.): Modernisierung der Planwirtschaft. Konzepte, Trends und Erfahrungen in Osteuropa, Göttingen 1985; Dunmore, T.: Local Party Organs in Industrial Administration: the Case of the Ob"edinenie Reform, in: Soviet Studies, No. 2-1980, S. 195-217; Gey, P., Kosta, J., Quaisser, W. (Eds.): Crises and Reform in Socialist Economics, Boulder/London, 1987; Gorlin, A.C.: The Soviet Economic Associations, in: Soviet Studies, No. 1-1974, S. 3-27; Gustafson, T.:

Reform in Soviet Politics. Lessons of Recent Politics on Land and Water, Cambridge etc. 1981; Höhmann, Kaser, Thalheim (Hg.): Die Wirtschaftsordnungen Osteuropas im Wandel, 2 Bände, Freiburg 1972; Höhmann, H.-H.: Veränderungen im sowjetischen Wirtschaftssystem: Triebkräfte, Dimensionen und Grenzen, Berichte des Bundesinstituts für ostwissenschaftliche und internationale Studien, Köln, No. 37-1980; ders.: Sowjetische Wirtschaftsreformen zwischen Markt und Macht, in: Europa-Archiv, 24-1983, S. 757-64; ders.: Vor einem neuen Aufbruch? Zu Stand und Perspektiven der sowjetischen Wirtschaftsreform, in: Osteuropa-Wirtschaft, 2-1983, S. 147-150; Holmes, L.: The Policy Process in Communist States. Politics and Industrial Administration, London 1981; Hough, J.F.: Economic Reform, in: ders.: Soviet Leadership in Transition, Washington 1980, S. 131-149; Huber, M.: Zur Beurteilung von Planungsreformen in der Sowjetunion, in: aus politik und zeitgeschichte, No. 7-1983, S. 35 - 46; Kosta, J., Meyer, J., Weber, S.: Warenproduktion im Sozialismus, Frankfurt 1973; Kushnirsky, F.I.: The Limits of Soviet Economic Reform, in: Problems of Communism, No. 4-1984, S. 33-43; Maier, H.: Innovation oder Stagnation? Bedingungen der Wirtschaftsreform in sozialistischen Ländern, Köln 1987; Schroeder, G.: The Soviet Economy on a Treadmill of 'Reforms', in: Congress of the U.S., Joint Economic Committee: Soviet Economy in a Time of Change, Washington 1979, Band 1, S. 312-340; dieselbe: Soviet Economic 'Reform' Decrees: More Steps on the Treadmill, in: Congress of the U.S., Joint Economic Committee: Soviet Economy in the 1980's: Problems and Prospects, Washington 1983, Part I, S. 65-88; Segbers, K.: Der sowjetische Systemwandel, Frankfurt/M. 1989, Kapitel I; Spulber, N.: Organizational Alternatives in Soviet-Type Economies, Cambridge 1979; Zwass, A.: Planwirtschaft im Wandel der Zeit, Wien, München, Zürich 1982.

[5] Als Vertreter dieser Position kann z.B. H.-H. Höhmann, zumindest in seinen früheren Schriften (vgl. Fn. 4) gelten. Ähnlich u.a. Berliner, J.S., in: Managing the USSR Economy: Alternative Models, in: Problems of Communism, No. 1-1983, S. 40-56 sowie in: Planning and Management, in: Bergson, A. u. Leviné: The Soviet Economy: Towards the Year 2000, London 1983, 350-361, hier: S. 360. Diese Auffassung teilte ich bis vor einigen Jahren auch.

[6] z.B.: Wright, A.W.: Soviet Economic Planning and Performance, in: Cohen, St. F.; Rabinowitsch, A.: Sharlet, R. (Eds.): The Soviet Union since Stalin, Bloomington-London 1980, S. 113-134, hier: S. 123; Dyker, D.A.: Dezentralization and the Command Principle - Some Lessons from Soviet Experience, in: Journal of Comparative Economics, No. 5-1981, S. 121-148, hier: 145; Bialer, S.: Politics and Priorities, in: Bergson, A. u. Leviné, H.S.: The Soviet Economy: Toward the Year 2000, London 1983, S. 391-423, hier: S. 418.

[7] zur unterschiedlichen Wirkungsweise der Methoden direkter und indirekter Zentralisierung der Wirtschaftsplanung und -leitung siehe (am Beispiel der DDR): Damus, R.: Entscheidungsstrukturen und Funktionsprobleme in der DDR-Wirtschaft, Frankfurt/M. 1973

[8] siehe Fn. 3), Einleitung, I

[9] Zu den 1979 beschlossenen Änderungen im Bereich der Wirtschaftsplanung und -leitung siehe: Höhmann/Seidenstecher 1979, a.a.O. (s. Fn. 4); Hanson, Ph.: The July 1979 Soviet Decree on Planning and Management, in: Soviet Studies, No. 1-1983, S. 1-13; Bronstein 1985, a.a.O. (s. Fn. 4).

[10] siehe Fn. 4), Einleitung, I

[11] so u.a. Nove, A., in: An Economic History of the U.S.S.R., Harmondsworth 1984, S. 345f.

[12] „Über die Verbesserung ...", a.a.O. (s. Fn. 4,Einleitung,I), S. 347

[13] Sharpe, M.E. 1966, a.a.O. (s. Fn. 5, Einleitung,I)

[14] Beschluß des VI. Parteitags der SED im Januar 1963 zur Einführung des 'Neuen ökonomischen Systems der Planung und Leitung' (NÖS). Das modifizierte Konzept dieses Reformansatzes ist umfassend dargestellt in: (Autorenkollektiv): Politische Ökonomie des Sozialismus und ihre Anwendung in der DDR, Berlin (DDR) 1969

[15] deutsche Übersetzung in: Ost-Probleme, No. 21-1962, S. 661-664. Liberman entwickelte sein Reformkonzept eingehender in einer in der UdSSR 1970 veröffentlichten Arbeit, die 1974 in deutscher Übersetzung unter dem Titel „Methoden der Wirtschaftslenkung im Sozialismus. Ein Versuch über die Stimulierung der gesellschaftlichen Produktion" erschien (edition suhrkamp No. 688).

[16] siehe Fn. 4 ,Einleitung,I

[17] ebenda, S. 659

[18] u.a.: Bej, E.: Some Aspects of Industrial Planning under Brežnev-Kossygin Rule, in: Jahrbuch der Wirtschaft Osteuropas, Band 13 No. 1, 1989, S. 176-197; Bush, K.: The Implementation of the

Soviet Economic Reform, Part I, Osteuropa-Wirtschaft No. 2-1970, 67-90, Part II, No. 3-1970, 190-198; Campbell, R.W.: Economic Reform in the USSR, in: American Economic Review, No. 2-1968; Dyker, D.S. 1981, a.a.O., (Fn. 6); Ellman, M.: Seven Theses on Kosyginismen, in: ders.: Collectivisation, Convergence and Capitalism. Political Economy in a Divided World, London etc. 1984, S. 75-96 (ursprünglich 1977); Höhmann, H.-H. u. Sand, H.B.: Ergebnisse und Probleme der sowjetischen Wirtschaftsreform, in: Höhmann, Kaser, Thalheim 1972, a.a.O. (s. Fn. 4); Höhmann, H.-H.: Wirtschaftsentwicklung und Wirtschaftsreform in der Sowjetunion, Berichte des Bundesinstituts für ostwissenschaftliche und internationale Studien, Köln, No. 49-1974; Janov, A.: The Drama of the Soviet 1960s: a Lost Reform, Berkeley 1984; Katz, A.: The Politics of Economic Reform in the Soviet Union, New York etc. 1972; Keizer, W.: The Soviet Quest for Economic Rationality . The Conflict of Economic and Political Aims in the Soviet Economy 1953-1968, Rotterdam 1971; Klatt, W.: The Politics of Economic Reforms, in: Survey 70/71, (Winter/Frühjahr 1969); Kontorovich, V.: Lessons of the 1965 Soviet Economic Reform, in: Soviet Studies No. 2-1988,S. 308-316; Ruban, M.E. u. Machowski, H.: Wirtschaftsreform und Wirtschaftsentwicklung in der Sowjetunion 1965 bis 1975, Berlin 1972; Ryavec, K.: Implementation of Soviet Economic Reforms. Political, Organizational and Social Process, New York, Washington, London 1975; Segbers, K. 1989, a.a.O. (Fn. 4), S. 32-53; Schroeder. G.: Soviet Economic Reform at an Impasse, in: Problems of Communism, No. 4-1971, S. 36-73; Zaleski, E.: Planning Reforms in the Soviet Union 1962-1966, Chapel Hill 1967.

[19] als Beispiele: Schroeder 1971, a.a.O. (Fn. 18), S. 37, Ryavec 1975, a.a.O., (s.Fn. 18), S. 291ff., 299/300; Bialer, S. 1983, a.a.O. (s. Fn. 6), S. 414

[20] Schroeder, 1971, a.a.O., S. 41ff; Höhmann/Sand 1972, a.a.O. (s. Fn. 18), S. 30/31; Ryavec 1975, a.a.O., Kapitel 2

[21] ,,Most novelties, bravely launched in a fanfare of official publicity, have been easily derailed, co-opted, contained, or outlasted by the estabished ministries and state committees, and the leaders have not made any great effort (as far as outsiders can judge) to save them." Gustafson, T. 1981, a.a.O. (s. Fn. 4), S. 5

[22] z.B. Höhmann/Sand 1972, a.a.O., S. 33; Ryavec 1975, a.a.O., S. 283. Chaščaturov, in: *Voprosy Ekonomiki*, 7-1984, S. 17 (Diskussionsbeitrag in einem Rundtischgespräch). Die Anfangserfolge waren auch darauf zurückzuführen, daß leistungsstarke Betriebe 1966 als erste auf die neuen Bedingungen umgestellt wurden.

[23] 1956, 1965: Uroka nezaveršennych povorotov (1956, 1965: Lehren nichtvollendeter Umschwünge, ohne Verf.) in: *Kommunist* No. 10-1988, S. 119

[24] ähnliche Einschätzung u.a. bei: Ellman 1984, a.a.O. (s.Fn.18), S. 87, Brus, 1985, a.a.O. (s. Fn. 4), S. 20

[25] Ryavec 1975, a.a.O. (Fn. 18), S. 254, 293

[26] entfällt

[27] Höhmann/Sand 1972, a.a.O. (Fn. 18), S. 36/37; Kontorovich 1988, a.a.O. (Fn. 18), S. 310

[28] Höhmann/Sand 1972, a.a.O., S. 55; Ruban/Machowski 1972, a.a.O., (Fn. 18), S. 20/21; Kontorovich 1988, a.a.O., S. 310/11

[29] diesen Zusammenhang stellen auch heraus: Kushnirsky 1984, a.a.O. (Fn. 4), S. 37; Schroeder 1971, a.a.O. (Fn. 18), S. 43 (weil die Prämienfonds schneller wuchsen als die Arbeitsproduktivität wurden Limite für ihre Verausgabung vorgegeben); ferner: Ellman 1984, a.a.O. (Fn. 4), S. 76 These 1; Ezigarjan, in *EKO*, No. 4-1986, S. 37/38

[30] Kontorochich 1988, a.a.O., S. 314

[31] siehe Fn. 2, Einleitung,I

[32] siehe zu dem unter Andropov beschlossenen Wirtschaftsexperiment: Conert, H.: Wirtschaftsexperimente in der Sowjetunion - Umrisse einer ökonomischen Strategie?, in: aus politik und zeitgeschichte. beilage zur wochenzeitung das parlament, No. 46/47-1985, S. 3-18; Seidenstecher, G.: Das 'Ökonomische Experiment großen Maßstabs' in der sowjetischen Wirtschaft, Teil 1: Im Kern des Experiments: die Finanzfonds', Berichte des Bundesinstituts für ostwissenschaftliche und internationale Studien, Köln No. 36-1988; Teil II: Ergebnisse und Auswirkungen, Berichte ... Nr. 37-1986; Zwass, A.: Juri Andropovs wirtschaftspolitisches Erbe. Eine systemkonforme Wirtschaftsreform, in: Europäische Rundschau, No. 2-1984, S. 59-68; Hewett, E.A. 1988, a.a.O., (Fn. 26,Kapitel 2,I), Kapitel 6

[33] Sobranie postanovlenii ..., 1983 (s. Fn. 2,I), S. 347

[34] Die hier nur exemplarisch aufgelisteten Mängel von Konzeption und Praxis des 'Experiments' nach Berichten in der sowjetischen Tages- und Fachpresse sind dort breit belegt. Sie wurden von mir zwar nur selektiv, aber insgesamt in erheblichem Umfang erfaßt. Auch in meinem in Fn. 32 genannten Artikel konnte nur ein Teil dieses Materials dokumentiert werden. - An dieser Stelle wird auf Quellennachweise zur Vermeidung einer allenfalls für wenige Leser nützlichen Fußnotenhypertrophie verzichtet.

[35] So u.a. der Direktor des mathematisch-ökonomischen Instituts der Akademie der Wissenschaften, Fedorenko, in: *EKO*, No. 12-1984, S. 3-20 und der angesehene Ökonom P. Bunič in der *Literaturnaja Gazeta* vom 30.5.1984, S. 10

Kapitel 2

[1] Im Zusammenhang dieser Studie können die teilweise komplizierten Fragen der Verwendung sowjetischer statistischer Daten nicht erörtert werden. Die dabei im Westen und nunmehr auch in der UdSSR erhobenen Einwände beziehen sich zumindest auf drei Aspekte: 1. Die gegenüber der westlichen Begriffsbestimmung abweichende inhaltliche Fassung ökonomischer Kategorien, nicht zuletzt der volkswirtschaftlichen Gesamtrechnung, bei z.T. nomineller Identität. 2. Bewußte Fälschung von Wirtschaftsdaten, die heute in der SU durchaus konzediert wird (vgl. z.B.: Orlov, B.P.: 'Illusion und Wirklichkeit ökonomischer Informationen' (übersetzter Titel), in: *EKO* (Ekonomika i organizacija promyšslennogo proizvodstva = Ökonomie und Organisation der industriellen Produktion, Monatszeitschrift) No. 8-1988, S. 3-20). 3. Die Uneinheitlichkeit und Inkohärenz der Berechnungsmethoden und der Datenrepräsentation. Insbesondere die beiden letzten Aspekte beeinträchtigen den Informationsgehalt der sowjetischen Wirtschaftsdaten in hohem Maße, und die Bemühungen westlicher Experten um ihre Korrektur sind ein mühseliges und mit Unsicherheiten behaftetes Geschäft. Immerhin kann unterstellt werden, daß Zeitreihen in sowjetischen Statistiken zumindest die *Trends* glaubhaft indizieren.

[1a] Hauptreferat auf einer Tagung im ZK der KPdSU am 10.12.1984 unter dem Titel „Lebendige Schaffenskraft des Volkes", in: *Pravda* vom 11.12.1984, S. 2

[2] vor allem im Referat und Schlußwort der ZK-Tagung 'Initiative, Organisiertheit, Effektivität' am 8. und 9.4.1985, in seinem Bericht auf dem April-Plenum des ZK der KPdSU am 23.4.1985 (*Ek. Gaz.* No. 17-1985, S. 3-6) und auf der ZK-Tagung 'Beschleunigung des wissenschaftlich-technischen Fortschritts - eine Forderung des Lebens' am 11. und 12.6.1985 (s. Fn. 1, Einleitung,I).

[3] *Ek. Gaz.* 24-1985, S. 3. Vgl. z.B. die Aufzählung dieser Vielzahl von Ausdrucksformen systembedingter ökonomischer Funktionsmängel in Gorbatschows Bericht auf dem April-Plenum des ZK 1985, *Ek. Gaz.* 17- 1985, S. 4

[4] *Ek. Gaz.*, 16-1985, S. 5 (ZK-Tagung am 8./9.4.1985, Schlußwort)

[5] u.a. Bericht ZK-Plenum April 1985, a.a.O., S. 4; ZK-Konferenz Juni 1985, a.a.O., S. 4; *Ek. Gaz.* 27-1985, S. 6 (Rede am 26.6.85 in Dnepropetrovsk)

[6] Bericht auf ZK-Plenum April 1985, a.a.O.

[7] Rede auf ZK-Konferenz im Juni 1985, a.a.O. So auch in Rede in Dnepopetrovsk (a.a.O.) und im Bericht auf dem XXVII. Kongreß der KPdSU am 25.2.1986, in: *Izvestija* vom 26.2.1986, S. 5

[8] ZK-Konferenz im Juni 1985, a.a.O.

[9] Rede in Leningrad am 15.5.1985, in: *Ek. Gaz.* 21-1985, S. 3; Bericht auf dem XXVII. Parteikongreß, a.a.O.

[10] April-Plenum ZK 1985, a.a.O.

[11] entfällt

[12] ZK-Versammlung April 1985, *Ek. Gaz.* 16-1985, S. 3

[13] ZK-Versammlung Juni 1985, a.a.O., S. 3

[14] Bericht auf XXVII. Parteikongreß, a.a.O., S. 4

[15] Bericht auf April-Plenum 1985, a.a.O.; *Ek. Gaz.* 37-1985, S. 3 (Rede in Tjumen am 6.9.1985); *Ek. Gaz.* 42-1985, S. 4 (Bericht auf Oktober-Plenum 1985 des ZK der KPdSU)

[16] ZK-Tagung im Juni 1985, a.a.O.

[17] April-Plenum 1985 des ZK der KPdSU, a.a.O.; Rede in Leningrad am 17.5.1985 a.a.O. (Fn. 9), S. 4; Rede in Dnepopetrovsk a.a.O. (Fn. 5); Rede in Tjumen a.a.O. (s. Fn. 15)

[18] ZK-Tagung im Juni 1985, a.a.O.

[19] Agro-industrielle Komplexe (APK) sind organisatorische, kooperierende und funktionale Zu-

sammenschlüsse zwischen landwirtschaftlichen Betrieben (kolchozy und sovchozy), Betrieben der Nahrungsmittelindustrie, Zulieferbetrieben für beide Bereiche und Betrieben bzw. Organisationen im Bereich der Distribution ihrer Erzeugnisse. Die einzelnen Betriebe behalten rechtlich ihre Selbständigkeit, unterstehen jedoch einer besonderen APK-Hierarchie von Leitungsorganen. Feierte Gorbatschow in den Reden seines ersten Amtsjahres die APK noch als Errungenschaft, so gerieten sie 1988 in zunehmendem Maße ins Kreuzfeuer der Kritik wegen der Ineffizienz ihrer Leitungstätigkeit, ihres Bürokratismus und ihrer Neuerungsfeindlichkeit.

[20] April-Plenum des ZK 1985, a.a.O.

[21] Bericht auf XXVII. Parteikongreß, a.a.O., S. 4

[22] April-Plenum des ZK 1985, a.a.O.

[23] z.B. Rede in Dnepopetrovsk a.a.O. (s. Fn. 5), S. 7; Rede in Tjumen a.a.O. (s. Fn. 15), S. 4 und 5; Bericht auf Oktoberplenum des ZK 1985 a.a.O. (s. Fn. 15); ausführlich im Bericht auf dem XXVII. Kongreß der KPdSU am 25.2.1986, a.a.O. (Fn. 7), S. 5 und 6

[24] siehe Fn. 4, Einleitung, I und Abschnitt 2.2 im Teil II. Maßgeblich war vor allem der Beschluß vom 4.10.; der vom 30.9. betraf die Wiederherstellung - also eher Restauration als Reform - der branchenförmigen Leitung.

[25] Als 'reformpolitisch' werden hier Entscheidungen und Maßnahmen zur Änderung bisheriger institutioneller, organisatorischer, kompetenzmäßiger, funktionaler etc. Modalitäten der Wirtschaftsplanung und -leitung verstanden; als 'wirtschaftspolitisch' dagegen solche Beschlüsse, die Änderungen z.B. bisheriger Entwicklungsprioritäten, Planungsinstrumente u.ä. betreffen, die *innerhalb* der überkommenen Struktur und Funktionsweise des ökonomischen Systems realisierbar sind. Trennscharf ist diese Unterscheidung aber nicht immer möglich.

[26] Die Unvollständigkeit ist nicht nur der Absicht nach Raumeinsparung geschuldet, sondern auch der unsystematischen und wenig durchschaubaren sowjetischen Publikationspraxis. So werden offenkundig nicht alle Partei- und Regierungsbeschlüsse in die Sammlung 'Sobranie postanovlenij ...' aufgenommen. Die Intention der vorliegenden Untersuchung macht vollständige Erfassung dieser Beschlüsse aber auch nicht zur Bedingung.

[27] Etwa ab Herbst 1987 charakterisierte Gorbatschow selbst wiederholt die Periode seiner Amtszeit bis Sommer 1987 als erste Phase der Wirtschaftsreform. Die dann einsetzende zweite sei im Unterschied zur ersten, in der es um die konzeptionelle Ausarbeitung gegangen sei, durch den Vorrang der Umsetzung des Beschlossenen in die Praxis gekennzeichnet.

[28] Diese Bezeichnung ist ungenau. In Wirklichkeit drücken solche Beschlüsse die gesamtgesellschaftlich folgenreiche Willensbildung engerer Organe aus: des (12-16-köpfigen) *Politbüros* des ZK und des (etwa zwölf-köpfigen) *Präsidiums* des Ministerrats. Bis in die jüngste Zeit trat z.B. das Zentralkomitee (mehr als 300 Vollmitglieder und ca. 80 Kandidaten) zwei- bis höchstens dreimal im Jahr für ein bis zwei Tage zusammen. Es konnte mithin die laufend gefaßten Beschlüsse nur förmlich und nachträglich sanktionieren.

[29] Der Beschluß hat den Titel „Über die weite Verbreitung neuer Methoden des Wirtschaftens und die Stärkung ihrer Wirkung auf die Beschleunigung des wissenschaftlich-technischen Fortschritts", in: *Ek.Gaz.* 32-1985, Beilage.

[30] *Ek.Gaz.* 51-1985, S. 3. Der Beschluß wird an dieser Stelle nur im regulären Kurzbericht über eine Sitzung des Politbüros erwähnt; der Beschlußtext selbst wurde weder in *Ek.Gaz.* noch in 'Sobranie postanovlenij ...' publiziert.

[31] z.B. 'Nadešznost' maššin' (Die Zuverlässigkeit der Maschinen), in: *Pravda* vom 23.6.1986; *Ek.Gaz.* 17-1987, S. 10/11 (Rundtischgespräch). Hier wird deutlich: die beteiligten Institute bleiben den ursprünglich leitenden Ministerien weiterhin unterstellt, ein Gesamtplan kommt nicht zustande. Die 'Komplexe' bestehen im Grunde nur formal.

[32] *Ek.Gaz.* 21-1986, S. 17 und 22-1986, S. 17/18.

[33] *Ek.Gaz.* 46-1985, S. 3-15.

[34] Beschluß des Parteikongresses vom 5.3.1986, in: *Ek.Gaz.* 12-1986 S. 1-24 unter besonderer Paginierung.

[35] *Ek.Gaz.* 26-1986, S. 11-15

[36] nach: 'Sowjetunion heute', Sonderausgabe März 1981, S. 35-48, hier: S. 42

[37] Über diesen Vorgang wurde wenig informiert. Aus Kenntnissen ähnlicher Entscheidungen und dem Gang ihrer Verwirklichung ist eher anzunehmen, daß die Industrievereinigungen unter anderer Bezeichnung - möglicherweise wieder als Abteilungen der Ministerien - im Leitungssystem

fortexistieren und nicht ersatzlos beseitigt wurden.

[38] Beide 'Büros' wurden aufgrund von Partei- und Regierungsbeschlüssen errichtet, die aber nicht veröffentlicht wurden. Siehe hierzu: Meissner, B.: Reform der Wirtschaftsverwaltung und institutionelle Veränderungen im Ministerrat der UdSSR unter Gorbaščev, in: osteuropa-wirtschaft, No. 4-1986, S. 265-286, hier: S. 273.

[39] so der Titel eines Dekrets des Präsidiums des Obersten Sowjets vom Oktober 1985, der zur Errichtung solcher Organe bevollmächtigt. Zitiert nach Meissner, a.a.O. (Fn. 38), S. 271.

[40] Ek.Gaz. 4-1987, S. 3/4: Beschluß des ZK und des MR ,,Zur Vervollkommnung der Leitungsorganisation der außenwirtschaftlichen Tätigkeit", der die Schaffung des entsprechenden Staatskomitees vorsieht. 'Sobranie postanovlenij ...' 5-1987, S. 83-94: Statut des Staatskomitees der UdSSR für außenwirtschaftliche Verbindungen.

[41] Sobranie postanovlenij ... 30-1986, S. 523-25 (Auszug aus dem Beschluß).

[42] 'Musterordnung zur normativen Methode der Gewinnverteilung in den Produktionsvereinigungen und Betrieben, die unter den Bedingungen der neuen Methoden des Wirtschaftens arbeiten', erlassen am 29.10.1985 von Gosplan und dem Finanzministerium der UdSSR, in: Ek.Gaz. 2-1986, S. 18

[43] 'Grundregeln der innerbetrieblichen Wirtschaftsrechnung' wurden Mitte 1986 von Gosplan für die unter den 'neuen Bedingungen' wirtschaftenden Betriebe erlassen und erst später veröffentlicht in: Ek.Gaz. 38-1986, S. 14-17.

[44] So für die Fonds der materiellen Gratifizierung (Ek.Gaz. 47-1986, S. 15); für die Fonds für soziale und kulturelle Maßnahmen und für Wohnungsbau (ebenda, S. 17); für die Produktionsentwicklungs- und Technologiefonds (Ek.Gaz. 49-1986, S. 17)

[45] Verfügung des Ministerrats Nr. 542 vom 12.5.1986, in: Sobranie postanovlenij ..., No. 25-1986, S. 440-44, sowie Ek.Gaz. 50-1986, S. 7

[46] Zu beachten ist, daß gospriem natürlich nicht nur Konsumgüter erfaßt, sondern auch Maschinen, Geräte, Halbfabrikate, Ersatzteile usw. Nicht nur die Qualität im herkömmlichen Sinne, auch das technische Niveau der Erzeugnisse ist Kriterium der Prüfung.

[47] Ek.Gaz. 18-1987

[48] Ek.Gaz. 37-1987, S. 8

[49] z. B. 'Konflikt', Ek.Gaz. 8-1987, S. 19

[50] Polgoda raboty (Ein halbes Jahr Arbeit), in: Ek.Gaz. 32-1987, S. 9

[51] Tol'ko uspevaj zapolnjat' (Schaffe nur das Ausfüllen!), in: Ek.Gaz. 43-1987, S. 4

[52] Ek.Gaz. 48-1985, S. 17/18. Es handelt sich hier um eine Zusammenfassung, nicht um den Wortlaut des Beschlusses.

[53] Statut von Agroprom der UdSSR in: Sobranie postanovlenij ..., No. 14-1986, S. 218-232; Musterstatut für die agroindustriellen Komitees der Autonomen Republiken, Gaue und Gebiete in: Sobranie postanovlenij ... 15-1986, S. 235-248; Musterstatut für RAPO (die Komitees auf Rayonebene), in: Sobranie postanovlenij ... No. 16-1986, S. 250-264.

[54] alle Zitate aus: Ek.Gaz. 48-1985, S. 17/18

[55] Sobranie postanovlenij ... No. 17-1986, S. 267-291

[56] Izvestija vom 26.2.1986, S. 5

[57] Sobranie postanovlenij ... No. 10-1987: Genossenschaften der 'öffentlichen Beköstigung'; ebenda S. 208-222: Genossenschaften zur Erzeugung von Massenbedarfsgütern; Sobranie postanovllenij ... 11-1987 S. 227-241: Dienstleistungs-Genossenschaften.

[58] Beschluß des ZK, des MR und des Allunions-Zentralrats der Gewerkschaften (VCSPS): Über die Vervollkommnung der Arbeitslöhne von Wissenschaftlern, Konstrukteuren und Technologen in der Industrie, in: Ek.Gaz. 29-1985, S. 3; Beschluß von ZK, MR und VCSPS vom 10.12.1985: Über die weitere Erhöhung der Rolle der Meister und Bereichsleiter der Betriebe ... der Industrie und über die Verstärkung der Stimulierung ihrer Arbeit, in: Sobranie postanovlenij... No. 1-1986, S. 3-8. Bereichsspezifisch: Sobranie postanovlenij ... No. 6-1986, S. 86-88 (Zuschläge für Beschäftigte im Süden des Fernen Ostens), No. 325-1986 S. 632/33 (für Beschäftigte in F&E-Einrichtungen, ebenso in No. 19- 1987, S. 381-83; No. 23-1987, S. 472-77 (Mitarbeiter höherer Lehrveranstaltungen = Fach und Hochschulen).

[59] Beschluß des ZK der KPdSU, des MR der UdSSR und des VCSPS: Über die Vervollkommnung der Organisatzion des Lohnes und die Einführung neuer Tarife und Gehaltsstufen der Beschäftigten der Produktionszweige der Volkswirtschaft, in: Sobranie postanovlenij ... No. 34-1986, S. 603-622

60) vgl.: Conert, H.: Perestrojka und die Arbeiter. Zu den geplanten Neuerungen und realen Veränderungen der Arbeitsbeziehungen im Gefolge der sowjetischen Wirtschaftsreform, in: WSI-Mitteilungen, No. 4-1988, S. 207-217, hier: S. 213/14

61) Sobranie postanovlenij ... No. 21-1986, S. 363-67. Dem Beschluß der ZK folgte ein entsprechender Erlaß (ukaz) des MR, ebenda, S. 368- 372

62) *Ek.Gaz.* 41-1985, S. 3-7

63) ebenda, S. 5

64) Sobranie postanovlenij ..., No. 20-1986, S. 331-350

65) Sobranie postanovlenij ..., No. 27-1986, S. 467-485

66) *Ek.Gaz.* 27-1987, S. 11-14

67) ebenda, S. 11; die folgenden Zitate aus dieser Quelle, sie werden nicht einzeln nachgewiesen.

68) dieser Anspruch wurde 1988 aufgegeben. Nunmehr wurde die Realisierung des Reformprojekts in die Phase des 13. FJPl verschoben.

69) die Ankündigung der Preisreform löste eine solche soziale Unruhe aus, daß nicht nur Garantie-erklärungen für die Vermeidung von Realeinkommenverlusten gegeben, sondern die Reform auch aufgeschoben wurde. Dafür dürften jedoch auch konzeptionelle Unklarheiten und Kontroversen eine Rolle gespielt haben.

70) *Ek.Gaz.* 8-1987, S. 4-9

71) endgültige Fassung in: *Ek.Gaz.* 28-1987, S.10-15. Deutsche Übersetzung in: Huffschmid, J. (Hg.): Glasnost/Perestrojka, Band 3: Die Wirtschaftsreform in der Sowjetunion, Köln 1987, S. 80-137. Hierzu auch: Conert, H.: Die 'neuen Methoden des Wirtschaftens'. Zum Entwurf eines neuen Betriebsgesetzes in der UdSSRk, in: Sozialismus, No. 6- 1987, S. 56-61

72) z.B. B. Kurašvili, in: Quality of the Law, *Moscow News* 16-1988, S.8

73) deutscher Text in: osteuropa, 15. Jg. (1965), S. 287-307. Als Verordnung war der juristische Status dieses normativen Regulativs geringer als der des nunmehrigen Gesetzes.

74) z.B.: *Ek.Gaz.* 13-1987, S.6 (bezügl. der Begriffe Einkommen, Gewinn, Nettogewinn sowie Struktureinheit, Abteilung, Zeche); *Plan.Choz.* No. 4-1987, S. 53 (Kremenskij); *Ek.Gaz.* 14-1987, S. 8; Torkanovsky in: *M.N.* 23-1987, S.12.

75) z.B. 'Rešaet chozjajstvennyj sovet' (Es entscheidet der Wirtschaftsrat) in: *Pravda*, 26.2.1987; Torkanovsky, a.a.O. (Fn. 74)

76) z.B. *Plan.Choz.* 4-1987, S. 54/55 (Leserbrief von Achmeduev)

77) Laptev" V.: Gosudarstvennoe pretprijatie v novych uslovijach chozjajstvovanija (Der staatliche Betrieb unter den neuen Bedingungen des Wirtschaftens) in: *Plan.Choz.* 4-1987, S. 50; *Ek.Gaz.* 16-1987, S.9 (Diskussion des Gesetzentwurfs)

78) *Ek.Gaz.* 28-1987, S.10. Die weiteren Zitate alle aus der Wiedergabe der Endfassung des Gesetzes an dieser Stelle (S. 10-15) ohne einzelne Nachweise.

79) Der mittlere Absatz ist in die Endfassung eingefügt; der Entwurf enthielt diese Passage nicht.

80) G.Ju.Kiperman, in: *Plan.Choz.* 4-1987, S. 55/56 (Leserzuschrift)

81) z.B. *Ek.Gaz.* 12-1987, S. 6; *Ek.Gaz.* 13-1987, S. 6 (es handelt sich hier um Leserzuschriften. Z.B. wird gefordert, es solle nicht heißen 'Ein Entzug von Mitteln findet nicht statt' sondern: 'Der Entzug von Mitteln ist verboten').

82) *Ek.Gaz.* 14-1987, S.8

83) z.B. Rešaet chozjajstvennyj sovet, a.a.O. (Fn. 75); *Ek.Gaz.* 16- 1987, S. 7 (Leserzuschrift); Laptev, V. a.a.O. (Fn. 77).

84) im Entwurf des Gesetzes war weder die Bestätigung der Pläne durch die Betriebe vorgesehen, noch wurden die Kontrollziffern für nichtverbindlich erklärt. Art. 10 P. 3 ist in der Endfassung ohnehin wesentlich eingehender als im Entwurf ausformuliert.

85) z.B. Kurašvili a.a.O.; The Law vs State Order, in: *M.N.* 33- 1988, S.8/9

86) Zakon SSSR 'O trudovych kollektivach i povyšenii ich roli v upravlenii pretprijatijami, učreždenijami, organizacijami' (Gesetz der UdSSR 'Über die Arbeitskollektive und die Erhöhung der Rolle bei der Leitung der Betriebe, Institutionen und Organisationen') in: Sobranie postanovlenij ... 15-1983, S. 259-271

87) *Izvestija* vom 26.2.1986, S.7

88) Im Entwurf fehlt der Hinweis auf die Regel der Wahl zwischen mehreren Kandidaten. Die Wahlmodalitäten wurden inzwischen in 'Empfehlungen' des ZK, des MR und des VCSPS "Über die Ordnung der Wahlen der Räte der Arbeitskollektive, die Durchführung der Wahlen von Lei-

tungsperonen und die Wettbewerbe zur Besetzung von Stellen für Fachleute in den Betrieben" konkretisiert, in: Sobranie postanovlenij ... 9-1988, S. 139-149.

89) s. z.B. H. Conert: Gewerkschaften und Arbeitsbeziehungen im sowjetischen Reformprozeß, in: Gewerkschaftliche Monatshefte, No. 8- 1988, S. 475-489, hier: S. 477-481

90) Die 'Empfehlungen' (s. Fn. 88) beziehen in diese Festlegung ausdrücklich die Vorsitzenden und die Sekretäre der RdA ein. Man kann durchaus Argumente für diese Regelung finden; kaum aber, wenn dem RdA wirklich die Funktionen und Kompetenzen zukommen sollen, die der Wortlaut suggeriert.

91) Das ist zwar eine Mindestvorschrift, sie gibt jedoch einen Hinweis auf die zugrundeliegende Konzeption der Tätigkeit der Räte.

92) Manche Teilnehmer an der Diskussion des Gesetzenwurfs erkannten diesen Zusammenhang klar; Ek.Gaz. 16-1987, S.7 (Leserzuschrift).

93) Die postulierte Koppelung des Lohnzuwachses an einen je höheren Zuwachs der Arbeitsproduktivität verfolgt erklärtermaßen zugleich die Absicht, das Entstehen von Kaufkraftüberhängen zu vermeiden. Diese bestehen oder entstehen jedoch nur im Verhältnis zum Angebot an Konsumgütern und Dienstleistungen; die Arbeitsproduktivität in konsumfernen Wirtschaftszweigen ist mithin kein geeigneter Indikator zur Gewährleistung von Gleichgewicht im Bereich des Privatverbrauchs.

94) Diese Passagen waren im Gesetzentwurf nicht enthalten.

95) Als Beispiele so begründeter Kritik: It could use a revision, in: M.N., 22-1988, S.4; Za nas vse rešsili (Für uns wird alles entschieden), Ek.Gaz. 23-1988, S. 8

96) Abgesehen davon, daß der Raum zur Beschreibung der anderen Beschlüsse fehlt und daß die normative Dimension der sowjetischen Wirtschaftsreform bereits ausreichend dargestellt wurde, haben nach den heute erkennbaren Indizien diese Beschlüsse in zweifacher Hinsicht nur geringe praktische Wirksamkeikt erlangt. Entweder sie wurden, wie der Beschluß zur Preisreform, überhaupt noch nicht realisiert oder aber, wie nach 1965, in inkonsequenter, oft nur formeller Weise, oder die vorgenommenen institutionellen oder organisatorischen Änderungen zeitigten nicht die erwarteten Resultate. Die übrigen 8 Beschlüsse lauten:
"Über die Stärkung der Bedeutung des Staatskomitees der UdSSR für Wissenschaft und Technik für die Lenkung des wissenschaftlich- technischen Fortschritts im Lande" (Sobr.post. ... 34-1987, S.691- 705),
"Über die Umgestaltung der materiell-technischen Versorgung und über die Tätigkeit von Gossnab UdSSR unter den neuen Bedingungen des Wirtschaftens" (Sobr.post. ... 35-1987, S. 723-742),
"Über die Grundrichtungen der Umgestaltung des Systems der Preisbildung unter den Bedingungen des neuen Wirtschaftsmechanismus" (Sobr.post. ... 36-1987, S. 763-775),
"Über die Umgestaltung des Finanzmechanismus und die Erhöhung der Bedeutung des Finanzministeriums der UdSSR unter den neuen Bedingungen des Wirtschaftens" (Sobr.post. ... 36-1987, S. 747-762),
"Über die Vervollkommnung des Bankensystems des Landes und die Verstärkung seines Einflusses auf die Erhöhung der Effektivität der Wirtschaft" (Sobr.post. ... 37-1987, S. 779-789),
"Über die Stärkung der Tätigkeit zur Verwirklichung einer aktiven Sozialpolitik und die Erhöhung der Bedeutung des Staatskomitees der UdSSR für Arbeit und soziale Fragen" (Sobr.post. ... 38-1987, S. 809- 824; an diesem Beschluß war der Zentralrat der sowjetischen Gewerkschaften beteiligt),
"Über die Vervollkommnung der Tätigkeit der republikanischen Leitungsorgane" (Sobr.post. ... 39-1987, S. 827-850),
"Über Maßnahmen zur grundlegenden Verbesserung auf dem Gebiete der Statistik im Lande" (Sobr.post. ... 34-1987, S. 706-716).

97) Sobranie postanovlenij ..., 38-1987, S. 795-808

97a) In einem nach Fertigstellung des Manuskripts erschienenen Artikel (Titel in Übersetzung: 'Die praktischen Aufgaben der Wirtschaftswissenschaften', EKO 9-1989, S.17-29) gibt Gorbatschow-Berater A.G. Aganbegjan ein wenig Einblick in Formen wissenschaftlicher Politikberatung in den Prozessen der Perestrojka. Danach hatten Ökonomen, vor allem aus den Instituten der Akademie der Wissenschaften, beträchtlichen Anteil an der Formulierung der „Hauptleitsätze ..." sowie des Grundsatzreferats, das Gorbatschow auf der ZK-Konferenz kurz vor dem Juni-Plenum 1987 hielt. Die im Juli verabschiedeten bereichs- und funktionsspezifischen Partei- und Regierungsbeschlüsse seien dagegen von den jeweils betroffenen Staatskomitees bzw. Ministerien ohne Hinzuziehung externer Wissenschaftler erstellt worden. Aganbegjan betont mehrfach, daß diese Texte den Reformintentionen der ,,Hauptleitsätze ..." nicht Rechnung tragen und der Verwirklichung der verkündeten Neuerungen eher hinderlich waren. Wenn er dem MR-Vorsitzenden N. Ryschkow bescheinigt, sich enorm engagiert und z.B. einen Entwurf fünfmal zurückgegeben zu haben, so fragt man sich, wieso das Endresultat so mangelhaft blieb. Aganbegjan führt zur Erklärung des Agierens der Bürokratien nicht status- und machtbezogene Eigeninteressen ihrer Protagonisten an, sondern Arbeitsüberlastung, Zeitdruck und fachliche Inkompetenz.

[98] Hierunter werden offenkundig vor allem (wenn auch nicht ausschließlich) die Staatskomitees verstanden, die den Rang von Zweigministerien haben, sich von diesen aber durch Wahrnehmung zweigübergreifender Funktionen unterscheiden.

[99] Unions- Republik-Ministerium besagt, daß dieses Organ sowohl auf zentralstaatlicher wie auf republikanischer Ebene besteht. Allunions- Ministerien existieren nur auf der erstgenannten Ebene.

[100] Statut der Staatlichen Produktionsvereinigung in: Sobranie postanovlenij ..., 47-1987, S. 995-1008

[101] Sobranie postanovlenij ..., 33-1987, S. 658-688

[102] vgl. zu dieser Problemantik Teil I 3.3.6

[103] Rede in Dnjepropetrovsk am 26.6.1985, in: *Ek.Gaz.* 27-1985, S. 5-7

Kapitel 3

[1] z.B. Gorbatschow in seiner Rede in Murmansk am 1.10.1987, in: *Ek.Gaz.* 41-1987, S. 1-5, hier: S.2

[2] For a programme of economic improvement, Interview mit L. Abalkin, Direktor des Instituts für Wirtschaftswissenschaft der Akademie der Wissenschaften der UdSSR, in: *M.N.*, 6-1989, S.12

[3] Directors opinion, *M.N.*, 2-1989, S. 12

[4] A. Jakovlev, Mitglied des Politbüros der KPdSU: Otvet - v nas samich (Die Antwort liegt bei uns selbst), in: *Vopr.Ek.* 2-1989, S.3- 12, hier: S. 5)

[5] Kak interesovat' čeloveka rabotat'? (Wie den Menschen an der Arbeit interessieren?), Interview in Argumenty i faktiy (AiF), 29- 1989, S. 1-3, hier: S. 2

[6] *Ek.Gaz.* 51-1986, S. 2

[7] Strannaja pozicija rabotnikov Gosplana SSSR (Eine merkwürdige Position der Mitarbeiter von Gosplan), in: *Ek.Gaz.* 7-1987, S.7

[8] *Ek.Gaz.* 43-1986, S.7. Die genannte Kommission wurde als beratendes Gremium des Ministerrats offenbar schon vor Amtsantritt Gorbatschows zur begleitenden Beobachtung des 'Wirtschaftsexperiments' gegründet. 1988 wurde sie umgebildet und dabei ihre Position auch formal gestärkt.

[9] G. Popov: Perestrojka v ekonomike, Teil 2, *Pravda*, 21.1.1987

[10] V politbjuro CK KPSS, *Ek.Gaz.* 43-1986, S. 3

[11] B.V. Prilepskij in einem Rundtischgespräch unter dem Motto 'Qualität und Fristen', in: *EKO* 3-1987, S. 67

[12] Ne iskat' streločnikov (Nicht nach Sündenböcken suchen), Interview mit dem stellvertretenden Leiter der ZK-Abteilung für Ideologie, Dr. habil. O.J. Ožerel'ev, in: AiF 16-1989

[13] N.Šmelev: Peril of another kind; in; *M.N.* 1-1988, S. 3

[14] N.Ja.Petrakov: Demokratizacija chozjajstvennogo mechanizma (Demokratisierung des Wirtschaftsmechanismus), Moskva 1988, S. 76

[15] G. Popov: Perestrojka v ekonomike, Teil 1 *Pravda* 20.1.1987

[16] Jakovlev, A., 1989, a.a.O. (Fn.4), S. 6

[17] Beispiele der häufigen Kritik dieses Aspekts: V. Moskalenko: Samofinansorovanie: principy, dal'nejšee razvitie (Selbstfinanzierung: Prinzipien und weitere Entwicklung), *Vopr.Ek.* 2- 1987, S. 50-58; hier: S. 56/57; Egizarjan, G.A.: Ot eksperimenta k celostnoj sisteme (Vom Experiment zum ganzheitlichen System), *EKO* 4-1986, 25-39, hier: S.27

[18] Das bestätigt A. Aganbegjan, der wohl an allen Reformbeschlüssen beteiligt war, in: Nepredusmotrennye ostanovki reformy (Unvorhersehbare Stillstände der Reform), in: *EKO* 2-1989, S. 84

[19] Im Resultat ist die Debatte jedoch nicht strikt kontrovers, weil auch jene, die 'im Grunde' eine schlagartige und zugleich umfassende Reform befürworten, entweder deren Gefahren einräumen (z.B. T. Zaslavskaja, in: *M.N.* 25-1987, S. 7/8) oder sogar mit Bedauern konzedieren, daß diese

262

Variante nicht gangbar sei (P. Bunič, in: Logic of continuation, in: *M.N.* 19-1987, S. 12). In jüngster Zeit macht Bunič diesen Vorbehalt allerdings nicht mehr, vgl. Vzgljad na reforme (Blick auf die Reform, AiF, 26-1989, S. 6

[20] Inkohärenzen von Reformbeschlüssen und anderen normativen Akten sind in beträchtlichem Maße ihrem Kompromißcharakter geschuldet. Das offenbart z.b. ein früheres Mitglied entsprechender Kommissionen: L.L. Lopatnikov: The power of choice, in: *M.N.*, 29-1988, S. 8/9

[21] vgl. z.B. die Nachweise bei E. Gajdar: Chozjajstvennaja reforma, pervyj god, in: *Kommunist*, 2-1989, S. 22-33, hier: S. 30/31. Es geht dabei vor allem um einen ganzen Komplex gigantischer Chemiebetriebe, die auf der Basis der Erdöl- und Erdgasvorkommen im Gebiet Tjumen errichtet werden sollen. Der vorgesehene Investitionsaufwand übersteigt den Ende der 60er Jahre für die Baikal-Amur-Magistrale (BAM) veranschlagten um das Achtfache. Zu Gajdars Kritik nahmen die an dem Projekt beteiligten sechs Minister in einer wenig überzeugenden Erklärung Stellung (*Kommunist* 5-1989, S. 75/76), die die Redaktion (d.h. Gajdar) mit einer Fülle konkreter Daten widerlegte (ebenda, S. 77-81).

[22] Sobranie postanovlenij ..., 30-1986, S. 526-546

[23] Začem orientirovat'sja na ostajuščcego? (Weshalb sich an den Zurückgebliebenen orientieren?) *Ek.Gaz.* 15-1988, S.10

[24] z.B. Krivizna prjamych svjazej (Verbiegung direkter Verbindungen), *Ek.Gaz.* 6-1987; Čto mešaet rabotat' v novych uslovijach? (Was behindert die Arbeit unter den neuen Bedingungen?), *Plan.Choz.*, 1-1988, 113/14; Supplies: an old whip ..., *M.N.*, 36-1988, S. 10

[25] z.B. Loginov in einem Rundtischgespräch in *EKO*, 3-1987, S. 56

[26] z.B. Čtoby byl dovolen pokupatel' (Damit der Käufer zufrieden ist), *Ek.Gaz.* 51-1986, S.2 (es geht hier um Erzeugnisse des Maschinenbaus).

[27] Vpered ... na tormozach (Vorwärts ... auf die Bremsen), *Ek.Gaz.* 21-1987 S. 7

[28] z.B. Cholostye zarjady (Blinde Geschosse), *Pravda*, 1.10.1988, S.2

[29] z.B. D. Valovoj: *Ekonomika v čelovečeskom izmerenii* (Die Wirtschaft im menschlichen Maßstab), Moskva 1988, S. 359-364; G.A. Arbatov in einem Diskussionsbeitrag auf der ZK-Versammlung 'Grundfragen des Umbaus' am 8./9.1987, nach: *Ek.Gaz.* 26-1987, S.4; Cholostye zarjady, a.a.O. (Fn. 28), in diesem Falle verhindert die Fixierung auf Mengenwachstum im Geldausdruck die Ausrichtung der Produktion auf Verbraucherbedürfnisse; A run-on-the-mill incident, *M.N.*, 47-1987, S. 8

[30] z.B. Škulov im Rundtischgespräch *EKO* 3-1987, S. 58/59

[31] z.B. V.P. Kabaidze, Diskussionsbeitrag in der genannten ZK- Versammlung (s.Fn.29), S. 4; Šag pervyj, šag vtoroj (Erster Schritt, zweiter Schritt) *Pravda* 22. 7.1987

[32] z.B. Skvoz' prizmu pribyli (Durch das Prisma des Gewinns), *Ek.Gaz.* 13-1987, S.8

[33] *Ek.Gaz.* 45-1986, S.9; ähnlich z.B.: Net interesa k zanjatijam ... Kein Interesse an Beschäftigungen ...) *Ek.Gaz.* 24-1988, S. 20; V.M. Luk'janko, Diskussionsbeitrag in ZK-Versammlung am 8./9.6.1987, S. 4

[34] Directors' opinion, a.a.O. (Fn.3)

[35] Finanzy dlja uskorenija (Geldmittel zur Beschleunigung), Teil 2, *Pravda* 28.5.1986

[36] Ekonomičeskaja kul'tura kak pamjat' obščestva (Wirtschaftskultur als Überlieferung der Gesellschaft), EKO 1-1989, S. 21-39

[37] Bunič, P.: The Reform and Parodies on it, *M.N.* 40-1987, S. 12

[38] Perestrojka planirovanija, *Pravda* vom 18.8.1987

[39] Počemu pretprijatija zanižajut plany? (Weshalb senken die Betriebe die Pläne?), *Ek.Gaz.* 28-1989, S. 7

[40] Leserzuschrift an die *Ek.Gaz.* 10-1987, S. 8 (Überschrift: Bez meločnoj opeki - Ohne kleinliche Bevormundung)

[41] Kačestvo: Ključ k mirovomu rynku (Qualität: Schlüssel zum Weltmarkt), *Ek.Gaz.* 11-1987, S. 21

[42] Kto vinoven - tomu i rasplačivat'sja (Wer schuldig ist, muß auch zahlen) *Ek.Gaz.* 21-1987, S.21

[43] Difficult Start of the Reform, *M.N.* 26-1988, S.9, von L. Abalkin, Direktor des Akademieinstituts für Wirtschaftswissenschaft und seit Juni 1989 einer der stellvertretenden Vorsitzenden des Ministerrats der UdSSR. Belege für diese ungebrochene Dominanz von 'val' z.B.: Korni i pobedi (Ursprünge und Erfolge), *Pravda* vom 15.2.1988, S.2; Sboj v načale puti, *Ek.Gaz.* 47-1987, S.7

[44] Chozrasčet - v brigady (Wirtschaftsrechnung - in den Brigaden), *Ek.Gaz.* 17-1988, S. 7. Der-

artige Beispiele finden sich für die Jahre 1987 und 1988 zu Hunderten in der sowjetischen Fach- und Tagespresse, wie etwa in dem hier nur wegen des auch ohne Russischkenntnisse verständlichen Titels genannten: V labirintach planovych korrekti'rovok, *Ek.Gaz.* 22-1987, S.7

45) V rešenijach ... i na praktike (In den Beschlüssen ... und in der Praxis), *Ek.Gaz.* 25-1987, S.8. auch das ist nur ein exemplarischer Fall von zahlreichen mitgeteilten. Für die Mißachtung der betrieblichen Investitionspläne z.B.: Pretprijatija i ministerstva (Betriebe und Ministerien), *Ek.Gaz.* 25-1987, S. 9/10

46) I pravo i objazenosti (Sowohl Rechte wie Verpflichtungen) *Ek.Gaz.* 10-1987, S.8

47) S.S.Šatalin u. E.T. Gajdar: Ekonomičeskaja reforma: pričiny, napravlenija, problemy (Die Wirtschaftsreform: Ursachen, Richtungen, Probleme), Moskva 1989, S. 62

48) u.a. *Vopr.Ek.* 2-1988, S. 140/41 (Kurzbeitrag ohne Titel)

49) z.B. B. Kuražvili vom Akademieinstitut für Staat und Recht, in: *M.N.* No. 16-1988 vom 17.4., S. 8

50) MNIIPU (Internationales Forschungsinstitut für Leitungsprobleme): NAM (Abbreviatur für 'wissenschaftlich-analystisches Material') 1- 1988: Opyt razvitija konkursnych i vybornych metodov formirovanija rukovodjaščego sostava predprijatij v socialističeskich stranach (Erfahrung der Entwicklung der Konkurrenz- und Wahl-Methoden bei der Bildung der Betriebsleitungen in sozialistischen Ländern), Moskva, S. 109-116

51) Po ternistomu puti (Auf dornigem Weg) *Ek.Gaz.* 19-1988, S. 7

52) Zakaz ili prikaz? (Auftrag oder Befehl?), *Ek.Gaz.* 50-1987, S.8

53) Employee writes to minister, *M.N.* 38-1988, S. 8

54) Not to be discussed - is this an order? *M.N.* 17-1988, S. 12

55) Bez goszakazka (Ohne Staatsaufträge), *Ek.Gaz.* 45-1988. In diesem Artikel wird die Neigung von Direktoren zur Übernahme von Staatsaufträgen allgemein erwähnt. Ob das konkret präsentierte Beispiel das belegen soll oder eher das Gegenteil, wird nicht klar (der betr. Betrieb hat einerseits Absatzprobleme, macht aber andererseits guten Gewinn).

56) *Ek.Gaz.* 31-1988, S. 18-20

57) L.B.Vid: 1989-j: kačestvo tempov rosta (Die Qualität des Wachstumstempos), *Ek.Gaz.* 36-1988, S. 1, 2 und 4, hier: S. 2. In der Fortsetzung des Artikels in *Ek.Gaz.* 37/1988 macht L. Vid auf S. 5 noch spezifizierte Angaben über die für 1989 im Maschinenbau vorgesehenen Staatsaufträge.

58) V Gosplane SSSR, *Plan.choz.* 6-1988, S. 126

59) *Pravda* vom 5.8.1989, S.3. Die für uns ungewöhnliche Angabe 'um das 3fache verringert' ist in der UdSSR üblich. Die Zahl meint den Divisor einer Division.

60) Sitzung am 5.1.1989, *Ek.Gaz.* 2-1989, S.3

61) Das Bruttoeinkommen eines Betriebes reduziert um sämtliche Produktionskosten (im Prinzip einschließlich Amortisation der Grundfonds - also Abschreibungen -, Zinsverpflichtungen etc.) ergibt das Nettoeinkommen. Von diesem sind verschiedene Abgaben an den Staat für die Nutzung von Ressourcen zu leisten (für die Grundfonds, die Arbeitskräfte, für Wasser). Der nach diesen Abzügen vom Nettoeinkommen verbleibende Betrag bildet den Gewinn, über dessen Aufteilung auch vorgegebene Normative entscheiden.

62) Lacis, O.: Vyjti iz kvadrata (Dem Quadrat entkommen), Moskva 1989

63) Valovoj, D. 1988, a.a.O. (s.Fn.29)

64) Petrakov, N. 1988, a.a.O. (s.Fn.14)

65) Šatalin/Gajdar 1989, a.a.O. (s.Fn.47)

66) Bim,A.: Gosudarstvennyj plan: novye zadači - novaja model', (Der Staatsplan: Neue Aufgaben - neues Modell), in: *Kommunist* No. 11- 1989, S. 3-9

67) ebenda, S.6

68) *Pravda* vom 5.8.1989, S. 1 und 3

69) Diese Berichte erscheinen fast in jeder Ausgabe der Monatschrift unter dem Titel 'V Gosplane SSSR' (Im Gosplan der UdSSR). Das Kollegium ist ein Beirat, dem Vertreter anderer Ministerien und Staatskomitees angehören, vermutlich auch Repräsentanten des ZK-Apparats und einige Wissenschaftler.

70) *Plan.choz.* 2-1989, S. 125/26

71) *Plan.choz.* 1-1989, S. 122

72) Daneben wurde jedoch auch die Ansicht vertreten, die Reduktion der Anzahl der administrativen Instanzen und der dort Beschäftigten habe kaum den beabsichtigten Effekt; z.B.: Ministerstvo i

demokratizm upravlenija, *Ek.Gaz.* 16-1988, S.5; I agree - provided it concerns others, *M.N.* 17-1988, S.12

[73] Hour of Fame for Personal Officers, *M.N.* 10-1988

[74] Your Job is Reduced, *M.N.* 3-1988, Beilage

[75] No one is dispensible, *M.N.* 3-1988, S.3. Diese Abweichungen sind offensichtlich durch Bezug auf jeweils unterschiedliche administrative Ebenen oder Bereiche, die aber nicht präzis benannt werden, bedingt.

[76] ebenda

[77] Popov, G.: Perestrojka v ekonomike, Teil 2, *Pravda* vom 21.1.1987

[78] Čtoby pobedit' vedomstvennost' (Damit der Amtsegoismus besiegt wird), *Ek.Gaz.* 47-1987, S.4

[79] Die Differenz sei den Institutionen zur materiellen Stimulierung der Arbeit unter den neuen Bedingungen belassen worden. An anderer Stelle schreibt der Verfasser, erster stellvertretender Finanzminister der UdSSR, von den 40 Mrd R., die in der UdSSR (vermutlich nur auf Unionsebene) für die Verwaltung verausgabt würden, trage der Staatshaushalt nur 3 Mrd, 37 Mrd brächten die Betriebe auf.

[80] V.G. Panskov: Kak preodolet' deficit bjudžeta? (Wie das Budgetdefizit überwinden?) *Ek.Gaz.* 5-1989, S. 14/15, hier: S.14

[81] Perestrojka v stile 'retro', *Ek.Gaz.* 39-1988, S.6, aus dem Bereich des Ministeriums für Zivilluftfahrt, das seine territorialen Leitungen in Vereinigungen mit eigener Wirtschaftsrechnung umwandelt, denen die Flughäfen, die ihren Status als eigenständige Betriebe verlieren, unterstellt werden. - Nazvanie novoe - stil' prežnij (Die Bezeichnung ist neu - der Stil der alte), *Pravda* 12.9.1988, S. 2: die bisherigen Hauptverwaltungen des Ministeriums für Automobilindustrie werden in Staatliche Produktionsvereinigungen umgewandelt, die die gleichen Funktionen ausüben. - S meniem ministerstva ne soglasen (Nicht einverstanden mit der Meinung des Ministeriums) *Ek.Gaz.* 38- 1988, S.5: das Ministerium für örtlich geleitete Industrie der Ukraine verschafft den in seinem Bereich 'Freigesetzen' Weiterbeschäftigung durch Errichtung einer *zusätzlichen* Leitungsebene der Gebiete, der jetzt die zuvor diesem Ministerium direkt unterstellten örtlichen Betriebe nachgeordnet werden.

[82] Sobranie postanovlenij ... 47-1987, S.994 -1008. Die Kreation dieser neuen ökonomischen Strukturgebilde ist schon terminologisch verwirrend, weil es 'Produktionsvereinigung' bereits gibt, die sowohl formal wie der Sache nach auch 'staatlich' sind. Die 'Ordnung' macht nicht deutlich, wo jene funktionale und ökonomisch-sachliche Differenz liegen soll, die die beiden konzernartigen Formen jeweils kennzeichnet.

[83] ebenda, S.994

[84] vgl.z.B.: Whom should an Administration Administer? *M.N.* 31-1988, S.8

[85] R. Jaremčuk, Generaldirektor der Produktionsvereinigung 'Vatra' in Ternopol' in: *Pravda* vom 21.11.1987, S.2

[86] N.D. Mateev, Generaldirektor einer Konfektions- Produktionsvereinigung, in: *EKO* 3-1987, S. 69

[87] V. Zadorožny, Dr. ök., Sozialforscher, als Ergebnis einer Befragung von Direktoren im Gebiet Sverdlovsk, *M.N.* 15-1988, S.4

[88] Šatalin/Gajdar 1989, a.a.O. (Fn. 47), S.62

[89] O. Lacis: Nel'za rabotat' po-staromy (Es ist unmöglich, auf alte Art zu arbeiten), *Ek.Gaz.* 10-1989, S. 15/16, hier: S.15

[90] S.F. Matjuščenko, Optikschleifer in der Amur-Maschinenfabrik beim Treffen von Arbeitern mit Gorbatschow im ZK am 14.2.1989, *Ek.Gaz.* 8-1989, S.4

[91] Apparat upravlenija. Kak on sam sebja ocenivaet? (Der Leitungsapparat. Wie schätzt er sich selbst ein?) *Ek.Gaz.* 28-1989, S.24

[92] Der Begriff 'Normativ' wird in der sowjetischen Wirtschaftspublizistik nicht immer exakt verwendet. So werden z.B. unter 'Normativen der Gewinnverteilung' des öfteren einfach die Prozentsätze verstanden, nach denen der betriebliche Gewinn auf verschiedene anteilsberechtigte Instanzen und nach verschiedenen Verwendungsarten im Betrieb aufgeteilt wird. Im präzisen Sinne stellen Normative dagegen eine feste Relation zwischen ökonomischen Resultats-, Bestands- oder Verwendungsgrößen her, z.B. zwischen der Steigerung der Arbeitsproduktivität und der möglichen Erhöhung des Lohnfonds. Ein Normativ von 0,8 würde besagen, daß bei Steigerung der Arbeitsproduktivität um einen Prozentpunkt der Lohnfonds um 0,8 % erhöht werden darf.

[93] Po puti radikal'noj reformy (Auf dem Wege der radikalen Reform) *Ek.Gaz.* 34-1987, S. 6/7.Der

erste Stellvertreter des Gosplan- Präsidenten konzediert hier zumindest implizit, daß die Normative betriebsspezifisch nach den Angaben des 12. FJPl konstruiert werden. - Otstupat' nekuda (Zurückweichen ist nicht möglich), Interview mit A. Aganbegjan, in: *Izvestija* vom 25.8.1987; Stabilnost' bez garantij (Stabilität ohne Garantie), *Ek.Gaz.* 26-1988, S.9; die Verfasser sind Mitarbeiter des Finanzministeriums der Union.

[94] z.B.: Ob ekonomičeskich normativach, *Ek.Gaz.* 9-1987, S.8; Nepredusmotrennye ostanovki reformy, 1989, a.a.O. (Fn.18), S. 82

[95] z.B. Povyšat' dejstvennost' ekonomičeskich stimulov (Die Wirksamkeit der ökonomischen Stimuli erhöhen), *Ek.Gaz.* 43-1988, S.6

[96] Hier wurde die im sowjetischen Reformdiskurs verbreitete Formulierung übernommen, die jedoch aus doppeltem Grund problematisch ist. Einmal suggeriert 'Erweiterung', daß es bisher schon so etwas wie ökonomische Selbständigkeit der Betriebe gab, was jedoch allenfalls im informellen Sinne in beschränktem Maße zutrifft. Zum anderen ist die Formel semantisch zweifelhaft, weil sie einschließt, daß es beschränkte Selbständigkeit geben kann. Wirkliche Selbständigkeit ist aber nicht gemeint, was unter sozialistischen Voraussetzungen auch legitim ist. Deshalb muß es besser 'Erweiterung der Rechte und Kompetenzen' heißen.

[97] Die Betriebe befinden sich in sehr unterschiedlicher Lage: nicht wenige arbeiten mit 'eingeplantem Verlust', können also ohne vorherige Erhöhung der Preise ihrer Erzeugnisse nicht die Produktionskosten erwirtschaften. Andere vermögen das soeben, aber nicht mehr; sie können keine Abgaben an den Staat leisten und haben keine Überschüsse zur Bildung der betrieblichen Fonds. Die Qualität und das Niveau der produktionstechnischen Ausstattung variieren stark. Gemäß der Priorität der Branchen gibt es eine Hierarchie der Betriebe in ihrer Behandlung seitens der leitenden Organe. Geringe Priorität heißt u.a. unzureichende soziale Einrichtungen, obsolete Ausrüstungen, schlechte Arbeitsbedingungen, geringere Prämierungschancen. Solche Betriebe können keine motivierten und qualifizierten Stammbelegschaften herausbilden.

[98] zum 1.1.1987 wurden 7 Zweigministerien auf die Prinzipien vWR überführt (Chemiemaschinenbau, Petrochemie, Gerätebau, Kfz-Industrie, Leichtindustrie, der Handel und die Meeresflotte). Hinzu kamen 36 große Vereinigungen verschiedener Branchen. 1988 wurden die Betriebe weiterer 19 Allunionsministerien und eines Staatskomitees einbezogen; ab 1.1.1989 gelten die 'neuen Methoden' in der gesamten Industrie und in den meisten übrigen Wirtschaftssektoren.

[99] In jüngster Zeit wird in der UdSSR die Pacht als dritte Hauptform vWR bezeichnet. Das ist jedoch wohl eher metaphorisch zu verstehen, denn sachlich geht es dabei um Wirtschaften auf einer anderen gesellschaftlichen und rechtlichen Grundlage, während die beiden ersten Formen lediglich durch eine Differenz in der Bestimmung des betrieblichen Rechnungsüberschusses gekennzeichnet sind.

[100] z.B.: Musterordnung der normativen Methode der Einkommensverteilung der Vereinigungen und Betriebe ... in den Jahren 1988-1990, in: *Ek.Gaz.* 6-1988, S. 23; Chozrasčetnyj dochod kollektiva (Das wirtschaftsrechnerische Einkommen des Kollektivs) in: *Ek.Gaz.* 13-1988, S.16

[101] Für die bezeichneten ökonomischen Sachverhalte, Zusammenhänge, Wirkungen finden sich in der sowjetischen Fach- und Tagespresse jeweils zahlreiche, in manchen Fällen unzählige Zeugnisse. Imfolgenden werden nur immer ein bis zwei Referenzstellen angegeben, um den Anmerkungsteil nicht unnötig zu überlasten.

[102] V.P.Moskalenko in Vopr.Ek.2-1987, S.54; Valovoe davlenie ne oslabevaet (Der Druck der Bruttoproduktion verringert sich nicht) *Plan.Choz.* 3-1989, S.37-43, hier: S. 37/38,40,42

[103] Čto pokazala praktika? (Was zeigt die Praxis?), *Ek.Gaz.*, 30- 1987, S.8

[104] Šatalin/Gajdar, 1989, a.a.O. (Fn.47), S.71/72; Moskalenko 1987, a.a.O. (Fn.102). S.56

[105] S.P.Pervušin: Polnyj chozrasčet - organizacionnye, metodičeskie osnovy (vWR - organisatorische und methodische Grundlagen), in *EKO* 5-1987, S. 53-73, hier: 70-73

[106] P. Bunič: Samofinansirovanie: suščnost', opyt, problemy (SF: Wesen, Erfahrungen, Probleme) in: *Ek.Gaz.* 48-1986, S. 20; Pervušin a.a.O. (Fn.105), S. 59

[107] zum Beispiel: Die Betriebe nutzen die neuen Maßregeln zur Erhöhung ihrer Preise: Za čužoj sčet (Auf fremde Rechnung). *Ek.Gaz.* 28-1989, S. 15 - Die Erhöhung der Lohnfonds im 1. Modell nach Normativen der Nettoproduktion orientiert die Betriebe auf einen hohen Personalstand: P. Bunič: Mechanizm samofinansirovanija, in: *Vopr.Ek.* 9-1987, S. 3-13, hier: S. 5 - Vernachlässigung der Material- und Energieeinsparung kann im Hinblick auf Prämien kompensiert werden durch die viel leichter manipulierbare Zuerkennung des Qualitätszeichens für eigene Produkte: Uroki

chozrasčeta (Lehren der Wirtschaftsrechnung), *Ek.Gaz.* 32-1988, S.8/9

[108] Žit' po sredstvam (Gemäß der Mittel leben), *Ek.Gaz.* 31-1987, S.6; V.P. Moskalenko auf der ZK-Versammlung im Juni 1987, *Ek.Gaz.* 26- 1987, S.4; Vse dorogi vedut ... v centr (Alle Wege führen ... ins Zentrum), *Ek.Gaz.* 38-1988, S.6

[109] Žit' po sredstvam, a.a.O. (Fn. 108). Die nur formelle Umstellung auf die neuen Bedingungen wird u.a. konstatiert in: Bunič 1987, a.a.O. (Fn. 107)

[110] N.A. Vasil'eva: Direktora o samofinansirovanii: god nazad i segodnja (Direktoren über Selbstfinanzierung: vor einem Jahr und heute), in: *EKO* 7-1988, S. 84-91, hier: S. 87

[111] Priglušennye stimuly (Gedämpfte Anreize), *Ek.Gaz.* 26-1987, S. 18; Čtoby pobedit' vedomstvennost' (Damit der Amtsegoismus besiegt wird) *Ek.Gaz.* 47-1987, S.4

[112] V. Perlamutov vom mathematisch-ökonomischen Institut der Akademie der Wissenschaften, in *M.N.* 50-1987, S.9

[113] Vasil'eva 1988, a.a.O. (Fn.110), S.89

[114] Čto sderživaet vnetrenie vnutriproizvodstvennogo chozjajstennogo rasčeta? (Was behindert die Einführung der innerbetrieblichen Wirtschaftsrechnung?) *Plan.Choz.* 4-1987, S. 114/15 (Leserbrief); Opravdannyj vybor (Eine gerechtfertigte Wahl). *Ek.Gaz.* 34-1988, S. 13; Ščitat' zatraty (Den Aufwand berechnen). *Ek.Gaz.* 37- 1988, S.6

[115] die Ausdrucksformen dieser Beschränktheit sind so vielfältig, daß die folgenden Beispiele nur äußerst lückenhaft sind

[116] V. Moskalenko: Samofinansirovanie: principy, dal'nejšee razvitie (SF: Prinzipien und weitere Entwicklung), in: *Vopr.Ek.* 2- 1987, S. 50-58, hier: S. 55/56; Rezervy ostajutsja neosvoennymi (Die Reserven bleiben ungenutzt), *Ek.Gaz.* 43-1988, S.7

[117] Krengol'm učitsja torgovat' (Krenholm (Firmenname) lernt Handel zu betreiben), *Ek.Gaz.* 20-1987, S. 16

[118] A.I. Bužinskij, stellv. Generaldirektor von AvtoZIL, auf der ZK-Tagung im Juni 1987, *Ek.Gaz.* 26-1987, S.4

[119] V rešenija ... i na praktika (Nach dem Beschluß ... und in der Praxis) *Ek.Gaz.* 25-1987, S.8, nur eines von unzähligen Beispielen

[120] Vasil'eva 1988, a.a.O. (Fn. 110), S. 86

[121] I. Torkanovskij: New Economic Mechanism, *M.N.* 23-1987, S.12; Leserbrief des Parteisekretärs der Motorenfabrik' Serp i molot' in Charkov in der *Pravda* vom 18.12.1987

[122] Die Übernahme ökonomischer Eigenverantwortung wäre natürlich auch bei konzeptionsadäquater Anwendung der Grundsätze vWR und SF mit erhöhten Ansprüchen an die betriebliche Wirtschaftätigkeit verbunden. Hier sind jedoch die Formen ihrer Erschwerung gemeint, die aus der begriffswidrigen Einführung der neuen Methoden resultieren.

[123] Reserv dlja manevra (Reserven für Manöver), *Ek.Gaz.* 28-1987, S.19

[124] Let's Talk about Perestrojka, *M.N.* 40-1987, S. 13, A Cruise to Intependence, *M.N.*, 50-1987, S.8/9, hier: S.8

[125] Premijsa ili prizrak? (Prämie oder Phantom?) *Ek.Gaz.* 41-1988, S.6

[126] A Cruise ... a.a.O. (Fn.124); Princip - ot valovogo dochoda (Prinzip - vom Bruttoeinkommen) *Ek.Gaz.* 6-1987, S. 21, hier wird die Kompliziertheit der Regelungen betont

[127] z.B.: 'Supplies ...', *M.N.* 36-1988, S. 10; Reservy ostajutsja ... (F.116)

[128] Rede Gorbatschows in Chabarovsk am 31.7.1986, *Ek.Gaz.* 33-1986, S.3

[129] Text des Gesetzes in: *Ek.Gaz.* 24-1988, S.1 und 13-18

[130] Der Entwurf des Gesetzes wurde am 6.3.1988 veröffentlicht (*Izvestija*, S. 2-5) und zur Diskussion gestellt. Der Oberste Sowjet nahm den modifizierten Entwurf am 26.5.1988 an

[131] Lenin, W.I.: Über das Genossenschaftswesen, in: ders. Ausgewählte Werke in sechs Bänden, Frankfurt/M. 1971, Band VI, S. 666-674

[132] das Gesetz über Kooperation wurde offenbar nicht auf die Vereinbarkeit seiner Bestimmungen mit solchen anderer Gesetze, Verordnungen, Erlasse etc. überprüft. Viele von diesen, es sollen über 2000 sein, werden von den Behörden zur Gängelung der genossenschaftlichen Tätigkeit genutzt. Vgl.: Two Thousand and one Laws, *M.N.* 31-1988, S.12. *B.Kuraž̌vili* vom Akademie-Institut für Staat und Recht teilte in einer späteren Diskussion zu dieser Thematik mit, Mitarbeiter des Instituts, die an der Ausarbeitung des Gesetzentwurfs beteiligt waren, hätten ihm eine präzisere Fassung geben wollen, was von den Vertretern der Ministerien abgelehnt wurde. Sie hätten sich damit Freiräume für ihre dirigistischen Interventionen sichern wollen, Cooperative Millions, *M.N.*

12-1989, S. 13

[133] vermutlich beziehen sich diese Zahlen nur auf Genossenschaften, die nach den Ministerratsbeschlüssen vom 5.2.1987 neu gegründet wurden. Natürlich sind hier nicht die kolchozy mitgezählt und wohl auch nicht die schon länger existierenden Wohnungsbau-Genossenschaften.

[134] *Ek. Gaz.* 24-1987, Tabelle S. 16/17

[135] Tabelle in: *Ek. Gaz.* 43-1987, S.13. Sie weist nur 'Arbeitende' aus; vermutlich handelt es sich sowohl um Mitglieder wie um auf Vertragsbasis beschäftigte Nichtmitglieder.

[136] manche sowjetischen Statistiken unterscheiden zwischen registrierten und 'aktiven' Genossenschaften. Die Anzahl der ersteren ist fast doppelt so hoch wie die der letzteren. Zu einem erheblichen Teil dürfte es sich um Genossenschaften handeln, die die beabsichtigte Tätigkeit aus Mangel an Räumen und Ausrüstungen nicht aufnehmen konnten.

[137] *Argumenty i fakty* (AiF), 18-1989, S.6/7

[138] z.B. Cooperatives: Making an Exception, *M.N.* 19-1988, S.14 (kurz vor Annahme des Gesetzes); Doesn't the City Soviet want us? Leserzuschrift, *M.N.* 23-1988, S. 6; Cooperative Banker, *M.N.* 43-1988, S.8

[139] Kooperativ: vozmožnosti, problemy, perspektivy, *Ek. Gaz.* 24-1987, S.16/17; An el Dorado, *M.N.* 47-1987, S.14

[140] An el Dorado, a.a.O.; V načale puti (Am Anfang des Weges), *Ek. Gaz.* 39-1988, S.8; In Accordance with Law - and in Life, *M.N.* 43- 1988, S.8

[141] derzeitig üben nur etwa 20 % der aktiven Genossenschaften Produktionstätigkeit aus. Ein Drittel bietet Dienstleistungen an und 10 % betreiben Restaurants

[142] Obobščat' praktiky i delat' vyvody (Die Praxis verallgemeinern und Schlußfolgerungen ziehen), *Ek. Gaz.* 16-1988, S.15; V načale puti, a.a.O. (Fn. 140)

[143] wenige Beispiele: staatliche Betriebe müssen für einen LKW 17000 Rubel zahlen, Genossenschaften 70000. Genossenschaften werden entgegen dem Wortlaut des Gesetzes von den Ministerien obligatorische Planaufgaben zugestellt. Restaurants auf Genossenschaftsbasis werden unter dem Vorwand mangelnder sanitärer Einrichtungen geschlossen. Als sich in Ulan-Ude ein Rat der Genossenschaftsvorsitzenden konstituiert, will das die Stadtverwaltung zunächst unterbinden; dann verfällt sie ins andere Extrem und will Genossenschaften auflösen, die sich nicht an dem Rat beteiligen; Cooperatives, the Second Wave, *M.N.* 22-1988, S.11. Staatlichen Betrieben oder Handelsorganisationen, die mit Genossenschaften Verträge schließen, wird einseitige und unbegründete Aufkündigung erlaubt, Bankkonten von Genossenschaften werden grundlos gesperrt, I'm Cooperator, but who am I? *M.N.* 2-1989, S.3; ein Erlaß des staatlichen Preiskomitees ordnet an, daß die Preise in Genossenschaftsrestaurants nicht höher als in staatlichen sein dürfen, obgleich die ersteren viel teurer einkaufen müssen, Cooperators - to your Battle Stations, *M.N.* 38-1988, S.8/9

[144] Manche Erzeugnisse verschwinden aus den staatlichen Läden und tauchen un- oder leicht verändert, aber verteuert, im Genossenschaftshandel auf.

[145] Diese Einstellungen sind nicht allein Ausdruck der seit fast zwei Generationen herrschenden Ideologie, wie im Westen allgemein vermutet wird. Sie sind zugleich Element tradierter Wertorientierungen aus der sich erst zu Beginn dieses Jahrhunderts allmählich zersetzenden bäuerlichen Dorfgemeinschaft.

[146] vgl. z.B.: Doubts, Acceptance, Welcome, *M.N.* 13-1988, S.9; People and Cooperatives ... *M.N.* 4-1989, S.14

[147] Ein Walzwerker in einer Diskussion am runden Tisch zum Thema 'Die Sorgen der Gewerkschaften' in: *Kommunist* 8-1988, S. 10-18, hier: S. 12/13

[148] Mitglied einer Straßenbau-Genossenschaft, die aus einem aufgelösten Goldgräber-Artel gebildet wurde, in einem Dokumentarfilm nach: Do they Harm or Help the Economy?, in: *M.N.* 21-1989, S.9

[149] Ein Reporter, der sechs Zeitungen drei Jahre lang daraufhin verfolgte, gelangte zu folgendem Resultat: (jeweils von Jahresmitte zu Jahresmitte) 1986/87: 18 positive Berichte, kein negativer, 1987/88: 21 positive, 11 negative; 1988/89: 22 positive, 46 negative, How they Stamped out a Farmers's Co-op, *M.N.* 28-1989, S. 9. Es drängt sich der Verdacht auf, daß die wachsende Unruhe in der Bevölkerung in Anbetracht von Preissteigerungen und immer größerer Warenknappheit auf den Sündenbock Genossenschaften abgelenkt werden soll.

[150] Cooperatives under Fire, *M.N.* 33-1989, S.7

[151] Posh Pig Farm - more Meat. Who's Against?, *M.N.* 30-1988, S. 8/9 (in diesem Falle sind

268

es allerdings Genossenschaftsgegner, die einen Schweinestall dreimal anzünden); Lit.Gaz. 39-1988, S.13 (mehrere Einzelbeiträge ohne Überschrift) A Touchstone of Cooperation, *M.N.* 9- 1989, S.2

[152] z.B. Einkommen von 501-700 R. - Steuer 60,20 R. + 30 % der Differenz zwischen 500 und 700 R.; Einkommen von 1001 - 1500 R. - Steuer 270,20 R. + 70 % der Differenz zwischen 1000 und 1500 R., AiF 18-1988, S. 8

[153] *Ek.Gaz.* 9-1989, S.6

[154] in 'Kooperativy: ceny, nalogi' (Genossenschaften: Preise und Steuern) *Ek.Gaz.* 15-1989, S.13/14 wird z.B. der Eindruck erweckt, als sei im Gegensatz zu dem zurückgenommenen Erlaß des Finanzministeriums vom März 1988 die derzeitige (April 1989) Besteuerung der sowjetischen Genossenschaften, etwa im Vergleich mit solchen in anderen sozialistischen Ländern, gering. Hier wird ein Höchstsatz von 10 % (allerdings vom Brutto-)Einkommen der Genossenschaften und von 13 % auf die der Einkommen der Mitglieder und Beschäftigten genannt. Aber das kann nur eine - sicher auch nicht allgemeingültige - Zwischenregelung bis zum Erlaß der Steuerbeschlüsse der Einzelrepubliken aufgrund des Erlasses des Präsidiums des Obersten Sowjets vom Februar 1989 sein.

[155] Money or Life, *M.N.* 16-1989: Hier sind die Positionen eines jungen Arbeiters, der die Beschäftigung in einer Genossenschaft wegen der Arbeitsbedingungen nach einigen Monaten wieder aufgab, und die eines Ingenieurs gegenübergestellt, der blieb, obgleich er das rauhe Klima, die hohen Anforderungen und die Arbeitsplatzunsicherheit bestätigt.

[156] Kooperativy ... a.a.O. (Fn.154), S.14. Zu diesem Problem auch: Kooperativ: trudovye otnošenija: Genossenschaft: Die Arbeitsbeziehungen *Ek.Gaz.* 17-1989, S.9 (ein Beitrag, dessen Verfasser seine Abneigung gegenüber den Genossenschaften kaum verhehlt) sowie: The Battle of Poltava, *M.N.* 28-1989, S.8, wo es um den Verlust von Ansprüchen aus der Sozialversicherung von Bergleuten geht, deren Betriebsteile zu Genossenschaften umgebildet wurden.

[157] Sobranie postanovlenij ... No. 4-1989, S. 75-79

[158] News Laws for Co-ops Ban the Already Banned, *M.N.* 5-1989, S.4; Cooperative Millions, *M.N.* 12-1989, S. 13; Comrade President, *M.N.* 29- 1989, S.11

[159] Narodnoe chozjajstvo SSSR za 70 let, 1987, a.a.O. (Fn.23,Kap.2,I), S. 410

[160] ebenda, S.122

[161] Der Boden war durch eine der ersten Maßnahmen der Sowjetmacht, das Dekret über Grund und Boden vom 8.11.1917 (nach neuem russischen Kalender) zum 'Besitz des ganzen Volkes' erklärt worden; siehe Altrichter/Haumann, 1987, a.a.O., S. 25-29

[162] 0Aals ein Standardwerk: Davies, R.W.: The Industrialisation of Soviet Russia 1. The Socialist Offensive. The Collectivisation of Soviet Agriculture 1929-1930, London - Basingstoke 1980. - Während z.B. Gorbatschow noch im November 1987 in seiner Jubiläumsrede zum 70. Jahrestag der Oktoberrevolution zwar 'Auswüchse' der Zwangskollektivierung kritisierte, den Schritt selbst aber als sachlich notwendig bewertete, wird in jüngerer Zeit in der - allerdings nicht parteioffiziellen - Diskussion die Kollektivierung überhaupt als Fehlentscheidung eingeschätzt.

[163] Hier kann auf die Differenz der kolchozy (formell Genossenschaften) zu den Statswirtschaften - den sovchozy - nicht eingegangen werden. In den 30er Jahren überwogen die ersteren bei weitem. Seit den großen Neulanderschließungen der 50er Jahre erhöhte sich der Anteil der sovchozy ständig; am bearbeiteten Land gemessen übertreffen sie heute die kolchozy. Sozial sind Sovchosarbeiter und Kolchosbauern seit den 60er Jahren weitgehend gleichgestellt. Zuvor genossen die ersteren Vorteile: sie hatten ein garantiertes Mindesteinkommen und Versicherungsschutz wie Industriearbeiter. Die Leistungsschwächen der sovchozy sind die gleichen wie die der kolchozy.

[164] Die Mittel, die die UdSSR für Importe von Agrarprodukten aufwendet und die sie für Subventionen der einheimischen Erzeugung verausgabt, gehen z.B. dem Maschinenbau, der Forschung und der Entwicklung der 'sozialen Sphäre' verloren. Hier hat sich die Situation seit den 60er Jahren sogar verschärft. Die von E. Schminke und K.-E. Wädekin für 1982/84 genannten Importaufwendungen in Höhe von jährlich gut 16 Mrd US-Dollar (Die sowjetische Landwirtschaft an der Wende zum 12. Planjahrfünft: Produktion Verbrauch, Außenwirtschaft, Berichte des Bundesinstituts für ostwissenschaftliche und internationale Studien, No. 29-1985, S.44) bewegen sich 1987/1988 in der gleichen Größenordnung. An Subventionen verschiedener Art werden derzeitig etwa 60 - 70 Mrd R. jährlich aufgewandt. Pro Liter Milch beträgt z.B. der staatliche Zuschuß 20 Kopeken, pro kg Kartoffeln 12, pro kg Fleisch 3,20 R.; Ceny, zatraty i rynok (Preise, Aufwand und Markt), *Ek.Gaz.* 6-1989,

[165] 1918 - 1940 erhielt die Landwirtschaft einen Anteil von 10,4 % an den Gesamtinvestitionen,

1956 - 60 von 13,9 %. Zwischen 1971 und 1980 betrug der Anteil rd. 20 %, seither ist er wieder etwas rückläufig: 1981-85 18,5 %, 1986 17,2 %; Narodnoe chozjajstvo ... a.a.O. , S. 328/29

[166] Schminke/Wädekin a.a.O. (Fn. 164), S. 15/16 und 51

[167] Schminke/Wädekin a.a.O., S. 50/51; Nove, A.: Das sowjetische Wirtschaftssystem, Baden-Baden 1980, S. 176/77; in seiner Rede auf dem Juli-Plenum des ZK 1988 bemerkte Gorbatschow, das Nahrungsmittelangebot in der UdSSR könne um 15 - 20 % steigen, wenn die Kapazitäten der Lagerung, des Transports und der Verarbeitung verbessert werden (*Pravda* vom 30.7.1988, S.1). Diese Engpässe bedingen auch den geringen Anteil der Vermarktung an der Erzeugung mit. Bei Kartoffeln beträgt dieser z.B. in den USA 85 %, in der UdSSR 20 %. Von einer sehr viel größeren Ernte erreicht damit den städtischen Verbraucher in der UdSSR eine geringere Pro-Kopf-Menge als in den USA. Von Obst und Gemüse geht in der UdSSR ein Drittel durch Transport und Lagerung verloren; Tichonov, V.: How to spend the billions? *M.N.* 47- 1988, S.13

[168] zum Beispiel ständige Klagen über zu große und schwere Traktoren, die so tief einsinken, daß sie zum Ackern ungeeignet sind; zugleich Klagen über das Fehlen kleiner, vielfältig einsetzbarer Agrargeräte und Kraftwagen; ständige Kritik an Reparaturanfälligkeit bei Mangel an Ersatzteilen, z.B.: Neobchodim kompleks mašin (Benötigt werden komplexe Maschinen), *Ek.Gaz.* 5-1986, S.9

[169] entfällt

[170] entfällt

[171] 1971-1975 hatte die Erzeugung der bäuerlichen Nebenwirtschaften einen Anteil von mehr als 28 % am landwirtschaftlichen Gesamtprodukt, heute liegt er immerhin noch bei 25 %. Die Flächen dieser Nebenwirtschaften betragen 3 - 4 % des agrarisch genutzten Bodens (der entsprechende Anteil der privaten Viehhaltung ist bedeutend größer). Bei der Interpretation dieser Diskrepanz zwischen Ressourcen- und Resultatsanteil muß aber berücksichtigt werden, daß in die nebenwirtschaftliche Tätigkeit der kolchozniki Vorprodukte aus den kolchozy (z.B. Viehfutter) eingehen und daß sie auf ihren Böden vorwiegend hochwertige Produkte erzeugen (z.B. Obst, Gemüse); vgl. z.B.: O social'noj suščnosti ličnogo podsobnogo chozjajstvo (Über den sozialen Sinn der persönlichen Neben-Wirtschaften), *Ek.Gaz.* 9- 1986, S.14

[172] Lewin, M. The Kolkchoz and the Russian Muzhik, in: ders.: The Making of the Soviet System. Essays in the Social History of Interwar Russia, London 1985, S. 178 - 188, hier: S. 186/87 wenn

[173] Nove, A., 1980 (Fn. 167), S. 180/81

[174] entfällt

[175] *Ek.Gaz.* 13-1988, S.5

[176] *Pravda*, 30.7.1988, S.2

[177] Das war natürlich ein bescheidener Schritt, der nicht einmal konsequent und auf Dauer verwirklicht wurde. Aber er wies immerhin in eine andere Richtung als die seit der Kollektivierung übliche, der Arbeit von Tagelöhnern entsprechende rigide tägliche Arbeitsanweisung.

[178] vgl.: Wädekin, K.-E.: The Re-Emergence of the Kolkhoz Principle, in: *Soviet Studies*, No. 1-1989, S. 20-38, hier: S. 30-32. Das russische Wort podrjad, Kontrakt, Vertrag, hat jedoch auch die Bedeutung von 'Auftrag'. Vertrag und Auftrag sind der Sache nach verschieden, aber die Doppelbedeutung der russischen Sprache kommt der Zwiedeutigkeit der Anwendung der Pacht in der Realität entgegen.

[179] Musterbeispiele von Kollektivverträge und 'Familienfarmen' führte Gorbatschow z.B. in seiner Rede vor kolchozniki in der Umgebung Moskaus am 5.8.1987 an; *Ek.Gaz.* 33-1987, S. 1-4, hier: S.4

[180] So z.B. in seiner Schlußrede auf der ZK-Versammlung 'Die Leitung des Agro-Industriellen Komplexes vervollkommnen' am 13.1.1989, in: *Pravda* vom 15.1.1989, S.2

[181] Im Zusammenhang des März-Plenums des ZK 1989 wurden vier Beschlüsse gefaßt. Einer des Plenums selbst unter dem Titel 'Über die Agrarpolitik der KPdSU unter den gegenwärtigen Bedingungen', in: *Ek.Gaz.* 15-1989, S.2. Sodann drei Beschlüsse des Ministerrates: 'Über die grundlegende Umgestaltung der ökonomischen Beziehungen und der Leitung des agra-industriellen Komplexes des Landes', *ebenda*, S.16-18; 'Über die Verbesserung der Versorgung der Bevölkerung des Landes mit Nahrungsmitteln auf der Basis einer grundlegenden Erhöhung der Effektivität und der weiteren Entwicklung der agrarindustriellen Produktion' *ebenda*, S. 13-15; 'Über das Programm der sozialen Entwicklung des Dorfes', ebenda, S. 18-20. - Hier fehlt der Raum für die inhaltliche Darstellung der Beschlüsse. Zum allgemeinsten Resultat des Plenums sei nur vermerkt, daß dessen Problematik in der Überantwortung der Wahl der unterschiedlichen zugleich legitimierten Formen der Organi-

sation der agrarischen Produktion an die örtlichen Instanzen liegt. Es geht dabei um Formen wie Kollektivvertrag, Familienvertrag, Pacht innerhalb und Pacht außerhalb der kolchozy/sovchozy. Bei der beschriebenen Einstellung der Protagonisten dieser Organe gegenüber der Pacht könnte das tendenziell auf ihr Ende hinauslaufen.

182) Mit Gosagroprom werden nunmehr wohl auch dessen Untergliederungen, auf der unteren Ebene, also die RAPO, aufgelöst.

183) z.B.: The First, *M.N.* 10-1989, S. 8/9; Disguised as a Farmer, *M.N.* 20-1989, S.10

184) 'Die Leitung ... vervollkommnen' a.a.O. (Fn.180)

185) So sollen nach statistischem Nachweis bereits am 1.6.1988 15000 kolchozy/sovchozy, d.h. 30 % dieser Agrarbetriebe, das Pachtsystem angewandt haben. Das ist unwahrscheinlich. In allen Darstellungen konkreter Beispiele in der Presse ist eher von Ausnahmeerscheinungen die Rede; nach: *Plan.Choz.*, 1-1989, S.101

186) z.B. 'Igra v arendu' (Spiel mit der Pacht), *Ek.Gaz.* 48-1988, S.12. Der hier geschilderte Fall dürfte nur von der Endkonsequenz her untypisch sein. Ein jüngerer 1. Rayon-Sekretär der KPdSU, der im bezeichneten Sinne verfuhr und nach geraumer Zeit aber eine Rüge von der übergeordneten Instanz erhielt, legte nicht nur seine Funktion nieder, sondern trat auch aus der Partei aus.

187) Administrative Diktat or Socialist Market: There is no other Way in: *M.N.* 42-1988, S. 10

188) Ostanovleno li raskrest'janivanie? (Wird die Landflucht aufgehalten?), AiF 30-1989, S.4

189) ,,Nach unserer Presse zu urteilen gibt es auch heute viele Leute die bereit wären, Kulaken zu expropriieren oder dessen Typus von Kollektivierung (den Stalinschen, H.C.) zu unterstützen. Eine solche Situation in der Gesellschaft tötet den Wunsch (einen Pachtvertrag zu schließen, H.C.) unter jenen, die in einer Weise arbeiten möchten, die sowohl für sie selbst wie für den Staat ergiebiger ist." A. Aidak, Vorsitzender eines Kolchos, in: *M.N.*, 10-1989, S.9; dazu auch: What is a Farmer to do with 100000 Rubles?, *M.N.* 17-1989, S.10

190) z.B. *Ek.Gaz.* 42-1988, S.4, Diskussion in einer Versammlung im ZK unter dem Titel 'Die Pacht entwickeln, die ökonomischen Beziehungen auf dem Dorfe umgestalten' am 12.10.1988

191) *Plan.Choz.* 1-1989, S. 101; *Ek.Gaz.* 42-1988, S.5; What is a Farmer ... a.a.O. (Fn.189)

192) Credit Means Trust, *M.N.* 15-1989, S.3; Disguised ... a.a.O. (Fn.189)

193) The First, a.a.O. (Fn.183); How they Stamped out a Farmer's Co- op, *M.N.* 28-1989, S.9

194) z.B. St. Ginin und V. Pantykin in: From Fields to Offices, *M.N.* 9-1989, S.15; M.G. Vagin: Sovetskij fermer? Počemu net? *Pravda* 4.7.1988, S.2. Oft wird heute in der UdSSR an das Schicksal von I.N. Chudenko erinnert, der in den sechziger Jahren als Kolchosvorsitzender mit Methoden eigeninitiativer Wirtschaftsweise zunächst mit gewisser amtlicher Billigung experimentierte, schließlich aber vor Gericht gebracht wurde und in Untersuchungshaft verstarb. Vgl. z.B.: Drama AKCI, in: Lit.Gaz. 14-1987, S.12

195) Entwurf des neuen Statuts in: *Ek.Gaz.* 3-1988, S. 15-18

196) z.B. M.G. Vagin in einem Interview in der *Pravda* vom 20.3.1989, S. 1/2. In einer Befragung (s.Fn.188) erklärten 73 % des aus Kolchosvorsitzenden und -mitgliedern zusammengesetzten samples, sie sähen den Hauptweg zur Erhöhung der Effektivität der landwirtschaftlichen Produktion in ökonomischer Selbständigkeit der Kollektivwirtschaften

197) Tichonov. V.: Time for Landreform, in: *M.N.* 32-1988, S.10; From Fields ... a.a.O. (Fn.194). Ein indirekter, aber deutlicher Hinweis auf die Umsetzung aller von der politischen Führung definierten ökonomischen Ziele in direktive Planaufgaben auch und gerade im Bereich der Landwirtschaft z.B. in: V Gosplan SSSR, *Plan.Choz.* 6-1988, S. 127

198) Kak razvivaetsja arendu? (Wie entwickelt sich die Pacht?) in: *Kommunist*, 10-1989, S.78; Kak pokončit' s ubytkami? (Wie mit den Verlusten Schluß machen?), *Ek.Gaz.* 32-1988, S.5; ,,Es ist kein Geheimnis, daß die Ministerien und Ämter äußerst konservativ in ihrem Verhältnis zur Pacht sind.": Gotovitsja s" ezd (Den Kongreß vorbereiten), *Ek.Gaz.* 26-1989, S.6

199) Independence but the Wrong Type (*M.N.* 36-1988, S.14; Kooperativy pod zavodskoj kryšej (Genossenschaften unter dem Fabrikdach), *Ek.Gaz.* 8-1989, S.6

200) V tiskach starych metodov (In den Schraubstöcken alter Methoden), *Ek.Gaz.* 26-1989, S.6: In diesem Falle wurde eine Gärtnerei, die zu einem kolchoz gehört, in letzter Zeit wiederholt anderen Instanzen unterstellt und auf Initiative des zuständigen Leitungsorgans für 7 Jahre verpachtet. Zuvor wurde allen Arbeitern und Arbeiterinnen gekündigt, so daß sie Anrechte aus der Renten- und Krankenversicherung verloren. Daß im Falle von Verpachtungen so des öfteren verfahren wird, bestätigt u.a. Bočarov, M.A.: ,,Est' radi čego i za sčet čego razvivat'sja" (,,Es gibt wegen etwas

und zugunsten von etwas eine Entwicklung"), *EKO* 6-1989, S.4-14, hier: S.11

[201] Tolstikov, A.N.: K real'nomu chozrasčetu čerez arendu (Zur realen Wirtschaftsrechnung durch Pacht) *EKO* 7-1989, S.19-27, hier: S. 19; We, the Factory Owners, *M.N.* 36-1988, S.10

[202] Nach Angaben von Gosplanpräsident Masljukov von Anfang August 1989 arbeiteten am 1. Oktober 1988 etwa 60 Industriebetriebe auf Pachtbasis, am 1.4.1989 638 und am 1.7.1989 903. Dazu kommen etwa 1100 Betriebe anderer Wirtschaftsbereiche (aber wohl gleichfalls außerhalb der Landwirtschaft), vom 5.8.1989, S.3

[203] *Pravda* vom 30.7.1988, S.2

[204] *Ek.Gaz.* 16-1989, S.4

[205] *Ek.Gaz.* 19-1989, S.7/8

[206] z.B. We, the Facory Owners, a.a.O. (Fn.201); zur Kritik dieser Bestimmung u.a.: Začem snačala uvol'njat'? (Weshalb zuerst entlassen?), *Ek.Gaz.* 26-1989, S.6

[207] We, the Factory Owners, a.a.O.; Macharinov, B.N.: V poiske perspektiv (Auf der Suche nach Perspektiven) in: *EKO* 6-1989, 14-24, hier: S. 14

[208] Rutgajzer, V.M.: Arenda i modeli chozrasčeta. Rezultaty odnogo oprosa (Pacht und Modelle der Wirtschaftsrechnung. Ergebnisse einer Umfrage), in: *EKO* 6-1989, 28-34, hier: S. 32

[209] ebenda, sowie: Tolstikov, a.a.O. (Fn. 201), S.23

[210] Rutgajzer, a.a.O., S.32

[211] Rutgajzer, S.34

[212] *Ek.Gaz.* 19-1989, S.7 Punkt 8. Diese Vorschrift ist im übrigen unvereinbar mit der - in manchen Fällen direkt in den Pachtvertrag aufgenommenen - Erwartung, daß die Pächter erforderliche technische Umrüstungen bzw. Modernisierungen vornehmen.

[213] zur Kritik z.B.: Tolstikov a.a.O. (Fn.201), S.26

[214] exemplarisch: The Sad Adventures of the Moscow Cab-Driver who Worked too Well, *M.N.* 21-1989, S.9: Ein Taxi-Fahrer der 6. Moskauer Garage schließt mit dieser einen Vertrag über die Pacht eines Taxi für drei Jahre. Er zahlt monatlich 600 Rubel Pacht (eine erhebliche Summe!) und kommt für Benzin und Reparaturen selbst auf. Schon nach etwas über zwei Monaten kündigt der Direktor der Garage den Vertrag. Der Fahrer geht vor Gericht und erhält Recht. Der Direktor hält sich aber nicht an den Gerichtsbeschluß und verkauft das Taxi.

[215] In einem ausführlich dokumentierten, überwiegend positiv dargestellten Fall (Bočarov a.a.O., (Fn.200) wurde im Pachtvertrag festgelegt, daß bei achtjähriger Pachtdauer der Pachtvertrag von 35000 Rubel 1988 stufenweise auf 130000 R. 1995 steigt. In einem anderen Fall wird gemäß Vertrag die Pachtzahlung sukzessiv reduziert, aber die Abgaben an den Staat erhöht; Macharinov a.a.O. (Fn.207), S. 16

[216] Punkte 1 - 3; die 'Bestimmungen ...' scheinen als selbstverständlich zu unterstellen, daß es immer um Pacht eines Betriebes durch *dessen* Arbeitskollektiv geht. Deshalb ist das 'höherstehende Organ' des pachtwilligen Arbeitskollektivs identisch mit dem des zu pachtenden Betriebs. Pacht eines Betriebs durch das Kollektiv eines anderen Betriebs ist nicht ausdrücklich vorgesehen.

[217] Rutgajzer, a.a.O., S.29

[218] zur Kritik: Rutgajzer, S. 33/34; Tolstikov, a.a.O. (Fn. 201), S.21. Bočarov berichtet, daß beim Aushandeln des Pachtvertrags die zuständige Hauptabteilung des Ministeriums festlegen wollte, daß 40 %des Gewinns dem Produktionsentwicklungsfonds zuzuleiten seien. Das konnte abgewendet werden; seinerzeit waren die 'Bestimmungen ...' noch nicht in Kraft.

[219] zur Kritik z.B.: We, the Factory Owners, a.a.O. (Fn.201). Eine entsprechende Klausel konnte auch Bočarov nicht abwenden.

[220] We, the Factory Owners; diese Tendenz wird bestätigt in der Untersuchung Rutgajzers, a.a.O., S.31

[221] Bočarov, a.a.O., S. 10; Macharinov a.a.O. (Fn. 207), S. 16

[222] Rutgajzer, a.a.O., S. 33

[223] Kak razvivaetsja arendu? a.a.O. (Fn.198), S. 78

[224] aus einem Leserbrief, zitiert in: Kak razvivaetsja ... Die Aussage ist auf landwirtschaftliche Pacht bezogen, gilt aber ohne Zweifel auch für die Industrie.

[225] Bočarov, S.13

[226] ebenda; Tri grani uspecha (Drei Grenzen des Erfolgs), *Ek.Gaz.* 31- 1989, S.6/7

[227] Arendnyj podrjad beret kombinat (Das Kombinat übernimmt einen Pachtvertrag), *Ek.Gaz.* 25-1988, S.16; Stučat v dver' - otkrojte! (Es klopft an die Tür - öffnet!), *Pravda* vom 8.2.1989, S.2;

Bol'še vsego cenju iniciativu ... (Vor allem dank der Initiative ...) *Ek.Gaz.* 18- 1989, S.13
[228] entfällt

[229] Der naheliegende und gebräuchliche Begriff 'sozialistische Marktwirtschaft' wird hier bewußt vermieden. Die betonte ökonomische Eigenständigkeit der Betriebe hat zwar marktförmige Wirtschaftsbeziehungen bzw. Zirkulationsformen zur Konsequenz, aber konstitutives Merkmal einer solchen Produktionsweise wären diese nicht. Zudem bedarf es einer vertieften Reflexion und Begründung nicht nur der Formen der angedeuteten Vermittlungen zwischen Betrieben und gesamtgesellschaftlichen Instanzen, sondern auch der Arten von Beziehungen zwischen den Wirtschaftssubjekten auf der Mikroebene.

[230] Knappe, aber m.E. gut begründete allgemeine Thesen zur Problematik der Preisbildung und ihrer Reform in: Suchotin, Ju.V.: Iz"jany teorii - zigzagi praktiki (Mängel der Theorie - Schwankungen der Praxis), in: *EKO* 7-1989, S. 3-17, hier: S. 10ff.

[231] Zur Kritik z.B.: Gajdar, E. u. Jarošenko, V.: Nulevoj cikla. K analiza mechanizma vedomstvennoj ekspansii (Der Nullzyklus. Zur Analyse des Mechanismus der Expansion der Ämter), in: *Kommunist* 8- 1988, S. 74-86; Gajdar, E.: Chozjajstvennaja reforma, pervyj god (Die Wirtschaftsreform, das erste Jahr), in: *Kommunist* 2-1989, S. 22-33, hier vor allem S. 29-31; (ohne Verf.) Eto ne podarok (Das ist kein Geschenk), *Kommunist* No,.5-1989, S. 77-81, hier vor allem: S. 77-81; Jamal b"et trevogu (Jamal (ein Territorium) schlägt Alarm), *EK.Gaz.* 32-1989, S.19

[232] Die weiterhin hohen Verpflichtungen der Betriebe zur Abführung von Einkommens- und Gewinnanteilen in den Staatshaushalt sind in nicht geringem Maße durch solche 'zentralisierten' Investitionsvorhaben bedingt. Die Beschreibung der Problematik im Geldausdruck ist natürlich immer verkürzt und irreführend, denn stofflich geht es natürlich um ganz verschiedenes, wenn einerseits Ölfelder erschlossen, andererseits obsolete Produktionsanlagen erneuert und/oder technisch modernisiert werden sollen. Die Alternative stellt sich deshalb auch nur zeitversetzt, denn *Voraussetzung* der technischen Umrüstungen im breiten Maßstab sind eben vorausgehende Investitionen im Maschinenbausektor.

Kapitel 4

[1] *Izvestija* vom 26.2.1986, S. 6/7. Gorbatschow hatte zwar schon auf dem Oktober-Plenum des ZK 1985 von einer Weiterentwicklung des politischen Systems gesprochen, aber nur knapp; *Ek.Gaz.* 42-1985, S.4

[2] *Izvestija* vom 26.2.1986, S.6

[3] *Ek.Gaz.* 6-1987, S.3-12, hier: S. 6-8

[4] ebenda, S. 6

[5] *Pravda* vom 29.1.1987, S. 1 und 2

[6] Gorbatschow drang zunächst im ZK nicht mit seinem Wunsch durch, auf der Allunions-Parteikonferenz selbst einen Teil der ZK- Mitgliedschaft neu wählen zu lassen. Ein Durchbruch gelang ihm hier erst im April 1989, als er (in welcher Weise, ist unbekannt) etwa 100 der 307 Vollmitglieder und der ca. 80 Kandidaten des ZK zum kollektiven Rücktritt bewegen konnte (siehe *Pravda* vom 26.4.1989 S.1 und vom 27.4.1989 S. 1-7). Schon vor der Parteikonferenz hatte sich die faktische Mitgliedschaft im ZK aber zu Gorbatschows Gunsten geändert durch die Amtsenthebung einer Reihe leitender Funktionäre der Einzelrepubliken und Gebiete (oblasti), die sozusagen kraft Amtes ZK- Mitglieder waren und nach ihrer Absetzung offenbar konventionsgemäß nicht mehr an den Sitzungen teilnehmen ('tote Seelen').

[7] Januar-Plenum des ZK 1987, *Ek.Gaz.* 6-1987, S.6

[8] Juni-Plenum des ZK 1987, *Ek.Gaz.* 27-1987, S.3

[9] ebenda, S. 5

[10] Januar-Plenum des ZK 1987, *Ek.Gaz.* 6-1987, S.4

[11] Gorbatschow, M.S., Rede auf dem Komsomolkongreß am 16.4.1987, *Ek.Gaz.* 17-1987, S. 1-4, hier: S.2

[12] Hierzu Conert, H.: Parteiherrschaft und Sowjetmacht. Probleme der Reform des politischen Systems in der UdSSR, in: *Sozialismus*, No.-10- 1988, S.38-44

[13] Da die Reform des politischen Systems in der UdSSR gegenwärtig noch vonstatten geht und in seinen einzelnen Bereichen unterschiedlich weit vorangeschritten ist, muß für die knappe Darstellung eine Wahl zwischen der Gegenwarts- und der Vergangenheitsform getroffen werden. Ich

entscheide mich für die erstere, ohne daß damit gesagt werden soll, es habe sich bisher noch nichts verändert. Einige Literaturhinweise zum bisherigen politischen System der UdSSR: Brunner, G.: Politische Soziologie der UdSSR, 2 Teile, Wiesbaden 1977; Hahn, J.: Soviet Grassroots. Citizen Participation in Local Soviet Government, Cambridge/London 1988; Hough, J.F. u. Fainsod, M.: How the Soviet Union is Governed, Cambridge/London, 1979; Jacobs, E.M. (Ed.): Soviet local Politics and Government, London 1983; Lane, D.: State and Politics in the USSR, Oxford 1985; Meissner, B.: Partei, Staat und Nation in der Sowjetunion, Berlin 1985; Rigby, T.H. u.a.: Authority, Power and Policy in the USSR, London-Basingstoke, 1980; Ryavec, K.: Soviet Society and the Communist Party, Amhurst 1978; Teckenberg, W.: Gegenwartsgesellschaften: UdSSR, Stuttgart 1983, Kapitel II

[14]. Die Ebene der Autonomen Republiken sowie der (nicht überall in der UdSSR bestehenden) Kreise (kraja) entspricht der der Gebiete (oblasti)

[15] Beispiele dafür u.a. in: Čto mešaet perestrojke? (Was behindert die Perestrojka?, *Pravda* vom 7.8.1986; Ob"jasnite, čto proischodit (Erklären Sie, was vorgeht) *Pravda* vom 28.2.1988; Otletal sokolik? (Entflog der junge Falke?), *Pravda* vom 19.4.1988; Mit insgeheim geballter Faust, *Pravda* vom 3.12.1988, S.3, deutsche Ausgabe.

[16] Aus den Reden Gorbatschows zwischen 1986 und 1988 lassen sich m.E. die eigentlichen Intentionen und Erwartungen der staatlich- politischen Umgestaltung besser erschließen als aus den offiziellen Texten. Der knappen Zusammenfassung liegen verstreute Äußerungen von Reformern zugrunde; im gegebenen Zusammenhang werden die einzelnen Fundstellen nicht nachgewiesen. Am geschlossensten dazu die Rede Gorbatschows auf der XIX. Allunions-Parteikonferenz, Pravda vom 29.6.1988, S. 4ff. Offizielle Texte u.a.: Thesen des ZK der KPdSU zur XIX. Allunions-Parteikonferenz, gebilligt vom Plenum des ZK am 23.5.1988, *Pravda* vom 27.5.1988, S. 1-3; Resolutionen der XIX. Allunions-Parteikonferenz, *Ek.Gaz.* 28-1988, S. 6-12, vor allem: 'Über die Demokratisierung der sowjetischen Gesellschaft und die Reform des politischen Systems, ebenda, S. 8/9.

[17] Insofern ist m.E. die von Gorbatschow häufig benutzte Kennzeichnung der Perestrojka als 'revolutionär' in diesem Bereich in der Tat berechtigt. Daß es sich bei den engagierten SowjetbürgernInnen trotz der wachsenden Zahl noch um gesellschaftliche Minderheiten handelt, spricht keineswegs schon gegen diese Einschätzung.

[18] Unpolitische Vereinigungen z.B. im Bereich von Freizeitinteressen konnten in der UdSSR auch schon früher gebildet werden. Sie bedurften aber der förmlichen ('offiziellen') Registrierung und dabei wurde dieAnbindung an staatliche Instanzen (Betriebe, Ämter) oder an quasi-staatliche Organisationen (KPdSU, Gewerkschaften, Komsomol u.a.) verlangt.

[19] einige Bespiele in: Lampert, N.: Russia's New Democrats, in: *Detente* (erscheint in Birmingham, GB) No.9/10-1987, S. 10-12 (betr. Moskauer 'Club für gesellschaftliche Initiativen' und 'Epizentrum' in Leningrad); Riordan, J.: Stalin's Children. Russia's Young Crusaders, in: ebenda, S. 13-15 (betr. Law & Order-Gruppen Jugendlicher); Club Allows Freedom of Speech, *M.N.* 39-1988 (über Bucharin-Club in Naberežnye čelny); Evolution of Social Awareness, *M.N.* 3-1989, S.8 (Volksfront in Jaroslavl); 'United Workers' Front' and 'Popular Front Congress', *M.N.* 26-1989 S.2 (Zwei gleichzeitige Gründungen in Leningrad, die erste konservativ, die zweite pro-Perestrojka); On Different Sides, *M.N.* 42-1988, S.14 (Bürgerinitiative in einem Moskauer Stadtteil gegen weitere Industrieansiedlung); Stagnant Air, *M.N.* 47-1988, S.12 (Bürgerinitiative gegen Luftverschmutzung in Angarsk); Residents Protest Nuclear Plants, *M.N.* 30-1989, S.5. Exemplarisch für die Kritik eines Ersten Sekretärs eines Kreiskomitees der KPdSU: Za stekljannoj stenoj (Hinter einer gläsernen Wand), *Pravda* 5.2.1988; Beispiele für Verteidigung der 'Informellen' A vy kto takie? (Was bist Du für einer?) *Pravda* 30.3.1987; The Danger of Labels, *M.N.* 12-1988; Protivoborstvo? Net, sotrudničestvo (Konfrontation? Nein, Zusammenarbeit) *AiF* 22-1989, S.5

[20] ein erster Entwurf für ein solches Gesetz wurde bereits 1987 vorgelegt und stieß in der Öffentlichkeit und bei Fachleuten (Juristen, Politologen) wegen seiner restriktiven Tendenz auf Ablehnung; dazu: Unofficial Social Movements: Pros and Cos, *M.N.* 19- 198 S. 10. Zur Kritik des nunmehr eingebrachten 2. Entwurfs: From Unions According to the Law, *M.N.* 34-1989, S.12

[21] z.B.: What Kind of Elections Should we Choose? *M.N.* 21-1988 S. 13 (Beispiel für Erfolg der Kritiker); The Party Conference: Participants are Chosen, *M.N.* 22-1988, S. 9/10 (mehrere Beispiele)

[22] z.B.: Speak out! *M.N.* 23-1988 S. 15 (über die genehmigte Protestkundgebung in Omsk, die

allerdings zu keiner Revision der bereits erfolgten Wahl führte. In Jaroslavl dagegen wurde die Wahl des früheren Ersten Sekretärs des Gebietskomitees der KPdSU verhindert; an seiner Stelle wurde der Rektor eines medizinischen Instituts gewählt).

[23]) entfällt

[24]) in Gestalt der erwähnten 6 Resolutionen der Konferenz (siehe Fn. 16). Einige strittige Teile wurden gesondert abgestimmt, wobei es Gegenstimmen, aber doch nur relativ wenige gab.

[25]) in Lenins 'April-Thesen' (1917); vgl.: Lenin, W.I.: Ausgewählte Werke in 6 Bänden, Frankfurt 1970, Band III, S. 60-66, hier: S. 62, These 5. In Gorbatschows Programm geht es allerdings nicht wörtlich um 'alle', sondern um 'mehr' Macht für die Räte.

[26]) Der bisherige Oberste Sowjet bestand aus zwei Kammern mit je 750 Deputierten. In den Unionssowjet wurden diese in etwa gleichgroßen Wahlkreisen im Maßstab der ganzen Union gewählt, in den Nationalitätensowjet nach einem festen Schlüssel der Anzahl von Deputierten für jede nationale staatliche Gliederung (Unionsrepubliken, Autonome Republiken, Autonome Gebiete etc.). Anzahl dieser Deputierten und Wahlkreisbildung wurden für den Kongreß der Volksdeputierten beibehalten, aber um eine dritte Kammer mit ebnenfalls 750 Mitgliedern ergänzt. Es sind das Deputierte der 'gesellschaftlich-politischen Organisation' (der KPdSU, der Gewerkschaften, des Komsomol, der verschiedenen Künstlerverbände etc., d.h. nur der 'offiziellen'), die von der Mitgliedschaft dieser Organisationen, nicht von der ganzen Bevölkerung gewählt werden. Die KPdSU z.B. bekam von diesen 750 Mandaten 100 zugeteilt. Diese offenbar der zwischen 1963 und 1974 in Jugoslawien gültigen Verfassung entlehnte Institution wurde in der Öffentlichkeit stark problematisiert. Im Oktober 1989 wurde sie durch einen Beschluß des Obersten Sowjets wieder aufgehoben.

[27]) Diese Regelung stieß auf verbreitete Kritik, auf dem Kongreß z.B. besonders nachdrücklich von dem prominenten Ökonomen L. Abalkin artikuliert. Daß sie im Widerspruch zu den Grundgedanken der Reform des politischen Systems steht, ist evident. Seine eigentlichen Motive für diesen Vorschlag, der einschließt, daß jene Personalunion auch auf allen Ebenen der politisch-staatlichen Gliederung unterhalb der Union hergestellt wird, hat Gorbatschow nie ausgesprochen. Einmal ist Gorbatschow durch diese Regelung in gewisser Weise immun gegen eine innerparteiliche Palastrevolte nach Art der 1964 gegen Chruschtschow verübten geworden, weil er auf diese Weise nicht aus dem Intention nach gleich mächtigen Amt des Vorsitzenden des Obersten Sowjets entfernt werden kann. Bei dieser Regelung für die nachgeordneten Ebenen mag er im Auge haben, der Partei das je höchste Amt zu sichern, sie jedoch zugleich in die Pflicht für die Realisierung der Reform zu nehmen.

[28]) Die Entwürfe wurden am 22. und 23.10.1988 in der *Pravda* veröffentlicht und zur Diskussion gestellt. Beide Gesetze stießen auf breite und differenzierte Kritik. Beispiele: One Man, one Vote, *M.N.* 37-1988, S. 12/13; Two Projects - many Opinions, *M.N.* 46-1988, S.13; Verchovnaja vlast' ... (Die höchste Macht ...), *Izvestija* 15.11.1988, S.2; Democracy Means Power for the People, *M.N.* 47-1988, 2.12. Das Wahlgesetz wurde vom Obersten Sowjet ungeachtet der recht breiten öffentlichen Kritik einstimmig verabschiedet.

[29]) Kandidatenvorschläge konnten aus Wählerversammlungen in den Betrieben, Verwaltungen, Instituten etc. wie auch aus solchen der territorialen Einheiten hervorgehen. Sie mußten bis zu einem bestimmten Termin bei den Wahlkommissionen eingereicht werden, die für jeden Wahlkreis aus Vertretern der gesellschaftlich-politischen Organisaitonen gebildet wurden. *In welcher Weise* diese die zumeist erhebliche Anzahl von primären Vorschlägen selektieren sollten, legte das Wahlgesetz nicht präzis fest. Darauf konzentrierte sich sowohl die antizipierende wie später die praktische Kritik am stärksten. Vor allem in der Provinz erfolgte diese Selektion nicht selten unter Ausschluß der Öffentlichkeit. Daraus erklärt sich u.a., daß in 384 Wahlkreisen nur ein Kandidat auf dem Wahlschein erschien. Auf diese Weise wurden viele 'unliebsame' Bewerber, z.B. solche aus informellen Vereinigungen, ausgesondert. In den größeren Städten war dieses Verfahren zumeist nicht praktizierbar, hier entschieden die Kommissionen öffentlich und die Anwesenden konnten Einfluß nehmen.

[30]) Am 26.3. wurden nicht alle KandidatenInnen gewählt, weil absolute Mehrheit vorgeschrieben ist. Es gab drei Runden von Nachwahlen. Wo mehr als zwei Bewerber auf dem Wahlschein standen und keine(r) die absolute Mehrheit erhielt, traten die beiden mit den relativ höchsten Anteilen nochmals an, in den anderen Fällen mußten Neunominierungen erfolgen.

[31]) Das sensationellste Resultat kam aus Leningrad. Hier wurden die 5 höchstrangigen Kandidaten nicht gewählt: der Erste Gebietssekretär der KPdSU, zugleich Kandidat des Politbüros des ZK, Ju.

Solovev, sein 2. Sekretär, der 1. Sekretär des Stadtkomitees, der Bürgermeister Leningrads und sein erster Stellvertreter; The Decisive Day, *M.N.* 14- 1989, S.8. Auch in Kiew wurden hohe örtliche Parteifunktionäre nicht gewählt. Von 191 kandidierenden Parteisekretären auf den Ebenen der Unionsrepubliken, der Gebiete und Kreise, von denen allerdings 126 ohne Mitbewerber antraten, wurden 38 nicht gewählt; *AiF* 21-1989, S.8

[32] Es war eine wesentlich kürzere Tagungsdauer (vermutlich nur bis zum 27.5.) vorgesehen. Die Verlängerung wurde von den Deputierten durchgesetzt, die sowohl auf eingehender Diskussion der Vorschläge für die anstehenden Wahlen (zum Obersten Sowjet, seines Vorsitzenden und dessen Stellvertreter) bestanden wie auch auf weiterreichenden Zuständigkeiten des Kongresses, als sie die Verfassungsänderung vorsieht.

[33] Es handelt sich nicht um formal organisierte Gruppen. Die bekannteste war die der 'Moskauer Deputierten', die die kritisch-vorwärtsdrängende Perestrojkarichtung repräsentiert. Folglich gehörten ihr nicht alle Moskauer Deputierten an, dafür aber solche aus anderen Städten und Regionen. Viele der etwa 400 - 450 kritisch-aktiven Deputierten waren 'EinzelkämpferInnen'. Ideologisch-konzeptionell sind diese - z.T. auch regionalen - Gruppierungen keineswegs homogen, deshalb hier auch diese allgemeine Kennzeichnung 'kritisch-vorwärtsdrängend'. Sie gehören überwiegend akademisch-intellektuellen Berufsgruppen an. Wie auch andere Deputierte sind sie ganz überwiegend politische 'Amateure', wenig taktierend bei ihren Auftritten, spontan, radikal, leidenschaftlich, rigoristisch und oft etwas realitätsenthoben argumentierend.

[34] In den Ausschüssen und Kommissionen können auch Deputierte des Volkskongresses mitarbeiten, die nicht den Kammern des Obersten Sowjets angehören.

[35] vgl. z.B.: On our Daily Bread, *M.N.* 34-1988, S.12; Počemu ja ne mogu byt' ministrom (Weshalb ich nicht Minister sein möchte), *Pravda* 14.9.1988 (Lage von Frauen); Pensioners and Pensions, *M.N.* 2-1989, S.10; Kimry, Russia's Cindarella? *M.N.* 9-1989, S.8/9 (erbärmliche Lebensbedingungen in der Provinz); Moscow, Skuratov and Beyond, *M.N.* 25-1989, S. 8/9 (elendliche Arbeits- und Lebensbedingungen von Streckenarbeitern der Bahn); Kto i počemu za čertoj bednosti? (Wer ist hinter der Armutsgrenze und weshalb?), *Ek.Gaz.* 25-1989, S.11; Novy Uzen - the Buildup to Explosion, *M.N.* 27-1989, S.5 (Jugendarbeitslosigkeit in Mittelasien).

[36] Äußerst eindringlich ging M.S. Gorbatschow in seiner Fernsehansprache am 9.9.1989 auf dieses Problem ein, vgl. *Pravda* vom 10.9.1989, S. 1 Die Zahl der registrierten Morde stieg 1988 gegenüber dem Vorjahr um 14,0 % (auf 16.702); vom Januar bis einschl. Oktober 1989 gegenüber der gleichen Periode 1988 um 28,4 %. Die entsprechenden Zuwächse sind bei Vergewaltigung 5,3 und ca. 25 % und bei Körperverletzung 31,6 und 42,4 %. Raub und Diebstahl nahmen 1988 im Vergleich zum Vorjahr um 44,1 % zu, hier fehlt für 1989 noch eine Angabe (nach: *Izvesstija* vom 15.11.89 S.6 und vom 10.1.1990 S.3. Einer der 9 Tagesordnungspunkte des 2. Kongresses der Volksdeputierten der UdSSR (12.-24.12.1989) war „Die Verstärkung des Kampfes gegen das organisierte Verbrechen". Als Redner traten Innenminister Bakatin und Generalstaatsanwalt Sucharev auf (*Izvestija* v. 23.12.89, S.2/3). Hierbei geht es zwar um eine andere Dimension von Kriminalität, die u.a. Wirtschaftsverbrechen und -vergehen einschließt. Aber Raub, Erpressung und Mord gehören zu den Methoden der subalternen Kommandos dieser mafiosen Organisationsweise systematisch krimineller Aktivitäten.

[37] So der erste Teil des Titels (nach einem Doppelpunkt heißt der zweite Teil: Soviet Reformism and Conservatism) eines Aufsatzes von St.F.Cohen in: ders.: „Rethinking the Soviet Experience. Politics & History since 1917", Oxford - U.P. 1985, S.128-157. Zuerst in: Cohen, Rabinowitsch, Sharlet (Eds.), 1980 (siehe Literaturverzeichnis).

[38] T. Saslawskaja: Die Gorbatschow-Strategie. Wirtschafts- und Sozialpolitik in der UdSSR, Wien 1989, insbes. Kapitel 4. Mir ist nicht bekannt, ob die Studie in der UdSSR publiziert wurde.

[39] Saslawskaja, S.234; Lenin, W.I: Die große Initiative, in: ders.: Ausgewählte Werke in 6 Bänden, Frankfurt/M. 1971, Band V. S. 153-180, hier: S. 164/65.

[40] Saslawskaja, a.a.O., S. 236/37; die Autorin konzediert, daß sie nicht alle sozialen Schichten erfaßt. U.a. fehlen die subalternen Angestellten der Verwaltungen und Betriebe (möglicherweise wurden sie den Arbeitern zugerechnet) und die unteren und mittleren Parteifunktionäre.

[41] Das Manuskript des Buches scheint Mitte 1988 fertiggestellt zu sein.

[42] Cohen, a.a.O. (Fn.37), S. 130.

[43] nur exemplarisch: das Gespräch mit dem Weltwirtschaftsökonomen Rajr Simonjan, in: *Izvestija*, 12.1.1990, S.3.

[44] Als neues autoritatives Perestrojka-Manifest der Gorbatschow-Richtung ist der Grundsatzartikel des Generalsekretärs „Die sozialistische Idee der revolutionären Umgestaltung" zu lesen, in: *Pravda*, 26.11.1989.

[45] Beispiele für Berichte über die Streiks: Strikers want Reform, M.N. 30-1989, S.4; Coal and Reform, M.N. 31-1989, S.9; Desjat' dnej, kotorye potrjasli stranu (Zehn Tage, die das Land erschütterten, in: *AiF* 30-1989, S.8; Čto vydala na-gora zabastovka v „Pavlogradugle" (Was enthüllte der Grubenstreik in „Pavlogradugla"), *Ek.Gaz.* 32-1989, S.5; Razmyšlenija posle stački (Überlegungen nach dem Streik), in: *Pravda*, 16.10.1989; Kagarlitskij, B.: Ein heißer Sommer in der Sowjetunion, in: *links* 10-1989, S.28-33; Zabastovka (Streik) in: *EKO* 11-1989, S.65-78.

Kapitel 5

[1] *Pravda* vom 28.10.1988, S.4

[2] In jüngster Zeit wird in den sowjetischen Zeitungen und Zeitschriften in auffälligem Maße das Problem der Arbeitslosigkeit thematisiert. Auch hier geht es aber - noch! - eher um eine neu entdeckte als um eine bereits im Maßstab der ganzen Gesellschaft bedrohliche Frage (regional ist sie dagegen schon jetzt akut und brisant)

[3] *Pravda* vom 5.8.1989, S.1 und 3. Bei der Auslandsschuld handelt es sich vermutlich nur um die in konvertiblen Währungen

[4] Diese Summe bezieht sich offenkundig nicht auf ein, sondern auf eine nicht genannte Reihe von Jahren.

[5] *Argumenty i Fakty* (AiF) 14-1989, S.1. Ähnliche Daten in: Gajdar, E. und Lacis, O.: Po karmanu li traty? (Sind das Taschenausgaben?) in: *Kommunist* 17-1988, S. 26-29

[6] Panskov, V.G.: Kak preodolet' deficit bjudžeta? (Wie das Haushaltsdefizit überwinden)?, *Ek.Gaz.* 5-1989, S. 14/15

[7] Die Verlängerung der Baufristen erhöht die Ausgaben und verzögert den Rückfluß der Mittel in den Staatshaushalt in Form von Steuern und Abgaben auf die vermehrte Produktion.

[8] Loginov, V.: Plany i real'nost' (Pläne und Wirklichkeit), in: *Vopr.Ek.* 4-1989 S. 21-32, hier: S.31

[9] Mit einem Anteil von knapp 25 % an der Gesamtindustrie ist der Konsumgütersektor der UdSSR generell zu schmal, und deshalb sind die Warendefizite chronisch, vgl.: Jakovec, Ju.: Rynok, financy, infljacija: vybor al'ternativ (Markt, Finanzen und Inflation: die Wahl von Alternativen), *Ek.Gaz.* 24-1989, S. 16/17, hier: S. 16. Im gegebenen Zusammenhang geht es aber nicht um die Erklärungen der endemischen Defizite selbst, sondern ihrer Verstärkung.

[10] er betrug im 11. FJPl (1981-1985) im Jahresdurchschnitt 3,7 %, 1986 4,0 %, 1987 3,4 %; 1988 5,4 % und im 1. Hj. 1989 5,6 %, nach: *Ek.Gaz.* 5-1987, S. 10/11; 5-1988, S. 2; 32-1989, S. 13

[11] für 1988 *Ek.Gaz.* 5-1989, S.2; für das 1. Hj. 1989: *Ek.Gaz.* 32- 1989, S. 13/14

[12] für 1988 wurde der Kaufkraftüberhang auf 70 - 80 Mrd R. geschätzt *AiF* 24-1989, S. 4/5). Insgesamt betragen die Spareinlagen der Bevölkerung 314 Mrd Rubel, sie stiegen allein im 1. Halbjahr 1989 um 17,7 Mrd, *AiF* 31-1989, S. 7

[13] Ujti ot deficita (Dem Defizit entkommen), *AiF* 24-1989, S. 4/5

[14] vgl. z.B.: Distribution and Rule, *M.N.* 19-1989, S.12

[15] Der auslösende Faktor der Beschleunigung des Warenmangels in der UdSSR Anfang 1988 war vermutlich das Verschwinden preiswerter Erzeugnisse, die die unter den Bedingungen 'vollständiger Wirtschaftsrechnung' arbeitenden Betriebe häufig aus der Produktion nahmen und durch teurere ersetzten. So dürfte sich die Verschärfung des Mangels zunächst auf der Ebene dieser Waren durchgesetzt und dann auf die der teureren Erzeugnisse übergegriffen haben; vgl. Ažiotannyj spros (Überschäumende Nachfrage), *Ek.Gaz.* 22-1989, S.9

[16] Figurnov, E.: Tovary, ceny, infljacija (Waren, Preise, Inflation), *Ek.Gaz.* 5-1989, S.13

[17] Preodolet' razbalansirovat' rynka, (Das Ungleichgewicht des Marktes überwinden), *AiF* 31-1989, S.7

[18] Jakovec, a.a.O. (Fn.9); der Staat steigert seine Ausgaben schneller als das gesellschaftliche Wertprodukt wächst. 1987 z.B. erhöhte sich das produzierte Volkseinkommen um 21 Mrd R., die Staatsausgaben dagegen um 44,4 Mrd (nach Figurnov, Fn. 16).

[19] Preodolet' ... a.a.O. (Fn. 17)

[20] Extreme Beispiele aus dem Bereich der Bauprojektierung in: 100 okladov v god (100 Gehälter im Jahr), *Ek.Gaz.* 21-1989, S.7; für sowjetische Verhältnisse riesige Einkommen werden hier vor

allem durch Prämien und Zuschläge erreicht, etwa 2069 R. Monatseinkommen, davon 600 R. Gehalt (zum Vergleich: ein sowjetischer Minister verdient 800 - 1000 R.). Dazu u.a. auch: Ščedrost' bez mery (Freigiebigkeit ohne Maß) *Ek.Gaz.* 25-1989, S.10

[21] Lacis, O.: Nel'zja rabotat' po-staromu (Es ist unmöglich, auf alte Weise weiterzuarbeiten), *Ek.Gaz.* 25-1989, S. 10

[22] Gajdar, E.: Chozjajstvennaja reforma: pervyj god (Die Wirtschaftsreform: das erste Jahr), *Kommunist* 2-1989, S.22 - 33, hier: S.30

[23] Auf weitgehenden Konsens schließe ich aufgrund der Anzahl entsprechender Vorschläge. Auf einzelne Quellennachweise wird im folgenden verzichtet. Es handelt sich hier überwiegend nicht um umfassende Analysen, sondern um konkrete, unmittelbar auf die Überwindung der einzelnen Krisensymptome gerichtete Empfehlungen.

[24] z.B. Jakovec, a.a.O. (Fn.9), S. 16

[25] S. Šatalin, Uiti ot deficita, a.a.O. (Fn. 13), schlägt vor, die Bereiche Landwirtschaft, Leichtindustrie, Handel und Dienstleistungen sofort völlig auf Marktbeziehungen umzustellen und die bislang für diese Zweige zuständigen Ministerien aufzulösen.

[26] Einerseits würde der Staatshaushalt zwar durch Kürzung bzw. durch den Wegfall von Subventionen entlastet, andererseits aber müßten Renten, Stipendien, Sozialleistungen und auch Löhne/Gehälter erhöht werden, was neue Staatszuschüsse verlangt, so daß netto vermutlich zumindest temporär eine Mehrbelastung der Staatsfinanzen einträte.

[27] vgl. z.B. die Ankündigung entsprechender Maßnahmen durch Finanzminister Gostev in: Bez promedlenija i raskački (Ohne Zögern und Schwanken) *Ek.Gaz.* 21/89, S.10; ferner: Distribute and Rule, a.a.O. (Fn. 14)

[28] *Izvestija* vom 9.6.1989, S. 9/10

[29] vgl.: Kak ozdorovit' ekonomiku (Wie die Wirtschaft heilen?), *AiF* 21-1989, S.1. Als ein weiteres Beispiel der mit Šmelev nicht in den Details, aber in der marktwirtschaftlichen Grundüberzeugung übereinstimmenden Richtung vgl. den Aufruf einer 'Antiinflationsgruppe' 'Stop the Paper Money!', in: *M.N.* 20-1989, S.4. Zu den Unterzeichnern gehören der Wirtschaftswissenschaftler G. Lisičkin und die populären Publizisten V. Seljunin (vom Fach ebenfalls Ökonom) und A. Streljany.

[30] vgl. Lacis, O.: Nel'zja rabotat' ... a.a.O. (Fn. 21), S. 16 sowie (implizit) Gajdar, E.: Chozjajstvennaja reforma ... a.a.O. (Fn. 22), S. 31

[31] Sobranie postanovlenij pravitel'stva SSSR (otdel pervyj), No. 22- 1989, S. 515-532

Kapitel 6

[1] *Ek.Gaz* 18-1989,S.14 und *Izvestija* v.28.10.1989,S.1

[2] Einführungs- und Schlußreferat von Politbüromitglied N.N. Sljunkov und Hauptreferat des Vorsitzenden der Kommission des Ministerrats für die Wirtschaftsreform L.J.Abalkin in: *Ek.Gaz* No.47-1989.S. 1-7

[3] *Ek.Gaz* No.43-1989.S. 4-7

[4] Die Verschiebung des Termins ist Folge der Einberufung von zwei Vorkonferenzen im ZK der KPdSU, die am 23.10. und am 1.11. stattfanden. Beide Tagungen wurden von M.S.Gorbatschow eröffnet. Die erste stand unter dem Leitsatz "Die Wirtschaftsreform vorantreiben" (gekürztes Protokoll in: *Pravda* vom 30.10.89, S.1/2), die zweite unter dem Motto "Die Wirtschaftsreform am Rubikon" (sinngemäß; wörtlich pereval = Gebirgspaß; gekürztes Protokoll in *Pravda* vom 6.11.89.S. 1/2

[5] Dieses und die folgenden Zitate aus "Die radikale Wirtschaftsreform..."a.a.O.(Fn.3)

[6] „Die Strategie der Vertiefung der Wirtschaftsreform - neue gesetzliche Grundlagen", in: *Ek.Gaz* No.41-1989,S. 4-8

[7] Siehe: "Na pervoj sessii Verchovnogo Soveta SSSR", in:*Ek.Gaz.* No.32-1989, S.4. Der Oberste Sowjet plädierte für 5 Gesetze: über das Eigentum, über das Pachtwesen, über ein einheitliches Steuersystem, über den sozialistischen Betrieb, über das Land und seine Nutzung sowie für Änderungen der Gesetze über den staatlichen Betrieb und über Genossenschaften

[8] vgl.: Sobranie postanovlenij..., No. 28-1989, St.103, S.656 und St.108, S. 662-670.

[9] z.B. "Gesetz über das Eigentum in der UdSSR,,(Entwurf) vom 14.11.1989,in: *Izvestija* vom 18.11.1989,S.1/2; "Über das Land" (Entwurf) vom 27.11.1989,in: *Ek.Gaz.*No.50-1989, S.13/14; "Gesetz über die allgemeinen Prinzipien der örtlichen Selbstverwaltung und der örtlichen Wirtschaft"

(Entwurf),in: *Izvestija* vom 22.11.1989,S.2

[10] Grundgesetz der UdSSR und der Unionsrepubliken „Über die Pacht" vom 23.11.1989, in: *Izvestija* vom 1.12.1989, S. 1u.3; Gesetz der UdSSR „Über die wirtschaftliche Selbständigkeit der Litauischen SSR, der Lettischen SSR und der Estnischen SSR" vom 27.11.1989, in: *Izvestija* vom 2.12.1989,S.1/2

[11] Izvestija vom 14.12.1989, S.2-4; *Ek.Gaz.* No.51-1989, S. 8-13

[12] Beschluß des 2. Kongresses der Volksdeputierten der UdSSR vom 20.12.1989 „Über Maßnahmen zur Gesundung der Wirtschaft, Etappen der Wirtschaftsreform und Grundsätze zur Ausarbeitung des 13. Fünfjahrplanes", in:*Izvestija* vom 22.12.1989, S.1

[13] „Die radikale Wirtschaftsreform...", a.a.O.(Fn.3), S.6

Literatur

Die vorliegende Untersuchung basiert ganz überwiegend auf Informationen und Materialien, die der sowjetischen Fach- und Tagespresse sowie Sammlungen von Partei- und Regierungsbeschlüssen, Gesetzestexten und statistischen Daten entnommen sind. In die folgende Literaturaufstellung wurden jedoch nur benutzte deutsch-, englisch- und russischsprachige Buchausgaben sowie deutsch- und englischsprachige Zeitschriftenartikel und Beiträge in Sammelbänden aufgenommen. Alle sowjetischen Quellen aus Zeitschriften und Zeitungen sind in den Fußnoten nachgewiesen, werden in diesem Literaturverzeichnis aber nicht einzeln aufgeführt. Einige Hinweise auf neuere in der BRD erschienene Bücher zum sowjetischen Reformprozeß unter Gorbatschow und auf Informationsmöglichkeiten in deutschsprachigen Zeitschriften werden im Anschluß gegeben.

Monografien, Sammelbände, Broschüren

Aganbegjan, A. u. Revčin, V. D. : Upravlenie nauvčno-technivsceskim progressom na predprijatii, Novosibirsk 1986

Aganbegjan, A. : The Challange: Economics of Perestrojka, London, Melbourne ... 1988

Altrichter, H. (Hg.): Die Sowjetunion. Von der Oktoberrevolution bis zu Stalins Tod, Band 1: Staat und Partei, München 1986

Altrichter, H. u. Haumann, H. (Hg.): Die Sowjetunion. Von der Oktoberrevolution bis zu Stalins Tod. Band 2: Wirtschaft und Gesellschaft, München 1987

Amann, R. ; Cooper, J. ; Davies, R. W. (Eds.): The Technilogical Level of Soviet Industry, New Haven, London 1977

Amann, R. u. Cooper, J. (Eds.): Industrial Innovation in the Soviet Union, New Haven, London 1982

Amann, R. u. Cooper, J. : Technical Progress and Soviet Economic Development, Oxford 1986

Autorenkollektiv: Politische Ökonomie des Sozialismus und ihre Anwendung in der DDR, Berlin (DDR) 1969

Belkin, V. D. u. Kazakevivč, G. D. (verant. Redak.): Sbalansirovannost' i effektivnost', Moskva 1988

Bergson, A. u. Leviné, H. S. (Eds.): The Soviet Economy : Towards the Year 2000, London 1983

Berliner, J. S. : The Innovation Decision in Soviet Industry, Cambridge/Mass. , London 1976

Bress, L. u. Hensel, P. (Hg.): Wirtschaftssysteme des Sozialismus im Experiment, Frankfurt 1973

Bronstein, M. (Ed.): The Soviet Economy. Continuity and Change, Boulder/Col. 1981

Brunner, G. : Politische Soziologie der UdSSR, 2 Teile, Wiebaden 1977

Brus, W. : Funktionsprobleme der sozialistischen Wirtschaft, Frankfurt/M. 1971

Brus, W. : Wirtschaftsplanung. Für ein Konzept der politischen Ökonomie, Frankfurt/M. 1972

Brus, W. : Sozialisierung und politisches System, Frankfurt/M 1975

Cave, M. : Computers and Economic Planning, 1980

Chejnman, S. A. u. Palterovivč, D. M. : Nauvscno-techničeskij progress i struktura proizvodstva sredstv proizvodstva, Moskva 1982

Cohen, St. F. ; Rabinowitsch, A. ; Sharlet, R. (Eds.): The Soviet Union since Stalin, Bloomington, London 1980

Cohen, St. F. : Bukharin and the Bolshevik Revolution. A Political Biography, 1888-1938, Oxford U. P. 1980 (Erstausgabe 1971)

Damus, R. : Entscheidungsstrukturen und Funktionsprobleme in der DDR-Wirtschaft, Frankfurt/M 1973

Daniels, R. V. : Das Gewissen der Revolution. Kommunistische Opposition in Sowjetrußland, Köln-Berlin 1962 (aus dem Amerikanischen)

Davies, R. W. : The Industrialisation of Soviet Russia 1 - The Socialist Offensive. The Collectivisation of Soviet Agriculture, 1929-1930, London-Basingstoke 1980

Dobias, P. : Theorie und Praxis der Planwirtschaft, Paderborn 1977

Drexler, A. (Hg.): Modernisierung der Planwirtschaft. Konzepte, Trends und Erfahrungen in Osteuropa, Göttingen 1985

Ekonomika i organizacija proizvodstva. Slovar, Moskva 1983

Ellman, M. : Planning Problems in the USSR, Cambridge 1973

Erlich, A. : Die Industrialisierungsdebatte in der Sowjetunion 1924 - 1928, Frankfurt/M. 1971

Gey, P. ; Kosta, J. ; Quaisser, W. (Eds.): Crises and Reform in Socialist Economics, Boulder-London 1987

Gregory. P. u. Stuart, R. : Soviet Economic Structure and Performance, New York - London 1974

Grundlagen der Wirtschaftsreform in der UdSSR, Berlin (DDR) 1972, (Übersetzung aus dem Russischen)

Gustafson, T. : Reform in Soviet Politics. Lessons of Recent Politics on Land and Water, Cambridge... 1981

Hahn, J. : Soviet Grassroots. Citizen Participation in Local Soviet Government, Cambridge, London 1988

Hanson, Ph. : Some Schools of Thougt in the Soviet Debate on Economic Reform, Berichte des Bundesinstituts für ostwissenschaftliche und internationale Studien, Köln, No. 29-1989

Hewett, E. A. : Reforming the Soviet Economy. Equality versus Efficiency, Washington D. C. 1988

Höhmann, H. H. ; Kaser, M. C. ; Thalheim, C. T. (Hg.): Die Wirtschaftsordnungen Osteuropas im Wandel, 2 Bände, Freiburg/Brsg. 1972

Höhmann, H. H. : Wirtschaftsentwicklung und Wirtschaftsreform in der Sowjetunion, Berichte des Bundesinstituts für ostwissenschaftliche und internationale Studien, Köln, No. 49-1974

Höhmann, H. H. : Veränderungen im sowjetischen Wirtschaftssystem: Triebkräfte, Dimensionen und Grenzen, Berichte des Bundesinstituts für ostwissenschaftliche und internationale Studien, Köln, No. 37-1980

Holmes, L. : The Policy Process in Communist States. Politics and Industrial Admimistration, London 1981

Hough, J. F. u. Fainsod, M. : How the Soviet Union is Governed, Cambridge, London 1979

Huffschmid, J. (Hg.): Glasnost/Perestroika. Band 3: Die Wirtschaftsreform in der Sowjetunion, Köln 1987

Jacobs, E. M. (Ed.): Soviet Local Politics and Government, London 1983

Janov, A. : The Drama of the Soviet 1960s: a Lost Reform, Berkely 1984

Katz, A. : The Politics of Economic Reform in the Soviet Union, New York... , 1972

Keizer, W. : The Soviet Quest for Economic Rationality. The Conflict of Economic and Political Aims in the Soviet Economy 1953 - 1968, Rotterdam 1971

Kornai, J. : The Economics of Shortage, 2 Bände, Amsterdam 1980

Kosta, J. ; Meyer, J. ; Weber, S. : Warenproduktion im Sozialismus, Frankfurt 1973
Kosta, J. : Sozialistische Planwirtschaft. Theorie und Praxis, Opladen 1974
Kritzman, L. N. : Die heroische Periode der großen russischen Revolution, Frankfurt 1971 (Nachdruck der deutschen Ausgabe von 1929, mit einer Einleitung von Heiko Haumann)
Lacis, O. : Vyjti iz kvatrata, Moskva 1989
Lane, D. : State and Politics in the USSR, Oxford 1985
Lejkina, K. B. u. Maevskij, V. I. (verantw. Redakt.): Rasširennoe vosproizvodstvo v uslovijach intensifikacii ekonomiki, Moskva 1986
Lenin, W. I. : Ausgewählte Werke in 6 Bänden, Frankfurt/M. 1971
Liberman, E. G. : Methoden der Wirtschaftslenkung im Sozialismus. Ein Versuch über die Stimulierung der gesellschaftlichen Produktion, Frankfurt/M. 1974 (aus dem Russischen)
Lorenz, R. : Sozialgeschichte der Sowjetunion 1, 1917-1945, Frankfurt/M. 1976
Lubrano, L. u. Solomon, G. S. (Eds.): The Social Context of Soviet Science and Technology, London 1979
Maier, H. : Innovation oder Stagnation? Bedingungen der Wirtschaftsreform in sozialistischen Ländern, Köln 1987
Malygin, A. A. : Planirovanie vosproizvodstva osnovnych fondov, Moskau 1985
Marx, K. : Grundrisse der Kritik der politische Ökonomie, Berlin(DDR) 1953
Marx, K. u. Engels, F. : Werke (MEW), Berlin(DDR) 1972, Bände 1, 4, 17, 18, 23, 24, 25, 32
Medwedew, R. A. : Die Wahrheit ist unsere Stärke. Geschichte und Folgen des Stalinismus, Frankfurt/M. 1973 (aus dem Russischen)
Meissner, B. : Partei, Staat und Nation in der Sowjetunion, Berlin 1985
Muchin, S. A. : Pribyl' v novych uslovijach chozjajstvovanija, Moskva 1988
Mučnik, V. S. u Golland, E. B. : Ekonomivsceskie problemy sovremennogo naučno-technivsceskogo progressa, Novosibirsk 1984
Nove, A. : Das sowjetische Wirtschaftssystem, Baden-Baden 1980
Nove, A. : An Economic History of the USSR, Harmondsworth 1984
Petrakov, N. Ja. : Demokratizacija chozjajstvennogo mechanizma, Moskva 1988
Raupach, H. : System der Sowjetwirtschaft, Reinbek b. Hamburg 1968
Rigby, T. H. et. al: Authority, Power and Policy in the USSR, London, Basingstoke 1980
Ruban, M. E. u. Machowski, H. : Wirtschaftsreform und Wirtschaftsentwicklung in der Sowjetunion 1965 bis 1975, Berlin 1972
Rumancev, A. M. ; Jakovenko, E. G. ; Janaev, S. I. : Instrumentarij ekonomičekoj nauki i praktiki, Moskva 1985
Rutland, P. : The Myth of the Plan. Lessons of Soviet Planning Experience, London, Melbourne... 1985
Ryavec, K. : Implementation of Soviet Economic Reforms. Political, Organizational and Social Process, New York, Washington, London 1975
Ryavec, K. : Soviet Society and the Communist Party, Amhurst 1978
Schapiro, L. : Die Geschichte der Kommunistischen Partei der Sowjetunion, o. O. , (Fischer-Verlag) 1961 (aus dem Amerikanischen)
Schminke, E. u. Wädekin, K. -E. : Die sowjetische Landwirtschaft an der Wende zum 12. Planjahrfünft: Produktion, Verbrauch, Außenwirtschaft, Berichte des Bundesinstituts für ostwissenschaftliche und internationale Studien, Köln, No. 29-1985
Schüller, A. ; Leipold, H. ; Hamel, H. (Hg.): Innovationsprobleme in Ost und West, Stuttgart-New York 1983
Segbers, K. : Der sowjetische Systemwandel, Frankfurt/M. 1989

Seidenstecher, G. : Das „Ökonomische Experiment großen Maßstabs" in der sowjetischen Wirtschaft, Teil I: Im Kern des Experiments: die Finanzfonds, Berichte des Bundesinstituts für ostwissenschaftliche und internationale Studien, Köln, No. 36-1988; Teil II: Ergebnisse und Auswirkungen, Berichte... , No. 37-1986

Sharpe, E. M. (Ed.): The Liberman Discussion, White Plains (N. Y.)1966

Spulber, N. : Organizational Alternatives in Soviet-Type Economies, Cambridge 1979

Teckenberg, W. : Gegenwartsgesellschaften: UdSSR, Stuttgart 1983

o. V. : Tendencii i faktory povyšenija effektivnosti obščestvennogo proizvodstva, Moskva 1984

o. V. : Uskorenie naučno-techničeskogo progressa i intensifikacija vorproizvodstva osnovnych fondov, Kiev 1984

Valovoj, D. : Ekonomika v čelovečeskom izmerenii, Moskva 1988

Weber, M. : Wirtschaft und Gesellschaft. Grundriss der verstehenden Soziologie, Studienausgabe, herausg. v. J. Winckelmann, 2 Halbbände, Tübingen 1956

Zaleski, E. : Planning Reforms in the Soviet Union 1962-1966, Chapel Hill 1967

Zwass, A. : Planwirtschaft im Wandel der Zeit, Wien, München, Zürich 1982

Artikel in Zeitschriften und Sammelbänden

Amann, R. : Technical Progress and Soviet Economic Developments: Setting the Scene, in: Amann, R. u. Cooper, J. (Eds.), 1986

Bej, E. : Some Aspects of Industrial Planning under Brežnev-Kosygin Rule, in: Jahrbuch der Wirtschaft Osteuropas, München Band 13. 1 1989

Berliner, J. S. : Managing the USSR Economy: Alternative Modells, in: Problems of Communism, Washington, No. 1-1983, 40-56

Berliner, J. S. : Planning and Management, in: Bergson, A. u. Leviné, H. S. (Eds.), 1983, 350-361

Bialer, S. : Politics and Priorities, in: Bergson, A. u. Leviné, H. S. (Eds.), 1983, 391-423

Birman, J. : From the „Achieved Level", in: Soviet Studies, Glasgow, No. 2-1978, 153-172

Bronstein, M. : Improving the Soviet Economic Mechanism, in: Soviet Studies, No. 1-1985, 1-30

Brus, W. : The East European Reforms: What Happened to them?, in: Soviet Studies, No. 2-1979, 257-267

Brus, W. : Wirtschaftsreformen in der Sowjetunion, in: Europäische Rundschau, Wien, No. 1-1985, 15-36

Bush, K. : The Implementation of the Soviet Economic Reform, in: osteuropa-wirtschaft, München, No. 2-1970, 67-90 und No. 3-1970, 190-198

Campbell, R. W. : Economic Reform in the USSR, in: American Economic Review, No. 2-1968

Conert, H. : Wirtschaftsexperimente in der Sowjetunion - Umrisse einer ökonomischen Strategie?, in: aus politik und zeitgeschichte. beilage zur wochenzeitung das parlament, Bonn, No. 46/47-1985, 3-18

Conert, H. : Die „neuen Methoden des Wirtschaftens". Zum Entwurf eines neuen Betriebsgesetzes in der UdSSR, in: Sozialismus, Hamburg, No. 6- 1987, 56-61

Conert, H. : Perestrojka und die Arbeiter. Zu den geplanten Neuerungen und realen Veränderungen der Arbeitsbeziehungen im Gefolge der sowjetischen Wirtschaftsreform, in: WSI-Mitteilungen, Köln, No. 4-1988, 207-217

Conert, H. : Gewerkschaften und Arbeitsbeziehungen im sowjetischen Reformprozeß, in: Gewerkschaftliche Monatshefte, Köln, No. 8-1988, 475-489

Conert, H. : Parteiherrschaft und Sowjetmacht. Probleme der Reform des politischen Systems in der UdSSR, in: Sozialismus, No. 10-1988, 38-44

Dobb, M. : Die Diskussion in den zwanziger Jahren über den Aufbau des Sozialismus, in: Hennicke, P. (Hg.): Probleme des Sozialismus und der Übergangsgesellschaften, Frankfurt/M. 1973, 282-331

Dunmore, T. : Local Party Organs in Industrial Administration: The Case of the O"edinenie Reform, in: Soviet Studies, No. 2-1980, 195-217

Dyker, D. A. : Decentralization and the Command Principle - Some Lessons from Soviet Experience, in: Journal of Comparative Economics, No. 5- 1981, 121-148

Ellman, M. : Seven Theses on Kosyginism, in: ders. : Collectivisation, Convergence and Capitalism. Political Economy in a Divided World, London... , 1984, 75-96

Gorlin, A. C. : The Soviet Economic Associations, in: Soviet Studies, No. 1-1974, 3-27

Gustafson, T. : Why Doesn't Soviet Science Do Better than it Does? in: Lubrano, L. L. u. Solomon, G. S. , 1979, 31-67

Hanson, Ph. : The July 1979 Soviet Decree on Planning and Management, in: Soviet Studies, No. 1-1983, 1-13

Höhmann, H. H. u. Sand, H. B. : Ergebnisse und Probleme der sowjetischen Wirtschaftsreform, in: Höhmann, Kaser, Thalheim (Hg.) 1972, Band 1, 11-63

Höhmann, H. H. : Sowjetische Wirtschaftsreformen zwischen Markt und Macht, in: Europa-Archiv, No. 24-1983, 757-764

Höhmann, H. H. : Vor einem neuen Aufbruch? Zu Stand und Perspektiven der sowjetischen Wirtschaftsreform, in: osteuropa-wirtschaft, No. 2-1983, 147-150

Hough, J. F. : Economic Reform, in: ders. : Soviet Leadership in Transition, Washington 1980, 131-149

Huber, M. : Zur Beurteilung von Planungsreformen in der Sowjetunion, in: aus politik und zeitgeschichte, No. 7-1983, 35-46

Klatt, W. : The Politics of Economic Reforms, in: Survey No. 70/71 (Winter/Frühjahr 1969),

Kontorovich, V. : Lessons of the 1965 Soviet Economic Reform, in: Soviet Studies, No. 2-1988, 308-316

Kushnirsky, F. I. : The Limits of Soviet Economic Reform, in: Problems of Communism, No. 4-1984, 33-43

Lampert, N. : Russia's New Democrats, in: Detente, Birmingham, No. 9/10 (1987), 10-12

Lewin, M. : The Kolchoz and the Russian Muzhik, in: ders. : The Making of the Soviet System. Essays in the Social History of Interwar Russia, London 1985, 178-188

Meissner, B. : Reform der Wirtschaftsverwaltung und institutionelle Veränderungen im Ministerrat der UdSSR unter Gorbačev, in: osteuropa-wirtschaft, No. 4-1986, 265-286

Norr, H. : Shekino: Another Look, in: Soviet Studies, No. 2-1986, 141- 169

Oppenheim, S. A. : The Supreme Economic Council 1917-1921, in: Soviet Studies, No. 1-1973, 3-27

Parrott, B. : The Organizational Environment of Soviet Applied Research, in: Lubrano/Solomon(Eds.), 1979, 69-100

Riordan, J. : Stalin's Children. Russia's Young Crusaders, in: Detente, No. 9/10 (1987), 13-15

Rutland, P. : The Shekino Method and the Struggle to Raise Labour Productivity in Soviet Industry, in: Soviet Studies, No. 3-1984, 141- 169

Salygin, S. : Wie die Umleitung der sibirischen Flüsse gestoppt wurde, in: Blätter für deutsche und internationale Politik, Köln, No. 5-1987, 666-685 (Übersetzung aus Novy Mir, Moskau, No. 1-1987)

Schroeder, G. : Soviet Economic Reform at an Impasse, in: Propblems of Communism, No. 4-1971, 36-73

Schroeder, G. : The Soviet Economy on a Treadmill of „Reforms", in: Congress of the U. S. , Joint Economic Committee: Soviet Economy in a Time of Change, Washington 1979, Part I, 312-340

Schroeder, G. : Soviet Economic „Reform" Decrees: More Steps on the Treadmill, in: Congress of the U. S. , Joint Economic Committee: Soviet Economy in the 1980's: Problems and Prospects, Washington 1983, Part I, 65-88

Wädekin, K. -E. : The Re-Emergence of the Kolchoz Principle, in: Soviet Studies, No. 1-1989, 20-38

Wright, A. W. : Sovier Economic Planning and Performance, in: Cohen, Rabinowitsch, Sharlet (Eds.), 1980, 113-134

Zwass, A. : Juri Andropovs wirtschaftspolitisches Erbe. Eine systemkonforme Wirtschaftsreform, in: Europäische Rundschau, No. 2- 1984, 59-68

Die wichtigsten benutzten sowjetischen Zeitungen und Zeitschriften

Izvestija sovetov narodnych deputatov SSSR (Regierungsamtliche Tageszeitung, Moskau)

Pravda (Tageszeitung der KPdSU, Moskau)

Argumenty i fakty (Wochenzeitung der Allunionsgesellschaft „Znanie" (Wissen), Moskau)

Literaturnaja Gazeta (Wochenzeitung des sowjetischen Schriftstellerverbandes, Moskau)

Moscow News (englischsprachige Ausgabe von Moskovskie novosti, Wochenzeitung der Presseagentur „Novosti" und der Union der sowjetischen Gesellschaften für Freundschaft und kulturelle Beziehungen mit dem Ausland, Moskau)

Ogonek, (wöchentliches illustriertes gesellschaftlich-politisches und literarisch-künstlerisches Journal, Moskau)

Ekonomičeskaja Gazeta (wöchentliche Wirtschaftszeitung des ZK der KPdSU, Moskau)

EKO = Ekonomika i organizacija promyšlennogo proizvodstva (Monatszeitschrift des Instituts für Ökonomie und Organisation der industriellen Produktion der sibirischen Abteilung der Akademie der Wissenschaften der UdSSR, Novosibirsk)

Kommunist (Theoretische Zeitschrift des ZK der KPdSU, Moskau, 18 Ausgaben im Jahr)

Planovoe chozjajstvo (Monatszeitschrift des Staatlichen Planungskomitees der UdSSR, Moskau)

Izvestija Akademii nauk SSSR: Serija ekonomičeskaja (Zweimonatszeitschrift der Akademie der Wissenschaften der UdSSR, Moskau)

Sociologičeskie issledovanija (Zweimonatszeitschrift des Instituts für Soziologie der Akademie der Wissenschaften der UdSSR, Moskau)

Voprosy ekonomiki (Monatszeitschrift des Instituts für Ökonomie der Akademie der Wissenschaften der UdSSR, Moskau)

Quellensammlungen

Rešenija partii i pravitel'stva po chozjajstvennym voprosam (Beschlüsse der Partei und der Regierung zu Wirtschaftsfragen, erscheint in unregelmäßigen Abständen in Buchform)

Sobranie postanovlenij pravitel'stva SSSR, (otdel pervyj) (Sammlung von Regierungebeschlüssen der UdSSR, Abteilung eins, wöchentlich)

Narodnoe chozjajstvo SSSR v 1985 g. , Moskva 1986 (Amtliches statistisches Jahrbuch für 1985)

Narodnoe chozjajstvo SSSR za 70 let. Jubilejnyj statističeskij ežegodnik, Moskva 1987 (Die Volkswirtschaft der UdSSR in 70 Jahren. Statistisches Jubiläumsjahrbuch)

Hinweise auf neuere deutschsprachige Literatur zum sowjetischen Reformprozeß unter Gorbatschow

Nach fast 5 Jahren Perestrojka in der Sowjetunion ist die in der Bundesrepublik zu diesem Thema angebotene Literatur schon schwer überschaubar geworden. Die folgenden Hinweise beziehen sich nur auf eine fast beliebige Auswahl.

In verschiedener, sich teilweise überschneidender Zusammenstellung werden mehrere Bücher mit Reden und Schriften Gorbatschows angeboten. Hier seien nur zwei genannt: „Perestroika. Eine neue Politik für Europa und die Welt", das erste 1987 in mehreren westlichen Ländern erschienene Buch Gorbatschows wurde 1988 von der Büchergilde Gutenberg erweitert um das Referat des Generalsekretärs auf der XIX. Allunions Parteikonferenz im Juni 1988 herausgegeben. „Perestroika. Die zweite Etappe hat begonnen", 2. Aufl. Köln 1988, enthält Referat Gorbatschows und Diskussion auf einer Zusammenkunft mit leitenden Mitarbeitern der Massenmedien im Januar 1988, Gorbatschows Referat auf dem ZK-Plenum im Februar 1988 sowie die Übersetzung des in der UdSSR als „Anti-Perestrojka-Manifest" aufgenommenen Briefes der Leningrader Dozentin Nina Andrejewa. Zwei kleinere Bände mit Übersetzungen von Perestrojka-Beiträgen sowjetischer Wissenschaftler und Publizisten aus dem Jahre 1987 hat Jörg Huffschmid herausgegeben: Glasnost/Perestroika 1: Streiten für die Umgestaltung. Die sowjetische Diskussion, Köln 1987. Der andere Band ist im vorstehenden Literaturverzeichnis genannt.

Die zum großen Teil sehr spannenden Diskussionsbeiträge auf der XIX. Allunions-Parteikonferenz im Juni/Juli 1988 liegen in vollständiger Übersetzung vor: „Die Zukunft der Sowjetunion. Die Debatte auf der Parteikonferenz der KPdSU. Mit einer Einführung von A. -A. Guha", Köln 1988.

Eine größere Anzahl von Beiträgen zur sowjetischen Geschichtsaufarbeitung und Stalinismuskritik hat Gert Meyer, der zugleich eine kenntnisreiche Einführung schrieb, übersetzt und herausgegeben: „Wir brauchen die Wahrheit. Geschichtsdiskussion in der Sowjetunion", 2. erweiterte Auflage, Köln 1988. Die Gesamtübersetzung eines sowjetischen Bestsellers von 1988, der von Jurij Afanasjev herausgegebenen umfangreichen Zusammenstellung von Aufsätzen überwiegend prominenter Perestrojka-ProtagonistenInnen, wagte der Greno-Verlag: „Es gibt keine Alternative", 1988.

Gestützt auf ihre empirischen Kenntnisse und Erfahrungen als Soziologin und nunmehr Demoskopin diskutiert Tatjana Saslawskaja ein breites Feld sozialer, politischer und ökonomischer Probleme im Zusammenhang der Erfolgsbedingungen der Perestrojka: „Die Gorbatschow-Strategie. Wirtschafts- und Sozialpolitik in der UdSSR", Orac-Verlag, Wien 1989.

Anfang 1988 machte in der UdSSR ein Theaterstück Furore und rief zugleich heftigen Widerspruch aus orthodoxen Kreisen hervor: Michail Schatrovs Szenenfolge „Weiter, weiter weiter... ", eine - so der Untertitel -„Version des Verfassers zu den Ereignissen vom 24. Oktober 1917 und bedeutend später". Das Stück erschien in Übersetzung mit Textbeispielen der sowjetischen Kontroverse 1988 (Kiepenheuer & Witsch).

Abel Aganbegjan, von dem Gorbatschow schon vor seinem Amtsantritt als Generalsekretär des ZK der KPdSU seine wirtschaftlichen Reformideen bezog und der danach gleichsam zum sowjetischen Chefökonomen aufstieg (in jüngerer Zeit aber etwas in den Hintergrund trat), verfaßte eine materialreiche Darstellung der Bedingungen und der Konzeption der Umgestaltung der Wirtschaft (für die in der vorliegenden Untersuchung behandelte Phase) für westliche Leser: „Ökonomie und Perestrojka. Gorbatschows Wirtschaftsstrategien", Hamburg 1989 (1988 in Englisch erschienen). Ein anderer prominenter Reformökonom, Leonid Abalkin (seit 1989 stellvertretender Vorsitzender des Ministerrats der UdSSR) gab zusammen mit A. Blinov konzeptionelle Beiträge sowjetischer Wirtschaftswissenschaftler zur Umgestaltung des überkommenen planwirtschaftlichen Systems heraus: „Perestroika von innen. Neun sowjetische Wirtschaftsexperten beziehen Stellung", Düsseldorf 1989. Soweit originäre Perestrojka-Texte in deutscher Übersetzung. Nunmehr Beispiele westlicher Interpretationen und Analysen: Nur drei Monate nach Gorbatschows Amtsantritt legte der Moskau- Korrespondent der „Zeit", Christian Schmidt-Häuer eine politische Biografie des neuen Generalsekretärs vor: „Michail Gorbatschow. Moskau im Aufbruch", München 1985. Diese um einen kenntnisreichen Essay Maria Hubers über die Chancen der Wirtschaftsreform erweiterte Biografie ist inzwischen in überarbeiteter Auflage erschienen. Die Alltagsrealität der Perestrojka, die Ungleichzeitigkeit und Widersprüchlichkeit der Veränderungsprozesse beschreibt anschaulich der ARD-Korrespondent Lutz Lehmann: „Wie die Luft zum Atmen. Ein Journalist erlebt die Perestrojka" Hamburg 1988. Moshe Lewin, ein angesehener US-amerikanischer Osteuropa-Historiker, diskutiert Gorbatschows Reformprojekt in einem breiteren geschichtlichen und soziologischen Rahmen: „Gorbatschows neue Politik. Die reformierte Realität und die Wirklichkeit der Reformen", Frankfurt/M. 1988.

Eine außergewöhnlich fundierte Untersuchung legte Klaus Segbers vor: „Der sowjetische Systemwandel", Frankfurt/M. 1989. Die materialreich begründete, sorgfältig und klug argumentierende Analyse bezieht die Vorgeschichte der Reformpolitik unter Gorbatschow ein und hat die Ansätze zur Veränderung des Planungs- und Leitungssystems der Wirtschaft und die sowjetische Bündnis- und Sicherheitspolitik als Hauptthemen.

W. F. Haug gibt eine breit angelegte, auf akribischen Textanalysen basierende, klug, aber nicht selten auch recht frei interpretierende Deutung von Gorbatschows Vision authentisch sozialistischer Gesellschaftlichkeit: „Gorbatschow. Versuch über den Zusammenhang seiner Gedanken", Berlin 1989.

„Was kann Gorbatschow ändern?", (Freiburg 1989) fragt und prüft Zdenek Mlynar, 1950-53 Kommilitone des heutigen KPdSU Generalsekretärs in Moskau und in besonderen Maße politisch kluger und weitsichtiger Protagonist der tschechoslowakischen Reformbewegung von 1966-69. Reflektiert und ausgewogen wie damals sind auch hier seine Urteile. Laquer, W. : „Der lange Weg zur Freiheit. Möglichkeiten und Grenzen des Reformprozesses in der Sowjetunion", Frankfurt, Berlin, Wien 1989 ist eine aus dem Amerikanischen übersetzte Untersuchung der Perestrojka, die sich auf den Reformaspekt „Glasnost"' konzentriert: Voraussetzungen, Widerstände und Perspektiven von Meinungsfreiheit, authentischer und funktionierender Öffentlichkeit, gesellschaftlicher und politischer Pluralität u. ä. werden im Lichte vergleichbarer Ansätze im 19. und frühen 20. Jahrhundert diskutiert.

Einen berechtigten Gegenakzent zur in der Bundesrepublik nicht seltenen, Kenntnisdefiziten geschuldeten Euphorie hinsichtlich der sowjetischen Reformpolitik setzt Ernest Mandel in seiner Analyse: „Das Gorbatschow-Experiment", Frankfurt/M. 1989. Seine Betonung der Widerständigkeit und Zähigkeit der überkommen bürokratisch-autoritären Strukturen und Interessen, ein zentrales Argument für seine Skepsis gegenüber einer „Revolution von oben", findet gerade in jüngster Zeit (Anfang 1990) bedenkliche Bestätigung.

Schließlich noch zwei Sammelbände mit ganz überwiegend kenntnisreichen und informativen Beiträgen kompetenter Autorinnen und Autoren: Mommsen, M. u. Schröder, H. -H.

(HG.): „Gorbatschows Revolution von oben. Dynamik und Widerstände im Reformprozeß der UdSSR", Franfurt und Berlin 1987. Breitschwerdt, M. (Hg.): „Eine Chance für Gorbatschow. Ergebnisse und Perspektiven der sowjetischen Reformpolitik", Augsburg 1989.

Noch einige Hinweise auf Zeitschriften als Informationsquellen:

Die deutsche Ausgabe der „Pravda" erschien vorhersehbar nur vorübergehend. Die UdSSR gibt eine Reihe von Zeitschriften in deutscher Sprache heraus. Die aktuellste und vermutlich interessanteste, „Moskauer Nachrichten", erscheint in deutsch allerdings im Unterschied zur sowjetischen und englischen Ausgabe statt wöchentlich nur monatlich und bietet entsprechend weniger Informationen. Zu nennen sind von diesen Ausgaben im gegebenen Zuammmenhang noch: „Gesellschaftswissenschaften" (vierteljährlich), „Neue Zeit" (wöchentlich) sowie, je nach Interesse, noch " Sozialismus: Theorie und Praxis" (monatlich) und „Kultur und Leben" (monatlich). Alle diese Zeitschriften sind im Zeichen von „Glasnost"' informativer und interessanter geworden. Das gilt auch für die von der Presseabteilung der Botschaft der UdSSR herausgegebene monatliche Zeitschrift „Sowjetunion heute". Sie enthält als Beilage z. T. wichtige Quellentexte. Der Bezug ist unentgeltlich (nur Portokosten).

Die im Grunde einzige und damit führende westdeutsche „ostwissenschaftliche" Fachzeitschrift ist „osteuropa" (München, monatlich). Ergänzend erscheinen vierteljährlich „osteuropa-wirtschaft" und „osteuropa-recht". „osteuropa" ist im ganzen konservativ liberal orientiert, was sich zumindest bis vor wenigen Jahren auch in den thematischen Schwerpunkten ausdrückte. Wichtig ist der Dokumentationsteil, den jede Ausgabe enthält (Übersetzungen aus Zeitungen und Zeitschriften).

Zu den politisch-gesellschaftlichen Zeitschriften, die mehr oder minder regelmäßig Beiträge zu den Tendenzen, Problemen und Perspektiven des Reformprozesses in der UdSSR bringen, gehören:

„Blätter für deutsche und internationale Politik" (monatlich, ab 1990 Bonn, z. T. mit Dokumenten); Europa-Archiv (sechswöchentlich, z. T. mit Dokumenten); Europäische Rundschau (vierteljährlich, Wien); „links" (monatlich, Offenbach); „Sozialismus" (monatlich, Hamburg); „Konkret" (monatlich, Hamburg).

Das Bundesinstitut für ostwissenschaftliche und internationale Studien in Köln gibt in unregelmäßigen Abständen (jährlich ca. 60) „Berichte" (Umfang ca. 30 - 80 Seiten) heraus, fast durchweg von sehr sachkompetenten AutorenInnen verfaßt. Das gleiche Institut ist Herausgeber eines Jahresbandes „Die Sowjetunion im Jahre... " (zuletzt für 1988/89, Hanser Verlag, München/Wien).

Im Osten nichs Neues?

Hoffnungen auf einen von der DDR in den Westen überschwappenden Demokratisierungsschub nach dem 9. November 1989 sind spätestens nach dem 18. März 1990 einem ebenso pauschalen Abschreiben fortschrittlicher Anstöße aus dem Osten gewichen. Die Realität ist wie üblich komplexer und differenzierter.

Im **FORUM WISSENSCHAFT** 1/1990 analysieren WissenschaftlerInnen aus der DDR und der BRD den Zustand des Wissenschaftssystems, die Hypotheken der Vergangenheit sowie die Probleme und Möglichkeiten für eine fortschrittliche Wissenschaftspolitik. Es schreiben u.a.: • *Christine Eifler* zu Frauen in der Wissenschaft • *Ingrid Lötsch* über Intelligenzpolitik in der DDR • *K. Meier* über den Zustand der Wissenschaft • *Frank Ettrich* über den Zustand der WissenschaftlerInnen • *Knut Löschke* zu Naturwissenschaften und Ökologie • *Manfred Lauermann* über alte und neue Herren • *u.v.a.* Initiativen, Anstöße, Ansätze.

Außerdem: • 2. Jahrestagung Kritische Ökologie 1990 zum Thema **Wasser/Nordsee** mit Beiträgen u.a. von: *K.-H. Tjaden, Jochen Hanisch, Christian Schrader, Engelbert Schramm* • Neues zum Gentechnik-Gesetz, der Fraunhofer-Gesellschaft u.a. • Frauenmagazin, Rezensionen, Mögliches & Unmögliches und, und, und ...

Das **FORUM WISSENSCHAFT** ist erhältlich beim *Bund demokratischer Wissenschaftlerinnen und Wissenschaftler (BdWi)* und kann dort für 7 DM bestellt werden.

der BdWi

noch relativ klein mit rund 1600 Mitgliedern, aber schon fast 22 Jahre alt, zunehmend quotiert, bunt mit rot-grünem Stich, radikal, demokratisch und geduldig

er ist

"der größte überparteiliche fortschrittliche politische Verband von Wissenschaftlerinnen und Wissenschaftlern in der Bundesrepublik Deutschland"

er hat

drei Büros (in Marburg, Bonn und Hamburg), neun Computer, sieben Drucker, Desktop Publishing, viele Dienstleistungen, etwa vier Konferenzen im Jahr, sechs Arbeitskreise, seit kurzem eine "Forschungs- und Informationsstelle beim BdWi" (FIB, Marburg), einen Wolfgang-Abendroth-Wissenschaftspreis, 300 HochschullehrerInnen, eine Jahrestagung Kritische Ökologie, eine regelmäßige Herbstakademie in der Toskana und leider immer noch zu wenig Mitglieder ...

er macht

die "Schriftenreihe Wissenschaft und Frieden" (bisher 13 Titel), die "Studienhefte Forum Wissenschaft" (bisher 9 Titel), verschiedene Denkschriften sowie die beiden vierteljährlich erscheinenden Magazine "Forum Wissenschaft" und "Informationsdienst Wissenschaft & Frieden"

ganz neu

Schriftliches zu *"Frauen* an der Uni", zu *"Boden* in der BRD", *"Gentech* kontrovers", "Erziehungswissenschaft und Faschismus"

Infos, Probeexemplare, Beitrittsexemplare etc. bei:

Bund demokratischer Wissenschaftlerinnen und Wissenschaftler (BdWi), Postfach 543, 3550 Marburg; ☎ 06421/21395

... *Bücher zum Thema*
im Verlag Westfälisches Dampfboot

Gareth Stedman Jones:
Klassen, Politik und Sprache
Für eine theorieorientierte Sozialgeschichte. Herausgegeben und eingeleitet
von Peter Schöttler
323 S. ; DM 62,00 ;ISBN 3-924550-24-7

Gareth Stedman Jones lehrt in Cambridge. In seinen hier erstmals in deutscher Übersetzung versammelten Essays verbindet sich exemplarisch der englische "Erfahrungsansatz", d.h. eine unaufdringliche Feinanalyse sozio-kultureller und ökonomischer Prozesse im Blick auf deren Verarbeitung durch die Betroffenen, mit einer durch die westeuropäische Marxismus- und Strukturalismus-Diskussion geprägten Theorieorientierung. Stedman Jones, der dem Dilemma eines lediglich vorzeichenverkehrten, linken Historismus entgehen will, plädiert für eine Geschichtswissenschaft, deren basisorientierte Radikalität eine selbstkritische Reflexion über implizite Wahrnehmungsmuster und theoretische Begriffe nicht aus-, sondern einschließt.

★ ★ ★ ★ ★

Heide Gerstenberger:
Die subjektlose Gewalt
Theorie der Entstehung bürgerlicher Staatsgewalt (Theorie und Geschichte
der bürgerlichen Gesellschaft Band 1)
ca. 800 S.; ca. DM 78,00 ;ISBN 3-924550-40-9

Ausgangspunkt ist die Kritik an modernisierungstheoretischen und materialistischen Varianten struktur-funktionaler Staatstheorie, denen eine historisch-theoretische Erklärung, die von der langfristig strukturierenden Wirkung konkreter sozialer Praxis ausgeht, entgegengestellt wird. Verdeutlicht wird dies an der exemplarischen Untersuchung der Entwicklung bürgerlicher Staatsgewalt in England und Frankreich. Ihr Ansatz gipfelt in der These, daß die bürgerliche Form kapitalistischer Staatsgewalt nur dort entstand, wo sich kapitalistische Gesellschaften aus den bereits rationalisierten Strukturen des Ancien Régime entwickelten.

Gesamtverzeichnis beim Verlag Westfälisches Dampfboot
Achtermannstr. 10 – 4400 Münster – Tel. 0251 / 56268